CW00433982

LES FRANÇAIS AU QUOTIDIEN
1939-1949

Pour en savoir plus
sur les Editions Perrin
(catalogue, auteurs, titres,
extraits, salons, actualité…),
vous pouvez consulter notre site internet :
www.editions-perrin.fr

collection tempus

Éric ALARY

avec la collaboration de
Bénédicte VERGEZ-CHAIGNON
Gilles GAUVIN

LES FRANÇAIS AU QUOTIDIEN

1939-1949

PERRIN
www.editions-perrin.fr

© Perrin, 2006
et 2009 pour la présente édition
ISBN : 978-2-262-03023-0

tempus est une collection des éditions Perrin.

*A nos enfants
Anne, Charlotte, Constance, Gabrielle,
Louis, Madeleine, Ombeline et Pierre
A Florence, Nathalie et Jean-Luc.*

Table des sigles et des abréviations

CTCM	Centre de Transmissions Coloniales de Madagascar
DFCAA	Délégation Française auprès de la Commission Allemande d'Armistice
DGTO	Délégation Générale dans les Territoires Occupés
DSA	Direction des Services de l'Armistice
ENDOM	Ecole Nationale des Départements d'Outre-Mer
FFI	Forces Françaises de l'Intérieur
FFL	Forces Françaises Libres
FTP	Francs-Tireurs et Partisans
GFP	*Geheime Feldpolizei* (police secrète de campagne)
GPRF	Gouvernement Provisoire de la République Française
GQG	Grand Quartier Général
HBM	Habitations à Bon Marché
IFOP	Institut Français d'Opinion Publique
INED	Institut National des Etudes Démographiques
INSEE	Institut National de la Statistique et des Etudes Economiques
JAC	Jeunesse Agricole Chrétienne
JFOM	Jeunesse de la France d'Outre-Mer
JOC	Jeunesse Ouvrière Chrétienne
LOC	Ligue Ouvrière Chrétienne
LVF	Légion des Volontaires Français contre le bolchevisme
MbF	*Militärbefehlshaber in Frankreich* (commandement et administration militaires en France)
MbH	*Militärbefehlshaber* (commandement militaire de France, de Belgique et du nord de la France)
MPF	Mouvement Populaire des Familles
MRP	Mouvement Républicain Populaire
OKH	*Oberkommando des Heeres* (haut commandement de l'armée de terre)

OSE	Œuvre de Secours aux Enfants
OTAN	Organisation du Traité de l'Atlantique Nord
PCF	Parti Communiste Français
PDR	ministère des Prisonniers, Déportés et Réfugiés
PP	Préfecture de Police (de Paris)
PPF	Parti Populaire Français
RADC	Régiment d'Artillerie Division Cavalerie
RAF	*Royal Air Force*
RDA	Rassemblement Démocratique Africain
RPF	Rassemblement du Peuple Français
SFIO	Section Française de l'Internationale Ouvrière
SHGN	Service Historique de la Gendarmerie Nationale
SIPEG	Service Interministériel de Protection contre les Evénements de Guerre
SOL	Service d'Ordre Légionnaire
STO	Service du Travail Obligatoire
UDAF	Union Départementale des Allocations Familiales
VGAD	*Versträkter Grenzaufsichtsdienst* (service renforcé de la surveillance des frontières)
UNAF	Union Nationale des Allocations Familiales
UFF	Union des Femmes Françaises
UGIF	Union Générale des Israélites de France

Introduction

Quand on pense aux années quarante, la première image qui vient à l'esprit, outre la présence des Allemands, est celle des pénuries : files d'attente, tickets de rationnement, marché noir. Mais bien d'autres thèmes méritent qu'on s'y arrête ou qu'on y revienne avec soin. L'occupation a pesé lourdement, mais les misères des Français ne cessent pas avec le départ des Allemands et des Italiens. Leur vie ne se résume pas à leurs privations. Il ne faut pas les voir non plus comme de simples victimes d'une période très difficile et brutale. La palette des comportements des Français est très variée face à des situations singulières auxquelles ils ne pouvaient pas être préparés.

Plusieurs décennies après la Libération, nombre de Français ont continué à stocker, dans le coin du buffet ou du placard, un litre d'huile, deux ou trois boîtes de sucre en morceaux, un tube de colle ou encore une pelote de ficelle. Pourquoi faire des réserves dans une société contemporaine qui ne manque de rien ? Réflexe quotidien – parfois schizophrénique – d'une génération, réflexe de survie, telles sont les séquelles d'une histoire souvent douloureuse, celle de la vie quotidienne des Français pendant les années quarante, en partie transmises aux générations suivantes.

Ces constats, je les ai faits en écoutant des proches, des témoins interrogés lors de mes investigations, en travaillant plusieurs années à l'histoire des Français qui vécurent sur la ligne de démarcation, en les étudiant dans leurs attitudes face à l'occupant, en les observant dans la recherche de solutions d'appoint pour survivre et de subterfuges pour circuler et communiquer illégalement à travers le pays[1].

De nombreuses lectures me conduisirent à m'interroger sur les Français au-delà de l'espace restreint de la ligne de démarcation. Les travaux pionniers de l'historienne Dominique Veillon ont été une source d'inspiration incomparable et passionnante[2]. Déjà, avant même que j'entreprenne un parcours professionnel dans l'enseignement et la recherche en histoire, la chronique de la vie des Français entreprise par le journaliste Henri Amouroux avait retenu toute mon attention, mais le défaut d'appareil critique m'a souvent empêché par la suite d'aller plus avant pour croiser d'autres sources[3]. J'ai découvert d'autres archives lors de mes propres enquêtes.

De plus, dans les deux cas, seules les conditions de vie des Français de la métropole sont envisagées. A mon sens, les Français éparpillés dans l'ensemble de l'empire colonial sont aussi concernés par cette histoire de la vie quotidienne. D'où la nécessité de me tourner vers un spécialiste de l'histoire de l'outre-mer, Gilles Gauvin, pour ouvrir de nouvelles pistes d'exploration historique permettant des comparaisons neuves ; les marges de la société des années quarante méritaient qu'on s'y arrête aussi, d'où la volonté de travailler avec Bénédicte Vergez-Chaignon qui a apporté sa grande connaissance du milieu carcéral, de la Résistance, de Vichy et de la collaboration avec des archives originales ; de même, ses recherches et ses écrits sur la vie des médecins ont permis de mieux comprendre comment une profession a vécu des années où tout manquait, pour aborder la vie professionnelle des Français en ces années difficiles.

Souvent, l'étude des années quarante s'arrête en 1945 ou en 1947. Dans le premier cas, la Libération sert de coupure ; dans l'autre, c'est le début de la guerre froide. Or, nombre de témoins m'ont confié combien leur exis-

tence avait continué à être harassante bien après 1945 ;
j'ai voulu en savoir plus, en regardant les Français d'aussi
près que possible, avec de nouvelles sources, en prolon-
geant certaines des enquêtes engagées par le passé et en
tenant compte de nouveaux travaux scientifiques publiés
depuis 1990, pour offrir une histoire des Français au sens
large du terme et à l'échelle de l'empire colonial, sur une
décennie complète.

Une décennie de survie

Choisir 1949 pour terminus, c'est privilégier l'inflexion
des courbes économiques : outre la fin de la carte de pain
en février et du rationnement du charbon, la valse des
étiquettes ralentit à cause d'un début de récession aux
Etats-Unis, tandis que la production française retrouve un
niveau à peu près identique à celui de 1938. Mais,
entre 1945 et 1949, les salariés français ont été les grands
perdants dans la course folle des prix et des salaires. Pendant ces quatre années, les prix industriels ont décuplé et
les prix agricoles ont été multipliés par sept ; les salaires
ont sextuplé. Le niveau de vie des salariés de la métropole
a donc baissé, nourrissant le mécontentement et les
grèves à répétition. Pourtant, malgré des difficultés
innombrables, les Français ont été capables de donner du
souffle à la reconstruction de la société.

La peur obsessionnelle de manquer a poursuivi très
longtemps la génération qui a eu faim. Mais les questions
les plus courantes reçurent, à cause des circonstances, un
traitement particulier : comment s'aime-t-on et où trouve-
t-on un peu de tendresse quand on est séparé ? Comment
et à quelles occasions se rencontre-t-on et se marie-t-on
quand on a vingt ans en 1940, en 1944 et en 1949 ? Les
habitudes familiales ou professionnelles sont-elles transformées à jamais ? Comment supporte-t-on la séparation ? Quelles en sont les formes ?

Sans relâche, les Français multiplient les tactiques de vie et de survie. Les stratégies d'entente avec l'occupant, minoritaires dans le cadre de la collaboration, font aussi partie de cette histoire du quotidien, tout comme la délation, très pratiquée. Les types de quotidiens sont très nombreux ; par peur le plus souvent[4] – « une crainte diffuse » –, par contrainte, par intérêt matériel, par adhésion idéologique, par frustration ou par esprit de vengeance, des Français s'accommodent de la présence de l'occupant et vont même parfois à sa rencontre. Ils s'adaptent et vivent avec l'envahisseur, dans un état d'esprit confus, souvent traversés de sentiments contraires. Des comportements courageux et rares ont également permis l'émergence de la Résistance. Moins spectaculaires que le sabotage des voies ferrées ou les attentats contre les troupes d'occupation, les actes isolés de désapprobation de la politique allemande et du régime de Vichy ont été également nombreux (participation à la campagne des « V » sur les murs, refus de servir un Allemand dans un café, changement de trottoir au moment de croiser un Allemand, dissimulation de résistants, papiers fournis illégalement par un agent de l'administration, passage des lignes de démarcation, etc.). Des Français ripostent ou cherchent une parade aux circonstances par la prière, le marché noir et le troc, la lecture, la culture d'un potager en plein cœur des villes, l'élevage de lapins sur les balcons et dans les salons d'appartements cossus. Chacun essaie de s'en sortir et de profiter de toute opportunité. Mais certains habitants voient leur famille décimée par la répression ou les bombardements au moment où beaucoup d'autres continuent de vaquer à leurs occupations, indifférents ou sans réaction au sort des Juifs face à leurs épreuves.

Même l'histoire des choses les plus banales et des lieux les plus fréquentés en temps normal peut nous éclairer sur la vie des Français. Casser une assiette, déchirer un pantalon, choisir tel café ou parler avec tel voisin peut avoir des conséquences graves. Les gestes simples du temps de paix ne sont plus du tout anodins dans un pays occupé, pillé et détruit. Et cela continue même après le départ des Allemands. L'histoire des Français est aussi celle des bruits, des paysages, des odeurs, des cassures morales, des joies, des tristesses, des silences, des bizarreries, des logiques et des contrastes violents. Sous l'occupation, chaque geste, chaque déplacement devient plus laborieux qu'en temps de paix et de liberté. Tout est contrôlé par l'occupant et encadré par Vichy. En conséquence, il faut s'adapter à une échelle spatio-temporelle qui, d'un côté, réduit l'univers à une proximité, voire à un huis-clos, et, de l'autre côté, laisse passer les nouvelles d'une guerre planétaire, puis d'un décentrement du monde vers Washington, Moscou ou Pékin, pendant qu'en sourdine craquent les coutures de « la plus grande France ».

Les clauses autoritaires de l'armistice franco-allemand du 22 juin 1940 ont en effet imposé, entre autres règles liberticides, de nouvelles « lois », dont l'*Ausweis*, pour franchir les lignes de démarcation, et les cartes postales interzones pour donner des nouvelles. L'armistice a déterminé le cadre des relations entre occupants et occupés et a pesé lourdement sur les conditions de vie. Les files d'attente qui ne cessent de s'allonger devant les commerces ont marqué les mémoires : elles deviennent de nouveaux lieux de sociabilité ; les Français y passent des centaines d'heures, souvent en vain. D'autres formes de sociabilités apparaissent : autour d'un poêle, d'un guichet, sur un quai de métro, dans les abris et ailleurs encore. Les règles sociales traditionnelles explosent.

Puis vient le temps de la Libération, celui des difficultés quotidiennes persistantes. Les Français vivent dans les ruines ; il faut déminer, reconstruire les routes, les voies ferrées, les ports, les maisons, les usines et remettre les champs en état. Une partie de la population attend le retour des prisonniers, des « STO » (les jeunes requis pour le Service du travail obligatoire), des déportés ou des Français libres partis depuis longtemps. Attente parfois désespérée, car l'être cher est mort ou a disparu.

La seconde moitié des années quarante est encore éreintante. C'est le temps d'un retour très lent à une vie plus « normale » dans une « drôle de paix » scandée par des épurations et des procès, et dominée par la hantise d'une troisième guerre. Pourtant, il faut reconstruire une vie ou un foyer. Il faut réapprendre à vivre presque « normalement » avec les siens et dans la société.

Car la « fête » de la Libération n'apporte qu'une joie très éphémère.

Une histoire partagée... par tous les Français

Durant le conflit, les habitants des régions annexées par le Reich ou ceux des régions qui ont connu le débarquement de Normandie ne réagissent pas comme ceux de la zone non occupée, qui parfois n'ont vu que des Allemands de passage en 1940 ou le 11 novembre 1942 au moment de l'occupation totale du pays. A la Libération, les différences régionales sont sans doute moins marquées, car le territoire est réunifié. Toutefois, le poids des souvenirs douloureux est sans doute plus important dans certaines régions que dans d'autres.

Y compris dans un empire de 12 millions de kilomètres carrés et peuplé d'environ 70 millions d'habitants. Car l'empire, c'est à la fois « la plus grande France », un exutoire, une espérance et une consolation après le traumatisme de juin 1940. Aussi de nombreux problèmes sont communs à la métropole et à certaines régions de l'empire colonial français ; en revanche, il est des singularités importantes qu'il est impossible d'éluder. Ce ne sont pas deux histoires parallèles des Français au quotidien qui défilent. Au contraire, il s'agit d'une histoire « partagée » dont une part est trop souvent oubliée lorsque les historiens abordent l'histoire nationale française.

Pendant la guerre, les liens de dépendance entre la métropole et ses colonies ont des conséquences immédiates dramatiques pour ces dernières. Alors que l'Afrique du Nord n'est plus en mesure de nourrir correctement sa population, il lui faut continuer à fournir la métropole en blé. Aux Antilles et à la Réunion, dont l'économie repose sur des importations massives des biens de consommation, le blocus anglais a des conséquences terribles. Bien que l'on soit à des milliers de kilomètres de l'Europe le rationnement de la Réunion et celui de la métropole sont similaires, et on recherche aussi des ersatz alimentaires dans les Antilles. A la Réunion, les feuilles de chocas servent à fabriquer du savon ; en France on utilise des cendres. D'autres phénomènes similaires existent : marché noir, système D, menus de disette à Fort-de-France en mars 1942, blocus, manque d'informations qui favorise la diffusion de « bobards », délation, implosion sociale, files d'attente, etc. En Afrique du Nord et à la Réunion, si la Libération intervient en novembre 1942, la pénurie se poursuit avec une intensité et une durée différentes : en Guyane, en Afrique noire et en Indochine, les importations alimentaires n'arrivent souvent plus.

Là comme dans les régions métropolitaines, la population urbaine semble être désavantagée par rapport aux ruraux. Une culture de guerre apparaît aussi dans les contrées coloniales avec des codes particuliers qu'il faut savoir déchiffrer. De nouvelles sociabilités se construisent au-delà de 1945, tandis que les îles lointaines, ainsi que les colonies asiatiques et africaines s'enfoncent dans une misère noire. Les statistiques, parfois épouvantables, montrent des Français en proie à de terribles maux quotidiens, tant alimentaires que matériels. Pourtant derrière le jeune Aimé Césaire, les députés progressistes des « Quatre vieilles » (Guadeloupe, Guyane, Martinique, Réunion) ont obtenu le statut de département français pour leurs territoires. La loi de mars 1946 y est attendue comme l'annonce d'une révolution économique et sociale. Mais la France ne se donne pas la peine de prêter une attention suffisante à cette forte attente. En a-t-elle d'ailleurs les moyens ? Après l'espoir, le mécontentement gronde partout dans l'empire, que la République coloniale réprime avec violence. De Thiaroye au Sénégal, à Sétif en Algérie en 1945, à Madagascar en 1947, les victimes de ces massacres coloniaux témoignent d'un quotidien des rapports sociaux entre les Français et les autochtones que l'histoire nationale a encore beaucoup de mal à intégrer. Les pages de vies racontées ici offrent de bonnes lucarnes d'observation pour tenter d'approcher une société qui implose, puis se reconstruit péniblement, bref, une société en crise. Nous avons tenté de démêler les fils parfois enchevêtrés de la vie des Français en choisissant les thèmes qui nous semblaient concerner le plus grand nombre d'entre eux, même s'il est impossible de raconter tous les parcours. Dans *La Vie fragile*, Arlette Farge, spécialiste de la France moderne, écrit joliment que « les vies infimes, les existences démunies et tragiques, les personnages dérisoires et falots forment le sable fin de l'histoire, sa trame fragile quoique essentielle[5] ». Ce sont ces vies qu'il s'agit de débusquer et de raconter.

E. A.

PREMIÈRE PARTIE

LE QUOTIDIEN BOULEVERSÉ DES FRANÇAIS

1

La modification des cadres de vie

Une drôle de guerre

En guerre !

La politique étrangère défensive de la France a pesé durable sur l'opinion française dans les années trente. Face à la montée en puissance de Hitler, face aux projets qu'il a annoncés dans *Mein Kampf*, les dirigeants français ont tout fait pour renforcer l'Entente cordiale avec les Britanniques. L'encerclement de l'Allemagne, souhaité par Barthou en 1934, n'a pas été couronné de succès. Au contraire : en 1935-1936, Hitler rétablit le service militaire en Allemagne et remilitarise la Rhénanie. La réaction française est quasi inexistante. L'Autriche est annexée par les nazis en mars 1938 : la France s'y oppose mollement par des protestations de circonstance. Ces alertes auraient dû rendre plus vigilants les hommes politiques. Mais la position française reste incertaine.

De leur côté, les chefs militaires français prônent surtout la solution défensive. Cette apathie affaiblit la France, car à l'évidence elle ne semble pas en position de pouvoir aider ses alliés de l'est en cas d'attaque allemande. Le flottement ne s'arrête pas là : au sein de l'Entente cordiale, les Britanniques ne se sentent pas menacés en raison de leur situation insulaire. Le Premier ministre Chamberlain pense même qu'il faut ménager les

Allemands, car ce sont des partenaires commerciaux de premier plan. De plus, il est persuadé que Hitler peut être un excellent rempart contre le bolchevisme. Après tout, l'allié français n'est pas en difficulté. Pourtant, les Français ne voient pas d'un bon œil les événements de l'Est qui troublent beaucoup des esprits marqués par 14-18.

Les accords de Munich de septembre 1938 se comprennent ainsi mieux en regard de ce contexte de dérobades successives de la France devant Hitler et du pacifisme avéré d'une bonne partie des Français. Devant les vociférations du Führer qui mettent la paix en péril, les Français et les Anglais font pression sur les Tchèques. Un débat s'engage dans le gouvernement français pour savoir s'il faut ou non intervenir en faveur de ces derniers qui viennent de décréter la mobilisation générale. Les réservistes français, allemands, italiens et soviétiques sont rappelés ; la flotte britannique est en état d'alerte. Le 26 septembre, Hitler affirme que tout doit être réglé pour le 1ᵉʳ octobre. Les démocraties ont alors très peu de temps pour éviter la guerre. Dans la nuit du 29 au 30 septembre, à Munich, Hitler obtient les régions qu'il convoitait. L'Etat tchécoslovaque est démantelé au bénéfice du Reich qui annexe les Sudètes ; les Polonais prennent Teschen et les Hongrois le sud de la Slovaquie. Daladier, pour la France, et Chamberlain, pour la Grande-Bretagne, pensent avoir sauvé la paix. Le président du Conseil est convaincu que ses compatriotes ne sont pas prêts à engager une guerre contre Hitler. Eviter la guerre, c'est désormais ce qui importe le plus pour les dirigeants politiques. L'opinion leur fait confiance ; la boucherie de 14-18 devait rester un souvenir, une réalité du passé à ne pas renouveler. Dans un premier temps, le soulagement l'emporte donc.

La suite est connue : à la mi-mars 1939, l'armée allemande pénètre dans ce qui reste de la Tchécoslovaquie. Daladier et Chamberlain se rendent compte qu'ils ont été dupés par le Führer. Mais il est trop tard. Après avoir signé un pacte avec les Soviétiques en août, Hitler attaque la Pologne le 1ᵉʳ septembre. En France, le Conseil des ministres décrète la mobilisation générale. Après avoir adressé un ultimatum à l'Allemagne, la France et la Grande-Bretagne entrent en guerre contre le IIIe Reich, le 3 septembre. Les Français sont désormais pris dans un engrenage monté par leur propre gouvernement depuis des mois. Durant l'été 1939, pour les Français, à mesure que les nouvelles tombent dans la presse, les dernières manifestations sportives internationales permettent de retenir encore un peu la marche du temps. Le Tour de France 1939 a bien eu lieu. Pourtant, cette année-là, il n'a plus la saveur des éditions précédentes[1]. En 1939, les Italiens – qui ont gagné le Tour 1938 avec Gino Bartali – comme les Allemands sont absents. Le tracé évite tout l'est du pays – devenu « zone des armées » –, mais il longe la frontière avec l'Italie du Duce. Le coureur André Bramard, qui est sous les drapeaux, n'obtient pas de permission pour courir la plus grande course cycliste du monde, en raison des tensions internationales. Le Belge Sylvère Maes remporte finalement l'épreuve, mais l'organisation a conscience que ce Tour est moins attrayant pour le public sans la présence des Italiens. Le 2 août 1939, trois jours après l'arrivée du Tour à Paris, *L'Auto* annonce que le Tour 1940 « commencera par le Nord et l'Est et finira directement de Pau à Paris ». En fait, la course à étapes entre en sommeil jusqu'en 1947.

Une fois la guerre déclarée, les armées alliées ne se précipitent donc pas en Allemagne par une offensive massive. Certes, le 6 septembre, les troupes françaises entrent bien en Sarre et au Luxembourg, pendant que les Allemands sont à l'œuvre sur le front polonais. Mais dès la fin du mois, les soldats français reçoivent l'ordre de se replier derrière la frontière. Pendant ce temps, les armées de la Pologne amie sont laminées par les troupes du IIIe Reich. Dès le 17 septembre, les Soviétiques ont envahi la Pologne par l'est. Onze jours plus tard, elle est dépecée par les nazis et les Soviétiques. La France est bien en guerre, mais elle ne livre aucune bataille d'ampleur.

L'état-major français a prévu un plan pour prévenir un nouveau traumatisme de la population. Il s'agit d'éviter une autre guerre de tranchées en empêchant tout simplement les Allemands de pénétrer en France. Selon les officiers, les fortifications en béton de la ligne Maginot – des Ardennes jusqu'à la frontière suisse – devaient faire l'affaire.

« Ça fait d'excellents Français »

Pour les Français, la période qui court de septembre 1939 à mai 1940 s'est appelée la « drôle de guerre ». L'expression a été forgée par Roland Dorgelès dans un reportage réalisé pour *Gringoire* en octobre 1939 ; l'auteur y montre les sentiments ambivalents des Français qui ne savent pas trop quoi faire ni quoi penser. Pendant des semaines, les deux armées se font face, s'observent et échangent parfois quelques coups de feu. Avec des haut-parleurs, les Allemands tentent de démoraliser les soldats français. Le bouleversement de la violence guerrière n'est pas encore d'actualité. Les espaces de vie ne sont pas encore violentés, notamment dans les régions où stationne l'armée française, même si des règles strictes de circulation sont prévues à la lisière de la frontière et si nombre de localités voient leur population assez vite évacuée, selon un plan prévu à l'avance. Ce qui reste le temps fort de cette période, c'est bien la mobilisation des militaires et des civils.

En dix jours, 5 millions de Français doivent répondre à la mobilisation, y compris les réservistes : 4 736 250 sous-officiers et hommes de troupe ainsi que 132 000 officiers. Le quart de la population masculine française est versé dans les unités combattantes, ce qui correspond à la moitié des mobilisés. Le cours normal des vies est interrompu.

Ces hommes vont ainsi être arrachés à leur famille, à leurs amis, parfois à leur fiancée, à leur travail et à leurs rêves d'un avenir paisible. Dans les villages, on s'active pour terminer les travaux des champs ; les moissons sont passées. Dans les régions viticoles, on prépare les vendanges. Nombre de mobilisés ont l'impression que le temps passé est presque impossible à rattraper. Devant, c'est le sinistre bruit des canons qui s'annonce. Sur les terrasses des cafés et lors des repas familiaux, on discute sur ce qu'il aurait fallu faire pour ne pas en arriver là. Il faut accepter la guerre alors que pendant des années des pacifistes ont lutté pour l'éviter. Il faut affronter ses souvenirs et se faire à l'idée du retour de la guerre. Il faut penser à ceux qui vont rester sur le quai de la gare, à l'épouse qu'il ne faut pas laisser sans argent, aux terres qu'il ne faut pas laisser en friche, aux enfants à qui il faut donner des consignes d'obéissance.

Le calme et le sang-froid dominent partout. Il n'est plus temps de se fâcher avec des voisins ou des membres de la famille. Il faut bientôt se séparer. Une période singulière a surgi dans la vie des Français. Les gestes et les plus petits rictus des mobilisés sont scrutés par les proches. Le moindre signe d'affection est recherché ; les pères et les grands-pères se souviennent de la guerre de 14-18. Ils essaient de transmettre une expérience aux fils et petits-fils et les mettent en garde sur les erreurs à ne pas commettre quand un obus siffle au-dessus des têtes. De leur côté, les sœurs, les mères et les grands-mères s'en remettent souvent à Dieu et à la prière quotidienne pour appeler la protection sur leurs proches. Les épouses écoutent les ultimes conseils indispensables pour tenir un atelier, un magasin ou une ferme. Avant de partir, les derniers gestes d'affection sont échangés. Les sources écrites n'en disent pas plus sur l'intimité de ces couples à la veille de se quitter. Les Français retiennent leur souffle ; les rues se vident tandis que les gares sont pleines. Les pleurs retenus se devinent sur les visages ; d'autres sont plus démonstratifs. Puis les derniers baisers et c'est parti ! La France métropolitaine est désormais composée de deux catégories de Français : les mobilisés qui partent et ceux qui restent. Des millions de familles voient donc leur

« héros » rejoindre les casernes. Le pays est une immense place militaire irriguée par les trains de la mobilisation. Les villes et les villages se vident progressivement de leurs hommes, jeunes ou plus mûrs, qui rejoignent les casernes avant de partir pour le front.

Les Français continuent à lire et à se détendre, mais dans une moindre mesure. La radio tente de faire oublier la guerre. D'illustres noms de la variété ont pour mission de détendre et les Français de l'arrière et ceux du front. Fernandel ou Joséphine Baker se produisent devant les soldats qui s'ennuient ferme. Par exemple, mardi 14 novembre 1939, Joséphine Baker est en photo en page intérieure, dans *La Dépêche du Centre*, pour illustrer un article intitulé « Deux joyeux messagers parmi nos soldats ». Elle et Maurice Chevalier viennent de se produire devant des centaines de spectateurs en uniforme, sans doute assez loin du front. Le commandement militaire vient justement de créer le « Service de lecture, arts et spectacles aux armées », afin de soutenir le moral des soldats. La venue de vedettes très connues du show business permet de donner un large écho du bon moral des soldats dans la presse quotidienne, très lue par les familles à l'arrière. De plus, des dizaines de pièces de théâtre sans intérêt et des spectacles de danse de mauvaise qualité ont été offerts à l'armée française. Chaque fois, les salles sont combles. Autre initiative intéressante : toujours en novembre 1939, le député de l'Hérault Edouard Barthe a proposé de distribuer du vin chaud dans les gares de transit où passent les mobilisés. Des abus sont commis, ce qui oblige la SNCF à installer des « salles de déséthylisation ».

Malgré tous ces efforts, sur le front, au début du printemps 1940, la démoralisation et la lassitude se font rapidement sentir chez les mobilisés, malgré leur état d'esprit enthousiaste à l'arrivée sur les lignes du front. Certains jeunes ont planté des rosiers sur la ligne Maginot tandis que d'autres ont organisé des matchs de football. Le théâtre aux armées présente encore des spectacles pour faire oublier la situation, mais l'oisiveté gagne les rangs.

Le grand historien Marc Bloch, affecté au 4e bureau chargé de la circulation, de la main-d'œuvre et des ravitaillements, relève dans *L'Etrange Défaite* que l'armée se perd dans des procédures administratives interminables alors que l'ennui gagne le front : « [...] je glissais, comme tous mes camarades, à la vie sans fièvre d'un bureaucrate d'armée. Je n'étais pas oisif, certes ; je n'étais pas non plus fort occupé et mes besognes quotidiennes ne me procuraient qu'une faible dose d'excitation cérébrale. [...] L'ennui de ces longs mois de l'hiver et du printemps 1939-1940, qui a rongé tant d'intelligences, pesait lourdement[2]... »

Sur les ondes, Maurice Chevalier chante aussi « Ça fait d'excellents Français » ; les paroles véhiculent l'idée d'une union sacrée retrouvée comme en 1914 : « Et tout ça, ça fait d'excellents Français, d'excellents soldats, qui marchent au pas en pensant que la République, c'est encore le meilleur des régimes ici-bas[3]. » Ray Ventura se moque de l'ennemi avec « On ira pendre notre linge sur la ligne Siegfried », une chanson écrite par deux Britanniques, Jimmy Kennedy et Michael Carr. Les cinémas, les théâtres, les cabarets et les restaurants rouvrent progressivement et font le plein après les premiers temps de l'entrée en guerre ; les fermetures nocturnes de ces établissements s'effectuent néanmoins plus tôt[4]. Le soir, les rues se vident plus vite qu'en temps de paix. Les théâtres de Paris et de villes comme Deauville, Nantes, Nice, Rennes, Toulouse, et bien d'autres encore, font régulièrement salle comble au printemps de 1940. Les Français cherchent à se détendre et à oublier un peu le lourd contexte d'une guerre dite « drôle », mais qui risque tôt ou tard d'éclater vraiment. Joséphine Baker et Maurice Chevalier sont alors associés au Casino de Paris. Les chansons gaies ou romantiques continuent d'être entonnées par les Français comme « Mon ange » de Léo Marjane ; « J'attendrai le jour et la nuit », « J'ai deux amours, mon pays et Paris »... Pour être un chanteur à la mode, il faut chanter de bons mots et parler des « bons Français ». Les radios sont de solides relais des chansons patriotiques.

Les Français qui n'ont pas de poste de radio vont l'écouter chez le voisin. A Radio-Stuttgart, peu se laissent prendre par la propagande du traître Ferdonnet – un publiciste inconnu : dès 1938, il écrit des papiers lus par d'autres sur les ondes. En France, au début de la guerre, Ferdonnet devient le porteur d'un mythe, car il est désigné comme l'organisateur de la « cinquième colonne ». Il distille à qui veut l'entendre la propagande nazie de Goebbels. Celle-ci est moins efficace que ne le voudrait Ferdonnet qui a pour dessein de faire douter les auditeurs civils et militaires ; la désinformation et les nouvelles sournoises pullulent. L'œuvre de destruction progressive de l'orgueil national des Français est un objectif pour les nazis.

Des appréciations erronées ont été émises par les autorités françaises concernant l'économie de guerre, à court et moyen terme. Les usines d'armement et les exploitations agricoles se vident de leurs hommes, ce qui paralyse en grande partie l'appareil de production français. Certains employeurs du monde agricole embauchent des Espagnols réfugiés, tel Ephraïm Grenadou, le paysan beauceron : « La main-d'œuvre se faisait rare. Avec leur guerre civile, des Espagnols étaient venus qu'on avait mis dans des camps de concentration. Au mois de septembre [1939], des entrepreneurs de batterie étaient allés en chercher pour remplacer les mobilisés[5]. » Les conséquences sur l'organisation économique et sociale du pays sont majeures. Tous les secteurs de l'économie française sont désorganisés : les paysans forment un tiers des effectifs – contre 40 % en 1914 –, les ouvriers d'usine environ un quart, les travailleurs du tertiaire un quart également[6]. Quant aux femmes, elles ne sont pas mobilisées : elles sont officiellement considérées « en situation de passivité[7] ». L'idée de faire appel à elles n'a pourtant pas été absolument exclue. Leur rôle dans la société en guerre a déjà été envisagé par les hommes politiques, avant la Première Guerre mondiale. Par exemple, des infirmières sont recrutées par le ministère de la Défense nationale, et ce durant les deux guerres mondiales. Dans les six premiers mois de 1940, la Défense a ainsi formé des unités fémi-nines militaires destinées aux ambulances, aux transports et aux secours. Dès le printemps 1940, le gouvernement français légifère en urgence pour permettre le recru-tement de femmes dans tous les secteurs des armées. Elles doivent s'engager pour la durée de la guerre. En fait, elles ne peuvent pas être « soldates », mais elles peuvent porter l'uniforme[8].

De leur côté, avant de reprendre et de faire progresser sensiblement leurs productions, les usines d'armement, démunies de main-d'œuvre, attendent la fin du mois de septembre 1939 pour voir arriver des Français spécia-lement renvoyés du front. Entre septembre 1939 et avril 1940, 500 000 soldats – des ouvriers –, les « affectés spéciaux », rentrent donc dans leurs foyers pour aller ser-vir dans les usines d'armement[9]. Celles-ci fournissent un effort considérable pendant toute la « drôle de guerre ». Mais une partie des Français et des officiers accuse les « affectés spéciaux » d'être des privilégiés, car ils ne donneront pas leur sang comme les autres mobilisés. Comment est-il possible d'imaginer des hommes repliés à l'arrière alors qu'ils sont en pleine force de l'âge et suscep-tibles d'aller combattre pour la patrie ? Avant de recourir aux femmes, on préfère rappeler les hommes dans les entreprises. Rien de plus normal à une époque où l'on considère que la guerre est une affaire masculine. L'état-major est pourtant réticent à céder des hommes à l'acti-vité productive ; il souhaite en préserver un maximum pour le front. Dans l'agriculture, le besoin de replier des soldats à l'arrière est sans doute moins criant. En effet, il est admis que les tâches puissent être effectuées par des femmes. En revanche, dans le secteur industriel, les ouvriers qualifiés et les cadres masculins sont nécessaires.

D'emblée, de fortes tensions apparaissent entre le ministère de l'Armement et les généraux : selon le ministre de l'Armement, Raoul Dautry, les ouvriers de plus de vingt-cinq ans auraient dû rester en poste dans les poudreries. Selon les autorités militaires, un homme jeune doit tenir le fusil face à l'ennemi. Les tensions grandissent en octobre 1939. A la suite du pacte germano-soviétique, le parti communiste a été dissous par décret le 26 septembre 1939 ; le retour des ouvriers dans les usines est mal vécu par les anticommunistes qui pensent qu'en chaque ouvrier dort un communiste, donc un traître potentiel.

Les villes et les campagnes françaises répondent à la mobilisation sans grand enthousiasme, mais avec un certain réalisme. Répétons-le : les Français croient en la victoire. N'est-ce pas ce qui s'est produit en 1918 ? Personne ne pense à une invasion du territoire. La vie quotidienne n'est pas bouleversée par la terreur des bombardements et des combats, avec ses morts et ses destructions ; pourquoi alors ne pas croire en une guerre sans malheur et sans feu ? Si l'attentisme gagne progressivement les esprits dans la zone des armées, les effets de la mobilisation sont perceptibles sur la vie quotidienne des Français de l'arrière. Aux champs comme à l'usine, les absents se comptent. Il faut donc s'adapter et se réorganiser par la mise en place de structures d'entraide.

Apprendre à se défendre

La « défense passive » se met en place dès que les populations civiles sont menacées, en l'occurrence par les bombardements allemands et alliés. Ce que vécurent les Français sous les bombardements est l'une des pages les plus terribles de l'histoire de la guerre. En 1939-1940, les Français tentent de se protéger, souvent avec des moyens dérisoires. L'organisation de la défense passive est pour beaucoup le seul moyen de se rassurer un peu.

Les sources de lumière non dissimulées représentent un risque de destruction d'une maison ou de tout un quartier. Or, contrairement aux consignes officielles, nombreuses sont les fenêtres de maisons mal camouflées. Ces filets de lumière sont pour les avions ennemis qui opèrent la nuit de « beaux » points de repère pour viser, puis lâcher leurs bombes. Aussi le but de la défense passive est-il de gêner l'ennemi ou du moins de ne pas lui indiquer des cibles potentielles.

Des milliers de villages français s'emploient aussi à creuser des trous et des tranchées pour freiner l'avance possible de l'ennemi. Donnons à nouveau la parole au paysan Grenadou :

« [...] je suis de garde avec Perrier, de Chenonville. L'après-midi se passe. On va souper chacun notre tour, on garde la nuit. [...] Après déjeuner, les gendarmes s'amènent :

« – Faites une tranchée[10]. »

Certes, il faut aussi songer à protéger les civils, mais il est nécessaire de faciliter les manœuvres des militaires français qui peuvent requérir leur aide dans le cadre de la défense passive. Celle-ci consiste à s'organiser, dans les lieux habités, afin de limiter ou tenter de limiter les pertes consécutives aux attaques armées, dont les bombardements sont les plus meurtriers. Cette stratégie de guerre, « testée » pour la première fois pendant la guerre d'Espagne en 1937, à Guernica, par les Allemands – la légion *Condor* –, est redoutée. En conséquence, les villes et les villages, les rues et les quartiers doivent envisager d'appliquer avec la plus grande rigueur les consignes officielles de la défense passive ; ceux qui ont connu la Première Guerre mondiale les connaissent d'ailleurs déjà. Chaque agglomération a un plan de secours local en cas de combat. Par exemple, à Lille et dans le Nord, des brochures officielles sont distribuées : les Français y lisent des « recommandations officielles à la population civile ». Partout, les municipalités sont chargées d'alerter les habitants du danger « imminent » ; « des services de secours, d'incendie et de désinfection » doivent être organisés au plus vite[11] et il est recommandé de se procurer des masques à gaz. Les brochures d'information annoncent déjà des temps plus difficiles. C'est une sorte de préparation psychologique au pire. Les autorités doivent prévenir toute panique. Tout est fait pour rassurer les Français, comme la vente de petits livrets tels que le célèbre *Petit Guide de la Défense passive*.

Nombre d'auteurs et d'érudits locaux, mais aussi des témoins, ont raconté l'organisation plus ou moins rigoureuse la défense passive. A Toulon, Gritou et Annie Valloton racontent qu'« on ne voit que des camions et autos militaires. Des hommes creusent des tranchées sur toutes les places. Un long cortège d'hommes portant des valises sort des lycées de garçons[12]. » Les vitres sont recouvertes de sparadrap que les Français achètent massivement ; il fait vite défaut dans les magasins. Les phares des voitures sont peints en bleu et ils ne doivent laisser filtrer qu'un mince rectangle de lumière ; des tonnes de papier bleu sont ainsi vendues. D'autres tranchées sont creusées autour de certains édifices publics. Le nouveau paysage quotidien des Français, ce sont aussi des milliers de sacs de sable qui protègent les abris, les entrées d'ambassades à Paris, les dépôts d'armes, les monuments, les bouches du métro, etc. Malgré ces précautions, tous ces lieux peuvent-ils réellement supporter de lourds bombardements ? Peu importe la réponse à l'époque, il y a des consignes à respecter à tout prix.

Les restaurants et certains cabarets ont construit des abris qu'ils prétendent plus solides que chez les concurrents. Il s'agit d'attirer les clients coûte que coûte. Partout, des caves sont aménagées et des tranchées sont creusées et recouvertes solidement. Il y a des alertes de temps à autre. Les sirènes hurlent le repli vers les caves et tous les trous improvisés pour se protéger des bombes. Dans les quartiers, les chefs d'îlots sifflent la fin de l'alerte. Mais au début de la « drôle de guerre », les Français descendent peu dans les abris.

Lors des alertes, les maisons et les appartements désertés sont une aubaine pour les malfaiteurs. Les vols ne se comptent plus chez des personnes parties ne serait-ce quelques heures dans un abri, réfugiées chez des amis, évacuées pour une durée inconnue ou encore chez les

Parisiens repliés en province. Les tâches des gendarmes et des policiers sont donc multipliées : aux obligations habituelles du temps de paix s'ajoutent celles de la mobilisation – la pose des affiches de mobilisation ou la recherche des récalcitrants et des déserteurs – et la répression accrue des vols, des trafics, mais aussi de l'irrespect des mesures de la défense passive[13].

La presse multiplie les reportages et les comptes rendus sur la protection des statues et de certains bâtiments historiques. Le château de Versailles et son parc reçoivent des protections spectaculaires : le char d'Apollon est recouvert de planches, de murs de briques et de sacs de sable ; les charpentes des combles sont enveloppées d'une épaisse couche de plâtre en prévention des incendies ; les vases de la Colonnade sont ensevelis sous des tonnes de terre contenues par des fagots de bois très serrés ; enfin, la chambre de la reine n'a plus ses boiseries, lesquelles sont entreposées dans les caves.

Partout, les Français consolident pour prévenir le pire, pour préserver le patrimoine. Et chacun d'espérer la protection la plus efficace. Dans les villes anglaises, les monuments ont été protégés de la même façon. Les stations de métro sont fermées les unes après les autres et la circulation des bus se raréfie. A Paris, les Français entendent le bruit angoissant des sirènes ou croient parfois les entendre de loin, ce qui provoque un rapide mouvement de panique. Les changements du quotidien, tant visuels que sonores, sont donc brutaux. La peur engendre de nombreuses rumeurs sur le passage hypothétique d'avions à tel ou tel endroit. Les Français expérimentent la guerre, mais loin derrière le front. Ce dernier ne sera bientôt plus qu'un piètre rempart ou un rideau de protection.

La France est mobilisée à l'arrière : cela se voit, s'entend et se vit dans un nouveau rythme quotidien, un quotidien qui ne durera pas ; du moins le pense-t-on. Dans beaucoup d'esprits, la drôle de guerre aura sans doute une issue pacifique. Une activité inhabituelle se déploie partout en France. Les maires écrivent des recommandations en cas de bombardements aériens, notamment par des bombes incendiaires. Ainsi, il faut vider les greniers de tous les produits inflammables. Il faut placer en grande quantité des sacs et des caisses de sable sec dans les greniers et les combles, posséder un extincteur ou un seau-pompe. Les journaux locaux datés de septembre 1939, incitent à ne pas jeter d'eau sur une bombe incendiaire qui serait arrêtée par le plancher du grenier après avoir perforé la toiture ; l'eau risquerait de projeter plus loin les « matières ardentes[14] ». Evidemment, les Français sont informés qu'il ne faut pas rester dans la rue ou sur une route en cas de bombardements, mais rejoindre au plus vite les abris, dans l'hypothèse d'un second passage des avions.

Les Français essaient les masques à gaz, les policiers et les militaires bouchent les ouvertures des magasins pour empêcher les gaz de passer. Le souvenir de l'utilisation des « gaz moutarde » par les Allemands dans les tranchées de la Grande Guerre, mais aussi par les Italiens lors de la guerre d'Ethiopie, terrorise la population. Beaucoup se promènent dans les rues, leur étui à masque à gaz accroché au côté ou posé dans le landau. On s'adapte. L'historienne Dominique Veillon, une pionnière dans l'étude historique du quotidien des années quarante, rappelle que certaines dames s'inquiétaient de devoir porter un tel étui avec des tenues élégantes. Comment concilier élégance et nécessité de se protéger ? On voit apparaître, dans les magasins de luxe parisiens, des étuis en cuir ou des housses de tissu[15]. A titre d'exemple, Lanvin crée un nouveau genre de sac de rangement pour masque à gaz ; quoique assez volumineux à porter à la taille, le sac en forme de masque connaît un réel succès auprès des dames. Il existe aussi un modèle réduit de masque à gaz qui fait office d'étui à parfum. De leur côté, sans se soucier de la mode vestimentaire, les mairies françaises distribuent des masques avec la notice explicative suivante :

Pour mettre le masque :
1. Saisissez-le par les sangles ;
2. Placez le menton d'abord bien au fond ;
3. Ecartez les sangles en les tendant ;
4. Faites-les glisser d'avant en arrière l'une après l'autre ;
5. Ajustez le bandeau frontal ;
6. Accrochez le serre-nuque.

Mettre un masque n'est pas commode. Trois schémas explicatifs complètent la notice avec deux sous-titres : « masque mal mis », « masque bien mis ». Les Français emportent leur masque à l'école, au cinéma, chez le boucher, à la messe, au café, au restaurant, au cabaret, au marché, partout.

La vie collective est entravée par l'interdiction des bals populaires et des réunions publiques, mais aussi par l'instauration du couvre-feu. De plus, il est recommandé de faire des provisions d'eau pour au moins deux journées. Surtout, il ne faut pas oublier de garder avec soi une petite boîte à pharmacie avec les médicaments de première nécessité comme l'eau oxygénée, l'aspirine, l'huile goménolée absolument essentielle pour soigner les brûlures ; le bicarbonate peut être d'un grand secours lorsque le masque à gaz fait défaut : il suffit de mouiller un linge avec ce produit et de le placer sur le visage afin de ne pas inhaler le gaz.

Dans les écoles, la défense passive est également à l'ordre du jour avec des exercices organisés par les instituteurs et les institutrices. Déjà, dès le 6 mai 1939, eu égard aux tensions internationales, la « défense passive » est obligatoirement enseignée dans les écoles. Il s'agit de tranquilliser les enfants, tout en leur faisant prendre conscience que les alertes n'ont rien de ludique. Comme la « drôle de guerre » est silencieuse, sans alertes et donc a fortiori sans bombardements, on peut comprendre l'irréalité de telles consignes pour les enfants. Les exercices sont amusants et rompent avec le rythme quotidien et monotone des dictées, des problèmes de mathématiques et des minutes consacrées à la « morale »[16]. Des instructeurs viennent dans les salles de classe pour montrer comment utiliser les masques à gaz. Marcel Jeanjean illustre un manuel de « défense passive » intitulé *Alerte aux avions*, largement lu en classe[17], de dessins très simples qui rappellent les consignes élémentaires de protection en cas de raids aériens ; il est très apprécié par les parents[18].

Après la déclaration de guerre de septembre 1939, malgré un certain affolement, les parents pensent à la rentrée des classes du mois suivant. Celle-ci se déroule évidemment dans une atmosphère étrange à Paris et dans les grandes villes du nord et du nord-est de la France. Certaines classes restent fermées, faute de cave pouvant servir d'abris. D'autres sont improvisées. Tout est fait pour calmer les enfants, du moins ceux qui ont répondu au premier appel de l'année, le 16 octobre 1939. Certains élèves et enseignants n'ont pas repris leur place dans les classes[19]. Le 30 octobre 1939, le ministère de l'Education nationale parvient à organiser la session spéciale du baccalauréat, non sans mal puisque les centres d'examens provinciaux sont bondés d'élèves venus de la capitale et des villes de l'Est. Les élèves parisiens des classes préparatoires aux grandes écoles suivent les cours à l'extérieur de la capitale. Par exemple, Jean Guéhenno enseigne dans sa « khâgne » parisienne, repliée à Clermont-Ferrand. Des enseignants âgés, en retraite, sont rappelés pour remplacer les collègues mobilisés. Dès la rentrée d'octobre, le ton est donné : les lycées parisiens ouvrent tous, sauf six, et apposent à l'entrée ces consignes de défense passive : « On ne reçoit pas d'élèves sans masque. » Les internats et les demi-pensionnats sont supprimés ; les cours s'achèvent à 16 heures pour que les élèves puissent rentrer chez eux avant le couvre-feu.

Quant aux écoliers évacués, ils rencontrent alors d'autres enfants de petites villes bretonnes ou de villages auvergnats. De nouvelles sociabilités se créent, non sans tension parfois. On demande aux enfants de bien se comporter, en somme d'être des patriotes. Cette attitude doit être celle de tous. Elle est écrite et recopiée dans les cahiers scolaires tel celui de René Vergez d'Arcueil, en cours moyen deuxième année, replié à Esquièze-Sève dans les Hautes-Pyrénées :

« Lundi 2 octobre 1939.

« Morale : pendant que nos soldats défendent vaillamment la Patrie, faisons courageusement notre travail d'écolier. Vive la France[20] ! »

Quoi qu'il en soit, il faut faire classe et les enseignants devant leurs élèves, anciens et nouveaux, doivent montrer un visage aussi serein que possible, empli de courage et volontaire dans l'effort collectif au service de la « mère patrie ».

Premières évacuations

En plus des mesures de défense passive, certains habitants sont plus touchés parce que plus proches des frontières orientales. L'évacuation des populations des régions frontalières concerne les départements aux confins de l'Italie et du Reich. Le Sud-Est[21] et le Nord-Est sont soumis à des mesures réglementaires très strictes pour l'évacuation en cas de conflit.

En Alsace, de grands tableaux noirs posés dans les rues ou dans les lieux publics indiquent aux Français leur destination de repli, parfois très loin de chez eux. Docilement, la majorité s'exécute. Les cheminots et les administrations réalisent un effort considérable pour la réussite de l'évacuation des populations civiles, pensée dès avant la guerre. Cela dit, la France n'a pas programmé un afflux supplémentaire de réfugiés étrangers.

L'Alsace-Lorraine est dans une situation singulière à cause de la ligne Maginot[22] face à la frontière avec l'Allemagne. Comme dans le Nord-Pas-de-Calais, des plans d'évacuation des villes et villages frontaliers et de l'arrière-pays sont prévus depuis 1935. Quatre cent mille habitants alsaciens et lorrains de soixante et onze villes et villages doivent rejoindre le sud-ouest de la France. A l'origine, la Savoie a été désignée comme zone de repli, mais en raison d'une participation probable de l'Italie à la guerre aux côtés du Reich, le projet savoyard a été abandonné[23]. En fait, avant les ordres officiels, les premiers habitants du Bas-Rhin et du Haut-Rhin ont quitté leur domicile de leur fait, dès le mois d'août 1939.

A partir du 1er septembre, le jour de l'agression de la Pologne par le Reich, le repli est obligatoire ; la zone comprise entre Bâle et le Luxembourg est évacuée sur une largeur de cinq à huit kilomètres, car elle est en première ligne en cas d'attaque allemande. Ainsi, dans la presse, les Français apprennent peu à peu l'existence des « évacués » qui connaissent les premiers désagréments physiques de la guerre.

374 000 Alsaciens et 227 000 Mosellans ont quitté leur lieu de vie, leur lieu de travail – les champs, les usines, les bureaux. Chaque foyer n'est autorisé qu'à emporter trente kilos de bagages et quatre jours de vivres[24].

Les trains acheminent très progressivement les évacués vers le sud-ouest ; l'attente avant le départ peut durer une dizaine de jours dans des centres d'accueil et le voyage, de trois à quatre jours. Les militaires empruntent de nombreux trains dans le sens inverse et la grille des horaires habituels est totalement bouleversée. Les chefs de gare s'adaptent au gré des réquisitions et des afflux imprévus. Des milliers d'Alsaciens et de Lorrains se retrouvent donc en Charente, Charente-Inférieure, Dordogne, Gers, Gironde, Haute-Vienne, Landes, Lot-et-Garonne et Vienne.

Les communes d'accueil s'organisent comme elles peuvent : dans les cours des fermes, des cuisines collectives sont montées à la hâte et distribuent des centaines de repas quotidiens. Les salles des fêtes deviennent des réfectoires ; les salles les plus vastes des hôtels sont improvisées en hôpitaux de fortune ; des salles de classe sont ouvertes en urgence et réservées aux évacués ; les effectifs scolaires de nombreuses communes doublent. Quant au bétail, venu avec les évacués, il est souvent acheté par les services de l'intendance militaire.

Les municipalités qui accueillent les Français déracinés sont parfois dépassées, même si ces derniers ne doivent pas représenter plus du tiers de la population locale. Ils ne sont donc pas toujours les bienvenus. Par exemple, en janvier 1940, le maire de Limoges se lamente de la situation et se montre même acerbe à l'égard des Alsaciens, comme le rapportent Annie et Gritou Vallotton, deux jeunes sœurs qui tiennent leur journal de ces années troubles ; le maire leur dit : « Ne me parlez plus d'Alsaciens, j'en ai assez. Ils ne veulent rien faire, même pas chercher le bois qu'on veut bien leur donner pour se chauffer. Ce sont de mauvaises têtes. 21 500 francs qu'on a dépensés pour eux à Saint-Priest-Taurion, sans parler des bons, et ça rouspète et ça ronchonne[25] ! » Limoges est saturé : au moins deux cent mille personnes attendent sur les trottoirs une aide qui ne vient pas. En marge des nombreux problèmes logistiques, l'accueil n'est pas toujours aussi bien organisé et bienveillant que semble le signaler par exemple *L'Illustration*, qui relaie en fait la propagande de l'Etat. La cohabitation entre des populations de régions éloignées n'est évidemment pas facile, d'autant que l'hiver 1939-1940 est très rude. Les uns sont déracinés, les autres se sentent « envahis » et tous sont perdus, inquiets ou déstabilisés. Inévitablement, la tension monte.

Tous les évacués sont logés, mais beaucoup manquent de linge et de chauffage. Le sous-secrétariat d'Etat aux Réfugiés, créé en mars 1940 et confié à l'Alsacien Robert Schuman, semble faire ce qu'il peut, mais les moyens nécessaires ont été sous-estimés. Les problèmes les plus importants dans le Sud-Ouest sont en fait d'ordre religieux, car les locaux sont bien moins christianisés que les Alsaciens-Lorrains, qui vivaient sous le régime des lois concordataires. Et puis ces nouveaux arrivants parlent un dialecte guttural souvent mal vu dans les villages du Sud et la communication est difficile. Beaucoup n'ont aucune activité et ne savent pas comment occuper leurs journées. Certaines préfectures demandent même que des terres et des outils soient prêtés aux évacués[26]. Cette donnée sociale est souvent compliquée à gérer, car l'implantation subite de milliers de familles en des lieux inconnus est très délicate. L'Etat a du mal à régler certains problèmes sanitaires ; ainsi, le nombre des infirmeries est insuffisant. Les indemnités distribuées aux chefs de famille ne suffisent pas non plus à faire oublier une région de vie, désormais située à plusieurs centaines de kilomètres. Il était normalement prévu que l'Etat versât une allocation journalière de dix francs pour les adultes et de six francs pour les enfants. Il devait aussi assurer, outre l'hébergement, le chauffage, l'éclairage, le couchage, la nourriture, les frais médicaux et l'entretien vestimentaire. On est loin du compte.

En ce qui concerne les régions frontalières du sud-est, notamment celles des Alpes-Maritimes, la mémoire n'est pas marquée par la présence allemande des guerres de 1870 et de 1914-1918. Cependant, l'Italie, qui vit sous un régime fasciste depuis 1922, alliée du IIIe Reich, représente une menace. Selon les plans d'évacuation des populations, les habitants de Menton et de Villefranche-sur-Mer devaient rejoindre des « centres de recueil » à Cagnes-sur-Mer et à Antibes, si la guerre était portée sur le massif alpin. Ces consignes ont été transmises, secrètement, au préfet. D'autres plans ont été mis en œuvre avec les militaires en fonction de la gravité et de l'urgence de la situation. Dès la déclaration de guerre en septembre 1939, les plans prévus sont mis en œuvre et les communes d'accueil sont alertées par le préfet. Le casino de Juan-les-Pins reçoit 2 500 matelas, au cas où... En octobre, un nouveau plan d'évacuation est prévu pour transférer la population de la région niçoise vers l'Aude, et celle de la région grassoise vers le Tarn. Au début de 1940, les autorités préfectorales estiment à 200 000 le nombre d'habitants à évacuer, ce qui demande des moyens logistiques considérables. Il faut également tenir compte des besoins militaires qui réquisitionnent les gares pour l'arrivée du matériel. Dès le mois de mai 1940, les maires des communes à évacuer reçoivent des consignes pour préparer le départ[27]. Cependant, les plans tiennent peu compte des impondérables.

Premières restrictions quotidiennes

L'État trop timoré ?

La « drôle de guerre » a duré des jours, des semaines, puis des mois. Il a fallu apprendre à vivre dans ce contexte. La guerre à l'arrière, ce sont des désagréments devant lesquels les Français se sentent souvent impuissants. Plus ils se multiplient, plus il faut changer ses moindres habitudes, même si certaines publicités, dans la presse quotidienne, tendent à dissuader les Français de restreindre leur consommation de produits traditionnels : « Malgré les difficultés actuelles, BANANIA le petit-déjeuner familial français, grâce à son organisation, est heureux de pouvoir annoncer [...] à ses consommateurs actuels et futurs : qu'il doit continuer à être en vente partout aux prix habituels, et que BANANIA toujours conserve sa fameuse qualité immuable qui a fait son succès[28]. »

Les gouvernants prennent conscience que les Français sont assez divisés politiquement et qu'il en faudrait peu pour que l'impopularité des mesures de guerre leur nuise. Bien sûr, l'Etat s'est préparé à la perspective d'une guerre, avec la loi du 11 juillet 1938, portant sur l'organisation du pays en temps de guerre et qui prévoit, outre la mobilisation des hommes, celle des ressources[29]. La loi permet de réglementer, voire de suspendre toutes les importations, les exportations, « taxer et rationner la consommation » d'un certain nombre de ressources (article 46 de la loi). Il est prévu de mettre en place des groupements composés de représentants patronaux et ouvriers, de commerçants, de producteurs et de consommateurs, chargés de répartir les ressources en fonction de la nécessité du moment (article 49). L'application de ces mesures dépend des circonstances et des choix politiques et stratégiques futurs. Un décret du 1er septembre 1939 donne au ministre de l'Agriculture, chargé du ravitaillement général en denrées alimentaires, des pouvoirs très étendus en ce qui concerne les tarifs d'achat et la fixation des prix de gros. Or, ces mesures drastiques interviennent sans doute un peu trop tardivement.

L'entrée en guerre obligerait normalement à ne plus reculer en matière de rationnement de la population. Pourtant, l'historien Jean-Marie Flonneau note que l'Etat est encore trop timoré pour prendre des mesures vraiment efficaces[30] ; sans aucun doute, la peur de heurter l'opinion détermine en partie le choix des gouvernants de ne pas entamer une politique franche et précoce de rationnement – cas singulier dans l'Europe en guerre. En France, s'il y a bien contrôle de l'Etat, il n'y a pas de réduction des quantités alimentaires dans l'immédiat. Mais cette exception est de courte durée. Une fois septembre 1939 passé, le gouvernement est obligé d'être plus réaliste. Au mois d'octobre 1939, les volumes de café déchargés à Paris connaissent une augmentation sensible au détriment des autres villes françaises ; la capitale semble connaître un sort privilégié, ce qui provoque le mécontentement en province. Dans leurs rapports de quinzaine, les fonctionnaires de la Préfecture de police de Paris commencent à inventorier les produits qui viennent à manquer sur les étals des marchés et des épiciers, telles certaines viandes de volaille, mais aussi des poissons. La capitale est un peu épargnée dans les premiers mois de la guerre ; elle est prioritaire pour l'envoi de denrées. En novembre-décembre 1939, la liste des produits difficiles à acheter s'allonge : encore le café, mais également l'huile et les pâtes. Dans le domaine des objets ménagers, la laine fait défaut et des vêtements ne peuvent plus être confectionnés. Les conserves sont moins nombreuses. Puis Paris est à son tour touché par des manques en savon, café, huile, etc. La « chasse » aux aliments commence progressivement pour les Français, dans toutes les villes.

En décembre 1939, les dirigeants tentent enfin de rationner la nourriture, mais les mesures sont encore assez dérisoires par rapport à ce qu'il faudrait faire. Les Français sont seulement invités à moins consommer. Les lundis, mardis et mercredis sont décrétés jours sans viande et sans gâteau, par exemple. Les boucheries devraient donc fermer trois jours par semaine. La mise en place de ces premières restrictions sur la viande n'intervient réellement qu'à partir de février 1940 au moment où sont instaurées les cartes de rationnement. Pour le pain, les premières restrictions commencent en mars. Un décret du 29 février 1940 prévoit d'instaurer une carte d'alimentation nominative que seule la mairie est habilitée à délivrer et qui permet d'obtenir des tickets ou des coupons pour des denrées spécifiques. L'arrêté du 9 mars 1940 complète ce dispositif et crée les catégories d'âge – E, J1, J2, J3, A, V, T, C – qui déterminent la quantité de produit délivrée. La carte n'est encore que théorie ; la pratique ne vient que bien plus tard. L'arrêté n'est pas encore respecté dans sa totalité en juin 1940[31].

La France ne subit donc pas le plus sévère des rationnements. En Allemagne, il est drastique. De cette comparaison, le gouvernement français fait un argument de propagande pour tenter d'apaiser l'inquiétude de la population. Pourtant, au printemps 1940, ce discours devient moins crédible.

L'envolée des prix

Le courrier des Français atteste de préoccupations grandissantes sur les prix. Les « contrôles techniques » – l'espionnage des lettres des Français par l'Etat – regorgent de mentions sur les angoisses du lendemain en ce qui concerne le budget des ménages[32]. Daladier croit pouvoir parer la montée des mécontentements en faisant silence sur l'augmentation incessante. La presse est censurée quand elle ose publier les prix affichés chez les marchands. Les rapports de quinzaine de la Préfecture de police de Paris nous éclairent sur les prix qui ne cessent pas de monter au marché des Halles[33]. Les prix de gros ont augmenté de 37 % entre septembre 1939 et le début du mois de juin 1940. A Bordeaux, des sources préfectorales indiquent que le prix du riz augmente de 18 % entre septembre 1939 et janvier 1940. En février 1940, il n'est pas rare de trouver des fromages à plus de 40 francs la pièce, alors que le salaire mensuel d'un ouvrier qualifié masculin à Paris est de 1 500 francs environ et celui d'un OS, de 400 francs pour quarante heures de travail par semaine[34]. Les Français ne peuvent donc plus consommer certains produits. Les commerçants, au courant des prix de gros, n'hésitent pas à faire part de leurs inquiétudes aux clients. Cette inflation n'est pas provoquée par l'Etat – même s'il a bien relevé de 20 % le prix du tabac à la mi-novembre 1939 –, mais découle de la loi de l'offre et de la demande. Daladier ne semble plus maîtriser la situation économique.

De même, dans le département de la Manche, le prix de la viande au détail augmente de 25 % dans les quinze premiers jours de février 1940 ! Dans ce département rural, les habitants sont très sensibles au manque de viande ; l'élevage domine dans le bocage. C'est la première ressource alimentaire et la consommation de la viande est une habitude quotidienne. Pourtant, dans les villes, et surtout les plus grandes, il est plus difficile de s'approvisionner que dans les villages normands. Les soucis paysans sont surtout d'un autre ordre : la réquisition des chevaux par l'armée, qui varie entre 20 et 60 % du cheptel selon les régions[35], le manque de ficelle lieuse, l'absence de plus en plus importante du sulfate de cuivre dans les régions de viticulture comme le Sancerrois[36], le Languedoc-Roussillon, le Bordelais, etc. L'essence et le charbon font également de plus en plus défaut durant l'hiver 1939-1940. Jean-Louis Crémieux-Brilhac signale avec justesse que c'est l'augmentation du prix du cheval de trait qui cause le plus grand mécontentement dans les campagnes : par exemple, en février 1940, 14 000 francs

par tête dans la région toulousaine ; entre 10 000 et
20 000 francs en Normandie en mars 1940[37] ! Le manque
croissant de viande sur les étals provient en fait des
besoins de l'approvisionnement des troupes françaises sur
le front, pour lesquelles un apport plus riche en éléments
carnés est décrété : les soldats doivent être bien soignés.
Dans ces conditions, l'agriculture est désorganisée, car la
production du temps de paix ne peut plus être aussi soutenue en temps de guerre[38]. En effet, il manque des bras.
Assez vite, dès l'automne 1939, l'Etat a dépêché des centaines de milliers d'agriculteurs mobilisés dans le cadre de
permissions spéciales pour rentrer les récoltes de betteraves et les vendanges.

Et le pain dans tout cela ? En 1939-1940, il constitue
encore la base de l'alimentation. Il ne manque pas au premier trimestre 1940, mais il est de moindre qualité. Quant
au vin, les réserves sont presque vides dans certains départements situés au nord de la Loire, en Bretagne et en
Normandie. La pénurie n'est pas encore installée, mais
elle inquiète lorsqu'elle touche un produit, souvent pour
quelques semaines. Puis, parfois, tout revient dans l'ordre.

75 % des ressources des Français sont consacrées aux
achats alimentaires ! A l'évidence, les ouvriers manœuvres
de l'industrie – dont le salaire ne dépasse pas en moyenne
cinq francs de l'heure dans le meilleur des cas – peuvent
de moins en moins se nourrir correctement. Le marché
officiel, bien que moins onéreux que le marché noir
devient inabordable. Les communistes en profitent alors
pour dénoncer cette vie devenue trop chère et pour fustiger le gaspillage, dont la responsabilité incombe selon eux
à l'armée.

Comme si cela ne suffisait pas, dès le premier hiver de
la guerre, la population française connaît une crise importante de l'approvisionnement en charbon. Selon les experts
de la météorologie nationale, l'hiver 1939-1940 a été le
plus froid depuis 1893. Plus de trente centimètres de
neige recouvrent la majeure partie des régions françaises
à Noël 1939. Le Sud-Est méditerranéen n'est pas épargné

non plus. Mais ce n'est qu'un début, puisqu'une période de très grand froid commence dès le 30 décembre, dans l'est du pays. Jusqu'au 22 février 1940, les températures descendent jusqu'à – 24 °C dans l'est et le centre de la France et jusqu'à – 20 °C à Paris, mais aussi à Bourges, Caen, Lyon et Rennes. Les canalisations d'eau éclatent par milliers. En janvier, pendant vingt-quatre jours, il n'y a pas une seule journée de dégel ! Les canaux et les fleuves sont figés par la glace et la circulation maritime commerciale n'avance plus, comme dans le département de la Marne.

Durant l'hiver 1939-1940, pour le charbon – que la France importe en grande quantité – et le bois de chauffage, la population française doit réduire de moitié sa consommation. Le prix du bois augmente de 30 à 50 % au début du mois de janvier 1940. A Lille et à Lyon, une nouvelle unité de vente est créée pour le charbon : le seau. Il n'est plus question de vendre une tonne ou deux de charbon pour la consommation domestique. Dans toute la France, les ménagères paniquent et s'inquiètent du lendemain : y aura-t-il assez de charbon pour cuire les aliments, se chauffer, donner un peu de chaleur aux enfants ou réchauffer un biberon ? L'époux est généralement mobilisé. Comment faire face avec une maigre allocation militaire ? Nombre de préfets français signalent au gouvernement que la misère gagne et que le moral tombe pendant cet hiver rude.

Malgré l'avalanche de mauvaises nouvelles, les rues restent calmes et aucune manifestation contre les manques et la cherté des produits n'est relevée. L'hiver a donc un effet moral démobilisateur relatif.

2

Mai-juin 1940

Des cadres de vie brutalisés, du front à l'arrière

Au front, effet de surprise et preuves de courage

Avant l'épreuve du feu, les Français sont sûrs de leur armée ; elle est réputée puissante et bien organisée. En octobre 1939 et en mars 1940, comme d'autres journaux et magazines, *L'Illustration* a déjà fait plusieurs reportages autorisés sur l'organisation de l'armée ; le 31 mars, un numéro décrit l'ensemble des étapes du ravitaillement du front : prise en charge du fourrage, opérations de déchargement diverses, organigramme qui montre le fonctionnement du service de l'intendance, de la station-magasin, des entrepôts, selon un circuit qui doit conduire la nourriture de l'arrière vers le front. Les boulangers militaires semblent travailler dans des conditions à peu près normales et, sans difficulté, la soupe peut être distribuée à « quelque 300 mètres de l'ennemi[1] ». La propagande est efficace. La logistique ne subirait donc apparemment aucun frein, les Français ayant tenu compte des erreurs des batailles du passé. Comme le confirment d'autres sources, le moral est ferme.

De même, en avril 1940, si l'on en croit les rapports du contrôle postal de la 2e section du 2e bureau de l'état-major de l'armée de terre, le moral est considéré comme « excellent » dans les unités du Nord et du Nord-Est[2]. Tout au

plus sont signalés des cas isolés de défaitisme. Mais la
méthode de sondage appliquée aux lettres des soldats est
mal conçue par les services militaires d'« espionnage » de
la vie privée, et elle ne donne pas une photographie
objective du moral des militaires. Les services du contrôle
postal respectent les mêmes règles que pendant la Grande
Guerre, en suivant des grilles de lecture strictes ; il s'agit
de repérer de simples termes qui signifient soit la « satisfaction » soit le « mécontentement ». Des rapports ont tôt
fait d'interpréter la joie d'une unité à l'annonce d'une permission imminente comme un état d'esprit qui conduira à
ne pas reculer devant l'ennemi. Un comptage approxima-
tif des mentions lues dans les lettres, extraites d'une
masse considérable, est ensuite opéré. Il s'agit aussi de
repérer le comportement après des événements liés aux
« permissions agricoles » ou aux « rapports avec la population », par exemple. En revanche, rien ne permet d'évaluer le moral des soldats, ni leur engagement ou l'ampleur
des idées pacifistes. Il semble donc que le contrôle postal
n'informe que très partiellement et fort mal le commandement. Voilà qui peut en partie expliquer la débandade
de nombreuses unités en mai-juin 1940, alors qu'il avait
été dit un ou deux mois auparavant qu'elles étaient très
dévouées et prêtes à en découdre avec les Allemands. Les
généraux, les gouvernants et donc l'opinion n'en ont pas
moins été surpris. S'ajoute à cela une foi aveugle dans la
ligne Maginot, présentée par l'état-major et les hommes
politiques comme un moyen de défense imparable. De
plus, alors que les Allemands fondent leur stratégie sur
l'utilisation massive de l'aviation et de l'armée de terre, la
France a construit une armée de terre sans vraiment envisager la mise en place d'une aviation puissante et bien
organisée. Avec les avions britanniques (1 700, dont seulement 450 basés en France), les avions français (1 300),
les appareils hollandais (300) et belges (200), les forces
aériennes alliées sont équivalentes à celles du Reich, du
moins en théorie ; la qualité des avions français est discu-
table : 500 avions sont trop vieux ; nombre de bombar-

diers sont encore en révision le 10 mai 1940, ou bien en réserve en cas d'attaque surprise. De plus, il n'y a pas de commandement pour coordonner toutes ces forces : les pilotes belges et hollandais doivent se battre seuls sans possibilité de recevoir des renforts franco-britanniques. Enfin, pour la France, il n'existe aucune coordination entre les soldats au sol et les forces aériennes en cas de bataille aéroterrestre. De son côté, le Reich a fait sortir des usines des milliers de chars lourds et moyens pendant l'hiver 1939-1940 qui vont combattre avec les blindés légers ; ces derniers sont passés de 3 000 à 2 600 entre septembre 1939 et mars 1940[3]. Les blindés allemands sont tous endivisionnés alors que les chars français doivent combattre au sein de bataillons de 45 engins en lien étroit avec les fantassins. Les moyens de transmission allemands sont beaucoup plus performants que ceux des Français ; les forces sont moins dispersées et mieux enca-drées par un excellent corps de sous-officiers. La Luftwaffe compte 3 500 avions de combat (chasseurs et bombardiers). Cependant, une grande partie des unités de la Wehrmacht n'est pas motorisée et s'appuie sur une infanterie qui ressemble beaucoup à celle de 1918 ; près de 400 000 chevaux ont été réquisitionnés au moment de la mobilisation. Seule une trentaine d'unités d'infanterie possède une capacité combattante remarquable. Aussi, sur le papier, le rapport des forces entre les belligérants dévoile peu de différence. En Pologne, le moral des troupes allemandes n'a pas toujours été excellent et l'armée a montré des insuffisances, notamment en ce qui concerne l'armement. Cela a été en partie amélioré par une instruc-tion de très bonne qualité pendant la drôle de guerre. La force des armées du Reich tient en fait à la stratégie utili-sée et à l'organisation des blindés ainsi qu'à l'efficacité de l'aviation ; il faut ajouter l'unité de commandement, absente du côté français. La « drôle » de guerre sans effu-sion de sang, prend donc fin avec la « vraie » guerre, celle des chars, des avions, des bombardements, des morts et des peurs, alors que le 10 mai, l'armée française passe toujours pour la première armée du monde ; les Alliés alignent 130 divisions face aux 135 de la Wehrmacht. Hitler a retardé les opérations, en partie pour des raisons météorologiques, et cette décision a été terriblement efficace. Par ailleurs, une légende veut qu'il ait pris le temps de préparer la « Blitzkrieg ». Or, les historiens ont montré depuis quelques années que les Allemands n'ont pas vraiment cherché à construire une stratégie de « guerre éclair ». au contraire, même si le Reich a écrasé la France, il a commis de grosses erreurs souvent oubliées : l'état-major de Hitler ne comprenait pas toujours très bien les astuces de la guerre industrielle moderne[4]. C'est en partie le déroulement imprévu de la campagne de France qui permit à Hitler de gagner si vite.

Le 10 mai 1940, des centaines de milliers de Français sont réveillés par le bruit des sirènes, dans vingt-quatre villes, dont Paris, Le Creusot, Dijon, Lyon et Nancy. C'est la stupeur. Beaucoup n'y croient pas comme ces parents qui, dans la banlieue de Paris, ont l'inconscience de laisser leurs enfants sur le balcon afin qu'ils « contemplent » les tirs de la DCA. Comme si la guerre était encore du domaine de l'impossible[5]. Cela tient aux idées véhiculées par les politiques et la presse. Les Français se sont habitués à la « drôle de guerre » même si elle est usante.

Les plans Dyle et Breda auraient théoriquement pu permettre aux armées française et anglaise d'arrêter l'offensive allemande. Or, les divisions blindées du général Guderian passent par les Ardennes pour contrer la manœuvre franco-anglaise qui consistait à se ruer en Belgique. A partir du 10 mai 1940, les Allemands commencent leur attaque vers l'ouest par une offensive d'envergure en envahissant la Belgique et les Pays-Bas ; Hitler vient d'activer le plan Manstein qui, selon les « grands chefs » de l'armée française, était impensable : il s'agit d'une attaque massive à l'endroit le plus fragile du front allié, dans les Ardennes, un espace sans fortification importante. Les troupes situées au nord de la ligne Maginot sont alors rapidement isolées. Frossard, le ministre français de l'Information, annonce à 7 h 30 sur les ondes de la Radio nationale que la guerre « réelle » a commencé ! Les rapports de la police et de la gendarmerie décrivent le moral de la population comme « excellent ». Cela dure deux ou trois jours, car dès le 13 mai, la presse parisienne annonce – à ceux qui peuvent la lire – que les bombardements du premier jour de l'offensive allemande ont fait 140 morts à Paris et aux alentours ! Cela devient plus grave et le moral baisse ; des morts s'ajoutent aux bruits des sirènes et aux explosions entendues dans le lointain, du côté de Billancourt, une zone d'usines. La confiance envers le gouvernement reste toutefois bonne. La propagande officielle semble toujours faire effet. On continue de danser dans les guinguettes des bords de Marne et de Seine, entre deux alertes. Les Parisiens font davantage attention et se ruent plus volontiers dans les bouches de métro pour s'abriter dès que la sirène retentit.

Dès le 13 mai, les trois *Panzerdivisionen* du général Guderian progressent très rapidement en direction de Sedan. Puis, de l'estuaire de la Somme, le groupe d'armées A commandé par von Rundstedt peut se jeter dans la brèche ouverte. Plus de six cents avions attaquent les Français en piqué alors qu'au sol le dispositif de la Wehrmacht n'est pas encore totalement mis en place. Les soldats français sont vite effrayés devant une telle vision ; un commandant de plusieurs batteries de DCA rapporte que « l'air est tenu en permanence par 50 à 70 appareils qui virevoltent... ». Plus loin, il écrit : « Notre aviation est nulle... (ce que personne ne peut s'expliquer). [...] Nos hommes réagissent mal devant cet enfer : ces braves paysans de l'Orléanais, plus habitués aux travaux des champs qu'à la vie militaire, jetés dans la bagarre sans avoir jamais entendu d'autres coups de fusil que ceux de leurs pétoires de chasse, se trouvent brutalement au centre d'un bombardement aussi nouveau que monstrueux[6]. »

Le 13 mai, à Monthermé, c'est une demi-brigade de quatre cents tirailleurs coloniaux qui tient la position, aidés par plusieurs dizaines de soldats – des paysans originaires du Sud-Ouest. Il faut s'entendre au plus vite quelle que soit l'origine géographique de chacun. Selon les archives militaires, il semble qu'il n'existe pas de cas de refus collectif d'obéissance. Les réservistes, souvent sans motivation, vont au combat quand les officiers l'ordonnent. Pourtant, malgré cet entrain, les soldats français sont mal préparés et souvent isolés, car la cohésion du commandement est très déficiente. On voit des colonels incapables de réagir devant des opérations ennemies imprévues dans les plans de l'état-major ; ils manquent aussi parfois d'initiative tactique. Des officiers de rang inférieur sont laissés seuls avec leur troupe face à l'armada de blindés allemands. La guerre est apprise – ou réapprise pour certains anciens de 14-18 – sur le terrain. Des officiers initient dans l'urgence des soldats « amateurs » – les soldats du contingent – qui souhaitent faire de leur mieux. Des chefs de bataillon et d'autres officiers encore ont été très courageux dans certaines batailles. Il est donc faux de généraliser et d'affirmer que les cadres militaires ont été tous défaillants. Les batailles perdues font oublier parfois que des soldats et des officiers français ont tout tenté pour barrer la route aux Allemands. Mais l'histoire ne s'attarde pas sur les défaites. Contrairement à certaines descriptions, il n'est pas permis de dire que les soldats français ont totalement démérité pendant les combats de mai-juin 1940. L'étude minutieuse des comportements quotidiens des soldats et des officiers montrent que le courage a été réel et solide à certaines périodes, une fois l'effet de surprise passé. La stratégie allemande a dû être « digérée ». Mais le regain de courage à certaines dates n'a pas évité la déroute finale.

Les journaux de marche des régiments indiquent que le repli des soldats, tel celui du 72e RADC (Régiment d'artillerie division cavalerie), est entravé par le désordre de l'exode des civils. Ce régiment positionne ses batteries dans l'Aisne ; il recule un peu plus chaque jour sous la pression allemande ; le 15 mai, on lit : « Désordre sur les routes (réfugiés et troupes), attente dans bois[7]... » Cette rencontre entre les militaires et l'exode s'ajoute aux coups terribles déjà portés par les armées allemandes. Maraîcher en Anjou en temps de paix, Gaston Denéchaud, appelé en 1935-1937, rappelé le 26 août 1939, devenu soldat au 72e RADC rapporte que les morts militaires jonchaient le sol et qu'il fallait parfois rouler dessus pour se replier.

Le moral de nombreux soldats s'effondre alors. Gaston Denéchaud ne s'attendait pas à une situation de guerre sans coups de feu ; il ne pensait pas non plus servir de nouveau un jour sous l'uniforme[8]. Il estime avoir « fait son temps » et admet difficilement de reprendre l'uniforme dans ces conditions. Il raconte son expérience sur le front de façon très émouvante : « L'hiver 39-40 avait été dur pour nous dans les Ardennes ; on attendait, logés dans de vieilles maisons civiles réquisitionnées. La nourriture, ça pouvait aller, mais le pain était dur car gelé. Notre hygiène était rudimentaire. Nous avions peu de contact avec la population de la région. Le courrier arrivait assez bien ainsi que les colis envoyés par la famille. Avec les officiers, on parlait peu de la guerre même si l'un d'entre eux nous répétait : on est là pour tuer du boche. On a assisté aux spectacles du théâtre aux armées pour distraire les gars. On s'est habitué à la situation d'attente. On arrachait les pommes de terre dans les champs des mineurs qui avaient été évacués. On mangeait les patates gelées en hiver. Puis, le matin du 10 mai, vers cinq heures du matin, on voit des voitures civiles luxembourgeoises ; de belles voitures qui transportaient des membres du gouvernement. Elles passaient très vite ; après elles des voitures moins belles, puis des piétons les jours suivants. »

A Laon, le 19 mai, Gaston Denéchaud raconte encore qu'« on devait se mettre face aux Allemands pour les empêcher de passer et on a vu les avions, des centaines d'avions. Là on a eu très peur. Nous étions impressionnés ; les avions, c'était vraiment affolant. Des copains pleuraient. Chez les officiers, on a senti la panique. Mais le plus dur ce fut juin. On ne pense plus à rien, seulement à rester en vie ; on a cru à la reprise de l'initiative et on a eu des bons moments avec des pièces d'artillerie allemandes touchées. Mais ils nous encerclaient... [Le témoin ému s'arrête un instant, puis reprend son récit.] La roulante tentait de nous ravitailler, mais des journées furent sans nourriture. Nous sommes enfin relevés au Quesnoy par un régiment colonial. En nous repliant, on voit des soldats français morts qui sont là comme jetés au sol... C'est un contact terrible avec la mort. On a pris une vraie "dérouillée"[9]. » On imagine sans peine l'effet produit sur le moral des soldats. La stratégie allemande a provoqué l'effet de surprise escompté. Cela dit, en plusieurs points du front français, les soldats du contingent ont tenu aussi bien que les militaires professionnels ou les unités d'élite. Que s'est-il passé en réalité sur le front ? Ce que nous décrivons ici n'a été connu que bien plus tard par les Français.

Il apparaît qu'entre le 25 mai et le 5 juin le moral des troupes s'est amélioré. L'envie de ne pas se laisser écraser par le Reich a rejailli après le passage des premiers convois de l'exode. Les militaires ont été écœurés de voir les civils bombardés durant leur fuite par les avions allemands. Beaucoup ont crié leur volonté de vengeance. Le 20 mai, Abbeville est occupé. La nasse allemande est fermée sur les armées alliées et, du 26 mai au 2 juin, à Dunkerque, la flotte anglaise embarque en catastrophe 200 000 hommes du corps expéditionnaire anglais et 130 000 Français. La poche de Dunkerque sera envahie à son tour par la Wehrmacht, le 4 juin. La « bataille de France » est quasiment perdue. Ensuite, il reste aux troupes allemandes à foncer sur la Seine, Paris, la Loire et le Sud-Est français. Les soldats français font ce qu'ils peuvent, mais les ordres ne sont pas toujours très clairs et ils ne parviennent pas à se rassembler.

L'étude des lettres des soldats en atteste. Par exemple, Jean-Louis Crémieux-Brilhac a retrouvé ce témoignage d'un élément du 12ᵉ zouave, daté du 27 mai : « Nous sommes restés près de dix jours avec du pain et de l'eau. Je préfère des cartouches et du courage que du pain[10]. »

Ce type de témoignage n'est pas rare ; nombre d'officiers soulignent dans leur rapport le courage des soldats. Tout l'édifice militaire et politique se délite. Le pouvoir politique essaie de réagir : Paul Reynaud limoge une quinzaine de généraux, remanie son cabinet à deux reprises en plaçant Pétain à ses côtés. Le 12 juin, Weygand a donné l'ordre de retraite, ce qui a fini de décourager nombre de cadres militaires et de soldats qui avaient encore quelque espoir. Celui d'un retournement de situation est quasi nul d'autant que les ministres et leurs services se dispersent en Touraine les 12 et 13 juin dans une vingtaine de châteaux. Le président de la République Albert Lebrun, au château de Chissay, n'a même pas les moyens téléphoniques de joindre tous les membres du gouvernement. Le 15, ils se regroupent à Bordeaux. Dans les régiments, les journaux de marche ne font alors que décrire des replis. Le génie français fait sauter des ponts après le passage des régiments, notamment sur la Loire et le Cher.

Pour les militaires en repli, traumatisés par les combats perdus, les heures de marche sont innombrables et des colonnes entières ne parviennent parfois plus à atteindre le point d'arrivée qu'elles se sont fixé. La déroute est totale avec ses fuyards, ses isolés, ses perdus, ses petits groupes de soldats sans chef à la recherche de nourriture. Les civils de l'exode, comme les Français restés devant le pas de leur porte pour les regarder passer, sont demeurés profondément marqués par cette image de débandade militaire.

Le 17 juin, Gaston Denéchaud et le 72e RADC sont repliés en Dordogne. La marche de retraite a été harassante. Tout le monde a vécu alors plusieurs semaines dans l'unique espoir de rentrer à la maison. A l'époque, la majorité des soldats ne se soucie vraiment pas de savoir pourquoi une telle défaite a pu se produire.

Le 20 juin, Clermont, puis Lyon, Angoulême et Bordeaux sont occupés. L'occupation aurait pu être plus facile et rapide si les armées du Reich n'avaient pas été freinées par les millions d'Européens en fuite sur les voies de communication françaises.

Des milliers de soldats français sont faits prisonniers et ne reviendront dans leur foyer qu'en 1945, laissant souvent seule une épouse, avec ou sans enfants. Le bilan des combats est lourd : on compte entre 85 000 et 90 000 morts, 125 000 blessés et 15 000 disparus du côté français, ce qui prouve bien que les armées françaises ne se sont pas laissé faire, contrairement à ce qui a souvent été dit.

À l'arrière, frayeurs et rumeurs insensées

Durant le mois de mai 1940, le moral de la population civile éloignée des zones de combat reste relativement bon, car la censure filtre et supprime toute information sur les défaites cuisantes de l'armée française. La réalité des combats est donc portée à la connaissance des Français avec quelque décalage. La presse développe des nouvelles sur le danger des parachutistes allemands. Ceux-ci utiliseraient toutes les ruses pour démoraliser la population. Effectivement, dès le 11 mai, la presse française annonce qu'il faut se méfier, car près de 200 parachutistes allemands auraient été largués non loin de La Haye, déguisés avec des uniformes hollandais. Plusieurs jours durant, la presse de droite ne cesse de dénoncer l'efficacité de la cinquième colonne, qui donne aux Allemands des victoires faciles. La peur se propage.

Entre le 11 et le 15 mai, en raison du tri des informations diffusées, sans doute pour éviter la panique générale, nombre de Français pensent que les opérations allemandes sont essentiellement concentrées sur les Pays-Bas. Or, à Paris, dès le 16 mai, des rumeurs courent en haut lieu : les Allemands seraient déjà sur le sol de France. Pourtant, il n'y a jamais eu de troupes allemandes parachutées à des fins de subversion à l'arrière du front. Les rumeurs sont le plus souvent identifiées comme provenant de la cinquième colonne. Le bourrage de crânes bat alors son plein. La peur gonfle dans la population civile, moins nourrie par crainte de la guerre qui se rapproche – ce qui serait somme toute normal – que par l'impression d'avoir été dupée par la presse, et donc par les gouvernants, visiblement pris au dépourvu par une guerre de mouvement imprévue. Celle-ci laisse entrevoir un écroulement rapide des armées françaises. Le matin du 16 mai, les autobus parisiens sont réquisitionnés. Dans un paysage urbain inhabituel, sans autobus, les habitants de la capitale font bonne figure. Cependant, ils ignorent encore que les lignes militaires françaises ont été enfoncées. Dans les allées de la haute administration certains le savent déjà. A titre d'exemple, dans l'après-midi du 16 mai, le ministère des Affaires étrangères brûle d'épais dossiers, dont la fumée ne passe pas inaperçue dans le ciel de la capitale. De même, au Palais-Bourbon, les questeurs laissent entendre que les Allemands ne sont pas loin. Bref, dans les milieux officiels, l'affolement gagne. Personne n'ose croire que l'armée française, puissante selon la propagande, a enregistré des échecs aussi graves. Le soir, à 20 heures, dans un discours à la nation, Paul Reynaud livre une petite part de la vérité aux Français et il les appelle à garder leur sang-froid. Durant ces journées, la censure a permis d'amoindrir très momentanément le traumatisme des premières défaites.

Le 17 mai, à 21 h 30, les Français qui écoutent la radio nationale apprennent que Bruxelles est abandonné aux Allemands. Le 18 mai, *Le Petit Parisien* est autorisé à titrer enfin : « Bataille décisive de Maubeuge à l'est de Sedan » ; l'ordre du jour de Gamelin, « Il faut vaincre ! » est également publié. La nouvelle fait l'effet d'une bombe pour les Parisiens et suscite aussitôt l'angoisse. En province, la nouvelle court très vite aussi. Des processions religieuses sont organisées un peu partout en France. Les parlementaires, ainsi que la population, semblent amortir le coup du 16 mai. Pourtant, le miracle d'un retournement de la situation militaire, tant souhaité par Paul Reynaud, ne se produit pas. Le 18, il remanie même son gouvernement, dans l'espoir de provoquer un choc psychologique ; Pétain est appelé. Le 21 mai, Reynaud annonce au Sénat qu'Amiens et Arras sont aux mains des Allemands. Parallèlement, l'état-major s'évertue à laisser incriminer la cinquième colonne qui fournit une excuse commode pour expliquer tous les échecs ; cela montre surtout le refus d'admettre les erreurs de la doctrine militaire. A la propagande et à la censure des responsables civils et militaires, il faut ajouter celle des nazis, cependant moins efficace. Le 17 mai, Goebbels donne des instructions à ses services de propagande pour « créer par tous les moyens une atmosphère de panique en France ». Il donne des fréquences supplémentaires à un poste émetteur pseudo-clandestin, *Réveil de la France*, et déjoue au maximum le brouillage français. Cette radio donne des informations très soigneusement choisies et qui cherchent à démoraliser ceux qui les écoutent. Ces nouvelles démoralisantes visent à jeter les populations sur les routes au moment où les renforts français sont susceptibles de monter sur le front[11]. Une autre radio de ce type a émis en juin, *Radio-Humanité*, mais comme la précédente, elle ne recueille en fait qu'une audience limitée.

Des dizaines de gares et d'aérodromes sont bombardés à Calais, Charleville, Compiègne, Conflans, Douai, Dunkerque, Givet, Lens, Lille, Valenciennes, Chartres, etc. ; en quelques jours seulement, des milliers de cadavres jonchent le sol. Les Français, spectateurs effrayés de ces scènes, n'ont pas d'autre choix que de fuir le plus loin possible, quand ils le peuvent. Les gares bombardées sont remplies de soldats en partance pour le front. Parfois, des wagons de munitions explosent, emportant la gare et les personnes présentes. Les soldats français connaissent une débandade sans précédent. Les soucis, les doutes, les illusions et les désillusions, les sentiments d'inégalité entre les Français font *ipso facto* partie du passé, celui de la « drôle de guerre », cette « drôle de chose » comme s'est écrié Anatole de Monzie[12].

La « guerre éclair » est gagnée par les Allemands en six semaines. Les armées françaises sont pulvérisées par la *Blitzkrieg*. La ligne Maginot a fait long feu : elle a été contournée par l'ouest, car les Allemands ont choisi de passer par les Ardennes, conformément au plan imaginé par le général von Manstein.

L'exode, une vie quotidienne suspendue par le drame

Le plan de repli pour les frontaliers est passablement réussi en septembre 1939. Avec le début de l'attaque allemande, en mai 1940, la migration forcée est encore assez réduite au début, mais elle s'amplifie considérablement une fois la ligne de front percée. Dans la partie située au nord de la Loire, dès que l'avance allemande est connue vers le sud et l'ouest de la France, les villes se vident de leurs civils et de leurs soldats. Ce que la propagande allemande a colporté sur les atrocités de la soldatesque serait finalement en train de se produire. Les premiers réfugiés, venus de Hollande puis de Belgique, devancent les Allemands, puis sont bientôt rattrapés. C'est le chaos sur les routes de France. Ce sont les Français du nord de la Loire qui vont sans doute connaître l'année 1940 la plus pénible.

Fuir à tout prix

Déjà en septembre 1939, 500 000 Parisiens – en majorité des femmes et des enfants – ont quitté la capitale pour échapper aux bombardements allemands. Pour beaucoup mieux valait anticiper un départ plutôt que de le faire dans l'affolement général. Celle-ci se développe dans une phase où l'avancée des armées hitlériennes est rapide. On compare souvent les motifs de l'exode des millions de Français à la Grande Peur de 1789. Il est vrai qu'il y a des similitudes dans les origines de la panique collective, liées en partie aux rumeurs, mais là doit s'arrêter la comparaison. On estime que six à huit millions de personnes se jettent sur les routes de France en mai-juin 1940, avant d'être bloquées en Bretagne ou en Normandie ou enfin, plus massivement, au sud de la Loire, souvent pour cause d'épuisement ou d'interdiction militaire française de passer sur tel ou tel axe routier, ou parce qu'elles sont rattrapées par les Allemands qui poursuivent leur offensive[13]. Aucun Français n'aurait pu imaginer en septembre un tel scénario. A Vitré, en Ille-et-Vilaine, Jean-Louis Besson, un enfant de Paris âgé de sept ans, raconte ces mouvements inhabituels de la population : « On a vu les Anglais quitter la ville. Ils ont fait le tour de Vitré dans leurs camions. Tous les jours des voitures traversent la ville, venant de Paris ou de l'est de la France, surchargées avec des matelas, des tables, des chaises attachées sur le toit, toute la famille entassée à l'intérieur[14]. » Vitré, comme d'autres cités bretonnes, a déjà vu sa population gonfler avec l'arrivée de centaines de familles parisiennes, dès 1939. Des pères de famille ont mis en sécurité les leurs au moment de la mobilisation. Mais en mai 1940, voilà que d'autres personnes passent, beaucoup plus nombreuses encore, victimes des attaques allemandes.

En mai 1940, la première vague de l'exode amène les populations frontalières du Nord, de l'Est et de la Belgique et elle montre des replis toujours tristes, mais celle du mois de juin est bien pire encore. Entre la fin du premier exode, vers le 23 mai, et le début du second en juin, une période d'accalmie de courte durée commence, en raison d'un front stabilisé sur la Somme et l'Aisne. Au reste, la « décrue » des réfugiés est perçue par certains Français de façon assez simple. Par exemple, à Limoges, Annie Vallotton constate, le 1ᵉʳ juin, qu'il n'y a « plus de trains depuis plusieurs jours, sauf un de temps en temps, mais de longueur démesurée, cinquante wagons de voyageurs empilés[15] ». Mais la pause est courte ; les Allemands progressent à nouveau très vite. Pourtant, entre le 15 et le 23 mai, du côté français, tout semble encore possible du point de vue militaire.

Les motivations du départ précipité sont variées et souvent diffuses, mais l'exode a été sans nul doute aggravé par la propagande allemande, par le sentiment d'abandon des autorités qui fuient, mais aussi par la perspective de voir son propre pays occupé en partie et enfin par la menace de bombardements meurtriers et destructeurs. Certains partent parfois sans raison objective, seulement sous l'emprise du bourrage de crâne. La rumeur sur les exactions des Allemands se vérifie parfois, comme à Oignies en mai 1940 où des otages civils sont effectivement massacrés[16] ; le souvenir du sort des Espagnols ou des Hollandais bombardés à Madrid et à Rotterdam ou encore l'angoisse « contagieuse » à la vue des migrants qui viennent de Belgique et des Pays-Bas, ont pu aussi expliquer les motivations de la migration, mais ce n'est pas systématique. Bien des villages ont gardé leurs habitants comme Tichey (Côte-d'Or) – sauf une famille de quatre personnes – alors que d'autres, voisins, ont perdu l'essentiel de leur population, comme Bousselange, à quelques encablures de Tichey[17].

Nombre de réfugiés qui ont franchi les ponts de l'Aisne, de l'Oise et de la Somme pensent trouver là un refuge et éviter la guerre, mais les troupes allemandes continuent d'avancer inexorablement, alors que les troupes alliées sont assez vite réduites de moitié. Il leur reste à espérer que le franchissement de la Seine apportera un meilleur refuge, en vain. Des millions de gens abattus – Français ou Européens du Nord –, vont errer sur les routes de France pendant une partie du mois de juin. Le printemps et l'été 1940 ressemblent pour eux à un cauchemar. Des centaines de récits, parfois contradictoires, ont dévoilé les périples individuels et collectifs sur des distances de plusieurs centaines de kilomètres. Une multitude de situations a été vécue ; beaucoup se ressemblent d'un bout à l'autre de la cohorte de l'exode. La guerre charrie une émotion écrasante qui fait pousser les cris et couler les larmes. Un peuple en marche doit faire face à la désorganisation générale, à la faim, au feu et à la peur. Une chanson ultérieure, intitulée *Le Petit Réfugié*, raconte le drame et la tristesse des réfugiés, de ces orphelins abandonnés sur la route pour mieux condamner l'horreur germanique[18]. Le temps est bousculé ; des mouvements d'attente, des contre-vérités, des bruits de guerre et des angoisses quotidiennes s'accumulent alors. Les appréhensions passent d'une famille égarée à une autre. L'ennemi si lointain est devenu danger immédiat, réel ou non. La rumeur court toujours.

Les réfugiés emportent tout ce qu'ils peuvent sur leur chariot ou dans leur voiture. Chacun s'intéresse égoïstement à ses biens, à sa maison laissée en arrière, mais peu au patriotisme. Comment ne pas laisser les bas de laine à l'ennemi ? Il faut se hâter de tout compter, de tout cacher à défaut de tout mettre dans les bagages ou les poches d'un gros manteau d'hiver qu'on endosse au cas où, quitte à avoir trop chaud sur le chemin de l'exode. On glisse les billets de banque partout où c'est possible, dans un livre, dans un édredon, dans une poignée de guidon de vélo, etc. Le lendemain devient un temps inconnu et l'échelle des priorités personnelles change radicalement. Toutes les petites habitudes et les privilèges d'une vie bien ordonnée sont à remettre en cause. Certains deviennent mendiants et quémandent de l'eau, du pain et de l'essence. Les conditions de l'exode ont été effroyables sous les plongeons des terribles Stukas allemands qui descendaient en sifflant sur leurs cibles. Avec l'entrée en guerre des Italiens, les Français sont ainsi pris dans une sorte d'étau. Le pays est en attente, celle de la fin du naufrage collectif. C'est une vie quotidienne extraordinaire, au sens où elle n'obéit plus au schéma d'une vie ordinaire, celle du temps sans guerre.

Des milliers de voitures – des Juvaquatre, des Rosalie, des Peugeot 201, des Delahaye –, des charrettes, des motocyclettes, des tracteurs, des bicyclettes se suivent, se croisent, s'arrêtent, se percutent dans un bruit infernal, un mélange de gémissements, de pleurs, de silences apeurés, de courses folles vers les fossés pendant un mitraillage. Le bien le plus précieux pour qui possède une voiture, c'est évidemment l'essence qui se monnaye parfois très cher entre réfugiés ou bien auprès des habitants des villes et des villages qui voient passer l'immense vague de l'exode. Quand l'essence vient à manquer – on mesurera la difficulté de s'en procurer avec le témoignage des sœurs Benèche au Mans –, le remorquage reste la dernière solution, si la corde usée ne casse pas. Les habitants d'Alençon, et avec eux des milliers d'Ornais des alentours, prennent le chemin de l'exode le 15 juin. Deux jours plus tard, le chef-lieu du département normand est occupé par les Allemands[19]. En Basse-Normandie, comme dans la plupart des régions désertées par leurs habitants, le scénario des commerces fermés et des artisans partis se répète. Le samedi 15 juin, le curé d'Aigle (300 habitants) raconte dans un récit poignant qu'il n'y a plus un seul boucher et que les autres artisans sont sur le point de fermer aussi : « Encore deux charcutiers qui nous abandonnent ce qui leur reste [...] et trois boulangers sans autre moteur pour pétrir jour et nuit que le courage de leurs bras. Comment répondre à la foule qui accourt jusque des campagnes et guette le pain à la sortie du four ? Voici le lait qui manque à son tour. Les fermiers ont fui. Plus personne pour traire les pauvres bêtes qu'on entend gémir dans la campagne. On envoie une équipe à leur secours. Elle revient avec une provision que l'on commence à distribuer à tout venant, au presbytère, au patronage, dans les écoles où s'entassent les réfugiés qui ne peuvent aller plus loin[20]. » Le préfet de Chartres, Jean Moulin, est également mal à l'aise devant le paysage désert de sa ville : « 15 juin, 15 heures. Tournée en auto pour mon information. Je descends en bas de la ville par les petites rues du quartier de la cathédrale. Portes et volets clos. Je n'ose pas écrire que tout est calme, tant ce mot est choquant dans cette atmosphère de désolation[21]. » A la mi-juin 1940, une grande partie de la France est déserte. Les brigades de gendarmerie sont silencieuses ou occupées par les autorités militaires allemandes[22]. Des millions d'objets ont été abandonnés sur les routes par les militaires et par les réfugiés. Certains Français n'ont pas les moyens de partir comme les habitants des quartiers populaires des grandes villes, dont Paris. Il y a eu aussi des cas de suicides, mais ils sont impossibles à quantifier.

Toute une stratification sociale se lit dans le flot migratoire : ceux qui ont des moyens financiers élevés sont en voiture ; les moins riches sont à pied ou tentent d'attraper un train *in extremis*. Les trains sont en effet pris d'assaut à Paris, aussitôt la ligne de la Somme percée. L'exode est décrit par de nombreux écrivains, mais Léon Werth est de ceux qui en parlent le mieux, car il en est un témoin privilégié, obligé de se replier avec sa famille vers le Jura : « On croirait que la France est un pays de matelas, que le matelas est le bien le plus précieux des Français[23]. » Sur les routes de France, les photographes de presse croisent les grands-mères courbées qui ne peuvent plus avancer, épuisées par des centaines d'heures de marche. Les cadavres des chevaux touchés par une balle, percutés par un véhicule mécanisé, jonchent les routes et les bas-côtés. Des enfants tiennent la main de leurs parents, embarrassés d'une cage où les oiseaux de compagnie sont les derniers biens précieux... Ils n'ont pas la chance d'avoir une voiture pour les transporter. Les embouteillages sont interminables[24].

Toutefois, en apparence, un ordre dans les départs semble s'instaurer, qui respecte une nouvelle hiérarchie sociale, recomposée au gré de l'exode. Ainsi, Pierre Mendès France, jeune député radical-socialiste de Louviers (Eure), ancien sous-secrétaire d'Etat dans le second ministère Blum, volontaire dans l'aviation pendant la guerre, âgé de 33 ans, assiste à l'exode dans sa circonscription : « Dans les premiers jours, nous avons vu passer de somptueuses et rapides voitures américaines conduites par des chauffeurs en livrée ; leurs occupants, femmes élégantes, la main sur leurs coffrets à bijoux, hommes penchés sur des indicateurs ou des cartes routières, ne s'arrêtaient guère chez nous ; [...] puis sont venues des voitures moins brillantes, moins neuves, dont les conducteurs, des petits-bourgeois, généralement accompagnés de leurs familles, avaient souvent besoin de nous. Un ou deux jours de plus et ce furent les plus incroyables guimbardes, les automobiles d'un autre âge, sorties d'on ne sait quels hangars poussiéreux et utilisées à défaut de tout autre moyen de fuite[25]. » Puis, viennent les réfugiés à bicyclette, « jeunes pour la plupart » ; Pierre Mendès France note aussi l'arrivée des piétons avec « baluchon sur l'épaule ». Il achève la description ainsi : « En dernier lieu, vinrent les lourdes voitures attelées des paysans du Nord ; elles avançaient au pas, chargées de malades, d'enfants, de vieillards, de matériel agricole, de meubles[26]... »

Des postes de secours sont organisés pour aider les réfugiés. Mais les moyens sont assez faibles ; il manque de l'aspirine, du pain, de l'eau, etc. Personne ne sait vraiment où en sont les combats. Des gendarmes, qui fuient et se joignent au flot des « errants », lâchent parfois une information précise sur l'avancée allemande. D'autres militaires isolés profitent du convoi pour poursuivre vers le sud. D'autres enfin diffusent de fausses rumeurs, toujours intoxiqués par la propagande allemande. En certains endroits, les voitures avancent à des rythmes qui ne dépassent pas les cinq kilomètres par jour[27] ! On imagine sans peine les gros chevaux ardennais et boulonnais qui se déplacent bien moins vite que les voitures civiles et militaires, causant d'immenses bouchons sur toutes les routes de l'exode.

Atteindre la Loire, l'obsession

Les contre-attaques alliées ont échoué les unes après les autres et une deuxième vague d'exode devient alors inévitable. Progressivement, à partir du 8 juin, les populations de Paris et des départements limitrophes se mettent en route, après un premier bombardement le 3 juin, puis toutes celles des départements du sud de la capitale, à mesure de l'avancée allemande. Léon Werth écrit : « Paris, c'est Paris, et il n'est pas possible que les Allemands y entrent[28]. » Paris n'a pas été pris en 1914-1918 et il est impensable que l'armée française soit écrasée si largement et si rapidement. Les Parisiens craignent l'occupation, car le siège de 1870 par les Prussiens a laissé de très mauvais souvenirs. Surtout, ils n'en croient pas leurs yeux et leurs oreilles quand ils apprennent que le gouvernement a décidé de quitter la capitale. C'est le signal du départ pour deux millions de Parisiens en direction du sud et de l'ouest. Les Lyonnais partent aussi massivement à partir du 16 juin.

Plusieurs vagues successives se conjuguent pour gonfler le flux des migrants. Dans certains villages, des civils qui voient passer d'autres civils en fuite s'affolent à leur tour, puis ils entassent des objets familiers sur une charrette (du dentier au chapelet, du rasoir au lapin dans sa cage, etc.) ; ensuite, ils ferment leur maison et s'agglutinent enfin aux groupes en marche sur les routes et les chemins les plus proches. Les civils sont alors mélangés aux militaires. L'exode agit comme une maladie contagieuse. Entre-temps, Paris, déclarée « ville ouverte », afin d'éviter sa destruction, est investie par les troupes allemandes le 14 juin. Les Parisiens encore dans la ville sont terrés chez eux, volets clos. C'est à peine croyable : la capitale française est tombée dans les mains de Hitler en quelques semaines. Une capitale de plus ! Certains se préparent à l'exode et rejoignent le flot des Parisiens. Donnons la parole au paysan beauceron Ephraïm Grenadou, très organisé et qui semble avoir bien préparé son évacuation et celle de ses ouvriers : « Partout, l'ordre arrivait d'enlever les barrages comme ceux de la Bourdinière, pour que les Allemands les voient pas. Les évacués suffisaient bien à boucher les routes. Il en couchait dans toutes les granges. On leur donnait un peu à manger. Après les réfugiés du Nord : ceux de Paris, de Dreux, bientôt Chartres. On voyait que notre tour approchait[29]. » Le paysan résume très bien ce qu'il a vécu en 1940. Le scénario se répète partout au nord-est de la Loire, le fleuve devenant pour les réfugiés une frontière de sécurité. Puis, il raconte ses préparatifs pour rejoindre lui-même le flux des réfugiés et en explique les raisons très superficielles, motivées par la peur : « Parce qu'on voyait les autres. Ça nous entraînait, tous ces réfugiés qui passaient en camion[30]. » La peur panique habite Grenadou comme des millions d'autres Européens qui fuient devant l'armée allemande.

Et l'exode de continuer, majoritairement vers la Loire. A Blois, dans les rapports préfectoraux et dans ceux de la gendarmerie, les premières mentions tangibles de la présence brutale de la guerre apparaissent à la mi-juin : des dizaines de colonnes de réfugiés passent. Le 14 juin, Blois est envahi par des milliers de civils mêlés à des militaires français égarés et isolés[31]. Ce même jour, les Allemands sont à Orléans et à Paris. Dans la nuit du 14 au 15 juin, les événements s'accélèrent lorsque les autorités militaires françaises ordonnent au préfet « l'évacuation des enfants âgés de moins de treize ans et des hommes mobilisables[32] ». La journée du 15 est marquée par l'absence totale de coordination entre les autorités de la ville et les autorités militaires régionales. La confusion règne sur les routes et dans les rues. Le 16, les bombardements sèment la panique dans la population locale et dans les rangs des réfugiés.

Tout le monde a fui, du gendarme au médecin en passant par certains préfets. La France est comme frappée de « tachycardie[33] ». D'autres restent en place, comme le préfet d'Eure-et-Loir, Jean Moulin[34]. Il raconte que l'évêque de Chartres est parti très au sud du département sous le prétexte de participer à des cérémonies de confirmation[35]. Bientôt, c'est au tour des gendarmes et de l'Intendance chargée de ravitailler les civils ! Il est vrai que dans ces conditions, la population de l'Eure-et-Loir a vraiment l'impression d'être laissée seule à la merci de l'ennemi. La pagaille est telle que ce sont les réfugiés qui apprennent au préfet que les Allemands sont à Paris. Jean Moulin a

fait tout son possible pour retenir ses cadres et les administrés ; il voit arriver les Parisiens par centaines de milliers : « Combien sont-ils ces Parisiens, ces banlieusards
qui ont déferlé sur l'Eure-et-Loir ? Un million ? [...] Certes,
ils ont déjà subi le terrible choc moral de la guerre. Ils
n'en ont pas, pour la plupart, connu vraiment les horreurs
matérielles : les bombardements en piqué, les rafales de
mitrailleuses qui prennent les convois de réfugiés en enfi-
lade... Mais, pour l'instant, les Parisiens ne clament que
leur faim[36]. » Le préfet improvise un ravitaillement quand
il reçoit deux autocars chargés de 800 kilos de pain.

En Indre-et-Loire, la situation n'est pas meilleure ; à
l'entrée des ponts, sur le Cher et sur la Loire, les réfugiés
piétinent et font même la queue. Les Allemands veulent
atteindre ces ponts au plus vite, avant que les militaires
français du génie ne les fassent sauter. Le minage des
ponts a commencé. Pour les réfugiés, sans trop savoir
pourquoi, la Loire devient la nouvelle « frontière » à
atteindre absolument, ce que fait par exemple Léon Werth
du côté de Gien dans le Loiret : « La Loire est maintenant
le but idéal, fluvial et stratégique que l'âme collective de
la caravane s'est assigné[37]. » Les départements de l'Eure-
et-Loir et du Loiret deviennent des départements-
carrefours de l'exode. De nombreux réfugiés perdent la
vie au moment de l'explosion des ponts de la Loire provoquées par le génie français, comme à Gien, le 17 juin :
pressés de franchir l'axe ligérien, des dizaines de réfugiés
n'ont pas voulu entendre les sommations du génie et ont
été ensevelis. A cette date, il n'y a plus aucun pont
debout sur la Loire entre Nevers et Tours. Beaune-la-
Rolande – bourgade de 1700 habitants qui devient une
ville de « 40 000 réfugiés » –, Gien, Lorris, Ouzouer-sur-
Loire, Pithiviers sont autant de communes transformées
en véritables campements de réfugiés. Mais les populations autochtones s'inquiètent, car ce sont des bouches
supplémentaires à nourrir, alors que les stocks alimentaires fondent. D'autres villes et villages du bord de Loire
sont touchés les uns après les autres par les vagues suc-

cessives et interminables de l'exode. Pour franchir la Loire, si les ponts n'ont pas tous sauté entre Tours et Nantes, les habitants font preuve de solidarité ; cependant certains se font aussi rétribuer, juste pour donner une information ou prêter une barque. L'absence de plan amène les réfugiés à vouloir atteindre la Loire, qui est donc également un objectif des armées allemandes. La convergence est catastrophique pour les Français. La priorité donnée à l'armée contraint les réfugiés à emprunter les petites routes. L'exode doit alors suivre des détours infinis.

Par ailleurs, l'Italie est entrée en guerre le 10 juin et les populations frontalières du sud-est s'enfuient à leur tour. La ville de Menton est évacuée sans problème alors que les habitants des communes de la Haute-Tinée, de la Haute-Vésubie, de la Bévéra et de la Roya connaissent beaucoup plus de soucis, en raison d'une préparation plus aléatoire et de difficultés de transport. Des cols difficiles doivent être empruntés dans l'urgence, car les ponts sont détruits par le génie français pour retarder l'avance italienne. L'absence des maires en fuite ajoute au désordre, comme à Isola. Le bétail est abandonné dans la majorité des cas. Les militaires sont contraints de récupérer les bêtes qui errent et de les parquer. La défaite est officialisée par la convention d'armistice franco-italienne signée le 25 juin. Les habitants rentrent chez eux à partir du 5 juillet 1940, en quatre convois.

Pour Pétain, l'exode a été une bonne raison de demander l'armistice et il s'explique dans un appel, le mardi 25 juin 1940 : « En ces heures douloureuses, je pense aux malheureux réfugiés qui, dans un dénuement extrême, sillonnent nos routes. [...] L'exode des réfugiés a pris, dès lors, des proportions inouïes : dix millions de Français rejoignant un million et demi de Belges, se sont précipités vers l'arrière de notre front, dans des conditions de désordre et de misère indescriptibles[38]. » Cette version de la débâcle donne une signification politique à l'exode. Il ne parle pas encore du retour des réfugiés ; il le fera seulement le 13 août dans un nouvel appel.

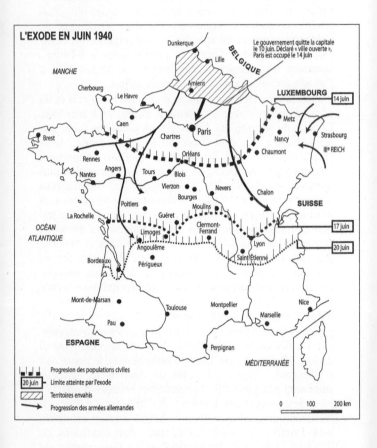

L'EXODE EN JUIN 1940

Le gouvernement quitte la capitale le 10 juin. Déclaré « ville ouverte », Paris est occupé le 14 juin

MANCHE

BELGIQUE

LUXEMBOURG

14 juin

IIIᵉ REICH

SUISSE

17 juin

20 juin

OCÉAN ATLANTIQUE

ESPAGNE

MÉDITERRANÉE

Dunkerque · Lille · Amiens · Cherbourg · Le Havre · Caen · Brest · Rennes · Nantes · Angers · Tours · Chartres · Paris · Orléans · Blois · Vierzon · Bourges · Poitiers · La Rochelle · Guéret · Limoges · Angoulême · Périgueux · Bordeaux · Mont-de-Marsan · Pau · Toulouse · Moulins · Nevers · Clermont-Ferrand · Saint-Étienne · Lyon · Chalon · Chaumont · Nancy · Metz · Strasbourg · Montpellier · Marseille · Nice · Perpignan

⊥⊥⊥⊥ Progresion des populations civiles
20 juin Limite atteinte par l'exode
▨▨▨ Territoires envahis
➔ Progression des armées allemandes

0   100   200 km

L'année 1940 dans l'empire

S'il est impossible de réduire l'attitude des Français de métropole pendant la guerre à un cas unique, il est encore moins concevable de parler d'un comportement identique chez tous les Français vivant dans les colonies.

A Madagascar, l'avènement attendu d'un nouvel ordre colonial

Qui sont donc les Français de Madagascar ? Le recensement du 1er janvier 1940 comptabilise, à côté des quatre millions de Malgaches, 29 869 Français, 17 473 Réunionnais et 2 887 Européens[1]. La communauté française est donc peu importante numériquement, d'autant qu'elle est dispersée sur un très vaste territoire. Claude Bavoux dénombre 8 000 Français à Tananarive (centre-est) et à Diego (pointe nord-est), 4 000 à Tamatave (côte nord-est), 1 400 à Majunga (côte nord-ouest) et 1 000 à Fianar (environ 280 kilomètres au sud de Tananarive)[2]. Il faut y ajouter tous ceux qui vivent en autarcie sur leur domaine dans la brousse. Ces colons, appelés par les Malgaches *vazaha* – étrangers – puis plus tardivement *zanatany* – nés dans le pays – se répartissent en deux groupes : une moitié est employée par l'administration tandis que l'autre occupe des fonctions dans le commerce, les industries et l'agriculture[3]. La grande majorité de ces Français n'est

arrivée dans l'île qu'à l'époque de Gallieni, premier gouverneur entre 1896 et 1905. Les administrateurs et les
cadres civils, explique Claude Bavoux, ont fini par créer
un mode de vie très particulier avec ses règles implicites :
« On se marie sur place avec les filles issues du privé. Une
variété d'endogamie, avec des comportements d'îliens, est
là dans la perpétuation de son système. Une élite industrielle et commerçante y fait l'opinion, au moyen de journaux et de radios, dans lesquels Clochemerle n'est jamais
loin de la roche tananarivienne[4]. » Dans les principales
villes où elle est installée, la communauté française se
connaît bien. A l'inverse, ceux qui sont installés en brousse
vivent en milieu relativement fermé. Par ailleurs, fait
remarquer Claude Bavoux, la communauté « blanche »
n'est pas un ensemble homogène socialement et économiquement. Les créoles de la Réunion sont ainsi considérés
comme des citoyens de seconde zone : en dehors d'une
petite élite, souvent des avocats, ils sont beaucoup plus en
contact avec les Malgaches où, très souvent, ils trouvent
leurs épouses[5].

L'itinéraire de la belle-famille et du mari de Jacqueline
Dussol, née Payet, est un exemple révélateur de la vie
menée par les colons français de Madagascar[6]. Le premier
Dussol, vieille famille de Montpellier, à venir s'installer
dans l'île Rouge fut Louis. Après avoir vécu en Argentine,
il partit en Algérie où vivait son frère. Il y rencontra le
général Gallieni qu'il suivit à Madagascar en 1899. Vers
1910, Louis Dussol acheta la grande propriété d'Androhibé (où il fait d'ailleurs planter une vigne), dans les environs de Tananarive. Il finit par monter une imprimerie
dans cette ville, où fut créé le premier journal de l'île. Gilbert, un de ses cinq enfants (futur beau-père de Jacqueline Dussol) prit la suite de l'imprimerie, tandis que le
domaine d'Androhibé était abandonné en raison du décès
de Félix, frère de Gilbert, emporté à l'âge de 22 ans par
des fièvres : « A Madagascar, les moustiques… c'était pire
encore qu'à la Réunion. Il y en avait partout ou presque,
même à Tananarive qui se trouve à 1 400 mètres d'alti-

tude, sans doute à cause des marécages, des rizières. Sauf à Antsirabé, le pays en était infesté du nord au sud et puis ils étaient encore plus mauvais que ceux de la Réunion. Les moustiques qui transmettent le falciparum, microbe qui provoque l'accès pernicieux, n'étaient pas rares[7]. » Pour éviter le mal, « chacun avait sa moustiquaire. Si on allait en brousse, elle faisait partie des bagages, on n'aurait eu garde de l'oublier. Dans les maisons, elles ne descendaient pas à l'aplomb du lit, elles étaient taillées autrement et accrochées au mur, à la tête du lit, descendaient en biais jusqu'au pied, lorsqu'on les déployait pour la nuit[8] ». Mais, se souvient Jacqueline Dussol, il y avait aussi d'autres maladies courantes. « D'abord la rage [...] Souvent les chiens attrapaient cette rage parce qu'eux-mêmes avaient été mordus dans leur sommeil par des rats. A Madagascar, les rats, il y en avait plein, pas de petites souris comme à la Réunion [...]. Les rats propageaient aussi une autre terrible maladie, la peste. » Et jusqu'en 1920, le seul institut Pasteur dans cette île gigantesque se trouvait à Tananarive. Dans cette ville, les déplacements s'effectuent souvent « en pousse, c'est-à-dire en pousse-pousse. Une voiture légère pour une seule personne que tirait entre deux montants un bourjane, un porteur, chaussé de sandales, court vêtu, un large chapeau de paille sur la tête, une petite clochette à portée de main. Dans les rues très pentues il se faisait aider par un deuxième bourjane. Celui-ci poussait derrière dans les montées, ou freinait dans les descentes en tirant toujours derrière sur une corde. Dans certains cas, on pouvait avoir son pousse ; c'était alors le même Malgache qui venait vous chercher et vous ramener[9] ». Dans les villes, les femmes de colons se déplacent aussi parfois en chaises à porteurs, les « filanzanes ». Pour les Français de Tananarive, en particulier les femmes, le Zoma, grand marché du vendredi, était aussi un lieu de rencontre. Dans les familles, on trouve généralement des « nénènes », femmes malgaches (ou ramatoas) qui s'occupent des enfants, mais aussi toute une série de domestiques. Jacqueline Dussol se souvient par exemple de ses observations sur ce personnel lors de son arrivée dans sa belle-famille : « Je suivais aussi avec un grand intérêt le boy qui frottait d'un pied vigoureux les parquets avec de la paille de fer avant de les balayer, de les encaustiquer et de les faire reluire, ce que l'on ne faisait jamais à la Réunion. J'observais encore le boy quand il tournait lentement un cylindre calé sur un feu de braises dans lequel grillait le café[10]. »

Mais revenons à Gilbert Dussol, futur beau-père de Jacqueline, qui, en plus de l'imprimerie paternelle, obtient des concessions : « les concessions étaient accordées en vue de leur mise en valeur et restaient la propriété du pays. Le concessionnaire apportait son savoir-faire et sa compétence, embauchait et travaillait avec son propre argent selon une sorte de cahier des charges faute de quoi la concession pouvait lui être retirée et donnée à un autre[11] ». Il dirige ainsi une concession forestière, où il exploite le bois précieux, « le teck, l'ébène, le bois de rose, l'acajou, le palissandre clair ou foncé, le sycomore... », et une concession minière, d'où il tire du mica et du graphite. L'affaire est si prospère qu'il peut en 1929 offrir à sa femme et à ses enfants un voyage en France métropolitaine. Il y achète « une Delage, une voiture de prestige », ce qui lui permet au passage de convaincre son beau-frère de venir faire fortune avec lui à Madagascar. Au retour dans l'île, l'associé de Gilbert pour la mine de graphite décède et des dissensions avec ses héritiers conduisent à l'abandon de cette concession. Il faut vendre la plus grande partie des biens acquis pour indemniser la société française qui, ne recevant plus le minerai, porte plainte. La femme de Gilbert, Anna, « servit bien souvent bouillon de brèdes clair et riz et encore bouillon clair et riz[12] ». Il faut croire cependant que la famille n'est pas totalement ruinée (elle possède toujours l'imprimerie), même s'il a fallu traverser des temps difficiles, car Anna obtient de son mari l'achat de « la belle rizerie d'Antanimena, située à Tananarive même et sur la voie du chemin de fer ». Gilbert reprend aussi des concessions en brousse, où il se rend fréquemment, poussé par l'esprit d'aventure et d'entreprise. Pour les enfants du couple, « c'était l'école et les jeux. Les filles restaient à la maison mais les garçons, eux, pouvaient sortir et vagabonder à leur guise ». Guy « avait quantité de petits camarades de son âge, des copains malgaches surtout et c'est ainsi qu'il apprit à parler malgache parfaitement[13] ». Guy, à dix-sept ans, se fait renvoyer du lycée Gallieni, guidé comme son père par l'esprit d'aventure et persuadé par ce qu'il voyait autour de lui qu'« il n'y avait pas besoin de diplômes pour faire fortune, les exemples à Tana ne manquaient pas ». C'était l'époque de l'or dont les géologues avaient découvert la présence sur les hauts plateaux. Gilbert prend alors son fils Guy comme assistant pour se lancer dans l'exploitation de concessions de piquets d'or et de pierres précieuses. « Les piquets étaient de vastes surfaces territoriales comprenant montagnes, collines, vallons, ruisseaux, rivières, plaines délimités justement par de simples pieux fichés en terre ; rien de changé ou d'interdit pour les habitants de ces régions. Simplement, dans cette zone, seul le concessionnaire et ses équipes avaient droit à la recherche, à la prise et à la vente de ce qu'il avait trouvé. L'or devait être déclaré au gouvernement qui en était, en principe, l'unique acheteur[14]. » Le père et le fils partent alors à la découverte de leurs concessions avec une équipe de Malgaches recrutés sur place. « Ils parcoururent alors à cheval, à dos de mulet, en filanzane, à pied, de vastes espaces, dormaient chez l'habitant, dans des cavernes, sous de précaires abris montés à la hâte[15]. » C'est durant cette vie aventureuse que le jeune Guy construit son attachement viscéral à la terre malgache. Avec l'argent gagné, Guy s'achète une propriété à une trentaine de kilomètres d'Antsirabé, où il établit la plantation et l'exploitation de bancouliers, arbres qui « donnaient de très grosses noix et une grande quantité d'huile qui pouvait servir à l'éclairage ou à la savonnerie. De plus on venait de découvrir que cette huile avait certaines qualités qui en faisaient la meilleure pour l'aviation ! C'est pourquoi le gouvernement avait lancé sa plantation en grand, fournissant les plants aux agriculteurs[16] ». Cette vie entre exploitation de l'or et exploitation agricole dura trois ans juste avant que la guerre éclate. « La vie coulait tranquille et agréable, Guy allait souvent à Antsirabé tout proche pour se distraire, rencontrer quelques amis, parler français et enfin… courir le jupon[17] ! » Le jeune homme avait alors tout juste vingt ans.

L'entrée en guerre, en septembre 1939, bouleverse la vie quotidienne de ce jeune broussard, comme celle de bien d'autres Français. D'abord, tout simplement parce qu'il est mobilisé, Guy doit abandonner ses affaires pour rejoindre Tananarive. Le gouverneur de l'île, le socialiste Marcel de Coppet, lance d'ailleurs plus largement le recrutement de tirailleurs malgaches pour l'armée française. Eric Jennings démontre bien[18] la manière dont ce dernier procède pour mobiliser les esprits et les individus pour la sauvegarde de la « mère patrie ». Quoique anticlérical, Marcel de Coppet n'hésite pas, par exemple, à organiser à Tananarive le 26 mai 1940 une grande procession et une messe publique en faveur de la victoire des Alliés. La nouvelle de la défaite provoque, comme dans les autres colonies, une véritable stupeur au sein de la communauté française. A tel point, relève Eric Jennings, que les rumeurs de débarquement allemand à Tamatave ne cessent de se répandre dans les premières semaines. Trois jours après l'armistice demandé par Pétain, l'association France-Grande-Bretagne envoie des télégrammes pour demander la poursuite du combat. Mais après Mers-el-Kébir, le 3 juillet 1940, Marcel de Coppet donne sa démission et les quelques colons anglophiles se retrouvent rapidement poursuivis par le nouveau gouverneur : Léon Cayla, pied-noir qui avait déjà occupé le poste, était ouvertement antisémite et décidé à faire de Madagascar une colonie pétainiste modèle. Les partisans du ralliement à de Gaulle se retrouvent emprisonnés ou mis en résidence surveillée. Quant aux partisans de l'Angleterre, ils sont d'autant plus soumis à la répression que Churchill a mis en place un blocus de l'île depuis juillet 1940. Eric Jennings note à ce propos : « on n'avait jamais vu, en situation coloniale, tant de peines politiques à l'encontre d'Européens[19] ». Plus encore, près de 300 espions malgaches sont utilisés pour surveiller les conversations de la communauté blanche. La grande majorité des colons ne vit rien à redire à ce durcissement, qui correspondait à un raidissement de l'ordre colonial, car « la majorité des coloniaux de l'île étaient anglophobes, antirépublicains, et antiassimilationnistes[20] ». Pour Eric Jennings, la résistance des forces pétainistes dans l'île en 1942 s'explique par le fait que « bien des colonisateurs étaient des vichystes avant la lettre[21] ». Il note par exemple que des organisations patriotiques, devançant certaines initiatives pétainistes, furent instituées dès juillet 1940[22]. Il relève également l'« ultra-pétainisme » qui s'est très rapidement développé au sein des Français de la brousse. Ce pétainisme fervent est l'expression d'un colonialisme fondé sur l'idée de « mission civilisatrice » et constitue sans nul doute un élément déterminant pour comprendre les révoltes de 1947 et la violence de la répression qui suivra[23]. Quant à Guy Dussol, son destin croisa celui de Jacqueline Payet à la fin 1942. Cette dernière (dont le père fut traduit en justice et acquitté par la Chambre civique pour son engagement pétainiste à la Réunion) s'est en effet engagée avec les premières volontaires féminines pour servir la France Libre à Madagascar. Elle y rencontra l'artilleur Guy Dussol qui fut affecté à un camp d'entraînement pour la future brigade d'Extrême-Orient. Mais Guy finit par se rebeller avec d'autres camarades, être « mis au trou » puis même réformé pour insoumission : « En effet, on en était venu à classer les militaires en deux groupes : les métros venus d'Algérie, jouissaient d'un régime spécial et avaient droit, entre autres, au pain et au vin, les autres recrutés sur place, français et malgaches indistinctement, eux, étaient logés dans d'autres baraquements et recevaient comme ration riz et rhum[24]. » Après guerre, il se lança dans le transport par camion entre Tananarive et Majunga (six cents kilomètres) dans des conditions parfois plus que périlleuses, tout en reprenant une rizerie. Il continua ainsi sa vie aventureuse jusqu'à l'indépendance de 1959, et se replia avec sa femme et ses deux enfants sur la Réunion.

Attitudes contrastées à la Réunion

La situation politique est en fait très tendue depuis les années 1930. Les élections sont violentes : les élections législatives d'avril 1936 par exemple se soldent par quatorze morts. Les principes démocratiques sont loin d'être respectés dans la colonie. Les tensions internationales viennent alors accroître l'angoisse sociale : « D'abord des rumeurs circulent partout, dont font écho les journaux, rumeurs de mobilisation qui n'épargnerait que les pères de famille de plus de quatre enfants. Et puis, les prix des denrées alimentaires importées qui grimpent anormalement, depuis 1938, tandis que le géranium collecté tous les samedis dans les boutiques se vend de moins en moins bien[25]. » Pourtant la Réunion donne l'image, à la fin 1938, d'une île joyeuse et dynamique. Du 1er octobre au 13 novembre, Saint-Denis, qui fête son bicentenaire, accueille en effet une foire-exposition internationale qui reçoit près de 70 000 visiteurs, ce qui lui vaut les éloges de la presse métropolitaine[26].

Dès le 1er septembre 1939, la TSF locale a transmis la nouvelle de l'invasion de la Pologne. Le tocsin des églises, qui annonce la mobilisation générale, est suivi, comme en 1914, par l'afflux de très nombreux volontaires vers la caserne Lambert à Saint-Denis, dont les responsables se retrouvent totalement débordés. En fait, la Réunion relève du point de vue militaire du commandant supérieur de la zone « Afrique orientale » qui réside à Madagascar. « Les 5 062 soldats de la zone, organisés en régiments mixtes, en bataillons, en compagnies, en sections, sont éparpillés à Diégo-Suarez et Tamatave pour les unités de Marine, à Arrachart pour les 5 Morane et les 3 Potez de l'Aviation,

à Antsirane, Tananarive, Majunga, Fianarantsoa, Saka-
ramy, Orangéa, Nossy Bé pour l'Infanterie et le Matériel.
Seule une compagnie d'Infanterie coloniale d'un peu
moins de 200 hommes est fixée à Saint-Denis de la Réunion, sous l'autorité du gouverneur de l'île et d'un capitaine
qui dépendent donc de Madagascar. En septembre 1939, la
Réunion dispose en tout et pour tout de 250 fusils Lebel,
12 mitrailleuses Hotchkiss, 2 canons calibre 90 modèle
1888, par contre aucune unité de marine, aucun char,
aucun avion. En gros de quoi utiliser 320 à 350 hommes[27]. »
Autant dire que la ferveur patriotique des insulaires
dépasse de très loin les capacités d'enrôlement de l'armée.
Dès le 9 septembre, un premier détachement de 3 officiers, 7 sous-officiers et 1 004 hommes du rang quitte
l'île, dans la plus grande improvisation, à bord du seul
navire disponible[28]. Mais les conditions de transport sont
si déplorables que le premier convoi « laissa 8 hospita-
lisations dans certains ports, et compta 139 hospitalisés
à bord et 3 décès[29] ». Trois autres navires suivent le
25 avril, le 5 mai et le 17 juin 1940[30]. Au total, relève
Martin Espérance, 3 354 hommes de troupe, 22 sous-
officiers et 6 officiers auront quitté le port de la Pointe
des Galets avant l'armistice du 22 juin[31]. Ils avaient été
plus de 8 000 à s'être présentés dans les trois centres de
recrutement ouverts.

Le gouverneur Joseph Court décide immédiatement de
mettre l'île en état de siège. Les 6 dépôts de carburant
sont mis sous surveillance, des tranchées sont construites
près du Butor, à Saint-Denis, toutes les lampes des habitations côtières doivent être occultées de nuit, et le 4 septembre 1939 la presse diffuse même un plan d'évacuation
de la capitale en cas d'attaque ! Le jeune ingénieur Emile
Hugot[32] est également chargé d'installer une batterie de
deux pièces de 90 au port de la pointe des Galets. En
février 1940, Joseph Court prend sa retraite et est remplacé par le gouverneur Pierre-Emile Aubert qui débarque
dans l'île sur « un aviso français déjà intégré aux forces
navales britanniques[33] ». Les informations sur l'évolution

de la guerre parviennent difficilement. Il y a dans l'île 4 récepteurs télégraphiques et radio avec la métropole, « le trafic n'est pas automatique et permet la transmission de 3 000 mots par jour[34] ». L'île ne compte en outre que 767 postes de TSF qui se mettent d'ailleurs souvent à l'écoute de la radio mauricienne. Ce n'est également qu'à la mi-octobre 1939 que les premières images cinématographiques du conflit sont projetées dans l'île[35]. Le 17 juin, l'île apprend avec une grande stupeur l'invasion de la France par l'Allemagne et la défaite. Le gouverneur, indique J.C. Espérance, transmet dès le 18 juin un télégramme aux accents gaulliens au ministère des Colonies : « Un groupe de notabilités a exprimé désir ardent que Maréchal Pétain soit informé du vœu suivant : bloc Angleterre-Etats-Unis-France doit conduire victoire même après abandon gouvernement sol métropolitain. Notre peuple, nos possessions sont indemnes. Défaite militaire après glorieuse défense n'est pas effondrement de l'empire[36]. » Le 19 juin, le gouverneur et le conseil général télégraphient leur soutien au gouvernement du Maréchal. La représentation parlementaire s'était d'ailleurs montrée légaliste : les députés Gasparin et Brunet avaient voté les pleins pouvoirs au Maréchal, tandis que le sénateur Bénard ne prenait pas part au vote, mais il votera ensuite en faveur du projet de Laval. Lorsque les insulaires apprennent le 20 juin que le maréchal Pétain a demandé l'armistice la veille, des pétitions sont envoyées au gouverneur Pierre Aubert pour lui demander de poursuivre la lutte. Le 20 juin, un télégramme envoyé au gouverneur clame haut et fort le patriotisme des Réunionnais[37] : « L'île de la Réunion est prête à donner à la France le plus grand nombre de ses enfants, comme elle eut l'honneur de le faire au cours de la guerre de 1914 à 1918. Les Réunionnais ne veulent à aucun prix devenir Allemands, et ils sont prêts à accueillir sur le sol de l'île Bourbon, qui est vierge de tout ennemi, les réfugiés français. Pas de paix séparée ! Vive la France éternelle ! » Mais la position du gouverneur se raidit après avoir reçu la visite, le 23 juin, du consul de la Grande-Bretagne à la Réunion. Ce dernier lui a en effet remis une proposition de son gouvernement de poursuivre le combat aux côtés de l'Angleterre en des termes qui lui semblent relever de l'ingérence dans les affaires françaises. Excédé par les pétitions qui se multiplient et par l'écho donné à la proposition britannique par radio Maurice, Pierre Aubert menace de sanctions ceux qui continuent de s'engager ainsi publiquement. Il consulte alors le gouverneur général de Madagascar qui lui répond, le 25 juin : « La colonie unanime est décidée à rester française et à poursuivre la lutte par tous les moyens jusqu'à la complète victoire des Alliés et de la France[38]. » Le gouverneur s'enquiert également des clauses de l'armistice, car celles-ci ne sont pas connues dans l'île, et pour cause : son article 14 impose le silence aux émetteurs de TSF français. Le ministre des Colonies lui télégraphie alors que la France garde sa flotte pour défendre les intérêts de son empire et lui demande de rester loyal envers le gouvernement. Le 29 juin, Pierre Aubert réunit alors la commission consultative de la Défense avec pour objectif de décider si la Réunion doit « se mettre, au mépris des ordres du Pouvoir central à la disposition du gouvernement britannique ». Bernard Marek et Guy Bourau-Glisia indiquent que face à la majorité qui se dessine en faveur de la continuation de la lutte lors de cette séance, le gouverneur recentre les débats autour de la question de confiance à sa personne[39]. Pierre Aubert obtient ainsi, bon gré, mal gré, d'être reconnu comme le représentant légal d'un gouvernement légal auquel la Réunion se doit de rester fidèle.

Politiquement, il n'y a pas de véritable réaction de la part des notables insulaires. Le gouverneur relaie ainsi, sans opposition, les réformes ordonnées par Vichy. Le 22 juillet, la Réunion reçoit par télégraphe les actes constitutionnels parus le 11 juillet au *Journal officiel* qui fondent l'État français. En octobre 1940, Pierre Aubert réorganise toute la structure administrative. Le conseil général est remplacé par une commission consultative de 7 membres et les maires sont nommés par délégation spéciale : 16 sur 23 sont confirmés, 2 mutés et 5 écartés[40]. Les outils de la propagande sont mis en place : la Légion des combattants et volontaires est instaurée en août 1940 ; en novembre l'hebdomadaire *Chanteclerc* apparaît pour relayer la propagande vichyste ; par un arrêté du 23 novembre 1940, « l'ordre moral entre dans les écoles (lever des couleurs, chants maréchalistes)[41] »; de nombreuses mairies rebaptisent places et rues du nom du Maréchal... Mais les mesures répressives sont aussi rapidement appliquées[42]. Dès le 22 juillet, la loi dite « anti-étrangers » portant sur les révisions des naturalisations est promulguée ; le 28 août 1940, les fonctionnaires sont tenus de déclarer sur l'honneur ne pas appartenir à une société secrète ; le 3 décembre 1940 une circulaire exige que les fonctionnaires concernés déclarent leur qualité de Juif (aucune déclaration ne parviendra au gouverneur) ». Mais concrètement, la mesure la plus lourde de conséquence pour la grande majorité des insulaires est l'application par les Britanniques du blocus décidé le 30 juillet 1940 à l'encontre de la France. Dès la fin août, la population déjà miséreuse connaît des difficultés de ravitaillement considérables.

Soutenir Pétain pour sauvegarder l'ordre colonial en Indochine

L'Indochine, véritable « invention coloniale[43] », pour reprendre l'expression d'Eric Jennings, est dans l'empire un cas particulier pour de nombreuses raisons. Il s'agit d'un ensemble de cinq territoires aux réalités humaines, géographiques et politiques très disparates. Tandis que l'Annam, le Cambodge, le Laos et le Tonkin sont des protectorats, la Cochinchine, « pierre angulaire de toute la politique française en Indochine[44] », a le statut de colonie. Depuis 1881, la Cochinchine dispose ainsi d'un député élu et « un courant existe à Saigon pour la formation d'une petite République française de Cochinchine étroitement

liée à la Métropole[45] ». C'est en effet sur ce territoire que
se trouve la plus forte présence française : 6 790 Français
pour 7 800 000 habitants en 1939. Sur l'ensemble de
l'Indochine, la communauté européenne ne représente
cependant que 0,2 % de la population totale. D'autre part,
l'ennemi est dans cette partie du monde incarné par le
Japon bien plus que par l'Allemagne. Enfin, et ce n'est pas
la moindre des particularités, ce territoire a toujours la
même administration pétainiste deux mois avant la capitulation nazie, le 8 mai 1945...

Eric Jennings souligne combien les années trente sont
fondamentales pour comprendre la perte irrémédiable
d'influence de la France dans la péninsule durant les
années quarante[46]. La terrible répression exercée par
les autorités françaises à l'encontre des mouvements de
révoltes suscités par la dépression économique de 1929 a
en effet durablement marqué les mémoires. Puis, après la
période d'assouplissement que représente le Front populaire[47], l'administration coloniale s'est à nouveau durcie
en 1940. L'amiral Decoux a succédé au général Catroux
au poste de gouverneur général le 26 juin 1940, Georges
Catroux ayant été limogé par Vichy pour avoir négocié
avec les Japonais. Ces derniers, en situation de supériorité
militaire, ont en effet profité de la situation en Europe
pour imposer leur contrôle militaire sur les voies d'accès
entre le Tonkin et la Chine. Autre conséquence de la
déroute de la France face à l'Allemagne, le Siam déclenche
une offensive militaire pour reprendre des provinces
cédées en 1907 au protectorat français du Cambodge[48].
Decoux n'a pas plus de succès que Catroux et cède face au
Japon et au Siam[49]. Les Français ne disposent en fait
d'aucune force militaire capable de résister à ces agressions. Cent cinquante soldats français sont ainsi tués lors
de l'attaque japonaise du poste frontière de Lang Son,
entre le Tonkin et la Chine. Eric Jennings note à ce propos que certaines troupes indigènes auxiliaires ont déserté
et que d'autres ont même aidé les Japonais[50]. Par ailleurs,
le rapport fait par un administrateur français en poste à la

frontière du Siam fait à lui seul comprendre l'état de faiblesse militaire : « Le Résident supérieur organisa alors une expédition d'une centaine de miliciens commandés par le lieutenant Rothe, chef du service forestier du Cambodge avec cinquante gardes cambodgiens armés de mousquetons, six fusils mitrailleurs, un gradé européen [...] et une caisse de grenades ! Les Siamois s'étaient enhardis de notre passivité [...]. Aucun habitant de la région ne consentait plus à nous renseigner[51]. » Au total, Jacques Binoche Guedra dénombre une armée de trente mille hommes pour l'ensemble de l'Indochine, mais « c'est plus une police contre le Siam qu'un véritable outil de guerre[52] ». L'option choisie par l'amiral Decoux est alors identique à celle que choisit Vichy avec l'Allemagne nazie sur le territoire métropolitain : un traité – signé le 29 août puis le 22 septembre 1940[53] – accède aux demandes des autorités japonaises qui, en échange, reconnaissent l'administration vichyste d'Indochine. La situation perdure ainsi jusqu'au coup de force japonais du 9 mars 1945.

La société coloniale française d'Indochine était loin d'être un ensemble uniforme et solidaire. Des missionnaires aux grands propriétaires, en passant par les banquiers et les fonctionnaires de tous rangs. De plus cette communauté française, et plus largement la communauté européenne d'Indochine ne constitue qu'une très faible minorité au sein de la population indochinoise[54]. Eric Jennings souligne combien la plupart des Européens, vivant principalement dans les beaux quartiers de Hanoï ou de Saigon, avaient des conditions de vie particulièrement privilégiées : « A la saison la plus chaude, cette élite blanche migrait en grand nombre vers les stations d'altitude de Tam Dao, Sa Pa, Ba Vi, Bokor ou Dalat, toutes choisies pour leur climat tempéré, rappelant celui de la métropole. L'Indochine se fit une réputation comme colonie où même l'Européen disposant des revenus les plus modestes pouvait se payer une multitude de domestiques ou de maîtresses. [...] L'opéra de Hanoi est le reflet de ces illusions de grandeur démesurées[55]. » Serge Jacquemond remarque

que les administrateurs d'Indochine étaient par exemple bien mieux logés que leurs collègues d'Afrique noire : « Dans l'ensemble, les bâtiments dont disposaient administrateurs et officiers en Indochine étaient construits selon une architecture se rapprochant (parfois hélas !) de celle de la France et n'avaient rien à voir avec les "cases" en banco, datant des colonnes militaires, abritant – souvent encore en brousse – leurs camarades d'Afrique avant-guerre[56]. » Néanmoins les situations matérielles étaient très variables en fonction des postes occupés, mais aussi des pays composant ce vaste ensemble indochinois. Les souvenirs de Cassilde Tournebize en sont un témoignage très intéressant car son enfance s'est déroulée en brousse. Cette vie reculée avait d'ailleurs été une des motivations de son père, fonctionnaire des Douanes et Régies, pour la vie outre-mer : « [Mon père] pouvait y vivre, un peu comme un Robinson, loin de la civilisation européenne, de ses contraintes et des compromissions d'une vie trop urbanisée[57]. » Mais leur vie à Tam Quan, loin des grands centres urbains, n'était pas à proprement celle de Robinson : « Le personnel de la maison était relativement nombreux et peu onéreux, à tel point que la bonne ou le boy avaient eux-mêmes un petit domestique pour les servir. Pour nous, les serviteurs faisaient partie de la maison, ils agrandissaient le cercle familial[58]. » La demeure familiale était un lieu de vie très agréable : « Notre maison était bâtie selon un plan très simple mais fonctionnel, que l'on retrouve dans les maisons coloniales de l'époque : le corps principal de l'habitation était surélevé et on y accédait par plusieurs marches. De grandes pièces carrées s'alignaient au centre, l'une à la suite de l'autre. Une véranda intérieure, que protégeaient les murs épais du bâtiment, ceinturait les pièces centrales pour y garder la fraîcheur. Chaque pièce ouvrait sur la suivante par une large baie sans porte. L'extérieur entrait généreusement dans la maison, l'air circulait librement et ne trouvait rien qui le réchauffât. Il glissait sur le carrelage toujours frais, se faufilait d'une fenêtre à l'autre, d'une porte à l'autre, toujours ouvertes, ressortait dans la deuxième véranda, extérieure, qui faisait le tour de la maison, en contrebas. L'ensemble était certainement spacieux, mais me paraissait immense. » La vie en brousse se faisait au milieu d'une faune sauvage, dont les tigres et les serpents… Dès lors, la vie en milieu urbain fut un dépaysement total pour Cassilde : « Pour une enfant de la brousse comme moi, Dalat avait un air civilisé et opulent qui me fascinait. Il y avait une épicerie au centre ville, qui le soir était éclairée à l'électricité, comme toute la station, et qui offrait aux chalands des fruits répartis par catégorie dans des présentoirs disposés en cercle autour d'un pilier. C'était une épicerie comme on en trouve parfois dans les quartiers populaires en France[59]. » Cette vie en brousse fut donc un moment privilégié de découverte tant de la nature tropicale que de la langue vernaculaire : « Mon père leur [les bonnes] demandait de nous parler exclusivement en indochinois. Ce fut probablement la première langue que nous avons balbutiée. Le français était réservé à la famille ou aux connaissances européennes parce qu'elles le parlaient sans l'altérer. Nous étions ainsi bilingues le plus naturellement du monde[60]. » Cet univers qui reste associé pour Cassilde Tournebize à la « douceur » de vivre, était aussi rude. Elle rappelle ainsi comment son jeune frère Odin avait failli mourir, à l'âge de sept ans, d'une morsure d'un serpent de mer : « Mon père fouilla dans sa pharmacie. Il avait du sérum antivenimeux, il en était sûr. Mais il ne trouvait rien. Il ne voyait rien. Le temps pressait, il fallait emmener Odin dans un hôpital le plus rapidement possible. En voiture, ils parcoururent les cent kilomètres qui les séparaient de Qui Nhon. Le médecin de l'hôpital avait bien du sérum, mais il était périmé. Cela ne faisait rien, il fallait tout tenter[61]. » Avec les soins médicaux, la scolarité n'est pas non plus sans poser quelques inconvénients. Si Cassilde commença son éducation avec un précepteur, il fallut ensuite intégrer l'internat de Dalat pour aller en cours préparatoire. Le déchirement familial fut difficile ; elle n'avait pas encore sept ans… Pour aider les élèves à maintenir un contact affectif, « le dimanche tous les pensionnaires sortent avec un correspondant[62] ». Tous n'en n'ont pas forcément, comme ce fut le cas de Cassilde pendant longtemps, mais « la vie loin du confort douillet de la maison est adoucie dans la mesure du possible : les plus jeunes pensionnaires ont tous les matins l'aide de bonnes, attachées à leurs personnes, qui attendent l'heure du réveil à la porte du dortoir. Dès que la cloche retentit, elles ouvrent bien grand les deux battants de la porte et font leur entrée à pas précipités dans l'allée centrale, jusqu'au lit de l'enfant dont elles s'occupent[63] ».

Cette société coloniale est fortement marquée par le racisme. Les souvenirs de Cassilde Tournebize se souviennent ainsi : « Quand [mon père] fit la connaissance de ma mère, une jeune et belle Eurasienne – on disait à l'époque une métisse – ses parents en furent très contrariés et lui dirent que ses enfants ressembleraient à de petits singes[64]. » Mal acceptées par les familles métropolitaines, ces « mésalliances » sont aussi prétexte à discrimination au sein de la communauté française d'Indochine, alors même, explique Cassilde Tournebize, que nombre d'Européens célibataires vivaient avec une « co-épouse indigène illégitime[65] ». Une part non négligeable de la population française d'Indochine est par ailleurs favorable à la droite, et même à l'extrême droite, note Eric Jennings. Tout comme en métropole, il existe à Hanoi en 1935 une ligue similaire à celle des Croix de feu. Dès la prise en main de la colonie par l'amiral Decoux, une importante épuration est mise en œuvre : « L'administration de la colonie fut donc épurée de tous les boucs émissaires du nouveau régime, depuis les Juifs jusqu'aux francs-maçons, en passant par les gaullistes. Ces derniers furent montrés du doigt comme une véritable peste, dès 1940. La chasse aux sorcières fut menée avec un tel acharnement que des camps de détention spéciaux furent établis pour les prisonniers politiques gaullistes[66]. » Eric Jennings souligne l'impact psychologique de cette politique sur l'ensemble de la population indochinoise : c'était la première fois que l'administration française soumettait à de telles peines des ressortissants français. La minorité française d'Indochine, déjà en position de faiblesse militaire, règle de manière spectaculaire ses comptes politiques internes. Parallèlement, l'amiral Decoux conduit des représailles d'une extrême violence à l'égard des mouvements communistes « indigènes », comme celles de novembre 1940 en Cochinchine qui furent particulièrement sanglantes[67]. Appelé neuf mois plus tard par Vichy à modérer sa répression, le gouverneur général fait preuve d'une inflexible rigueur dans ce domaine. Appliquant avec zèle toute la propagande et l'idéologie pétainiste, Decoux transpose l'attachement aux valeurs rurales et à la province en vantant une nouvelle Indochine « fédérale », c'est-à-dire en flattant les nationalismes régionaux. Eric Jennings rappelle d'ailleurs que Decoux fut le premier gouverneur à utiliser le terme de « Vietnam ». L'objectif était cependant de contrôler ces mouvements nationalistes en s'appuyant sur une élite locale conservatrice. D'ailleurs, la suppression, le 8 novembre 1940, de toutes les assemblées représentatives indochinoises souligne clairement cette volonté[68]. La propagande vichyste allait ainsi tenter d'assimiler les vertus pétainistes à celles de la civilisation orientale, à tel point que le culte du Maréchal fut directement lié à la sagesse de Confucius…

Jusqu'à sa disparition, le régime vichyste d'Indochine a constitué un cas singulier dans l'empire. En février 1944, le général de Gaulle refusait en effet la démission présentée par l'amiral Decoux et lui donnait l'ordre de rester en poste jusqu'au 31 octobre 1944. Catroux, devenu un pilier de la France Libre, retrouvait même son poste de commandement… auprès de Decoux[69]. Le coup de force militaire déclenché par les Japonais le 9 mars 1945 mit fin à cette organisation de commandement plutôt confuse. L'autre particularité est que toute la propagande pétainiste, en particulier l'organisation des mouvements de jeunesse, a contribué à nourrir l'embrigadement d'une jeunesse servant ensuite le Vietminh[70] ou les milices sud-vietnamiennes. Eric

Jennings rappelle ainsi que l'hymne patriotique du Sud-Vietnam fut inspiré de l'hymne patriotique pétainiste « Appel à la jeunesse[71] ».

En Nouvelle-Calédonie,
le patriotisme des « broussards » du Caillou

A 20 000 kilomètres de la France métropolitaine et à 2 000 kilomètres de l'Australie, le « Caillou » est, dans l'océan Pacifique, un exemple intéressant à plusieurs points de vue.

En 1931, on recense 57 165 habitants[72] : 17 215 Blancs, 11 448 travailleurs asiatiques, et 28 502 Canaques qui ont été spoliés de leurs terres, dont les structures claniques ont été démantelées et l'insurrection de 1878 violemment réprimée[73]. Le peuplement européen, et plus particulièrement français, est marqué comme en Guyane par la colonisation pénale, même si peu de déportés s'y installèrent en fin de compte[74].

Il y a encore eu au milieu des années 1920 l'arrivée des « Nordistes », habitants de la région de Lille victimes de la Grande Guerre et attirés par les fausses promesses de lendemains meilleurs d'un élu calédonien venu à Paris[75], mais les Français du Caillou refusent, à l'approche des années 1940, tous les projets d'immigration massive qui sont soumis à leur conseil général[76]. Durant ces années d'avant guerre, la communauté française locale se reconnaît comme calédonienne. En même temps, les Calédoniens constituent un ensemble fort disparate : plus du 5 000 d'entre eux[77] habitent les deux grandes zones de brousse qui s'étendent du nord au sud, de part et d'autre d'une bande montagneuse. Ces broussards, parfois très isolés, ont une vie qui n'a rien à voir avec celle des citadins de Nouméa. Par ailleurs, les deux tiers des terres sont possédés par une petite centaine de familles, à travers de gigantesques domaines de plusieurs milliers d'hectares[78]. Mais il existe à côté de cela près de 1 500 petits propriétaires qui vivent dans des conditions difficiles sur des domaines de moins de 25 hectares, dont les terres sont souvent ingrates. Bernard Brou ajoute à ce malaise économique et social, une donnée sociologique importante : « Dans l'intérieur, il y a deux hommes pour une femme[79]. » Ces Français sont enfin loin de disposer d'une éducation correcte : 30 à 40 % des Européens arrivant sous les drapeaux entre 1925 et 1939 sont illettrés[80]. La composante européenne de ce « peuple de Far West[81] » a un mode de vie parfois très rude, mais il se montre passionnément attaché à son Caillou[82].

La crise économique des années 1930 a eu aussi d'importantes répercussions en Nouvelle-Calédonie, notamment dans la partie nord. Le sud, et plus particulièrement Nouméa, se relèveront plus facilement, en partie grâce à une politique de grands travaux lancés par le gouverneur Guyon. La capitale, qui compte une dizaine de milliers d'habitants, est dotée de larges avenues et, indique Jacqueline Sénès, de « beaux magasins » s'installent aux carrefours : « Société havraise calédonienne, Magasins Balande, Paris-Mode, et la grande librairie fondée par [...] Edouard Pentecost, Agence Citroën, Cercle civil, restaurant colonial[83] ». Les clubs sportifs se développent tout particulièrement. En 1933, la Nouvelle-Calédonie réussit à battre les Australiens en football devant un public déchaîné, mais le sport roi est sans doute le cyclisme qui déclenche une véritable passion. La fin de l'année 1939 fut dramatique à cet égard, car deux coureurs venus d'Australie, dont un espoir de médaille olympique, sont victimes d'un terrible accident lors d'un entraînement[84]. La grande « course du 14 juillet » 1940 fut même annulée à cause de ce coup dur porté au moral des cyclistes et des organisateurs. L'unique course de l'année fut organisée par la ville de Nouméa, le 29 décembre. Mais en dehors de ce drame sportif, la vie des Calédoniens se déroule dans une joie relative à la veille de la guerre. Ils profitent de la grande braderie de Nouméa ou de la foire de Bourail, plus au nord. « On s'y racontera comme hier des histoires de chasse au cerf ou de pêche. On y traînera aussi sous le soleil en suçant de la pâte de goyave. Qu'importe le temps ! On rentre à la maison à l'"heure canaque", c'est-à-dire à une heure indéterminée. A moins qu'on n'aille rejoindre un de ces bals de brousse où l'on valse sur des planchers bruts dans des odeurs de tabac et de bière qui ne se terminent jamais sans quelque mémorable bagarre[85]. » La brousse est traversée par les grands troupeaux que l'on conduit, à la manière de ce qui se passait aux Etats-Unis, vers les centres urbains.

C'est par le petit poste local de Radio-Nouméa, qui fonctionne de manière artisanale depuis 1934, que les Calédoniens apprennent l'invasion de la Pologne et la mobilisation franco-anglaise[86]. Les esprits se préparent alors, avec le souvenir de la participation calédonienne à la Grande Guerre : on enverra les mobilisés se battre sur le lointain territoire européen. « Ce qui étonne un peu, c'est qu'on ne prenne que 10 classes, c'est-à-dire 800 jeunes de 20 à 30 ans (car on n'a pas de quoi en vêtir davantage)[87]. » L'effondrement militaire français est appris avec une grande incrédulité, d'autant que la Nouvelle-Calédonie se retrouve rapidement coupée de toute information en provenance de la métropole. Dès le 24 juin 1940, le conseil général vote la poursuite de la lutte contre les nazis, mais le gouverneur et les notables élus se montrent ensuite très attentistes. Lorsque l'appel du général de Gaulle est connu, quelques citoyens français ont cependant immédiatement réagi en lui envoyant des courriers de soutien : « Marcel Kollen, un sportif, qui plus tard tombera aux combats de Bir-Hakeim, et Georges Châtelain, d'une famille de marins. Un troisième homme les avait même devancés, Raymond Pognon, rude colon des environs de Bourail à qui de Gaulle demandera personnellement de former un comité en faveur du ralliement[88]. » Le ralliement de la Nouvelle-Calédonie à la France Libre fut officiellement pris en main par le commissaire résident de France aux Nouvelles-Hébrides, Sautot. Ce dernier avait, dès le 22 juillet 1940, rallié les Nouvelles-Hébrides à la

France Libre et avait été d'ailleurs sanctionné pour cela par son supérieur, le gouverneur Pélicier, lui-même obligé de quitter le Caillou face au mécontentement populaire[89]. Car localement les Français se mobilisent. Des « comités de Gaulle » se créent à Nouméa, autour de Michel Vergès et André Prinet, mais aussi tout particulièrement en brousse. Le sentiment patriotique de ces broussards, hommes décidés, au mode de vie particulièrement rude, attachés à la terre qu'ils ont mise en valeur, a été détermi-nant dans le ralliement. Le 19 septembre 1940, les brous-sards descendent armés sur Nouméa où ils envahissent la place de la mairie. Le gouverneur Sautot arrivé le même jour des Nouvelles-Hébrides à bord d'un croiseur, prend alors le contrôle du gouvernement local devant une dizaine de milliers de personnes chantant *La Marseillaise*[90].

Avant même l'entrée officielle des Japonais dans la guerre, de Gaulle décide d'unifier le commandement dans le Pacifique Sud en nommant l'amiral Thierry d'Argenlieu. La crainte d'une expédition menée par l'Indochine vichyste, puis l'attaque japonaise de Pearl Harbor le 8 décembre 1941 marquent dans l'opinion des Calédoniens la véritable prise de conscience des menaces militaires encourues par leur territoire[91]. Deux contingents du « bataillon du Paci-fique », composés d'Européens, mais aussi de mélanésiens volontaires étaient envoyés sur le théâtre des opérations en mai 1941 puis au début 1943. Le contrôle de la popu-lation calédonienne, prompte à rallier la France Libre n'est cependant pas simple pour le général de Gaulle. En avril 1942, ce dernier décide de rappeler le gouverneur Sautot, ce qui déclenche le mécontentement des Calédo-niens. La fureur était à son comble lorsque d'Argenlieu décide de faire arrêter Sautot. L'amiral est malmené par la foule des Nouméens et des broussards rassemblés. Le 8 mai 1942, de Gaulle est obligé de rappeler l'amiral d'Argenlieu.

La déchirure au sein d'une « grande famille[92] » à Saint-Pierre-et-Miquelon

A 25 kilomètres des côtes de Terre-Neuve, cet archipel du nord-ouest de l'Atlantique est constitué de trois îles principales de taille très modeste : Saint-Pierre (26 km^2) au sud-est de Langlade (61 km^2), elle même reliée au nord à Miquelon (110 km^2) par un isthme sableux. La ville de Saint-Pierre et celle de Miquelon se retrouvent ainsi située aux extrémités sud et nord de cet archipel dont une des deux caractéristiques essentielles, dans l'ensemble colonial français, est la faiblesse du peuplement. En 1940, on compte à peine 4 000 habitants et ce nombre ne fait que diminuer du fait des difficultés économiques de l'archipel depuis le début du siècle. En 1902, on comptait en effet 6 842 habitants sédentaires[93]. L'autre caractéristique majeure de la colonie est l'origine de son peuplement : presque tous les habitants viennent en effet de Normandie, de Bretagne ou du Pays Basque. Le seul apport non français est une présence anglaise en provenance de Terre-Neuve, en particulier pour l'immigration féminine jusque dans les années 1930[94]. Il s'agit donc d'une colonie constituée exclusivement d'un peuplement blanc, lié à l'origine à la pêche, et plus précisément à celle de la morue, très abondante au large de Terre-Neuve.

A la veille de la guerre, l'habitat n'a guère changé. Il s'agit de maisons couvertes de bardeaux, aux toits à deux pans, le plus généralement construites sur une base en ciment qui les surélèvent par rapport au sol pour les isoler de l'humidité[95]. Souvent la porte principale est à l'abri d'un « tambour », petite entrée à double porte, qui constitue un sas de protection face au froid et à la neige. A Saint-Pierre ou à Miquelon, les habitations sont disposées le long de la côte dont un espace, servant à hisser les embarcations, les sépare. On trouve également de petits jardins dotés de puits. La prédominance du bois dans les constructions a soumis l'île à de nombreux incendies. Le

18 juin 1939, un terrible sinistre détruit ainsi dix-sept maisons[96]. La vie sociale est marquée par la culture bretonne et basque des îliens qui sont en grande majorité des pêcheurs, des commerçants ou des ouvriers. Le fronton de pelote basque donne lieu à des confrontations sportives, mais c'est surtout la danse qui anime les fêtes. La religion joue également un grand rôle de cohésion sociale. Toutes les écoles sont ainsi tenues par des ecclésiastiques et la messe dominicale est un moment de sociabilité important. Le 15 août 1938, par exemple, c'est toute l'île qui participe à une grande procession. Les familles sont très nombreuses. On compte fréquemment 6 à 7 enfants. En septembre 1938, une famille de pêcheurs de Miquelon touche même un « prix de vertu » de l'Académie française, pour le neuvième enfant qu'elle attend. Les 5 000 francs de prix versés sont d'autant mieux accueillis que la situation sociale des îliens n'est alors guère brillante : le chômage est durement ressenti et, pour des raisons d'économie budgétaire, les trois municipalités de l'archipel sont supprimées et un simple conseil d'administration assiste le gouverneur. Même si depuis 1937 l'île n'a plus le statut de colonie et est devenue Territoire, la question sociale reste problématique.

Lorsque le 3 septembre 1939 la France mobilise, le Territoire ne met en place ni mobilisation, ni enrôlement volontaire. « Le gouverneur ordonne des exercices militaires aux jeunes gens susceptibles d'être enrôlés, puis on ferme la caserne[97]... » Mais très rapidement après la déclaration de guerre, 1 500 pêcheurs métropolitains viennent se réfugier à Saint-Pierre. L'archipel est donc très au fait des débats qui traversent alors la société française, d'autant que l'utilisation des postes radio se développe avec la présence de ces « temporaires » qui représentent alors un quart de la population dans l'île. Bien que le gouverneur Bournat se montre fidèle à Vichy, l'idée d'un ralliement au général de Gaulle surgit rapidement. Le 11 novembre 1940, le drapeau à croix de Lorraine est ouvertement déployé[98]. Les Anciens Combattants qui animent le mouvement réclament même en vain que la population soit consultée par plébiscite sur le ralliement à la France Libre[99]. Le télégramme envoyé de l'archipel aux plus hautes autorités françaises témoigne à lui seul de ce patriotisme, qui n'hésite pas à évoquer le soutien de l'allié anglais : « Population unanime des Iles de Saint-Pierre-et-Miquelon, prête à tous les sacrifices, vous supplie continuer la lutte contre envahisseurs avec aide de toutes les colonies françaises et la collaboration étroite et fraternelle de l'empire britannique[100]. » Mais les relations quotidiennes se tendent rapidement autour de la question du ralliement au sein de la petite communauté insulaire. André Lebailly note ainsi que dès le 8 septembre une bagarre éclate avec le chef de la gendarmerie et donne lieu à des arrestations. En octobre 1940, alors que des avions canadiens passent au-dessus de l'île, le commandement militaire fait pointer vers eux les canons du seul bateau de guerre présent. La foule attaque alors le navire à coup de pierres et aux cris de « Vive de Gaulle ! ». André Lebailly rapporte que l'aviso disperse les mécontents à coup de jets d'eau[101]. Sans attendre un ralliement officiel, une quarantaine d'hommes rejoignent clandestinement les FFL (à cette occasion, l'expérience des contrebandiers de la prohibition fut d'ailleurs bien utile...). En janvier 1941, le gouverneur, qui s'appuie sur des notabilités de l'archipel, affiche sans ambiguïté sa fidélité au régime de Vichy et se montre intransigeant à l'égard des gaullistes locaux. Pourtant, ces derniers organisent encore deux défilés au monument aux morts le 11 novembre 1941[102]. Le 24 décembre, trois navires des Forces navales françaises libres commandés par l'amiral Muselier viennent finalement opérer un ralliement réclamé par une partie de la population depuis juin 1940.

Le ralliement, l'engagement volontaire puis la mobilisation de plus d'une centaine d'hommes[103] n'ont pas suffi à faire disparaître la profonde déchirure qui s'est produite en 1940. Les familles de ceux qui ont suivi le choix du gouverneur, souvent bien plus par fidélité à l'ordre établi que par une volonté de collaboration avec les nazis, se retrouvent harcelées. S'il n'y eut aucune victime à déplorer dans ces règlements de comptes, l'affrontement a laissé des traces. Dans une communauté si peu importante numériquement, dans laquelle les « rivalités de clocher[104] » étaient déjà très nombreuses (en particulier entre habitants de Saint-Pierre et de Miquelon), et vivant sur un territoire aussi exigu, la rupture idéologique représentée par Vichy masque en fait des tensions très complexes. « Des oppositions socio-économiques, voire familiales, jouèrent aussi leur rôle[105]. » La crise économique qui sévissait avant-guerre dans l'île donne ainsi aux engagements volontaires la connotation d'un « triomphe des pauvres sur les riches (souvent vichystes)[106] ».

TRANSFORMATIONS, DESTRUCTURATIONS : LA VIE QUOTIDIENNE AUX PRISES AVEC L'OCCUPATION

4

Repères chamboulés et retours à la maison

Avec l'appel à la cessation des hostilités, le lundi 17 juin 1940, le maréchal Pétain, le « vainqueur de Verdun », se pose en ultime recours. Le mythe du « sauveur » a été ensuite largement exploité par la propagande. La majorité des Français retrouve l'espoir et envisage le retour à une vie quotidienne moins cauchemardesque. Mais il va falloir s'adapter aux nouvelles contraintes territoriales, notamment pour ceux qui veulent rentrer chez eux après l'exode. Des millions de personnes sont sur les routes dans un désordre indescriptible, coincées entre la lisière des Alpes, les contreforts pyrénéens et l'espace Atlantique. Les Italiens ont bloqué l'accès au sud-est en se lançant à leur tour dans la bataille. Non seulement la guerre est perdue, mais les lignes allemandes sont avancées bien au sud de la Loire.

Quand les Français de l'exode apprennent que l'armistice est demandé, certains pleurent, d'autres pensent que c'est mieux ainsi, voire applaudissent à la nouvelle. Ce comportement est aussi celui de la majorité de leurs concitoyens restés chez eux.

Un territoire désarticulé par l'armistice

La France de la Demarkationslinie

Comment voyager en France ou parfois même dans son canton ou son village quand ils sont traversés par une « frontière » imposée par l'armistice (articles 2 et 3 pour celle qui divise le pays en zones occupée et non occupée) ou en violation de ce dernier (celles de la zone interdite ou de la zone annexée, par exemple) ? Tel fut le casse-tête des centaines de milliers de riverains des lignes de démarcation. Aller à l'école, aller acheter du pain, enterrer un proche, aller faire sa communion solennelle, aller faire baptiser un bébé, ce sont autant d'actes anodins devenus complexes du jour au lendemain. Le rythme ancestral de la vie des familles est ainsi modifié. Mais les voyageurs de longue distance qui veulent circuler d'un bout de la France à l'autre connaissent aussi de nombreuses surprises désagréables.

Le 27 juin 1940, le professeur de première supérieure Jean Guéhenno comprend immédiatement de quoi il retourne : « Nous entrons dans la servitude sans savoir précisément ce qu'elle sera. C'est seulement en écoutant la radio allemande que j'ai pu connaître hier soir les vingt-quatre points du traité[1]. » Il faut dire que les Français n'ont plus les moyens de s'informer pendant quelques jours puisque les journaux ne paraissent plus : les équipes rédactionnelles sont dispersées dans tout le pays ou bien mobilisées. Les radios qui émettent encore ne sont pas captées partout. Les autorités françaises locales ne sont pas vraiment informées sur les tracés exacts des lignes de démarcation qui compartimentent la France. L'information officielle circule très mal au début de l'occupation entre les services français encore souvent perdus dans le pays ou sur le point de rallier Vichy ou Paris. Fin juin, les Français ne savent guère ce qu'est une zone occupée ou une zone non occupée, que les autorités françaises s'empressent d'appeler « zone libre ».

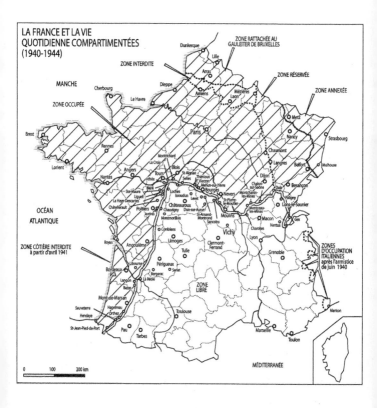

Au début du mois de juillet 1940, les autorités françaises ignorent le nombre exact de départements garrottés par la ligne : le chiffre varie entre treize et quatorze. La Haute-Savoie est-elle ou non en partie en zone occupée ? Les Allemands ne répondent pas à la question des autorités françaises. Il faut attendre plusieurs mois pour apprendre enfin que treize départements sont concernés par le partage prévu par l'armistice. Ce dernier ne donnait pas le nom des départements divisés même si une carte a été annexée au texte de la Convention ; sur cette carte, le tracé est grossièrement dessiné. Dans le détail, des points de désaccord ont existé. De juillet jusqu'au mois d'août 1940, selon des rapports de la gendarmerie française, trois communes de Haute-Savoie sont traversées par des patrouilles allemandes, alors qu'officiellement le vainqueur les répertorie en zone non occupée. Le régime de Vichy s'en plaint auprès des autorités allemandes locales. Chevrier, Clarafond et Vulbens sont placées sur une route et une voie ferrée qui mènent à la frontière franco-suisse ; la ligne de démarcation bute également sur cette dernière[2]. Les Allemands souhaitent mieux contrôler et observer l'étanchéité de la ligne de démarcation. Les entrées vers la Suisse sont ainsi fermées dès que le Reich doute de la bonne foi helvétique en ce qui concerne le transfert supposé de marchandises aux Anglais. Après de multiples protestations françaises à la Commission d'armistice de Wiesbaden, au début du mois d'août 1940, les Allemands abandonnent ces communes pour déplacer la ligne de démarcation vers le nord[3]. On peut penser cependant que le vainqueur a surtout pu constater que ces villages n'étaient pas si importants que cela pour la sécurité des troupes et que le contrôle de la Suisse pouvait s'effectuer autrement. Sans quoi les Allemands auraient fait fi du respect des articles de l'armistice et les auraient occupés.

Chacun de ces départements comprend une partie occupée et une autre non occupée, à l'exception du Jura qui compte en outre une autre ligne délimitant une zone interdite. Le département est donc partagé en trois zones.

Durant les occupations passées, vingt-cinq départements ont été occupés par les Allemands en 1871, et sept en 1914. En 1940, la ligne de démarcation a rejeté en zone occupée cinquante-trois départements, dont quarante et un dans leur totalité. Trente-quatre autres sont situés en zone non occupée.

A la fin de juin et au début de juillet 1940, l'armée d'armistice, laissée à la France par les Allemands pour maintenir l'ordre, commence à reprendre position dans les territoires délaissés par le Reich[4].

La ligne de démarcation provoque de nombreux déséquilibres : la zone non occupée est très peu industrielle alors que la zone occupée renferme l'essentiel de l'appareil productif français. De même, certains départements, comme le Cher ou la Saône-et-Loire, par exemple, voient la désorganisation des flux commerciaux traditionnels entre la production agricole et la transformation des denrées. Par exemple, en 1940, les betteraves à sucre sont cultivées dans la partie non occupée de la Saône-et-Loire. Or, la sucrerie est située à Chalon-sur-Saône en zone occupée ; le problème est identique pour les pommes de terre qui dépendent des féculeries de la zone occupée.

D'autres lignes

Si la ligne de démarcation principale de la France est contraignante, les Allemands en ont tracé d'autres à l'intérieur de la zone occupée, ce qui est une violation manifeste de la convention d'armistice signée à Rethondes. D'abord, une « zone interdite » est imposée, qui est située au nord de la Seine et de l'Aisne. A l'intérieur de cette zone, une « zone rattachée » est décidée, qui englobe le Nord-Pas-de-Calais ; elle ne relève pas d'un plan : c'est une conséquence des opérations militaires. Dans cette région, des cartes de vivres de la *NSV* – à savoir l'assistance nationale-socialiste – sont distribuées avec en slogan : « C'est le maître de l'Allemagne, Adolf Hitler, qui donne cela à vos femmes et à vos enfants[5]. » Ainsi, pendant l'été 1940, il s'agit d'expliquer aux Français les plus démunis qu'ils ont été abandonnés par leurs dirigeants et que c'est le IIIe Reich qui organise le secours à la population du Nord-Pas-de-Calais, en partie détruit par les combats.

Plus rien ne fonctionne à Lille et dans les autres villes de la région, pas plus les banques que les établissements publics. Tout est affiché en français, en allemand et en flamand. Le Reich règle toute la vie des Français du Nord-Pas-de-Calais. Ainsi, l'*Eisenbahnbetriebs Direktion*, installée à Lille, remplace la SNCF. Les mines reprennent du service sous la surveillance des soldats allemands armés, sous les ordres du général von Falkenhausen, le commandant militaire de la Belgique et du nord de la France. Le Nord-Pas-de-Calais doit-il être annexé à moyen terme ? Tout le laisse à penser à la lecture des premières règles de sécurité allemandes, extrêmement sévères à l'encontre de la population française. Parallèlement, les Français de cette partie du territoire occupé ne peuvent non plus compter sur l'action du nouveau régime de Vichy qui tente d'obtenir des assouplissements par le biais de la DGTO, dirigée brièvement par Léon Noël puis par le général de La Laurencie. Celui-ci ne peut rien devant la détermination allemande de créer une nouvelle région, dont il reste à déterminer le statut juridique. Les fonctionnaires de Vichy sont d'ailleurs interdits de séjour dans cette zone.

Si la « zone interdite » est gérée par le *Militärbefehlshaber in Frankreich* (le *MbF*, commandement militaire allemand de Paris), la « zone rattachée » est entre les mains du commandement militaire allemand de Bruxelles. Une « zone réservée » couvre plusieurs départements à l'est d'une limite Dole-Chaumont-Saint-Dizier-Mézières. Cet espace doit être germanisé, ce qui revient à faire renaître la frontière occidentale du Saint empire romain germanique.

Par ailleurs, l'Alsace, le Bas-Rhin et le Haut-Rhin sont « annexés » au IIIe Reich, et ce progressivement. A l'origine, l'annexion n'était pas prévue par Hitler. Cette région est évoquée dans l'annexe 1 de l'armistice, mais il s'agit seulement d'obligations pour la France de remettre en état les voies de communication, dont « la partie des ponts du Rhin située en Allemagne[6] ». Il n'est fait mention ni d'annexion ni de remise en cause de la frontière rhénane. Cependant, le 28 juin 1940, Hitler est déjà à Strasbourg ; il y visite la cathédrale, puis rejoint Sélestat et le col de la Schlucht. Une nouvelle frontière est créée *de facto* par les Allemands, qui isole le Haut-Rhin, le Bas-Rhin et la Moselle du reste de la France. Le régime de Vichy ne veut pas le croire au début. Pour lui, ce sont toujours trois départements français. Le 24 juillet 1940, sur l'ancienne frontière qui existait avant 1918, un cordon douanier allemand est créé. Le 21 août, les timbres-poste français sont interdits. La *Reichsbahn* prend sous sa coupe les chemins de fer de ces départements. Le système bancaire allemand se substitue à marche forcée au système bancaire préexistant. Aucun texte juridique ne vient confirmer cette annexion déguisée. Ce qui ne manque pas de faire naître bien des ambiguïtés au sein de l'administration de Vichy. Hitler n'a jamais vraiment explicité les raisons de cette annexion de fait. En tout cas, les Alsaciens et les Mosellans deviennent des *Volksdeutsche*, des membres de la communauté du peuple allemand ; ils ne sont pas répertoriés comme des Allemands de plein droit. La partie annexée de la Lorraine est gérée en matière civile par le *Gauleiter* Bürckel qui a en charge le *Gau* (« province » dans la terminologie administrative nazie) de Sarre-Palatinat. L'Alsace passe dans le giron administratif du *Gau* du pays de Bade, géré par le *Gauleiter* Wagner. Vichy a officiellement montré son désaccord face à cette annexion masquée, notamment le 3 septembre 1940 à Wiesbaden en condamnant la suppression de la langue française – dès le 16 août dans l'administration alsacienne, dans le cadre de la *Rückdeutschung*/la « germanisation » –, l'épuration d'une partie du clergé local, la sélection des réfugiés autorisés à rentrer chez eux après l'exode notamment ceux qui acceptent de se reconnaître Allemands, l'absorption de l'administration dans celle du Reich et l'application de la législation antisémite allemande qui conduit à l'expulsion des Juifs d'Alsace-Lorraine vers la zone non occupée. Les Allemands n'ont que faire de ces protestations. En Alsace, parler français est désormais strictement interdit, sous peine d'amende ou d'emprisonnement au camp de rééducation de Schirmeck. Le 2 juillet 1940, les noms de rues français sont débaptisés en Alsace : à Strasbourg, la place Broglie devient la *Adolf-Hitler-Platz* ; les communes reprennent leur nom allemand. Toute la signalétique est germanisée, ainsi que les noms des édifices publics. Dès septembre, les prêches en français sont interdits en Moselle ; les noms de rues sont également rebaptisés en allemand : l'avenue Serpenoise à Metz devient l'*Adolf-Hitler-Strasse* ; Hermann Goering a lui aussi sa rue et sa place. Les enseignes des commerçants sont germanisées. La presse allemande remplace celle de la France du temps de paix ; *Le Républicain lorrain* est supprimé dès le 1er juillet 1940 et remplacé par la *Neue Metzer Zeitung*. Le 1er octobre, obligation est faite aux prêtres de tenir les registres d'état civil en allemand. Ces mesures vont s'accélérer en 1941, notamment en ce qui concerne l'enseignement. Partout, des statues sont déboulonnées, telles celles de Victor Hugo, Jeanne d'Arc et Louis XIV à Strasbourg ou encore celles de Ney et de La Fayette à Metz. Des centaines de plaques commémoratives et d'autres monuments sont également détruits ou enlevés. Les écoles, qui ouvrent leurs portes le 1er octobre 1940, doivent se charger d'enseigner dans l'esprit national-socialiste. Des instituteurs allemands y sont nommés. Dans les villages alsaciens où les habitants parlent le patois « français » (vallée de la Bruche, par exemple), une opération de germanisation accélérée est entreprise. Les nazis s'infiltrent partout et créent leurs organisations satellites. L'économie est réorganisée. Peu à peu, même les loisirs ont été germanisés en Alsace-Moselle.

Retours et refoulements

Exode à rebours

Avec l'exode, les Français ont renoncé à croire en la victoire, même les plus opiniâtres. La migration forcée s'achève dans l'humiliation. Le pays est désarticulé ; des départements entiers se trouvent surpeuplés et manquent d'approvisionnement. Où aller désormais, dans un pays où les déplacements ne sont plus sûrs ? En fait, tout dépend souvent des revenus. Un sentiment étrange tend à se répandre : « J'ai évité ces deux jours de sortir. J'avais peur de rencontrer des gens, des soldats démobilisés, d'être obligé de leur parler. Les Français en sont là qu'ils n'osent pas regarder. Ils ont honte les uns des autres[7]. »

Le 20 juin 1940, selon la cartographie établie par Jean Vidalenc, mais aussi d'après des cartons extraits des archives du Service historique de l'armée de terre à Vincennes[8], l'avancée maximale des réfugiés forme une ligne mobile qui coupe la France en deux, d'est en ouest, entre Bordeaux et le sud-est de Bourg-Saint-Maurice[9]. Cette limite est souvent dépassée par le front militaire établi par la Wehrmacht : à l'ouest, Angoulême et Saintes sont occupés ; à partir d'Angoulême, la ligne de front est établie de Royan jusqu'à Loches, en passant par Montmorillon ; ensuite, elle court jusque vers Romans et Valence, selon une direction nord-ouest/sud-est ; enfin, la ligne de front, remonte de Valence jusqu'à la frontière suisse, aux confins d'Annecy, d'Aix-les-Bains et de Bellegarde. L'armistice change ce tracé, puisque la ligne de démarcation englobe en zone occupée le littoral atlantique ; elle est instaurée plus au nord de la ligne de front atteinte le 25 juin. Plusieurs villes et villages ne sont occupés que quelques jours ou quelques semaines en 1940, avant d'être réintégrés à la zone non occupée. Déjà le 22 juin, avant même le retour des autorités en zone occupée, des milliers de familles sont rentrées spontanément chez elles, avant même que les Allemands n'aient installé leur logistique de surveillance entre les zones.

Après l'armistice franco-allemand qui compartimente la France en plusieurs zones, les réfugiés ne savent pas bien où ils se situent par rapport à la ligne de démarcation. De plus, obtenir une information officielle sûre n'est pas chose aisée puisque même les autorités françaises ignorent souvent le tracé précis de la ligne. Pendant la première quinzaine de juillet, les quotidiens régionaux rappellent sans cesse l'interdiction de circuler sans ordre ni autorisation spéciale. Cela n'empêche pas les réfugiés de tenter le passage de la Loire pour revenir au nord et de se heurter aux Allemands, lesquels veulent contrôler à tout prix les mouvements de retour.

Dans le même temps, des milliers de Français tentent avidement d'obtenir des nouvelles des leurs. Dans toute la France, la presse lance, parfois par dizaines, des avis de recherche de parents, d'épouses, d'employés cherchant leur patron. A titre d'exemples, dans le Maine-et-Loire, on lit ces appels publiés dans *Le Petit Courrier* : « Mme B… à Morannes recherche ses enfants Colette et Guy » ; « Mme D… recherche son époux de Namur. Ecrire école laïque de Torfou » ; « Mme de M… réfugiée à Saint-Jean-du-Marillais recherche sa belle-mère, ses trois enfants et leur institutrice. » On remarque que la très grande majorité des avis de recherche sont le fait de femmes seules, car le mari a été mobilisé ou réquisitionné. Dans le même département, *Ouest-Eclair* publie une chronique : « Nous avons des nouvelles de[10]… » Dans tout le pays, des milliers d'enfants ont été perdus sur les routes de l'exode, mais, peu à peu, ils retrouvent un parent grâce aux efforts de la presse et de la Croix-Rouge.

D'après l'article 16 de l'armistice franco-allemand, « le gouvernement français procédera au rapatriement de la population dans les territoires occupés, d'accord avec les services allemands compétents ». Or, pour le régime qui se met en place à Vichy, alors que toute l'administration est à réorganiser et qu'une partie du pays est détruite, le plus compliqué pour assumer le retour des réfugiés en zone occupée est évidemment d'ordre matériel, car il faut trouver des moyens de locomotion et assurer une circulation pour plusieurs millions de personnes suivant des routes aménagées et organisées pour ce faire. Du côté français, c'est au commissariat général de la Reconstruction nationale, au ministère de la Guerre et au sous-secrétariat aux Réfugiés de rechercher des solutions pour s'adapter à la situation et de les proposer ensuite aux Allemands. Le ministère de la Guerre doit notamment centraliser toutes les demandes de transport par voie ferrée et par voie routière, selon une décision du président du Conseil, datée du 27 juin 1940[11].

Faire revenir les Français en zone occupée est une gageure, alors que le réseau ferroviaire est très endommagé, que les routes sont encombrées de matériel cassé, de véhicules sans essence, de chevaux morts et bien sûr de civils et de militaires démobilisés complètement perdus. Des milliers de réfugiés attendent donc que leur sort soit fixé ; beaucoup connaissent la misère et le désespoir, telles ces femmes enceintes et ces enfants en bas âge qui attendent, en pleine chaleur, dans plusieurs wagons stationnés en gare du Menoux, une commune proche d'Argenton-sur-Creuse (Indre). Le maire, effrayé par ce qu'il voit, écrit au préfet du département, le 2 juillet : « La population du Menoux, qui compte normalement 550 habitants, héberge actuellement plus de 2 000 réfugiés. Parmi eux se trouve une rame de wagons comprenant 450 personnes dont une forte majorité d'enfants en bas âge, plusieurs jeunes dames se trouvent dans une situation intéressante et s'attendent à accoucher incessamment. [...] Cette rame de wagons exposée en plein soleil accusait à 15 heures une température de 40° alors qu'au matin, elle est exposée au brouillard avec une température de 6° environ. Ces écarts thermométriques et le manque complet de confort et d'hygiène commencent à se faire sentir durement. Plusieurs enfants de quelques mois seulement sont atteints de diarrhée. La gare n'est alimen-

tée en eau que par une citerne à eau de pluie actuellement vide. [...] Aucun service d'hygiène, d'obstétrique et
de pharmacie n'existe dans la commune[12]. » Plusieurs facteurs se conjuguent pour aggraver la situation, puisque
les médecins et les sages-femmes d'Argenton ne peuvent
pas venir ; les voies de communication et notamment les
ponts ont été très endommagées par les bombardements.
La nourriture fait également défaut et le maire signale des
vols de pommes de terre de plus en plus nombreux dans
les champs. Inquiet pour les réfugiés, le maire du Menoux
l'est encore plus pour les villageois dont il a la charge ; il
craint la disette et demande au préfet de déplacer la rame
de wagon. La détresse est partagée par les réfugiés et par
ceux qui les accueillent.

Le retour ne fut donc pas immédiat, car sa préparation
était très lourde. Le 8 juillet 1940, afin de mettre au point
une réunion tenue à Paris le lendemain, entre les occupants et des représentants du commissariat général à la
Reconstruction nationale, un plan de rapatriement des
réfugiés vers la zone occupée est enfin élaboré. Il s'agit de
créer les meilleures conditions possibles pour faire rentrer
les réfugiés chez eux, dans un laps de temps assez court,
puisque, selon les Allemands, fin septembre, le rapatriement devrait être achevé[13]. Les Français, en position
de vaincus, ne sont pas en mesure d'imposer toutes leurs
vues à leurs interlocuteurs ; dans le préambule d'une
fiche de préparation à la réunion, ils précisent : « Le classement chronologique des opérations à réaliser est en fait
conditionné par les possibilités offertes par les Allemands
pour le retour des réfugiés, possibilités devant faire l'objet
de décisions à prendre à la Commission de l'Armistice[14] ».
De même, dans la fiche, la gêne suscitée par la situation
administrative très incertaine apparaît clairement : « Les
difficultés de transmission avec la Commission de l'Armistice et les retards qui en découlent nécessitent la réalisation d'un système plus souple. » Les Français proposent
un plan et doivent l'organiser. Mais les Allemands peuvent

en refuser certains points ou les adapter, voire les trans-
gresser, comme bon leur semble.

La réunion du 9 juillet a lieu en présence du délégué du
Grand Quartier général de l'armée allemande qui dicte ses
exigences, afin d'assurer la sécurité de la Wehrmacht ; le
préfet Marlier est également présent. Au début de la rencontre, le haut dignitaire allemand – dont on ne connaît
pas le nom – reproche aux Français de n'avoir pas su
empêcher le désordre sur les routes et surtout de n'avoir
rien fait pour limiter l'ampleur de l'exode. Dans le plan de
rapatriement final imposé par les Allemands le 22 juillet,
la carte de France du retour des réfugiés est découpée en
quatre espaces qui sont autant de routes contraintes en
fonction du positionnement des troupes allemandes. Sur
les points techniques, les vainqueurs ont validé le plan de
rapatriement français dans ses grandes lignes, mais en
décidant *in fine* des routes à emprunter. De même, le
retour des réfugiés doit être lancé dès que les routes
seront dégagées. Toute l'organisation matérielle – dont la
fourniture de l'essence devenue si rare – est naturellement
confiée aux autorités françaises. Mais dès juillet, des
plaintes de réfugiés et de gendarmes français sont recensées par le ministère de la Guerre français, puis envoyées
à la Commission d'armistice franco-allemande de Wiesbaden ; les plénipotentiaires de la délégation française
doivent les soumettre à Richard Hemmen, le chef de la
Commission allemande. Selon les représentants français,
en certains points, les Allemands déplacent le tracé de la
ligne de démarcation, perturbant la circulation des réfugiés ; bien souvent, ceux-ci ne savent plus dans quelle
zone ils sont. En d'autres points, dès la dernière semaine
de juillet, des milliers de Français continuent de rentrer
chez eux, sans trop de difficultés lors du passage d'une
zone à l'autre[15]. Les occupants ne sont pas encore présents
partout sur le tracé de la ligne de démarcation ; il leur faut
encore un peu de temps pour prendre position. Sur le
parcours du retour, la distribution de l'essence est contingentée ; des commissions mixtes franco-allemandes sont

installées, afin de contrôler le débit des réfugiés le long des itinéraires prévus à l'avance. Les militaires français équipent les routes imposées pour obtenir la circulation le plus fluide possible, ce qui relève de l'exploit dans les régions où les bombardements ont fait des ravages considérables. Plusieurs types d'itinéraires sont mis sur plans : les « itinéraires pénétrants » (par exemple, Carcassonne-Millau-Mende-Le Puy-Roanne) et les « transversales » (par exemple, Auch-Toulouse-Carcassonne-Narbonne-Montpellier-Nîmes). Des « points de transit » sur la ligne de démarcation sont prévus pour éviter l'engorgement de certaines artères routières et pour en assurer le franchissement rapide. Tous les cinquante kilomètres, des zones assez larges sont dégagées sur l'accotement de la route, en guise de parkings, avec un ravitaillement prévu. Les voitures sont contraintes d'y faire halte. Il s'agit d'éviter trop d'encombrement et de permettre le repos. L'allocation de nourriture est souvent très maigre, car il revient aux municipalités et aux préfectures de les fournir. Parfois, les autorités locales paniquent dans certains villages d'accueil[16]. Comment nourrir une telle population ? Par exemple, dans l'Allier, au début du mois de juillet, il apparaît que le nombre de réfugiés représente 75 % de la population, selon les chiffres du commissariat général à la Reconstruction nationale[17] ! Cela dit, les autorités militaires concluent que l'Allier est un département riche et qu'il parviendra sans peine à subvenir aux besoins des réfugiés. Plus loin dans le rapport, paradoxalement, les militaires avouent cependant que le café, le sucre et le sel sont des plus rares[18]. Pour passer la nuit, des salles publiques ou des écoles sont transformées en « gîtes d'étape[19] ». Des œuvres de bienfaisance et des bénévoles entrent alors en action à la mesure de leurs faibles moyens. Mais les maires sont bientôt tous dépourvus de stocks pour les réfugiés et les habitants de leur commune. Ils en appellent donc encore aux préfets, souvent tout aussi dépourvus de moyens. Certains parviennent pourtant à s'adapter. Dans plusieurs localités de l'Indre, des Français improvisent des boucheries et des boulangeries de très grande taille[20]. A Saint-Amand-Montrond (Cher), le sous-préfet signale qu'« étant donné le grand afflux de réfugiés qui se rendent à Paris, les points de passage de Bourges et de Saint-Aignan (Loir-et-Cher) seront néanmoins utilisés pour les Parisiens quand celui de Vierzon se montrera insuffisant[21] ».

Progressivement, les fonctionnaires, ainsi que les démobilisés, rentrent en zone occupée, munis d'un ordre de mission et d'une autorisation allemande de passage interzone, seulement s'il est avéré qu'ils sont utiles au bon fonctionnement de la France occupée[22]. Les agriculteurs ont été eux aussi peu à peu autorisés à regagner la zone occupée, à partir de la dernière semaine de juillet, afin de reprendre leur activité et de ne pas laisser les terres en friche. Les occupants ont besoin des productions françaises. Malgré tout, à l'échelle locale, il y a parfois de petites exceptions. Par exemple, le 9 juillet, dans l'Allier, le passage d'employés et d'ouvriers bute sur l'intransigeance allemande qui limite leur nombre ; le même jour, des employés de la Banque de France de Bar-le-Duc franchissent la ligne de démarcation, ainsi qu'une partie des ouvriers des usines Schneider du Creusot (Saône-et-Loire). La ville industrielle du Creusot est englobée avec soin dans la zone occupée, au moment du choix du tracé de la ligne de démarcation par le maréchal Jodl ; les pôles métallurgiques du Creusot, de Montceau-les-Mines et de Montchanin sont en effet loin d'être négligeables pour le Reich qui cherche à fabriquer des véhicules militaires et des canons pour poursuivre la guerre. Pour les employés de la Banque de France, c'est un accord ponctuel qui permet de relancer l'activité bancaire en zone occupée, d'autant que les Allemands ont prévu de nommer un commissaire pour contrôler la banque nationale. D'autres retours de ce type ont eu lieu durant l'été 1940.

Dès le 9 juillet également, deux à trois cents voitures belges sont autorisées chaque jour à franchir la ligne aux ponts de Vierzon (Cher) et de Saint-Aignan-sur-Cher (Loir-et-Cher)[23]. Chacun doit donc « composer » avec le bon vouloir des occupants qui peut varier d'un point à l'autre de la ligne. Parfois, une interdiction totale est décrétée sur tout le tracé. Ainsi le 28 juillet, sur toute la ligne, les Allemands interrompent brutalement et provisoirement le passage vers la zone occupée, pour ne pas se laisser déborder au moment où ils organisent l'occupation et l'installation des infrastructures de surveillance.

Le retour en zone occupée est accordé aux Belges, aux Hollandais, aux Luxembourgeois, aux réfugiés originaires de la zone située au sud d'une limite Somme-canal de l'Aisne à l'Oise-Aisne. Les Alsaciens et les Lorrains ont le droit de se rendre à l'ouest d'une limite Vouziers-Dole. Le 1er août 1940, des instructions pour l'organisation du retour des réfugiés sont publiées dans un livret intitulé *Lignes de démarcation et dispositions générales*[24] et distribuées aux Français par les autorités françaises et par les militaires allemands ; une carte accompagne le texte indiquant les limites de contrôle à franchir par les réfugiés, classées en plusieurs catégories[25]. Naturellement, celles-ci reflètent les exigences allemandes. On y apprend que les Allemands interdisent tout retour au-delà d'une « ligne du Nord-Est ». C'est une nouvelle limite, non prévue par l'armistice franco-allemand et qui sépare la zone occupée de la zone dite « interdite » : 250 000 réfugiés des zones « nord » et « est » sont donc ainsi bloqués en zone non occupée et 500 000 autres en zone occupée non interdite. Il y a d'autres exceptions : pour la région située au nord de la Seine, seuls les agriculteurs, les fonctionnaires et les agents des services publics, accompagnés de leur famille, peuvent être rapatriés, à titre officieux. Certains peuvent rentrer lorsqu'ils sont métallurgistes, soldats démobilisés ou propriétaires d'entreprises agricoles, mais au compte-gouttes. En juillet-août 1940, les militaires, et notamment les gendarmes, ne sont pas encore autorisés à revenir en grand nombre, car la Convention d'armistice (article 4) stipule la démobilisation et le dépôt des armes de tous les corps militaires français à l'exception de l'armée d'armistice.

Au passage de la ligne de démarcation, les réfugiés rencontrent les postes de contrôle mixtes franco-allemands. Pour autant, le désordre aux abords de la ligne est fréquent. Selon le ministère de la Guerre, entre août et septembre 1940, dans l'Indre, 700 000 réfugiés attendent l'autorisation de retourner en zone occupée, 150 000 autres dans l'Allier, 40 000 en Saône-et-Loire, 180 000 dans la Vienne, 250 000 en Dordogne et 395 000 en Charente[26]. Des centaines de trains de réfugiés convergent vers le versant occupé de la ligne de démarcation, pendant tout le mois d'août 1940, malgré ses fermetures répétées, toujours de courte durée et seulement en certains points. La fermeture du 20 août, en Indre-et-Loire, est plus exceptionnelle, car elle intervient sur une longueur de plusieurs dizaines de kilomètres. Cette mesure est prise le jour même de la fermeture de la frontière franco-espagnole[27]. Le 28 août 1940, *Le Journal* annonce que « 1 600 000 réfugiés sont déjà rapatriés[28] ».

A la mi-septembre 1940, des listes de réfugiés non autorisés à franchir la ligne de démarcation sont encore envoyées par les occupants aux autorités françaises. Les officiers et les hommes de troupe de l'armée belge, les militaires français en activité, « Alsaciens et Lorrains qui ne sont pas de race allemande », « Indigènes Nord-Africains et coloniaux des possessions françaises[29] » ne peuvent plus passer en zone occupée.

De retour à Paris

Les rapports de la Préfecture de Police de Paris témoignent des difficultés extrêmes que rencontre la SNCF pour acheminer les Parisiens – au moins deux millions – de la zone non occupée jusqu'à la capitale : des situations absurdes sont relevées par les policiers comme ce train de Toulouse, le 29 juillet, qui a été vidé de ses voyageurs par les Allemands à Vierzon et est arrivé sans une seule personne à la gare de Paris-Austerlitz ! Pourtant, les gares parisiennes sont bondées. Celle de Montparnasse se remplit peu à peu de nombreux réfugiés : en moyenne 21 000 voyageurs par jour y descendent, entre le 29 juillet et le 4 août. Ils sortent épuisés des trains qui arrivent de Brest, de Cherbourg, du Mans, de La Rochelle, de Nantes, de Quimper et de Saint-Brieuc[30]. La gare de Lyon compte 5 000 à 6 000 arrivées par jour – des voyageurs qui viennent du Sud-Est ; celle d'Austerlitz – les voyageurs sont originaires du centre du pays et du Sud-Ouest – voit passer autant de réfugiés qu'à Montparnasse[31]. Dans le lot des retours, il faut compter 5 000 Nord-Africains – des soldats démobilisés – descendus à Montparnasse, et qui ont demandé leur inscription au fonds de chômage, en vain. Ils sont alors contraints de faire une demande de rapatriement dans l'empire colonial[32]. Celui-ci va commencer dès le début du mois d'août 1940.

Le trafic des grandes lignes connaît un accroissement de 10 % par rapport à la fin de juillet[33]. Le rythme des retours en zone occupée est de plus en plus soutenu jusqu'à la fin de septembre ; les réfugiés parisiens sont ainsi de moins en moins nombreux de l'autre côté de la ligne de démarcation. Toutefois, le 29 septembre, les Allemands refoulent 96 trains – qui se dirigent vers Paris – à Chalon-sur-Saône et à Moulins-sur-Allier, deux gares de démarcation, et ce pour des raisons de sécurité, mais aussi parce qu'ils veulent rappeler aux autorités de Vichy la fin prochaine des rapatriements.

Les retours à Paris rendent plus difficiles encore les problèmes du ravitaillement. En effet, le volume de marchandises n'a pas connu un accroissement proportionnel au nombre de réfugiés revenus et les files d'attente s'allongent devant les quelques magasins qui sont ouverts. Le problème existe notamment pour le lait, le beurre, les œufs ; la viande est encore plus rare sur les marchés parisiens qu'ailleurs dans le pays, d'autant que les réquisitions allemandes commencent à se faire sentir. Aussi les cartes de rationnement entrent en vigueur à Paris et dans la Seine, le 25 septembre 1940.

5

Vivre avec l'occupant

Des Allemands pas si *korrekt*

Les Français curieux et circonspects

Nombre de témoins rencontrés ou lus se rappellent encore aujourd'hui, avec un certain effroi, l'arrivée, puis l'installation de l'occupant allemand ou italien dans un univers qui était le leur, un univers familier autrefois limité aux proches et aux autres membres de la commune et du quartier. L'effroi de voir un étranger vainqueur vient autant de la peur de l'inconnu que des rumeurs sur les massacres dont les Prussiens seraient coutumiers depuis la guerre de 1870 et celle de 1914-1918. Les manuels scolaires n'ont pas peu fait pour construire et diffuser des représentations sombres de l'Allemand. Très vite, les Allemands se montrent sous le jour de vainqueurs vaniteux et agressifs, venus vivre abusivement sur le pays. Une minorité d'entre eux aime cependant la France ; ceux-là ont parfois été plus conciliants, voire aimables avec les occupés. Dans les cafés, les échanges entre Allemands et Français sont fréquents. La curiosité l'emporte : qui sont ces occupants ? Que veulent-ils au juste ? Certains les trouvent admirables alors que d'autres tentent de se convaincre que la situation est bien réelle et qu'ils sont bien obligés de partager leur vie avec des étrangers. On trouve écho de ces sentiments dans de nombreuses monographies régionales et universitaires écrites en France depuis les années 1990. Les attitudes varient d'une région à l'autre en fonction de la densité de l'occupation. Des villages dits « occupés » n'ont vu qu'occasionnellement les Allemands, ce qui n'a pas fait qu'accroître leur méfiance. D'autres au contraire ont vu les occupants s'installer dans les maisons et les lieux publics pour quatre années.

Une fois les régions occupées, les vainqueurs donnent leurs ordres de réquisition en allemand ; les logements des bourgeois et des ruraux en sont les principales cibles. Les Français qui en sont victimes n'ont pas d'autre choix que d'acquiescer sans mot dire. Il faudra vivre avec plusieurs inconnus, dont on ne sait rien des mœurs et encore moins du caractère. Certains « locataires » sont ignobles, d'autres grossiers, d'autres assez discrets. A côté d'attitudes de vainqueurs intransigeants, certaines ont attiré l'attention. Dans les six premiers mois de 1941, Ernst Jünger sillonne la zone occupée avec son régiment et rapporte qu'il a été assez bien accueilli là où il a dormi et mangé, somme toute très confortablement, grâce à des paysans qui ont tout fait pour éviter les tensions ; ils ont trouvé là un Allemand fort bien élevé[1]. Des témoins font aussi remarquer que certains occupants étaient parfois gênés quand on les fixait du regard. Certains autres parlent même d'une forme de « civilité ». Parfois, des échanges avec un soldat allemand révèlent un père de famille qui s'ennuie beaucoup et qui ne pense qu'à retourner chez lui. Dans plusieurs petits villages du Cher et d'Indre-et-Loire, des témoins ont raconté que les Allemands se sont montrés distants et qu'ils n'ont pas cherché le contact avec la population.

Les Allemands sont arrivés là où certains n'auraient jamais imaginé les trouver. Jean Guéhenno s'en fait l'écho en septembre 1941 alors qu'il se rend en Bretagne pendant ses vacances pour tenter de trouver un meilleur ravitaillement en produits frais :

« Je suis allé à Camaret, à Brest, à Saint-Brieuc, à Fougères, à Saint-Germain-en-Coglès, dans le village même où j'ai été élevé. J'ai trouvé partout la même absurdité. Je me rappelais nos chansons de conscrits :

> *Jamais les Prussiens n'viendront*
> *Manger la soupe en Bretagne.*

« La chanson mentait[2]... »

Effectivement, les Allemands sont omniprésents en Bretagne ; l'uniforme gris se croise dans les boulangeries, les cafés, sur les chemins des douaniers, dans les ports, dans les bordels, dans la lande, à Crozon comme sur les îles. Que ce soit en Bretagne, en Normandie, en Ile-de-France ou dans l'Est, il est impossible pour les Français d'échapper à la présence physique et administrative des occupants.

Surtout, les Allemands savent parfaitement déléguer leurs ordres aux autorités françaises en place. Ils leur font endosser la responsabilité des mesures impopulaires. Ils contrôlent ainsi plus facilement l'espace et la population d'une commune. Leur ravitaillement pose donc moins de problèmes que celui des Français.

En zone occupée, les Français sont contraints de respecter des mesures très strictes qui limitent leurs déplacements et encadrent très strictement certains comportements très banals en temps de paix, comme l'éclairage des pièces de la maison. En cas de non-respect, les Allemands infligent de lourdes amendes ou incarcèrent, parfois très longtemps, les contrevenants. La peine de mort et le travail forcé ne sont pas exclus de l'arsenal répressif en cas de récidive. Les chevaux et les automobiles sont les premiers touchés par les réquisitions[3]. Les préfectures ont la lourde tâche de distribuer des bons d'essence, une obligation d'abord prise en charge par les Allemands, de juin à août 1940. Un maximum de véhicules autorisés dans les départements occupés est fixé : par exemple, 2 500 dans la Manche[4]. A Paris, seuls 4 500 permis de circulation sont accordés pour les fonctionnaires, les médecins et certains privilégiés. Les rues s'en trouvent d'autant plus calmes.

Dans les villes et villages de la France occupée, la rencontre avec les nouveaux « habitants-occupants » est donc rude. Au début d'août 1940, un voyageur, représentant d'une maison de lainage de la zone non occupée de Saône-et-Loire, note ses observations lors d'un séjour de travail à Troyes dans l'Aube[5]. Son récit est connu des services de police, lesquels en réfèrent ensuite au préfet ; c'est un moyen de s'informer sur la France occupée. Le représentant raconte son voyage pendant lequel il constate que de nombreuses localités sont anéanties ; à Troyes, il ne peut pas dormir dans un hôtel de bon niveau, car les Allemands les ont pris. Il évoque ensuite sa vie quotidienne de représentant :

« Aucun restaurant n'est ouvert car on manque de tout ; mais on peut manger au buffet de la gare, ravitaillé par les Allemands où, sur des tables sans nappe et sans serviettes, on vous sert le plat unique : viande et légumes pour 12 francs. Ni vin, ni sucre, ni sel, ni bière, ni café. On boit de l'eau ou du cidre tiré au tonneau. On peut pour 3 frs avoir du fromage ; les vins à la carte valent 40 frs pour le Chablis, 60 frs pour le Mâcon, 100 et 120 frs pour le Bourgogne, 150 frs le Champagne… […] Dans la salle du buffet, beaucoup d'Allemands, très peu de Français. […] Après ce repas pris en silence, car personne ne doit parler à son voisin, nous revenons en ville. »

Le représentant voit plusieurs centaines d'hommes déblayer les décombres des bombardements. Le paysage est obstrué de gravats et de morceaux de fer tordus. Les soldats allemands encadrent toutes les opérations.

Les routes sont désertes. Les stocks de bonneterie de l'Aube doivent être déclarés aux Allemands. La chambre de commerce est désormais sous l'autorité d'un capitaine de la Wehrmacht. Cet officier décide de l'organisation du travail, de l'embauche et des horaires de travail. Le représentant en lainage ne peut quasiment plus travailler, car pour faire passer de la matière première en zone non occupée, il doit demander une autorisation aux Allemands, presque impossible à obtenir. Tout change, comme à Paris où des voitures de la Wehrmacht diffusent par haut-parleurs des messages de propagande ; ils annoncent la paix ! Les véhicules prennent place en des lieux clés de la capitale, comme la place de l'Hôtel-de-Ville. A Angers, à Chinon ou à Nantes, par exemple, le scénario se répète : l'installation des Allemands se fait dans une sorte de vide des rues et de silence inhabituels[6].

Méfiance et accommodation

Après une période d'observation réciproque pendant les premières semaines de l'occupation, la nature des rapports occupés-occupants va se durcir pour certains soit à cause de leur statut qui les place sous le coup des différentes répressions allemande et française (Juifs et communistes, par exemple), soit parce qu'ils décident de s'opposer aux lois allemandes par tous les moyens ; pour d'autres, les relations vont s'intégrer dans le lot des habitudes quotidiennes. Les fatalistes disent : « Il faut faire avec… »

La diversité des opinions et des attitudes est grande et fluctuante. Les Allemands inondent l'espace des Français de millions de tracts, d'affiches et de brochures pour les convaincre que le choix d'une Europe allemande est le meilleur. Les cinémas et la presse sont également submergés. En retour, les résultats escomptés par l'occupant ne furent que très faiblement atteints. Cela est d'autant plus vrai que le poids du quotidien et des séparations joue beaucoup sur les esprits. Dans la rue, des Français détournent le regard ou changent de trottoir quand ils croisent des Allemands. La fuite de tout contact a été une attitude sans doute très fréquente dès les premières semaines de l'occupation. La distance à l'égard de l'occupant n'a pas toujours été inconciliable avec la civilité. Bien des Français ont indiqué une adresse ou une direction à un Allemand ou lui ont servi un verre d'eau à sa demande. Ces gestes ne font pas pour autant d'eux des collaborateurs ou des traîtres.

Très minoritaires en 1940 sont les Français qui se révoltent intérieurement contre le sentiment de déprime profond ressenti après la débâcle et l'exode. Pierre-André Guastalla est de ceux-là. Agé de 18 ans, l'étudiant rennais en philosophie a fini son périple dans le Sud ; il écrit le 28 juin sur un cahier d'écolier : « Toujours aucune nouvelle de ma famille. [...] Ce cahier est un bon dérivatif. [...] Titre à se rappeler : jouer avec le feu. Je n'aime pas les gens, j'aime ce qui les dévore (André Gide). Tu seras comme un homme couché, au milieu de la mer (*Proverbes*, XXIII, 34). » Le jeune homme ne s'est pas « couché » puisqu'il est entré au mouvement Combat et a terminé sa vie à Paris le 27 août 1944, tué d'une rafale de mitraillette, alors qu'il libérait la capitale sous les ordres du général Leclerc. En juillet 1940, un autre Français, Jean Texcier, militant socialiste et fonctionnaire au ministère du Ravitaillement, met les Français en garde dans ses *Conseils à l'occupé*, un petit manuel où il les somme de rester *korrekt* sans pour autant se jeter dans les bras des Allemands ; écœuré par ce qu'il voit en revenant à Paris le 2 juillet, il donne en quelque sorte des règles de conduite – trente-trois conseils – à suivre à l'égard des occupants. Pour ce faire, il emprunte un ton détaché et humoristique :

« Tu grognes parce qu'ils t'obligent à être rentré chez toi à 23 heures précises. Innocent, tu n'a pas compris que c'est pour te permettre d'écouter la radio anglaise[7] ? »

Jamais Jean Texcier n'appelle à résister ; on ne décèle aucune haine dans ses écrits. Mais très peu de Français ont pu lire ces *Conseils*. Il termine ses recommandations par : « Fais-en des copies que tes amis copieront. » Le premier été de l'occupation montre un « flottement[8] » et, pour beaucoup, la soumission l'emporte, mêlée parfois à une certaine forme d'admiration[9]. Bien des Français s'interrogent sur le comportement à adopter. D'autres, isolément, vont se manifester aux quatre coins de la France en écrivant à la main des feuilles antiallemandes ou en décidant de partir à l'étranger pour tenter de « faire quelque chose » – rejoindre la France Libre par exemple – pour leur pays livré aux Allemands.

Mais nombre de Français, tant que leurs propres intérêts ne sont pas menacés, vaquent à leurs activités quotidiennes en essayant d'être discrets. Dans les cafés et les restaurants, les Allemands et les occupés s'ignorent souvent, puis, au fil des semaines, commencent à se parler, à l'occasion d'un bon repas ou d'une soirée bien arrosée. Dans les villages, des commerçants sympathisent assez vite avec des Allemands qui sont de bons clients, avec lesquels il va falloir vivre quelque temps. Mais cette forme de sociabilité d'habitude peut être vite remise en cause si l'Allemand est grossier ou trop autoritaire.

Vivre au gré de la *Demarkationslinie*

Un horizon fermé

Le terme de « servitude » n'est pas exagéré quand il s'agit d'aborder les conséquences des premières mesures allemandes sur la vie quotidienne en zone occupée. Celles-ci influent sur les relations interzones à tel point que les Français des deux zones ont parfois l'impression de ne plus appartenir au même pays. D'une part, des Français sont confrontés à la présence de l'occupant, avec ses soldats et toute une signalétique composée de panneaux en langue allemande, de drapeaux, de guérites et de barrières aux couleurs nazies. Les montres et les pendules sont réglées sur le fuseau horaire de l'Europe centrale une heure plus tôt qu'en zone libre. A l'exception des médecins, tout le monde est soumis au couvre-feu nocturne. D'autre part, les Français de zone non occupée vivent sans Allemands, mais sont contraints de rester dans leur zone, dite « libre », mais « libre » de quoi ? La zone non occupée est libre d'Allemands, mais elle dépend aussi des mesures de l'occupant et d'un régime politique autoritaire français. Toutefois, la pression psychologique est sans doute moins grande en zone non occupée, où la population se sent finalement à l'abri derrière la ligne de démarcation. Les deux zones vivent alors à deux rythmes différents. En zone non occupée, la circulation des personnes est libre. Certains Français peuvent se rendre compte des différences au cours de voyages interzones légaux, possibles grâce à des laissez-passer distribués au compte-gouttes.

Sur le tracé de la ligne de démarcation, le paysage a changé pour des centaines de milliers de Français, en grande majorité des ruraux. Quand les Français de la zone non occupée regardent vers cette « frontière », ils font un rapide inventaire de la présence allemande : des barrières, des guérites, des drapeaux, des soldats, des barbelés, des herses, mais aussi des poteaux frontières, d'une hauteur de 1,50 mètre, espacés de cent à deux cents mètres, dans les vignes et les champs, constituent la trame du nouveau paysage des treize départements divisés. En ville, la signalétique allemande est plus visible et la matérialisation rend la ligne beaucoup plus imperméable. A Chalon-sur-Saône, à Moulins-sur-Allier et à Vierzon, les ponts deviennent d'utiles « verrous » pour les Allemands. Une rivière marque dans chaque ville la limite entre les deux zones. Des panneaux jalonnent enfin certains carrefours et routes de la ligne de démarcation :

> *Ligne de démarcation – Défense de traverser*
> *Ne doit être passée qu'au point de contrôle,*
> *autrement on tirera*
> *Danger de mort à cause des mines*

Parfois, les Allemands qui peignent les écriteaux font des fautes d'orthographe que les habitants ne manquent pas de fustiger. Ainsi, sur un panneau d'Hagetmau, on peut lire « Défence de traverser »...

La présence des membres de l'armée d'armistice sur la ligne de démarcation est très faible ; la logistique se résume à quelques cabanes et à des troncs d'arbres mal taillés posés en travers de la route ou du chemin en guise de barrière. Les moyens matériels des surveillants français de la ligne de démarcation sont bien moins importants que ceux des occupants. Mais parfois aussi, plusieurs dizaines de kilomètres sont vierges de surveillance française et allemande. La matérialisation de la ligne peut être naturelle lorsqu'elle est marquée par une rivière, ce qui est souvent le cas entre la frontière suisse et la Touraine avec la Loue, le Doubs, la Saône, le Cher, la Vienne, etc. Quoique visible, elle n'est donc pas hermétique, car l'été, un bon nageur a tôt fait de traverser une rivière pour passer de la rive occupée à la rive non occupée. Il est également assez facile de courir à travers champs entre deux poteaux non surveillés par les patrouilles allemandes. De plus, les « passagers » clandestins de la ligne reçoivent souvent l'aide des surveillants français qui ont pu les apercevoir au loin avec leurs jumelles.

Avant d'être une zone douanière, la ligne de démarcation est surtout une limite militaire. Les régiments territoriaux allemands qui la gardent arrivent progressivement entre juillet et septembre 1940. Seules deux divisions allemandes sont en place sur la ligne en septembre au lieu des quinze estimées nécessaires par le général Halder[10]. La *Geheime Polizei*[11] (GFP) épaule les militaires. Les douaniers du VGAD (*Verstärkter Grenzaufsichsdienst*, le service renforcé de la surveillance des frontières) arrivent plus tard sur la ligne, seulement à partir de février 1941. La mise en place de la surveillance allemande sur la ligne est assez laborieuse, ce qui prouve que les Allemands n'en font pas un objectif prioritaire.

La surveillance de l'occupant est également à l'origine d'incidents qui irritent le régime de Vichy, notamment lorsque les Allemands franchissent la ligne de démarcation pour poursuivre un fugitif jusqu'en zone non occupée. A chaque protestation française, lors des réunions de la commission d'armistice de Wiesbaden, les occupants avancent le prétexte de la « sécurité des troupes d'occupation[12] ». Le régime de Vichy reste donc impuissant face aux incursions allemandes et aux empiètements répétés. Toutefois, les Allemands ne parviennent pas à faire de la ligne un obstacle physique hermétique.

« Papier, bitte ! »

Les Français, qu'ils soient simples voyageurs ou commerciaux, fonctionnaires ou ministres, ne peuvent pas circuler à leur guise sur le territoire national. La perception de la ligne est assez floue pour les Français qui en sont le plus éloignés. Ainsi François Charles-Roux quitte Bordeaux le 29 juin, pour se rendre à Vichy ; il constate que le franchissement de la ligne de démarcation est la « première sensation matérielle de l'occupation ennemie, qui n'avait encore obsédé [son] esprit qu'à titre d'abstraction[13] ». Les laissez-passer allemands n'existent encore pas à cette date, mais les contraintes de l'occupation sont bien réelles, une fois la ligne traversée.

Avec le retour des réfugiés, les premiers laissez-passer allemands (*Ausweis*) apparaissent progressivement, au cours du mois de septembre 1940. Peu à peu, le MbF organise et perfectionne la réglementation. A la demande des autorités françaises, les occupants apportent des précisions par écrit. Il n'y a pas de date précise fixée pour l'instauration officielle des laissez-passer. La nécessité de « sécurité » des troupes d'occupation en zone occupée oblige les Allemands à pratiquer un filtrage des passagers interzones.

La réglementation des laissez-passer est évolutive et rigoureuse. Comme pour la connaissance du tracé exact de la ligne de démarcation, les Français en général, mais plus encore les « frontaliers » qui travaillent dans les deux zones ou qui ont besoin d'aller enterrer un proche dans l'autre zone, attendent plusieurs mois avant de pouvoir se procurer un guide explicatif et connaître les conditions d'obtention du laissez-passer. Les Allemands livrent ces informations avec réticence.

A la fin de septembre 1940, il n'est plus possible de franchir légalement la ligne de démarcation sans laissez-passer ; en cas de clandestinité, les Allemands ont promulgué une ordonnance qui sanctionne le passage illégal (*Vobif gegen das unbefugte Überschreiten der Demarkations-linie* : ordonnance du MbF sur le franchissement illicite de la ligne de démarcation). La condamnation à mort est prévue dans les cas les plus graves, à savoir le passage du renseignement. A Wiesbaden, la DFCAA évoque plusieurs cas de décès sur la ligne de démarcation, pour défaut de laissez-passer, comme cet habitant de Sabazan (Landes), tué par des soldats allemands, après son passage en zone occupée sans laissez-passer. Il n'entend pas les sommations et reçoit une première balle dans le bras ; puis, il est achevé d'une balle dans la tête. L'exemple montre la cruauté des sentinelles allemandes. La DFCAA reconnaît que le défaut de laissez-passer est une violation de la réglementation en vigueur, mais elle refuse l'« acharnement » des Allemands sur le vieillard[14]. La population manifeste son mécontentement lors de discussions privées, mais aucun témoin, à la vue de telles scènes, n'intervient ni ne s'interpose. Dans ces cas graves, l'inertie est l'attitude adoptée par la majorité des habitants de la ligne de démarcation, sans doute par crainte de représailles.

Pour le public, c'est seulement à l'automne 1941 qu'un *Guide pratique des relations interzones*, de 23 pages, édité par les Presses universitaires de France, est enfin vendu dans les commerces[15]. De nombreux schémas pédagogiques accompagnent le texte composé lui-même de paragraphes très courts. En fait, depuis septembre 1940, les règles sont déjà connues par les habitants. Les Français peuvent obtenir le laissez-passer exclusivement pour des motifs dûment justifiés : l'inhumation ou l'exhumation d'un proche parent, la naissance d'un enfant ou d'un petit-enfant – seulement en cas de naissance prématurée –, la maladie grave d'un familier, la visite à un mari ou à un fils grand blessé de retour de captivité, le mariage d'un enfant, etc. Si l'on résume la masse documentaire sur les laissez-passer, il y a

en fait deux types de laissez-passer : les laissez-passer
« grande frontière » et « petite frontière ». Dans le premier
cas, l'obtention s'apparente le plus souvent au parcours du
combattant. Dans le second cas, il est plus facile d'obtenir
le sauf-conduit allemand interzone qui fait de l'habitant un
« frontalier ». En effet, pour ces derniers, les laissez-passer
sont attribués à ceux qui travaillent dans une zone et
habitent dans l'autre ou pour les paysans qui détiennent
des terres à cheval sur la ligne. Il faut requérir le précieux
sauf-conduits dans les *Feld-*, les *Kreis-* ou les *Ortskomman-
danturen* les plus proches du lieu d'habitation. Dans tous
les cas, le demandeur fournit au préalable une demande
manuscrite et un certificat du maire qui justifie le lieu de la
résidence ; ensuite, les gendarmes transmettent la demande
à un poste de surveillance français qui le fait suivre jusqu'à
un poste allemand sur la ligne. Aucune mesure d'assouplissement allemande n'est consentie sur cette procédure. Vers
la fin d'août 1940, des cultivateurs de la Charente, du
Cher, de la Dordogne et de la Vienne se plaignent auprès
des maires, car les moissons, déjà en retard en raison de la
guerre, ne peuvent toujours pas être rentrées. En effet, les
Allemands ne donnent encore pas d'autorisation de franchissement interzone[16]. Des fils de fer barbelés barrent les
chemins. Les granges sont vides et il faut au plus vite les
remplir de grains et de paille pour ne pas trop souffrir au
moment de la soudure. Les troupeaux « ignorent » aussi la
ligne, ce qui n'est pas sans ulcérer des éleveurs des Basses-
Pyrénées qui pratiquent la transhumance[17]. Vichy encourage les Français au retour à la terre. Les paysans sont érigés en exemples et il leur faut être dignes de la confiance
du Maréchal. Enfin, la France doit assurer l'entretien des
troupes d'occupation conformément à l'armistice. Tout doit
donc être fait des deux côtés pour ne pas entraver le travail
quotidien des agriculteurs.

La distribution des laissez-passer est donc sélective,
voire parfois aléatoire. Les autorités françaises sont sans
cesse suspendues à l'autorisation allemande pour permettre des voyages familiaux, des voyages scolaires ou

des voyages professionnels entre les deux zones. Par exemple, le 17 octobre 1940, le préfet de la Sarthe reçoit un message téléphoné, qui lui confirme l'autorisation faite aux professeurs du prytanée de la Flèche de prendre le train le dimanche suivant pour la zone non occupée[18].

L'utilisation de la voiture est beaucoup plus problématique que l'achat d'un billet de train lorsque les Français souhaitent voyager à l'intérieur des zones ou entre celles-ci. En effet, les militaires français ont interdit aux voitures de circuler sur des distances de plus de 500 kilomètres, qu'elles fonctionnent à l'électricité ou au gazogène. Le nombre de kilomètres parcourus doit être inscrit par les chauffeurs sur un carnet spécifique. Selon les archives de la gendarmerie et d'après la presse des deux zones, le nombre d'accidents de la route chute très sensiblement, souvent de plus de 70 % !

Reste le train. Il est pratique quand le voyage a lieu dans une même zone, mais il devient compliqué dès que le voyage est plus long et qu'il traverse les lignes de démarcation. Les trains et les gares sont perpétuellement bondés. Bien souvent, les trains transportent plus de passagers que ne l'autorise leur capacité. Les trains se raréfient sur les longues distances comme Paris-Brest, Paris-Nice ou Paris-Limoges, par exemple.

Pour franchir la ligne de démarcation, le train est le moyen de locomotion le plus commode, une fois le réseau ferroviaire à peu près remis en état. Mais le voyage est semé d'embûches : ainsi le tracé de la ligne de démarcation coupe les grandes voies nord-sud[19]. Les trains des petites lignes de la zone occupée s'arrêtent également avant la démarcation. De nouvelles règles de circulation sont ainsi imposées aux Français par les Allemands. Les voyages en train deviennent parfois des périples très longs, retardés par d'incessants arrêts et contrôles, au passage de la ligne. Les lignes d'autobus nationales poursuivent leur activité, sans pouvoir assurer un meilleur trafic que les trains à la ligne de démarcation, et ce en dépit des accords locaux entre les préfets et les militaires allemands[20]. Les trains sont contrôlés par les Français et par les Allemands en marche ou lors d'arrêts interminables dans des gares réservées à cet effet, avant la poursuite du voyage interzone. Les hommes d'affaires sont gênés par l'instauration de la ligne de démarcation. Ils s'interrogent : comment vendre un produit d'une zone à l'autre ? Comment trouver des matières premières en zone occupée quand l'usine est située en zone non occupée, alors que les Allemands exercent une surveillance et un pillage impitoyables ?

La ligne de démarcation a bien constitué une frontière ferroviaire dès juillet 1940, même si les Allemands ont nié cette évidence. Le 24 juillet, à Wiesbaden, la Commission allemande d'armistice annonce à la Délégation française auprès de la Commission allemande d'armistice que « la ligne de démarcation ne constituait et ne pouvait constituer une frontière ferroviaire[21] ». Le 27 juillet 1940, les Allemands annoncent l'arrêt du trafic ferroviaire entre les deux zones, et ce dans les deux sens. Cela se prolonge jusqu'au 2 août 1940, afin de préparer de nouvelles mesures de sécurité et d'organiser le retour des réfugiés[22]. Ensuite, de nombreux trains sont réquisitionnés pour rapatrier une partie des réfugiés en zone occupée, entre août et septembre 1940[23]. Le 15 août 1940, un léger assouplissement des règles est consenti. Le nœud d'étranglement est desserré avec l'installation de points de contrôle ferroviaires allemands à Orthez (Basses-Pyrénées), Mont-de-Marsan (Landes), Montpon (Dordogne), Mignaloux (Vienne), Vierzon (Cher), Moulins-sur-Allier, Paray-le-Monial et Chalon-sur-Saône (Saône-et-Loire). Les habitants de certaines régions de zone occupée, éloignées de la ligne, effectuent parfois de nombreux détours pour se rendre dans une localité de la zone non occupée. Le nombre de gares de démarcation allemandes est très réduit et il a même fluctué ; certaines gares, plus petites, ont été ouvertes à l'occasion, puis refermées, pour des raisons économiques. Les voies de chemin de fer interzones ne sont pas exploitées pendant les fermetures politiques de la ligne de démarcation. Les trafics de marchandises et de voyageurs de la SNCF subissent de plein fouet le chantage allemand. Une délégation technique de la SNCF a même été créée par l'Etat français pour prendre des mesures urgentes, en cas d'abus allemands en matière ferroviaire. La délégation a fait plusieurs demandes aux Allemands pour que soit facilité le transfert de certaines marchandises, en direction de la zone non occupée. Par exemple, le 14 février 1941, la gare d'Allerey (Saône-et-Loire) a été ouverte pour un unique transport interzone de betteraves[24]. Le 17 mai suivant, la SNCF reçoit l'autorisation de transférer des marchandises par plusieurs gares, fermées depuis le début de l'occupation, dont celles de Gièvres (Loir-et-Cher) et de La Haye-Descartes (Indre-et-Loire), en zone occupée[25].

Traverser les autres lignes de démarcation n'est guère plus aisé d'autant que celle de la zone interdite est strictement fermée jusqu'au premier trimestre 1941. Toute la guerre durant, les déplacements en France sont devenus des épreuves tant à l'échelon local qu'à l'échelle nationale. Dans tous les cas, dans tous les lieux, les Français ont perdu la liberté de circulation, car au manque de modes de locomotion se sont ajoutés les règlements allemands et français.

Les restrictions du courrier

A la difficulté de circuler, donc de se rencontrer en toute liberté, s'ajoute l'interdiction ou la limitation des échanges épistolaires. Toutefois, cette restriction, bien que sévère, se prolonge un peu moins longtemps que la pratique des laissez-passer. Le simple geste d'écrire à quelqu'un s'avère compliqué, voire impossible sous l'occupation[26]. C'est pourtant le mode d'expression quotidien le plus utilisé par les Français. A partir de juillet 1940 – cela a continué jusqu'en mai 1941 –, les relations postales, télégraphiques et téléphoniques subissent d'abord un blocage, puis un desserrement progressif, entrecoupé de suspensions provisoires.

En premier lieu, les Allemands soumettent les Français à un quasi-cloisonnement des zones, entre juillet et octobre 1940. L'ordonnance du 18 juillet 1940, signée par von Brauchitsch, menace tout contrevenant, de mort dans les cas les plus graves, notamment pour l'espionnage[27]. En fait, le trafic est interrompu dès le 16[28]. Les Français se voient donc imposer une nouvelle interdiction fort contraignante : « Le service postal au-delà des limites du territoire occupé reste interdit, toutefois sous réserve d'exceptions. »

Le 29 septembre 1940, les Français peuvent croire à un desserrement de l'étau, car les liaisons postales sont rétablies entre les deux zones ; cela concerne la correspondance privée, sauf pour les habitants des départements annexés du Haut-Rhin, du Bas-Rhin et de la Moselle. Toutefois, cette ouverture est cynique puisque les Français ne peuvent envoyer que des « cartes interzones », sur lesquelles il faut biffer des mentions pré-imprimées – « en bonne santé », « prisonnier », « sans nouvelles », « la famille… va bien », « a été reçu », « va entrer à l'école de », « affectueuses pensées. Baisers » – et dont la plus absurde est « Je ne suis pas tué ». On peut facilement imaginer le drame des parents qui apprennent sans autres précisions qu'un fils est mort.

La presse rend largement compte des mesures postales, rappelant aux Français les règles à respecter : le recto des cartes – roses ou jaunes – est divisé en deux parties, l'une pour l'adresse de l'expéditeur et l'autre pour celle du destinataire ; le verso est destiné aux « nouvelles » ; la carte est vendue dans les bureaux de poste, au prix de 0,90 franc l'unité, à partir du 26 septembre pour les départements de la Seine, de la Seine-et-Oise et de la Seine-et-Marne. Pour les autres départements, il faut attendre encore plusieurs jours, en raison des délais d'impression et de répartition dans les bureaux des PTT[29]. Les ajouts manuscrits, à côté du texte pré-imprimé, sont permis sur deux lignes laissées libres à la fin de la carte ; ils ne doivent donner que des nouvelles familiales, sinon la carte a peu de chances de parvenir au destinataire. A la mi-octobre, la presse imprime des rappels à l'ordre, car des Français se moquent de ces cartes absurdes. Par exemple, certains écrivent à côté des mentions imprimées, « reçu au certificat d'études »[30]. *Le Figaro* du 15 octobre 1940 titre en gros caractères : « Ne jouez pas sur les mots en rédigeant la carte postale familiale », et en caractères plus petits : «... ou elle vous sera retournée ». Le quotidien annonce le succès des cartes, puisque près de deux millions et demi ont « circulé ».

Pour les échanges téléphoniques et télégraphiques interzones, les Allemands sont stricts avec l'ordonnance du 29 juillet 1940 qui en interdit l'écrasante majorité. Au mois de décembre, seuls les télégrammes officiels interzones sont autorisés, toutefois sous contrôle strict[31]. En revanche, les télégrammes de santé, qui pouvaient jusqu'alors traverser la ligne de démarcation, sont interdits[32]. Pour les appels téléphoniques interzones, les Allemands exigent sans cesse des garanties. Tous les moyens sont donc bons pour « tenir le mors[33] », le desserrer ou le resserrer entre les deux France grâce à une limite militaire. Evidemment, comme l'ensemble des contraintes liées à la ligne de démarcation, il y a « un temps pour apprivoiser[34] » ces désagréments quotidiens, par des voies illégales.

Pour un certain nombre d'habitudes quotidiennes, des milliers de familles des deux zones ont souffert de la ligne de démarcation. Un autre exemple le montre : la limite d'occupation, en partie à cause des restrictions postales, obstrue les transactions financières interzones des Français[35]. Le préfet charentais, en août 1940, dénonce l'« interruption de toutes communications postales avec la zone non occupée » comme une porte fermée aux transferts de fonds bancaires, bloqués à Limoges[36].

Des fonds bloqués

Les banques et les entreprises françaises ont besoin d'une large ouverture de la ligne aux passages postaux, car un certain nombre d'opérations financières sont effectuées par ce moyen. Sans elles, l'activité des entreprises est menacée et l'emploi risque d'en souffrir. L'administration française est également privée d'un outil essentiel pour son bon fonctionnement. Les Allemands ont ainsi en mains un levier de pression et de chantage important sur la vie quotidienne des Français et donc sur le régime collaborateur français ; à partir de la rencontre Hitler-Pétain, à Montoire, le 24 octobre 1940, la France est engagée dans la collaboration d'Etat et se laisse entraîner dans un engrenage de concessions de plus en plus importantes, notamment sur le plan économique. Les Allemands contrôlent la Banque de France et surveillent les autres banques.

Le mécontentement des Français ne peut guère être amoindri en raison de ces désagréments financiers, dont les banques se font régulièrement l'écho, de juillet 1940 jusqu'à juin 1941[37]. Chacune des banques françaises se réorganise de part et d'autre de la ligne de démarcation. Par exemple, à la Société générale, nombre de documents sont imprimés en double, puis répartis entre les deux zones jusqu'en 1942[38]. La Caisse des dépôts crée un service de liaison à Clermont-Ferrand, afin de traiter des opérations de la zone non occupée. Pendant l'été et l'automne 1940, les transferts de fonds de la zone occupée vers la zone non occupée sont quasiment impossibles en raison des interdictions allemandes. Par conséquent, la Caisse des dépôts ne sait comment organiser et répartir les prêts aux communes et aux départements[39]. En août 1940, elle est dans l'impossibilité de payer les arrérages de rente et de pension, pas plus que la succursale de Clermont-Ferrand ne peut verser les fonds de retraite des sociétés de secours mutuels, les assurances sociales, les assurances décès et diverses primes ou assurer les opérations sur les titres en dépôts à Paris. Le Crédit lyonnais n'est pas mieux loti ; le siège social de la banque est situé à Paris, mais un deuxième centre est installé à La Bourboule (Puy-de-Dôme) pour traiter les affaires des clients de la zone non occupée ; ce n'est pas loin de Vichy et de la ligne de démarcation. Les banques sont impatientes de connaître les règlements allemands en ce qui concerne les franchissements financiers entre les zones, mais ils tardent et restent souvent assez flous[40]. Les clients se plaignent ; les banques cherchent à en perdre le moins possible. Par ailleurs, une ordonnance allemande du 18 septembre interdit les transferts de comptes[41]. Les échanges commerciaux sont privilégiés par rapport aux transferts privés. La situation est inextricable pour nombre de Français qui cherchent à retrouver au plus vite leurs moyens de subsistance.

Cela dit, plusieurs facilités, certes limitées, sont consenties par l'occupant pour les démarches administratives. L'ordonnance prévoit des exceptions, comme l'ouverture de la ligne de démarcation au courrier administratif des administrations centrales, fin juillet 1940, pour un nombre limité de plis. A partir du 29 juillet, un service quotidien automobile est autorisé pour les plis ministériels entre Paris et Vichy. Les automobiles sont conduites par des chauffeurs allemands, entre Paris et Bourges à l'aller et au retour[42]. Un bureau allemand de passage du courrier officiel s'installe donc à Bourges.

Vivre avec l'occupant italien[43]

Dans le Sud-Est, l'arrivée des Italiens n'est guère plus appréciée par la population que celle des Allemands ailleurs. Les rapports entre les Italiens et les occupés ont été inconfortables. Les occupés semblent prendre l'occupation italienne au sérieux, mais la jugent grandiloquente eu égard à la petite taille des territoires conquis. Les Italiens occupent 800 km^2 le long de la frontière. Or les rapports sont d'autant plus tendus que les frontaliers sont déjà fort italophobes quand le conflit commence.

Nombre d'évacués niçois ou mentonnais retrouvent leurs maisons endommagées, pillées ou détruites. Les Italiens semblent en effet moins soucieux de laisser une image positive que les Allemands. Ils s'installent assez vite et mettent une administration italienne en place. Ils expulsent les fonctionnaires et les habitants qui ne montrent pas suffisamment de bonne volonté à leur endroit.

La volonté d'italianisation est à peine voilée et très mal vécue, notamment à Menton, où elle est sans doute le plus visible. Entre 1940 et 1942, les Italiens vont multiplier les interdictions, rédiger les budgets municipaux en lires, ainsi que les noms de rue et les enseignes publicitaires en italien. Les Alpes-Maritimes ressemblent parfois beaucoup à l'Alsace-Moselle, annexée ; la censure postale s'ajoute aux servitudes quotidiennes des Français occupés par les Italiens. Ils vivent sous haute surveillance. Certains habitants se réfugient dans le soutien inconditionnel au régime de Vichy, mais contre la présence italienne ; le régime vichyste joue de ce sentiment de rejet. D'autres évoluent à l'inverse vers l'action clandestine.

Les incidents se multiplient entre les Italiens et les Français dès 1940, comme les tensions permanentes entre les bergers et les troupes italiennes dans les hautes vallées du bassin de la Vésubie et de la Tinée : en effet, les Italiens interdisent le droit de parcours des troupeaux dans les montagnes. Des maires s'en plaignent car, traditionnellement, une taxe de passage apporte des revenus aux communes. Les produits laitiers ne peuvent plus être acheminés ou produits dans les villages. L'encadrement des populations françaises est sévère, mais n'empêche nullement une minorité de poursuivre une vie mondaine à Grasse ou à Nice. La vie culturelle est d'ailleurs l'occasion de nombreuses rencontres entre les Italiens et les Français.

En novembre 1942, avec la IVe armée, les Italiens occupent sept départements (Alpes-Maritimes, Alpes-de-Haute-Provence, Drôme, Hautes-Alpes, Haute-Savoie, Savoie et Var) et une partie de l'Ain, de l'Isère, des Bouches-du-Rhône et du Vaucluse. La Corse est occupée par la Ve armée. Même si les occupants italiens ont mis en sommeil les lois antisémites du régime de Vichy, ils ont laissé de mauvais souvenirs dans bien des cas, car ils ont pillé assez facilement. Certains résistants se souviennent des tortionnaires de l'Ovra, la police secrète fasciste à Embrun ou Nice, par exemple.

TROISIÈME PARTIE

REPENSER LES HABITUDES

6

Des Françaises en grande difficulté

L'histoire de la vie quotidienne des femmes est d'une exceptionnelle densité, en ces années où leur place dans la société est considérée comme secondaire. D'ailleurs, leur histoire sous l'occupation est restée en arrière-plan jusqu'au début des années 1970[1].

Pour autant, les femmes ont été omniprésentes entre 1939 et 1945, dans toutes les situations, de la plus banale à la plus extraordinaire.

Une politique familiale élaborée au détriment des femmes

Le régime de Vichy a peu ou prou modifié la politique familiale des républicains. Une voie a été ouverte sous la IIIe République et Pétain s'y est engouffré afin d'étayer son œuvre de reconstruction nationale. Sous le régime de Vichy, les mesures natalistes des années 1930 ont pris un tour plus familialiste ; elles ont été complétées plus que contredites. Les familles nombreuses – au moins deux enfants – sont gratifiées. Des règles statistiques en lien direct avec la procréation sont mises au point. Des allocations sont ainsi conçues en fonction du nombre d'enfants et favorisent la notion de salaire familial rattaché au « père de famille », notamment en rémunérant la paternité des fonctionnaires. Ce n'est plus le travail accompli qui constitue la base de calcul du salaire, mais bien le nombre d'enfants, de même que la légitimité des naissances est devenue fondamentale. La famille légitime nombreuse est le modèle des années du régime de Vichy soutenu par des primes natalistes à la première naissance légitime et de nouvelles allocations. Un véritable contrôle social des familles est ainsi instauré, avec une réelle discrimination en faveur de celles que l'idéologie de Vichy jugent normales.

La devise de la Révolution nationale « Travail, famille, patrie[2] » a jeté la base de la philosophie du vainqueur de Verdun. Le 15 septembre 1940, il écrivait dans *La Revue des deux mondes* : « le droit des familles est antérieur et supérieur à celui de l'Etat comme à celui des individus. La famille est la cellule essentielle, elle est l'assise même de l'édifice social ». Ces propos résument assez bien la volonté organiciste de Vichy. La patrie doit être la seule grande famille, la famille des familles. Cependant, ce discours « familialiste » n'est pas l'apanage des programmes de droite. Le terme « travail » est-il d'ailleurs un terme de droite ? L'équation « Famille = Vichy = Droite » a parfois du mal à résister à la lecture critique.

Le thème de la famille, derrière celui du retour à la terre, a été un leitmotiv de la propagande vichyste. Toutefois, les structures publiques mises en place ont souffert d'instabilité. Les cadres des administrations centrales et leurs dirigeants ont changé à plusieurs reprises. Jean Ybarnegaray[3], Serge Huard et Jacques Chevalier furent les principaux ordonnateurs de la politique familiale des années noires. Tout un ensemble de dispositions familiales vise à consolider l'institution familiale : la loi du 2 avril 1942 ne supprime pas bizarrement le divorce, mais le rend quasi impossible, à cause d'une procédure plus complexe et plus chère ; la loi du 22 septembre 1942 dispose la prépondérance maritale ; plus surprenante fut la loi du 14 septembre 1941 légitimant les enfants adultérins, à l'initiative exclusive du maréchal Pétain. Par ailleurs, d'inspiration corporatiste, la loi Gounot[4] du 29 décembre

1942, en partie héritée du « Code de la famille », incite toutes les familles françaises qui le désirent à entrer dans des « associations de familles »[5] représentant les pouvoirs publics. La nouveauté est de taille : la famille est érigée en institution sociale d'intérêt public.

Des mesures plus autoritaires et réactionnaires complètent la construction « familialiste » : l'avortement change de nature. La loi du 15 février 1942 épargne les femmes qui avortent, mais condamne lourdement les avorteuses[6]. L'abandon de famille devient une faute pénale (loi du 23 juillet 1942) ; une loi du 23 décembre 1942 punit l'adultère commis avec la femme d'un prisonnier de guerre. Enfin, d'autres textes obéissent davantage aux circonstances de pénurie, par exemple l'institution du colis familial et les mesures d'encouragement des jardins ouvriers.

La femme est honorée, mais, dans le même temps, certains de ses actes sont aussi réprimés. A la campagne, la plupart des femmes rencontrées ne se plaignent pas de ce traitement général ; elles vivent en temps de guerre comme en temps de paix, conjuguant leur rôle de mères et d'épouses de paysans qui doivent accomplir les tâches quotidiennes à l'étable et dans la cuisine. La plupart respectent déjà un certain nombre de valeurs enseignées lors du sermon dominical. La plainte qui revient le plus souvent, c'est tout de même le manque de certains produits. Quant aux citadines qui occupent des emplois publics, elles sont parmi les plus directement touchées par les mesures restrictives du régime de Vichy.

Seules !

L'absence

Les Françaises dont l'époux est en captivité ignorent tout de la vie quotidienne de l'être cher. Pourtant, ce que vivent les prisonniers de guerre a été souvent déterminant dans l'histoire des familles, notamment au retour de captivité. De plus, des milliers de communes ont perdu des hommes pendant près de cinq années, ce qui a créé un vide dans leur organisation sociale et économique. Les prisonniers de guerre ont pu jouir d'une réputation quasi héroïque grâce à la propagande vichyste, si bien que de nombreux soldats qui ont échappé à la captivité témoignent d'un retour parfois difficile dans leur commune d'origine. Ceux dont le père, le mari ou le fils est prisonnier de guerre voient d'un mauvais œil les soldats démobilisés revenus chez eux. Une sorte de frustration se fait jour : 1 800 000 Français ont été faits prisonniers en deux mois seulement[7] ; 1 600 000 sont en dehors des frontières françaises, prisonniers du Reich ; deux tiers d'entre eux ont vécu en captivité jusqu'à la fin du conflit. En 1914-1918, les chiffres évoluent au fil des combats et il est difficile de faire une comparaison fine avec la Seconde Guerre mondiale où les prisonniers sont comptés, en 1940, à la fin des hostilités ; les chiffres ont ensuite varié avec la Relève. Donnons cependant un chiffre pour la Grande Guerre : en 1915, les délégués du Comité international de la Croix-Rouge estime à 800 000 le nombre de prisonniers militaires en Allemagne[8].

La capture représente déjà le premier traumatisme pour les soldats. Le monde extérieur devient brutalement étranger. L'avenir est une angoissante interrogation. Pourtant, les conditions de vie dans les camps de prisonniers en 1940 ont été bien meilleures qu'entre 1914 et 1918. Souvent, après avoir bâti eux-mêmes leur lieu de détention, les prisonniers tentent de s'adapter et de s'entraider. Le quotidien est très rudimentaire, surtout dans les premiers temps ; en effet, les Allemands n'avaient pas prévu de faire autant de prisonniers. Il faut réinventer un univers familier. Les rations alimentaires journalières sont très basses et ne dépassent guère 200 grammes de pain, 200 grammes de rutabagas et 200 grammes de pommes de terre. Pour déjouer l'ennui, certains prisonniers essaient de faire passer le temps en jouant, en imaginant des plans d'évasion, en écrivant ou en lisant ce que la France veut bien leur envoyer. En janvier 1942, dans *Rustica*, apparaît une rubrique intitulée « L'horticulture et *Rustica* aux Stalags » ! Des nouvelles des prisonniers et de leurs pratiques horticoles et potagères autour des baraques sont livrées aux lecteurs. Les anecdotes pittoresques sont finalement en décalage avec la difficulté de la vie en captivité. La revue tente d'enjoliver la vie des camps de prisonniers pour ne pas déplaire au régime et rassurer les familles qui composent son lectorat. De leur côté, les épouses de prisonniers endossent les tâches et les responsabilités du mari absent, dont celle du jardinage.

Les prisonniers de guerre français forment donc un monde à part. En France, les mères et/ou épouses sont au début désemparées. Les voisins, les amis et les membres des familles sont également surpris de constater dans leur rue ou leur village une forte absence d'hommes. Les lieux de sociabilité (cafés, stades, clubs sportifs, réunions de paroissiens, etc.) permettent aux Français d'échanger sur telle ou telle situation familiale devenue dramatique en l'absence du mari ou du père. Par ailleurs, de nombreux adhérents de clubs sont absents.

Le régime de Vichy va utiliser les « prisonniers de guerre » comme une pierre angulaire de sa politique de collaboration. L'article 20 de l'armistice en a fait des otages politiques puisque leur retour a été remis à la date de signature du traité de paix. Les prisonniers représentent pour les Allemands un excellent levier de chantage sur le montant des frais d'occupation et le tracé de la ligne de démarcation ; ils leur permettent de faire pression sur le régime, mais aussi sur l'opinion. Vichy espère des Allemands l'assouplissement de cette clause de l'armistice. En fait, le régime souhaite très fortement le retour des prisonniers qui constitueraient une force de travail jeune et active et consolideraient la Révolution nationale. Dès l'allocution du 13 août 1940, Pétain ne cesse de déclarer aux Français qu'il se soucie du sort des prisonniers. Le 10 octobre, il affirme que « le sort de nos prisonniers retient » toute son « attention » : il poursuit : « Que leurs mères, que leurs femmes, que leurs fils sachent que ma pensée ne les quitte pas, qu'ils sont eux aussi mes enfants, que chaque jour je lutte pour améliorer leur sort[9]. » A Wiesbaden, les prisonniers de guerre sont au cœur de la plupart des discussions. On sait aujourd'hui que les Allemands n'ont jamais eu l'intention de faire quelque concession que ce soit, même si la rencontre Pétain-Hitler à Montoire, le 24 octobre 1940, a autorisé l'Etat français à devenir la « puissance protectrice[10] » de ses propres prisonniers. En fait, les prisonniers ont surtout été nourris de propagande pétainiste, mais finalement peu aidés dans leur vie de grande solitude et de faim.

La plupart des prisonniers reçoivent des « colis familiaux » et du courrier, même si celui-ci est très sévèrement réglementé : il y a peu de place sur les formulaires pour écrire quelques mots intimes chargés d'émotion. Tout cela reste insuffisant. La peur de manquer de nourriture est permanente tout au long de la guerre. Ce qu'apporte le colis, c'est moins une quantité de nourriture qu'un réconfort autour d'un mets familier et régional. Autour d'un colis, une forme de convivialité est vite possible entre les prisonniers.

Les brimades et les insultes des gardiens ne sont pas rares pendant la détention. Si certains prisonniers parviennent à s'évader, l'échec signifie la détention dans des camps d'internement, dont les conditions de vie ressemblent à celles des camps de concentration, tel celui de Rawa-Ruska en Pologne, par exemple. Près de 95 % des prisonniers sous-officiers et soldats ont été répartis dans des centaines de *Kommandos* de travail (*Arbeitskommando*). Une minorité a dû rester dans les camps de base (*Stammlager*) pour assurer leur fonctionnement, sous la surveillance allemande. Les officiers sont détenus dans les *Offizierlager*. Toute relation sexuelle avec une Allemande est interdite aux prisonniers. Enfin, le travail est obligatoire ; les prisonniers de guerre constituent une main-d'œuvre commode pour le Reich. Les récalcitrants au travail forcé sont souvent envoyés dans un camp spécial dans la partie annexée de la Pologne : là, discipline de fer et conditions de vie épouvantables matent les résistances.

Sans homme au foyer

Déjà en 1914-1918, des milliers de Françaises ont connu la solitude de l'épouse de prisonnier de guerre. De nombreuses familles ont ainsi été privées de leurs ressources principales. Sans le travail des hommes absents, les économies réunies depuis plusieurs années fondent très vite. Certaines femmes vont connaître la captivité des époux et des fils durant les deux guerres mondiales. La captivité de la Grande Guerre a laissé des souvenirs très austères dans la mémoire collective. En 1939, des milliers de femmes ont vécu la solitude devant toutes les tâches quotidiennes à assumer, aux leurs s'ajoutant celle de l'époux et/ou des fils absents, au front ou en captivité.

Par ailleurs, avant la Seconde Guerre mondiale, les Françaises ne disposent d'aucun droit politique. Elles vivent toujours sous la responsabilité de leur époux. Le Code de la famille, voté en juillet 1939 – après des années de travail sous l'autorité d'Alfred Sauvy notamment –, quoique très ambitieux et prévoyant des mesures fortes pour relancer la natalité en France, a finalement renforcé l'autorité paternelle : les allocations familiales sont versées aux pères ; les femmes sont encouragées à rester au foyer. La guerre rend cependant caduques une partie de ces mesures[11].

La guerre venue, les femmes de prisonniers de guerre se sont trouvées face à une situation nouvelle. Elles sont brutalement jetées dans une situation épouvantable : comme des millions de Français, les Françaises ont subi les combats, la débâcle, les humiliations de l'exode et pour finir la captivité de leur mari et l'incertitude de la date de leur retour. Epouses des courageux soldats de la patrie déchue, elles deviennent facilement des « cibles » privilégiées de la propagande du régime de Vichy. Celui-ci annonce qu'il assurera leur protection en lieu et place des époux. Elles sont également encouragées à trouver du travail, ce qui est assez paradoxal dans la mesure où le régime prône par ailleurs une idéologie non favorable au travail féminin.

Mais, par manque de moyens financiers, l'Etat n'a pas pu être un réel protecteur pour les femmes de prisonniers de guerre et n'a pas pu verser de substantielles allocations.

Aussi, dans leur quotidien, elles doivent apprendre les gestes plutôt traditionnellement réservés aux hommes : tout en assurant les tâches habituelles – laver le linge, entretenir la maison, assurer l'éducation des enfants –, elles doivent travailler à l'extérieur de la maison, couper du bois, aller au champ, s'occuper des bêtes pour la paysanne, tenter d'envoyer un colis à son époux, etc. Seules, elles vont s'acquitter tant bien que mal de ces nouvelles tâches quotidiennes. L'angoisse est permanente surtout avec des enfants à charge, dont il faut épargner la sensibilité et combler les besoins affectifs.

La tristesse a été la conséquence majeure de la séparation conjugale, malgré la création de deux institutions d'aide aux femmes de prisonniers, à partir de 1941[12]. Ainsi, la Fédération des associations de femmes de prisonniers est un mouvement de solidarité créé à leur initiative ; elles s'organisent au niveau national et publient des journaux ; des études sont même commandées. Le dessein de la Fédération est de sauver les femmes de l'assistanat public. Toutefois, le travail associatif ne supprime pas totalement les contraintes quotidiennes qu'aucun discours n'a supprimé. Les femmes seules n'ont pas eu d'autre choix que de subir une situation imprévue et éreintante.

L'Etat français n'oublie pas les enfants : il les met souvent à contribution pour participer à des collectes de solidarité. Des vêtements, des produits alimentaires et de l'argent sont ainsi rassemblés, puis confiés à la Croix-Rouge qui se charge de les apporter aux prisonniers. A l'école et dans la presse, le thème de l'aide aux prisonniers par les enfants est ainsi omniprésent.

La vie de nombreux couples a connu un tournant dans ces années de guerre, même si, à la Libération, nombre de femmes ont été très heureuses de redonner à leur mari la place qu'il avait avant 1940[13]. Nous y reviendrons. La guerre n'est pas perçue comme une période de libération féminine. L'épuisement permanent a laissé un souvenir pénible, que la plupart préfèrent oublier. Epuisement d'autant plus grand qu'aux yeux de la société, elles doivent garder une attitude exemplaire.

Les mamans à l'honneur

Vichy a tenté de donner sa place à la femme, notamment dans la famille, pour élever des enfants. L'idéal de la femme, selon Vichy, c'est la femme-mère. Le père reste le chef de famille selon la loi du 22 septembre 1942. Il « gouverne » le ménage. Les femmes doivent s'occuper de faire vivre – au sens premier du terme – les leurs et se débrouiller pour cela, coûte que coûte. Ce rôle de maintien de l'équilibre dans les familles, Vichy l'impose aux femmes en restreignant de façon drastique, avec une loi d'octobre 1940, leur accès à un emploi dans l'administration et les services publics. La maternité devient un devoir national, on l'a dit.

Le régime de Vichy renforce donc un dispositif institutionnel préexistant, confondant moralité privée et ordre social. Des films de propagande et des brochures à vocation éducative tendent à convaincre le « Français moyen » que l'avenir de la nation repose sur son dynamisme démographique. La femme, et davantage la mère, en est souvent le personnage central. La « fête des Mères » n'est pourtant pas une fête inventée par Vichy, puisqu'elle a été instaurée dès 1926. Mais, sous Vichy, elle devient une quasi-fête nationale. En revanche, les « hôtels maternels » pour accueillir les femmes abandonnées sont une création vichyste. Les femmes enceintes bénéficient de rations alimentaires supplémentaires.

Les mères se débrouillent alors. Des magazines comme *Rustica*, dès 1940, proposent des subterfuges pour fabriquer des « layettes de guerre », plus courtes ou sans manches[14]. Dans ce journal, avant 1940, une rubrique s'intitulait déjà « La femme à la campagne ». Avec l'occupation et les années de restriction, son contenu change et tente de donner aux rurales des idées neuves pour remplir leur devoir de mère et d'épouse : pendant la drôle de guerre, outre la layette de guerre qui « se doit d'être coquette quand même[15] », *Rustica* propose aussi le petit manteau se transformant en deux brassières et en chaussons ; une fois l'occupation commencée, en septembre 1940, des gilets avec ou sans manches pour les « maris » sont des suggestions de restrictions[16] ; en décembre 1941, les consignes sont très strictes puisque les lectrices doivent désormais se contenter de tailler « dans de vieux vêtements [...] moufles, guêtres et chaussons pour toute la famille[17] », etc. Les femmes de la campagne étaient habituées à se débrouiller et cette littérature ne les effraie guère. Elles passent ces « trucs », ces « tuyaux » aux femmes de la ville qui tentent de reproduire les « recettes » du système D rural.

Cependant, on ne peut guère prétendre que le régime de Vichy a été plus respectueux des femmes en les mettant au cœur de ses mesures phares. Les Françaises sont les instruments d'une idéologie qui les place au centre du foyer, et non de la société en tant que personnes responsables à part entière. Le régime de Pétain n'est pas avare de contradictions intellectuelles lorsqu'il légalise les « maisons de tolérance » en 1941[18]. L'image de la femme a finalement peu changé dans la décennie 1939-1949 même si ses droits civiques ont été étoffés. Vichy a pourtant eu des projets pour conduire la femme à participer à la vie de la cité ; dans les projets de constitution du Conseil national, il était prévu de donner le droit de voter aux femmes. Bien sûr, il n'est jamais question d'en faire un être majeur. De même, Vichy n'a pas souhaité inclure les femmes dans les contingents du STO à fournir à l'Allemagne. Cette mesure est motivée par la sollicitude du régime autant que par la crainte du danger moral qu'il y a à envoyer les femmes en Allemagne.

A entendre et à lire les témoignages des Françaises, toutes les mesures de protection de Vichy ne semblent pas avoir beaucoup apaisé leurs souffrances. Le régime est moins paternaliste qu'autoritaire. Pour autant, les femmes semblent avoir été souvent plus indulgentes que les hommes à l'égard du maréchal Pétain, pendant et après la guerre. Il existe bien une spécificité féminine devant les problèmes de la vie quotidienne en temps de guerre. Les femmes subissent visiblement plus durement les pénuries et les affres de la politique de Vichy. Elles souffrent pour elles, mais aussi pour tous les leurs, chaque jour sans répit. Il est bien plus difficile de nourrir, habiller et éduquer des enfants dans de telles conditions. D'autant que la surveillance de l'attitude des femmes par la société est bien plus grande que celle des hommes ; nous verrons que les femmes séduites par l'occupant ont été bien plus visées par le regard haineux et répressif des Français que les hommes. En somme, les femmes doivent avoir un comportement irréprochable alors même qu'elles sont en première ligne des restrictions, des bombardements, des évacuations et parfois de la séparation, sans oublier la confrontation avec un monde remplis d'hommes – les occupants – qui n'hésitent pas à justifier tous les excès de comportement au nom de la guerre.

Au gré des rations et des cartes
en métropole

Manger, oui, mais quoi ?

Au « bonheur » des coupons

Dans *Paris Rutabaga*, Jean-Louis Besson, un jeune garçon, se remémore que la « grande affaire, c'est de trouver à manger[1] ». Effectivement, remplir un panier de vivres devient vite un casse-tête. Les plus ingénieux s'en sortent mieux. Les ménages français se trouvent vite confrontés au problème de l'alimentation restreinte, un phénomène inconnu depuis la fin du XIXe siècle. Les citadins sont plus rapidement mis face aux réalités du ravitaillement que les ruraux. Le régime de Vichy doit donc tenter de faire oublier aux Français une pénurie alimentaire qui s'accentue. Sous la pression des Allemands, le régime va produire une quantité considérable de textes législatifs pour encadrer la vie de chacun. Dès le 10 mars 1940, un décret et un arrêté interministériel obligent les Français au recensement pour l'établissement probable de cartes de rationnement. Les restrictions alimentaires, déjà imposées depuis le printemps de 1940 – sous la IIIe République – par Daladier, s'amplifient donc. Avec l'arrivée des envahisseurs en juin, le nouveau régime de Vichy doit trouver au plus vite des solutions aux pénuries de très nombreux produits alimentaires. Un ministère du Ravitaillement est créé le 20 octobre 1940. Pour les agriculteurs, des quantités à produire sont prescrites et subdivisées par région, puis par département et commune. A partir de 1941, chaque paysan doit respecter des plans pour réintroduire des cultures oléagineuses comme le colza et le tournesol ; il doit livrer des produits sans dérogation possible et sous peine d'amendes très lourdes. De même, les viticulteurs sont sommés de garder les pépins de raisin pour qu'ils soient transformés en matière grasse. Le retour aux oléagineux est un signe de grandes difficultés : cette culture, lancée sous le Second empire, avait été abandonnée. Bien que les surfaces en oléagineux passent de 3 000 hectares en 1939 à 267 000 en 1944, cela ne suffit pas à couvrir les besoins en matières grasses des Français.

Obéissant à une nécessité réelle et aux pressions du *MbF* qui souhaite la mise en place rapide du rationnement, les premières cartes individuelles d'alimentation apparaissent le 23 septembre 1940 pour le fromage, le pain et la viande. Le système est complexe : composée de quatre pages, la carte comprend l'état-civil du détenteur, des instructions, et des feuilles de dix coupons numérotés de 1 à 10 qui correspondent à des produits contingentés délivrés pour trois ou six mois ; le n° 1 correspond au pain, par exemple. Les Français doivent aller chercher les cartes dans les mairies. En ce qui concerne les produits achetés au jour le jour tel le pain, ou à la semaine telle la viande, ou au mois ou au trimestre (pour d'autres produits tels les textiles), les coupons imprimés sont échangés à la mairie contre des tickets de consommation. Ceux-ci, marqués de lettres ou de chiffres – les points – « valorisés » à certaines dates par décision de l'Etat, permettent théoriquement de se procurer des produits contingentés : 30 points de la carte textile peuvent être valorisés du 1er janvier au 30 juin, sachant que 25 points permettent de se procurer une chemise d'homme et que 4 points donnent droit à une paire de chaussettes, par exemple. Pour le pain, les tickets ont des valeurs différentes qui s'échelonnent de 50 à 350 grammes. Il faut vraiment apprendre à gérer son stock de tickets pour ne pas en donner trop la première fois et les épuiser trop vite ; faute de quoi, le pain sera absent des tables en fin de période. Pour échanger les coupons de la feuille trimestrielle ou semestrielle à la mairie, il faut lire la presse qui donne les informations sur les produits rationnés qu'il est possible de trouver à telle ou telle date. Les consommateurs y apprennent quelles sont les rations mensuelles officielles et connaissent les nouvelles distributions exceptionnelles de denrées. Parfois, la distribution ne vise qu'un type de consommateurs : des bougies pour ceux qui n'ont pas de lumière électrique ou encore du savon pour les mineurs qui se salissent davantage que les autres travailleurs. Chaque mois, des contingents sont donnés aux mairies. Le ticket est un droit à acheter et ne remplace aucunement la monnaie. La monnaie et le ticket sont en fait complémentaires au cours d'une même opération d'achat.

En revanche, pour obtenir les autres produits alimentaires tels que le sucre, la semoule ou les pâtes, entre autres, les démarches sont plus « faciles » : il faut donner son coupon au commerçant qui le détache. Il n'est pas nécessaire d'aller à la mairie pour échanger un coupon contre un ticket. Au dos des carnets, tous les achats sont ensuite notés et tamponnés par l'épicier qui a été arbitrairement attribué au consommateur. Les cartes distribuent donc des produits d'office ou sur demande. Dans le premier cas, elles sont censées répondre aux besoins vitaux de chaque Français. Dans le second, cela concerne des besoins ponctuels plus individualisés. Dans ce cas, le système est plus aléatoire. Il faut d'abord s'inscrire à la mairie ; un classement est ensuite décidé en fonction de l'urgence de la demande ; la mairie peut alors délivrer des bons d'achat extraits du contingent qui lui a été attribué. En fait, l'urgence est définie de façon arbitraire, car il est difficile de contrôler la réalité de la situation du demandeur.

En tout cas, les quantités offertes ne contentent pas les ménagères ; certaines reviennent à la maison le sac vide, car elles sont arrivées trop tard chez l'épicier ou le boucher, en rupture de stock. Elles sont d'autant plus surprises qu'elles ont parfois donné leur nom aux magasins dans lesquels elles étaient obligées de s'approvisionner ; pour elles, l'inscription préalable chez certains commerçants avait valeur de droit à obtenir une ration de nourriture à chaque déplacement.

Puis, intervient la classification stricte des Français en catégories à partir du 20 octobre ; elle va durer plusieurs années[2]. La perception de la vie quotidienne se modifie donc sensiblement.

A l'exception des militaires, les Français sont devenus des « lettres » imprimées sur des cartes. Ils sont classés en sept catégories :

E : les enfants de moins de trois ans ;

J1 : les enfants de trois à six ans ;

J2 : les enfants de six à douze ans ;

A : les Français de 12 à 70 ans qui n'effectuent pas des travaux de force ;

T : les Français de 14 à 70 ans qui travaillent dans des conditions pénibles et qui exigent davantage de calories ;

C : les Français de 12 ans et plus – sans aucune autre limite d'âge – qui effectuent des travaux agricoles ;

V : les Français de plus de 70 ans qui ne peuvent pas être classés dans la catégorie précédente.

Une catégorie J3 voit le jour ultérieurement pour les adolescents âgés de 13 à 21 ans et les femmes enceintes. Le régime de Vichy a même instauré des cartes pour les mères de famille nombreuse, afin d'éviter des mécontentements supplémentaires. En fonction de la carte distribuée, les Français reçoivent entre 100 et 350 grammes de pain par jour, 500 grammes mensuels de sucre, 180 grammes de viande par semaine ; le lait n'est distribué qu'aux E, J et V. De même, le vin est donné de préférence aux T. Ces cartes T sont obtenues selon des critères qui changent sans arrêt ; ils sont parfois incompréhensibles : les verriers y ont droit, mais pas les décorateurs sur verre ; les employés de la SNCF peuvent en bénéficier, mais pas les fabricants de parapluies. Des lettres de délation dénoncent des fonctionnaires qui donnent des cartes T à des gens qui ne devraient pas en avoir. Selon une comptabilité officielle du régime, sur un total de 39 302 511 consommateurs, plus de 8 millions sont classés T. Les agriculteurs vitupèrent la bureaucratie qui leur a accordé une autre carte, la classe C ne donnant pas des avantages aussi importants et fréquents que la carte T.

Chaque jour, en moyenne, un Français peut manger 250 grammes de pain, 25 grammes de viande, 17 grammes de sucre, 6 grammes de fromage, etc. Ces rations, déjà faibles, sont celles de la fin de 1940 et du premier semestre de 1941. Elles diminuèrent encore, ce que montre le tableau suivant :

La situation des rations alimentaires des Français (septembre 1940-janvier 1942)[3]		
	Pain	*Viande*
Septembre 1940	350 g/jour	360 g/semaine
Avril 1941	275 g/jour	250 g/semaine
Janvier 1942	–	180 g/semaine

Le riz, les pâtes, le sucre, le pain, la viande, le lait complet et le fromage ont été rationnés en premier. A partir du 2 novembre 1940, les pommes de terre le sont à leur tour, puis viennent les volailles. La lourde législation de l'Etat français a donc superposé ses mesures de restrictions alimentaires à celles du dernier gouvernement de la IIIe République. Les non-initiés sont totalement perdus. Les cartes de rationnement sont des sources importantes d'angoisse. Des « jours sans » – trois par semaine sans viande ou quatre sans pâtisserie, par exemple – sont même instaurés au nom du sacrifice commun à consentir pour la patrie. Le café reste rare en raison des problèmes de fret entre les colonies et la métropole ; des mélanges bien dosés apparaissent, avec un tiers de café pur, un tiers de chicorée et un tiers de graines torréfiées comme les pois chiches, les haricots, etc. Une mixture à base de graines diverses grillées est même produite en guise de café, le « café national » ! Dès le mois de janvier 1941, les cafés et les succédanés purs sont interdits à la vente.

Des échanges d'un genre nouveau ont également lieu entre les Français et leurs charcutiers. Le charcutier doit respecter certaines proportions dans la confection de son boudin noir : il ne peut pas mettre plus de 12 % de lard gras ! Tout est compté et de nouvelles équivalences en tickets apparaissent. L'Etat français espère éviter des malversations en imposant des règles alimentaires aussi strictes que possible.

Ainsi, le rationnement est une répartition des produits entre les individus suivant les besoins présumés de chaque groupe de la population. Dans certaines régions agricoles bien fournies en produits frais, des paysans ont eu peu recours à leur carte de rationnement pour leur usage personnel. En revanche, ils n'hésitaient pas à acquérir les produits autorisés sur la carte et à les échanger à d'autres contre de l'argent ou des produits. A l'inverse, dans la plupart des villes, les habitants ont eu du mal à trouver ce à quoi les tickets donnaient droit. Ce qui les a conduits à chercher d'autres filières d'approvisionnement.

Une nouvelle hiérarchie sociale se crée avec les cartes. Des catégories professionnelles ont le droit à plus que d'autres : ainsi en va-t-il encore des cheminots qui bénéficient d'un supplément auquel les employés de banque n'ont pas droit, par exemple. Aussi, les trafics de cartes et de tickets sont fréquents : certains fonctionnaires vendent des cartes sous le manteau moyennant de grosses sommes d'argent. La fraude est énorme. Ainsi en zone occupée, 26 millions de cartes de rationnement ont été comptées, soit deux millions de plus que le nombre d'habitants[4]. Les faussaires fabriquent également des milliers de fausses cartes de rationnement[5]. Jean Galtier-Boissière s'en fait l'écho en septembre 1943 : « Il y a deux sortes de cartes de pain en vente : les fausses et les volées. Les volées valent plus cher. Les cartes se sont payées d'abord 32 francs, puis 100, 200 et enfin 375 francs les cartes T (travailleurs de force) et 300 la carte ordinaire[6]. » La valeur de la carte de rationnement se monnaie de plus en plus. L'historien Paul Sanders donne l'exemple d'une saisie de 260 000 feuilles de faux tickets qui auraient permis d'acheter près de trois millions de kilos de pain[7]. Des braquages de mairies ont même lieu et des milliers de feuilles de tickets sont volées. Les trafics de cartes sont de plus en plus nombreux à mesure que l'occupation durcit les conditions déjà difficiles du ravitaillement des Français. Jusqu'en 1941, le régime de Vichy ne s'attaque que faiblement à ces trafics, sans doute pour éviter de mécontenter encore la population. Mais l'ampleur des trafics et des vols de cartes est telle qu'il doit les endiguer. A partir de la loi du 11 octobre 1941, les faussaires, déférés devant le Tribunal d'Etat, risquent la peine de mort ou les travaux forcés. Pour ceux qui ont été trop légèrement sanctionnés, la loi prévoit des jugements rétroactifs. Les procès bénéficient d'une grande publicité dans la presse. Vichy s'en sert largement pour sa propagande afin de prouver son soutien à la population. Cela dit, des fraudes institutionnelles de très grande ampleur sur l'approvisionnement sucrier ont été démontrées par un rapport d'information du Service spécial de contrôle et de répression du marché clandestin (service rattaché au ministère du Ravitaillement), après la guerre, le 5 août 1946[8].

Les Français toujours plus affaiblis

A Clermont-Ferrand, Marseille, Montpellier et Toulouse, sur 25 440 enfants examinés dans les écoles, issus pour leur grande majorité des milieux populaires, le développement physique est fortement freiné par la pénurie : en zone non occupée, en 1942, le poids moyen des garçons et des filles est selon l'âge inférieur de 1 à 7 kilos à la moyenne de 1938. La taille des garçons connaît un déficit de 1 à 5 centimètres et celle des filles de 1,5 à 2 centimètres. A Paris, le 17 janvier 1941, la lycéenne Micheline Bood, âgée de 14 ans, raconte qu'elle a perdu 2,5 kilos depuis le mois d'octobre : « J'ai chipé un pot de confitures. [...] J'ai honte de faire des choses comme ça. [...] Je ne l'aurais jamais fait avant parce que je n'aimais pas les confitures, mais maintenant, nous mangeons si mal que j'ai toujours faim[9]. » Le 15 mars 1941, Jean Galtier-Boissière fait des constats similaires pour Paris : « Beaucoup de gens ont maigri de 5,10 et même 20 kilogrammes[10]. »

Selon les physiologistes, un jeune adulte de 50 kilos a besoin en moyenne de 2 400 calories par jour. En-dessous de 1700 calories quotidiennes, des troubles graves peuvent survenir. Mais dans le détail, les besoins varient en fonction de l'âge, du poids et des besoins liés à l'activité physique. A l'âge de 10 ans, 1 800 calories peuvent suffire ; à 12 ans, 2 200 ; à 14 ans, 2 600 et à 16 ans, 3 000. Les quantités de nourriture allouées par le système des cartes ne donnent aux Français, en moyenne, que 1 230 calories par jour en 1941 ! La ration baisse à 1110 en 1942. Ces rations sont donc très insuffisantes s'il n'y a aucun apport supplémentaire. Les Français ont faim et leur résistance physique s'amenuise.

La faim endémique exerce une profonde influence sur l'état de santé des Français et donc sur le travail des médecins. Le taux de mortalité infantile s'élève : 110 ‰ en 1945, année où la mortalité générale est supérieure de 10 % à celle des années 1936-1938. Les médecins se trouvent en présence d'une population diversement affectée par les privations, le surmenage (auquel participe le temps passé à essayer de se procurer de quoi manger) et l'insécurité. Des études sur le poids des enfants et des travailleurs montrent par exemple, en 1943, que les milieux ouvriers sont les plus atteints pas les déficiences. Le poids des enfants est généralement inférieur aux courbes statistiques. La surveillance des enfants et des adolescents (et des femmes enceintes) répond à une inquiétude réelle de voir l'avenir de la population compromis. Cet état de fait contredit de façon flagrante le discours de la Révolution nationale sur la famille et la jeunesse, et les politiques très interventionnistes en la matière. En effet, le chef de l'Etat n'avait-il pas souhaité, dans son discours du 13 août 1940, une jeunesse française « forte, saine de corps et d'esprit, et préparée aux tâches qui élèveront les âmes de Français et de Françaises » ? Entre septembre 1940 et juin 1944, sont présentées à la tribune de l'Académie de médecine 142 communications sur les questions alimentaires. Du jamais vu. En avril 1943, une résolution unanime demande que le gouvernement prenne ses responsabilités pour nourrir suffisamment la population et dénonce les réquisitions allemandes. Dans la région de Nancy, les ouvriers accusent en moyenne un poids inférieur de 10 à 18 % au poids de 1940. A Gennevilliers, en banlieue parisienne, les ouvriers qui ont été suivis depuis 1938 souffrent d'une perte de poids de 11 kilos en 1943 et 1944. Leurs poids ne recommence à augmenter qu'à partir de 1946[11]. Dans ces conditions, la tuberculose paraît particulièrement menaçante, ainsi que la perspective des grandes épidémies qui pourraient balayer l'Europe d'est en ouest à la faveur du mouvement des armées et des déplacements de population. Ce dernier point constitue à la Libération et dans les mois qui suivent un sujet sur lequel les pouvoirs publics s'efforcent de mobiliser le corps médical.

Datée du 5 octobre 1940, *L'Illustration* publie un reportage sur la « ration alimentaire et l'organisme », afin d'informer les lecteurs sur les quantités caloriques de chaque aliment. La propagande n'est pas en reste. L'article s'emploie à convaincre les consommateurs qu'ils sont trop critiques envers le régime et que celui-ci veille sur chacun d'eux. Des tableaux rappellent ensuite les équivalences produits/calories. Et l'auteur de conclure dans une assertion irréelle : « la situation [...] ne saurait comporter de trop grands sujets d'alarme » et ceux qui ont mangé de « la vache enragée » en 1914-1918 n'ont jamais eu d'« amers regrets »... A l'évidence, l'affirmation sous-estime les contraintes quotidiennes des Français. Dans un autre reportage du 1er mars 1941, le magazine cherche à convaincre le lecteur que si le pain est moins bon qu'avant, c'est toujours mieux que rien...

Pour *L'Illustration*, comme pour d'autres périodiques favorables au régime de Vichy, l'idée que les Français vivent une sorte de période purificatrice est omniprésente. Ils doivent apprendre le sacrifice quotidien pour que la Révolution nationale accomplisse son programme.

Inégaux devant le ravitaillement

La situation du ravitaillement varie beaucoup d'une zone à l'autre et d'une année à l'autre. L'hétérogénéité des situations rend parfois plus difficile l'enquête historique. Au milieu des années 1990, une étude collective au nom de l'IHTP/CNRS, entreprise sous la direction de Dominique Veillon et de Jean-Marie Flonneau, rend compte de la variété du ravitaillement des Français pendant la guerre et de ses conséquences dans plusieurs régions françaises[12]. Ainsi, une typologie a été dressée avec, d'un côté, les « départements ruraux "nourriciers" » (Cantal, Dordogne, Gers, Mayenne et Vendée), de l'autre, les « départements "affamés" » (Alpes-Maritimes, Hérault et une partie du Jura) et, enfin, les « départements en situation "intermédiaire" » (Aisne, Côtes-du-Nord, Deux-Sèvres, Eure, Loiret, Seine-Inférieure, Seine-et-Marne et Seine-et-Oise). Pour chaque cas, le mécanisme des restrictions est analysé : aucune région n'échappe au temps de la pénurie alimentaire et peu de Français sont épargnés. En étudiant les départements d'Indre-et-Loire et du Cher, nous avons remarqué que chacun vit replié sur lui-même : ils ne livrent pas toutes les quantités de denrées en surplus aux départements en déficit[13]. Par ailleurs, si les différences entre les villes et les campagnes sont inéluctables, au détriment des premières, celles qui existent entre certains départements ruraux ne sont pas moins importantes. Outre l'absence de main-d'œuvre – en raison de la captivité des milliers de soldats –, la présence des lignes de démarcation a déséquilibré le circuit national habituel des échanges et les chances d'approvisionnement équitable des Français.

Si l'on resserre l'observation sur les treize départements divisés par la ligne de démarcation, ainsi que sur les départements situés à leurs confins, on constate qu'ils sont largement tournés vers l'agriculture et, pour une large part, vers l'élevage ovin et bovin, par exemple l'élevage des bovins du Charolais ou l'élevage ovin de la région de Saint-Jean-Pied-de-Port. Pour cette dernière région, en septembre 1940, les Allemands ont autorisé les bergers des Basses-Pyrénées à faire franchir aux troupeaux de moutons la ligne de démarcation, pour ne pas arrêter la pratique de la transhumance[14]. Cependant, nombre d'éleveurs de la Nièvre (département totalement occupé) ou de la partie occupée de l'Allier, dépourvus d'*Ausweis*, s'en sont pris aux préfets, car ils n'ont pas pu « descendre » dans les foires annuelles et semestrielles de la zone non occupée[15]. A l'inverse, à l'automne 1940, des fermiers de l'Allier et du Cher non occupés, privés de leurs débouchés commerciaux habituels, en zone occupée (Bourges et Vierzon), sont satisfaits par la création de centres de ramassage et l'ouverture de nouveaux marchés (dès juillet 1940) ; ceux-ci facilitent l'écoulement de leurs produits qui trouvent de nouveaux consommateurs locaux. Toutefois, ils formulent aussi le désir de vendre en zone occupée, en raison des prix plus élevés qui y sont pratiqués[16]. Le préfet de l'Indre rapporte même, en janvier 1941, que « la "collaboration" pour beaucoup de gens consiste à vendre plus cher en zone occupée, où les prix sont plus élevés, qu'en zone libre[17] ». La ligne de démarcation n'a donc pas eu que des inconvénients pour une partie de la population. Pour échapper au contrôle des autorités, les tricheries de paysans se multiplient dès 1940 : par exemple, Ephraïm Grenadou raconte qu'il tue des veaux et des vaches en quantité et qu'il enterre les peaux pour ne pas les livrer[18].

Si la plupart des paysans s'accommodent assez bien de la présence allemande en zone occupée, en revanche, ils ne tolèrent pas que les occupants touchent à leur cheptel ou à leurs outils de travail. Pour autant, ils se plaignent moins que les citadins au sujet du contenu des assiettes. Grenadou, vingt années après la Libération, avoue qu'« on tuait le soir chez nous. Je commençais par découper les hampes. Alice les mettait sur le gril et on mangeait nos biftecks. Avec tout le monde qui avait faim, qui parlait de nourriture, on mangeait moitié plus qu'avant la guerre. J'engraissais ». Les ruraux, souvent critiqués par les citadins, vivent le plus souvent en autoconsommation. Ce qui leur manque, ce sont surtout les engrais, l'essence et les animaux de trait. Ils mangent à leur faim et les structures sociales et familiales du temps de paix subsistent. Depuis des générations, les paysans savent trouver des solutions de fortune, mener leur exploitation en silence, méthodes qui échappent souvent aux citadins même si beaucoup ont encore de la famille à la campagne.

Mais le ravitaillement est problématique pour d'autres raisons encore. L'administration française est pressée par les occupants ; ces derniers doivent être nourris par le pays occupé, conformément à la convention d'armistice. Mais le régime de Vichy ajoute aussi ses propres contraintes, notamment dans la France rurale, considérée par la propagande comme nourricière. Les préfets doivent veiller à répartir les denrées alimentaires entre les départements, les plus riches aidant les plus pauvres. Les contraintes sont très nombreuses et les contrôles exercés par les délégués régionaux des services du ravitaillement général sont effectués sans relâche.

En raison de la pénurie, il faut songer à vendre tout ce qui se mange, y compris le vieux pain. En février 1941, par arrêté préfectoral, les boulangeries d'Alençon (Orne) doivent fermer leurs portes le dimanche. Le conseil municipal s'en inquiète aussitôt et se demande s'il ne faudrait pas en ouvrir au moins une, par roulement, « pour vendre du pain rassis[19] ».

La ration moyenne officielle de 1 200 calories est devenue une nécessité, mais il a été difficile de s'y habituer
tant les déficiences physiques ont été importantes. Pour la
propagande de Vichy, l'idée à faire circuler a été celle
d'un « moindre mal ». Sans doute, le ravitaillement officiel a permis d'éviter des situations répétitives de disette,
mais cela n'a en rien enrayé le flot de mécontentement
des Français.

Des situations plus critiques :
les cas du Nord, du Pas-de-Calais et de la Corse

Le Nord-Pas-de-Calais sous l'occupation, très bien étudié par Etienne Dejonghe et Yves le Manner, a vécu très
isolé du reste de la France[20]. Pendant plusieurs mois, les
Allemands de l'*OKH* ont interdit aux hommes et aux marchandises le franchissement de la limite marquée par la
Somme. Près d'un million de réfugiés du Nord-Pas-de-
Calais ont emprunté les routes de l'exode, réfugiés en
Bretagne et dans le sud du pays. Beaucoup sont revenus
chez eux entre le 8 et le 19 juillet 1940. Alors l'*OKH*
impose brutalement une ligne de démarcation supplémentaire, non prévue par la convention d'armistice, qui
sinue de la Somme à la frontière suisse et qui délimite la
« zone du Nord-Est », appelée encore par l'administration
militaire allemande « ligne noire » et même « ligne du
Führer[21] ». Les habitants qui quittent leur région le font
sans espoir de retour. Des milliers de familles sont séparées. Toutefois, la ligne peut être franchie, du moins
jusqu'au durcissement de la surveillance, à partir du mois
de novembre 1940. Les Allemands utilisent le prétexte de
la sécurité des troupes dans le cadre de la guerre engagée
contre les Anglais. Le régime de Vichy s'inquiète beaucoup de ce nouveau découpage, d'autant qu'une société
allemande arrive assez vite dans la zone pour exploiter les
terres agricoles abandonnées. Cette zone répond sans
doute au souhait de Hitler d'établir une nouvelle frontière
occidentale du Reich qui englobe la Flandre, les Ardennes,

la Lorraine et la Bourgogne. Au reste, ces régions sont fermées aux évacués et aux réfugiés. D'âpres négociations ont été engagées entre le régime de Vichy et les Allemands. Après un léger assouplissement du régime de passage de la ligne du Nord-Est, sans véritable explication, le 18 décembre 1941, le commandant en chef du front Ouest (*Oberbefehlshaber West*) desserre l'étau et retire les barrières de contrôle, ainsi que les douaniers.

Cette situation territoriale a pesé lourdement sur l'approvisionnement des Français du Nord-Pas-de-Calais, surtout que la présence militaire très dense conduit à de nombreuses réquisitions de bâtiments et de nourriture. Le Nord-Pas-de-Calais est en première ligne dans la guerre menée contre l'Angleterre et il faut maintenir des troupes dans la région en cas de débarquement. Avec un mark surévalué, la soldatesque allemande a les moyens d'acheter de grandes quantités de légumes et de viande, ce qui diminue d'autant la part des civils. Tout est passible de réquisition : les chevaux, l'avoine, le bétail, les œufs, le beurre. Les Allemands s'approvisionnant directement dans les fermes, des tensions se développent entre les agriculteurs et les vendeurs d'une part, et les habitants d'autre part. Ces derniers reprochent aux premiers de tout livrer aux Allemands. La disette menace dans plusieurs secteurs et le *MbH* de Bruxelles doit créer à la fin de 1941 un « conseiller agricole » auprès de chaque *Kreiskommandantur*, afin de limiter les pillages et les divers abus commis par les soldats. Mais cette mesure vise à rééquilibrer les moyens mis à la disposition des troupes présentes dans les villes et les villages et non à ménager un ravitaillement de la population.

La situation alimentaire des habitants du Nord-Pas-de-Calais ne s'améliore guère dans les mois suivants, notamment pour ceux qui ont tout perdu après les bombardements du littoral et qui vivent souvent dans des carrières ou des caves, comme à Boulogne, Dunkerque et Etaples[22]. Cette dernière commune, pendant quelques semaines en 1940, est située dans la « zone rouge » des combats, une bande côtière de vingt kilomètres très difficile d'accès pour le ravitaillement. A la fin de 1940, le contexte est toujours aussi difficile, car la zone est bombardée régulièrement par les avions anglais ; les habitants sont requis pour des travaux de défense du littoral, avant d'être le plus souvent expulsés. La « zone rouge » disparaît quasiment jusqu'à sa nouvelle instauration par Rommel en 1944[23].

Seule l'Alsace annexée connaît une situation proche de celle du Nord-Pas-de-Calais, malgré l'instauration de *Karten* en tout genre, comme la *Kleiderkarte* – une carte de textile uniquement délivrée aux Aryens, sur demande ; les Allemands ont lancé une véritable politique de germanisation de l'Alsace. Trois mille Juifs (25 000 ont été recensés dans cette région avant guerre), qui n'ont pas été évacués avant l'arrivée des Allemands, sont expulsés en juillet 1940 ; douze synagogues mosellanes sont rasées et un foyer juif transformé en bordel pour soldats. Les dernières expulsions ont lieu en octobre. Les cartes sont perçues à l'heure des offices, ce qui gêne évidemment les fidèles catholiques et protestants. Or, ne pas se déplacer pour obtenir ses coupons, c'est perdre tous ses droits de ravitaillement. Dans leur politique de germanisation de l'Alsace, les Allemands ont également lutté contre le catholicisme et le protestantisme, considérés comme de possibles foyers d'opposition et de rassemblements hostiles et difficiles à contrôler ; il s'agit aussi de surveiller les âmes. Les nazis, très vite présents en Alsace, ne peuvent tolérer aucune concurrence.

Pour le Nord-Pas-de-Calais, il y a sans doute pire encore. Le rationnement et le manque de nourriture ont des conséquences physiques rapides sur les habitants ; les enfants sont les plus gravement atteints : les gens du Nord maigrissent à vue d'œil. Etienne Dejonghe et Yves le Manner ont exhumé une intéressante enquête de santé publique menée en 1941-1942 par la faculté de médecine de Lille et publiée par *L'Echo médical du Nord*. On y lit que les garçons entrent dans la période de la puberté deux à trois années plus tard qu'en période de paix. Chez les filles, les aménorrhées sont nombreuses. Le rachitisme touche les enfants scolarisés : 23 000 élèves, à l'âge de la croissance, n'ont pas changé de poids entre 1941 et 1942[24] ! La gale et la tuberculose se propagent dans les milieux ouvriers, chez les personnes âgées et les enfants en bas âge[25]. Enfin, dans le Pas-de-Calais, si la mortalité infantile et les problèmes de grossesse augmentent, le nombre des naissances connaît un accroissement en 1941-1942, ce qui n'est pas le cas du Nord. Cependant, dans l'ensemble de la région, les taux de mortalité sont parmi les plus importants des départements industriels, où la mortalité est déjà supérieure à la moyenne nationale. Les préfets semblent accuser les commerçants d'être en partie responsables de cette situation.

A l'autre extrémité de la France, la Corse connaît une situation critique, pour des raisons différentes. D'abord, l'île de Beauté est très pénalisée par les perturbations des transports maritimes avec le continent. De plus, la Corse a perdu beaucoup de main-d'œuvre dès la mobilisation de 1939. Les dirigeants politiques et économiques pensent que les habitants doivent finalement se débrouiller seuls : « chaque famille devra produire une grande partie de sa subsistance », selon le directeur des services agricoles, Jules Carlotti, dans un article de *La Jeune Corse*, paru en juillet 1940. Dès l'hiver 1940-1941, les tickets d'alimentation, de chaussures et de vêtements ne sont plus honorés. Les deux ports principaux, Ajaccio et Bastia, survivent au ralenti. Or, la Corse ne peut pas vivre en autarcie. Le trafic de marchandises a chuté de 257 000 tonnes en 1939 à 156 000 tonnes en 1941. Le blé est remplacé par les châtaignes et la viande de bœuf par celle du gibier chassé ou braconné. A partir de novembre 1942, l'île est encore plus isolée ; la Méditerranée est devenue l'espace principal des opérations militaires en Europe. L'arrivée des occupants italiens n'a rien arrangé, car ils vivent sur le peu de stocks qui existent sur l'île. La disette découle alors de la pénurie alimentaire accrue ; la tuberculose trouve en des êtres affaiblis un terrain propice à son développement, notamment en 1943 avec un taux de contamination de 95,5 pour mille habitants en Corse au lieu de 77 pour mille pour l'ensemble de la France. Les Italiens réquisitionnent de nombreux navires qui auraient été nécessaires au ravitaillement. Le marché noir et les achats italiens illégaux appauvrissent encore plus les Corses. Les occupants italiens proposent des prix supérieurs à ceux du marché officiel et du marché noir : par exemple un kilo de farine de châtaigne vaut 26 francs officiellement, 60 francs au marché noir alors que les Italiens en proposent 80 francs[26] !

Cuisiner maigre et « manger quand même[27] »...

« Cuisiner » gras et bon est un plaisir que seuls les plus fortunés peuvent s'offrir en temps de guerre. Pour la ménagère, faire la cuisine devient bientôt un acte héroïque. Les prix sont alors prohibitifs pour les couches moyennes et populaires. Le seul point commun pour tous les Français, quels que soient leurs moyens, c'est l'impossibilité de se procurer des denrées devenues rares ; là s'arrêtent les similitudes, car sur le marché noir, la ménagère modeste ne peut pas rivaliser avec la personne aisée. Mais, même pour cette dernière, cuisiner est devenu plus compliqué. Les repas un peu raffinés sont bien moins fréquents. De plus, le problème de la cuisinière se double d'un autre casse-tête : chaque carte de rationnement donne droit à des quantités d'aliments différentes selon la catégorie à laquelle appartient chaque membre de la famille. Une cuisine spécifique avec carte s'invente.

Les ménagères rigoureuses griffonnent sur des bouts de papier – lui aussi de plus en plus rare – des recettes entendues ici et là ou lues chez une amie. Les recettes sont parfois publiées sur les emballages, ce que fait la marque Maïzena par exemple. Cette dernière glisse également dans ses paquets des petites feuilles, imprimées recto verso, avec ce titre éloquent : « Recettes-Restrictions-

Maïzena ». Le préambule l'est tout autant : « Maïzena vous conseille de réaliser ces quelques recettes culinaires spécialement adaptées aux possibilités actuelles. » Se succèdent alors des recettes de potage à l'oseille, de « potage vite fait », de ramequins au fromage, d'« omelettes restrictions », etc. Pour l'omelette, pour deux personnes, il faut un œuf au lieu de deux, que l'on épaissit en ajoutant une cuillerée de Maïzena et un décilitre de lait écrémé, sans oublier le sel, le poivre, le saindoux – à la place du beurre très difficile à obtenir et très cher. Maïzena suggère des idées neuves aux ménagères, ce qui est un bon moyen de garder des clientes en temps de guerre. Cela dit, toutes les ménagères n'ont pas la possibilité d'acheter de la Maïzena, pas plus que les livres spécialisés. Aussi les « recettes cadeaux » se transmettent de bouche à oreille comme celle de la « mayonnaise de guerre », notée à la main en 1941 par la maman des deux sœurs Benèche, avec ce commentaire : « C'est bon et cela fait couler la viande froide. Mère-Grand aimera cela[28]. » Cette mayonnaise utilise le moins d'œuf et de moutarde possible. Une autre recette est conservée par les deux sœurs, celle du « pâté sans viande » : « Un œuf battu, 2 grammes de beurre, 5 grammes de levure de boulanger, 4 biscottes de belle taille, 2 oignons moyens, un cube de Viandox, un bon verre d'eau, sel, poivre ; bien mélanger le tout et laisser cuire pendant vingt minutes en remuant ; mettre en terrine – manger le lendemain[29]. »

Ces recettes se trouvent dans des ouvrages écrits par des cuisiniers ou des physiologistes. Il existe alors une très forte demande de la part des ménagères françaises. Chaque recette ingénieuse devient vite un « trésor » commun pour la cuisine.

Des ouvrages de cuisine apprennent ainsi aux lecteurs à maîtriser leurs envies et leur gourmandise, désormais jugées malsaines pour la santé du corps. Ainsi, une nommée « Agathe cuisinière » publie, au début de 1941, *200 menus et recettes conformes aux restrictions*[30]. D'autres ouvrages préparent les mois à venir comme celui de

Jacques Deaubret, *Qu'allons-nous manger cet hiver* ? En 1942, paraît *La Consommation dirigée en France en matière d'alimentation*, par Louis et Paulette Baudin[32]. Les deux auteurs enseignent comment faire un repas avec peu de nourriture tout en conservant des calories suffisantes pour l'organisme, à savoir moins de 760 calories !

Mais un livre a davantage de succès, dans les familles qui ont la possibilité de l'acquérir, c'est celui d'Edouard de Pomiane, l'un des plus célèbres auteurs de ce type de littérature dans les années quarante et cinquante. Médecin et biologiste éminent né en 1875, chercheur en physiologie, il travaille à l'Institut Pasteur et enseigne de 1921 à 1943 à l'Institut scientifique d'hygiène alimentaire. Il donne par ailleurs des conférences radiophoniques hebdomadaires sur Radio-Paris dans les années 1920. En 1940, il prend sa retraite de chef de service à l'Institut Pasteur, mais il continue à dispenser des cours[33]. Pendant la guerre, il rédige deux ouvrages : *Cuisine et restrictions*, et *Manger quand même*, publiés respectivement en octobre 1940 et en 1941. Le premier – 190 pages – est une bonne source pour comprendre les nécessités alimentaires des Français. Chez le libraire, un papillon rouge vante les mérites de l'ouvrage : « Des miracles pour cuisiner et se nourrir en marge de la "carte" – 150 recettes actuelles inédites ». Cette présentation peut paraître stupéfiante pour un lecteur du XXIe siècle. La première partie du livre – 60 pages ! – constitue un véritable cours de vulgarisation sur la classification des aliments en protides, lipides, glucides, sels minéraux, etc., mais aussi sur la valeur calorique des aliments. Il explique qu'il n'est pas un spécialiste de gastronomie, mais plutôt de « gastrotechnie », c'est-à-dire qu'il étudie la transformation des aliments pendant leur cuisson. Une quinzaine de pages viennent ensuite instruire la ménagère pour « savoir acheter avec discernement ». Le savant dénonce l'hypocrisie des cartes d'alimentation individuelles. Pour Pomiane, « manger à sa faim » devient en quelque sorte un art nouveau ; il préconise de rationaliser la façon de manger. Il faut trouver l'équilibre entre les aliments disponibles avec la carte et ceux qui ne sont pas contingentés pour dépasser si possible les 1 200 calories quotidiennes imposées par le système des cartes. Le poisson et les œufs sont suggérés en priorité pour apporter des protides dans l'alimentation. Les œufs ne sont pas encore rationnés au moment où le livre paraît. Ce dernier fourmille d'astuces, mais elles deviennent obsolètes à mesure que l'occupation se prolonge, car les tickets de rationnement concernent de plus en plus de produits. Toutefois, certains conseils peuvent être valables en toute situation, sauf en cas de famine : « Si, après le repas, il reste encore une croûte [de pain] sur la table, celle-ci doit être mise soigneusement de côté. Toutes les croûtes sèches, réunies, doivent être, tous les quinze jours, réchauffées au four [...] Elles seront écrasées. [...] La poudre obtenue sera tamisée sur une passoire. [...] On obtient ainsi une chapelure blanche qui sera conservée, en boîtes de fer-blanc. Elle servira à faire de la pâtisserie ou des potages[34]. »

Pour les aliments contingentés, Pomiane fait montre d'ingéniosité permanente, non sans un réalisme très brutal lorsqu'il conseille, par exemple, de ne manger de la viande que tous les deux jours pour en avoir « un morceau appréciable dans son assiette[35] ». La caséine – un déchet de beurrerie sous forme de poudre blanche – est censée remplacer la viande ; l'équation de Pomiane apparaît simple : 100 grammes de caséine équivalent à 300 grammes de viande. La pénurie de graisse rend toute friture quasi impossible. Il s'agit donc de modifier les traditions culinaires et les modes de cuisson et d'éviter tout gaspillage.

Le livre de Pomiane s'adresse en priorité à la femme au foyer, à la mère et à l'épouse, plutôt des classes de la moyenne bourgeoisie ; ceci va dans le sens de l'idéologie de Vichy. Selon l'auteur, la cuisinière doit consentir à tous les sacrifices : « Sa mission est grave, car c'est à elle qu'incombe de savoir choisir, dans la pénurie d'aliments, ceux qui sont indispensables à son mari, à ses enfants

[...] Aux enfants, les meilleurs morceaux de viande. Puis elle pense à son mari, puis à elle-même. » Il ajoute plus loin : « Pensez toujours à vos petits. » De même, il reste désolé devant certaines disparitions de mets : « Faire un gâteau à la maison est un problème presque insoluble. [...] Le manque de beurre condamne pour longtemps la crème moka[36]. »

Cependant, une certaine ironie, voire parfois un certain cynisme semblent l'emporter : « Achetons nos 200 grammes de fromage mensuels [avec les tickets]. Ils nous permettent d'en consommer 7 grammes par jour et d'y trouver, en plus d'un souvenir des temps passés, environ 21 calories[37]. » Dans une partie du livre consacrée aux « recettes de carence », l'auteur dresse une liste de réponses à donner chez le pharmacien, par exemple : « Achetez, chez le pharmacien, des comprimés de saccharine. S'il refuse de vous en donner, demandez une spécialité quelconque pour diabétique. Sucrez, avec ces toutes petites pastilles, compotes et entremets. »

Il complète avec la liste des fausses huiles, les succédanés de café, fabriqués avec n'importe quelles graines grillées sur une poêle à frire (les pois chiches, l'orge, les haricots, le soja et même des carottes coupées très menu peuvent faire l'affaire !), la recette de la mayonnaise sans huile, de soupes et de sauces faites à l'œuf, etc.

Cet ouvrage a été vendu en grand nombre, mais il est impossible de connaître avec exactitude les chiffres des tirages et des ventes. L'impression générale qui se dégage du livre est celle d'une cuisine possible grâce à l'inventivité. Cela dit, l'ouvrage de Pomiane ne peut rien face aux restrictions caloriques et aux conséquences d'hivers durs qui affaiblissent encore plus les organismes. Son livre est adapté aux restrictions de la fin de 1940 et de 1941, mais est-il ensuite encore utilisable par les ménagères ? Rien n'est moins sûr. Les témoins de l'époque rappellent que la cuisine ne pouvait pas être aussi rationnelle. Les aléas quotidiens rendaient difficiles de tels calculs. La perspective d'un futur meilleur s'amenuisait à mesure que les restrictions se multipliaient.

Ce qui est remarquable, c'est cette volonté de faire presque comme si de rien n'était. Cette recherche pour vivre ou survivre au mieux, malgré le corsetage dans une vie quotidienne étriquée par les règlements et les manques, n'assouvit pas pour autant la faim que connaissent les Français dans leur immense majorité.

QUATRIÈME PARTIE

RIPOSTES ET PARADES EN TOUT GENRE

8

Système D et contournements

Se déplacer autrement

Le grand bond en arrière

Le blocus anglais, les pillages de l'occupant et les ponctions imposées par l'armistice, les difficultés d'approvisionnement obligent à repenser les moyens de déplacement quotidiens des Français, toutes couches sociales confondues jusqu'aux hauts responsables politiques. Rouler en voiture ne peut bientôt plus se faire qu'avec une autorisation préfectorale en zone non occupée et en zone occupée avec le laissez-passer délivré par la *Kommandantur*. Quand les trains sont remis en état de marche, encore faut-il qu'ils aient la possibilité d'être alimentés en énergie. Ceux qui travaillent dans le secteur des transports en commun sous l'occupation vivent un casse-tête quotidien entre les contrôles policiers français et allemands, les coupures électriques, le manque de charbon et de carburant. Par exemple, la Compagnie du Métropolitain de Paris est contrainte d'acheter des kilowattheures en zone non occupée. Des stations sont fermées et les services des agents très aménagés, avec des primes à ceux qui conduisent le plus économiquement possible. Les bus, le métro, les trains ne peuvent assurément pas satisfaire la demande de tous les clients. Ceux-ci doivent trouver d'autres solutions.

Dès juillet 1940, un rapport de quinzaine de la Préfecture de police de Paris résume ce que fut le nouveau cadre urbain de Paris et sa banlieue : « Depuis la suppression des lignes d'autobus, les habitants de la banlieue venant de Paris pour leur travail ou leurs affaires empruntent, soit les chemins de fer des lignes de banlieue, rétablis partiellement, soit leur bicyclette, ou encore viennent à pied jusqu'aux portes de Paris où ils gagnent le Métropolitain[1]. » A vrai dire, parmi les servitudes quotidiennes auxquelles sont astreints les Français, la pénurie des moyens de transport n'est pas la moindre, et ce avant même le début de l'occupation. Nombre de véhicules avaient été réquisitionnés par l'armée française en 1939. Brutalement, avec les combats et la débâcle, se déplacer en France devient aussi difficile que de s'épancher sur les cartes postales interzones, d'autant que les Allemands de zone occupée considèrent l'essence comme un butin de guerre. Les autobus sont moins nombreux et parfois équipés de grosses bombonnes sur le toit, car ils fonctionnent au gaz. Dès la mobilisation, beaucoup disparaissent des grandes villes françaises, afin d'évacuer les populations vers des lieux réputés plus sûrs en cas de bombardements. Les bus servent également à acheminer les soldats sur le front où beaucoup sont détruits. D'autres sont repeints pour abriter des réfugiés dans le Sud ; les sièges sont remplacés par des lits, nous apprend *L'Illustration* du 21 septembre 1940. Selon plusieurs quotidiens, à Paris, à la fin d'août 1940, il semble qu'une douzaine de lignes de bus ont été rouvertes.

Quant aux voitures, elles servent à acheminer les cohortes de l'exode vers le sud de la France. Beaucoup ne réapparaissent pas dans les villes et villages pour avoir été détruites ou endommagées. Parfois, l'exilé ne revient pas au nord de la Loire et passe une partie de la guerre comme réfugié plus au sud, avec son véhicule.

A Paris, les Allemands réquisitionnent les véhicules d'une puissance supérieure à 14 chevaux, pour en récupérer le métal et alimenter les usines de guerre en matières premières. Selon une étude sur les véhicules à Paris, entre

le 21 octobre et le 21 novembre 1940, seuls 746 véhicules
ont obtenu une autorisation de circulation, dont une grande
partie roule avec de l'essence, une autre avec du gaz et
une petite partie avec de l'électricité[2]. L'année suivante,
plusieurs milliers de voitures circulent au gaz dans Paris.

Ainsi les Français peuvent avoir l'impression d'un
voyage dans le passé : les ponts détruits obligent à utiliser
les barques pour se rendre d'une rive à une autre. Parfois,
une passerelle provisoire en bois est aménagée, comme
celle du pont du Pecq en région parisienne. Elle peut être
métallique comme celle de Chatou à Rueil-Malmaison.
Pour emprunter cette dernière, des règles doivent être
observées : il faut passer en groupes de vingt personnes
espacés de neuf mètres. Des affiches indiquent qu'au-delà,
il y a « Danger mortel ». La presse mensuelle se fait l'écho
de ces nouvelles contraintes. A Paris et dans sa région,
depuis la seconde moitié du XIXe siècle, le train avait
réduit les temps de trajet, mais avec les destructions de
1940, à nouveau, les banlieues semblent plus éloignées
du cœur de la capitale. Certes, ces modifications de trajets
sont en partie momentanées, mais elles contribuent à
déprimer les Parisiens au début de l'occupation. La SNCF
tente alors de réduire les désagréments causés aux usa-
gers en organisant des dérivations. Des relais sont même
installés de part et d'autre des rivières et des fleuves au
moyen de passerelles et de bacs. Apparemment, dès le
début de septembre 1940, le trafic redevient parfois normal en quelques points du pays, mais il n'y a rien de
comparable avec ce qui a existé avant le déclenchement
de la guerre. Le pont d'Argenteuil n'est pas encore ouvert
au début de 1941, car une grande partie a été détruite
lors des bombardements. Les hommes montent avec leur
vélo dans les barques surchargées. Des dizaines de pas-
seurs apparaissent sur les rives et gagnent ainsi leur vie.
La police doit veiller à la bonne circulation sur le fleuve et
empêcher la surcharge des flottilles de barques. Se pro-
mener dans la banlieue le dimanche est devenu plus com-

pliqué, mais des milliers de Parisiens n'y renoncent pourtant pas.

Le train et le métro vont revêtir une importance nouvelle. Pourtant, le Parisien ne peut plus utiliser le métro dans les mêmes conditions qu'avant la guerre. A la descente du train ou du métro, une foule des porteurs proposent de convoyer les bagages à travers la capitale – le prix d'une course varie de 50 à 100 francs en 1940, en fonction de la distance parcourue – et participent à la cohue indescriptible du métro. Les animaux ne sont en revanche pas admis. Le métro devient la formule privilégiée de déplacement dans Paris sous l'occupation. Selon Dominique Veillon, 300 000 voyageurs en moyenne l'ont fréquenté chaque jour dans la première quinzaine de juin 1941, soit un milliard par an, ce qui est considérable – avant la guerre, le nombre de voyageurs s'élevait à 600 millions[3] – alors qu'une soixantaine de stations ont été fermées en juillet 1940. Les rames sont bondées et les malaises fréquents. De même, l'accès aux quais est rendu plus pénible car les escaliers mécaniques sont à l'arrêt pour faire des économies. Les professionnels du transport en commun connaissent une forme de saturation de leurs services. En plus des pénuries énergétiques, les agents de la CMP doivent faire face aux demandes allemandes. La Société des transports en commun de la région parisienne et la CMP forment du personnel qui travaille pour la Wehrmacht ou la *Reichsbahn* (les chemins de fer allemands). Aussi les services métropolitains du dimanche sont-ils très allégés à partir de 1942 ; le trafic de banlieue est réduit de 50 % par rapport à la normale et les lignes intra muros sont supprimées.

La foule du métro a changé, car une clientèle nouvelle – celle qui empruntait naguère les taxis ou les voitures de maître – se joint aux utilisateurs habituels. Dans la presse, des articles retranscrivent des dialogues des Parisiens qui empruntent le métro. Les clients se plaignent notamment du désordre : « Mon cher, c'est odieux ! Vous le voyez vous-même. Et c'est la même chose chaque matin. Les mufles sont déchaînés. C'est à qui passera le premier. On vous marche dessus, positivement. Regardez mon chapeau[4]. » Enfin, deux lignes de trolleybus – une automobile électrique alimentée par des perches sur une ligne de courant aérienne – ont été mises à l'essai à partir de janvier et de septembre 1943. Cependant, ces véhicules demandent des aménagements trop lourds. On préfère en rester au bus à gazogène.

A Paris, dans le métro et les bus, comme autour des poêles dans les lieux publics ou dans les files d'attente, les Français discutent des pénuries, s'échangent des recettes de cuisine, transmettent les dernières rumeurs, etc. Mais il faut bien sûr respecter les heures de passage, notamment le soir à 23 heures, en raison du couvre-feu. Manquer le dernier métro, c'est risquer de passer la nuit au poste de police.

A Paris, les fiacres réapparaissent, et les chevaux occasionnent une pollution dont se plaignent les autorités municipales. Aussi, « le monde a tourné à l'envers. Plus question de courir les routes à 80 à l'heure. On a fermé les pompes à essence, remisé les roadsters, les limousines. [...] On a vu passer les cochers... » ; *L'Eclaireur*, un journal de la région niçoise, célèbre ainsi le retour du fiacre dans les rues de Nice[5], ce que font d'autres journaux, dont *La Dépêche du Centre* à Tours dès l'automne 1940. Posséder un cheval est un luxe en ces années de réquisitions et de pénurie, dans l'une et l'autre zone. Le problème de stocks d'avoine se pose aussi. Mais plus que le fiacre, le vélo devient incontestablement le premier moyen de transport des années quarante.

La « petite reine »

Les vélos, rangés au fond d'une remise ou montés à l'étage, en raison des nombreux vols dans les entrées d'immeubles, vont connaître des heures de gloire inattendues. Toute la France se met à faire du vélo. Ce dernier n'est pas trop onéreux jusqu'en 1942 : le premier prix est autour de 1 500 francs. Cependant, même à ce prix, les couches moyennes inférieures ont bien du mal à s'en offrir un, même d'occasion. De plus, une fois le vélo acquis, encore faut-il trouver les pièces détachées en cas d'ennui mécanique ! En effet, dès la fin de 1940, le caoutchouc a manqué en France et a fait défaut à l'industrie du cycle. Il faut attendre le mois de janvier 1941 pour retrouver des pneus et des chambres à air dans le commerce, mais dans des quantités encore très modestes et à des prix très élevés. Durant toutes les années quarante, trouver et acheter un pneu est resté une épreuve en soi. Certains ont remplacé la chambre à air par de la paille tassée. On imagine sans peine l'inconfort de la balade ou du trajet sur un tel engin ! Se procurer des écrous, des rayons en laiton et des freins – fabriqués avec de la tôle – est très difficile. Les petits vendeurs de cycles de la zone occupée attendent souvent en vain les arrivages de pièces détachées en provenance de la Manufacture d'armes et de cycles de Saint-Etienne[6]. Cette dernière fournit également des pièces pour les motos. Assez vite, elle doit repenser son réseau de distribution et de production. Elle tisse alors des liens commerciaux avec la zone libre et l'Espagne, qui a été semble-t-il un débouché important.

Au début de l'occupation, les démobilisés sont prioritaires pour obtenir les permis de circuler à vélo et pour remplacer leur monture[7]. Au tournant de 1942-1943, le premier modèle se négocie désormais au prix officiel, c'est-à-dire au moins à 2 000 francs ! Au marché noir, le prix peut tripler, voire quintupler à partir de 1942. En zone occupée, chaque vélo doit porter une plaque d'immatriculation en métal jaune. Les Allemands infligent des amendes aux contrevenants, mais à partir de 1942, en raison de la pénurie de métal, on remplace les plaques des vélos neufs par des laissez-passer. Plus d'une dizaine de millions de vélos sont en circulation en France et il en manque encore. Le régime de Vichy doit donc imposer des règles de priorité en privilégiant ceux qui en ont le plus besoin pour travailler. Toutes les pièces détachées sont l'objet d'une législation spécifique et sévère de la part de Vichy ; au marché noir, leur prix s'envole.

Avec l'absence de voitures, les villes françaises ressemblent quasiment à ce qu'elles étaient avant l'apparition des véhicules à moteur. L'inventivité des citadins et des concepteurs de bicyclettes est mise à contribution. Certains vont même les transformer pour en faire des moyens de locomotion collectifs. Les vélos-taxis font partie des souvenirs des témoins. Ils sont bien moins onéreux que le fiacre, qui peut coûter de 100 à 200 francs la course, voire plus dans certaines villes comme Paris ou Lyon.

Le vélo-taxi – ou pousse-pousse pour reprendre la terminologie asiatique en vogue à l'époque – est fabriqué à l'aide d'une bicyclette ou d'un tandem. A Vichy, les premiers circulent à partir de septembre 1941. Comme partout ailleurs, dans la ville thermale, les pénuries touchent donc aussi les moyens de transport. A l'arrière du véhicule, une caisse est attachée, couverte ou non pour les journées de pluie ou de froid, montée sur une paire de roues en caoutchouc. En fait, il s'agit d'un vélo qui tire une remorque peu confortable. Les conducteurs de vélo-taxi gagnent assez bien leur vie. A Paris, l'écrivain Jean Giraudoux s'en sert pour aller de la gare de Lyon jusqu'à son hôtel, car il ne peut pas prendre le métro : il a un chien. L'écrivain donne un pourboire généreux[8]. A lire la presse régionale de l'Indre-et-Loire et du Loiret, il semble que ces nouveaux véhicules sont beaucoup moins variés en province, même si le pousse-pousse connaît un indéniable succès. Il faut dire que les distances à parcourir à Tours ou à Orléans sont moins grandes qu'à Paris.

Les artisans et d'autres professionnels se servent aussi du vélo-remorque, comme le vitrier, le peintre, le maraîcher, le porteur de marchandises aux Halles de Paris, le menuisier… Les vendeurs de cycles gagnent aussi mieux leur vie ; ils inventent des remorques pour vélos pour des budgets et usages variés. Par exemple, ils mettent sur le marché des remorques pliantes pour enfant.

Colis agricole, lapins et jardins

Une ségrégation sociale plus accentuée

En théorie, les « colis familiaux » sont des denrées que les cultivateurs envoient à des membres de leur famille ou à des amis, mais les paquets ne peuvent pas comprendre des quantités trop importantes. Les ménages urbains aisés qui ont la chance d'avoir de la famille ou des relations dans les campagnes françaises sont ainsi avantagés, car ils peuvent recevoir des colis contenant des denrées alimentaires précieuses telles que pots de confiture, viande séchée, haricots secs, etc. Pour autant, tous les Français n'ont pas pu le faire. A partir du 13 octobre 1941, sous la pression de l'opinion, par le biais d'un arrêté, le régime est contraint d'autoriser officiellement les « colis familiaux » par envois postaux. Cette appellation est impropre puisque les colis sont des produits envoyés par des producteurs aux consommateurs. L'appellation de « colis agricoles » serait plus juste. Plusieurs dizaines de préfets français comptent alors des milliers de colis qui partent chaque jour de leur département[9]. Mais nombre de détournements sont effectués. Le système des colis est évidemment bien perçu par les bourgeois, mais frustre certains ouvriers qui n'ont pas les moyens d'en acquérir. Cependant, ils sont tout de même nombreux à avoir des parents à la campagne qu'ils vont voir le dimanche pour manger un peu mieux ; ils reçoivent aussi des colis gratuits. Toujours est-il que les bureaux des PTT sont submergés par le dépôt et la distribution de milliers de colis quotidiens.

Certains départements français sont bien approvisionnés en matières premières alimentaires, tels le Cantal, le Cher, les Deux-Sèvres, la Dordogne, le Loiret, la Mayenne, le Gers et la Vendée[10]. Un département comme la Mayenne est officiellement désigné pour nourrir une partie des Parisiens, mais aussi les habitants du Calvados. La Mayenne doit également faire face à un surplus de population au moment de l'exode. Cependant, ses ressources alimentaires sont suffisamment importantes pour permettre en sus un flux continu de colis familiaux en direction de toute la France. Le troc devient un nouveau mode d'échange : un peu de nourriture contre des produits manufacturés régionaux. Des réfugiés de l'exode gardent également des contacts avec les personnes qui les ont hébergées. Dans la Mayenne, Rémy Foucault et Jacques Renard ont retrouvé l'exemple de réfugiés de l'Aisne qui envoient des articles textiles contre de la nourriture mayennaise en provenance de leurs anciens hôtes[11]. Dans le Maine-et-Loire, les habitants d'Angers peuvent recourir au « petit train d'Anjou », le seul moyen de locomotion pour se rendre dans les campagnes environnantes et s'approvisionner en victuailles de temps à autre.

Les Français de toute origine sociale sont concernés par l'envoi de colis, mais combien peuvent réellement s'en procurer et à quelle fréquence ? La revue de jardinage et de conseils pratiques *Rustica* publie régulièrement les appels de familles de la banlieue parisienne qui souhaitent recevoir des colis « agricoles » contre de l'argent, notamment à partir du second semestre de 1941[12]. Des domestiques qui retournent à la campagne rapportent aussi à leurs patrons des denrées rares comme du beurre et des œufs. Tout se paie au prix fort avec la raréfaction des aliments. Or, curieusement, ce système des colis semble avoir échappé à l'emprise des Allemands.

L'Etat français doit veiller à ce flux de paquets et surtout à leur contenu. L'arrêté du 13 octobre 1941 fournit la liste des produits autorisés dans les colis : 10 kilos de légumes et de fruits frais, 5 kilos d'asperges, 5 kilos de conserves de légumes, 3 kilos de gibier ou de volaille, 2 kilos de champignons, 1 kilo de poisson en conserve, 1 kilo de triperie et abats, deux douzaines d'œufs. La viande rouge de bœuf est interdite ainsi que les pommes de terre ; d'après l'arrêté d'octobre 1941, il était possible d'envoyer quelques tubercules, mais cette autorisation fut vite supprimée. Jusqu'à l'arrêté du 1er juillet 1943, les colis ne doivent pas excéder 50 kilos, le poids est ensuite abaissé à 25 kilos. A l'évidence, certains n'ont pas respecté le contenu autorisé par la législation vichyste ; le poids légal est souvent dépassé au bénéfice de certaines familles plus fortunées ou de restaurants en mesure de payer des denrées recherchées. Pourtant, en cas de fraude, les amendes peuvent dépasser 1 000 francs : environ le salaire mensuel d'une ouvrière ! Des milliers de tonnes de nourriture circulent : selon Dominique Veillon, 279 000 tonnes pour 13 547 000 colis en 1942[13].

Les envois de colis accentuent la ségrégation sociale, déjà en place avant la guerre, entre les couches aisées, qui peuvent payer les producteurs, et les plus démunies. L'autorisation des « colis familiaux » ne satisfait pas les Français les plus pauvres, suscitant une nouvelle forme de mécontentement face à un régime qui, contrairement au programme de la Révolution nationale, ne « révolutionne » en rien la vie des Français. Vichy avait l'intention de créer une « France nouvelle », mais les Français ne voient pas se concrétiser les promesses irréalistes d'un régime collaborateur fondé sur le culte de la personnalité. Pour autant, avec du recul, les témoins ne gardent pas un mauvais souvenir des colis : d'autres difficultés étaient bien plus grandes encore. De plus, quelques colis épars ne résolvaient en rien les problèmes quotidiens d'approvisionnement.

La crise alimentaire a frappé un peu plus fort les Parisiens les moins riches et l'envoi des colis n'a pas répondu à la demande sociale ; on retrouve ce phénomène dans des villes comme Bordeaux, Clermont-Ferrand, Lyon et Tours, par exemple. Le système des colis a cependant l'ambition de mieux approvisionner les citadins. Evidemment, il faut trouver davantage de moyens de transport entre les villes et les campagnes productrices, ce qui n'est pas facile. Le problème des vols, nombreux, doit également être résolu. Mais, dans les villes, le trafic des autobus est relayé par le mouvement incessant des charrettes à bras remplies de produits frais.

Alfred Sauvy a montré qu'à Paris les colis ont parfois des effets néfastes sur la collecte de certains produits, comme le beurre. Entre juillet 1941 et mars 1942, il a estimé que, plus le nombre de colis augmentait, plus le tonnage du ramassage de beurre fermier et industriel baissait : en juillet 1941, 861 paquets sont comptés par la poste parisienne pour 12 772 tonnes de beurre ramassées ; en mars 1942, 1 912 colis pour 6 074 tonnes de beurre. C'est le beurre fermier qui devient le plus difficile à ramasser : les quantités passent de 4 525 tonnes en juillet 1941 à 1 096 en février 1942[14]. A cette période, le nombre des colis a plus que doublé alors que le poids du beurre ramassé a été divisé par deux.

Toujours à Paris, l'historien de l'économie relève que ce sont les arrondissements les plus riches qui reçoivent le plus de colis, notamment les 7ᵉ, 8ᵉ, 9ᵉ et 16ᵉ. Mais la chute des ramassages de beurre n'est pas seulement due à l'augmentation du nombre de colis. En effet, il faut tenir compte du mauvais état sanitaire des vaches laitières qui entraîne une diminution de la production : on sait, grâce à des enquêtes des services laitiers menées en 1943, que le lait est moins riche en crème de lait. Les paysans gardent aussi plus de lait pour leur consommation personnelle et pour la fabrication et la vente de fromages et de beurre. Enfin, il ne faut pas occulter les difficultés de transport et l'importance de la vente au marché noir. Quant aux volailles, elles sont assez peu envoyées vers les villes, mais principalement consommées sur place en raison notamment des réquisitions allemandes. Toujours est-il que, plus l'occupation dure, plus les contenus des colis sont onéreux.

Elever le lapin et cultiver son jardin

Robert Doisneau a photographié des lapins « logés » dans des poêles improvisés en « clapiers d'appartement »

ou courant sur des balcons. Ces clichés ont révélé la difficulté de se nourrir pendant la guerre, notamment dans les
villes. Tous les journaux et les magazines autorisés par les
Allemands et/ou le régime de Vichy font l'éloge de cet
élevage singulier introduit dans les villes. Des conseils aux
Français sont donnés pour élever au mieux les lapins avec
cette règle d'or : les rongeurs doivent être bien soignés,
dans la propreté et avec une nourriture saine ; celle-ci est
cependant difficile à trouver. Régulièrement, la presse
dresse un bilan. L'élevage du lapin apparaît réellement
utile pour les citadins. La propagande fait du lapin un
recours « bienfaisant » au manque de viande de bœuf.

Ainsi, dès 1941, les courettes des concierges se transforment en clapiers géants. Les appartements bourgeois
voient les rongeurs se faufiler entre les meubles ou jouer
avec le chat de la maison. Les vétérinaires constatent
pourtant que les lapins sont souvent trop nombreux dans
les villes. Ils meurent en grand nombre. Dans *Rustica*, il est
conseillé de trouver l'herbe dans les bois les plus proches.
Des aliments spécifiques de complément sont créés pour
se substituer au son, aux pommes de terre absentes des
étals, au grain et au foin. Des dizaines de millions de
lapins courent dans les parcs des villes, quand ce n'est pas
dans les rues et les magasins. Certains Français ont aussi
consommé du chat en civet, ce contre quoi les préfets les
mettent en garde, car l'animal est réputé porteur de maladies contagieuses.

A côté de l'élevage du « lapin citadin », le jardinage
peut constituer une solution d'appoint, somme toute relative,
car il faut trouver les semences et les outils nécessaires.
Or, on sait, par exemple, que la ligne de démarcation a
occasionné une gêne importante pour les échanges matériels interzones. En octobre 1940, à Périgueux, dans la
partie non occupée de la Dordogne, un rapport du directeur de la succursale de la Banque de France évoque les
plaintes des paysans – céréaliers et maraîchers réunis –
qui ont peur de manquer de semis vendus dans l'autre

zone : l'absence de graines mettrait donc en péril les récoltes de l'année suivante[15].

Le jardinage individuel est une tradition ancestrale pour nombre de Français : à la ville, il est un divertissement, voire une nécessité pour les plus pauvres ; à la campagne, il représente une activité complémentaire. Avec l'occupation, le jardinage change d'échelle et concerne une très grande majorité de Français ; il ne peut plus être uniquement un moyen de se détendre pour les citadins. Il devient une nécessité et une habitude nouvelles, encouragées par le régime de Vichy. Le « retour à la terre » est l'un des leitmotiv de l'idéologie pétainiste : ce serait un antidote à la décadence des masses urbaines. Les ruraux ont la capacité de vivre en autarcie, état idéal vanté par les réactionnaires français dans les années trente. Dès les premières semaines de l'occupation, Pétain compte sur les paysans – la moitié de la population en 1939 – pour redresser et pour nourrir le pays. Dans plusieurs allocutions, il exhorte les paysans à tirer tout ce qu'ils peuvent de la terre. Il veut mettre un terme à l'exode rural ; par exemple, une loi du 31 mai 1941 permet d'aider des ménages à s'installer sur des terres à défricher. Le régime espère ainsi attirer des citadins à la campagne. En fait, pendant les années d'occupation, et même après, malgré des difficultés matérielles importantes, les paysans se sont largement tournés vers l'autoconsommation en réaction aux prélèvements allemands et aux prix trop bas imposés par le Ravitaillement général, qui achetait une grande part de leurs productions ; les citadins ne sont pas venus en masse dans les villages. A la fin de 1941, la rubrique « Chronique du retour à la terre » prend pour la première fois place au cœur de la revue *Rustica*. Plus la guerre se prolonge, plus les annonces et les offres des particuliers remplissent les pages d'annonces de ventes et d'achats divers, dont des semences pour le jardin. Certains paysans ont eu l'impression de tenir une sorte de revanche sur les urbains. Vichy a magnifié les paysans, mais n'est pas parvenu à faire d'eux de dociles producteurs ; ceux-ci contournaient sans cesse les lois du Ravitaillement. Le fossé est donc large entre l'idéologie et la réalité : les paysans aussi ont eu froid et n'ont pas semé ou amendé les terres comme ils l'auraient voulu.

Avec les jardins familiaux, le régime fait entrer la campagne à la ville. Aussi se développent-ils considérablement sous l'Etat français grâce à la loi du 18 août 1940 qui oblige les villes à céder les terrains urbains non utilisés aux chefs de famille nombreuse ou bien aux associations de jardins ouvriers. Les grandes villes telles que Lyon, Rennes, Rouen et Tours distribuent des centaines de lots de terrain à jardiner. Des communes plus petites recherchent sans cesse des terrains à mettre en culture dès la fin de 1940. Les plus modestes des citadins peuvent ainsi compléter leur ration de nourriture. La propagande de Vichy utilise le jardin comme un levier de remise au travail des Français et de régénération par le retour à la terre.

Dès le début de l'occupation, les journaux quotidiens ou les magazines dont *La Dépêche du Centre*, *Rustica*, *La Revue horticole*, *L'Illustration*, par exemple, incitent les Français au jardinage familial. La nécessité de l'époque colle à la propagande agrarienne chère au maréchal Pétain. A partir de la fin de 1940, dans plusieurs villes françaises, les sociétés de jardins ouvriers – ou « sociaux » –, en sommeil reprennent donc vie. En Normandie, des prairies destinées habituellement aux vaches sont retournées pour permettre la culture potagère. A Paris, des terrains de tennis sont mis en culture – des légumes sont plantés, notamment du rutabaga –, tout comme les jardins du Luxembourg ou les terrains de certains grands hôtels.

Si les municipalités ont distribué et vendu des terrains à jardiner, des usines ont également prêté des terres à leurs ouvriers comme à Tours, Orléans, Roubaix, Lille, etc. La SNCF en fait de même et met ses terrains libres à la disposition des employés et des cheminots qui sèment et plantent jusque sur le remblai des voies ferrées. Les gendarmes français sont également incités par des circulaires internes[16] à cultiver un peu de terre derrière les logements de fonction de la brigade. En mars 1942, l'une d'elles rappelle les difficultés qu'ont les gendarmes à nourrir leur famille et à travailler correctement le ventre vide. Naturellement, les gendarmes ont parfois profité de l'appoint d'un poulet ou d'un lapin habilement glissé dans la sacoche par quelque paysan intéressé ou solidaire, mais ces aubaines sont occasionnelles. Une circulaire de mars 1942 souligne aussi la difficulté de mettre à la disposition de chaque gendarme un petit lopin de terre.

Le jardinage ne peut pas, de toute évidence, pallier totalement la pénurie. Le discours du « retour à la terre » n'est que fragilement étayé par ce maigre apport ; la réalité contredit le discours du Maréchal. Pourant, *La Revue horticole* du 16 juillet 1941 consacre plusieurs pages au gardiennage et au concours de jardins[17]. Ainsi, le Secours national, patronné par Pétain, épaule les sociétés locales de jardinage familial et les comités locaux d'action horticole pour l'organisation de concours de jardins. Il organise aussi des échanges : en Mayenne, le Mouvement populaire des familles – une coopérative populaire de consommation – a organisé entre les villes et les campagnes des livraisons de bois et de pommes de terre[18]. Les jardins font donc de plus en plus partie du nouveau paysage des Français. D'où des appels aux lecteurs lancés par les revues horticoles pour procurer des outils de jardinage à ceux qui n'en ont jamais possédé auparavant. Près de trois millions de jardins sont mis en culture entre la fin de 1940 et le début de 1942[19]. Ginette Thomas se souvient que, « lorsque le ravitaillement devint de plus en plus difficile, des bandes venaient la nuit, piller les jardins [...]. Les jardiniers instituèrent alors un tour de garde de nuit, pour préserver leurs récoltes. Ce ne fut pas parfaitement efficace, mais il y eut un mieux[20] ». Les vendeurs du marché noir dérobent en effet des produits pour les proposer aux plus aisés des acheteurs ; il y a aussi les affamés qui volent pour ne pas mourir de faim. Le gardiennage des jardins est donc proposé par le Secours national aux sociétés de jardins qui le souhaitent, car les vols de légumes et de matériel se multiplient, ce dont témoignent des milliers de procès-verbaux de gendarmerie et de police. Une loi du 17 juin 1941 organise la répression contre les voleurs, contre les « inqualifiables maraudeurs qui pillent sans vergogne le produit du travail des familles laborieuses sous sa forme la plus précieuse[21] ». Le voleur de fruits, de légumes ou de semences encourt de deux mois à cinq ans de prison, avec des amendes qui peuvent s'élever à 500 francs. En fait, la peine dépend de la méthode de vol – c'est-à-dire avec des sacs ou avec des camions, ce qui ne représente pas les mêmes quantités – et de l'heure : le vol de nuit est considéré comme le plus grave, car le plus lâche.

« Y a du rutabaga… »
et d'autres légumes oubliés à redécouvrir

La revue *Rustica* continue de prodiguer ses conseils pour cultiver autrement. Des millions de Français lisent et se prêtent le périodique d'une maison à l'autre. Une multitude de suggestions est livrée par la presse spécialisée pour faire un terreau de feuilles, pour fertiliser par le trempage des semences, pour faire des jardins d'agrément, pour cultiver mieux des plantes anciennes ou sauvages – que les Français pensaient disparues depuis les temps difficiles de l'Ancien Régime et des crises de subsistance du milieu du XIXe siècle. Des questions pratiques sont posées : « Combien, avec un hectare de terre, puis-je nourrir de vaches, ou de moutons, ou de chèvres, ou de cochons, etc.[22] ? » Ainsi, l'occupation permet de redécouvrir des légumes oubliés. En 1941, une nouvelle chanson traite du quotidien des Français et célèbre le légume à la mode, « Y a du rutabaga »[23]. Les revues de jardinage recherchent dans leur archives ou auprès de jardiniers spécialisés des plantes oubliées qui poussent sans apport d'engrais. Tant pis si elles sont fades ou peu nourrissantes, pourvu qu'elles évitent la disette. De 1940 à 1942,

les jardiniers amateurs plantent et consomment des rutabagas, des choux-raves, des topinambours, des crosnes,
des scorsonères, de la raiponce, autant de plantes cultivées avant la guerre en très grosses quantités, mais uniquement pour le bétail.

D'autres variétés dérivées sont remises à l'ordre du
jour, telles que le maïs sucré qui pousse avec peu de travail et surtout peu de fertilisants. Il en va de même du
chou moellier, dont *Rustica* vante la tige qui « renferme
une moelle très comestible[24] », en novembre 1942... Des
conseils précis sont aussi prodigués aux Français du Midi :
« [...] Vous pouvez cultiver la Patate qui, chez vous, sera
d'un bon rapport. N'omettons pas la Tétragone à la production abondante et, à défaut d'autres, vous savez que
vous pouvez consommer le Haricot d'Espagne en grains
frais. » Des plantes, quasiment disparues des jardins
d'avant guerre, sont parfois cultivées parce qu'elles fournissent beaucoup de feuillage et demandent moins de
soins que les légumes. L'ansérine, normalement destinée
aux infusions, est désormais consommée comme épinard
de même que l'arroche et la tétragone qui en sont des
variétés ; le pé-tsaï ou chou de Chine, la moutarde de
Chine, le chénopode blanc, une mauvaise herbe utilisée
occasionnellement comme épinard ; la ficoïde glaciale qui
pousse seulement dans le Sud ; le cerfeuil bulbeux ; les
crosnes, de petits tubercules ; l'oxalys crénelé, une plante
herbacée qui croît dans les prés, aussi appelée oseille sauvage ; le persil à grosse racine ; et enfin le lamier blanc
ou ortie blanche – excellente selon *Rustica* – pour améliorer les potages.

Triomphe de l'ingéniosité

Innover pour survivre

En 1941, on estime que 50 000 camions et voitures
roulent en France grâce au gazogène ; en 1944, le chiffre

a plus que doublé. L'essence absente est remplacée par le gaz issu de la combustion du charbon. Les vignerons sont appelés à la rescousse pour carboniser les sarments de vigne et en faire du charbon de bois. *L'Illustration*, *L'Œuvre*, par exemple, ainsi que des journaux régionaux, tous à la solde de Vichy, publient des encarts publicitaires vantant les véhicules gazogènes. Le charbon est alors stocké dans une chaudière à l'arrière de l'engin. Mais ce type d'ingéniosité va se nicher dans tous les domaines de la vie quotidienne des Français. Les produits comme la laine australienne ou le coton américain disparaissent du marché français. Quand il y a de la laine, elle est réservée aux militaires allemands. Des plans d'harmonisation des productions française et allemande sont imposés par les occupants. Les stocks de textiles de la zone occupée sont évidemment récupérés en priorité par ces derniers. Dans le cadre de la collaboration économique, le régime de Vichy est contraint de fournir au Reich des produits finis et semi-finis : près de six millions de paires de chaussures à semelles de cuir sont ainsi livrées à l'Allemagne, alors que la production nationale ne suffit pas à chausser les Français. En janvier 1941, les Français qui veulent acheter une paire de chaussures doivent présenter des bons d'achat. Sept mois plus tard, les cartes de chaussures se substituent aux bons. De même, par la loi du 11 février 1941, les Français reçoivent une carte de cent points pour se procurer des articles textiles selon un barème très sévère. Une veste vaut davantage de points qu'une paire de chaussettes ! Mais le régime a surestimé les capacités de production et il ne peut finalement honorer que trente points par carte. Comme lors de la Première Guerre mondiale, la science a dû faire des prouesses pour trouver des solutions de remplacement.

Dans le domaine alimentaire, les chimistes ont inventé des produits de synthèse comme les ersatz de sucre. Dès 1940, le régime de Vichy autorise la fabrication du sucre de raisin[25], mis en vente à partir du printemps 1941. Les végétaux peuvent aussi être utilisés pour d'autres usages :

du sucre, des colles d'amidon et de l'alcool sont obtenus grâce aux marrons d'Inde ramassés par les écoliers. Pour la conservation des légumes et des fruits en conserve, le fer-blanc manque. Aussi les industriels périgourdins décident-ils d'expérimenter le saumurage, les tonnelets vernissés à l'intérieur, et même la congélation.

Outre ces recherches pour l'industrie, les Français bénéficient de produits quotidiens nouveaux. Le savon est remplacé par un détergent de fortune, grâce à des formules anciennes à base de cendre de bois que les ménagères remettent au goût du jour. A partir de 1941, dans les deux zones, les vitrines se remplissent de nouvelles chaussures avec des semelles en bois peu confortables ; le cuir est réquisitionné et réservé aux militaires : avec un mètre cube de bois, 160 paires de semelles de galoches ou encore 50 paires de sabots peuvent être fabriquées, selon la presse spécialisée de la mode[26]. Des semelles de toutes sortes arrivent sur le marché en 1942-1943. Leur nom change en fonction du type et du nombre de lamelles de bois que compte la chaussure : « Isoflex », « Artiflex » ou encore « Smelflex », la plus répandue ; sous ce nom, un groupe français utilise le brevet allemand de la semelle *Zierold*. Ce sont des semelles de bois contreplaqué qui sont rendues plus souples grâce à des coups de scie en zigzag. Quoique les publicités vantent leur souplesse et leurs qualités isolantes, les témoins rencontrés se souviennent qu'elles sont rigides et lourdes à porter et qu'il est impossible de courir avec. Ce qui n'empêche nullement Maurice Chevalier d'entonner sa chanson « La symphonie des semelles de bois ». Les fabricants prétendent que les femmes s'habitueront à ces chaussures claquantes en quelques minutes seulement. Au fil des années d'occupation, il devient de plus en plus difficile de se chausser en France, même avec ce type de chaussures.

D'autres nouveaux produits sont encore proposés : des sacs en estomac de bœuf ; les femmes remplacent les bas par des teintures sur les jambes ; les hommes, à défaut de tabac, fument du trèfle séché ; des tissus souples sont fabriqués sans laine, comme le « texoïd » – qui est une imitation du cuir ou de la peau à base de fibres textiles, animales, végétales et même humaines ; on trouve aussi du papier fabriqué avec des déchets de récupération, des rouges à lèvres à base de cierges – les spécialistes de cosmétiques ne trouvent plus ni carmin ni éosine américains, ni d'essences chères pour les parfums –, etc.

En février 1942, le régime de Pétain contraint les fabricants à produire le café à l'aide de 75 % d'ersatz. Le thé ne peut pas contenir plus de 20 % de vrai thé ; le reste peut être constitué de feuilles de noyer, de châtaignier, de frêne, de ronce, de cassis, de bouleau ou d'écorce d'orange amère. Aucun autre succédané n'est autorisé par Vichy. Corrélativement, le gouvernement ne cesse d'encourager la fabrication des tissus comme la fibranne – un tissu artificiel à fibres courtes assemblées par torsion pour remplacer la laine – ou la rayonne – une soie artificielle à base de cellulose[27]. Dès avant la guerre, la France produisait des textiles artificiels, à hauteur d'environ 27 500 tonnes de rayonne et 5 000 tonnes de fibranne. Vichy veut en produire dix fois plus[28]. Plus d'une cinquantaine de fibrannes existent et diffèrent par leur résistance plus ou moins grande. Toutefois, les Français se plaignent souvent de ces textiles, d'un genre nouveau certes, mais peu chauds pour l'hiver et très fragiles.

Cela dit, les expositions d'ersatz – comme celles de Rennes en 1941, de Toulouse en octobre 1942 ou de Paris en octobre 1943 – ne peuvent pas faire illusion longtemps. Les Français sont très critiques à l'égard de ces produits de remplacement, malgré les louanges de la presse qui les présente comme des progrès de la science ! Rappelons qu'ils sont de moindre, voire de très mauvaise qualité. Pour autant, les Français ont sans doute mieux survécu grâce à certains de ces produits de pénurie. Ce qui surprend le plus dans cette aventure quotidienne des années 1940, c'est la volonté de tout remplacer, même quand cela semble impossible. Seuls les textiles artificiels semblent apporter du neuf à moyen terme dans la vie de beaucoup d'habitants ; les recherches menées sous l'occupation ont été poursuivies au-delà des années cinquante ; elles continuent aujourd'hui encore.

Collectes officielles… contre mauvaise volonté

Les Allemands ont organisé en France un véritable pillage des richesses du pays en raison du montant démesuré des frais d'occupation, du taux de change artificiel imposé en France occupée et d'un accord de *clearing* – un accord de compensation où le produit des exportations est affecté au règlement d'importations – très déséquilibré, soit des dizaines de milliards au détriment de la France ; ce sont les vainqueurs qui fixent les règles des échanges commerciaux. Au pillage s'ajoute la collaboration économique qui oblige les entreprises françaises – certaines ont été volontaires – à satisfaire les commandes du Reich. Les Allemands prélèvent soigneusement les richesses françaises, puis parviennent peu à peu à participer au capital d'entreprises nationales. Dans ce domaine, pour montrer ses bonnes intentions collaboratrices, le régime de Vichy s'est laissé prendre dans un engrenage de concessions croissantes. Il est alors obligé de diriger l'économie de façon très serrée. Le manque croissant des matières premières et les objectifs de reconstruction poussent le gouvernement à légiférer à l'excès. Les Français font les frais d'une telle politique économique ajoutée au pillage allemand. Au total, la France a contribué pour 40 % de la richesse prélevée par le Reich dans les pays qu'il a occupés[29] !

La France manque de tout et il faut récupérer la moindre parcelle de nourriture ou de matière première. La plupart des produits de remplacement sont obtenus grâce à la récupération de matières que l'on jetait ou gaspillait avant la guerre. Les autorités imposent des quantités à ramasser ; elles sont très rarement atteintes. Le régime de Vichy, sous la pression des Allemands, inflige des efforts collectifs répétés à la population française. En août 1941, Vichy et les Allemands envisagent la récupération des métaux non ferreux (cuivre, zinc, plomb) pour fabriquer le sulfate de cuivre nécessaire au traitement des vignes. Un commissariat à la Mobilisation des métaux non ferreux est même créé, et ses services installés dans chaque région et dans chaque département. Des centres de rassemblement ouvrent leurs portes et déclarent leurs stocks : le centre de Poitiers déclare en 1941 la collecte de 5 685 kilos de plomb et de 11 481 kilos de cuivre[30] ; la majeure partie de ces stocks provient des hôtels et des cafés qui possèdent tous des comptoirs en zinc et de couverts en étain. Le 11 octobre 1941, une loi oblige à enlever les monuments en alliage cuivreux dans les lieux publics ; les maires s'opposent souvent à cette mesure, en vain. A Loudun, le maire sacrifie bien le buste de Marianne, mais parvient à sauver la statue de Jeanne d'Arc, ainsi que le buste de Théophraste Renaudot[31]. Même les évêques et les prêtres sont invités à fournir du cuivre, à partir de 1942 ; beaucoup d'hommes d'Eglise rechignent à livrer ne serait-ce qu'un seul petit objet. Les Allemands envisagent de saisir les cloches dans toute la France. Le 26 août 1942, le gouvernement de Vichy impose même la récupération des alambics.

Les céréales, puis le lait, le beurre, le fromage, une grande partie des légumes sont rationnés par les préfectures. Des campagnes collectives de récupération (sous forme de collectes de vieux papiers, d'os, de métaux, d'argent, d'objets du culte, de vieux papiers, mais aussi de châtaignes et de glands) sont organisées ; la commune stocke les produits de la collecte, puis une partie est prélevée pour être redistribuée dans une autre région qui connaît davantage de pénuries. Les campagnes de ramassage organisées par les préfets départementaux n'ont pas toujours été suffisantes pour combler les besoins de toute sorte ; les stocks de vieux papiers et de matières grasses sont en outre bien inférieurs aux prévisions. De plus, les campagnes de récupération se heurtent aussi à la passivité des ramasseurs et au manque de moyens de transport.

Toute denrée, toute matière, est donc devenue précieuse et il faut sans cesse en trouver de nouvelles. Des affiches municipales ou préfectorales préviennent que « 10 kilos d'os traités = 3 kilos de savon » ou promettent des récompenses : « Avec 200 grammes de cuivre, immédiatement et gratuitement un litre de vin » ; le vin est produit en grande quantité en France non occupée et il n'y a jamais eu rupture de stock. Le cuivre est plus rare et les Allemands en réclament de très grandes quantités au régime de Vichy. Des diplômes sont même créés pour les meilleurs récupérateurs. Ce souci tourne à l'obsession. Tous les journaux locaux mentionnent les collectes d'œufs ou d'autres produits fermiers ou forestiers. Des colonnes entières rappellent les dates, les exigences et la marche à suivre pour livrer les quantités exigées. Au printemps 1942, les pommes de terre ont quasiment disparu des marchés au nord de la ligne de démarcation. Les agriculteurs s'en inquiètent souvent, mais se heurtent aux rouages complexes de l'administration à cause du mauvais fonctionnement administratif de la direction générale du ravitaillement. Les réquisitions touchent parfois injustement des régions qui n'ont presque plus rien. Prenons un exemple : le 20 juin 1941, le conseil municipal d'Alençon se plaint d'un ravitaillement difficile en légumes. Les pommes de terre ont disparu des marchés depuis plusieurs mois. Le procès-verbal de séance est très explicite : « D'où provient cette pénurie ? On dit qu'en Ille-et-Vilaine, les pommes de terre sont cédées sans ticket, que dans la Sarthe, il y a beaucoup de légumes nouveaux. [...] On constate simplement que notre beurre, nos œufs et nos bœufs sortent du département. » Les responsables municipaux d'Alençon incriminent donc les groupements de répartition des denrées. La rumeur est certes un moteur de l'inquiétude collective, mais il est vrai que certains départements profitent mieux que d'autres de certains arrivages[32].

De plus, en zone occupée, les prélèvements allemands sont fréquents. Mais les réquisitions sont également souvent retardées, voire annulées pour des raisons inconnues. En fait, personne ne sait vraiment quelles sont les quantités de nourriture disponibles et peu de services savent évaluer avec précision les besoins de la population et les exigences des Allemands. Dans le Calvados, les produits de la pêche – des centaines de tonnes – sont pillés par les occupants, puis salés et envoyés à des unités allemandes dans toute l'Europe. Durant l'année 1942, le mécontentement de la population normande va croissant.

Des établissements privés, comme les commerces de semences, sont chargés par la préfecture ou la sous-préfecture d'organiser des récoltes de fruits sauvages, tels les glands ; toutes les bonnes volontés sont requises, en particulier les écoliers, les réfugiés et les chômeurs. Le ramassage est payé quelques centimes par kilogramme. Des questionnaires sont envoyés au préalable aux maires qui doivent fournir des indications sur la quantité récoltable prévisible, sur le matériel de ramassage et de stockage, sur la gare la plus proche du village.

Alors que la loi interdit, depuis le début du xxe siècle, d'employer des enfants de moins de quatorze ans dans les travaux agricoles et industriels, ils sont désormais requis pendant les vacances scolaires pour ramasser des petits pois, mais aussi pendant les cours pour débarrasser des hannetons et des doryphores les champs de pommes de terre, dans de nombreux départements français (Calvados, Cher, Eure, Indre-et-Loire, Loiret, etc.) La presse multiplie les articles sur ces sujets. En 1941, une affiche est même intitulée « Paysans ! Le doryphore est votre ennemi... Combattez-le avec acharnement ! » En sous-titre, on peut lire : « Aidez-vous les uns les autres... Formez, dans chaque village, des équipes. Enrôlez les enfants des écoles[33]. » Les insectes, une fois ramassés, sont jetés dans des petites boîtes en fer, puis rassemblés pour être brûlés.

Nouvelles sociabilités de la pénurie
et de la pauvreté

Autour des poêles

Sous l'occupation, les hivers furent bien plus mal supportés en raison de la pénurie de combustibles. Ainsi à la
veille du printemps 1941, au sortir d'un hiver très rigoureux, il est devenu vite insupportable de vivre dans sa
maison ou dans son appartement : prendre un bain froid,
rester assis dans une pièce pour éplucher les légumes,
s'occuper d'enfants en bas âge dans des chambres gla-
ciales sont le lot quotidien, dont les femmes gardent un
très mauvais souvenir. Micheline Bood a quinze ans dans
l'hiver 1940-1941 ; elle traverse Paris avec un regard très
critique. Dans son journal intime, à la date du 17 janvier
1941, elle écrit : « Je suis furieuse parce que maman m'a
forcée à mettre les chaussettes de laine de Nounou à
cause de cette affreuse chose que j'ai à la jambe et qui,
dit-elle, provient du froid. Puisque c'est comme ça, je ne
mettrai plus mes gros godillots. C'est trop laid avec des
chaussettes ! Et j'userai mes chaussures[34]. » Le froid et
l'humidité provoquent de nombreuses maladies, dont la
tuberculose ; les engelures sont fréquentes, constatent les
milieux médicaux dès le mois de novembre 1941.

Le chauffage manque car le gaz est de plus en plus
rare. A lire certains magazines de l'hiver 1940-1941, on se
demande ce que peuvent bien penser les Français à la
découverte de publicités publiées par Mécano, « le techni-
cien du chauffage électrique ». La publicité s'adopte aux
pénuries du temps ; il s'agit de vendre, souvent cher, des
articles destinés à chauffer seulement une pièce, uniquement à certains moments de la journée. Le froid humide
dans les maisons et les appartements peut avoir de graves
conséquences, notamment sur les bébés nés en plein
hiver. Les allocations officielles de charbon sont insuffisantes[35]. Il faut alors penser à isoler les portes et les

fenêtres avec du ruban adhésif. La mode s'adapte : les femmes portent des culottes d'équitation, des pantalons de ski, des canadiennes, des pantalons d'homme pour pouvoir tenir dans des chambres et des salons glacés. Rester au lit devient le meilleur moyen d'avoir moins froid, sous de grosses couvertures et d'épais pull-overs. Les bonnets et les chandails à col roulé sont aussi bien supportés dans les lits. Enfin, les vols de charbon et de bois sont fréquents. Laver le linge et les quelques légumes à l'eau froide sont des gestes quotidiens éprouvants. Dans les villes, il est encore possible de cuire les aliments, mais il faut souvent utiliser le tire-gaz, qui donne une flamme de moins en moins haute et forte à mesure que la guerre se prolonge.

Pendant les hivers 1940-1941 et 1941-1942, il ne fait pas plus chaud à l'intérieur qu'à l'extérieur sauf pour des privilégiés qui ont pu se procurer un supplément de charbon ou de bois. Du coup, la journée dominicale est souvent la plus critique : les enfants ne peuvent pas profiter du poêle de la classe. Certains parents les emmènent dans les cafés pour qu'ils aient moins froid, ce qui ne manque évidemment pas d'être fustigé par la presse comme un comportement peu moral. Il n'empêche que les Français se regroupent dans les cafés, autour du poêle, pour lire le journal, discuter et se réchauffer. Or, certains n'en avaient jamais franchi la porte avant l'occupation. Ils sont nombreux à rechercher les lieux publics où un poêle est peut-être allumé, comme les bureaux de poste ou les banques. Ils échangent parfois quelques mots sur l'actualité, mais beaucoup préfèrent se taire.

Les files d'attente, un monde à part

Les files d'attente – les « queues » – sont l'objet de nombreux articles de la presse, mais aussi des innombrables récits et autobiographies de contemporains. Elles constituent autant de lieux de rencontre. Le 26 avril 1941, *Le Petit Courrier*, un journal d'Anjou, titre « Supplice des tickets », et poursuit son article par la liste de remarques faites par des Angevins en attente dans une file : « Nous faisons la queue devant les maisons de commerce pour obtenir des denrées rares. Si tout le monde attendait patiemment son tour, ce serait presque charmant. Malheureusement, il y a souvent des acheteurs plus malins et plus pressés, qui n'hésitent pas à bousculer femmes et enfants pour se faire servir d'abord. » Un autre client répond que d'instaurer des tickets d'attente ajouterait trop de tickets à ceux qui bourrent déjà les portefeuilles pour obtenir des denrées alimentaires.

Bref, les Français des villes sont confrontés à une autre réalité de l'occupation, l'attente interminable, dont se fait écho la presse locale et nationale. Les files d'attente ne sont pas des phénomènes propres à la guerre de 1939-1945, mais le souvenir en avait disparu ; elles ont existé sous la Révolution française pendant les disettes, mais aussi tout au long du XIXᵉ siècle devant les soupes populaires et, enfin, pendant la Grande Guerre. Les Français discutent et se plaignent beaucoup ; ils racontent aussi leurs soucis quotidiens[36]. Les boulangeries, les épiceries, les boucheries présentent toutes des étals peu approvisionnés. Dehors se pressent des dizaines voire des centaines de personnes, en majorité des femmes de tous les âges ; certains clients apportent leur pliant et d'autres s'appuient contre un mur. Le plus grand nombre attend dans le froid ou en pleine chaleur, avec l'espoir qu'il restera un peu de farine ou un peu de haricots secs. Dans la presse, les Français se plaignent de ces conditions de vie, de ces files interminables. Le régime de Vichy craint ces attroupements, lieux d'échanges et de critiques.

Afin de limiter l'attente à Paris, pour le café, le beurre, les légumes et l'huile, des épiciers organisent des inscriptions préalables et donnent des numéros aux clients, conformément à un arrêté du préfet de police ; les porteurs de numéros entrent chaque demi-heure. Pourtant, le client, même patient, n'est pas certain d'obtenir les produits qu'il demande et pour lesquels il possède des tickets. Les rues se remplissent à intervalles réguliers de foules patientes rangées en bon ordre. Ginette Thomas rapporte son horreur profonde des files d'attente « pour tout et partout[37] ». Jean Galtier-Boissière témoigne des « queues interminables qui piétinent dans la boue », rue Mouffetard à Paris ; il dit avoir « l'espoir de découvrir quelque comestible » et évoque une « atmosphère "siège de Paris" »[38]. On comprend aisément que de nombreux malaises soient constatés par des médecins dans les files, par exemple en juin 1941[39].

Ainsi, une vie spécifique aux files d'attente naît et se développe avec ses rituels et ses codes. Un petit ouvrage écrit par Paul Achard de 1940 à 1942 – mais publié en 1945, car interdit par la censure allemande sous l'occupation –, *La Queue. Ce qui s'y disait, ce qu'on y pensait*, renseigne sur ce lieu de sociabilité[40]. Accompagnés de petits dessins, les textes de Paul Achard sont la transcription de dialogues entendus dans les files d'attente. Il y ajoute des commentaires souvent très ironiques, comme celui qui accompagne le premier chapitre consacré au vocabulaire : « Et voilà une rallonge historique, pour le Dictionnaire, sans oublier la locution "mettre du beurre dans les épinards", quand il y avait du beurre, il n'y avait pas d'épinard ; aujourd'hui qu'il y a des épinards (15 francs la livre) il n'y a pas de beurre. […] Le poisson lui-même se venge. Jadis, on passait devant lui en faisant parfois la moue et en suspectant sa fraîcheur. Aujourd'hui une foule attend l'ouverture de *ses*[41] grilles, des grilles du palais où ruisselle l'eau de la vaste morgue à l'odeur de mer[42]. »

Tout s'entend dans les files d'attente, l'histoire de la vie des voisins, des recettes sans beurre, sans lait, sans sucre, mais avec du soja qui, paraît-il, est irremplaçable. La queue est un microcosme construit sur la nécessité : « La queue est un coude à coude, une immense fraternité, un vaste opéra de quat'sous avec chœur antique, où peut se satisfaire l'irrésistible envie de parler qu'ont tous ceux qui n'ont rien à dire[43]. » La fluctuation des prix est discutée dans les files d'attente. Dans l'appendice du livre, Paul Achard détaille une liste de prix, relevés au premier semestre 1943 ; l'auteur ne manque pas d'y ajouter une note de sarcasme :

Viande de veau : 200 francs le kilo.
Viande de porc : 350 francs le kilo.
Chair humaine : pas encore cotée, mais il court des bruits.
Poulet : 400 francs.
Dinde : 3 000 francs.
Gibier : inconnu au bataillon des consommateurs.
Poisson : 1 franc le gramme quand il y en a.
Chaussures (la paire) : 3 000 francs.
Machine à écrire : à partir de 20 000 francs.
Pièce d'un franc : ??[44]

Le citadin indigent obtient la ration officielle seulement s'il parvient à gagner la bataille des files d'attente. Selon la théorie, il reçoit alors chaque jour, à la fin de 1942, par le biais des services de ravitaillement, 275 grammes de pain, 21,9 grammes de viande de boucherie, 5,7 grammes de charcuterie, 9,5 grammes de beurre, 156 grammes de pommes de terre, 19 grammes de sucre, un verre de vin, mais pas de lait[45].

De toutes les files d'attente, les plus imposantes sont celles qui se forment devant les commerces de biens alimentaires. Les comportements y sont plus tendus que dans des files d'attente où un vêtement est en jeu, comme le notent plusieurs rapports de quinzaine de la Préfecture de police de Paris en 1941[46]. Les épiciers, les Allemands accusés de tout rafler et les fonctionnaires de l'administration française deviennent les « bêtes noires » des clients. Aussi les échanges avec les vendeurs sont-ils souvent âpres en ce qui concerne la qualité des produits ou la quantité obtenue. Les épiciers annoncent souvent, après trois à quatre heures d'attente, qu'il n'y a plus rien.

Les files d'attente ont été des contraintes permanentes dans la France des années quarante, quels que soient les quartiers concernés, riches ou pauvres, et dans toutes se diffusent les mêmes rumeurs. Pour certains, la file d'attente est devenue une habitude à laquelle il semble difficile de déroger ; c'est un prétexte pour sortir et rencontrer d'autres personnes. Parfois, ils en reviennent plus inquiets, car les rumeurs les plus folles y courent sur les événements de la guerre ou sur les dernières mesures allemandes ou vichystes, ce dont atteste Edouard de Pomiane : « La mère de famille est rentrée du marché. Durant de longues minutes d'attente devant les étalages, elle a entendu, sans les écouter, les propos les plus divers de la foule qui fait la queue. Les uns sont pleins d'esprit et d'humour, les autres pessimistes et déprimants. Elle ne s'est laissé influencer par aucun, car elle connaît l'importance de sa mission[47]... »

Il en est qui deviennent des « professionnelles » de la file d'attente – les « queutières » – et se font payer pour la faire à la place d'une autre, parfois fort cher, de 5 à 10 francs. Seuls les citoyens les plus aisés peuvent s'offrir les services de ces « domestiques » d'un genre inédit. Ce « métier » est généralement exercé par des mères de famille qui ont du temps libre et qui recherchent des moyens de survivre ; elles font participer leurs enfants qui livrent les courses à domicile. Ainsi, pendant la livraison, elles peuvent faire la queue pour un autre client. Pour être les premiers devant une épicerie, des citadins se pressent dès le milieu de la nuit ou louent une chambre non loin du magasin. Dominique Veillon a même donné cet exemple d'un concierge qui loue sa cave pour 2 francs la nuit aux clients désireux de se rendre dans la boucherie chevaline en face, dès l'ouverture[48] ! Les conditions d'attente sont pénibles, notamment l'hiver, dès l'aube – vers 5 heures du matin – alors que les boutiques n'ouvrent que vers 7 heures 30. Pour éviter des accidents de santé, des mesures administratives ont été prises dès 1941, comme l'interdiction d'attendre devant un commerce plus d'une demi-heure avant l'ouverture des portes. Le commerçant est sommé d'afficher la liste des quantités disponibles à la vente, pour éviter des attentes inutiles. La distribution de numéros d'ordre, la veille de la vente de produits très demandés (les œufs, le poisson, etc.), est imposée. Les femmes enceintes et les mères de famille nombreuses reçoivent des « cartes de priorité ».

Pourtant, ces mesures ne sont pas toujours appliquées. Il y a des trafics de « cartes de priorité », par exemple[49]. Au total, on constate un mécontentement croissant des Français, qui détériore assez vite les relations entre l'opinion et le régime de Vichy. La Révolution nationale est bien incapable de remplir les cabas et d'apporter un peu de réconfort.

Du pain ! Du pain !

Grèves ouvrières contre la pénurie et les cadences infernales

En France, sous l'occupation, des manifestations et des grèves ont parfois rompu le fil de la pression autoritaire. L'historien Jacques Sémelin analyse, dans des recherches stimulantes, une forme de « résistance sans armes », en France, en Belgique, au Luxembourg, en Norvège et au Danemark[50]. Il évoque même la notion de « tactiques de la force d'inertie », que d'autres historiens qualifient de « résistance passive ». Elles se concrétisent dans des sabotages de l'appareil industriel qui travaille au service de l'Allemagne et se développent dans l'Europe de l'Ouest occupée.

Ce qui apparaît, c'est que des hommes et des femmes franchissent le pas de l'illégalité pour exprimer un ras-le-bol des pénuries quotidiennes ajoutées à des exigences professionnelles parfois insurmontables. Outre les formes de non-coopération de certains membres des administrations ou les manifestations patriotiques, telles que le port de la cocarde tricolore à la boutonnière le jour du 14 juillet, la grève apparaît comme un autre moyen de montrer l'aspiration à une autre vie quotidienne, mais c'est risqué. Les difficultés de survie pour les catégories sociales peu aisées ont conduit les mineurs du Pas-de-Calais, puis du Nord, à faire la grève contre l'occupant en mai 1941[51].

Le 27, la fosse du *Dahomey* des mines de Dourges (Pas-de-Calais) débraye, suite à l'appel de plusieurs militants communistes. Le mouvement se propage rapidement à d'autres fosses du Pas-de-Calais et du Nord qui, rappelons-le, sont situées dans la zone du commandement militaire allemand de Bruxelles. Près de 100 000 grévistes paralysent l'activité minière française, dont les principales productions sont destinées à la machine de guerre allemande, jusqu'au début de juin. Les mineurs protestent contre un travail accru, une faim de tous les instants, sans oublier un détail qui a son importance pour eux : le savon devient introuvable et inabordable. Ajoutons que, comme en Belgique, les mineurs et leurs épouses ne trouvent plus de margarine ni de pommes de terre, les aliments de base des familles ouvrières. En Belgique (Liège et Campine), près de 7 000 mineurs ont déjà fait la grève du 10 au 20 mai 1941, car la disette menaçait et les salaires étaient trop bas, sans compter des taxes à payer ; des usines de munitions ont même débrayé afin de demander une augmentation de la ration de pommes de terre. Derrière ce mouvement se dissimule une lassitude de la collaboration accrue et relancée. Les mineurs belges sont parvenus à obtenir une augmentation de salaire de 8 %, alors qu'en France la « grande grève » de mai n'a abouti qu'à la répression pure et simple.

Dans le Pas-de-Calais et dans le Nord, les mineurs français sont informés des événements de Belgique. Aux demandes alimentaires se greffent progressivement les revendications politiques des mineurs. Déjà, le 1er mai, des drapeaux rouges ont été placés un peu partout sur les fils électriques par le Front national, d'obédience communiste et de création récente. Une campagne de tractage et d'affichage, organisée par des communistes, incite les habitants à ne plus accepter la situation, tel ce papillon distribué aux travailleurs : « Pour le pain de vos enfants, femmes debout ! » Michel Brulé lance le mouvement qui prend vite de l'ampleur. Les Allemands, après quelque flottement, effectuent les premières arrestations. Le 2 juin, Niehoff fait placarder près de 30 000 affiches qui annoncent que onze grévistes ont été condamnés à cinq ans de travaux forcés et somment les autres de reprendre au plus vite le travail. Des centaines d'arrestations ont encore lieu ; les cafés, les restaurants et les cinémas sont fermés.

Dans cette région minière, la répression allemande et française est effrénée, d'autant qu'aux grèves s'ajoutent des sabotages et des actes de guérilla dans l'ensemble du bassin minier. Les Allemands transforment ce dernier en zone de combats. Les forces policières de Vichy prêtent aussi leur concours dans la traque aux clandestins, communistes ou non, comme ceux des organisations polonaises. Ces grèves représentent un acte de résistance déclenché d'autant plus facilement que les familles des mineurs ont déjà connu bien des privations en temps de paix et que la guerre rend leur vie encore plus dure. Les femmes des mineurs sont derrière leurs époux. D'ailleurs, dès le 2 juin, plusieurs centaines d'entre elles viennent sur les carreaux et incitent les mineurs les plus récalcitrants à continuer la lutte malgré la peur des arrestations. Les Allemands interviennent devant l'absence de réaction des gendarmes et des policiers français qui n'osent pas s'en prendre aux femmes. Les occupants arrosent les manifestantes avec des lances à incendie et les regroupent ensuite dans des champs voisins pendant des heures, sans les alimenter. Pour arrêter net le mouvement, les compagnies minières décident de ne verser les salaires de la seconde moitié de mai, que le troisième jour de la reprise du travail. Evidemment, les familles ne peuvent pas supporter trop longtemps l'absence de revenus, d'autant que les commerçants ne veulent plus vendre à crédit. Le 6 juin, les Allemands font une démonstration de leurs forces terrestres et aériennes pour intimider la population et procèdent à des centaines d'arrestations d'hommes et de femmes. Peu à peu, le travail reprend face à la terreur qui s'accroît : 244 personnes sont déportées en Allemagne. Cette grève gigantesque est unique par son ampleur et montre qu'une population très solidaire et motivée peut poser bien des difficultés aux occupants et au régime collaborateur. En outre, des « gaullistes », des socialistes et des communistes ont été conduits à « travailler » ensemble pour la réussite de cette grève. Quant à la population, elle est convaincue que les patrons des compagnies minières sont au service du Reich. Aux pénuries se sont donc ajoutées des motivations patriotiques, d'ailleurs entretenues dans les années suivantes. La mémoire longue des insurrections minières nourrit sans doute également le ressentiment à l'encontre d'autorités françaises et allemandes qui ne ménagent en rien un groupe professionnel et social spécifique.

Les ménagères en colère !

Pendant longtemps, les femmes ont été vues par les historiens comme des exceptions de la Résistance, puis comme des victimes expiatoires de l'épuration sauvage, accusées à tort ou à raison d'être des « collaboratrices allongées », voire des espionnes[52], mais elles ont rarement été étudiées dans leur vie au jour le jour, c'est-à-dire dans leur relation aux difficultés quotidiennes. Si le silence des femmes dans la sphère publique a été la règle, certaines ont réagi plus bruyamment. Ainsi, des ménagères n'ont pas craint de manifester dans la rue dès 1940 pour réclamer du pain, bravant les interdictions allemandes et vichystes. La presse officielle a été censurée dès qu'elle a voulu rendre compte de ces manifestations.

Les ménagères manquent de tout. Nombre de Françaises ont souffert en silence, pendant les années d'occupation – et même dans l'immédiat après-guerre –, dans la solitude du veuvage ou de l'absence d'un époux fait prisonnier. Pour autant, comme à d'autres moments de l'histoire de France, les problèmes de subsistance provoquent des réactions parfois vives de leur part[53]. A la lecture des rapports des préfets, mais aussi des rapports de gendarmerie et de police, la détresse la plus importante des ménagères provient de l'impossibilité de protéger au mieux leurs enfants. Deux extraits de rapports de la police parisienne, datés du 12 et du 14 juin 1941, sont à ce sujet très éloquents[54]. Le premier révèle que « les mères de famille voient arriver avec angoisse le jour où leurs enfants seront anémiés ou malades par suite d'une alimentation insuffisante ».

Le second rapport mentionne que « de nombreuses personnes, notamment des enfants ou adolescents, sont sous-alimentés. Cette semaine, deux femmes ont abandonné leur enfant, âgé l'un de sept mois, l'autre de deux mois. Tous deux portaient épinglée à leurs vêtements une lettre dans laquelle la mère expliquait qu'elle se séparait de son enfant parce qu'elle ne pouvait plus le nourrir ». Les cas d'abandon sont pourtant rares. Outre cette peur des lendemains pour leurs enfants, les femmes ont pourtant la quasicertitude que les commerçants et les restaurateurs sont favorisés pour l'approvisionnement[55]. En fait, bien souvent, c'est le volume de produits mis à la vente qui chute ; par exemple, à Paris, le 30 novembre 1942, les policiers constatent qu'il y a 805 000 litres de lait et 2 736 tonnes de pommes de terre en moins par rapport à la semaine précédente ! A Lille, à Lyon, à Tours, et sans doute ailleurs, la situation est identique.

Cette forme de contestation est majoritairement urbaine ; c'est la réaction à une crise de subsistance qui est singulière sous l'occupation. Dès le mois de novembre 1940, les premières « manifestations de ménagères » sont signalées par les rapports préfectoraux ou ceux des forces policières françaises, mais aussi par les témoignages de l'époque comme ceux de Pierre Limagne ou de Gritou et Annie Vallotton[56]. Les rumeurs vont bon train sur des consommateurs prétendument plus favorisés que d'autres. En juillet 1941, dans le Lot-et-Garonne, « les consommateurs se plaignent de départs trop importants de ces produits vers d'autres départements et probablement vers la zone occupée[57] ».

Jusqu'en 1947, il n'est donc pas rare de voir des femmes manifester dans la rue pour se plaindre des difficultés liées à la pénurie alimentaire. Grâce à l'enquête de Danièle Tartakowsky, qui a consacré une thèse de doctorat aux manifestations de rue en France, de 1918 à 1968[58], nous savons que 239 manifestations de ménagères ont eu lieu sur un total de 753 démonstrations de rue organisées entre 1940 et 1944. Pour la période suivante, de novembre 1944 à octobre 1947, elles sont encore plus nombreuses. De juillet 1940 à fin avril 1942, les ménagères descendent souvent dans la rue, à savoir au moins 149 fois sur un total de 238 démonstrations répertoriées par les archives préfectorales. Les premières commencent avec le début du rigoureux hiver 1940-1941, puis se poursuivent jusqu'en mai, le plus souvent en zone occupée où la présence allemande pèse lourdement sur l'approvisionnement des Français. Pourtant, on en répertorie aussi dès novembre dans le sud du pays, à Béziers, Carcassonne et Marseille ; des femmes se rendent devant les préfectures et les sous-préfectures pour demander une solution à la pénurie de pommes de terre. Par ailleurs, les manifestations de ménagères sont saisonnières : elles ont lieu plutôt l'hiver et pendant les périodes dites « de soudure », au printemps et à l'automne.

Dans l'hiver 1941-1942, les ménagères des deux zones descendent davantage dans les rues. Elles sont en première ligne pour endurer les étals vides, les attentes de plus en plus longues dans les files d'attente, et pour remarquer la hausse rapide des prix, sans oublier le froid glacial. Les femmes sont rarement interpellées par les policiers à l'occasion de ces manifestations ; très peu participent à une action clandestine par ailleurs. Des enfants les accompagnent parfois. Les manifestations se situent souvent sur les marchés, là où les provisions sont regroupées et stockées, elles sont spontanées, ce qu'observe Jean-Marie Guillon pour le Var[59]. Le phénomène amplificateur de la rumeur a aussi joué un rôle. Parfois, des appels à la manifestation, lancés par les communistes, incitent les femmes à réclamer ce qui leur manque, voire à investir les mairies. Les revendications sont fondées sur des rumeurs selon lesquelles les villes ou les départements limitrophes sont davantage favorisés, par exemple. A partir de 1942, les préfets semblent plus sévères à l'égard de ces manifestations et ils sanctionnent les maires qui osent recevoir des délégations de femmes. Parfois, pour éviter l'émeute, les mairies qui en ont la possibilité satisfont partiellement aux demandes des ménagères ou tentent de le faire, en demandant aux préfets davantage d'approvisionnement. En Corse, le 22 mars 1943, des ménagères manifestent à Bastia, après la réduction de moitié de la ration de pain, cinq jours plus tôt ; le trafic maritime a en effet connu une interruption de près de trois semaines. Les Italiens ne bronchent pas. Trois jours après, grâce à l'arrivée de deux bateaux de farine, la ration normale est rétablie[60].

Au printemps 1943, dans toute la France, de nombreuses boulangeries ferment leurs portes en raison du manque de farine. Les ménagères sont alors très irritées à l'idée de ne même plus avoir de pain, l'aliment de base. En 1944, les événements se précipitent dans les villes avec la multiplication des bombardements et l'affaiblissement considérable du ravitaillement. En août, les mères parisiennes se plaignent, quelques jours avant la libération de la ville, « de ne plus pouvoir préparer les biberons des jeunes enfants[61] ». Non seulement le lait fait défaut, mais le gaz, le bois, l'électricité et le charbon manquent aussi pour chauffer les biberons. En 1944, certaines mères ont alors taillé des petits « fourneaux » dans de vieilles boîtes de conserve, alimentés par la combustion de boulettes de papier. Celles qui manifestent viennent majoritairement des milieux populaires appauvris par la guerre. Elles sont ouvrières, mères au foyer et souvent chargées de familles nombreuses. Elles n'ont pas assez d'argent pour compenser les graves manques du ravitaillement et s'approvisionner sur les marchés clandestins. La rue ne leur est pas étrangère non plus ; c'est un lieu qu'elles connaissent bien, un peu un deuxième lieu de vie. Elles y passent de longues heures à faire la queue et à marcher. A chaque fois, les autorités tentent d'interpeller les « meneuses » des manifestations, souvent en vain.

Ni Vichy ni les occupants n'ont pris ces mouvements à la légère. Le cabinet de Pétain en a parfois fait mention. Le phénomène n'est en rien épisodique et touche des femmes qui sont à la limite de la pauvreté. Pourtant, ces mouvements sont en contradiction complète avec la propagande du régime, qui vante les mérites de la mère de famille. Pour autant, ces femmes ne sont pas motivées par une volonté de défense patriotique ou par des idéaux politiques. C'est beaucoup plus simple et grave à la fois, puisqu'il s'agit de réclamer de quoi se nourrir et de trouver des réponses sur un avenir visiblement bien noir.

Une vie au prix du troc et du marché noir

Un marché d'appoint

Il faut souvent disposer de moyens financiers importants pour emprunter les chemins les plus illégaux du commerce. Car la base du marché noir consiste à vendre à un prix plus élevé que celui de cours officiels. Il s'agit de vendre sous le manteau des produits qui sont normalement rationnés. Il semble que bien souvent les Français, même parmi les couches populaires, ont déboursé de fortes sommes d'argent pour se procurer un aliment ou un objet dont ils rêvaient depuis tant d'années. Mais l'on doit distinguer le marché noir à petite échelle et le marché noir de masse. En rencontrant des dizaines de témoins contemporains de l'occupation, on est toujours surpris du voile posé sur les pratiques quotidiennes du marché noir. Chacun en parle avec parcimonie, le phénomène est toujours vaguement décrit ou attribué à des voisins malintentionnés. Bref, les vendeurs du marché noir seraient une minorité, tout comme les acheteurs. D'ailleurs, comme l'a justement relevé Jean-Pierre Azéma, l'ouvrage de Jean Dutourd, *Au bon beurre*, montre des Français dont l'ascension sociale est due au marché noir, mais leurs bénéfices sont finalement bien inférieurs à ceux engrangés par les tenants d'un marché noir de grande ampleur.

A très petite échelle, bien des pères de famille ont pris leur vélo pour se rendre dans les fermes les plus proches

– plusieurs dizaines de kilomètres parcourues le soir après le travail ou le week-end – ou chez des amis pour acheter un litre de lait au prix fort. Pour évoquer ce type d'échanges, on parle de « marché familial » ou de « marché gris ». Des reportages décrivent les départs massifs – certains avec les poches pleines de billets de banque qui représentent souvent les dernières économies d'une famille – des citadins vers les campagnes le samedi, qui en train, qui à bicyclette, afin de rapporter du beurre, des œufs ou même un peu de viande. Evidemment, la spéculation va bon train. Des paysans en profitent. La situation n'est pas nouvelle en France, puisque ce type de spéculation a existé pendant la Révolution française, mais aussi pendant certaines périodes de disette du XIXᵉ siècle.

A mesure que la guerre dure, les Français en quête de nourriture ont effectué de plus en plus de kilomètres à pied, en train, à bicyclette. Les rapports préfectoraux s'en font largement l'écho, comme en Anjou, en Auvergne, dans l'Orléanais, dans les régions toulousaine et lyonnaise, en Touraine, ou encore en Vendée, sans que la liste des régions soit ici exhaustive. La suppression de la ligne de démarcation a permis d'ouvrir d'autres horizons aux chercheurs de nourriture sur le marché noir. La ligne est d'ailleurs une « frontière » de cette activité économique souterraine : les marchands de la zone non occupée font tout pour vendre leurs produits en zone occupée puisque les prix y sont plus élevés, ce que relèvent souvent les rapports des brigades de gendarmerie limitrophes[1]. Dans les Flandres et l'Artois, chaque matin, les omnibus sont chargés de passagers qui courent vers les campagnes pour trouver des vivres ; le soir venu, les gendarmes surveillent les allées et venues dans les gares. En décembre 1943, les gendarmes de la petite ville de Loches (Indre-et-Loire) arrêtent trois voyageurs qui viennent de Buzançais (Indre) dans un wagon en attente dans la gare. Dans cinq valises, ces derniers transportent de la viande de porc. Ils comptent l'apporter jusque dans la région parisienne à des membres de leur famille, selon leurs dires. Les gendarmes saisissent la viande et dressent un procès-verbal aux « voyageurs » pour l'achat d'animaux dans une ferme et abattage clandestin[2]. La même brigade de Loches a eu de plus grosses affaires à traiter, comme ce camion qui a emporté 8 poulets, 50 kilos de noix, 30 fromages de chèvre, 145 litres d'alcool pour tracteur, des dizaines de paquets de cigarettes, etc. Les personnes arrêtées sont des bûcherons, des employés, des mécaniciens, des cheminots, des cultivateurs. Bref, ils occupent toujours des postes professionnels peu rémunérateurs et le recours au marché clandestin n'est pas un choix, mais une obligation. Ils rencontrent dans les cafés ou sur le lieu du travail des individus qui leur signalent de bonnes fermes ou des filières d'approvisionnement. Certains ne tentent qu'une fois l'aventure ; d'autres se laissent prendre à un marché à plus grande échelle. Les gares rurales regorgent, dans les deux zones, de ces « voyageurs » d'un nouveau genre au service de la survie familiale.

Ce type d'affaires est classique pour les gendarmes français et les exemples foisonnent dans les archives de la répression. Les petits trafics ne sont pas toujours très discrets puisque les valises dégagent évidemment des odeurs nauséabondes ; de plus, elles sont parfois sur le point d'éclater en raison d'un volume de nourriture trop important. Des Français prennent pourtant le risque, en espérant que la combine réussisse au moins une fois. La presse locale ne manque pas une occasion de présenter les arrestations comme des victoires contre les trafiquants. Mais il s'agit le plus souvent de trafics à petite échelle. Les réseaux plus importants sont rarement démantelés. Au vrai, l'Etat a fréquemment fermé les yeux sur ce marché qui est vu comme un appoint. Et puis, nombre de petits et hauts fonctionnaires en ont profité. Une loi du 15 mars 1942 a même prévu de ne pas poursuivre les personnes convaincues de marché noir s'il a permis de subvenir à des « besoins personnels ou familiaux ». Ce qui est fortement répréhensible, c'est l'enrichissement par le marché noir ; les profiteurs peuvent vendre des produits aux

Français de toute condition sociale et ils préfèrent même aggraver la pénurie en vendant à des clients fortunés ou à des Allemands. Les sanctions pour les commerçants, parfois des parvenus des années quarante, ont varié de la simple amende à la fermeture temporaire ou définitive, en plus de la saisie systématique de marchandises obtenues par des moyens illégaux. La presse évoque encore les peines prononcées contre les commerçants accusés de marché noir tel « le magasin de M. Roger X., boucher à Sainte-Mère-Eglise », qui « sera fermé pour une période de 15 jours »[3]. Les épiciers gardent derrière le magasin les produits de bonne qualité pour leurs meilleurs clients, ce qui aiguise naturellement la convoitise des autres.

Les plaintes pour vols dans les commissariats et les brigades de gendarmerie se multiplient dès l'été de 1940, alors que des millions de Français sont partis sur les routes de l'exode. Des vélos et des automobiles manquent en grand nombre dans les garages des particuliers au retour de l'exode. Or, les enquêtes policières, même si elles n'aboutissent pas, relèvent souvent que le matériel volé est revendu sur les marchés parallèles clandestins. Dans les villes, les commerçants sont les premières victimes de vols de marchandises et de cartes de rationnement. Aux Halles de Paris, les détournements de produits alimentaires de base, mais aussi de produits fins comme le chocolat, ne sont pas rares. Dans les campagnes, les filières de trafic de cartes d'alimentation sont fréquemment arrêtées.

Si des solidarités de toute sorte se sont organisées pendant l'occupation, le marché noir en a parfois limité la portée. Celui-ci a été réservé aux plus offrants et aux plus rusés des Français. Mais ne faisons pas du marché noir à petite échelle un lieu de profits et de malfaisance, car beaucoup d'acheteurs ont été contraints d'y recourir en se dépouillant de leurs dernières économies. Sans aucun doute, si beaucoup ont éprouvé tant de difficultés à se nourrir, c'est bien parce que des contraintes énormes pesaient sur les approvisionnements. Or, le marché noir à grande échelle a joué un rôle non négligeable dans la ponction souterraine de l'économie française.

Marché noir à grande échelle et abattages clandestins

Faire feu de tout bois

A une échelle plus grande, des Français ont tenté de profiter de la guerre pour gagner un peu plus d'argent ou bien ont essayé de ne pas sombrer en vendant à des prix excessifs des produits dont l'origine était plus que douteuse, telles les 42 personnes arrêtées en janvier 1941 par la police parisienne pour avoir pratiqué des prix exorbitants, vendu des produits rationnés sans remise de tickets, mais aussi pour stockage de marchandises[4]. Les forces répressives de Vichy ont traqué les abus du marché noir. Les discours de Pétain ou de Max Bonnafous, le ministre du Ravitaillement, ne cessent de sermonner ces Français qui acculent le pays à la faillite complète. Pourtant, c'est à l'issue du conflit qu'ils ont été davantage dénoncés. Lors de l'épuration judiciaire, des Français ont été accusés d'affamer la population et de collaborer avec les Allemands pour le commerce quotidien. De grands restaurants de la capitale ont utilisé la voie du marché noir, protégés par les autorités occupantes. Mais le régime de Vichy n'a jamais pu réprimer tous les excès, de plus en plus importants au fil des mois et de l'aggravation de la pénurie.

La politique des prix en France souffre de hausses difficiles à contrôler en raison du marché noir. Une enquête de l'Insee livre les estimations suivantes pour les prix pratiqués à Paris au marché noir, au printemps 1944 (ces estimations sont exprimées en coefficients de multiplication par rapport aux prix réglementés) :

Bœuf à rôtir : 2 à 3 ; œufs : 2, 5 à 3 ; pommes de terre : 4 à 5 ; beurre : 6 à 8 ; charbon : 10 à 30[5].

Par ailleurs, au marché officiel, le prix du lait à Marseille a augmenté de 125 % entre septembre 1939 et octobre 1940 et les pommes de terre de 130 %. On imagine que, très vite, les habitants qui ont voulu se procurer ces produits ont dû y renoncer ou bien recourir à d'autres moyens. Dès la disparition du lait et des précieux tubercules des étalages marseillais, les prix du marché noir ont explosé. Les vendeurs engrangent des sommes importantes qui incluent ce qu'ils appellent une « prime au risque encouru ».

Les vendeurs profitent aussi de la différence de prix entre les deux zones. En janvier 1941, le préfet de l'Indre signale que « "la collaboration" pour beaucoup de gens consiste à vendre plus cher en zone occupée, où les prix sont plus élevés qu'en zone libre[6] ». Jean Galtier-Boissière donne aussi des chiffres éloquents, dans son journal, le 19 septembre 1941 : « A Barbizon : un poulet vaut de 200 à 300 francs, un œuf de 6 à 10 francs. » Il ajoute : « Dans ce pays où il y a trois fermes et deux cents villas de Parisiens, le jeu de l'offre et de la demande joue à plein[7]. » Les denrées disparaissent les unes après les autres et seuls les marchés parallèles les proposent, fort injustement, uniquement à ceux qui ont les moyens de se les procurer. Tous les mois, les rapports de quinzaine de la police parisienne mentionnent l'existence du marché noir par le biais de dizaines d'arrestations. Souvent, les motifs d'interpellation sont le marché noir, mais aussi les prix excessifs, le stockage, le trafic de faux tickets et la « vente illicite[8] ». On compte également plusieurs arrestations de femmes, telles celles qui sont interpellées en mars 1941 pour avoir vendu du savon sans remise de tickets au prix de 40 francs le kilo alors qu'elles l'ont acheté à 6,50 francs. De plus, 2 000 kilos de savon sont saisis ! Le marché noir semble être important, mais il ne profite qu'à des acheteurs occasionnels et n'alimente apparemment pas le marché souterrain allemand. Il ne s'agit déjà plus du « marché gris ».

Les Allemands, les plus gros « clients »

Les vainqueurs ont consciencieusement pillé le pays en achetant beaucoup au prix fort. Ils ont créé des bureaux d'achat clandestins protégés en haut lieu. Des officines, qui semblent être des commerces légaux, camouflent en réalité le commerce souterrain en achetant des milliers de produits et en les revendant à un prix bien supérieur. Tel est le cœur des activités du « Bureau Otto ». Des Français ont contribué à stocker et à informer les nazis de la présence de produits frais et/ou rares. La collaboration quotidienne avec une petite partie de la population occupée a sans nul doute augmenté l'efficacité du circuit d'approvisionnement clandestin à grande échelle. Les produits achetés sont convoyés ensuite vers l'Allemagne. Près de 50 milliards de francs d'achats de ce type auraient été effectués par le « Bureau Otto »[9] ! A côté du marché noir de masse allemand, un autre, français, s'est également développé, comme celui de « Monsieur Michel », Szolkonikoff, un Juif apatride, très bien protégé par les Allemands malgré ses origines. D'autres Français cupides et profiteurs ont ainsi collecté de véritables fortunes.

Pour autant, dans certaines régions occupées par les nazis, les contrôles de flux de marchandises sont plus stricts, notamment dans les zones de défense stratégique comme la zone côtière interdite. Par exemple, en Vendée, à partir de 1943, les occupants se montrent plus rigoureux à réprimer le marché noir du bétail vivant. En effet, les agriculteurs ne consacrent pas leurs efforts d'approvisionnement aux Allemands. Ceux-ci répriment alors le marché noir dès qu'il ne leur profite pas. De leur côté, les agriculteurs cherchent à tirer le meilleur profit de leurs produits : par exemple, ils vendent plus volontiers à des acheteurs français, plus généreux que les Allemands de l'Organisation Todt. Aussi les Allemands, en 1943, multiplient-ils dans la zone côtière interdite les réquisitions de légumes et de viande sur les marchés. Toutes les villes vendéennes sont fortifiées et les liaisons téléphoniques qui y convergent sont restreintes, voire interdites. A la Tranche-sur-Mer, des maisons sont mêmes détruites en 1943-1944 pour permettre l'installation de défenses en béton. Bref, à l'intérieur de la bande côtière interdite, les habitants sont de plus en plus privés de liberté et de possibilité de s'approvisionner. Le marché noir trouve là un terrain favorable pour se développer. Les agriculteurs et les éleveurs n'obéissent qu'imparfaitement aux ordres d'approvisionnement officiels allemands. Nombre de denrées manquent donc assez vite en Vendée dès 1943-1944, comme le sucre, les pâtes alimentaires, le lait et le beurre. Or, les Allemands ont également besoin de charbon de bois, de bois, de ciment pour consolider leurs défenses littorales à La Rochelle et aux Sables-d'Olonne. Les maires tentent d'assouplir les relations tendues entre les paysans et les occupants. Malgré les répressions accrues dès 1943, la Vendée ne compte pas parmi les départements qui ont le plus souffert de la pénurie en France. En fait, une grande partie de la population s'entend assez bien pour freiner l'approvisionnement des Allemands tout en essayant de profiter du marché noir. Cela est vrai aussi pour d'autres régions comme la Normandie ou la côte bretonne, à une époque où les Français sont las de la guerre et de plus en plus hostiles au régime de Vichy et à la présence allemande.

De leur côté, les cheminots de la SNCF sont très contrôlés par les gendarmes, car leur profession rend assez facile le convoyage clandestin de la nourriture pour leur compte personnel. Les artisans, les restaurateurs, les cafetiers et les commerçants sont naturellement très exposés aussi. De nombreux boulangers sont convaincus de ventes sans tickets, de hausses illicites des prix, de stockage de farine supérieurs à ce qui est autorisé. La vente du pain blanc « sous le manteau » figure parmi les fraudes les plus courantes[10]. Les amendes infligées ne sont pas toujours très lourdes, mais le Ravitaillement général les relève cependant dès 1942.

Contournements paysans

Les conflits entre les autorités préfectorales, les Allemands et la corporation paysanne ne sont pas rares. Ils se nouent en raison de la lenteur des paysans à livrer ou du refus de livraisons. Pour exemple, dans l'Aveyron, les tensions se mesurent dans la presse avec la parution de nombreux arrêtés préfectoraux sur les livraisons de céréales et l'exigence d'accélérer le rythme des livraisons officielles[11]. Les syndics livrent une bataille sans merci au préfet qui semble mener une politique excessive de livraisons, selon *Le Rouergue paysan*, le journal local de la corporation paysanne. Le périodique reconnaît l'existence du marché noir à une échelle importante dans les années 1943-1944. *La Revue religieuse du diocèse de Rodez* reprend fréquemment la même antienne et dénonce les « gros trafiquants » ; l'évêque n'hésite pas à condamner le marché noir avec virulence à la fin de la guerre dans « les prescriptions ecclésiastiques à rappeler au prêche le dimanche de la Passion ». L'opposition entre les villes et les campagnes surgit souvent dans ce type d'articles ; ils condamnent le marché noir à grande échelle. Des différences d'échelle sont donc établies et l'on évite soigneusement le sujet du marché gris. A Paris, en 1943, le cardinal Suhard est sévère et brutal dans son message de Noël en ce qui concerne le marché noir : « Dans ce pays, où tant d'êtres ne trouvent pas à manger à leur faim. [...], la spéculation sur les denrées les plus nécessaires à la vie, la pratique éhontée du marché noir enrichissent quelques individus au détriment du plus grand nombre. » Les prélats de l'Eglise de France n'ont pas tous des positions aussi tranchées sur le marché noir lorsque les prêtres leur posent la question. Quels arguments tenir aux paroissiens quand ils s'interrogent sur le marché noir ? La réponse semble être évasive.

Selon les régions, les prix du marché noir varient parfois beaucoup. Dans le Nord-Pas-de-Calais, il apparaît comme l'un des plus chers de France. De plus, dans cette région, à plusieurs reprises, les arrivages promis en viande, en provenance du Cher, de la Normandie et de la Nièvre, se font attendre et sont incomplets. En effet, une partie des troupeaux prévus a été abattue clandestinement ou donnée à des éleveurs qui, en échange, ont livré leurs bêtes malades. Ce n'est pas le « train de charité bavarois » – ou *Bayernhilfe*, à savoir des trains et des camions chargés de vivres par le parti nazi – qui a modifié la situation de grande pénurie de la région lilloise en 1941. Au trafic de la viande, il faut ajouter l'intrusion des fraudeurs belges qui n'ont que quelques kilomètres à parcourir pour étendre le réseau de leur activité clandestine transfrontalière[12].

Dans des régions d'élevage comme le Cher, l'Ille-et-Vilaine et la Normandie, les déclarations des éleveurs sont souvent fausses. Les intermédiaires entre les éleveurs et les bouchers, appelés « producteurs », s'enrichissent : à l'abattoir légal, les « producteurs » de viande ne déclarent pas toujours le vrai poids du bétail tué ; il est sous-estimé, ce qui permet de dégager une belle marge en vendant la viande excédentaire sans ticket aux restaurants et à des particuliers aisés, voire aux Allemands qui possèdent un bon pouvoir d'achat avec leurs marks surévalués.

Selon une statistique du secrétariat au Ravitaillement, qui date de 1942, les abattages clandestins représenteraient 20 % des abattages officiels. Ils sont de plus en plus nombreux à partir de 1943. Le monde rural n'accepte pas l'instauration du STO en février, ni l'augmentation des quotas de viande à livrer aux Allemands. Le fossé avec le régime de Vichy se creuse, alors que ce dernier épargne les campagnes de sanctions sévères en ce qui concerne le marché noir agricole, afin de ne pas saper le moral des Français qui sont censés représenter un solide soutien. De 1940 à 1943, Vichy ne peut pas trop réprimer le monde rural alors qu'il appelle d'un ton protecteur au retour à la terre. D'autant que les paysans manquent de tout : d'engrais, de ficelle, de tracteurs, d'outils, de personnel, de semences, etc.

Aussi, les paysans en profitent-ils pour ne pas toujours livrer les quantités de viande ou de blé exigées par les Allemands et les préfets, mais sans doute dans des proportions raisonnables, afin de ne pas risquer de représailles. Dans le domaine du marché noir agricole, les Allemands semblent beaucoup moins regardants que pour le marché noir industriel, notamment à partir de 1943. Dans tous les cas, aucune institution, allemande ou française, n'a pu maîtriser les flux clandestins dans les campagnes.

Enfin, ceux des fermiers qui s'enrichissent grâce au marché noir représentent une minorité. Certains en profitent pour acheter des maisons et se constituer une garde-robe bourgeoise. Ce sont autant de signes extérieurs de richesse que les autres habitants envient ou méprisent. La Libération venue, les comptes et les suspicions n'en finirent pas d'alimenter les conversations. Les limites entre marché noir familial et marché noir illicite – condamné par l'affiche qui représente deux hommes en noir, séparé par la potence, qui s'échangent un billet et une baguette de pain dans le dos, sous ce titre : « Marché noir, crime contre l'humanité » – ne sont pas claires pour les autorités de l'occupation, pas plus que pour celles de la Libération. Ce qui complique la tâche des historiens. En tout état de cause, ce n'est pas l'année 1945 qui marque la fin du marché noir. Tant que la pénurie a duré, le marché noir a profité.

Se ravitailler dans l'empire

L'Afrique du Nord ou les difficultés
d'un « grenier » de la métropole

Comme l'a souligné Christine Levisse-Touzé, une des particularités de l'Afrique du Nord dans la guerre a été de fonctionner en autarcie tout en continuant à fournir certaines productions à la métropole[1]. Ainsi, explique l'auteur, si la production de céréales au Maroc entre 1940 et 1942 permet de satisfaire la consommation interne et de fournir l'Algérie et la Tunisie, les stocks de sécurité en sucre ne couvrent que six mois de consommation en novembre 1940. Le rationnement est donc instauré (750 grammes pour les Européens et 1 kilo pour les indigènes) et l'implantation de la culture de la betterave est tentée à partir de graines du nord de la France. L'essence fait en revanche défaut : on utilise de l'alcool et on réduit la circulation.

En Tunisie, la grande sécheresse de 1941 anéantit les productions de céréales et d'olive du centre et du sud ; la vigne, touchée par le phylloxéra, produit moitié moins qu'en 1940 ; la vente de viande est interdite quatre jours sur sept[2].

En Algérie, la production de céréales est très insuffisante du fait des conditions climatiques : 12 millions de quintaux en 1942 contre 22,7 en 1939. L'orge, produit de base de l'alimentation des musulmans, doit être importée des pays voisins, mais la pénurie en carburant allonge considérablement les délais d'acheminement[3]. Les difficultés sont particulièrement criantes dans les régions montagneuses comme la Kabylie. Si les villes ne connaissent pas de disette, l'augmentation des prix est vertigineuse. « Par rapport à 1938, les prix ont augmenté à Alger de 11 % en 1939, de 34 % en 1940, de 57 % en 1941, de 101 % en 1942[4]… » Cela sans compter le marche noir ! Les rapports entre Européens et Indigènes se détériorent car les files d'attente dues au rationnement donnent parfois lieu à de violentes altercations[5]. La situation qu'offre Alger est cependant meilleure dans cette économie de pénurie : on y trouve outre les céréales, patates douces, dattes, figues et agrumes divers[6]. La ville attire d'autant plus la population des campagnes que les salaires restent très bas et que les mauvaises conditions sanitaires provoquent des épidémies, en particulier de typhus. Le nombre de décès augmente ainsi de 108 % entre 1939 et 1942[7]. C'est durant ces années que s'accélère notablement l'exode rural, qui aboutit finalement au doublement de la population algéroise entre 1936 et 1947. L'entassement des musulmans dans les bidonvilles périurbains a contribué à la montée du mécontentement[8].

Dans l'ensemble de l'Afrique du Nord, note enfin Christine Levisse-Touzé, la situation de l'habillement est dramatique. Les usines métropolitaines étant sous contrôle allemand, les importations d'étoffes depuis la métropole sont réduites, et à un prix qui les rend inaccessibles aux populations modestes. « Une personne sur 25, seulement, est servie en vêtements dans les campagnes, lorsqu'il y a une distribution pour les pauvres gens[9]. »

Les difficultés d'approvisionnement sont d'autant plus dures que l'Afrique du Nord doit fournir la métropole, en particulier en céréales. Entre octobre 1940 et octobre 1941, indique Christine Levisse-Touzé, « un peu plus du quart de la production de fruits, de légumes, de primeurs et d'ovins » est envoyé vers la métropole, de même qu'un demi-million de tonnes de phosphates nécessaires aux engrais agricoles[10]. Après ces envois, l'Afrique du Nord n'est même plus capable de faire face à sa demande intérieure, alourdie par l'accroissement démographique.

Le débarquement américain en novembre 1942, qui conduit finalement à faire d'Alger la capitale de la France en guerre ne règle pas les difficultés. Bien au contraire, la ville se doit d'alimenter des contingents importants de soldats américains et français. Même si le Coca-Cola fait son apparition, « dans un contexte toujours dominé par la pénurie, le marché noir se développe. Les comptoirs de vente à prix réduits et les foyers du soldat installés près des camps américains ou anglais alimentent des circuits de vente et d'échange qui se développent au grand jour sur la place du Gouvernement ou dans les ruelles avoisinantes. Chocolat, café, cartouches de cigarettes, boîtes de corned-beef, marmelade d'oranges, lunettes de soleil, canifs, rasoirs se vendent à prix fort dans une Algérie qui manque de tout[11] ». Les mouvements nationalistes se sont nourris de tous les mécontentements accumulés pendant la guerre au sein d'une population musulmane frappée par les difficultés.

La fin de règne d'une minorité française en Indochine

Jusqu'à ce que les Japonais prennent le contrôle de l'Indochine en 1945, les Français ont connu une situation privilégiée – même si elle est difficile – par rapport au reste de la population. Dans l'étude détaillée qu'il mène sur les conditions de vie durant la période de guerre, André Angladette souligne qu'« en ce qui concerne la Communauté française, les incidences de la situation furent faibles jusqu'au coup de force du 9 mars[12] ». Les populations locales, elles, ont terriblement souffert : la famine de 1945 a ainsi fait un million de morts[13]. La situation alimentaire est néanmoins très variable : la Cochinchine et le Cambodge, au Sud, sont les « greniers de la Fédération[14] » mais, du fait des difficultés de transport, les exportations de riz vers le Nord qui s'élevaient de 100 000 à 200 000 tonnes « chutèrent de 185 620 t. en 1941 à 6 830 t. seulement en 1944 et rien en 1945[15] ». André Angladette souligne par ailleurs que les difficultés sont accrues par la croissance démographique (environ un million d'habitants supplémentaires entre 1939 et 1944), les conditions climatiques difficiles dans le Nord en 1944 et les graves inondations en 1945 dans le delta du fleuve Rouge.

Le premier impact notable de la guerre pour les Français est l'arrêt des importations de vin et de blé (le blé n'était pas cultivé en Indochine), qui conduisit rapidement à la production d'ersatz. On fait ainsi des pains de froment, puis des pains issus de mélanges de farines de riz. « Les pains obtenus étaient peu levés ; consommables le jour même, ils étaient à peu près immangeables le lendemain du fait de leur compacité ; au 9 mars, les boulangeries furent fermées et les Européens se mirent au riz[16]. » Certains légumes, consommés par les Français, disparaissent également rapidement, comme les pommes de terre, remplacées en particulier par le manioc. « Les maîtresses de maison apprirent à accommoder les légumes tropicaux pour la consommation européenne ; un opuscule fut même édité à cet effet par les services agricoles du Tonkin[17]. » La cuisine se fait, chez les Indochinois comme chez les Français, à l'aide de petits fourneaux alimentés par du charbon de bois, dont la production ne manque pas. Pour la nourriture des bébés, André Angladette rappelle qu'on remplace le lait concentré et le lait en poudre par des farines locales de riz, de maïs, de manioc ou d'arrow-root, rendues digestes grâce à un mélange avec du malt de paddy. Dans le domaine de l'habillement, la confection des chaussures en cuir n'est pas notablement affecté. Tout au plus a-t-il fallu extraire localement des produits tannifères – en particulier des palétuviers – pour remplacer l'arrêt de l'importation des produits tannants. « Ce fut, je crois, un des étonnements des premières troupes françaises qui débarquèrent en fin 1945 de constater la profusion de souliers et de valises en cuir », note André Angladette qui a vécu cette époque[18]. L'alimentation en électricité des grands centres urbains du Sud, où se trouve la majorité des Français, est toujours assurée : à partir de 1944-1945, les balles de paddy, voire le maïs, sont substituées au charbon qui n'arrive plus du Nord.

En matière d'hygiène, « le savon fut un des produits dont la raréfaction se fit le plus sentir[19] ». Dans le Sud, on fait ainsi du savon par saponification d'huiles végétales avec de la lessive de soude. En matière de transport, on a cherché comme partout des substituts à l'essence : alcool et gazogène de charbon de bois pour l'essentiel. Les moteurs diesels ont tournés avec de l'huile de poisson, d'arachide ou de coco. Mais le seul moyen de transport urbain, en particulier à partir de 1944-1945, est la bonne vieille bicyclette. Avec ce paradoxe que, bénéficiant de stocks importants de caoutchouc naturel du fait de l'arrêt des exportations, les Indochinois n'ont pourtant pas d'industrie pneumatique et doivent, comme ailleurs, apprendre à bricoler et à rechaper les pneumatiques et chambres à air usés[20].

Entre 1942 et septembre 1945, aucun bateau ne peut relier la colonie à la France. Néanmoins, le courrier est normalement acheminé à l'intérieur de l'Indochine (sous réserve de la censure) jusqu'au coup de force japonais du 9 mars 1945. L'annonce de la mobilisation générale contre l'Allemagne, le 3 septembre 1939, a paru aux mobilisés français d'Indochine comme un fait relativement lointain, mais très vite les agressions militaires du Japon et le conflit déclenché par le Siam[21] plongent la communauté française dans l'angoisse quotidienne liée à la guerre. Le 9 novembre 1940, l'appel du général de Gaulle à la résistance contre les Japonais est bien diffusé, mais sans que cela ne soit suivi d'une quelconque mobilisation contre la ligne vichyste du gouvernement général de l'amiral Decoux. Du fait des accords passés avec les Japonais et de leur situation privilégiée, ce n'est vraiment qu'après 1943 que les Français d'Indochine subissent directement les affres du conflit mondial. Le bombardement de Hanoi à la fin 1943 conduit en effet à l'installation d'une grande partie des familles européennes dans la station d'altitude de Tam Dao[22]. De son côté, le gouvernement général décide peu à peu le transfert de nombre de ses services en dehors des grandes villes soumises aux bombardements. Le véritable bouleversement intervient avec la prise de contrôle de la péninsule par les Japonais. Ces derniers regroupent en effet les civils européens dans sept centres, tandis que les militaires prisonniers se retrouvent parqués et isolés. De nombreux administrateurs français sont incarcérés et subissent des interrogatoires au cours desquels certains perdent la vie[23]. Les Japonais organisent même le massacre systématique de prisonniers français comme à Lang-Son, où après avoir été victimes d'un guet-apens lors d'un repas, plus d'un millier de Français sont exécutés dans des conditions atroces. Certains éléments de l'armée française vont opposer une guérilla de résistance, mais en dehors des témoignages de sympathie ou de l'aide dont ont pu bénéficier les Français durant cette période[24], c'en est bien fini du prestige de la France en Indochine. D'ailleurs, dès le 9 mai 1945, Hô Chi Minh installe son PC à 60 kilomètres de Hanoi, prend le contrôle de nombreuse provinces et lance le mot d'ordre « Doc Lap » : indépendance[25].

A partir de ce moment, la vie quotidienne pour les Français devient particulièrement précaire.

Survivre en temps de blocus à l'île de la Réunion

En 1939, la Réunion est avant tout une île à sucre qui importe l'essentiel de sa nourriture, tout particulièrement le riz, base de l'alimentation, et les matières grasses, saindoux et huile végétale, servant aux fricassées. Dès le 4 septembre 1939, le gouverneur Joseph Court instaure un service des Echanges commerciaux destiné à réguler l'utilisation des stocks alimentaires de l'île[26]. Pierre Aubert, qui lui succède en février 1940, renforce le mouvement de remplacement de la culture de la canne par des cultures vivrières. Mais en faisant le choix de rester fidèle à Vichy, le gouverneur doit affronter un blocus anglais qui rend la situation de l'île très difficile dès la fin août 1940. Les importations de riz, qui étaient de 40 321 tonnes en 1939, passent à 17 092 tonnes en 1941, puis à 3 236 tonnes en 1943. Le gouverneur lance donc à la fin 1941 un programme de diversification des cultures avec obligation d'arrachage de parcelles de cannes. Les agriculteurs sont tenus de déclarer en mairie toutes leurs productions et sont contrôlés ; ils ont obligation de fournir une quantité de production vivrière proportionnelle à leur production de cannes ; toutes les terres de la côte Est doivent être plantées de manioc[27]... Néanmoins, les productions demeures insuffisantes : 20 000 tonnes de maïs récoltées en 1941 au lieu des 25 000 escomptées[28]. Le manque de tissus est également problématique : les importations de cotonnades sont de 97 tonnes en 1940, elles chutent à seulement 6 tonnes en 1942 ! Certains travailleurs ne se rendront plus aux champs faute de vêtements[29]... Des collectes d'habits usagés sont mises en place et le gouverneur fait même racheter plus de 15 000 sacs de jute pour que les mairies prennent en charge la confection de vêtements[30].

Les difficultés sont telles que, le 3 septembre 1941, le gouverneur instaure une carte de rationnement. Les consommateurs sont classés en quatre catégories : « 1re catégorie, les adultes travailleurs manuels, les enfants de plus de 14 ans. 2e catégorie : les adultes autres que travailleurs manuels, les enfants âgés de 11 à 14 ans. 3e catégorie : les enfants entre 6 et 11 ans. 4e catégorie : les enfants de moins de 6 ans[31]. » La propagande souligne parallèlement que les malheurs qui frappent la population sont dus aux Anglais.

La pénurie est sévère : « J'ai même vu des gens manger l'intérieur des fanjans, ou fouiller des pieds de chouchoux pour ramasser les patates de chouchoux[32]. » A partir de 1942, le rationnement est également appliqué à des produits non alimentaires comme le combustible pour éclairage. Pour remédier à la situation, il y a bien sûr le système D, d'ailleurs plus facile en milieu rural qu'en milieu urbain. « La plupart des Réunionnais de plus de 60 ans ont encore aujourd'hui des souvenirs précis de ces patates d'amaryllis, ou ces feuilles de chocas écrasées qui remplaçaient le savon, des "queues de pêche" qui servaient de brosse à dents. [...] D'autres se souviennent des gâteaux au conflor râpé, fabriqué avec le tubercule d'une cannacée poussant à l'état sauvage » ; on fabriquait des bougies avec de la cire d'abeille mélangée à du suif coulée dans un bambou, un fil de jute servant de mèche (l'huile de coco sert aussi à alimenter les lampes) ; des salines sont construites sur la côte Ouest ; pour remplacer le ciment, on utilise « un mortier composé d'un mélange de sable de rivière, de chaux de coraux et... de sucre roux. Certains y allèrent tellement fort avec le sucre, que parfois, des chiens venus seulement pour lever la patte au bas d'un mur, stationnaient ensuite des heures en léchant avec délice ce néo-béton[33] ». Pour écrire, on remplace, avec peu de succès, le papier par des feuilles de bananier ou de songe. On distille de l'alcool de canne pour faire du carburant, de même que l'huile de ricin est utilisée comme lubrifiant. « Pour abattre un porc ou un cabri, il fallait une autorisation de la gendarmerie. C'est là que nous avons appris à tricher avec la loi. On saoulait le cochon pour l'empêcher de crier et on le trucidait au petit matin. Il valait mieux être bien avec ses voisins et leur donner un petit quelque chose, sinon c'était la dénonciation, les amendes... et comble du malheur, la confiscation de toute viande[34] ! »

Le gouverneur a voulu réprimer sévèrement ces délits déférés à une cour criminelle spéciale. Et il cite quelques exemples significatifs pour 1941 : trois mois de prison et 500 francs d'amende pour conservation de marchandises à des fins spéculatives, six mois de prison et 500 francs d'amende pour vente de lait falsifié[35]. Les magasins se retrouvent alors systématiquement fermés, mais face aux problèmes pratiques que cela pouvait poser, le gouverneur fait examiner par son Conseil privé les affaires où la condamnation est inférieure à un an de prison[36]. La grande majorité des insulaires n'a en effet pas les moyens d'avoir recours au marché noir, et la fermeture totale des boutiques touche d'abord cette partie miséreuse. Par ailleurs, le gouverneur n'est pas sans connaître certaines pratiques autorisées, car jouant avec la loi, concernant les stocks énormes de sucre.

Survivre « an tan Sorin » :
le blocus à la Martinique et en Guadeloupe

Comme à la Réunion, le blocus des Antilles françaises fut d'abord l'œuvre des Britanniques, à partir d'août 1940, avec pour objectif la reddition de Vichy dans ces îles. Cependant, comme le démontre très clairement Eric Jennings dans un travail novateur, « le blocus de la Guadeloupe ne fut pas aussi hermétique qu'on pourrait le penser[37] ». L'historien rappelle ainsi que les autorités américaines autorisèrent, à la grande colère des Britanniques, le commerce avec les îles françaises. La raison en est simple : la situation alimentaire est si dramatique en 1940 que le consul des Etats-Unis a fait part à Washington de sa crainte d'une « révolution due à la faim[38] » en Guadeloupe. Le gouverneur de la Guadeloupe, Constant Saurin, et l'amiral Robert, nommé par le ministre des Colonies Georges Mandel, haut-commissaire de la République aux Antilles et en Guyane et commandant en chef des Forces maritimes pour l'Atlantique Ouest[39], ont par ailleurs su convaincre les Américains de continuer leur commerce avec ces territoires. Il n'empêche que la pénurie fut terrible pour les Antillais. La métropole, déjà en situation de restriction, est en effet incapable de subvenir aux besoins de ces îles dépendantes des importations pour les trois quarts de leur alimentation.

A partir de 1940, le gouverneur Sorin et l'amiral Robert, s'appuyant sur l'idéologie du « retour à la terre », lancent la Martinique et la Guadeloupe dans une politique d'autosuffisance. En février 1942, Saurin ordonne aux maires de la Guadeloupe de ne laisser aucune terre en friche[40]. « Pour le manioc on passa de 900 hectares plantés en 1939 à 1 500 en 1942, pour la patate de 936 à 1 400. On parvint à fabriquer un pain composé de farine de froment et de farine de manioc. Mais la farine de blé n'arrivait plus. Des essais avaient été effectués pour cultiver le soja, l'arachide, le ricin, le riz, le maïs, la ramie. Mais les résultats étaient limités. On fabriqua davantage d'huile de coco (92 tonnes en 1942 contre 40 en 1939), de savon (720 tonnes contre 23). La production de manioc et de vivres doubla[41] ». Les bananes « poyo », ou « tinain » de Guadeloupe sont également utilisées pour servir de plat de base. Mais tout cela est insuffisant pour nourrir correctement la population. Le rationnement est instauré, et les civils doivent subir, comme en métropole, les files d'attente parfois interminables. Mais là aussi, indique *L'Historial antillais*, le système D permet parfois de gagner du temps : « Toutes sortes d'artifices furent utilisés dans l'intention d'obtenir une priorité, ainsi donc des femmes simulèrent la grossesse en se plaçant contre le ventre un oreiller ou un "couie", toutes ces feintes pour bénéficier d'une attente moins pénible[42]. » La viande disparaît presque totalement de l'alimentation, seuls les privilégiés de la classe moyenne peuvent espérer 4 à 5 poulets par mois[43]. Si la population rurale a toujours plus ou moins les moyens de trouver quelques aliments, les habitants de Fort-de-France sont soumis pour leur part à de grandes privations. Eric Jennings note que, comme en métropole, on voit apparaître dans la presse des menus de disette à l'image de cette recette de mars 1943 : « Nous avons appris que des maîtresses de maison avisées préparaient pour remplacer le pain certains légumes du pays. Voici deux recettes recueillies ici et là : 1) Faire cuire avec un peu de sel du fruit à pain... arrêter la cuisson dès que le légume devient tendre, découper en tranches que vous passerez à feu doux. 2) Faire une pâte avec un peu de farine de manioc passée au tamis, un peu de saindoux ou de la graisse de bœuf, de l'eau salée. Former avec cette pâte des petits pains ou des galettes. Mettre au four chaud. Nous demandons à nos aimables lectrices ou lecteurs de nous fournir d'autres recettes[44]. » Tout comme l'alimentation, l'habillement pose aussi problème. « On fabriquait des sortes de sandales avec de vieux pneus d'automobile. Le prix d'une paire de chaussures passa de 119 francs en 1939 à 572 francs en 1943, ce qui représentait 29 journées de travail d'un manœuvre[45]. » L'augmentation générale des prix est considérable et les conséquences sur la mortalité sont immédiates, en particulier à Fort-de-France où elle augmente de 60 % entre 1942 et 1943[46]. Une telle situation économique est bien entendu propice au marché noir, mais pour la majorité des Antillais l'échange économique se réduit au troc.

Cette misère profonde fait monter le mécontentement populaire, nourrit la dissidence et favorise même les mouvements de révolte en Guadeloupe, puis le renversement de Vichy en Martinique en juin 1943.

Survivre au pays du bagne : la Guyane

Assimilée *de facto* aux Antilles françaises, la Guyane constitue cependant une entité particulière dont la spécificité est trop souvent ignorée. Avec 28 506 habitants en 1946, la Guyane française est, souligne Serge Mam Lam Fouck[47], le territoire le moins peuplé d'Amérique. C'est même, par rapport aux Antilles et à la Réunion, une « anomalie démographique » : entre 1936 et 1952 la population passe de 36 975 à 25 459 habitants. Cette diminution brutale est due aux vagues de départ de nombreux orpailleurs antillais depuis les années 1930, à la disparition de la population pénale entre 1938 (suppression du bagne) et 1947 (évacuation définitive des

pénitenciers), et enfin à la terrible mortalité liée aux conditions de vie[48]. Les tentatives de peuplement, en particulier
de peuplement blanc (la transportation de la population
pénale a été « l'effort de peuplement le plus considérable
que la colonie ait connu avant les années 1960[49] »), ont
été des échecs. Dès lors, la mise en valeur des terres reste
médiocre. L'alimentation de la population guyanaise est
donc assurée par une importation massive. Avant la
guerre, l'économie rurale est déjà dans une situation peu
brillante, car une bonne partie de la main-d'œuvre s'est
« éparpillée[50] » à l'intérieur du territoire, attirée par
l'exploitation de l'or ou des bois précieux (bois de rose et
balata). Les deux principales cultures d'exportation, la
canne à sucre et la banane, ont des rendements médiocres
du fait de techniques agricoles rudimentaires. La production de sucre varie de 30 à 100 tonnes, alors qu'elle
devrait atteindre 700 tonnes pour assurer la consommation locale[51]. Les productions vivrières sont plus qu'insuffisantes : en 1939 le territoire importe 215 tonnes de
légumes frais et 366 tonnes de légumes secs[52]. Et le riz,
qui constitue une part importante de l'alimentation, n'est
quasiment pas cultivé.

Le gouverneur Robert Chot, arrivé en janvier 1939[53],
puis René Veber, qui lui a succédé le 12 avril 1942[54], ont
donc instauré autour de l'idéologie de la Révolution nationale une importante propagande agricole pour relancer
les cultures locales[55]. Mais les difficultés de ravitaillement
se font rapidement sentir : à partir de 1941 des cartes de
priorité sont données aux femmes enceintes et aux mères
allaitant leur enfant. Par arrêté du 20 décembre 1941, et
pour assurer des stocks, le pain ne peut plus être consommé
qu'un minimum de 24 heures après la cuisson, c'est-à-dire
rassis. Entre avril et août 1942, le blocus presque total
imposé par les Alliés isole la Guyane du reste du continent et des îles antillaises. A partir de 1943, les autorités
sont obligées d'instaurer des cartes d'alimentation.

Face à cette situation, les Guyanais déploient – comme
ailleurs – des stratégies de substitution. Rodolphe Alexandre

cite ainsi de nombreux exemples de « débrouillar-
disme[56] » : apparition d'entreprises artisanales de fabrication de savon à partir de graines de carapa[57], de suif ou
bien encore d'huile de coco. On redécouvre le sel des
plages, on remarque que le pétrole se consume moins vite
mélangé à l'huile de coco. La toile de jute ou les sacs de
farine en coton sont réutilisés pour confectionner des vêtements. Par ailleurs, on note une spécialisation des activités
en fonction de l'origine ethnique de la population[58] : les
Indochinois brillent dans le domaine de la pêche, les
Annamites se montrent particulièrement ingénieux pour
le vannage du riz, les Amérindiens ravitaillent Cayenne
par leurs chasses et les Noirs marrons assurent les transports nécessaires au maintien de l'orpaillage. Les créoles
s'investissent dans l'artisanat : ébénisterie, vannerie, cor-
donnerie (on utilise alors le bois ou la gomme du balata
pour faire des semelles)... Les difficultés de ravitaillement
ont entraîné, ici comme en Europe, le développement du
marché noir que les autorités tolèrent parfois ouvertement[59]. Les riverains de l'Oyapock, fleuve frontière,
peuvent ainsi officiellement s'approvisionner, jusqu'à
1 000 francs par mois, dans les comptoirs brésiliens de
l'autre rive.

Comment ne pas évoquer enfin le cas des bagnards ?
En 1939, ils sont encore un peu plus de 5 000[60]. En 1943,
lorsque la colonie est libérée, ils ne sont plus que 1402.
Leur situation, déjà terrible en temps de paix, est aggravée par la pénurie. Claire Jacquelin note d'ailleurs que la
discipline, déjà extrême, est renforcée par les autorités
craignant de voir les évadés rejoindre les Forces Françaises
Libres[61]. Les lettres conservées par Norbert Heyriès, médecin du bagne entre 1939 et 1942, témoignent avec force
de la situation de sous-nutrition des condamnés. Ainsi le
cas de F. Robert : pesant 74 kilos à son arrivée en 1935, il
ne fait plus que 55 kilos du fait de dysenterie et de fièvres
paludéennes[62], il écrit alors au médecin-chef le 16 avril
1941 pour lui expliquer qu'il est à bout et que « la nouvelle circulaire de pain sec » lui portera un coup fatal. Le

21 janvier 1941, il a déjà écrit une lettre à ses grands-parents (refusée par l'administration car « les relégués ne doivent parler que de leurs affaires et de leurs intérêts privés ») dans laquelle il dit (l'orthographe est conservée) : « Pour moi les événements sans nous toucher de près, nous ont étaient aussi nuisibles, tant en privation de nourriture ce qui durent toujours, que pour tout ce qui accroît notre souffrance ici qui était pourtant assez grande... faite moi parvenir quelque argent que je puisse améliorer mon sort car en ce moment toutes ces privations au point de vue faim nous ont anémiés beaucoup[63]. » F. Robert meurt de cachexie[64] dix-sept mois plus tard... Tout comme les 40 000 malades des hôpitaux psychiatriques français morts de faim et de froid entre 1940 et 1945, les bagnards de Guyane ont été pendant très longtemps totalement oubliés dans le décompte des victimes de la Seconde Guerre mondiale. Et lorsqu'il s'est agit de les rapatrier en France après la guerre, la décision n'a pas manqué de susciter l'inquiétude d'une partie de l'opinion métropolitaine. A tel point que l'article du *Monde* du 14 mai 1947, tient à souligner que ces craintes sont infondées tant ces hommes ont été brisés.

Les troupes américaines en Nouvelle-Calédonie : la poule aux œufs d'or

Le 12 mars 1941, les Américains investissent le territoire calédonien avec 40 000 hommes. Nouméa devient le centre retranché de l'armée américaine à la reconquête du Pacifique. Très rapidement, les troupes présentes deviennent deux fois plus nombreuses que toute la population locale. « De 1941 à 1945, c'est environ un million de soldats américains qui y ont passé et séjourné plus ou moins longtemps[65]. » Cette présence non seulement évite à la Nouvelle-Calédonie les problèmes de rationnement et de disette, à l'inverse des colonies françaises ralliées à Vichy, mais fait même de l'île un centre de ravitaillement prospère. Jacqueline Sénès note ainsi : « Les restaurateurs locaux font fortune. On paie très cher le rôti de cerf aux papayes vertes ou la salade de poisson cru. Les dollars pleuvent. Les civets de roussette ou les bulimes de l'île des Pins, bourrés de beurre persillé comme des escargots de Bourgogne, trouvent toujours preneurs. Il n'est pas jusqu'aux particuliers qui ne se remettent aux fourneaux pour gâter de mirontons exotiques ces garçons nourris d'ice-cream et de viande en boîte [...]. La poule aux œufs d'or a fondu sur la ville ! Les Calédoniens n'en croient pas leurs yeux. Cette clientèle inattendue leur est venue du ciel.

Ils tendent les mains : la manne tombe. Tout est devenu rentable : ravitailler les militaires en légumes et en fruits donne lieu à d'avantageux contrats ; laver leur linge, c'est s'acheminer aussitôt vers la certitude de posséder bientôt une laverie des plus sophistiquées ; distraire leurs nuits, c'est se garantir à peu de frais des assurances de millionnaires[66]. » Les Américains introduisent également dans l'île leurs pratiques culturelles qui bousculent les habitudes des Français, mais aussi des tribus canaques les plus reculées... « Théâtre aux armées, films, dancings, les idoles de Hollywood arrivent en grand nombre. Pin-ups et Tarzans réjouissent les foules et les Calédoniens se laissent porter sur la vague énorme de ces trois cent mille soldats qui vont passer, rire, souffrir, chanter, danser et consommer, consommer beaucoup parce qu'ils savent que leurs jours sont comptés[67]. » La Nouvelle-Calédonie est de plus intégrée à la zone dollar, les soldats américains n'utilisant que cette monnaie[68]. Exemple symptomatique du changement : l'arrivée des troupes américaines va même effacer du devant de la scène le vélo, sport roi d'avant guerre, au profit de la boxe et de la lutte que préfèrent les Anglo-Saxons[69]. Il faut attendre la fin de la guerre et les années 1947-1948 pour voir la « petite reine » reprendre de l'éclat. Au départ des soldats américains, la Nouvelle-Calédonie a définitivement quitté l'époque des colons d'avant guerre.

CINQUIÈME PARTIE

POUR TENTER D'OUBLIER

Distractions et jeux

S'évader

Sortir et se cultiver sous surveillance

La vie culturelle des Français est surveillée comme partout ailleurs dans l'Europe occupée. De même, les horaires du couvre-feu obligent à rentrer plus tôt chez soi ou bien à ne pas sortir : toute sortie nocturne hors des heures autorisées se fait aux risques et périls du contrevenant. Les années de guerre montrent l'afflux considérable des populations dans les bibliothèques, les salles de cinéma et les théâtres. En ces lieux, les Français se réfugient, rêvent un peu, et parfois se réchauffent. Malgré de fortes contraintes matérielles pour les professionnels – pénurie de papier et d'encre, destructions de studios, mort d'artistes, de producteurs et de réalisateurs, etc. –, la création se développe et tente de répondre à des publics divers. Les films ne peuvent pas attaquer directement l'œuvre du régime de Vichy. La censure veille strictement. Les artistes qui ne collent pas aux exigences morales du vainqueur sont réduits au silence ou à l'action clandestine.

Le cinéma est ainsi un vecteur culturel très significatif de la guerre. Il est devenu le moyen de communication de masse convoité par toutes les propagandes. Le film de propagande doit permettre la restauration d'un « bon » état d'esprit chez des civils fortement traumatisés par les

combats, l'exode et l'occupation. Ce type de films devient
le reflet d'une époque où les libertés individuelles sont
bafouées. Face à eux, les films de fiction français, si pro-
metteurs dans les années trente, connaissent une nette
perte de qualité. Ils sont majoritairement mauvais sous
l'occupation. Les Allemands, comme le régime de Vichy,
s'intéressent surtout aux films de propagande. En zone
occupée, dès 1940, le public est souvent hostile lors de la
projection des *Actualités mondiales* contrôlées par les Allemands. Les reportages sont d'une pauvreté inouïe. Les
occupants doivent alors y ajouter des images sur la France
pour tenter d'apaiser les spectateurs. Micheline Paquet-
Durant, une Tourangelle très opposée à Vichy et à l'occupant, raconte que ces « Actualités étaient grotesques et
qu'il était difficile de nous duper ; cela nous révoltait[1] ».

A Paris, les occupants ont compris qu'il fallait rouvrir
au plus vite des salles de projection : le Pigalle ouvre dès
le 15 juin 1940[2]. Plus d'une soixantaine de salles parisiennes
fonctionnent à nouveau au tout début de juillet. En
octobre, près de 417 salles sont rouvertes, puis 736 autres
salles au début de mars 1941[3]. Toutefois, celles dirigées
par des Juifs restent fermées ; les salles de l'Eglise catholique sont également touchées par des interdictions, car
elles sont considérées par les occupants comme des foyers
idéologiques trop influents et concurrents.

Mais, outre la zone occupée, les Allemands espèrent
aussi exercer quelque influence en zone dite « libre ». Des
accords ont été contractés entre le régime de Vichy et les
occupants sous la houlette de Tixier-Vignancour, secrétaire général à l'Information dès juin 1940, proche de
l'extrême droite collaborationniste de Jacques Doriot. A
Vichy, un service cinématographique d'Etat voit le jour.

Il est chargé de sélectionner les projets de documentaires
favorables à l'idéologie pétainiste. Le court métrage doit
continuer de convaincre un maximum de spectateurs de
l'utilité de la collaboration de la France avec l'Allemagne.
Sur les écrans, les Français voient alors le compte rendu
des voyages du Maréchal, du bombardement de Boulogne-

Billancourt en mars 1942, par exemple, mais aussi *Le Péril juif* réalisé en juillet 1942, etc. Le régime veut faire accepter par le public les bonnes raisons de son action, y compris celles qui motivent la persécution et l'exclusion de plusieurs catégories de Français. Il doit aussi fustiger les bombardements alliés. Du côté des longs métrages, il faut sans cesse faire front devant la censure et les pellicules de plus en plus rares. De grands auteurs s'exilent, tel Jean Renoir. De grands acteurs, Jean Gabin et Michèle Morgan par exemple, font de même. La « chasse aux sorcières » dans les milieux du cinéma est permanente[4]. Les Juifs n'ont pas le droit de s'occuper de cinéma et leur outil de travail est spolié. Pour autant, certains réalisateurs tentent de réaliser des films neutres, encadrés à cette époque par un fort corporatisme. Les salles sont pleines. Le public a besoin d'oublier, qui la présence allemande, qui les pénuries, qui le froid de l'hiver et une guerre interminable.

A partir de 1942 en zone occupée, Goebbels souhaite un cinéma sans nationalisme, vide de sens et simpliste. Les films français doivent donc être des œuvres d'évasion ou de propagande ou les deux à la fois. En fait, très peu sont inspirés par les directives de la collaboration. Ils ne représentent donc pas une tribune idéologique pour des Allemands. Avant-guerre, dans le Nord – désormais en zone rattachée –, plus de 400 salles – soit un dixième du total national – pouvaient accueillir des milliers de spectateurs[5]. La forte densité urbaine a permis de les remplir sans peine. Lille, Roubaix, Tourcoing comptabilisent l'essentiel des entrées, alors que sur la côte et dans les campagnes, les salles sont bien moins nombreuses, voire inexistantes. Avec la guerre, dans le Nord et le Pas-de-Calais, rattachés au *MbH* de Bruxelles, les salles de cinéma sont restées fermées jusqu'en juillet 1940. Nombre de directeurs de salles sont partis avec l'exode ou ont été faits prisonniers ; ils ne rentrent que progressivement dans la région. Les occupants vont tout faire pour permettre leur retour en zone non occupée. Dès le mois d'août, selon Etienne Dejonghe et Yves le Maner, 330 salles sur 400 fonctionnent à nouveau. En effet, les Allemands ont tout intérêt à permettre aux populations de reprendre le chemin des salles obscures, après les mois difficiles qu'elles viennent de subir. Sans doute espèrent-ils que cela facilitera leur installation dans le calme. Naturellement, ce qui est projeté est fortement contrôlé, tout comme les circuits de distribution. Les occupants mettent la main sur les établissements cinématographiques lillois et en transforment certains en cinémas du soldat. Les chiffres de fréquentation des salles du Nord et du Pas-de-Calais sont sans précédent, avec un bilan impressionnant de 25 millions d'entrées en 1942[6], malgré plusieurs fermetures ponctuelles en guise de représailles !

D'autres restrictions s'ajoutent encore à une liste déjà très longue. Dans la zone non occupée, les films américains sont interdits. Sur 220 films de fiction réalisés sous l'occupation, très peu relaient les thèmes de la propagande vichyste, ce qui n'empêche nullement la censure d'effectuer un contrôle moral sans relâche. Les Français sont ainsi emprisonnés dans un cadre culturel contrôlé. Certains films prennent de l'importance dans un Etat qui prône des valeurs agrariennes archaïques, tels ceux qui évoquent le retour à la terre. Les intrigues policières, les événements historiques et les comédies font également partie des thèmes choisis. Seuls des films comme *La Nuit merveilleuse* de Jean-Paul Paulin montrent les personnages pétainistes. Par ailleurs, les films ne se préoccupent surtout pas de mettre en scène les problèmes du temps. Ils sont neutres et cela semble parfois convenir au public, qu'ils doivent divertir. On sait qu'en 1942, les salles de cinéma enregistrent près de 310 millions d'entrées ! En 1943, les salles sont toujours aussi pleines. Or, en 1938, le chiffre ne dépassait pas les 250 millions d'entrées. Les Français ne vont quasiment plus au bal ni au restaurant : ils se ruent donc dans les salles obscures malgré des horaires plus restreints qu'avant guerre.

Les salles de théâtre ne sont pas moins concernées par l'afflux accru du public. Les historiens ne disposent pas de chiffres précis sur le nombre d'entrées par théâtre, mais ils ont pu en estimer des ordres de grandeur. Certains témoins parlent d'un apogée. Quand Paul Claudel crée *Le Soulier de satin*, à la fin de 1943, la Comédie-Française est prise d'assaut par des centaines de spectateurs pendant plusieurs semaines. Cet exemple n'est pas le seul et il témoigne d'une intense activité théâtrale pendant les années de guerre, notamment à Paris. Aux spectateurs français se mêlent des soldats allemands qui viennent chercher le repos du guerrier, malgré l'obstacle de la langue. Les occupants sont encore plus nombreux dans les music-halls et les cabarets. Parfois même, la distribution d'électricité est plus généreuse – car prioritaire – dans les cabarets pour soldats que dans les théâtres. Du côté français, les plus cultivés des habitants et les étudiants semblent fréquenter davantage les théâtres parisiens que les couches populaires – qui habitent souvent assez loin des salles – alors qu'au cinéma, la diversité sociale du public est beaucoup plus importante. Le théâtre pendant l'occupation est donc un lieu de sociabilité original.

Aussitôt l'armistice signé entre le Reich et la France, les théâtres de Paris ont demandé des autorisations de réouverture dans les premiers jours de juillet 1940. Les salles de théâtre sont rouvertes plus tard que les cinémas, lesquels travaillent dès la seconde quinzaine de juin[7]. Le 11 juillet, le théâtre de l'Œuvre est le premier à ouvrir ses portes. Puis sept autres théâtres ou music-halls, ainsi que trois cabarets en font autant. Le 28 juillet 1940, la salle Pleyel laisse à nouveau échapper le son des concerts. D'autres théâtres sont en revanche réquisitionnés par l'occupant pour ses propres activités culturelles, entre autres le théâtre de l'Empire, avenue de Wagram[8].

L'année 1943-1944 est sans doute la plus prospère pour le théâtre parisien puisque les recettes gonflent jusqu'à 318 millions de francs, soit plus de 200 millions supplémentaires par rapport à 1938-1939. Les Français vont nombreux au théâtre, alors que la France est dans un très mauvais état sanitaire et alimentaire. Aller au théâtre est en effet un moyen parmi d'autres d'oublier un pau sa faim et les multiples servitudes quotidiennes. Comme le cinéma, le théâtre est en grande partie apolitique, ce qui sied à l'ensemble d'une population restée longtemps attentiste. Pour autant, certaines régions connaissaient une activité théâtrale très pauvre avant guerre, et l'occupation n'arrange rien. Dans les villes moyennes du centre de la France, le monde du théâtre ne se relève pas des censures et des difficultés matérielles multiples. Pendant nos recherches dans le Cher, en Indre-et-Loire, dans la Nièvre occupés, ainsi que dans la partie non occupée de l'Indre, nous avons relevé que le cinéma est d'autant plus fréquenté que les autres activités culturelles sont absentes, ce qui n'est apparemment pas le cas à Marseille, Lyon et Paris, où la diversité culturelle a survécu sous l'occupation. La vie théâtrale a beaucoup plus de difficultés à s'organiser dans des villes moyennes comme Bourges, Châteauroux, Nevers ou Tours. A Lille, en zone rattachée, il faut attendre 1942 pour que les troupes théâtrales parisiennes viennent se produire à nouveau. Les salles se remplissent alors de Français et de soldats allemands. Avant la guerre, Lille ne connaissait pas une activité théâtrale très dense ; l'occupation n'est pas vraiment l'occasion de la développer beaucoup plus.

Comme les milieux du cinéma, ceux du théâtre sont confrontés à de nombreuses tensions concernant le contenu des programmations saisonnières[9]. Les théâtres sont sévèrement contrôlés et la censure exerce une action liberticide. Les pièces qui développent des thèmes proches de ceux de l'idéologie pétainiste semblent avoir eu un faible écho auprès du public, à de rares exceptions près, comme *Le Bout de la route* de Jean Giono, créé au théâtre des Noctambules en juin 1941 et qui en est à la millième représentation en mai 1944. Le texte a été écrit en 1931. Giono y vante les vertus du retour à la terre et celles de la famille. Certes, il s'agit d'un thème cher à Vichy, mais le dénouement montre le retrait du héros, venu dans le monde rural pour essayer d'y vivre et finalement peu convaincu. Le retour à la terre n'est pas ici synonyme de renouveau, contrairement à ce que la propagande véhicule. Le message reste ambivalent et c'est peut-être ce qui a attiré le public. Chacun y voit ce qui l'arrange, en quelque sorte. Peut-être que dans le thème du retour à la terre, le public entrevoit l'espoir d'une solution pour construire l'avenir, alors que la IIIe République a échoué et mené la nation au désastre de 1940. Mais cela ne peut guère faire durablement illusion.

D'autres pièces sont nettement antisémites, antiparlementaires et antirépublicaines, telle celle d'Alain Laubreaux – critique au journal collaborationniste *Je suis partout* –, intitulée *Les Pirates de Paris*, en avril 1942, et qui est un retour sur l'affaire Stavisky. La pièce est un fiasco ; elle est de très mauvaise qualité. L'étude historique de la réception d'une pièce par le public n'est pourtant pas aisée et ne peut pas être catégorique[10].

Enfin, que l'on aille au théâtre, dans les cabarets et dancings ou au cinéma, la soirée est soumise aux contraintes des heures du couvre-feu, des alertes, du nombre quotidien des représentations qui baisse pendant l'occupation, des coupures d'électricité de plus en plus fréquentes à partir de 1943 ; les matinées disparaissent au début de cette même année, sauf le samedi et le dimanche.

Globalement, sous l'occupation comme dans les années trente, les Français qui assistent aux spectacles d'art lyrique ou classique appartiennent aux couches aisées. Les salles de cinéma sont beaucoup plus propices à l'évasion de masse. Les liens de sociabilité y sont naturellement plus denses que ceux qui se nouent dans les salles d'opéra et de théâtre.

Lire plus que jamais

On l'a dit, les Français lisent davantage pendant l'occupation. De leur côté, les éditeurs poursuivent une activité importante, bien que plus réduite qu'en 1939, en raison de la pénurie de papier ; les Allemands prélèvent en effet le papier de meilleure qualité. Ces restrictions favorisent le troc et le marché noir du livre.

De même, les journaux sont de moins en moins longs à mesure que l'occupation se prolonge ; les journalistes s'adaptent et réduisent leurs articles au minimum, voire les suppriment très souvent. Les journaux de grand format passent ainsi progressivement de six numéros de quatre pages à trois numéros de deux pages par semaine. Le dimanche, il devient impossible de se procurer des journaux puisqu'ils disparaissent peu à peu des kiosques. Malgré cette périodicité de plus en plus espacée, les lecteurs continuent d'acheter la feuille locale ou nationale. Le prix évolue aussi, de 75 centimes en 1940 à 2 francs en 1944.

L'édition est encadrée comme le cinéma et le théâtre. Pourtant, l'historien Gilles Ragache affirme que la pénurie de papier ne semble pas avoir trop affecté l'édition pour les enfants et les jeunes. Il faut juste avoir des relations pour augmenter les allocations allemandes de papier[11]. Des périodiques comme *Le Téméraire* ou *Cœurs vaillants* sont tirés à 100 000 exemplaires ! Les Allemands se mêlent peu du contenu de ce type de parutions.

De son côté, le régime de Vichy tente d'exercer son influence idéologique sur la presse et les éditions enfantines. Le vieux maréchal Pétain soutient les illustrés qui encouragent la valorisation du travail, de la patrie, de la famille, des grands hommes – dont lui-même, le « vainqueur de Verdun » –, du courage, du respect des parents et du père en captivité, de l'activité physique en plein air. Avec le régime de Vichy, l'encadrement de la culture pour jeunes reste encore assez limitée et n'a rien de comparable avec ce qui se produit dans les régime totalitaires. Les parents – et sans doute certains jeunes lecteurs – ne sont pas totalement dupes lorsqu'ils empruntent ou achètent un illustré très connoté politiquement. De toute façon, il est toujours mieux de lire que de se morfondre sur la pénurie. Et puis la nostalgie des héros de l'histoire d'une France éternelle – à reconstruire selon Vichy – n'est pas à exclure chez les lecteurs. Les Français lisent pour faire passer le temps, dans l'espoir de lendemains meilleurs. Le développement de la lecture sous l'occupation est en partie dû à ce faisceau de raisons, dont l'une des principales reste bien l'évasion vers un ailleurs idéalisé ou rêvé. Les livres deviennent des lieux de propagande autant que de refuge. Tous les livres publiés sont rapidement épuisés, car tirés en faible quantité. Le plus souvent, les libraires ne disposent que d'un unique exemplaire pour les livres de fond. Certains tiennent même des listes de clients qui s'inscrivent pour réserver un ouvrage longtemps à l'avance.

En raison d'une plus grande rareté des livres neufs et donc de leur prix exorbitant, les bibliothèques se remplissent de nouveaux lecteurs toujours plus nombreux. En ce domaine, les historiens ont relevé la grande difficulté à connaître précisément la volonté politique du régime de Vichy. Certes, les bibliothèques sont davantage encadrées idéologiquement, mais le régime ne semble pas avoir poursuivi la politique d'incitation à la lecture des masses commencée avant la guerre. Julien Cain a présidé en 1939 le « Centre de lecture en temps de guerre ». Sa mission a été de sélectionner des ouvrages afin d'organiser de petits centres de lecture animés par des associations. Après le 25 juin 1940, le royaliste Bernard Faÿ le remplace. Il insiste sur le rôle de la Bibliothèque nationale qui doit donner les impulsions et les directives aux bibliothèques provinciales[12]. Il l'écrit dans un rapport au maréchal Pétain daté de 1943. Il s'occupe de fournir de la lecture aux Français faits prisonniers, mais aussi aux réfugiés. Il reste en grande partie dans les pas de son prédécesseur en ce qui concerne l'organisation d'un réseau de lecture pour le public. Ni le régime de Vichy ni la Résistance ne semblent s'être préoccupés d'innover en matière de transmission culturelle aux masses, du moins dans le cadre d'institutions, marquées finalement par une grande continuité.

Jeunesse encadrée, jeunesse libre

No future

Les jeunes sont soumis à rude épreuve, surtout ceux qui deviennent adultes au début des années quarante. Le régime de Vichy veut les enrôler. En 1944, Micheline Bood a 18 ans ; le 2 juin, elle écrit dans son journal ce qu'elle ressent au moment de passer le baccalauréat : « En philo, je ne sais pas trop si j'ai réussi. Le sujet de psycho ne me disait rien et je ne comprends toujours rien à la logique. J'ai donc pris le sujet de morale qui était magnifique, mais dangereux : "Justice et liberté". J'ai parlé de la tradition immortelle de la France ; enfin, je l'ai traité de façon héroïque et, si je tombe sur un examinateur pétinophile, je suis fichue. Pour les sciences nat, ça a formidablement marché[13]. » Ce témoignage est significatif de ce que ressentent nombre de lycéens, à savoir des sentiments qui mêlent angoisse et insouciance.

Toute la guerre durant, l'Etat français s'est lancé dans une véritable politique d'endoctrinement de la jeunesse. Mais comment définir cette dernière ? Pour les historiens, donner une limite d'âge pour définir la jeunesse reste difficile. Il est peu commode de situer la frontière entre l'enfance et la jeunesse. Est-elle située au moment où s'éveille la conscience[14] ? Les critères peuvent être sociologiques ou administratifs. Par exemple, sous Vichy, dans la mise en place évolutive des catégories du ravitaillement, à partir du 1er juillet 1941, les J3 correspondent à la génération des 13-21 ans. L'Etat les classe comme « adolescents ». Au-delà de 21 ans, les Français entrent dans les catégories « consommateurs A ». De même, il est difficile de compter ceux que l'on appelle les « jeunes » sous l'occupation. Etre jeune, c'est sortir du cadre de la scolarité primaire, du moins dans les milieux sociaux les plus modestes dans lesquels, à 14 ans – âge fixé par le Front populaire –, le jeune part souvent faire son apprentissage chez un patron. Dans les familles plus aisées, est-ce l'entrée en sixième ou le passage du baccalauréat qui marque la frontière entre l'enfance et la jeunesse ? Une fois encore, il n'est pas simple de trancher. Chaque époque impose juridiquement et sociologiquement ses limites d'âge.

Le régime de Vichy va y ajouter sa pierre ; par exemple, les jeunes des Chantiers de la jeunesse sont âgés de 20 ans révolus ou de 21 ans, l'âge légal de la majorité civile et civique de l'époque. Quant à la fin de la jeunesse, elle est marquée par le passage à la trentaine, comme le définissent nombre d'historiens de la Résistance. Ce qui est sûr, c'est que les jeunes sont toujours un enjeu de taille dans les régimes autoritaires. De façon contradictoire, Vichy va donc organiser un véritable culte de la jeunesse, tout en en persécutant et en en contraignant une bonne partie. Etre jeune, ce n'est pas tous les jours très gai dans les années d'occupation, mais les jeunes Français savent réagir à leur façon : les zazous ont riposté par la provocation à l'embrigadement de la jeunesse – on le verra –, les résistants les plus jeunes ont pris la voie du risque, d'autres ont lu beaucoup plus qu'auparavant ou sont allés au cinéma, etc. Ils doivent oublier que cette étape décisive de leur vie se déroule sous une occupation étrangère et sous l'autorité d'un régime archaïsant dirigé par un vieil homme.

Les jeunes sont loin de vivre l'euphorie des années du Front populaire qui ont connu le développement des Auberges de jeunesse. Il est ainsi plus difficile de construire une identité équilibrée dans des époques aussi troublées. Les jeunes favorables à la République ne sont pas aptes à accomplir la Révolution nationale, à en croire la propagande vichyste. Aussi l'exercice physique doit-il forger de jeunes hommes capables de relever les défis de la France déchue. L'apprentissage de la jeune fille est quant à lui tourné vers le rôle de bonne épouse et mère. Nombre de jeunes se laissent séduire par des organisations telle que la Jeunesse de la France et d'Outre-mer (JFOM). D'autres font un pas de plus en entrant dans la Légion des volontaires français (LVF), dans la brigade Charlemagne, voire dans la *Waffen SS*. A partir de février 1943, l'instauration du STO pousse au contraire des milliers de jeunes vers la clandestinité, souvent avec la complicité des gendarmes du village ou des policiers du quartier qui préviennent les familles. La plupart des résistants des mouvements, des réseaux et des maquis ont alors entre 16 et 30 ans. Beaucoup recherchent l'aventure ; leurs motivations sont aussi la défense de valeurs religieuses, politiques et patriotiques[15].

Conformité et conformisme

Les jeunes connaissent une phase singulière de leur histoire dans les « années Vichy », avec la création de nombreuses organisations et notamment l'instauration des Chantiers de la jeunesse, censés remplacer le service militaire pour les jeunes démobilisés de la zone non occupée. Rappelons que les Allemands ont dissous les forces armées françaises et autorisé une « armée d'armistice » réduite. Près d'une quinzaine d'organisations de jeunesse voient le jour entre juillet 1940 et août 1944, que leurs buts soient politiques, éducatifs ou civiques. Parmi elles, les Maisons des jeunes, les Camarades de la route, les Compagnons de France, l'Ecole de cadres d'Uriage (interdite en décembre 1942 par Vichy), les Ecoles nationales et régionales de cadres de jeunesse, les Jeunes du Maréchal, les Jeunesses francistes, etc.[16]. Toutes ces organisations ont pourtant connu un démantèlement progressif faute de succès. L'expérience des Compagnons de France, créés par Henri Dhavernas, un jeune inspecteur des finances, a permis de réunir des jeunes chômeurs et des volontaires à temps partiel – il furent trente mille –, en reprenant les valeurs du scoutisme. Ils disaient vouloir devenir des hommes véritables.

Dès le 18 janvier 1941, pendant huit mois, dans le cadre des Chantiers de la jeunesse, les jeunes de zone non occupée suivent une formation et travaillent dans les champs, dans les forêts ou effectuent du terrassement et produisent du charbon de bois. Il s'agit d'un « service national obligatoire » ; 400 000 jeunes Français de vingt ans doivent ainsi rejoindre plusieurs centaines de petits camps éloignés des villes importantes. La propagande insiste sur les vertus de la nature qui permet de travailler dans la joie et au service de la grandeur du Maréchal. La journée est découpée en trois parties, dont une consacrée au sommeil. A côté d'une discipline toute militaire, d'exercices répétés de gymnastique, les travaux agricoles sont au cœur du dispositif. Le matin, des ablutions d'eau froide précèdent le salut aux couleurs dès 7 h 30. Le sens de l'honneur est une constante des valeurs enseignées quotidiennement. Des activités éducatives sont prévues. Les chants sont également omniprésents dans les chantiers comme « Jeunesse de France », présentée comme la « marche des camps de jeunesse ». Pétain inspecte plusieurs groupements de ces chantiers. Nombre de gestes et de cérémoniaux copient en fait trait pour trait le scoutisme d'avant guerre. A partir de juillet 1942, les jeunes Juifs sont officiellement exclus des Chantiers de la jeunesse. Visiblement, l'encadrement majoritairement militaire de ces chantiers, a donc montré une forte adhésion au régime de Vichy et aux valeurs cléricales.

La vie quotidienne des jeunes hommes dans les Chantiers de la jeunesse a été pénible. Pour autant, peu d'entre eux ont intégré les rangs de la Résistance. L'instauration du STO bouleverse la donne le 16 février 1943 ; Vichy est alors pris dans l'étau infernal d'une collaboration désespérée. C'est un service de deux années, effectué par tranches d'âge ; il peut se dérouler dans l'entreprise française dans laquelle le requis travaille déjà, si cela est nécessaire. La loi concerne les jeunes nés en 1920, 1921 et 1922 ; il est prévu que les étudiants ne commenceront qu'à partir de septembre 1943. Les agriculteurs et les mineurs en sont exemptés. Beaucoup de jeunes sont très angoissés à l'idée de partir travailler en Allemagne. Le STO, né de la collaboration, vise en effet à alimenter la « machine de guerre » allemande ; il a touché près de 19 000 jeunes des Chantiers qui constituèrent un vrai réservoir de main-d'œuvre. Après la guerre La Porte du Theil, créateur et responsable des Chantiers, se verra reprocher la réquisition des jeunes, qu'il n'a certes pas voulue. Au contraire, s'apercevant très vite de la gravité de la situation, il essaie de freiner les réquisitions à la fin de 1943 ; il obtient même la suspension de l'envoi des jeunes des Chantiers vers les camps de travail allemands ; il est pour cette raison arrêté par les Allemands.

Le secrétariat général de la Jeunesse – sous la houlette du chef d'entreprise, catholique militant, Georges Lamirand jusqu'en avril 1942 – ne se prive pas de faire imprimer des centaines d'affiches qui essaient de fédérer tous les jeunes qui, avant la guerre, appartenaient aux scouts, aux Auberges de la jeunesse et aux éclaireurs. Des associations et des centres d'apprentis sont activés dans le cadre de la politique de jeunesse de Vichy. L'Eglise catholique voit d'un mauvais œil l'encadrement de la jeunesse par l'Etat français, car elle a en charge, dans les organisations de l'Action catholique, près de 2 300 000 jeunes âgés de 14 à 20 ans. En fait, contrairement aux craintes de l'Eglise, Vichy n'est pas parvenu à créer une jeunesse unique.

Pour autant, mis à part les « Jeunes du Maréchal » devenus collaborationnistes, des milliers de jeunes n'adhèrent pas forcément à la collaboration, même s'ils peuvent être de zélés maréchalistes. Le service national du maréchal Pétain a échoué sur le moyen terme. L'obéissance n'est pas aveugle. Pétain ne parvient pas à construire une jeunesse « saine de corps et d'esprit », pour reprendre les termes de son allocution du 13 août 1940. Le vieux vainqueur de Verdun se veut paternaliste, mais il n'a pas eu les moyens de sa politique. Il reste aux jeunes à trouver des palliatifs quand ils en ont la possibilité. Le plus spectaculaire d'entre eux reste le « phénomène zazou ».

« *J'suis zazou* »

On a déjà pu constater que les Français ont bien des difficultés à se chausser et à se vêtir correctement sous l'occupation. Cela est souvent ressenti comme une humiliation. Les Français se sentent comme dépouillés. Leur cadre de vie et même leur corps sont touchés par de multiples pénuries et servitudes. Déjà en décembre 1940, le régime de Vichy légifère sur l'épaisseur des semelles. Une autre loi du 3 janvier 1941 met en place les bons d'achat pour les chaussures, au moment où les Allemands demandent davantage de souliers en cuir pour leur armée – ce que les Français ignorent, naturellement. En juillet 1941, la carte pour les vêtements est rendue obligatoire. C'est un nouveau coup dur pour les Français qui se ruent dans les magasins avant que les cartes soient mises en circulation. Toutes les couches sociales sont frappées par ces mesures. Les femmes les plus aisées ont du mal à accepter cette rigueur, comme l'a montré Dominique Veillon dans ses travaux pionniers sur la mode sous l'occupation : 20 000 femmes bénéficient d'une « carte-couture création » qui les autorise à s'habiller chez les grands couturiers ; en contrepartie, elles sont astreintes à une « surtaxe et l'abandon de 50 % de leurs points sur leur carte de vêtements[17] ». Les femmes de collaborateurs peuvent aussi en bénéficier, ainsi que les « femmes BOF » qui tiennent leur nouvelle fortune du marché noir.

Pour autant, la masse des Français ne peut pas en espérer autant. Leur univers quotidien s'est considérablement appauvri et réduit. Dès la mi-1941, une minorité de jeunes Français ripostent par la provocation. Ils vont beaucoup choquer. La presse va se déchaîner contre eux. En effet, les *zazous* ou les *swing* – des termes d'origine américaine, forgés avant la guerre, censés rappeler le rythme du jazz – ont décidé de montrer leurs différences en prenant le contre-pied des pénuries quotidiennes et en s'habillant à bon prix, quitte à recourir au marché noir pour trouver du tissu ou du cuir. Ils n'appartiennent à aucune catégorie sociale particulière et n'échafaudent aucune idéologie[18]. Ils sont âgés de 16 à 20 ans (notons qu'avec l'instauration du STO en février 1943, les zazous ne peuvent guère dépasser l'âge de 20 ans) et ils décident de se vêtir et de se coiffer en ne tenant aucunement compte des restrictions vestimentaires. Les garçons sont coiffés en brosse assez haute, avec une petite moustache finement ciselée ; ils préfèrent parfois une coiffure frisée et amplifiée à l'avant. La démarche est travaillée, le buste penché vers l'avant. Leurs vêtements sont amples ; les manteaux sont très longs. Les filles, fréquemment décolorées en blond platine, portent des semelles épaisses, comme pour répondre à l'instauration des cartes de chaussures et aux restrictions sur l'épaisseur des semelles. Les filles zazous portent encore des jupes courtes plissées et les garçons des pantalons jugés trop courts par le régime. Le parapluie et les lunettes noires sont de rigueur. Le jour, les zazous fréquentent les cafés ; la nuit, ils recherchent plutôt les dancings clandestins. Les journaux collaborationnistes comme *L'Œuvre*, *Au pilori*, *Je suis partout* les ciblent comme autant de « suppôts » de l'américanisme et même comme des complices des Juifs, entre 1942 et 1944. Ils sont présentés comme des adeptes de la débauche et de la fainéantise. *Au pilori*, le 3 septembre 1943, publie un texte chanté contre les zazous, « La chasse aux zazous », dont voici un extrait :

> C'est un type de notre époque
> Il se dénomme le zazou,
> Hétéroclite, laid, baroque, plus gorille que sapajou,
> Sa tignasse lui sert de toque,
> Forêt vierge où gîtent les poux ; bipède burlesque, loufoque,
> Nous allons fesser le zazou !....

Avec les zazous, le vêtement est donc un signe envoyé aux autorités par une petite partie de la population citadine jeune. C'est une mode provocante, mais les zazous cherchent sans doute avant tout à s'amuser et à desserrer l'étau moral et matériel de l'époque. Ne peut-on pas y voir l'espoir de revenir à une situation meilleure et moins morose, comme un appel aux adultes plus âgés à tenir bon ?

Cette attitude va à l'encontre de la volonté pétainiste du redressement moral de la jeunesse, dont les Chantiers de la jeunesse sont le symbole. Les zazous vont s'attirer encore plus les foudres de la presse parisienne en portant des étoiles de David en carton avec la mention « swing » au moment où, le 7 juin 1942, l'ordonnance sur le port de l'étoile jaune est promulguée pour la zone occupée. D'autres Parisiens suivent le mouvement en portant des étoiles avec la mention « goï » ou « bouddhiste ».

Les zazous sont dès lors traqués par les collaborationnistes, notamment à Paris ; ils sont parfois battus et leurs cheveux coupés par les plus haineux. Certains sont arrêtés dans les bars qu'ils fréquentent et envoyés à la campagne, obligés de se livrer aux travaux agricoles. Cela dit, nous ne savons rien du nombre de zazous en France ni du poids de la répression, faute de source fiables. En tout cas, ils offrent un exemple original et unique de réaction à l'occupation ; ils montrent que le divertissement est possible malgré les quelques risques encourus.

L'évasion spirituelle ?

Regain de vie religieuse et ripostes

Des pèlerinages très courus

Si les chrétiens, et plus particulièrement les catholiques, encadrés par leur hiérarchie, sont poussés à une certaine indifférence dans les deux premières années de l'occupation, ils semblent, au quotidien, s'être repliés vers une plus grande pratique dans le cadre de pèlerinages. Sans doute a-t-il fallu pour beaucoup s'en remettre à la prière pour espérer un établissement rapide de la situation ou un retour du prisonnier de guerre dans son foyer.

Les occasions de se rencontrer sont plus rares et la prière collective, outre une pratique privée sans doute plus importante, permet de compenser une vie sociale amputée de nombreuses activités associatives. Certains répondent aussi aux appels de la hiérarchie à prier pour exorciser la défaite de 1940. Aussi, les pèlerinages redeviennent très fréquentés et sont des lieux de sociabilités liés au contexte pesant de l'occupation. Parmi les pèlerinages, celui des étudiants, à Chartres, né dans les années trente, connaît un regain d'intérêt à partir de 1941. L'historienne Renée Bédarida nous apprend qu'ils sont 1 200 en 1943, sous la conduite du père Faidherbe, aumônier de la faculté de droit de Paris[1]. Les lieux de prière mariale sont également fréquentés, comme celui de La Salette, près de Grenoble. Le pèlerinage de la jeunesse du Puy-en-Velay, entre le 12 et le 15 août 1942, en est un autre exemple : les « scouts routiers » l'organisent et 10 000 fidèles – des Chantiers de la jeunesse, de la JAC, de la JEC et de la JOC –, convergent vers le Puy. Le pèlerinage est placé sous le signe de l'union du pape avec le Maréchal, mais aussi avec la Vierge et les prisonniers. Une délégation de la Légion des volontaires contre le bolchevisme, en compagnie du nonce apostolique, d'évêques et de cardinaux nombreux, participe à la messe du 15 août. Le pèlerinage de Lourdes est aussi très « couru » pendant la guerre. Partout, dans les grandes cathédrales et à la basilique du Sacré-Cœur de Montmartre, les prélats notent des affluences régulières de plusieurs milliers de personnes.

Plusieurs régions françaises ont aussi croisé la route de Notre-Dame-de-Boulogne[2]. Le pèlerinage se développe spectaculairement sous l'occupation. La ferveur religieuse y est alors très importante. Ce retour à une forme de piété traditionnelle, assez inventive, n'est évidemment pas étranger au contexte de guerre de plus en plus pénible pour le quotidien des Français. Le pèlerinage de Notre-Dame-de-Boulogne fait partie de ces phénomènes spirituels qui échappent en partie aux explications les plus rationnelles[3]. En 1938, lors du congrès national marial de Boulogne-sur-Mer, la hiérarchie a décidé de faire circuler en France une statue de la Vierge, debout dans une barque. Son périple commence en 1939 et s'arrête aux portes de Reims au début des hostilités. La statue est alors protégée dans un couvent marnais. En juin 1942, le père jésuite Ranson décide de faire reprendre la route à Notre-Dame-de-Boulogne ; le « voyage processionnaire » commence par la Lorraine, et notamment par Domrémy, le village natal de Jeanne d'Arc. Des milliers de fidèles viennent à la rencontre de la statue. Elle est déplacée et montrée dans les deux zones. En zone non occupée, grâce à des extraits de la presse locale, on sait que les fidèles sont très nombreux et qu'ils n'hésitent pas à demander l'arrêt de la statue devant les monuments aux morts. Le caractère patriotique de la procession semble évident. En septembre 1942, Lourdes reçoit la statue en grande pompe. C'est de là que le pèlerinage de retour est lancé, à partir de 1943. Il s'agit de ramener la statue – appelée désormais « Notre-Dame-du-Grand-Retour » par allusion au « retour » vers Dieu grâce à l'intercession mariale, à Boulogne-sur-Mer[4]. Mais le succès populaire est tel que les responsables décident de fabriquer trois répliques de la statue, afin de toucher le plus grand nombre de fidèles. Chacune des quatre statues doit donc rejoindre Boulogne par des chemins différents, sur des chariots tirés par des hommes qui marchent pieds nus. La dévotion mariale est spectaculaire chaque fois que les statues atteignent une commune. Des messes ont lieu à minuit et les chants de la veillée sont à la fois destinés à la Vierge et aux prisonniers, à la paix et au pays. Avant chaque départ vers une autre commune, des centaines de confessions sont entendues par les prêtres.

Une des statues atteint l'Anjou en mars 1944. Le 16 janvier, dans *La Semaine religieuse*, l'évêque d'Angers fait publier le calendrier du futur passage de la statue : elle atteint près de la moitié des 400 paroisses du diocèse, du 11 mars jusqu'au 31 mai. Dans la même publication, le détail du périple est décrit avec un appel à la vigilance pour ne pas éveiller la sévérité des Allemands en ce qui concerne le couvre-feu : « Il est rappelé que le camouflage de la lumière doit être strictement observé dans l'église où la statue passe la nuit. Celle-ci restera fermée de 10 h 30 du soir à 5 heures du matin… Quel regret si, par suite d'une imprudence commise dans une paroisse, le "grand retour" se trouvait entravé ou même interdit pour le reste du diocèse. » La presse angevine évoque les « entrées triomphales » dans les paroisses[5]. Au passage de la statue, les habitants jettent de l'argent et des intentions de prière écrites sur des petits bouts de papier. A Cholet, quinze mille personnes attendent son arrivée. Partout, les habitants décorent les entrées des villages et les façades des mairies. Les drapeaux tricolores sont sortis.

Le plus surprenant est que les occupants n'ont pas interdit le voyage des pénitents de Notre-Dame-de-Boulogne et la rencontre avec les milliers de Français dans près de seize mille communes ! Or ils avaient interdit toutes les autres manifestations. Sans doute ont-ils vu là l'occasion de détourner l'attention des occupés vers d'autres préoccupations que les servitudes quotidiennes. Peut-être est-ce aussi de leur part un peu d'indifférence, voire d'impuissance, comme l'écrit Renée Bédarida[6]. Il est difficile d'avancer une hypothèse plutôt qu'une autre, faute de sources allemandes.

La longue procession a représenté un espoir. Pour autant, les catholiques de Belfort ont refusé de la recevoir en raison de leurs efforts œcuméniques avec les protestants ; il ne fallait pas réduire à néant un patient travail de dialogue entre chrétiens par l'arrivée d'une statue de la Vierge, qui aurait été une terrible provocation pour les protestants.

Au cœur d'une petite paroisse angevine

Dans les paroisses rurales des deux zones, les fidèles – majoritairement les mêmes qu'avant guerre – vont à la messe plus souvent. Dans le Grand Ouest, la ferveur religieuse est un peu plus importante. Mais les prêtres notent souvent que les femmes y vont davantage que les hommes, comme avant la guerre. Les pénuries sont durement ressenties et les curés en témoignent dans leur sermon ainsi que dans les bulletins paroissiaux. Depuis le début de l'occupation, en zone occupée, les Allemands n'autorisent plus dans ces bulletins une liberté d'expression totale. A partir de 1941, ils sont remplacés par les « brochures paroissiales ». A Andard (Maine-et-Loire), une petite commune rurale angevine, en mars 1941, le prêtre explique que les quelques feuilles qu'il publie « feront quand même la liaison entre [le] clocher » et les fidèles[7]. Il s'excuse auprès des fidèles de la mauvaise qualité de l'impression : « L'encre vaut pourtant très cher (100 francs le kilo) ; elle ne vaut plus rien. » Sous forme de chronique, le prêtre raconte les moments forts de la vie quotidienne spirituelle avec les suggestions pour le carême à venir. Il définit des règles, aménagées en fonction des difficultés quotidiennes : « Comment faire son carême alors ? En obéissant à l'Eglise qui demande l'abstinence du vendredi. A cause de la difficulté du ravitaillement elle n'exige pas cette année, de faire maigre le mercredi. » Il donne les dernières statistiques paroissiales des naissances, des mariages et des sépultures. Le prêtre signale un nouvel excédent de décès comme il l'avait déjà fait en 1940. Ceux qui meurent sont majoritairement âgés de plus de 70 ans, sans doute moins résistants aux restrictions et à la sous-alimentation. Faisant écho à la propagande de Vichy, le prêtre encourage les jeunes à la pratique du basket et il cite même Borotra, le commissaire général à l'Education physique. Un calendrier sportif est également imprimé. Le calendrier paroissial indique encore une messe chantée pour les prisonniers et l'échéance du paiement des places à l'église : « Les places à l'église : leur prix est majoré de 3 francs ! et porté à 15 francs. Ce n'est pas assez, certes, étant donné l'augmentation générale, mais ce n'est pas un maximum... On pourra donner plus ! Ce prix sera porté à 20 francs pour les retardataires, c'est-à-dire pour les personnes qui n'auront pas payé le 18 au plus tard. » Enfin, les notes des enfants du catéchisme sont louées ou critiquées. Le curé essaie donc de maintenir un lien à peu près « normal » avec ses fidèles, malgré toutes les difficultés.

Dans les brochures suivantes, le curé d'Andard donne souvent le même type de nouvelles, augmentées de celles des trente-trois prisonniers de guerre de la commune, à partir de février 1942 ; au détour d'un bulletin paroissial, on apprend que certains travaillent dans un vignoble de Rhénanie, d'autres dans des gares en Autriche ou encore chez un marchand de charbon ; beaucoup travaillent dans des fermes. Des séances théâtrales, des concours de cartes et de palets sont aussi organisés dans la paroisse pour récolter des fonds envoyés ensuite aux prisonniers (en octobre 1942, le bulletin annonce que 6 314 francs ont été adressés au comité des Prisonniers, soit plus de 14 000 francs sur deux années, ce qui est considérable et prouve la générosité de cette petite paroisse rurale). Le prêt de livres est également organisé et le prêtre somme les emprunteurs de les ramener au plus vite afin qu'un maximum de fidèles puissent en profiter pour les veillées. A la fin de 1942, le bulletin s'amenuise en raison d'une pénurie croissante de papier, d'encre et de stencil. Les nouvelles y sont donc moins nombreuses.

Mais la paroisse tente aussi d'agir par d'autres actions caritatives. Par exemple, en mars 1942, le curé fait un appel aux familles volontaires pour recevoir, moyennant finances, des enfants de la Seine-et-Oise pendant la période des vacances d'été : « Ce seraient des enfants de familles aisées, de bonne éducation, sans maladie, mais seulement anémiés par les restrictions. » Les campagnes sont donc présentées comme des lieux de remise en forme pour enfants des villes grâce à une nourriture plus abondante et à un air considéré comme plus sain par la tradition. Les curés de nombreuses paroisses françaises, mais également les municipalités rurales, ont fréquemment reçu ce genre de demandes. Si elle offre un bon observatoire de la vie spirituelle au quotidien, la paroisse d'Andard ne peut pas à l'évidence résumer l'ensemble des soucis des prêtres et des paroissiens français qui, outre la prière, sont chargés d'aider à l'entretien de l'église et des activités afférentes.

Une indignation croissante face aux injustices

La politique antisémite de Vichy fait réagir les chrétiens à partir de 1941, notamment les protestants au nom desquels le pasteur Boegner rédige et envoie, en mars, deux lettres de protestation. L'une est destinée à soutenir le grand rabbin de France ; l'autre est un avertissement à l'amiral Darlan. Rien n'infléchit pourtant la politique de Darlan qui annonce au pasteur qu'un second « statut des Juifs » encore plus répressif est prévu avant l'été 1941. Avec le « statut » du 2 juin, les autorités religieuses catholiques et protestantes réagissent en toute discrétion ; il n'y a aucune dénonciation publique. Les fidèles chrétiens sont un peu plus expressifs lors de la promulgation allemande du 29 mai 1942 qui consiste à faire porter aux Juifs en zone occupée une étoile jaune, cousue sur le vêtement ; des centaines de chrétiens portent alors des étoiles en signe de solidarité. Le pasteur Boegner continue par des lettres d'alerter le maréchal Pétain contre ces mesures jugées inadmissibles[8].

Dans le même temps, dès 1940 en zone non occupée, dans les camps d'internement, des chrétiens tentent d'améliorer le sort des internés grâce à des mouvements comme « la » Cimade – le sigle est désormais employé au féminin – (Comité intermouvements auprès des évacués créé par les protestants, mais des catholiques y ont été associés) – ou l'Amitié chrétienne créée à Lyon en 1941 autour de catholiques (l'abbé Glasberg, le père Chaillet, Jean-Marie Soutou, Germaine Ribière) et de protestants (le pasteur Roland de Pury, entre autres). En fait, l'été 1942 constitue un tournant dans le comportement d'un très grand nombre de chrétiens en raison des rafles, dont celle des 16-17 juillet à Paris (la rafle du Vél' d'Hiv). Beaucoup sont choqués par une telle violence. En zone occupée, protestants et catholiques, dignitaires ou non, écrivent par centaines aux autorités de Vichy pour manifester leur indignation. Les lettres de protestation sont restées inconnues du public à l'époque. En zone non occupée, plusieurs déclarations épiscopales alertent aussi l'opinion. Des lettres sont même lues en chaire. La BBC et la presse résistante évoquent très vite celle de Mgr Saliège, l'archevêque de Toulouse. De la même façon, le 4 octobre 1942, le Conseil national de l'Eglise réformée fait lire une déclaration dans tous les temples. Les chrétiens sont écœurés et scandalisés. L'Amitié chrétienne et la Cimade ont de plus en plus de mal à exercer leur solidarité sans encourir le risque de la répression policière. Leur action emprunte donc peu à peu la voie clandestine. Avec l'occupation totale, le 11 novembre 1942, d'autres chrétiens se rendent compte que les autorités de Vichy ont lourdement failli. Dans plusieurs régions, des centaines de chrétiens décident alors de recueillir des enfants et des fugitifs dans leur maison, leur presbytère ou leur couvent.

Après le mouvement de répulsion des catholiques et des protestants face aux rafles de 1942, le STO, instauré en février 1943, est encore plus difficile à accepter pour les familles. Cela suscite des questions, dont celle de l'obéissance à tout prix aux ordres de la hiérarchie. Le grand écart entre les valeurs et la réalité devient trop difficile à faire. De même, les fidèles n'écoutent plus aveuglément leurs évêques. Le bien commun et individuel est désormais menacé et cela n'est pas acceptable de la part d'un régime qui a laissé entrevoir d'autres perspectives en 1940. Avec le STO, chaque famille qui abrite un jeune homme se sent concernée au premier chef. La hiérarchie catholique donne peu d'indications aux fidèles pour choisir la meilleure issue, chacun doit donc s'en remettre à sa conscience ou aux conseils d'un prêtre courageux qui partage leur quotidien. Des centaines de famille décident alors de se démarquer davantage d'un régime pourtant « légitime ».

Dans les mouvements de jeunesse catholique – les scouts, la JOC, la JAC, la JEC –, les avis sont partagés au sujet du STO : si certains voient l'occasion de participer à une forme de solidarité avec la classe ouvrière, d'autres pensent que partir en Allemagne, c'est aider le Reich à gagner la guerre, ce qui ne leur paraît pas acceptable. Dans ce dernier cas, le choix de la clandestinité s'avère être la seule solution. Pourtant, certains jeunes pensent partir en mission quand ils vont en Allemagne, convaincus qu'ils contribuent aussi à aider les non-croyants. De nombreux jacistes et jocistes ont donc

répondu favorablement à l'appel du STO. Pourtant, chez
les étudiants catholiques et protestants, l'attitude est
sans ambivalence : le rejet pur et simple du STO est
majoritaire. Peu à peu, les évêques prennent position sur
le STO et se montrent défavorables au départ des jeunes
chrétiens en Allemagne. Naturellement, les réquisitions
de main-d'œuvre sont dénoncées par les résistants chrétiens, notamment pendant l'été 1943, dans les *Cahiers
du Témoignage chrétien :* un appel est lancé pour aider à
cacher les réfractaires. Ceux-ci gonflent alors les rangs
du maquis. Une vie spirituelle y est d'ailleurs assurée en
certains cas à l'aide de prêtres devenus les « aumôniers
du maquis ».

Etre chrétien sous l'occupation, c'est donc pour beaucoup adopter une attitude d'obéissance à la hiérarchie
catholique. D'autres choisissent le repli sur leur vie privée,
dans une forme de neutralité. Tous ne rallient pas aveuglément la Révolution nationale. Les questionnements
n'ont pas manqué. Les protestants sont beaucoup plus
réticents face à un Etat autoritaire et antisémite et leur
entrée en résistance est sans doute moins problématique ;
ils cultivent une mémoire « souffrante » liée à leur histoire
depuis les massacres des guerres de Religion au XVIe siècle
et l'édit de Nantes de 1685, malgré les avancées favorables depuis 1789. Les protestants ont riposté aux
contraintes idéologiques et répressives, sans doute plus
précocement que les catholiques dans certaines régions
comme les Deux-Sèvres, le Lyonnais ou les Cévennes.
Bien sûr, on trouve des cas isolés de catholiques qui
empruntent la voie résistante non par conviction religieuse, mais plutôt par patriotisme. Les motivations des
uns et des autres révèlent souvent une grande complexité.
Dès 1940, par exemple, à Montbéliard, l'abbé Flory
s'engage dans le refus de l'occupant, puis dans la résistance ; il organise des filières d'évasion d'aviateurs alliés
vers la Suisse. Dans le Nord, dès 1940, l'abbé Bonpain se
montre très réticent à Pétain et à l'occupation ; devenu
résistant, il est arrêté, puis exécuté en 1943. Les résistants

catholiques et ceux de la France Libre ont souvent fait reproche à leurs évêques de ne pas avoir été plus virulents contre le pouvoir vichyste. Si des jeunes des mouvements chrétiens ont rejoint le STO sans rechigner, des centaines d'autres – membres de la JOC, de la JEC – avec des membres de Témoignage chrétien et des prêtres, sont morts en déportation en 1943-1944.

Une vie religieuse à risque pour les Juifs

Avec l'occupation, les Juifs ont vu leur culte menacé ; l'organisation des communautés est en danger dans tout le pays[9]. Toutefois, les Juifs font tout pour préserver leurs traditions, même si les déportations réduisent bien entendu l'exercice du culte. Il suffit de l'énergie d'un rabbin pour faire vivre une communauté, mais sa déportation anéantit en grande partie la vie religieuse de ses coreligionnaires, contraints ensuite à la clandestinité.

Globalement, même en nombre restreint et malgré l'éclatement des communautés, les historiens concluent à une grande vivacité religieuse des Juifs sous l'occupation. Beaucoup reviennent dans les synagogues malgré une surveillance accrue des lieux de culte juifs par Vichy[10], qui n'hésite pas à fermer plusieurs synagogues avant l'invasion de la zone dite libre, en novembre 1942[11]. Même quand elles ne le sont pas, elles sont exposées, telle celle de Marseille, qu'un attentat endommage le 18 mai 1941 ; celle de Vichy est attaquée le 6 août suivant ; l'évêque de Marseille s'insurge alors contre l'atteinte à la liberté du culte[12]. Sept synagogues parisiennes sont également touchées.

13

Enfants sous l'occupation

Le froid, la faim, l'école

De nouvelles conditions de vie

Les enfants des deux zones ne voient pas exactement leur environnement quotidien de la même façon, du moins jusqu'en novembre 1942. Dans tous les cas, l'encadrement par les adultes se resserre en dehors de la cellule familiale. Ceux de la zone occupée sont en contact direct avec les Allemands, tandis que ceux qui vivent de l'autre côté de la ligne de démarcation sont vite pris en charge par la propagande du régime de Vichy qui envisage une quasi-militarisation de la vie quotidienne des enfants dans les salles de classe, sous les préaux et sur les stades. La vie intime de l'enfant en est bouleversée.

Le quotidien des enfants change et varie selon les familles ; l'absence du père est sans doute l'un des problèmes les plus importants. Avec leur mère, les enfants doivent faire face à toutes les tâches quotidiennes et aux décisions importantes pour compenser l'absence paternelle. Mais il y a beaucoup plus grave encore, à savoir la vie effroyable des enfants des familles juives persécutées. Enfin, il convient de ne pas oublier les enfants qui appartiennent à d'autres familles sur lesquelles les répressions s'abattent aussi : celles où l'un des parents est juif, communiste, résistant, gaulliste ou franc-maçon.

Dans la France de 1940-1945, certains enfants sont davantage sollicités pour des tâches domestiques et ménagères, car les parents doivent passer beaucoup de temps hors de la maison pour aller chercher carottes, choux ou pommes de terre, parfois à plusieurs dizaines de kilomètres, après l'annonce d'un arrivage dans la presse quotidienne. A la campagne, les enfants vont chercher l'eau au puits ou du bois dans les environs. Ce sont des corvées très contraignantes pour les enfants. Le lavage et l'épluchage des légumes sont également au programme. Certains se rappellent les mains douloureuses quand il fallait faire la vaisselle à l'eau glacée, en plein hiver. L'été, dans le monde rural, les enfants sont requis pour aider aux travaux saisonniers comme les vendanges – souvent au moment de la rentrée scolaire, début octobre – ou les moissons à partir de juin-juillet. D'autres enfants encore sont employés à ramasser le tabac ou les noix. Celles-ci doivent ensuite être cassées pour le passage au pressoir à huile. Des enfants des villes ont connu ces travaux des champs quand ils ont été placés durant une partie de la guerre chez des grands-parents agriculteurs ou dans des familles d'accueil. Nombre de photographies familiales montrent les enfants et leur mère avec les grands-parents sur le seuil d'une ferme, entourés de poules et de canards. Cela en a marqué beaucoup.

D'autres souvenirs frappent les enfants : les nuits très froides de l'hiver. Les couvertures et les édredons n'ont pas toujours suffi à tenir les plus jeunes au chaud. Les sœurs Benèche rappellent combien ce froid qui traverse tout fut le compagnon de longues nuits sans sommeil[1]. Elles eurent toutes les difficultés s'y adapter un tant soit peu. D'autres témoins racontent que l'on glissait des briques chauffées dans le poêle – quand il y avait encore assez de bois – au fond du lit. Cette pratique n'est pas nouvelle, mais elle est beaucoup plus appréciée en ces temps difficiles. Il y a eu d'autres systèmes pour chauffer la literie comme ces petites cages en châtaignier, remplis de braises chaudes, qu'il ne fallait pas renverser sur les draps[2].

À l'école, angoissés et affamés

Les enfants connaissent d'autres désagréments dès 1939-1940, car les habitudes changent très vite. Par exemple, certains écoliers connaissent la curiosité et l'étonnement face à l'arrivée d'enfants inconnus, venus des régions évacuées, à scolariser au plus vite. Ils s'installent dans les classes de l'école ou du collège, ainsi que dans des annexes improvisées en toute hâte par les comités d'accueil. On imagine que les conditions d'apprentissage sont difficiles. Mais pour les enfants, c'est aussi un moyen de se distraire des efforts que font leurs parents pour vivre et survivre. Puis, avec l'invasion, l'école cesse de fonctionner en juin 1940, avant de reprendre en octobre, sous occupation allemande ou sous l'autorité de Vichy. Dans les deux cas, nombre d'enfants sont choqués, apeurés, mais aussi parfois insouciants, car ils ne comprennent pas toujours ce qui se passe, entourés par des parents eux-mêmes affolés. Ce n'est que plusieurs années après la Libération qu'ils reconstruisent les événements et trouvent certaines réponses à des questions posées dans les années quarante. La Croix-Rouge estime à 95 000 le nombre d'enfants perdus pendant la débâcle et l'exode ; des colonnes entières d'avis de recherche remplissent alors les journaux pendant le second semestre de 1940. Les écoliers qui reviennent dans leur région d'origine sont parfois brutalement exposés aux destructions causées par les batailles, notamment à l'est et au nord-est du pays en 1940. En 1944, les petits Normands et Ardennais sont confrontés aux mêmes paysages de désolation. L'école n'est le plus souvent que cendres fumantes.

Après l'armistice, des milliers d'enfants sont restés là où les parents les avaient conduits pendant l'exode. Aller à l'école n'est donc pas toujours facile pour certains élèves qui se sentent rejetés, car étrangers à la région de refuge[3]. On se souvient des deux petits protagonistes de *Jeux interdits*, le film de René Clément sorti en salle en mai 1952, et qui revêt un aspect documentaire sur l'exode, le monde des enfants et la vie quotidienne du monde rural. Mais les enfants s'habituent vite à bien des situations, se créent d'autres univers grâce à leur imagination. Ainsi beaucoup se remémorent les bons souvenirs comme les fêtes et les pique-niques scolaires. Les sœurs Benèche, dans les cartes interzones de 1941-1942, décrivent fréquemment leurs résultats scolaires. C'est un moyen d'oublier un peu l'ennui et la solitude, mais c'est aussi et surtout la possibilité de montrer leur affection aux parents ainsi que le respect de certaines consignes d'éducation.

Aller à l'école, c'est donc quitter sa maison et le poids des contraintes vécues par les adultes ; c'est faire du théâtre, du dessin, de l'éducation physique, organiser des petites fêtes, etc. Se rendre à l'école, c'est aussi rentrer dans une structure très encadrée par le régime de Pétain en zone non occupée. C'est avoir chaud autour du poêle de la classe, c'est parfois manger – quand il y a une cantine – un peu mieux qu'à la maison. Dans plusieurs écoles, quand il y a un arrivage exceptionnel, les suppléments alimentaires sont très bien accueillis, comme ces cinquante grammes de pain distribués pour le goûter aux écoliers de Tournissan (Aude), à partir du début d'avril 1941[4]. Evidemment, c'est au maître de tout organiser en respectant un circuit administratif et hiérarchique précis et pesant ; Janine Roux, 13 ans, raconte avec minutie cette opération de partage scolaire, avec le ton de celle qui résout un problème d'arithmétique :

« A l'aide d'un bon qu'il reçoit chaque mois de l'Inspection académique notre maître fait prendre le pain chez le boulanger. Chaque élève a droit à un supplément de 50 grammes ; il y a 58 élèves à l'école, le boulanger donne donc 2,9 kilos de pain tous les jours ; mais les jours de classe seulement ; nous n'en avons pas en supplément les jours de congé ou de vacances ou quand nous manquons l'école. Notre maître calcule la ration de chacun en divisant 2,9 kilos par le nombre de présents ; comme il y a toujours 4 ou 5 absents, nous avons 52 à 54 grammes pour chacun au lieu de 50. [...] Nous mangeons ce pain avec plaisir ; la plupart sec sans rien, quelques-uns apportent à l'école des verres, des tasses, contenant un peu de confiture faite avec du moût de raisin vendu par la Cave coopérative[5]. »

La faim est la compagne principale des enfants, d'autant que le système officiel de rationnement ne les a pas spécialement privilégiés. Or, paradoxalement, Vichy entend s'occuper au mieux des enfants. Ceux-ci apprennent assez vite la valeur des cartes et des tickets. Des aides publiques nationales et internationales, bien trop insuffisantes, sont apportées aux cantines scolaires. Et Vichy d'en faire une large publicité. De même, les dons de fermiers aux écoles rurales n'apaisent pas toujours la faim ; en ville, c'est bien pire. La distribution des bonbons vitaminés n'est pas non plus la panacée dès que les difficultés de ravitaillement s'accumulent. Des écoliers s'endorment en classe ou bien ont des malaises. Le directeur de l'enseignement primaire, Stéphane Jolly, a sommé les écoles d'organiser des goûters dès la fin de 1941, pour limiter les effets de la sous-alimentation des enfants scolarisés. En 1943, les écoles reçoivent des biscuits caséinés, mais c'est insuffisant. Entre 1940 et 1944, les enfants âgés de 6 à 14 ans ont manqué de 800 calories quotidiennes[6] ! Même si ces carences restent inférieures à celles que subissent les autres catégories de la population française, ce n'est en rien négligeable dans la vie quotidienne d'un enfant et pour son équilibre physiologique à long terme. Un dernier exemple : à Montpellier, la faculté de médecine estime entre 1941 et 1945 que 72 % des enfants subissent une défaillance importante de la rétine. Enfin, le ministre de l'Education nationale Abel Bonnard reçoit un rapport inquiétant en janvier 1943 qui lui signale que 85 % des enfants scolarisés ont les dents cariées[7].

Des savoirs surveillés et des Allemands détestés

Façonner de jeunes esprits

L'éducation et l'enseignement sont des domaines que le régime de Vichy et les occupants surveillent avec grand intérêt tout au long de l'occupation. L'enjeu est de taille : façonner de jeunes esprits à une idéologie. La pénurie d'enseignants est importante que ce soit à cause de la mobilisation – 26 100 instituteurs sont mobilisés en 1939-1940 contre 35 817 en 1914-1918[8] –, de la captivité ou du STO à partir de février 1943. Par exemple, on sait qu'à Paris, en 1944, 272 instituteurs sur 486 sont requis par le STO. Il ne faut pas oublier non plus ceux qui ont été tués au combat – environ 500 en 1940[9] –, arrêtés, internés, déportés, exécutés ou appelés par le combat clandestin de la Résistance. A l'évidence, les écoles ne sont pas toutes en état de recevoir les élèves et leurs enseignants, car elles sont bombardées ou occupées par les réfugiés, puis par les forces d'occupation.

Les programmes scolaires sont réformés dès 1940 par le régime de Vichy ; une liste de livres de lecture proscrits est diffusée dans les écoles à partir du 3 février 1941. Dès la rentrée de 1940, les maîtres et les enfants attendent de nouveaux manuels, mais la pénurie de papier freine les publications programmées[10]. De toute façon, il n'est pas sûr que l'instituteur soit pressé de les recevoir. Bien des instituteurs répugnent à utiliser les nouveaux manuels, préférant reprendre les anciens. En fait, Vichy n'a pas vraiment les moyens de faire appliquer à la lettre ses mesures sur l'utilisation des nouveaux outils pédagogiques.

Parmi toutes les disciplines enseignées, hormis l'éducation physique, c'est l'histoire de France qui est placée au cœur de la nouvelle approche idéologique de la jeunesse par le régime de Pétain[11]. Pour ce faire, des instructions sévères sont adressées aux enseignants. L'une d'entre elles date du 5 mars 1942 et montre la volonté de grouper les

Français autour de la Révolution nationale au nom de l'« unité », un terme si souvent prononcé dans les allocutions du maréchal Pétain. Les occupants censurent ainsi les évocations des massacres opérés par les Prussiens contre les populations civiles françaises de l'est pendant la guerre de 1870 ; le manuel d'histoire de Léon Brossolette – père de Pierre, résistant – paru en 1937 chez l'éditeur Delagrave pour les CM et les CEP en fait les frais. Interdit par les Allemands à la fin août 1940, l'ouvrage l'est ensuite par le régime de Vichy. Les Allemands veillent ainsi à tous les textes qui risquent de nourrir un sentiment de revanche chez les maîtres, les jeunes écoliers français et leurs parents.

Pour les professeurs de lycée, les contraintes de la censure sont également une réalité puisque entre 1941 et 1943, en zone occupée, onze manuels scolaires destinés au secondaire sont interdits, notamment des ouvrages d'histoire contemporaine pour les classes de troisième et de terminales – appelées classes de philosophie/mathématiques. Les manuels de second degré sont pourtant moins touchés par la censure que ceux du premier degré. C'est l'histoire de la guerre de 1914-1918 qui est souvent visée par la censure, car elle a été pour l'occupant synonyme d'humiliation. Le célèbre Malet-Isaac est également revu et censuré. Le régime de Vichy pense ainsi amener en France un renouveau de l'étude historique sous son contrôle et sous le regard des Allemands. Le secrétaire d'Etat à l'Education nationale, Jérôme Carcopino a mis au point de nouveaux programmes d'histoire pour le second degré, en décembre 1941 : l'étude de l'Antiquité fait un retour en force, ce qui n'est pas un hasard, car Carcopino est l'un des grands spécialistes français de l'histoire romaine[12]. Il donne également une place de choix à l'étude démographique autour du thème de la famille à travers l'histoire, sous forme de chapitres spécifiques de la sixième à la troisième. Enfin, la place de la Révolution française dans l'histoire de France est revisitée et très dévalorisée : la Terreur révolutionnaire est considérée comme un mal absolu et non comme un mal nécessaire – jugement adopté auparavant par une partie des historiens universitaires de la IIIe République. Le 14 juillet 1789 est vu comme le fruit d'une surexcitation de la foule autour de la Bastille.

Le discours général des instructions de la IIIe République est en grande partie « re-formaté » par le régime de Pétain. En quatre années seulement, ce dernier n'a pas pu tout réviser ni conduire les futurs adultes à des mutations culturelles radicales et décisives.

Les enfants du Maréchal ?

En zone dite « libre », l'école est restée sous la tutelle gestionnaire de Vichy, ce qui est unique. Car toutes les autres institutions ont été de près ou de loin soumises à la loi ou au regard intransigeant du vainqueur. Toutefois, même en zone occupée, les enfants n'ont pas été soumis à la nazification du système scolaire, bien que les services d'Otto Abetz, « ambassadeur » du Reich en France, aient imposé la censure sur nombre d'ouvrages et d'auteurs. Des milliers d'écoliers français, notamment à Paris, ont également été contraints de visiter les expositions comme « Le Juif et la France » ou encore « Le Bolchevisme contre l'Europe ».

Le régime de Vichy a redonné leur place aux congrégations religieuses dans l'école par un ensemble de lois. Avec celle du 6 janvier 1941, les communes ont la possibilité de subventionner des écoles privées. Dès 1941, les écoles élémentaires comprennent deux cycles avec un concours d'entrée en sixième. Les écoles primaires supérieures deviennent des collèges, dont la spécialisation concerne l'enseignement agricole.

Selon le régime de Vichy, dans le lot des connaissances indispensables aux enfants, le savoir encyclopédique et la science n'ont pas leur place. Ils sont rejetés comme des domaines dangereux pour l'esprit de la jeunesse. Mieux vaut finalement penser le moins possible quand on va à l'école sous Vichy. Les idées démocratiques et laïques sont gommées. Place est faite à la morale, au nationalisme et à la foi. Les enfants doivent acquérir le goût du sacrifice pour l'ensemble de la communauté nationale. Les écoliers doivent vénérer le maréchal Pétain et être obéissants au régime et à ses services. La vie quotidienne à l'école est émaillée d'exercices de discipline quasi militaires et du chant de l'hymne au Maréchal :

> *Maréchal, nous voilà !*
> *Devant toi le sauveur de la France,*
> *Nous jurons, nous tes gars*
> *De servir et de suivre tes pas.*
> *Maréchal, nous voilà...*

Ce couplet est le plus connu des enfants. De même, à Lyon en 1941, un album illustré est consacré à l'héroïsation du Maréchal. Il est intitulé *L'Hymne au Maréchal*. Il s'agit de l'histoire de petits enfants qui n'ont jamais vu Pétain et qui, apprenant la venue d'un maréchal dont ils ne connaissent pas encore le nom, dessinent et découpent des étoiles dorées pour lui rendre hommage. A la fin de l'album, les illustrations montrent les enfants ébahis de voir Philippe Pétain venir vers eux. La sacralisation du pouvoir personnel est à son comble dans cet ouvrage pour enfants.

De nombreux témoignages d'enfants rappellent cette habitude du chant sous l'occupation tel ce jeune Périgourdin, Guy Moreau, âgé de 8 ans : « J'allais à l'école et, comme tous les enfants de l'époque, j'ai chanté "Maréchal, nous voilà !" devant le drapeau français qui était hissé chaque matin. Nous avons écrit au Maréchal, et je lui ai envoyé un dessin. Pour nous remercier, il nous a adressé un portrait de lui que j'ai immédiatement accroché à côté du crucifix qui ornait le mur au-dessus de mon lit. C'est vous dire comme j'y croyais[13]. » En zone non occupée, la levée hebdomadaire des couleurs participe de ce culte de la personnalité. En zone occupée, « Maréchal, nous voilà » est moins chanté. Les enfants les plus âgés ne chantent pas tous avec force et conviction ; à la maison, les parents se montrent souvent hostiles à une telle manipulation, mais les enfants doivent chanter pour ne pas voir leurs parents suspectés par l'instituteur zélé de nuire à l'effort de redressement national engagé par le vainqueur de Verdun.

En zone non occupée, les enfants sont invités aux cérémonies sportives départementales et régionales avec prestation de serment, mais aussi aux fêtes de Jeanne d'Arc – dont ils doivent connaître la vie par cœur – et à d'autres défilés patriotiques. Le Maréchal insiste pour être entouré d'enfants lors de chaque déplacement. Le culte au Maréchal est savamment orchestré : de 1940 à 1942, les enfants confectionnent des milliers de petits objets – des boîtes d'allumettes par exemple – et des cartes avec des dessins, mais ils écrivent aussi des témoignages de reconnaissance dans le cadre d'un concours de poésie pour remercier le vieux maréchal de France. Près de deux millions de textes auraient été adressés au maréchal Pétain pour Noël 1940. Les dix mille plus belles œuvres sont l'objet d'une grande exposition à Vichy à la fin de 1940. Tous les écoliers reçoivent une carte double en guise de remerciement avec un portrait de Pétain et un petit texte écrit de sa main. Un chêne de la forêt de Tronçais est baptisé par le Maréchal en présence de centaines d'écoliers ; l'arbre porte le nom du « sauveur de Verdun ». Dans ses allocutions, Pétain s'adresse souvent aux enfants, car il aime leur compagnie et sait leur importance pour sa politique de propagande ; il leur consacre même un discours spécifique le 13 octobre 1941, radiodiffusé depuis le bureau de l'instituteur d'une école de l'Allier, à Perpigny : « Jeunes élèves des écoles de France, [...] l'année dernière, pour Noël, plus de deux millions d'entre vous m'ont dit qu'ils m'aimaient de tout leur cœur et ils m'ont envoyé de magnifiques dessins. C'est très bien mais, puisque vous voulez être avec moi, il ne suffit pas de me le dire, il faut le montrer à tout le monde[14]. » Il rappelle ensuite qu'il faut toujours rester loyal avec ses camarades, ne pas tricher en classe et se montrer courageux. Des plaquettes, des brochures et des affiches pour la classe reprennent systématiquement les messages de Pétain à destination des enfants et des jeunes, alors même que les maîtres et les maîtresse manquent de cahiers, de craies, de crayons, de peinture à l'eau, de papier. Les parents ont aussi l'obligation d'utiliser leurs points de ravitaillement pour acquérir feuilles et cahiers : en septembre 1942, d'après la Commission de répartition du papier et du carton, il faut trois points de ravitaillement pour un cahier de 24 feuilles, 5 points pour un cahier de brouillon de 96 pages, 25 points pour 400 copies, etc.[15]. Nombre de familles n'ont pas pu s'acquitter durant toute la guerre de l'achat des fournitures, auquel s'ajoute la pénurie vestimentaire qui empêche les parents d'habiller décemment leurs enfants. Ce qui explique en partie l'absentéisme croissant des élèves pendant la guerre : des parents ont parfois honte de montrer leur appauvrissement et de faire partir leurs enfants à l'école l'hiver avec des chaussures d'été trouées, et sans cahier. Un dernier exemple est donné par Ginette Thomas, revenue à Paris après l'exode ; elle est en alors quatrième : « Il y avait, dans la cour de l'école, une petite maison sans étage, me semble-t-il, dans laquelle on dispensait les cours d'enseignement ménager. [...] Mais nous ne fîmes jamais connaissance avec les trésors qu'elle devait recéler. Nous n'y fîmes jamais le moindre plat cuisiné, ni le moindre gâteau. Absence de matières premières oblige. Mais le plus comique était la simulation des cours de repassage. [...] Nous découpâmes soigneusement des carrés ou des rectangles de papier, de dimensions fort modestes [...]. Nous ne lavions pas, nous ne repassions pas, nous faisions comme si[16]. »

Tout est bon pour rappeler aux enfants leur importance dans la future France : leur place dans l'empire colonial, leur futur rôle de parents dont la tâche première est d'enfanter, dans la droite ligne de la politique nataliste du régime. Des jeux et des jouets pour les petites filles tels les dînettes, les bébés en plastique, les landaus, etc. sont proposés à la vente, en plus grand nombre qu'avant la guerre. A l'école, il est bien vu que les institutrices enseignent les règles d'une bonne maternité grâce à des brochures conçues à cet effet. Mais évidemment, l'éducation sexuelle est passée sous silence ; la grossesse n'est pas même évoquée. Créer une famille doit apparaître comme le devoir fondamental et incontournable pour les garçons et les filles. A l'école et en librairie, les publications sur ces sujets ne manquent pas. La vie quotidienne des enfants est donc « bercée » de leçons de morale naïves ; tout est présenté dans les brochures avec une certaine candeur.

Mais les projets d'endoctrinement des enfants vont plus loin encore. Pour préparer le jour de l'an 1941, des pourparlers ont lieu entre Vichy et les Allemands afin de faire venir des écoliers des deux zones à Vichy ; cela ressemble à un « pèlerinage » scolaire pour honorer le chef de l'Etat français. Pour l'occasion, un goûter exceptionnel est donné aux enfants au casino ; des groupes de toute la zone occupée obtiennent des laissez-passer spéciaux délivrés par les Allemands. La presse en fait une large publicité, ce qui n'est pas sans séduire les parents. D'autres « pèlerinages » de ce type sont organisés et témoignent à chaque fois que Vichy ne laisse rien au hasard quand il s'agit de détourner des esprits les plus jeunes vers « sa » Révolution nationale.

Le soir venu, les enfants rentrent de l'école et font leurs devoirs. Certains sont seuls et les parents les laissent se débrouiller ou les envoient les faire dans d'autres familles, sur un coin de table. Partir en vacances n'est pas facile pour tous les enfants, notamment pour les pensionnaires qui doivent franchir la ligne de démarcation et sont soumis à des quotas de laissez-passer par les autorités occupantes.

Finalement, en 1942, le bilan est assez mauvais pour le régime de Pétain. Très vite, il est confronté aux difficultés occasionnées par les demandes de plus en plus pressantes des Allemands, engagés sur d'autres fronts militaires, qui cherchent de quoi nourrir leur économie de guerre de plus en plus gourmande. Surtout, la faim des écoliers a eu raison des intentions de Vichy, même si des rapports d'inspecteurs signalent que certains enfants sont moins faméliques que d'autres, sans doute parce que leurs parents pratiquent le marché noir. Sur le plan psychologique, de nombreux enfants – notamment ceux qui ont vécu sous des bombardements – ont été traumatisés pour toujours, mais, globalement, les enfants ont une faculté surprenante de récupération psychologique. Sans doute, l'insouciance de leur âge et les jeux leur font oublier un peu les tracas quotidiens.

L'inflation de directives et la frénésie bureaucratique de Vichy, sans compter de mauvais diagnostics sur l'avenir de la France, ont eu raison des tentatives d'enrôlement des enfants et des adolescents dans le cadre de l'école. Les archives de la Préfecture de police de Paris montrent clairement la déscolarisation d'un nombre croissant d'élèves entre 1940 et 1943, en raison de l'exode, de l'éclatement des familles, de l'absence d'enseignants, de la paupérisation, de l'exil, du froid, de la répression, etc. Vichy ne semble pas avoir réussi à enrayer l'absentéisme scolaire à cause de dysfonctionnements administratifs de taille.

Jouer et fêter Noël

Si les bibliothèques ont été très fortement fréquentées par les parents sous l'occupation, ce de façon inégalée auparavant, elles se remplissent aussi d'enfants, malgré l'absence de chauffage, permanente l'hiver, et les fermetures inopinées. Dans les villes, les possibilités d'emprunter un livre à la bibliothèque semblent bien plus grandes que dans le monde rural et les enfants ont, comme les adultes, besoin par ce biais de s'évader ou de recréer un monde imaginaire. Insouciants, ils rêvent encore malgré les événements qui les entourent. C'est pourquoi des parents tentent de « faire comme si », pour ne pas désespérer les plus jeunes. S'occuper au quotidien de la bonne santé de leurs enfants a été sans doute pour beaucoup de parents un moyen de ne pas tomber eux-mêmes encore plus bas psychologiquement. Pour certains, il faut aussi essayer de dégager les jeunes esprits des arguties que diffuse quotidiennement la propagande, notamment à l'école, parfois malgré les efforts d'enseignants qui tentent de les minimiser.

De même, dans la France des années noires, hormis les jouets destinés au culte du maréchal Pétain, dans les cours d'école, les jeux sont toujours les mêmes qu'avant guerre avec des variations régionales : la marelle, les billes, le mouchoir, les osselets, le béret, les barres, etc. Une nouveauté apparaît cependant, liée au contexte général : âgé de 8 ans, Gérard Bouty de Périgueux l'évoque dans ses souvenirs : « Nous jouions dans la cour aux Français et aux Allemands. Pour tout vous dire, il n'y avait pas beaucoup de candidats pour être Allemands[17]. » En dehors des cours de récréation, les ruines de certaines communes bombardées constituent également d'excellents terrains de jeux. Des enfants s'amusent à ramasser les douilles et des étuis de balles non utilisés tandis que d'autres tentent de récupérer des planches laissés par les soldats pour faire des cabanes. Dans le premier cas, les enfants réutilisent la poudre des balles pour faire des feux de Bengale ; certains y perdent un œil ou plusieurs doigts. Dans les cours d'école, les garçons imitent aussi les bruits des avions qui attaquent. De leur côté, les filles jouent toujours à la « marchande », mais un rapport d'inspection de Marseille relève qu'elles distinguent la boutique de l'arrière-boutique dans laquelle une activité économique illicite est possible[18]. C'est une allusion claire au marché noir.

Les Noëls de l'occupation sont bien tristes. Les enfants des familles modestes reçoivent peu de jouets en cadeau. Le plus souvent, les parents offrent un vêtement et/ou des oranges, chères et rares, un peu de chocolat, parfois rien. Dans les grandes villes comme Paris, les grands magasins continuent pourtant de décorer les vitrines pendant la période de Noël, comme en 1941 où un fonctionnaire de la Préfecture de police de Paris rapporte qu'« à l'approche des fêtes de Noël, les Galeries Lafayette, le Printemps tentent de proposer une grande variété de jouets pour les enfants avec une ambiance de Noël pour égayer les esprits[19] ». A l'évidence, ce rapport ne peut pas faire illusion et ne résume en rien la situation de l'ensemble du pays. A Vichy – qui veut se donner des airs de seconde capitale –, les vitrines sont plus décorées que dans bien d'autres villes françaises de cette taille.

Pour beaucoup de Français, c'est la messe de minuit du 24 décembre qui reste le point fort de la fête de Noël. Certains essaient tout de même de dénicher une bûche pour la cheminée et des victuailles un peu plus rares que d'habitude. Mais beaucoup d'enfants se souviennent de repas de Noël bien maigres. Déjà en 1940, le régime de Vichy a essayé de prendre des mesures pour Noël à destination de ceux qui possédaient des cartes « priorité ». En vain. Le discours du vieux Maréchal n'apporte guère de réconfort aux enfants, même si l'allocution du 25 décembre 1940 leur est destinée. Il dit les comprendre dans leur peine de ne pas trouver « de jouets dans leurs souliers ». En 1941, le régime de Pétain débloque des crédits exceptionnels pour Noël afin de faire oublier un peu la guerre et ses difficultés. Ce sont les réfugiés de la zone non occupée qui en sont les premiers bénéficiaires, ceux des Français qui ne sont pas encore rentrés chez eux depuis l'exode de mai-juin 1940 : douze francs sont versés pour chaque enfant de moins de 14 ans. En outre, quelques pères de famille nombreuse, prisonniers en Allemagne, sont libérés après de longues négociations. Des « arbres de Noël » officiels sont aussi organisés pour les « séparés » ; évidemment la propagande du régime s'en saisit, en réalisant de nombreux reportages.

Dans la majorité des cas, les familles confectionnent des jouets elles-mêmes, car ceux exposés dans les vitrines sont trop chers. Les jeux de société comme les batailles navales sont faciles à préparer à l'aide d'une feuille de papier ou de carton ; les modèles achetés avant guerre servent à occuper toute la famille lors des longues veillées. Les enfants peuvent aussi s'amuser à découper des motifs pré-imprimés sur du carton, comme des avions ou des engins de guerre. Le Secours national a même vendu des planches de carton peu chères imprimées de dessins représentant les Chantiers de la jeunesse. Tout y est, y compris le drapeau français. Le régime de Vichy a développé des jeux de l'oie d'un genre nouveau en guise de propagande : par exemple, le « jeu de la francisque » qui permet de rejoindre la case gagnante – une famille réunie – au plus vite dès lors que le pion tombe sur des cases « Secours national » ou sur l'un des trois termes qui composent la devise de la Révolution nationale, « Travail », « Famille » et « Patrie ». D'autres jeux ont pour thème l'empire colonial. Plusieurs centaines de milliers de jeux de cartes sont également vendus sous l'occupation, selon Gilles Ragache[20].

Le sort épouvantable des enfants juifs

Exclus

Pour les enfants juifs, le régime de Vichy a été sans pitié. Il a largement contribué à l'exclusion et à la persécution, puis à la déportation des parents, ainsi qu'à celle des enfants. La tragédie pour les enfants juifs se noue selon des rythmes différents en fonction des zones ; la répression a été aggravée plus rapidement en zone occupée qu'en zone non occupée. De même, les enfants de Juifs immigrés qui vivent dans la capitale sont frappés plus tôt par les internements que ceux des autres villes françaises.

Les enfants juifs connaissent une histoire terrible ; interdits d'école par la loi du 19 octobre 1942[21], les 18 000 enfants juifs français sont exclus du système sco-

laire en maternelle, primaire ou secondaire. Le retour de
Pierre Laval au pouvoir et l'arrivée des SS en France au
printemps 1942, avec à leur tête Karl Oberg, accentuent
la politique d'exclusion et de persécution des Juifs, les
enfants compris. Ils sont nombreux à cacher leur identité
à l'école, mais pour combien de temps avant une dénonciation ? C'est ce que montre le film bouleversant de Louis
Malle, *Au revoir les enfants*, récompensé entre autres par
un Lion d'or au festival de Venise en 1987. Certains enseignants de l'école laïque et libre ont fait ce qu'ils ont pu
pour réconforter les enfants juifs, avec prudence. Sous
l'occupation, consoler tous les enfants, quels que soient
leur condition ou leur « statut », est parfois une tâche
bien difficile. L'école n'est plus un abri sûr dès lors que
des lois antisémites sont promulguées par les Allemands
et par Vichy. De même entre eux, les enfants parfois ne
sont guère tendres, ce que racontent les témoins qui
étaient enfants sous l'occupation. Souvent, les parents,
notamment à Paris, doivent changer les enfants d'école,
car ils sont régulièrement insultés ; le terme qui revient
dans la bouche des enfants, c'est « youpin ». Une fois le
mot prononcé, les enfants juifs sont des cibles privilégiées
dans la cour de récréation. Ils ont pu parfois trouver
refuge dans des écoles où les enseignants ne toléraient
aucune remarque antisémite[22].

Mais il y a pire : le port de l'étoile jaune dès le 29 mai
1942 pour tous les Juifs de la zone occupée, dès l'âge de
six ans. Les enfants deviennent des marques visibles de la
persécution et de l'exclusion antisémites. Les plus jeunes
ne comprennent assurément rien à la situation, mais ils
sont montrés du doigt, car leur vêtement porte une marque
qui les désigne comme des « ennemis ». Tous ressentent
une forte tension quotidienne au sein des familles. Elle va
crescendo à mesure que la guerre se prolonge et suscite
un fort choc psychologique pour certains. Après le port
de l'étoile jaune, les enfants subissent l'ordonnance de
juillet 1942 qui leur interdit d'entrer dans la majorité des

lieux publics. Les cinémas et les bibliothèques leur sont également fermés.

Raflés

Le plus terrible pour les enfants juifs, c'est la perte des parents à l'occasion de rafles, et l'arrivée dans une famille inconnue qui les accueille et les cache, comme ce fut le cas dans les Cévennes, mais aussi dans plusieurs villages des Deux-Sèvres. Il faut tout réapprendre : les relations avec de nouveaux adultes, parfois avec de nouveaux enfants. Les enfants juifs de Paris sont particulièrement frappés, dès la première rafle du 14 mai 1941. Dans *Paris Rutabaga*, Jean-Louis Besson écrit que sa mère est très choquée par les rafles qui se déroulent dans le quartier, sous ses fenêtres, et plus particulièrement celle du Vél' d'Hiv : « Juillet 1942. C'est le début des vacances. Ce matin toute la famille s'est retrouvée comme d'habitude dans la cuisine pour le petit déjeuner. Ma mère semble bouleversée, elle est toute blanche. A cinq heures, elle a été réveillée par des cris [...] et encore des pleurs et des lamentations. [...] Elle a vu des agents de police faire monter des gens dans des autobus. » Le récit se termine par le constat amer de l'indifférence du prêtre de la paroisse ; pour le religieux, ce sont les Juifs qui ont crucifié le Christ. A quoi bon les secourir ? pense-t-il. On retrouve ce type de réaction dans d'autres témoignages, mais il ne résume pas le comportement de l'ensemble des hommes d'Eglise[23]. Les 16 et 17 juillet, l'ignominie est donc à son comble dans les rues de Paris et Jean-Louis Besson en est un témoin : des milliers de familles sont raflées au petit matin : 8 160 personnes – réunies en famille – sont parquées au Vél' d'Hiv. Les célibataires et les couples sans enfants sont dirigés vers Drancy. Le 16, c'est une véritable traque qui est organisée par 4 500 policiers et quelques dizaines de gendarmes français dès 4 heures du matin. Nombre de policiers ont alors trouvé dans les appartements des familles terrorisées.

Ce sont 13 152 Juifs qui sont ainsi raflés, dont 5 919 femmes, 3 118 hommes et 4 115 enfants[24]. Les enfants sont parmi les victimes les plus nombreuses des rafles. Les policiers n'ont pas arrêté les 27 361 Juifs étrangers – qui ont été recensés auparavant – prévus par les plans allemands et français du régime de Vichy, sans quoi le bilan aurait été plus lourd encore pour les enfants. Des femmes enceintes sont aussi au nombre des personnes raflées. Les scènes de pleurs et de cris d'enfants dans la rue, puis dans les bus prêtés à la police pour l'occasion par la Compagnie du métropolitain, ont marqué à jamais les témoins qui ont beaucoup écrit sur cet événement tragique, tel le journaliste Jacques Biélinky[25]. Tous les comportements ont été recensés par les rapports de la police parisienne, de la mère effrayée jusqu'au voisin qui dénonce la famille juive habitant sur le palier du dessous, etc. Des témoignages racontent que des gendarmes et policiers ont laissé partir des enfants dans une famille voisine qui acceptait de les cacher le temps de la rafle. La séparation des familles juives est de loin la situation la plus mal perçue par les Parisiens. Après la rafle, l'UGIF (Union Générale des Israélites de France) a tenté de placer des enfants restés seuls dans des maisons d'accueil, mais ils furent peu nombreux à en profiter.

« Tant de bébés sur la paille... »

Après plusieurs jours de vie dans les conditions d'hygiène déplorables du Vélodrome d'Hiver, les familles raflées sont internées dans les camps de la région parisienne (Compiègne et Drancy) et du Loiret (Beaune-la-Rolande et Pithiviers[26]). Le sort de ces familles est bien connu : la déportation finale vers les camps nazis du IIIe Reich. Les enfants raflés sont parqués dans le Loiret, parfois avec leurs parents. Mais l'administration s'interroge. Que faire de ces petits raflés, alors qu'il n'est pas prévu de les déporter ? Le délégué de Bousquet en zone occupée, Jean Leguay, propose tout bonnement aux Alle-

mands de déporter aussi les 4 115 enfants ! Les accords
entre Vichy et les nazis ne prévoyaient pourtant que la
déportation des parents. Dans un livre poignant, Eric
Conan a raconté les conditions de vie des bébés et des
enfants à leur arrivée à Pithiviers grâce au témoignage
d'une élève assistante sociale, Marie-Louise Blondeau, qui
travaillait alors à l'infirmerie du camp ; le 29 juillet 1942,
elle écrit à sa mère : « Depuis deux jours nous avons une
crèche [...]. Des enfants de deux ans ou même dix-huit
mois, à cinq, six ans... je perds la tête ! [...] C'est urgent
de voir sourire. [...] Tant de bébés sur la paille ! Tant de
mères désemparées ! Certains [des enfants âgés de 2 à
3 ans] étaient seuls, d'autres s'accrochaient à leur mère,
désespérément, qu'ils avaient peur de perdre. Ils arrivaient du Vél' d'Hiv, les regards affolés, les visages tirés,
vieillis, des petites filles bien habillées et des petits du
XXe, des chérubins de seize mois et des petits hommes de
huit ans[27]. » Au début dans le camp, il n'y a quasiment
rien pour donner à boire et à manger aux enfants. Quand
une soupe est servie, il n'y a ni assiette ni bol ! Le
31 juillet 1942, un premier convoi part de Pithiviers pour
Auschwitz avec 1 049 personnes adultes. Des gendarmes
ont été vus en train de battre des mères qui ne veulent
pas lâcher leur enfant sur le quai. D'autres enfants pleurent
et semblent désemparés.

Au début d'août 1942, les deux camps du Loiret ne renferment quasiment que des enfants ; les parents ont
presque tous été déportés. Les enfants errent ou restent
assis à ne rien faire dans le camp. Des mères et des assis-
tantes sociales tentent de les faire jouer, mais elles ne
sont pas assez nombreuses. Bien des enfants de 2 à 5 ans
n'ont plus personne pour leur donner à manger, les soigner et les laver. Des centaines tombent malades ; la gale
fait des ravages parmi les petits. Le 15 août, les premiers
enfants partent du Loiret dans des wagons plombés. Le
17 août, un convoi part de Drancy pour Auschwitz avec
530 enfants dont la plupart viennent des camps du Loiret.
Les Allemands, en accord avec les autorités de Vichy, sou-

haitent à tout prix remplir des wagons et assurer des convois réguliers vers les camps nazis. Il n'y a pas assez d'adultes et les enfants complètent ainsi les listes officielles de Juifs à déporter, ce qu'a décrit avec grande minutie Serge Klarsfeld[28]. En arrivant à Auschwitz, les enfants sont immédiatement gazées. Jusqu'au 16 septembre 1942, les enfants du Vél' d'Hiv sont régulièrement poussés dans les wagons à bestiaux en vue d'être déportés. Le 16 septembre au soir, dans les camps du Loiret, il n'y a plus d'enfants raflés ; les 16 et 17 juillet trente-cinq rescapés provisoires – âgés de 3 à 10 ans –, malades, sont les derniers à être déportés. Ensuite, de toute la France, d'autres enfants vont les rejoindre.

D'autres camps situés dans les deux zones ont reçu des enfants de différentes nationalités. A Rivesaltes (entre 1941 et la fermeture du camp en novembre 1942), des enfants de familles espagnoles, tziganes et juives sont recensées, selon Anne Grynberg[29]. La zone non occupée connaît aussi des grandes rafles durant l'été 1942. Celle du 26 août conduit des milliers de Juifs dans les camps d'internement comme celui du Vernet. Denis Peschanski cite l'extrait du journal du pasteur Manen, venu apporter un peu d'aide aux internés en août-septembre 1942 ; il raconte notamment la nuit du 1er au 2 septembre au Vernet, date à laquelle des familles sont déportées : « Des enfants tout petits trébuchant de fatigue dans la nuit et dans le froid, pleurant de faim, s'accrochant lamentablement à leurs parents pour se faire porter. [...] Les pauvres petits tenant leur place et leur numéro dans les rangs et emboîtant le pas de leurs petites jambes flageolantes[30]. »

Le retour de Pierre Laval aux affaires en avril 1942 a été l'un des événements les plus néfastes pour les enfants juifs de France ; il a montré du zèle à en déporter de plus en plus. En juillet-août 1942, après la rafle du Vél' d'Hiv, il apparaît totalement indifférent au sort des enfants juifs déportés de la zone occupée ; il le déclare même.

L'OSE[31] (Œuvre de Secours aux Enfants, créée par des médecins en 1912 à Saint-Pétersbourg) a installé plusieurs centres médico-sociaux pour venir en aide aux réfugiés de la zone non occupée, entre autres. L'OSE a aussi essayé de rester en contact avec des centaines de familles juives dispersées. Des médicaments et des consultations ont été offerts aux familles et aux enfants. Pour ceux-ci, l'OSE a même créé des maisons d'enfants, qui ont accueilli dès la fin de 1939 plus de 950 enfants évacués de Paris, issus de familles venues d'Europe centrale ; souvent les parents n'avaient pas accompagné leurs enfants dans l'émigration. Des châteaux de la Creuse deviennent des lieux de paix pour ces enfants ; en 1941, sept maisons d'enfants existent en zone non occupée. En 1942, près de 1 200 enfants sont ainsi aidés par l'OSE[32]. Aux enfants de l'Europe centrale se sont ajoutés des enfants d'autres nationalités, libérés de camp d'internement après la déportation de leurs parents. La vie dans les maisons est pourtant difficile, en raison de la pénurie alimentaire et de matières premières pour le chauffage. Certains enfants fréquentent l'école communale la plus proche ; pour ceux qui parlent peu ou pas du tout la langue française, la vie quotidienne dans les classes et les cours est pénible, car les petits villageois se moquent parfois d'eux. Dans le centre de la France, parents et enfants n'ont jamais vu un étranger, juif par surcroît, avant la guerre. Les situations sont variées. Bien des enfants réfugiés vivent dans le plus grand désarroi psychologique, ne sachant pas ce que leurs parents sont devenus ; d'autres ont la « chance » de recevoir de rares nouvelles. Des parents viennent récupérer leurs enfants avant un exil outre-Atlantique, par exemple.

Des associations, notamment juives, ont également tenté d'apporter du réconfort aux enfants internés – le Secours suisse et les Quakers américains dans les camps de la zone non occupée, par exemple, ce qui montre que l'opinion internationale est également touchée par le sort des enfants juifs en France –, mais aussi d'en soustraire le plus possible à la déportation. Des œuvres ont essayé de sauver des enfants en cherchant des solutions légales, mais cela fut souvent trop difficile ; trop peu d'enfants en ont profité. De plus, même les maisons de l'OSE de la Haute-Vienne n'ont pas été épargnées par une rafle de soixante-dix enfants[33]. La voie clandestine et parfois la supercherie ont cependant permis d'en sauver quelques dizaines, grâce à des particuliers qui les recueillaient. Des centres de colonie de vacances, des maisons de santé et des écoles primaires ont fait de même. Le cas de la Maison d'Izieu (Ain) au Chambon-sur-Lignon – une région protestante –, qui, un jour de 1943, voit les 44 enfants recueillis par les époux Zlatin arrêtés, puis déportés, est désormais bien connu. Ce cas reste isolé en zone non occupée, car la plupart des maisons ont conçu des plans rapides en cas de menace, comme à Villard-de-Lans (Isère) ou à Saint-Pierre-de-Fursac (Creuse). Les refuges d'enfants sont parfois délaissés par les autorités ou même méconnus. Malheureusement, certains sont découverts ou attirent d'un seul coup l'attention en raison de nouvelles mesures répressives ou de dénonciations. En 1940, sur 320 000 Juifs, 70 000 enfants sont recensés. Des milliers d'enfants sont sauvés en France, selon les estimations de Serge Klarsfeld. Les enfants déportés sont certes nombreux (11,5 %), mais les enfants sains et saufs le sont encore plus[34].

SIXIÈME PARTIE

VIES EN CONTRASTE

14

Vichy, le quotidien d'une « capitale »

L'arrivée du gouvernement

Quoique l'armistice ait prévu le retour du gouvernement français à Paris, le choix le plus avisé paraît de trouver en zone non occupée une résidence provisoire, jusqu'à la défaite anglaise et à la signature d'un traité de paix qui, l'une comme l'autre, ne sauraient vraiment tarder. Le Sud-Ouest semble trop excentré, Marseille trop populaire, Lyon a un maire radical-socialiste avec lequel le maréchal Pétain ne veut pas avoir à faire. Une tentative à Clermont-Ferrand se révèle sinistre et mal pratique. De là naît l'idée de Vichy, proche de la ligne de démarcation, réputée bien reliée à Paris par l'autorail, équipée d'une poste moderne et d'un gros central téléphonique, et amplement pourvue de commodités avec ses trois cents hôtels, dont plusieurs palaces. Le 30 juin 1940, la caravane gouvernementale fait son entrée dans la ville. Sa voiture étant tombée en panne, Pierre Laval finit le trajet à pied.

La ville est habituée à la présence des personnalités et célébrités. N'a-t-elle pas été lancée par l'empereur Napoléon III en personne ? Depuis, têtes couronnées, aristocrates en tous genres, hommes politiques, officiers généraux, actrices, comédiens, écrivains, chanteurs, banquiers, magnats de l'industrie se sont succédé sur les berges de l'Allier pour boire l'eau curative et, pour l'heure, Vichy n'est point mécontente à la perspective d'accueillir le gouvernement et de devenir « capitale », elle qui n'est pas même sous-préfecture. Aux attraits d'une publicité qu'on ne peut imaginer que flatteuse s'ajouteront selon toute apparence d'indéniables avantages économiques, en particulier pour les hôteliers et commerçants locaux, et les plaisirs du mouvement et des cérémonies de la vie officielle. C'est là qu'il faudra être pour assister au spectacle du pouvoir ou en récolter les miettes.

Une installation provisoire

Mais si le logement ne pose pas problème aux officiels, à condition de chasser les curistes des meilleures chambres et suites, les conditions de travail et le respect de l'apparat, du décorum et du protocole se révèlent vite plus précaires.

Le chef de l'Etat, qui est en même temps chef du gouvernement, s'installe à l'hôtel du Parc, ainsi que le ministre des Affaires étrangères. On cohabite avec les clients, des clients habitués aux palaces et qui n'ont certes pas l'habitude de se voir contrarier dans leurs aises et dans leurs exigences. Aussi, dans un premier temps, le maréchal Pétain et son gouvernement mènent-ils à proprement parler une vie d'hôtel, à peine séparés du tout-venant par de frêles paravents. Ce n'est que le 26 août que l'accès à l'hôtel du Parc est refusé aux visiteurs non munis de laissez-passer. Le 5 septembre, le hall est interdit aux clients. Mais les derniers irréductibles s'accrocheront jusqu'au renvoi de Laval, le 13 décembre 1940, sans que l'on sache si c'est le déploiement policier ou le débarquement d'Allemands assez mal disposés qui ont eu raison des dernières « résistances ». Enfin, à partir de janvier 1941, la garde personnelle du chef de l'Etat, portant vestes de cuir et casques, est à pied d'œuvre autour de l'hôtel.

Quant aux conditions de travail, si elles sont d'emblée médiocres, elles le resteront, ce qui constitue, à tout prendre, l'inconvénient majeur.

En effet, ce chef-lieu de canton, s'il possède des capacités d'hébergement hors du commun et d'abondants équipements de loisir, n'offre ni bâtiments administratifs, ni bureaux en quantité appréciable. En conséquence, tandis que l'on fait un peu de place aux ministres, les fonctionnaires se serrent dans des chambres d'hôtel qui, à défaut d'avoir été réellement converties en bureaux, en font office. La place est comptée. Et puisque la situation est provisoire, il est inutile de compliquer les choses. Le lit est poussé au fond de la chambre. Le lavabo est dissimulé sous une planchette et sert ainsi de tablette ou d'étagère d'appoint. Un bureau ou, plus souvent, une table quelconque, en général inadaptée à cet usage, tient lieu de bureau de travail. Selon la surface, on loge une, deux, voire trois chaises autour. L'armoire renferme les dossiers, documentations et archives derrière lesquels le fonctionnaire dissimule pudiquement son linge et ses petites provisions personnelles. En effet, le soir venu, c'est ici qu'il dormira et fera, en secret, une petite cuisine clandestine sur un réchaud qui l'est tout autant, parfois avec des denrées qui ne le sont pas moins. Encore est-ce une configuration enviable, car certains doivent partager leur chambre-bureau avec un collègue ou une dactylo à la trépidante machine à écrire mécanique, pour leur part logés dans les sortes de pensions de famille qu'il a fallu mettre en place pour les femmes ou les surnuméraires. Des ministres comme le garde des Sceaux Joseph Barthélemy pensent d'ailleurs que la présence des femmes dans les services est une source de déconcentration et de distraction.

Autre source de déconcentration bien moins plaisante, le goutte-à-goutte exaspérant des robinets de l'hôtel du Parc qui fuient misérablement. Tout d'abord, le propriétaire refuse de réparer sans ordre de réquisition. Au bout de six mois, on trouve enfin un modèle de robinets disponibles, mais ce sont les joints qui manquent. Entre-temps, la réglementation sur les « bons-matière » à fournir par les détaillants a changé (au motif de simplification). Tout est à recommencer avec de nouveaux formulaires.

Les ministres, les membres des cabinets ministériels, quelques hauts fonctionnaires et officiers ont la chance de disposer d'un bureau et d'une chambre distincts, voire d'une résidence personnelle où ils peuvent éventuellement héberger leur famille. A cet égard, l'un des plus favorisés est sans doute Pierre Laval qui possède, à 25 kilomètres de Vichy, une sorte de château, dans son village natal de Châteldon. Il arrive tous les matins au travail à l'hôtel du Parc et repart passer la nuit en famille tous les soirs. Remportant avec lui, prétend-on, quelques provisions.

Pour les autres, c'est l'entassement, à Vichy, à Cusset, dans les communes alentour, réfugiés, fonctionnaires, quémandeurs professionnels, logés au petit bonheur. En 1941, l'agglomération compte 120 000 habitants, dont 45 000 fonctionnaires.

L'affluence des résidents produit toute sorte d'effets de bord, dont des difficultés dans le ramassage des ordures ménagères, faute de véhicules. Le nombre des jours d'enlèvement est peu à peu réduit, sauf au centre-ville, la « capitale » pouvant difficilement s'accommoder de trottoirs encombrés de poubelles. Comme partout, on circule mal à Vichy et les premiers vélos-taxis font leur apparition en septembre 1941, prenant 5 francs pour une course en ville, 2,50 francs par kilomètre hors la ville (respectivement 1,4 euro et 70 centimes).

Qui dort dîne

Avec le temps arrive l'hiver. Hiver d'autant plus tangible que Vichy est situé dans le Massif central.

Le premier, l'amiral Fatou, secrétaire général du ministère des Colonies, semble s'être soucié de l'avenir et avoir demandé une attribution de charbon. Il lui fut répondu que d'ici la mauvaise saison, on aurait quitté les lieux. Ainsi, comme dans la fable, les fonctionnaires se trouvèrent fort dépourvus quand la bise fut venue. Quoiqu'en principe bien placés pour bénéficier de quelques passe-droits, les « ministères » de Vichy sont mal chauffés. Les hôtels saisonniers ne sont pas équipés pour l'hiver, et, surtout, l'approvisionnement de combustible est insuffisant. On gèle dans les bureaux et dans les chambres. On travaille en manteau, on s'en couvre une fois au lit. La dignité de l'Etat en prend un sérieux coup. L'usure se porte sur les vêtements comme dans les esprits : « Lever. Le savon ne fait pas de mousse. Le dentifrice : une pâte dure qui sort au bout de cinq minutes de son tube écrasé et qui ne peut se tenir sur la brosse, qui ne blanchit ni ne nettoie. Les vieilles lames ne trouvent pas de repasseur, les nouvelles ne rasent pas. Le café ? De l'eau noire qui ressemble à tout sauf à du café. Enfin, je m'installe à ma table et contemple mon poignet qui s'effiloche : les chemises neuves sont introuvables. On ne répare plus les stylos ; le capuchon est fendu, la plume gratte le papier. L'encre manque, soyons bref. Faudra-t-il écrire avec son sang[1] ? »

Les résistances électriques font une apparition subreptice dans les chambres, pour servir de chauffage d'appoint. La guerre est ouverte avec les hôteliers. En temps normal, l'utilisation des appareils électriques est déjà interdite dans les chambres. Que dire quand réchauds et chauffages tirent sur une électricité contingentée ? L'usage des ascenseurs n'a-t-il pas été limité à la desserte des étages supérieurs au quatrième ? Ce qui, à Vichy, n'engage pas à beaucoup… Dès l'automne 1941, les hôtels ne peuvent plus donner d'eau chaude à leurs clients que les samedis, dimanches et lundis. La lessive et la toilette deviennent des exercices délicats.

La journée, on travaille donc, plutôt mal que bien. Et le soir, pour se consoler, il n'y a pas de grandes festivités. Pour lutter contre le froid, on se couche donc de bonne heure. Pour lutter contre la faim aussi, d'ailleurs. Qui dort dîne et se réchauffe. Car le ravitaillement, comme partout en France, constitue la pierre d'achoppement.

En temps de paix, Vichy était une vitrine du luxe et, nonobstant la présence de tant de foies malades, de la

gastronomie. Pâtissiers, chocolatiers et bonnes tables disputent les pas de porte aux succursales des Galeries
Lafayette, du Bon Marché, de Vuitton, de Lancel, des bijou-
tiers parisiens et des boutiques de mode et de lingerie qui
sont vraiment en l'occurrence « à l'instar de Paris ».

Autant dire que l'on tombe de haut. Pourtant, l'organisation du rationnement a été rapide et soignée : 70 000
cartes d'alimentation ont été distribuées dès le dimanche
29 septembre 1940. Le gouvernement a le réel souci de
ravitailler correctement Vichy pour être tranquille. Mais
les crises ne sont pas exclues.

Dans la nuit du 16 au 17 janvier 1941, il fait moins 23°.
L'Allier charrie des glaçons. Des corbeaux et des écureuils
sont mis en vente au marché en guise de viande. Durant
l'hiver 1941-1942, une tempête de neige empêche l'arrivée des provisions. Le 9 janvier 1942, la température
tombe à moins 13°. Une semaine plus tard, il n'y a plus
rien à vendre sur le marché, les boulangeries ferment,
provoquant un mouvement de panique. A partir de
l'automne 1942, beaucoup de magasins n'ouvrent plus
que deux heures l'après-midi, faute de produits à vendre.
Le 10 juin 1943, huit cents personnes manifestent au
marché du Catalpa, puis la manifestation dégénère en
pillage.

Finalement, c'est un contrôle particulièrement tatillon
sur les circuits de distribution, les denrées et les prix qui
s'efforce de régler les approvisionnements. De nombreux
restaurants continuent de fonctionner, a fortiori pour
cette clientèle « sans domicile fixe ». La carte est supprimée, remplacée par le menu à prix fixe comprenant une
entrée, un plat, un dessert. A l'extérieur de l'établissement
doivent être affichés la catégorie, les prix, le nombre de
tickets requis pour chaque plat. Les restaurateurs doivent
déclarer tous les mois le nombre de repas et de boissons
servis. Il faut en outre respecter les jours sans : sans poisson, sans viande, sans charcuterie, sans vin… Au début,
on contourne à la plaisanterie ces contraintes : on se fait
servir dans sa chambre. Le foie gras revient les jours sans

viande (comme charcuterie) et les jours sans charcuterie (comme volaille). Mais, le temps passant, les contrôles et une réglementation sans fin mettent un terme à ces pratiques. La surveillance est si poussée que Vichy est paradoxalement l'une des villes où l'on achète au meilleur marché en France, ce qui ne facilite pas son approvisionnement par des producteurs d'autant plus tentés par le marché noir.

Les difficultés se trouvent exacerbées par la concurrence qui sévit entre les différentes catégories de consommateurs, peut-être plus fortement qu'ailleurs. Dès le 10 août 1940, un mouvement de protestation au marché du Catalpa a nécessité l'intervention de trente gardes mobiles : les Vichyssois protestaient contre l'affluence de chalands arrivant de 15 ou 20 kilomètres à la ronde. Dans la matinée ont été débités 375 kilos de beurre et 10 000 œufs. A côté des restaurants et des particuliers qui, déjà, se confrontent, existent les « popotes » des ministères, des cantines réservées aux fonctionnaires, à proportion de leurs traitements. Des horaires prioritaires sont instaurés dans les magasins pour les gens qui travaillent et peuvent ainsi aller faire la queue en dehors des heures de bureau. De même, au marché, sont institués des « tours ». Les habitants sont censés être servis les premiers, puis les popotes et les restaurants. Ce qui implique une nouvelle surveillance de la gestion de leurs stocks par les vendeurs. Ainsi, l'Etat pauvre et autoritaire déçoit-il cruellement les rêves d'opulence et de faste qui purent être ceux des vichyssois en juillet 1940. Dans les deux commissariats de Vichy, les délits les plus couramment traités sont les vols de lapins et de vélos, suivis par les vols de fruits ou de légumes.

Dans ces conditions, on ne s'étonne pas de voir les fonctionnaires parcourir la campagne environnante le week-end à pied ou à bicyclette, à la recherche de provisions ou d'une auberge au copieux service.

Une vie de maréchal

Au-dessus de toutes ces contingences devrait se trouver le Maréchal. Il occupe, au troisième étage de l'hôtel du Parc – l'étage noble –, quatre pièces dans un angle du bâtiment bien situé et lumineux. Une chambre assez sommairement meublée, une salle à manger privée réservée au petit déjeuner. Un petit bureau de travail. Enfin, un salon-bureau dans lequel il reçoit. Il commande un mobilier Art déco pour en remplacer l'affreux ameublement pseudo-empire. Dans les chambres les plus proches travaillent et, parfois vivent, les membres de ses cabinets militaire et civil.

Pétain est réveillé à 8 heures par son valet de chambre qui lui apporte les journaux régionaux, lesquels se répètent les uns les autres à cause de la censure. Il écoute la radio. C'est avec la maréchale, si elle est là, qu'il prend un solide petit déjeuner de pain, beurre, confiture et café au lait. A 9 heures ou 9 heures et demie, Pétain est dans son bureau où le rejoint son secrétaire général pour un point sur le déroulement de la guerre et la liste des audiences de la journée. Ensuite, viennent le chef de cabinet civil qui présente les signatures, puis le secrétaire particulier, souvent pour montrer quelques lettres au chef de l'Etat qui en reçoit, chaque jour, plusieurs milliers. Vers 10 heures commencent les visites des ministres, entrecoupées de pauses. A 13 heures se déroule la sacro-sainte promenade dans les allées du parc des Sources, le plus souvent en compagnie de son secrétaire particulier, le docteur Bernard Ménétrel. Promenade effectuée « au pas de chasseur », comme se complait à la répéter la presse qui est priée de mettre en valeur la vigueur du chef de l'Etat, né en 1856.

Ensuite vient le déjeuner, toujours pris en compagnie de membres des cabinets qui se relaient, et d'invités, amis du Maréchal, personnages à honorer, obligations en tous genres. Gros mangeur, le maréchal Pétain se fait servir de la viande aux deux repas, y compris les jours « sans », et reprend souvent du dessert. Pourtant, même à cette table, les pénuries se font sentir. D'abord du fait du manque de matières grasses, ensuite dans la répétition des plats. On dispose de quelques menus, servis généralement dans des occasions singulières. Ils montrent certes une abondance qui n'est pas de mise dans le restant de la société française, mais aussi les limites imposées au cuisinier.

En décembre 1941, le menu comporte un consommé brunoise, des filets de bar sauce hollandaise, des tournedos sauce périgourdine aux petits pois avec des laitues, un pudding ambassadeur, des desserts. En février 1942, pour le déjeuner offert aux préfets régionaux, sont servis un suprême de turbot à la Mireille, des côtelettes d'agneau bergère, des petits pois à la française, une poularde de Bresse en gelée, une salade Lorette, du fromage, des boules de neige, des fruits. Deux ans plus tard, au déjeuner offert aux membres des cabinets et à leurs épouses, on présente un suprême de colin princesse, des filets de bœuf financière, des petits pois à la française, une poularde Mireille, des cœurs de laitue mimosa, des fromages, une bombe Coppélia, des fruits.

L'habillage et l'équipement du Maréchal lui-même se compliquent au fil des années. On a raconté qu'au début, tous les fonctionnaires logés dans les hôtels de Vichy laissaient leurs chaussures devant la porte de leur chambre pour les trouver cirées au matin, conformément aux traditions des bonnes maisons. Mais l'état de plus en plus minable de ces chaussures et, surtout, la crainte de se les faire voler, en dépit de la présence du policier en faction à chaque étage, abolit cet usage. Pétain n'échappe pas totalement à ces déboires, si l'on en croit la correspondance développée par Bernard Ménétrel avec le président du comité d'organisation de la chaussure pour obtenir de quoi renouveler les souliers du chef de l'Etat.

Après le café, le Maréchal s'accorde une brève sieste puis fait une promenade en voiture dans les environs de Vichy, consommant pour son plaisir une essence sévèrement contingentée. De retour en fin d'après-midi, il se soumet à une seconde séance de signatures d'environ vingt minutes, puis les audiences reprennent ; le dîner est précédé d'un nouveau moment de détente. Après le dîner, le chef de l'Etat se retire assez tôt après avoir pris une infusion.

La maréchale, qui ne séjourne pas toujours à Vichy, loin s'en faut, est logée au Majestic voisin et s'occupe ostensiblement d'ouvroirs (layette et prisonniers de guerre), tout en essayant de dire son mot en politique. Elle reçoit pour le thé au pavillon Sévigné, corvée que son mari cherche à esquiver le plus souvent possible, car il y trouve les rombières décidément trop nombreuses.

Une ou deux fois par semaine, puis de plus en plus rarement, un Conseil des ministres plus ou moins restreint s'intercale à l'heure des audiences du matin ou de la fin d'après-midi. « Pour le Conseil des ministres, on réunit douze chaises dans un salon d'hôtel, autour de deux tables mises bout à bout[2]. »

Le repos dominical est strictement observé. A 10 heures a lieu une relève de la garde avec salut aux couleurs, puis le maréchal se rend à la messe. Se découvrant soudain une vocation de catholique pratiquant, Pétain a fait régulariser devant l'Eglise son mariage civil de 1920 avec une divorcée. L'après-midi est consacré à une excursion en voiture.

En été, des résidences plus vastes et plus fraîches sont aménagées aux environs de Vichy (quoique les appartements de Pétain au Parc soient climatisés) : le château du Bost à Bellerive, puis le château de Charmeil, enfin, sur exigence allemande, le château du Lonzat en 1944.

Deux fois par mois, Pétain reçoit des personnalités ou des délégations en audiences publiques dans un grand salon au rez-de-chaussée de l'hôtel du Parc. Des membres du cabinet, chargés de prendre des notes, introduisent et présentent les invités : « Ils semblent stupéfaits par cette apparition, si merveilleuse qu'elle en paraît irréelle. [...] L'histoire fera passer dans le domaine populaire cette scène du Grand Chef écoutant les doléances du Pays, redressant les torts, supprimant les brimades, pourchassant les vindictes sociales. [...] La conversation du Maréchal est un enchantement. Elle s'émaille d'axiomes profonds, de formules frappantes[3]. »

Evidemment, cet emploi du temps, régulier mais ménageant de grandes plages de détente, pose la question des aptitudes de Pétain à assumer la direction du pays dans des circonstances d'une telle gravité qu'elles nécessitent des capacités de réaction exceptionnelles. En 1940, il a 84 ans. Malgré une absence de maladie grave ou même chronique et une forme remarquable pour un vieillard, le Maréchal porte certains stigmates de son âge : surdité, défaillances de la mémoire récente, fatigabilité. Il travaille à peu près cinq ou six heures par jour dans le meilleur des cas et, en fin de journée, son attention retombe très nettement, ce qui fait courir toutes les supputations sur son gâtisme. D'autant plus qu'il n'hésite pas à feindre d'être plus atteint qu'il ne l'est, et que son entourage, soucieux à la fois de le protéger et d'assurer son influence, utilise parfois maladroitement la nécessité de le ménager.

La baisse de ses capacités s'accuse dans les moments de crise. On hésite alors à contrevenir à sa routine.

Dans ces conditions, les ministres ont toujours une longueur d'avance sur Pétain, même Laval qui n'est pourtant pas un bourreau de travail, ni un homme organisé : « Quand, de Châteldon [...], Pierre Laval arrive au Parc, vers 8 heures et demie, il y a déjà dans son antichambre une dizaine de personnes auxquelles il a donné rendez-vous pour la même heure et qui attendront leur tour jusqu'à midi[4]. »

Il arrive à Vichy vers 9 heures et en repart à 18 heures, avec une brève pause pour le déjeuner. Du moins est-il disponible pour des voyages improvisés en Allemagne et prêt à fournir des coups de collier en cas de crise.

Sous l'égide de Laval, les agapes vichyssoises n'en connaissent pas moins des moments fastes. Une fois par semaine environ, le chef du gouvernement reçoit à sa table pour des déjeuners de 25 couverts, voire des banquets réunissant une centaine de convives, maires, préfets, hauts fonctionnaires. Le chef de cuisine établit les menus avec un chargé de mission affecté aux bons de déblocage de ravitaillement. Quelques menus nous sont parvenus, roboratifs, à défaut d'être gastronomiques : charcuterie assortie, truite meunière, gigot pommes boulangère, salade, fromage, crêpes caramel, fruits ; huîtres, gnocchi à la parisienne, cassoulet, salade, fromage, gâteau de riz, fruits ; barquettes au fromage, saumon grillé sauce béarnaise, filet de bœuf pommes sarladaises, salade, fromages, biscuits sauce chocolat, fruits.

Promiscuité

Paraissant judicieux en situation exceptionnelle, le choix de Vichy se révèle au fil des années de plus en plus malencontreux. Aux incommodités de la vie quotidienne s'ajoute un insondable ennui, à peine animé de cérémonies toutes teintées de repentance. On commence fort, dès le 14 juillet 1940, un 14 juillet sans bal ni feu d'artifice, mais avec une messe et une cérémonie au monument aux morts. Le 14 juillet, durant les quatre années suivantes, demeure l'un des temps forts de l'année vichyssoise, avec le 15 août (fête patronale avec processions), les 1er et 11 novembre, le 1er janvier et, au printemps, l'anniversaire du Maréchal, le 1er mai (qui est également la Saint-Philippe), la fête de Jeanne d'Arc et la fête des Mères.

Entre-temps s'intercalent une bonne quarantaine de manifestations et inaugurations d'expositions, consacrées à la Légion française des combattants, aux Chantiers de la jeunesse, aux provinces, à l'empire, aux métiers, aux prisonniers de guerre, aux enfants... Bouquets, prises d'armes, messes, vivats, discours, cadeaux.

On se distrait maigrement de spectacles qui se parent des couleurs de la charité pour s'autoriser. Bref, on s'ennuie ferme, dans une constante promiscuité.

Plus grave, l'étroitesse du périmètre et la vie d'hôtel se révèlent à peu près impropres à l'exercice du pouvoir avec un minimum de confidentialité. Comme s'il ne suffisait pas que les conversations téléphoniques soient écoutées à la fois par les Français et les Allemands, espions, mouchards et curieux sont partout : « Dîner au Coq hardi [...]. Nous avons une bonne table au premier et nous pensons être seuls entre nous. Brève espérance : des diplomates arrivent, mais on n'aura pas à se surveiller avec eux, ils sont neutres et ne pensent qu'à manger[5]. »

Les propos de table, les conversations de couloir, ce qu'on peut entendre en passant devant les bureaux, tout est épié et rapporté, y compris aux Allemands. Les autorités gouvernementales se téléphonent en code entre Vichy et Paris. Avec les malentendus et déboires que l'on imagine. Lorsque, après le renvoi de Laval, le ministre de l'Intérieur appelle le représentant du gouvernement à Paris pour lui donner le signal de l'arrestation du journaliste collaborationniste Marcel Déat et lâche la phrase convenue par avance, « la maréchale passera la ligne de démarcation », son interlocuteur, qui a tout oublié du message, s'affole de ne pas avoir été prévenu plus tôt pour organiser une réception décente pour l'épouse du chef de l'Etat et le ministre doit essayer, à mots couverts, de lui faire comprendre qu'il n'est pas en train de lui dire ce qu'il semble lui dire !

Les visiteurs du chef de l'Etat et du chef du gouvernement, le ballet des voitures, le chargement ou le déchargement de bagages sont surveillés et analysés pour donner lieu aux plus folles conjectures. Des oreilles indiscrètes traînent dans tous les lieux publics ainsi que dans les couloirs des « ministères ». Dans cette communauté réduite aux caquets, le bavardage devient une plaie qui obère l'action gouvernementale. En conséquence, les collaborateurs de Pétain et de ses ministres sont chargés de répandre de fausses rumeurs !

On imagine la discrétion en vigueur si l'on garde à l'esprit que sur les arrières du pavillon Sévigné, attribué au chef de l'Etat entre autres pour des conseils des ministres, le propriétaire des lieux a tenu à conserver l'usage du local des Eclaireurs de France dont il est président national... L'espionnage sévissant partout, le secrétaire général du ministère de l'Intérieur lui-même, René Bousquet, n'y échappe pas. C'est du moins ce que raconte la chanteuse Mireille, femme d'Emmanuel Berl, venue avertir qu'une attaque se prépare contre le maquis de Corrèze, département où ils se sont réfugiés. Elle demande à une amie, la femme du secrétaire général du gouvernement, d'organiser une soirée dansante et cherche à parler à Bousquet : « Il m'était impossible, même en dansant, d'approcher Bousquet d'assez près pour lui parler. Il m'invita à prendre le champagne dans sa chambre. La première chose qu'il fit en y arrivant fut de tâter les murs, les rideaux, le lit, dessus dessous, certainement à la recherche d'un micro caché. Il mit en route un phonographe, et je pus, enfin, lui dire ce qu'on attendait de lui[6]. »

Vichy tourne à vide

A l'usage, l'installation à Vichy s'avère donc inopportune. Les locaux sont ridiculement sous-dimensionnés et inadéquats. D'où de nombreux déménagements, les uns et les autres essayant de s'approprier les bâtiments les plus cotés, à la faveur des grâces ou des disgrâces de tel ou tel ministre. Pour découvrir que la nouvelle installation est aussi malcommode, mal chauffée et pitoyable que la précédente...

Les liaisons avec le reste du pays se révèlent en outre lentes et insuffisantes. Répétées, les quatre heures et demie de train pour Paris deviennent une gêne. Quand les restrictions et les sabotages perpétrés par les résistants commence à produire leurs effets sur les chemins de fer, il faut jusqu'à cinquante heures pour faire un Paris-Vichy. Les ministres remontent de plus en plus à Paris et reprennent place dans les anciens ministères. Les aller-retour pour Vichy tournent à la corvée fastidieuse et superflue. Le gouvernement éclate de plus en plus, perdant le peu de collégialité à laquelle il pouvait prétendre à ses débuts.

Cet isolement accroît le manque d'informations fiables. Le pays ne peut être perçu au travers de cette petite ville à la situation atypique. Les rapports des préfets, du contrôle postal et téléphonique, des services de police, des innombrables nouvelles instances instituées pour appliquer l'autoritarisme politique et le dirigisme économique, ne suffisent pas à renseigner les pouvoirs publics et chacun, chef de l'Etat en tête, stipendie des informateurs plus ou moins bidons.

Il faut une autorisation pour venir à Vichy. A compter du 15 janvier 1941, il faut posséder un permis de séjour, si l'on ne peut pas prouver qu'on habitait Vichy avant 1939. Il faut aussi un sérieux coup de pouce d'une éminence pour y être logé. Dès lors, ce nombre limité de visiteurs ne tend à dire que ce qu'on veut bien entendre, sous peine de ne jamais revenir : « Voulez-vous faire savoir au professeur Troisier et à M. Cognacq que nous ferons notre possible, mais que n'étant pas une agence de recherche de chambres d'hôtel, je ne puis absolument pas garantir d'en trouver. Il y a un office de tourisme à Vichy, mais il ne se trouve pas au bureau 126 de l'hôtel du Parc.

« Ceci de vous à moi. Inutile de communiquer aux intéressés ces réflexions amères. Je vous préviens seulement qu'il est vraisemblable que je ne leur trouverai que des mansardes non chauffées. La fois suivante, ils trouveront meilleur garçon de courses[7]. »

La municipalité et les habitants de Vichy qui s'étaient félicités de l'installation du gouvernement en 1940, espérant y trouver bonne renommée et profits abondants, déchantent au fil des années. La prospérité se fait attendre, tandis que les inconvénients sont très visibles. Les sources elles-mêmes pâtissent de la situation. Les curistes ne viennent plus et, avec les restrictions de carburant, les commandes d'eau minérale ne peuvent guère être honorées.

Les bouteilles de verre elles-mêmes se font rares. Ne recommande-t-on pas aux voyageurs de se munir de leurs propres récipients s'ils veulent se ravitailler en boissons aux buffets de gare ? Il n'y a guère que la Sergentale, source possédée par Laval, pour tirer son épingle du jeu.

Après l'invasion de la zone libre, en novembre 1942, Vichy cesse d'être hors du contrôle immédiat des autorités d'occupation. La Wehrmacht dédaigne à peu près le site, jugé de peu d'intérêt, mais le ministère des Affaires étrangères de Ribbentrop délègue un consul qui sera un garde-chiourme, avant de tourner au geôlier.

Durant la crise de novembre 1943, où Pétain essaie de reprendre la main et de pousser Laval en touche, les pressions deviennent on ne peut plus visibles. Est envoyé sur place Skorzeny, l'auteur du coup de main qui a permis de délivrer Mussolini démis par des membres de son gouvernement, avec deux compagnies de *Waffen SS* qui bouclent la ville. Le « consul » Renthe-Fink s'installe carrément au quatrième étage de l'hôtel du Parc. Il prend de nombreux repas à la table de Pétain qui ne peut finalement plus guère s'en défaire. Des policiers allemands sont à demeure dans à peu près tous les ministères, sous prétexte de sécurité. Il est interdit de prendre des photos à l'extérieur. La possession de pigeons-voyageurs est réglementée.

Mais ce n'est pas encore tout. Si la Wehrmacht se contente d'un envoyé spécial et d'un service de censure, la Gestapo est dans la place et augmente sans cesse ses effectifs. Occupant un hôtel et trois villas, elle compte cent quatre-vingts policiers allemands, une quinzaine d'agents français auxquels il faut ajouter une soixantaine d'indicateurs. La Gestapo travaille à ses aises, entrant dans les ministères pour y procéder à des arrestations, y compris au sein des cabinets de Pétain, sans se voir opposer d'avantage que de platoniques protestations. Ses « centres d'internement », qui seront doublés par ceux de la Milice, acquièrent la plus sinistre – et justifiée – des réputations. La Milice, organisme d'Etat, en prend à ses aises. « Le mouchardage sévit sur une grande échelle », prévient Ménétrel en s'adressant à des préfets en visite à l'hôtel du Parc. Lui-même vit sous la menace des hommes de Darnand qui prennent plaisir à faire courir toutes sortes de rumeurs pour juguler les velléités d'opposition.

Sur ordre allemand, Pétain séjourne au château du Lonzat, dont le site et la route sont surveillés par la Gestapo. Les visites des ministres et des membres des cabinets de Pétain sont encadrées par les Allemands qui s'installent dans les voitures durant les dix-sept kilomètres du trajet.

En même temps, cette nouvelle geôle voit s'éloigner les organes de l'Etat. En novembre 1943, un journal local a constaté : « Il pleut une bruine glacée. Pour la première fois, depuis quatre ans, Vichy a retrouvé ce qui était naguère son visage d'hiver.

« Des administrations ont regagné Paris. La ville s'est relativement vidée. Le froid, l'inconfort persistant, l'absence de chez soi, les désillusions, le mauvais vent de novembre ont fait partir ceux que leur devoir strict ne retenait pas.

« Presque plus rien ne trahit pour le promeneur la présence dans la ville du gouvernement hormis une portion de rue barrée par la police. Plus d'attroupement, même pas dans les halls d'hôtels.

« Seule manifestation extérieure, le passage en trombe de la voiture de Pierre Laval qui va et vient, une fois par jour, entre Vichy et Châteldon.

« Ajoutons-y la promenade à pied du Maréchal, dans les parcs vers 13 heures[8]. »

Il reste, dans le cabinet politique de Pétain, un officier, trois chargés de mission et un attaché de presse. On trouve encore sur place le secrétaire d'Etat à la Santé, celui de la Marine, celui de la Guerre, le secrétaire général des Affaires étrangères. C'est donc une ville à peu près délaissée que les Allemands achèvent de vider le 20 août 1944, en emmenant « vers l'Est » le maréchal Pétain et une courte suite, pour « garantir sa sécurité ». L'Etat français débarrasse les lieux. Laissant derrière lui dossiers et documents par milliers. Laissant derrière lui ses derniers responsables qui seront cueillis comme des fruits mûrs quand les résistants prennent possession de la ville. Laissant derrière lui les ardoises non réglées et les réparations à faire dont bien des hôtels ne se relèveront pas. Vichy, sous toutes ses formes, a vécu.

15

En marge, pour le pire

La délation, une lâcheté quotidienne

« Signé X, un bon Français »...

Les délateurs sont le plus souvent des Français qui ont des comptes à régler avec un voisin, un proche, une petite amie, un rival, un homme politique, une idéologie adverse ou qui cherchent à améliorer leur quotidien en obtenant des primes, ou de la nourriture. Pourtant, ils n'apparaissent pas toujours de façon très visible dans le système officiel des interrogatoires de la police et de la gendarmerie. La délation n'est pas très commode à étudier même si les sources ne manquent pas, sous la forme de lettres de délation, parfois répertoriées dans les fonds archivistiques assez variés[1]. C'est un thème qui inquiète souvent, car derrière chaque lettre, il y a un nom, un Français ou une Française. Ce qui intéresse l'historien pourtant, ce ne sont pas les individus, mais plutôt leurs motivations et la nature des dénonciations ou des signalements qui sont parfois anodins, mais qui conduisent à une arrestation, ou à un règlement de comptes, voire à la déportation. La délation ne commence pas et ne se termine pas avec la guerre ; au moment de l'épuration, avant et après la Libération, les lettres de dénonciation affluent en très grand nombre dans les commissariats de police et les brigades de gendarmerie. La délation est un phénomène classique en temps de paix dans toutes les sociétés et la France n'y échappe pas. Cependant, il prend de l'ampleur quand la situation du pays devient plus incertaine. Cette forme d'action répugne fortement au plus grand nombre même si certains Français profitent de la présence de l'occupant et de la volonté répressive du régime autoritaire de Vichy pour se venger ou régler des différends parfois bien antérieurs à la guerre.

Sous l'occupation, des lettres, très majoritairement anonymes, arrivent nombreuses dans les services de la police, de la gendarmerie nationale, de la Légion française des combattants, dans les cabinets ministériels et préfectoraux, dans les services des mairies, dans les bureaux de la Milice, dans ceux de Gestapo, et enfin dans ceux de la *SS* – dans ce dernier cas à partir de l'arrivée de Karl Oberg au printemps 1942. De même, aux PTT, certains agents ont plus de facilités pour surveiller le courrier des Français – celui des simples employés comme celui des ministres – qui peuvent contenir des informations dites « sensibles ». Il leur suffit alors d'ouvrir une lettre et de la rapporter au poste de police le plus proche. Mais l'inverse existe aussi, à savoir des agents des PTT qui tentent de repérer des lettres de dénonciation envoyées à la Gestapo afin de les intercepter et de les faire disparaître. Mais combien ont réussi ? Il y a plus de lettres de dénonciation qui sont parvenues à leurs destinataires que de lettres brûlées ou détruites avant. Mais elles ne sont pas les seuls moyens de la délation ; des coups de téléphone et des émissions de radio peuvent aussi signaler aux autorités des individus ou des lieux jugés « bizarres » ou « à surveiller ». La presse écrite est un autre relais de la délation. La lettre reste cependant le meilleur écran pour dénoncer sans être repérable par autrui.

Combien de délations ont été effectuées sous l'occupation ? Nul ne peut vraiment en estimer l'ampleur. Mais ces veules accusations sont toujours prises avec le plus grand sérieux par les autorités. Toutes les couches sociales ont participé à ce mouvement de grande lâcheté, une arme considérée comme celle des faibles. Nombre de lettres de délation se terminent par « X, un bon Français[2]... ». Les délateurs sont bien vus par les administrations et se sentent comme des Français à part et même doués d'un statut de « protégé » qui les autorise à continuer sans scrupule leur basse besogne. Le comble du cynisme : certaines lettres commencent par affirmer que la délation n'est en rien l'objet des lignes qui vont suivre.

Celui qui dénonce ne se rend pas toujours compte de la portée de son acte, qui peut conduire quelqu'un dans un camp de concentration. Quelquefois cependant, certains délateurs sont convaincus d'avoir fait leur devoir pour se protéger, d'avoir assouvi une vengeance ou assumé une prétendue mission civique et morale. D'autres ont cherché le gain. Les occupants le savent et, ici et là, sur les murs de la zone occupée, des affiches promettent en caractères gras « **100 000 francs de récompense !** », « **200 000 francs** » ou encore « **Un million !** »[3] (pour les plus grands criminels), afin de faciliter l'arrestation d'un ou plusieurs individus recherchés. L'une des récompenses record est celle promise après l'attentat à Nantes sur le *Feldkommandant* Hotz, le 20 octobre 1941. Pour la première fois, un officier allemand est assassiné par Gilbert Brustlein, un jeune communiste. Depuis l'invasion de l'URSS par les nazis en juin 1941, l'histoire de la Résistance connaît un tournant avec les premiers attentats menés contre des soldats et des officiers de l'armée allemande. Ce qui conduit à la politique dite « des otages » fusillés chaque fois qu'un occupant est tué. Pour l'attentat de Nantes, von Stülpnagel promet « **15 millions de francs** » « aux habitants du pays qui contribueront à la découverte des coupables ». Les brigades spéciales de la Préfecture de police de Paris, qui collaborent avec les Allemands pour arrêter les coupables, reçoivent des dizaines de lettres de dénonciation, parfois fort éloignées de l'enquête, mais qui sont pour beaucoup vérifiées avec une très grande minutie ; certaines ne sont pas prises en compte par les policiers tant elles leur apparaissent farfelues. Les renseignements fiables

sont quant à eux donnés à tous les autres policiers français ainsi qu'à leurs homologues allemands[4]. Ce qui a permis de retrouver des résistants communistes, c'est avant
tout l'efficacité redoutable des policiers parisiens mis sur
l'affaire, dirigés entre autres par le commissaire Veber ; ils
ont pu s'appuyer sur des indications données oralement
par des habitants, mais aussi sur des interrogatoires poussés, voire violents. Généralement, dans ce type d'enquête,
sur les affiches de recherche, outre la photographie et
l'identité des individus à retrouver, figurent aussi leur
signalement – taille, allure brossée par des termes géné-
riques, description du visage, moustache ou pas, etc. Le
numéro de téléphone à composer en cas d'information est
ajouté en bas de l'affiche.

Tous bons à dénoncer !

Tout est vite suspect dans un Etat qui n'est plus de
droit. Des dénonciations parfois absurdes sont l'objet
d'enquêtes poussées. Menacer son voisin de le dénoncer à
la police est beaucoup plus grave qu'en temps de paix. La
peur de la délation s'ajoute à l'angoisse de nombreux
Français, déjà inquiets devant les pénuries et l'absence de
certains parents proches. La délation est un moyen de
pression terrible sur une société et contribue d'ailleurs à
la terreur morale qu'exerce un Etat totalitaire (le Reich)
ou autoritaire (le régime de Vichy). Les délateurs ont
l'impression d'user de la puissance exceptionnelle que
leur confère un pouvoir singulier.

Les plus vulnérables sont les Juifs, alors que Vichy et
Berlin tissent une législation de plus en plus sévère. Les
dénonciations sont donc les bienvenues dans les rangs
policiers quand il s'agit de « trouver » des Juifs pour les
rafles et pour compléter les convois ferroviaires à destination des camps nazis. Les Juifs sont faciles à dénoncer
dans une ville comme Paris. Parfois, l'avancement de policiers sans grand talent est spectaculaire, ce qui accroît
d'autant leur cruauté et leur efficacité lors des interroga-

toires. Les Juifs étrangers sont les plus faciles à repérer, car ils ont du mal à cacher leur accent. De plus, ils n'ont souvent aucun point de chute ni refuge familial en zone non occupée.

Parmi les « cibles » les plus faciles de la délation, les communistes, les francs-maçons, les tsiganes, les résistants, les Noirs, les aviateurs abattus cachés, les femmes infidèles de prisonniers et enfin tous ceux qui peuvent gêner un délateur dans sa vie quotidienne ou ses idées.

Certaines dénonciations se font au sein d'une même famille, ce qui apparaît totalement ahurissant : par exemple, un fils peut dénoncer ses parents jugés trop durs avec lui ; il lui faut alors trouver un prétexte, comme la détention d'une arme ou l'écoute régulière de la BBC. Il peut aussi s'agir d'un père qui n'accepte pas que sa fille sorte sans lui dire où, ni avec qui ; il décide alors de dénoncer tous les garçons qui la côtoient. Parfois, il y a des résistants ou des Juifs dans le lot. Des époux se dénoncent parfois mutuellement. Une mère « vend » son fils et son époux à la police pour des raisons incompréhensibles. Des commerçants utilisent aussi la délation pour se débarrasser d'un confrère qu'ils accusent d'être « Juif » ou « gaulliste ». Cela fait un concurrent de moins. Un simple commerçant peut ainsi très facilement être maquillé en « ennemi » du régime, quitte à fabriquer des preuves sur des mots prétendument entendus dans des conversations, ici ou là. Ces pratiques remettent en cause la valeur même de la preuve en droit. Toutes les couches sociales ont compté leur lot de personnes dénoncées. Plusieurs prêtres qui faisaient passer la ligne de démarcation clandestinement à des Juifs et à des aviateurs alliés abattus ont été dénoncés par ce type de lettres dans le Cher, l'Indre-et-Loire et la Vienne, par exemple. Globalement, tous ceux qui représentent un danger pour les Allemands et Vichy apparaissent dans les lettres de dénonciation.

Heureusement, il arrive que des gendarmes, des policiers français ou des employés de préfecture et de mairie ne donnent pas suite à une lettre de dénonciation, car ils

ne veulent pas être des relais de la collusion policière
franco-allemande, laquelle s'accentue à partir des accords
Bousquet-Oberg signés en août 1942. Certains agents sont
par ailleurs membres de la Résistance.

Amours et sexualité non conformes

Aimer autrement

En marge des relations de courtoisie entre Allemands et
Français, d'autres rencontres amoureuses et sexuelles se
nouent sous l'occupation entre les Allemands et des femmes
françaises, ce qu'a bien observé et décrit Dominique Missika dans *La guerre sépare ceux qui s'aiment*[5]. Les relations
homosexuelles franco-allemandes ont aussi existé, mais
elles sont quasiment inconnues. Une question se pose :
une Française peut-elle aimer l'ennemi de façon senti-
mentale sans autre forme d'engagement politique, idéologique ou économique ? Certaines des femmes tondues à
la Libération se sont défendues en prétendant qu'elles
étaient seulement amoureuses d'un homme qui avait le
« défaut » d'être allemand en pleine occupation. Ceux qui
les écoutent n'en ont souvent cure. Des femmes connues,
telles Coco Chanel et Arletty, sortent avec des officiers
allemands, mais la majorité des femmes qui flirtent et
vivent une relation amoureuse avec des Allemands sont
plutôt d'origine modeste : elles font le ménage chez un
officier, elles servent à la table des officiers dans une
Kommandantur, elles sont secrétaires bilingues dans un
bureau du *MbF*, etc. L'historien François Rouquet montre
également qu'aux PTT, les jeunes auxiliaires qui travaillent au guichet acceptent parfois de se laisser séduire
par les Allemands[6]. Dominique Missika évoque ces maîtresses d'Allemands qui ne connaissent pas des histoires
d'amour « vraies », mais travaillent pour le Reich[7] ; elles
dénoncent des Juifs, des résistants, des Français qui
cachent des parachutistes, des réfractaires du STO, des

Français Libres, etc. Ces femmes de la collaboration, très minoritaires dans la population, tissent des relations avec les Allemands, parfois par amour, mais surtout par intérêt ; elles opèrent essentiellement dans les grandes villes.

L'occupation est donc l'occasion de multiples rencontres entre les hommes et les femmes, entre les Français, entre les occupés et les occupants, sous toutes les formes, de l'amitié jusqu'au rapport amoureux entre deux êtres, de l'adultère avec un Français ou un Allemand jusqu'à la relation sexuelle dans les maisons closes. Pour l'occupation, c'est le « désordre des sens » et de la « sexualité sans plaisir »[8].

Les relations sexuelles entre occupés et occupants sont évidemment les plus mal perçues par la société française qui cherche par ailleurs à se fermer le plus possible à l'ennemi. Il en va de son intégrité. Dans l'imaginaire collectif, coucher avec un Allemand, c'est pour une Française accepter de commettre la pire des souillures.

De même, aimer une Juive, c'est entrer dans la clandestinité pour se fréquenter ; c'est se cacher pour éviter les dénonciations, parfois motivées par la jalousie. Des hommes et des femmes mariées vont ainsi quitter leur foyer pour entrer dans la Résistance. Certains hommes ou femmes mariés, arrivés seuls dans les rangs de la Résistance, vont aimer une autre femme ou un autre homme. La guerre a sans doute accéléré les rencontres entre les femmes de prisonniers, seules, et les hommes restés en France. La morale populaire n'est guère tendre avec celles qui trompent leur époux en captivité. Le « désordre conjugal[9] » est sanctionné dès l'occupation ou le sera une fois la Libération venue. Sur un 1,5 million de prisonniers de guerre français, près de 50 % ont une épouse et près de 25 % ont des enfants. Le retour de ces maris et de ces pères ne commence qu'en avril 1945. En conséquence, près d'un million de femmes sont restées seules pendant cinq longues années[10]. Le statut de ces femmes, on le sait, est spécifique au cœur de la société de l'occupation. Elles sont sous la surveillance des voisins, des membres de la

famille et du régime. Ce dernier prétend vouloir les protéger. Si ces femmes sont exemplaires et qu'elles gardent au
mieux le foyer tout en allant travailler, alors elles sont des
quasi-héroïnes aux yeux des autres Français. Si elles font
un écart par une attitude exubérante ou, pire, en se mon-
trant avec des hommes, le regard est alors beaucoup plus
sévère. Certaines ont même des relations extraconjugales
qui ne se limitent pas aux seuls compatriotes. Elles sont
sans doute peu nombreuses, mais ce sont des cas connus.
D'autres femmes pensent que les Allemands sont « mieux »
que les Français, propos et comportement qui valurent à
nombre d'entre elles d'être tondues à la Libération.

La communauté exerce donc un regard vigilant à la
place de l'époux absent, qui garde toute sa place symbolique dans une société encore patriarcale. Des requis du
STO et des prisonniers français dans des fermes ou des
entreprises allemandes ont eu des relations amoureuses
avec des Allemandes, mais, au moment de l'épuration,
nous savons que leurs incartades furent bien moins vili-
pendées que celles des femmes des prisonniers de guerre
amoureuses d'Allemands. A l'époque, les femmes doivent
se montrer parfaites : de bonnes mères, des épouses irré-
prochables, de sages demoiselles. La femme qui trans-
gresse l'ordre social et moral est vite bannie. Aucune
« collaboration horizontale » n'est tolérée, même si toutes
celles qui en ont été « coupables » n'ont pas été tondues à
la Libération ; dans certains cas en effet, la population a
laissé à l'époux, de retour de captivité, le soin de sanc-
tionner lui-même sa femme. Ce qui mécontente les autres
Français, ce sont aussi les avantages qu'elles obtiennent
par leur conduite, alors qu'eux-mêmes sont dans le plus
grand embarras quotidien. De plus, toutes les formes de
suspicion sont possibles, car l'Allemand, c'est l'ennemi.
L'évolution des rapports homme-femme s'inscrit cependant dans une forte continuité entre la IIIe République, le
régime de Vichy et la IVe République. La guerre a accru
les risques de procès pour mœurs sexuelles jugées non
conformes. La surveillance collective et la répression

vichyste des « mauvaises femmes » sont très strictes lorsqu'il y a « concubinage notoire » ou « complicité d'adultère ». Cela peut conduire à des sanctions judiciaires qui s'échelonnent entre la simple amende (avec ou sans sursis) et la prison ; la relaxe est rare[11].

Des enfants sont nés des relations fugitives ou plus durables entre des Françaises et des Allemands. Mais nous ignorons combien. Philippe Burrin avance grande prudence le chiffre de 50 000 à 75 000 enfants nés dans ces conditions pour toute la France[12]. Dominique Missika rappelle le cas de la mère de l'acteur de Richard Bohringer qui a connu une véritable histoire d'amour avec un officier allemand, dont il est né le 16 janvier 1941[13]. Après la guerre, ces Françaises et ces enfants subissent souvent les sarcasmes du reste de la population. Des femmes rejoignent l'Allemagne avec leur amant, comme la mère de Richard Bohringer qui laisse son fils en France aux bons soins de sa grand-mère. Les « enfants de boches » ont été très souvent maltraités, y compris dans leur famille. Pourtant, les soldats allemands ne peuvent pas épouser de Françaises même pour régulariser une situation.

Nombre de Françaises accusées d'avoir eu des relations amoureuses avec les Allemands ont souvent avancé, au moment de la Libération, que leur amant ou fiancé n'était pas nazi ; la *vox populi* n'a pas fait la différence. D'autres ont défendu le libre « usage » de leur corps.

« Paris, Kognak, petites madames »

L'absence des nombreux Français faits prisonniers en Allemagne, la surévaluation du mark, le chômage et le marché noir sont autant d'explications à l'accroissement spectaculaire de la prostitution sous l'occupation. Selon certains, Hitler aurait vu dans la France une sorte de « lupanar de l'Europe[14] ».

Des maisons closes sont réservées aux soldats de la Wehrmacht dans Paris et sa région (une trentaine environ, dont une majorité pour la troupe et trois maisons permanentes pour les officiers ; trois autres établissements sont ouverts pendant une année). Ce sont des centres pour « le repos du guerrier », qui se livre à la boisson et aux femmes « faciles ». Pour les clients allemands, ces femmes sont de surcroît celles d'un pays vaincu, ce qui atténue leur mauvaise conscience. Des règles existent pourtant. Ainsi, Paul Léautaud lit sur la porte d'entrée d'un bordel parisien, rue Grégoire-de-Tours, une affiche en allemand qu'il ne comprend pas, avec en dessous cette inscription : « Interdit aux civils et aux étrangers[15]. » Les Juives et les Noires sont interdites dans les maisons closes créées ou réquisitionnées pour les occupants.

Les occupants se protègent beaucoup contre les maladies vénériennes et édictent donc des règles d'hygiène minimale pour encadrer au mieux la prostitution. Il faut rappeler qu'en Allemagne, la loi menace de stérilisation par castration les hommes accusés de cacher une maladie vénérienne. Pour les officiers, le préservatif et la possession d'une « carte de visite » sont obligatoires. Sur cette dernière doivent être écrits le nom des filles rencontrées, celui de la maison fréquentée avec le numéro de chambre et la date de la passe. Ils inscrivent aussi leur numéro de matricule sur un registre d'entrée. En cas d'infection vénérienne, ils peuvent montrer leur carte au médecin-chef allemand qui s'occupe de l'hygiène. Dans les bordels réservés aux simples soldats, des infirmiers attendent les « clients » pour examen dès le pas de porte franchi. Malgré toutes ces précautions, des cas de contamination apparaissent ; les Allemands contaminés risquent alors de trois à dix jours de prison. Beaucoup semblent préférer rencontrer les femmes hors des maisons closes « réservées ». Ils veulent profiter des prostituées « sauvages » qui vendent leur corps de façon très ponctuelle, pour un ticket de charbon, un peu de viande ou encore pour un fromage, mais aussi pour obtenir la libération d'un ami, d'un frère ou d'un époux. Parmi les paradoxes de la période, rappelons que le régime de Vichy a donné une existence légale aux maisons closes, assortie d'avantages fiscaux. Seule la *Kommandantur* peut autoriser le licenciement d'une prostituée qu'elle soumet à un contrôle médical strict. Celui-ci entre dans le cadre d'une « collaboration sanitaire » entre Vichy et les Allemands. Ainsi, les archives policières parisiennes évoquent des centres d'examen qui sont ouverts près des lieux où exercent les prostituées, comme la rue Saint-Denis, par exemple. Deux fois par semaine, elles doivent se rendre à la visite médicale chez le médecin désigné par la Préfecture de police de Paris. Les récalcitrantes sont arrêtées par les policiers parisiens qui les interrogent, leur demandent leur âge et leur origine ; beaucoup, âgées de seize ou dix-sept ans, expliquent qu'elles sont contraintes de se prostituer à cause d'un souteneur très violent. Après l'interrogatoire et un contrôle médical, elles sont relâchées. Les prostituées reconnues « infectées » doivent subir un traitement au dispensaire de Saint-Lazare. Chacune doit avoir tout le temps avec elle son « carnet blanc » où sont notés les résultats des examens médicaux. Près de 6 000 prostituées qui travaillent dans les bordels pour occupants détiennent également des cartes bilingues délivrées par les Allemands. Les établissements jugés trop imprudents et négligents sont fermés. En zone occupée, théoriquement, selon le droit des occupants, les filles insouciantes risquent des peines de prison, voire en théorie la peine de mort dans les cas de récidive.

Deux types de prostituées cohabitent dans les quartiers de Paris : les « officielles » et les « sauvages ». Selon Philippe Burrin, « 80 000 à 100 000 femmes à Paris » se livrent à la prostitution sauvage[16]. L'historien suisse se réfère à une précieuse étude allemande[17]. Les prostituées « sauvages » sont sans doute plus nombreuses à Paris pendant l'occupation que dans les années trente, en raison de l'appauvrissement de femmes seules, parfois mères et/ou épouses abandonnées ou séparées. La misère les conduit à franchir le pas de la prostitution, parfois même dans leur immeuble d'habitation. L'isolement influence aussi le comportement de certaines femmes psychologiquement désemparées devant les défis à relever quotidiennement. Comme la vie est de plus en plus difficile, quelques-unes de ces femmes séparées par la guerre pensent qu'avec la prostitution, même occasionnelle, elles pourront obtenir certains avantages matériels. Ainsi Pierre Miquel cite l'exemple – d'après un extrait de la main courante de la police parisienne – d'une infirmière âgée de vingt-sept ans, séparée de son époux, mère de quatre enfants placés en nourrice, qui se livre à la prostitution[18]. Elle est régulièrement arrêtée par les îlotiers. Plusieurs dizaines d'autres cas de femmes divorcées, d'ouvrières au chômage, de femmes de prisonniers de guerre devenues prostituées existent dans les archives policières parisiennes. Certaines femmes, qui répugnent à se prostituer, préfèrent commettre des petits vols pour s'en sortir, au risque d'arrestations et de détentions répétées. Pis encore. Quelques-unes se suicident pour échapper à un quotidien qu'elles considèrent insupportable.

D'autres femmes seules, appauvries et vulnérables psychologiquement ne se livrent pas directement à la prostitution, mais connaissent des amours instables à la recherche de refuges ou de protection. Le passage de la relation furtive à la relation monnayée est parfois vite fait.

En zone non occupée, dans les régions de Limoges et de Poitiers, les conditions d'existence des prostituées changent sensiblement pendant l'occupation[19]. Elles doivent suivre les règlements de Vichy, qui sont calqués sur ceux des Allemands. Dans le cas contraire, elles s'exposent à une véritable traque, car les autorités prétextent la prophylaxie des maladies vénériennes. Comme à Paris, la prostitution close est favorisée par les autorités ; une politique d'enfermement des prostituées est donc mise en application. La prostitution sur la voie publique devient dès lors très rare et risquée. Comme à Paris, dans les régions de Limoges et de Poitiers, des femmes se prostituent par nécessité. Là aussi, les femmes de prisonniers de guerre sont très surveillées par les policiers et la collectivité. Celles qui se prostituent sont présentées comme les femmes les plus viles. Pour le régime de Vichy, globalement, les prostituées sont des « femmes de mauvaise vie », une notion créée par les textes et les discours officiels.

Certaines villes moyennes comptent aussi leur lot de bordels, comme Chinon en Indre-et-Loire, par exemple. Ces établissements sont parfois victimes d'attaques de la Résistance comme ceux de Tours ou de Marseille[20]. En 1945, dans toute la France, des enquêtes et des bilans commencent à être tirés sur la prostitution sous l'occupation. Dans les Alpes-Maritimes, par exemple, le CDL veut prendre des mesures contre la prostitution des mineures et des adultes, et plus particulièrement des non-professionnelles ; une motion est rédigée, le 2 juin 1945 : « Le CDL, ému du développement de fait de la prostitution à laquelle se livrent trop de mineures de douze ans et au-dessus et qui constitue une sorte de marché noir de la "profession" ; ému de l'augmentation parallèle du nombre de maladies vénériennes, augmentation qui dépasse tout ce qu'on aurait pu prévoir ; demande à tous les services intéressés [...] toutes mesures, même draconiennes, susceptibles de mettre fin à un état de chose intolérable qui met gravement en péril l'existence de la nation[21]. » Ce que montre la motion, c'est que la fin de l'occupation n'arrête pas l'activité de la prostitution sauvage. Des femmes et des jeunes filles continuent ce commerce sexuel, car elles ne connaissent aucune amélioration de leurs conditions de vie ; certaines se sont habituées à gagner de l'argent de cette façon, sous la contrainte d'un souteneur, et ne peuvent plus échapper à cette vie misérable.

Vies dégradées et anéanties

L'internement : une vie quotidienne en sursis

Parmi les personnes qui vivent en marge de la société figurent des Français immigrés de longue date, des étrangers arrivés depuis les années trente et d'autres catégories encore, dont les Juifs. L'internement a sa propre chronologie. Entre 1939 et 1944, ce furent environ 500 000 personnes (en majorité des étrangers) qui séjournèrent dans les camps d'internement en France, subissant un quotidien fait de misère physique et psychologique. L'internement administratif découlait d'une succession de décrets pris à l'encontre de différentes catégories de population, soit sous la pression des événements, soit comme résultats de choix politiques et idéologiques. Furent concernés : les réfugiés militaires et civils fuyant l'Espagne après la victoire de Franco (début de 1939) ; après la déclaration de guerre, les « ressortissants des puissances ennemies » (17 000 dont, en fait, une majorité d'opposants au nazisme et de Juifs allemands ou autrichiens), des communistes ; après l'armistice, des Juifs expulsés d'Allemagne ou de territoires occupés, des « politiques » surtout communistes, des tsiganes, des Juifs étrangers puis français en préliminaire à leur déportation, des prisonniers de droit commun ayant purgé leur peine de prison, des trafiquants de marché noir, des prostituées.

Même si l'internement pratiqué par Vichy fut moins conjoncturel que celui de la IIIe République et s'inscrivit dans un projet idéologique, il ne constituait pas un objectif majeur du régime. Si bien qu'au printemps de 1942, on ne comptait plus que 15 000 internés, alors qu'ils étaient 53 000 en février 1941. A partir de l'été 1942, la politique allemande d'extermination des Juifs d'Europe vint bouleverser la donne : des camps servirent de points de rassemblement et de tri pour les Juifs voués à la déportation et à la mort. Au mois d'août, des milliers d'entre eux furent déportés depuis les camps de la zone non occupée. Cette opération préludait à l'application de la Solution finale. Sous la menace directe de l'anéantissement, la vie des internés changea de nature.

La grande misère des camps

Rappelant ses souvenirs d'enfance du camps de Rieucros où il fut interné avec sa mère en 1940, Michel del Castillo évoque « cette expérience ineffable qui se résume à des impressions monotones, la faim, le froid surtout – cette lourde, cette épaisse neige lozérienne, l'ennui, un sentiment de solitude affreuse, et ces bois qui, lorsque je les traversais pour aller à la petite école de Mende, me paraissaient redoutables, gorgés de ténèbres. L'humiliation et la saleté, la honte collée à ma peau de métèque[1] ».

Vécu dans un sentiment d'injustice et de douleur, l'internement fut aussi enduré au milieu de l'inconfort, voire du dénuement. Il y eut, à travers tout le pays, une centaine de lieux d'internement, largement improvisés : prisons, forteresses, casernes, usines désaffectées et grands camps de toile ou de baraquements surgis du néant. C'est ainsi qu'en quelques jours de février 1939 70 000 à 100 000 réfugiés espagnols ou combattants des Brigades internationales se retrouvent sous des tentes sur les soixante-cinq hectares de plage d'Argelès-sur-Mer. De même, le camp de Gurs fut érigé *ex nihilo* pour devenir, en six semaines, la troisième « ville » des Basses-Pyrénées

par l'importance de sa population (18 000 personnes) :
428 baraquements furent montés autour d'une route centrale, avec électricité, réseau d'égouts et 250 kilomètres
de barbelés. Ce camp, prévu pour servir quelques mois,
était encore en activité en décembre 1945. En principe,
des lieux de détention spécialisés auraient dû corres-
pondre à chaque catégorie d'internés. Dans les faits, la
logique connaissait une double dérive. Dès qu'un problème se révélait dans le fonctionnement du système, un
nouveau type de camp était créé, sans apporter d'ailleurs
de véritable remède. Ainsi, quand le manque de nourriture et d'hygiène fit augmenter la morbidité, des camps-
hôpitaux furent créés (Récébédou, Noé), mais nourriture
et soins continuèrent d'y faire défaut. Ou encore, devant
la croissance des internements de familles avec enfants,
un camp « familial » apparut à Rivesaltes, mais il s'avéra
misérable et malsain, donc particulièrement peu adapté à
des familles. D'autre part, ce système lui-même généra
des transferts fréquents d'internés qui contribuèrent à
accroître leur insécurité et leur inconfort.

En outre, faute de personnel suffisamment nombreux et
qualifié, la direction et la garde des camps ne cessèrent de
poser des problèmes, dus à la brutalité et à la malhonnêteté des surveillants et de l'administration, mais aussi à
leur incurie ou à leur incompétence. Le directeur du camp
pour politiques de Brens déplora ainsi en 1942, l'impossibilité matérielle d'assurer la garde, « n'était la bonne
volonté des internées »... Aussi, dans les premières
années, les évasions furent loin d'être anecdotiques. Il y
aurait eu dix pour cent d'évadés pendant l'été de 1941
aux camps de Pithiviers et de Beaune-la-Rolande (Loiret).
Ce manque de professionnalisme allié à l'indifférence et
aux difficultés pratiques représentées par de telles masses
humaines eurent de lourdes conséquences.

Ravitailler plusieurs milliers de personnes ne s'improvise pas, surtout en temps d'économie contingentée.
Pourtant, l'improvisation fut la règle. Les grossistes
exploitaient à leur profit l'ignorance ou la négligence des

autorités des camps (certains n'avaient d'ailleurs pas de gestionnaire ou de comptable professionnel) et écoulaient des provisions de mauvaise qualité, de faible valeur nutritive, voire avariées. Pris sur le fait, ils se défendaient en arguant des tarifs dérisoires imposés par l'administration ou des retards dans les paiements. Il est vrai que les gestionnaires des camps croyaient prouver leur efficacité en économisant sur les 11,50 francs attribués à la nourriture journalière de chaque détenu (l'équivalent du prix de 300 grammes de beurre). Dans beaucoup de cas, on n'en dépensait que 5.

En outre, non seulement il n'existait pas de chambre froide dans les camps, mais les denrées déchargées restaient plusieurs heures ou plusieurs jours dehors, exposées, selon la saison et le lieu, aux intempéries, au vent, au soleil, aux mouches. Les légumes, faute d'eau, n'étaient pas correctement lavés avant d'être utilisés. Les soupes, préparées pour tout le camp par des cuisiniers plus ou moins expérimentés et équipés, ne cuisaient pas assez longtemps ou, au contraire, finissaient brûlées, ce qui les rendait plus indigestes encore.

« Tout me revient avec une précision hallucinée, témoigne Michel del Castillo en revoyant, soixante plus tard, des dessins faits par les internées de Rieucros, les silhouettes noires sur la neige, portant les grandes bassines, le vertige de la faim quand je respirais l'odeur de la soupe, mes larmes de dépit devant ce liquide nauséeux, mes sanglots à l'heure de partir pour l'école[2]. » Un tsigane, qui fut interné au camp de Poitiers quand il était adolescent, se souvient ainsi que la nourriture était toujours la même : un peu de pain, une soupe à base de carottes, navets et choux, les pommes de terre étant réservées pour les jours où le camp recevait des visites ou des inspections. Un rapport du directeur du camp confirme que pour mai 1941, il a disposé d'une moyenne de 325 grammes de nourriture par jour et par interné, en dehors de ces légumes. Détenu plus tard à Montreuil-Bellay, ce même interné y chassa le rat au travers des lattes du plancher des baraques : « On prenait un morceau de bois, on le piquait, tac !, et on le bouffait par la faim. Parce qu'on était malheureux[3]. »

Les rats ou souris qui proliféraient s'en prenaient aux provisions. Ainsi, certains internés de Gurs préféraient manger en une seule fois leur ration quotidienne de pain pour éviter de la partager à leur insu avec les rongeurs. Ceux-ci s'attaquaient aux vêtements, alors que les garde-robes étaient déjà des plus réduites, voire infligeaient de cruelles morsures aux dormeurs. Les poux, les puces, et dans une moindre mesure les punaises, pullulaient aussi parmi des internés pour lesquels douche et lessive représentaient des événements d'une extrême rareté. Les directeurs de camp en appelaient au civisme des internés, au lieu de leur procurer de quoi rester propres. « On peut attraper des poux, ce n'est pas une honte, mais ne pas les détruire à fond est une faute et une honte[4]. »

Sur fond d'alimentation carencée, la pollution de l'eau disponible par les déjections (les sanitaires étant insuffisants et défectueux) comme l'enfermement dans des baraques humides, mal aérées, non chauffées et infestées de vermine faisaient le lit des maladies typiques de la malnutrition, de l'entassement et du manque d'hygiène : gingivite, gale, eczéma, avitaminose, entérite, diarrhée, dysenterie, typhoïde... La mortalité resta toutefois limitée, frappant les sujets les plus vulnérables du fait de leur âge ou de leur état de santé préalable à l'internement.

L'improvisation dans le choix et l'aménagement des lieux d'internement achevaient de rendre pénibles les conditions d'existence. Les considérations sur le climat ou la nature du terrain semblaient avoir été absolument négligées. Rivesaltes était en plein vent, les hivers y étaient aussi rigoureux que les étés brûlants. Pour peu que le sol fût imperméable, la boue régnait en maîtresse sur le camp. Ce caractère fit la triste célébrité de Gurs. Mais ce malheur était partagé par de nombreux camps, par exemple Beaune-la-Rolande où tout l'empierrement fut englouti par le sol argileux durant l'hiver 1941-1942.

Accommodements et dissensions

Cette misère jointe à l'incurie des autorités amena le gouvernement de Vichy, sous l'effet des protestations internationales, à autoriser l'action d'œuvres de bienfaisance dans les camps. Les internés purent aussi recevoir des colis de leurs familles, et même solliciter des bienfaiteurs par l'intermédiaire des associations caritatives.

Les informations que les lettres des détenus répandaient sur la réalité quotidienne des camps inquiétaient toutefois les autorités, d'autant plus que les commandants de camps comme les préfets préféraient minimiser les problèmes pour montrer qu'ils avaient la situation en main. Ce souci renforça la pression de la censure (instaurée en premier lieu pour les motifs politiques) sur le courrier des internés. Avec des conséquences matérielles puisque dans un grand camp comme Gurs, en janvier 1941, c'étaient six mille à huit mille lettres qu'il fallait traiter tous les jours. La direction incita donc à écrire en français et à utiliser de courtes formules de cartes postales, en précisant que les intéressés trouveraient avantage à voir ainsi leur correspondance acheminée plus rapidement.

Ces rares moments constituaient de courts répits dans une vie difficile, répétitive et sans perspective. « Chaque jour ressemble aux autres, écrit une journaliste tchèque internée comme suspecte politique, chacun accomplit les mêmes actes : se lever, secouer sa paillasse, faire la queue pour obtenir de l'eau pour le thé, se bagarrer pour utiliser un robinet dans les sanitaires, faire la queue pour avoir de la soupe et des épluchures de fruits, faire la queue pour l'eau du thé l'après-midi, la queue pour la soupe du soir, secouer la paillasse et, le lendemain, tout recommence[5]. »

Les premières populations internées étaient très politisées. Les Espagnols et les combattants des Brigades internationales étaient encadrés par groupes nationaux et par des organisations politiques, en particulier le parti communiste. Ils désignaient des chefs d'îlot qui choisissaient eux-mêmes des chefs qui formaient la « direction internée du camp ». Une vie collective fut mise en place qui concernait aussi bien la gestion du quotidien et les activités « culturelles » que les directives politiques. Des « journaux » furent créés par les internés, complétés par l'affichage d'articles commentés découpés dans les journaux qui entraient, plus ou moins officiellement, dans les camps. Cette cohésion devait se retrouver parmi les communistes internés à partir de 1940. Par exemple, en quelques jours de mai 1941, tout se met en place au camp de Choisel-Chateaubriant : équipement des baraquements, emploi du temps et répartition des corvées, programme de cours...

« Le quartier politique se compose de dix baraques, dont deux sont affectées aux services généraux, cuisine, buanderie, réfectoire. Les autres nous servent de logement. Nous y sommes assez bien logés et aérés. Nous y disposons chacun d'un lit, d'une petite table et d'une étagère pour ranger notre paquetage. Un lavabo fonctionne et nous sommes en train d'aménager des douches. [...] Lever le matin à 7 h 30. L'un de nous va chercher le café qui est distribué dans la chambre. On fait son lit – c'est vite fait – on balaie dessous et celui qui est de chambre balaie la baraque. Ensuite toilette (il n'y a pas d'heure fixe pour cela et, d'une façon générale, nous sommes libres de nos horaires, sous réserve que cela soit compatible avec une bonne administration du camp). De 9 h 30 à midi, chacun s'en va à ses occupations. A cet égard, nous nous sommes distribués librement les tâches – entretien du camp, constructions nouvelles, éducation –, il ne reste de commun que la corvée de cuisine pour laquelle chaque chambre doit fournir des équipes, ce qui est naturel. Après la soupe de midi, les travaux et les cours reprennent jusqu'à six heures, où a lieu la soupe du soir ; après celle-ci, chacun fait ce qu'il veut jusqu'à dix heures, où l'extinction des feux doit se faire et strictement, à cause de la défense passive. [...] Je fais les deux cours d'allemand (quatre leçons et deux exercices de conversation, avec les devoirs à corriger chaque semaine). Je suis, pour mon compte, le cours de russe. Il y a des cours de grammaire, d'arithmétique, d'algèbre, de géométrie, d'espagnol, d'anglais et de sténo. Et tout cela a fonctionné cinq jours après notre arrivée. Il est vrai que tous nos cadres de professeurs faisaient partie du convoi parti de Clairvaux et que nous avons trouvé ici quelques instituteurs qui se sont joints à nous. D'ailleurs, ce qui est caractéristique, c'est la rapidité d'exécution des décisions que nous prenons. Cela a été remarquable pour la construction de quelques édicules indispensables, la pose de conduite d'arrivée et d'évacuation d'eau, l'aménagement de la salle de cours et même l'organisation d'un concert que nous avons donné dimanche dernier[6]. »

Ce régime souple ne dura d'ailleurs pas à Chateaubriant, remplacé par un strict contrôle des internés, avec trois appels journaliers, d'éventuels contre-appels de nuit, la suppression des visites familiales et des colis personnels, des sanctions en cas de contravention à la censure du courrier, des limitations des déplacements en dehors des abords de sa baraque.

Cet auto-encadrement vigoureux, qui pouvait constituer un facteur de bonne santé physique et mentale, ne concerna guère les internés suivants qui étaient moins politisés et qui étaient très mêlés.

Au contraire, des antagonismes violents entre internés rendaient parfois leur vie plus pénible encore. Parmi les combattants d'Espagne, staliniens, trotskistes et anarchistes continuaient à se déchirer ; des communistes s'opposaient à propos du pacte germano-soviétique d'août 1939 ; des Juifs français supportaient difficilement d'être confondus avec les immigrés d'Europe centrale et orientale. Dans les camps de « suspectes politiques », des prostituées vivaient à côté de militantes communistes ou antifascistes et de réfugiées, suscitant des disputes et rendant problématique toute solidarité. Antagonismes et dissensions pouvaient d'ailleurs être violents. Parmi les premiers Juifs internés à

Drancy en 1941, « la manifestation la plus frappante, témoigne un interné, semble être les discussions fréquentes qui opposent les uns aux autres, Juifs français et étrangers : les Français reprochant aux étrangers d'être la cause de leurs malheurs et ces derniers se plaignant de la France[7] ».

Il arrivait que les directions des camps encouragent ces divisions et marquent elles-mêmes des différences. Un rapport de mai 1941, rédigé par un rabbin délégué par les œuvres charitables juives, sur le prétendu « centre de regroupement familial » de Rivesaltes montre ainsi les discriminations infligées aux Juifs. Les baraques qui leur ont été attribuées sont parmi les moins bien construites et équipées. Elles sont aussi les plus éloignées des lieux de distribution de nourriture. Quand le lait manque, ce sont les enfants juifs qui voient leur part réduite, voire supprimée, alors que d'autres enfants du camp continuent à en recevoir[8].

Les « antichambres de la mort »

Le camp français le plus connu est peut-être le camp de Drancy, désigné couramment et à juste titre comme l'« antichambre de la mort », puisqu'il servait de lieu de rassemblement et de départ vers les camps d'extermination, en particulier vers Auschwitz. Ainsi, 64 760 des 76 000 déportés raciaux de France ont transité par Drancy, d'où sont partis 67 convois.

Les bâtiments de Drancy étaient un vaste ensemble d'immeubles d'habitation à bon marché, pas encore achevés en 1939, qui fut réquisitionné par les Allemands dès leur arrivée à Paris en juin 1940. Le 20 août 1941, une rafle de Juifs fut opérée dans le 11e arrondissement et les 4 230 victimes furent parquées à Drancy, où aucun accueil n'avait été prévu : « Les internés, écrit le préfet de la Seine, ont été répartis dans les chambres des bâtiments où ils couchent sur les planches des lits garnissant les chambres, qui ne comportent ni sommier, ni matelas.

Toutes les mesures ont été prises par mes soins pour leur assurer provisoirement des repas froids, en attendant que j'aie pu réunir le matériel nécessaire pour distribuer une nourriture chaude aux 4 000 internés[9]. » Même les gamelles avaient été oubliées. Les détenus récupérèrent des boîtes de conserve abandonnées par les prisonniers anglais passés par Drancy avant eux. Mais, la « nourriture chaude » s'avéra pour le moins restreinte : « Nous recevions le matin une tasse de Kub, à midi une assiette d'eau chaude où surnageaient deux ou trois rondelles de carotte. A 16 heures, nous recevions 225 grammes de pain pour vingt-quatre heures et, à 18 heures, la même assiettée de soupe qu'à midi[10]. » La famine fut exploitée par les gendarmes français qui vendaient des denrées au marché noir : une ration de pain se négociait 300 francs (le quart du salaire mensuel d'un ouvrier), une cigarette 125 francs, un morceau de sucre 12 francs. Les Allemands avaient obtenu que la garde intérieure et extérieure fût assurée par la gendarmerie et que l'administration fût confiée à un fonctionnaire français régulièrement détaché par la Préfecture de police de Paris.

Le camp était partagé en cinq blocs, divisés eux-mêmes en escaliers. Furent nommés des chefs de chambre, d'escalier et de bloc, responsables de la répartition de la nourriture, de la propreté et de la discipline. Un mélange d'ambiance militaire et carcérale sévissait : tous les hommes devaient saluer les officiers allemands ou français et se mettre au garde-à-vous pour les appels biquotidiens. Les promenades se déroulaient entre 10 h 30 et 14 h 30, avec interdiction de circuler en groupe. En fait de sanitaire, une fosse avait été creusée en plein air. Le désœuvrement régnait, occupé par la lancinante inanition. Terriblement affaiblis, les internés s'efforçaient de rester allongés pour économiser leurs forces. Les pertes de poids moyennes furent d'une quinzaine de kilos en deux mois et demi. En novembre 1941, 800 des premiers hommes arrêtés étaient si affaiblis qu'ils furent libérés. Pour les autres, les colis ainsi que le courrier furent autorisés.

La deuxième période du camp de Drancy commença en juillet 1942, avec la rafle du Vél' d'Hiv', qui concerna aussi bien les femmes et les enfants que les hommes (13 000 Juifs immigrés de la région parisienne) ; 5 000 personnes furent dirigées sur Drancy et aussitôt déportées. A partir de ce moment, une infernale noria s'instaura : le camp était régulièrement vidé par des convois dirigés sur Auschwitz et rempli par de nouvelles victimes. « Dans les chambres, raconte Annette Vainstein qui avait 11 ans lors de son arrestation, nous étions sur des paillasses et changions de chambre à chaque départ vers l'inconnu. Celle du bord du bâtiment, au premier étage, était celle du départ. La journée, on marchait, on tournait en rond dans la cour. Café le matin et, deux fois par jour, un bol de soupe au chou nous étaient distribué. Un jour, j'ai été placée dans la dernière chambre avec d'autres enfants en vue d'un départ le lendemain[11]. » Au mois d'août 1942, un regroupement des enfants seuls (entre 2 et 16 ans), dont les parents avaient déjà été déportés, convergea à Drancy pendant quelques jours, avant qu'ils ne soient à leur tour envoyés à la mort :

Le 26 août 1942, la police française rafla en zone libre 7 000 Juifs étrangers qui vinrent échouer à Drancy. Le camp était surpeuplé, arrivants et partants se succédaient à un rythme forcené : durant le seul mois de septembre 1942, douze convois quittèrent la gare de Drancy-Le Bourget pour Auschwitz, ce qui représente plus de douze mille déportés. La terreur et le désespoir étaient le lot quotidien des internés dont certains préférèrent se jeter par les fenêtres pour se suicider.

En juillet 1943, les Allemands prirent la direction directe du camp. Une poignée de *SS* suffit à faire régner la terreur en recourant à des violences physiques démonstratives ainsi qu'à la division des internés entre eux, sous la menace constante de la déportation :

Un chef de camp juif fut nommé, de nombreux « services administratifs » se développèrent, dont celui qui établissait les listes de déportés, une « police juive » assurait la discipline dans le camp. Le fossé se creusait entre des permanents et des détenus qui ne faisaient que passer quelques jours ou quelques semaines, en route pour les camps d'extermination. Les internés furent mis au travail, tout inutile qu'il fût, le SS Brunner ne supportant pas de les voir ne rien faire. Un programme d'embellissement du camp fut mis en œuvre, après que l'Union générale des israélites de France eut fourni de vive force matériaux et outils (en pleine pénurie). La cour fut cimentée, une pelouse plantée, murs et plafonds blanchis à la chaux, les chambres repeintes. Chacun devait être à l'appel à 7 heures, pour commencer le travail sur les différents chantiers dès 7 h 30.

Depuis l'été 1942, le camp de Drancy était donc aussi alimenté par des internés en provenance de camps de la zone non occupée qui tenaient dans le dispositif le rôle de lieux de rassemblement et de sélection. Pithiviers et Beaune-la-Rolande virent ainsi passer les Juifs raflés en région parisienne en juillet 1942, entre leur arrestation et leur regroupement à Drancy. Des lettres telles que celle de Jacques Bronstein, âgé de 15 ans, sont alors le plus fidèle reflet du quotidien :

« Chers tante et oncle,

« Je vous écris ces quelques lignes pour vous donner de mes nouvelles qui sont bien tristes. Maman a été déportée il y a dix jours vers une destination inconnue. Raymonde était à l'hôpital de Pithiviers avec une angine diphtérique. [...] Elle vient d'en sortir vendredi soir, malheureusement pour elle et pour moi, car il y a eu encore un départ samedi et Raymonde en était. [...] Je crois qu'elle est partie pour Drancy. Si vous pouvez faire quelque chose pour elle, faites-le, je vous en prie. [...] Il doit y avoir un départ samedi prochain, j'en serai sûrement[12]. »

Lors des rafles opérées en août 1942 en zone non occupée par les autorités françaises pour le compte des Allemands, les Juifs, d'abord étrangers et internés ou astreints à résidence, furent rapidement regroupés dans les camps pour être dirigés vers Drancy. En cinq jours, près de 1 500 personnes transitèrent ainsi par le camp des Milles dans les Bouches-du-Rhône (en principe destiné aux candidats à l'émigration régulière). Les scènes inhumaines de séparation des familles et de transfert impressionnèrent douloureusement les populations locales dans toute la zone non occupée. On remarqua même que certains policiers ou gendarmes trahissaient leur désarroi devant le travail qu'on leur faisait faire. Ces événements donnèrent lieu aux seules protestations officielles d'ampleur contre la persécution des Juifs en France. Des prélats catholiques exprimèrent publiquement leur désapprobation devant ces violations du respect élémentaire de la personne : « Les Juifs sont des hommes, les Juives sont des femmes, déclara l'archevêque de Toulouse. Tout n'est pas permis contre eux, contre ces hommes, contre ces femmes, contre ces pères et ces mères de famille. Ils font partie du genre humain. » Quant aux œuvres caritatives, elles mesuraient soudain le péril extrême où étaient plongés les internés, toutes catégories confondues. Une assistante sociale de la Cimade protestante reçut ainsi un mot d'une internée qui la remerciait de son aide au moment de son départ du camp. « Il faut que chacun se prépare, écrivait-elle, il n'est pas nécessaire d'emporter quoi que ce soit[13]. »

Le camp de Royallieu à Compiègne présentait encore un autre profil. D'abord occupé par des détenus juifs originaires de la région parisienne, il devint le premier centre de départ pour les déportés politiques (49 000 des déportés français y ont transité). D'autre part, il fut le seul camp à ne jamais avoir dépendu que de l'administration allemande. Le séjour y était court (un mois en moyenne) et s'effectuait dans des conditions décentes. Il apparaissait souvent aux détenus comme très correct après le séjour en prison. Toutefois, l'intégration au camp était marquée par une procédure qui annonçait la déshumanisation des camps de concentration : très long appel sur la place centrale, remise d'une couverture, d'une gamelle et de pain, visite médicale, attribution d'un numéro matricule qui se substituait à l'identité. La gestion directe du camp était dévolue à des internés de droit commun, les Allemands se contentant d'une direction lointaine.

Vidés par les transferts de l'été 1942, de nombreux camps de zone non occupée fermèrent à la fin de l'année. En janvier 1943, il restait 6 000 internés en zone sud. Restèrent essentiellement derrière les barbelés les tsiganes (qui seraient encore longtemps victimes de cette discrimination) et les reclus de droit commun. En zone nord, au contraire, les camps continuèrent à fonctionner jusqu'en août 1944, convergence et réservoir dans les dispositifs de répression et d'extermination. Jusqu'aux derniers jours, des opérations cherchèrent à débusquer les Juifs cachés (rafle dans les institutions d'enfants) et les derniers trains de déportés raciaux et politiques quittèrent la région parisienne peu avant le repli des troupes allemandes.

« Toute la France en prison ? »

Les prisons furent, à partir des années 1920, des lieux délaissés, fermés au monde extérieur. En 1939, le système était très délabré, les surveillants incompétents et les installations, vétustes et médiocres. Elles accueillaient une quinzaine de milliers de détenus qui constituaient, de l'avis unanime, la lie de la société. Autant dire que les citoyens de la IIIe République faisaient fort peu de cas des prisons et des prisonniers, soumis à un régime très rude, en vigueur depuis la fin du XIXe siècle (d'où la violente révolte de la colonie pénitentiaire d'Aniane en août 1937). En dehors des campagnes de Jeanne Humbert, Roger Vailland ou Albert Londres, une solide indifférence et beaucoup d'ignorance avaient, sur la situation des 18 000 détenus (en 1938), servi de viatique à la masse des Français.

Ce qui était opprobre et objet de curiosité change de nature sous l'occupation. En 1943, les prisonniers sont 55 000. En une seule année 40 000 personnes ont été arrêtées. Les prisons ne sont plus vidées que par les déportations et les exécutions. Le rythme s'accélère après l'arrivée au pouvoir de la Milice : 10 000 arrestations pour le seul mois de mars 1944. Entre-temps, la guerre, l'occupation, une législation répressive puis la terreur politique sont venues bouleverser la donne.

Une foule de prisonniers politiques

Dès les premiers mois qui suivent la déclaration de guerre, les prisons reçoivent des détenus d'un nouveau genre, détenus « politiques », accusés de trahison, d'espionnage, d'atteinte au moral de la nation ou de l'armée en temps de guerre, qu'il s'agisse de quelques dizaines de fascistes en chambre ou de plusieurs milliers de responsables ou de militants communistes. Les surveillants, et plus encore les détenus de droit commun, sont souvent bluffés par le sens de l'organisation, de la discipline et de la solidarité qui règne dans les rangs des prisonniers communistes. Assez drôlement, ils en rebattront encore les oreilles des collaborationnistes qui arriveront à leur tour en prison à partir de 1944.

Des établissements pénitentiaires du nord et de l'est de la France participent en 1940 à l'exode. Ainsi, les autonomistes alsaciens détenus à Nancy exécutent-ils un périple qui les mène à Dijon, à Lyon, puis à Valence pour finir à Nîmes. Pendant ce temps, les prisons de Fresnes et de la Santé sont vidées et les détenus convoyés dans des autobus, encadrés par la troupe. Ils sont nourris de riz à midi et d'une pomme de terre le soir.

Avec l'entrée en vigueur de l'armistice, les Allemands s'intéressent aux prisons. Les fascistes et autres « traîtres » sont libérés. Des établissements sont réquisitionnés par les autorités occupantes.

La grande misère

Dans les quartiers français des prisons surnagent des vestiges de la vie carcérale antérieure, surtout pour les prévenus : droit de lire, d'écrire, de recevoir et d'envoyer

du courrier, voire d'avoir une visite familiale hebdomadaire et de rencontrer son avocat. Mais à partir de la fin
de 1940, la misère se met à sévir en prison. Les détenus
ont faim, non seulement les politiques, mais aussi les droit
commun, les prévenus, les petits voleurs de bicyclettes, les
trafiquants de marché noir opulents ou minables. Et ce
alors même que les prisonniers doivent remettre leurs
cartes d'alimentation au greffe de la prison. Les détenus
mineurs ne bénéficient pas des avantages de leur carte
J3. Emprisonné à Clermont-Ferrand, le député Pierre
Mendès France apprend que la direction dispose de
4,09 francs (1,40 euro) par jour pour nourrir *et* entretenir
chaque détenu[14].

Une prisonnière de la maison d'arrêt de Nîmes note
pour la semaine du 27 mars au 3 avril 1941 : « Rutabagas
et topinambours dominent avec quelques variantes. Il
arrive que des anchois viennent les agrémenter ! [...] Les
protéines se sont résumées à un bout de gras, un ragoût
immangeable et un œuf[15]. » Les prisonniers ont froid. Le
chauffage, notoirement insuffisant, est arrêté par mesure
d'économie dès l'arrivée officielle du printemps. L'humidité ruisselle le long des murs, puis l'eau gèle dans les cellules et finit par fondre sur les détenus. C'est tout à tour
la glacière et la débâcle. A l'intérieur d'une prison comme
Fresnes, il peut faire jusqu'à moins 6° en janvier ou
février. Empilant les vêtements qu'ils possèdent, s'enrou-
lant dans leur couverture si elle leur est laissée, les prisonniers battent la semelle toute la journée. Le savon se
fait rare, la paille des matelas est rarement changée, à la
grande joie d'une vermine grouillante. Le linge s'encrasse
et meurt d'usure. Le nombre des prisonniers augmente de
façon vertigineuse sous l'effet des nouvelles incrimi-
nations (marché noir ou vols), des délits et crimes politiques, des arrestations arbitraires et de la suppression des
bagnes qui retient en France les condamnés aux travaux
forcés et les relégués. Cette croissance, jointe à la diminution des places disponibles crée l'encombrement : une
trentaine de détenues dans 16 mètres carrés dans la pri-

son pour femmes de Nîmes en 1941, 1 040 détenus pour 250 cellules à la prison Saint-Paul de Lyon à la fin de 1942, un prisonnier par mètre carré au fort de Hâ à Bordeaux en 1943.

Faute de tout, le ravitaillement comme le travail des condamnés deviennent très problématiques. A partir de 1941, l'administration pénitentiaire découvre les vertus du colis familial et du travail sur des chantiers extérieurs, misérables palliatifs à une situation tragique. Le chômage sévit. A la centrale de Clairvaux où s'entassent militaires insoumis, communistes, résistants et droit commun, il faut rester des journées entières au réfectoire, à ne rien faire, en silence. Par la suite, l'effort de guerre allemand s'impose ici comme partout ailleurs : les prisons reçoivent des matières premières pour fabriquer du matériel pour la Wehrmacht, des « libérables » sont requis pour le STO et des condamnés se retrouvent en train de construire le Mur de l'Atlantique. La tuberculose et toutes le maladies parasitaires (à commencer par le typhus) font leur lit des carences et de la promiscuité.

L'occupation et la guerre achèvent de délabrer le système pénitentiaire : les établissements temporaires, les réquisitions allemandes de locaux (le Cherche-Midi, les Tourelles, Fresnes, Montluc à Lyon, les maisons d'arrêt de Rouen ou de Loos, le fort de Hâ à Bordeaux...), les destructions dues aux bombardements (quinze établissements), l'absence totale d'entretien des bâtiments précipitent la décrépitude des installations, tandis que la tutelle de la Milice sur les prisons (rattachées en 1944 au secrétariat d'Etat au Maintien de l'ordre) et le changement des personnels de direction introduisent la terreur en prison. Depuis 1940, la confusion croissante des ressorts politiques et judiciaires a fait de la prison un lieu de détention arbitraire. Au fil des années, la dérive vers l'Etat policier s'accentue, favorisée par l'idéologie du régime comme par les conséquences de ses carences. Le manque de personnel rend la sécurité très précaire au sein des établissements, ce qui favorise les évasions. Sous l'effet des troubles dus aux bombardements, cette tendance s'accentue. Entre juin et décembre 1943, environ 200 évasions se sont produites. Dans les six mois suivants, ce nombre est multiplié par quatre[16]. En 1944, des miliciens sont nommés à la tête des circonscriptions pénitentiaires et des principaux établissements. Les tentatives de mutinerie ou d'évasion collective qui se produisent en 1944 à Eysses ou à la Santé se soldent par la constitution de cours martiales et l'exécution immédiate de prisonniers. Ces cours martiales prennent dorénavant place dans le quotidien des détenus. Comme l'a raconté Jacques Delarue, ils peuvent suivre, aux bruits, le déroulement des séances. Le cérémonial commence en début d'après-midi. Tous les prisonniers sont soigneusement réintégrés dans les cellules : les juges miliciens doivent rester anonymes. On entend un camion entrer dans la cour et manœuvrer ; des cercueils sont déchargés, destinés à repartir pleins en fin de journée. Puis une petite troupe entre au pas. Au commandement, la marche s'arrête et les crosses heurtent le pavé : le peloton d'exécution est en place. Le bruit de l'ouverture des grilles de la détention indique que la cour martiale s'est installée dans le parloir des avocats. Un peu de brouhaha, des portes de cellule qui s'ouvrent, des hommes qui marchent. Le silence revient. Au bout d'un quart d'heure, parfois moins, les grilles s'ouvrent et, de nouveau, se ferment. Des crissements se font entendre sur le gravier de la cour. Parfois, un cri, quelques mesures d'une *Marseillaise* chantée d'une voix étranglée, un sanglot. La salve éclate dans la cour, répercutée par les murs de la prison. Le peloton repart. Un marteau frappe sur les couvercles des cercueils. Enfin, le camion redémarre.

Ce n'est pas forcément dans les prisons contrôlées par les Allemands que la situation matérielle est la plus insupportable. Elle sera par moments pire pour les détenus ordinaires, et le sera plus encore dans les camps d'internement. Il faut souligner ainsi que la colonie pénitentiaire de Lambèse, en Algérie, qui reçoit des communistes et des prisonniers indigènes est celle qui connaîtra l'un des plus forts taux de mortalité et de morbidité. Dans toutes les prisons françaises, la disette et l'incurie s'allient pour modifier la nature même de la détention. Avant guerre, on comptait en moyenne quatre décès par an à la maison d'arrêt de Riom. Il y en a 120 pour le premier trimestre de 1942. Or, le ministère de la Justice assume. L'amiral Darlan, après avoir pris connaissance de la lettre d'une espionne allemande incarcérée qui se plaint de la mauvaise nourriture, de l'eau à peine potable et de la malpropreté de la prison, demande des explications au garde des Sceaux. Le ministre répond benoîtement qu'elle « partage le sort commun à toutes ses codétenues[17] ».

Pour le reste, la cohabitation entre droit commun et politiques n'est pas mauvaise, l'étonnement réciproque dominant en général les relations, comme l'a souligné Claude Bourdet en se remémorant son passage à Fresnes.

Prisons allemandes en France

Dans la France occupée, les autorités allemandes réservent des maisons d'arrêt ou des quartiers de détention pour leurs propres prisonniers dont le nombre va augmenter avec le temps. En dépit d'une cohabitation parfois compliquée avec l'administration et le personnel pénitentiaires français, voire avec les détenus de droit commun, les Allemands introduisent leurs propres normes et leurs propres gardiens, des soldats allemands, autrichiens puis tchèques ou ressortissants des groupes plus ou moins volontairement alliés au Troisième Reich. Dans les prisons « allemandes » en France sévit donc une conception de la détention qui allie les inconvénients d'un système militaire et étranger à ceux d'un régime totalitaire et politique. Saleté, dénuement, faim, brutalité se combinent au gré des cas particuliers avec la mise au secret ou, au contraire, l'entassement et la promiscuité, les phases de répit et la menace imprécise du destin ultérieur, en général la mort ou la déportation. En effet, si dans les débuts, on pouvait espérer être libéré d'une prison allemande, il n'en est plus guère question à partir de 1942.

Matériellement, les Allemands font avec ce qu'ils trouvent dans le parc pénitentiaire français. Aussi, si à Fresnes, « prison-modèle », les installations sont passables, ailleurs, le rudimentaire le dispute au misérable. Quart militaire et cuvette émaillée en guise de vaisselle, paillasse de tissu non tissé bourrée de paillis de bois, couverture de feutre, seau hygiénique en cellule. La vie est réglée avec rigueur et absurdité : « Vers 7 heures, on nous faisait sortir de la cellule, au pas de course avec un bout de serviette et un gant et on se retrouvait dans une salle où il y avait deux trois robinets, un w-c et un trou pour vider le seau hygiénique. Entre le moment où on nous libérait et celui où on réintégrait notre cellule au pas de course, il n'y avait pas plus de trois minutes et demie, ce qui ne laissait pas de temps pour se laver à celui qui était chargé du seau hygiénique, ce qui se faisait à tour de rôle. [...] Vers 10 heures, on ouvrait toutes les cellules, tous les gardiens étaient là. Les prisonniers étaient mis en rang, de chaque côté du couloir. Un adjudant passait avec une cuvette remplie de cigarettes et on avait le droit d'en prendre une. Derrière l'adjudant passait un soldat avec un bout de journal enflammé pour allumer la cigarette. Après 5 minutes, il fallait jeter les mégots dans une autre cuvette[18]. »

Dans les prisons allemandes aussi, les restrictions amènent à compter sur les familles des détenus. Charles Dulieux, emprisonné à la *Kriegswehrmachtgefängnis* d'Arras en mai 1944, doit ainsi adresser à sa femme une lettre réglementaire lui réclamant un rasoir, du savon, une brosse à dents, des espadrilles ou des pantoufles, une chemise de couleur foncée, une aiguille avec du fil noir, un peigne. Il sera aussi autorisé à recevoir un cahier, du tabac, un briquet et 100 francs[19]. Préparant son procès devant un tribunal militaire allemand, il demandera par la suite deux autres cahiers et son dictionnaire d'allemand.

La faim est, avec la peur et l'ennui, la compagne la plus fidèle du prisonnier. Quelles que soient les descriptions, elles renvoient à un minimum à peine vital : 350 grammes de pain, parfois un peu de margarine et une soupe par jour ; « un demi-litre d'eau non salée dans laquelle nagent des bribes de macaroni », « un morceau de pain d'environ quatre cents grammes et un rond de saucisson » ; « eau avec quelques feuilles de choux ou de carottes, voire de haricots ; souvent, suivent deux ou trois pommes de terre, un morceau de viande froide ou de fromage » ; « un quart de liquide baptisé café mais qui n'était que de l'eau dans laquelle on avait fait bouillir des pois chiches ou de l'orge grillée et une demi-boule de pain, à 11 heures, nous recevions dans nos cuvettes une soupe où nous trouvions toutes sortes de légumes mal épluchés mais très peu de pommes de terre, à 17 heures même chose[20] ». Dans la solitude, la chasse à la vermine est une occupation répandue : punaises, puces meublent des minutes ou des heures volées à l'ennui. « Il y avait une telle quantité de puces et de punaises que personne ne dormait sur les lits. Un jour, j'ai tué environ 80 puces[21]. »

Les bruits que l'on apprend à identifier constituent souvent les meilleurs moyens de glaner quelques informations, ainsi que l'expose Raymond Aubrac, détenu à Montluc durant l'été 1943 : « La vie de la prison s'écoulait, étrangement monotone, sur arrière-plan d'angoisse. Les journées étaient ponctuées de bruits que nous savions interpréter : distribution du jus noir matinal et du pain, appel de ceux qui partaient à l'interrogatoire (on s'y attendait chaque jour), rapide sortie dans la cour, où se diffusaient les nouvelles chuchotées, bruits de serrures qui signalaient les incarcérations, martèlements de bottes qui annonçaient les rondes[22]. » Selon les prisons et les conditions d'incarcération, de petites communications s'aménagent entre détenus. A Fresnes, on chuchote dans les bouches d'aération, on y fait éventuellement passer un livre ou un peu de nourriture à un étage inférieur, on glisse un feuille roulée par un carreau descellé pour improviser un porte-voix, on échange quelques mots aux douches ; au fort de Montluc, à Lyon, on murmure en se

lavant dans la cour ; partout on tape d'interminables messages par ce code rudimentaire : un coup pour A, deux
pour B et ainsi de suite jusqu'au 26 coups correspondant
à Z. On échange furtivement un journal parvenu dans un
colis, journal qu'on hésite pourtant à faire circuler quand
le papier toilette fait si totalement défaut.

Ceux qui sont au secret utilisent l'espace réduit de la
cellule pour une gymnastique frénétique, parcourant plusieurs kilomètres par jour. De toute façon il est interdit de
s'allonger dans la journée. Privés de papier comme de
livres, ils se récitent des vers, entraînant leur mémoire ou
composant. Privés de tout, les détenus en sont parfois
réduits à écrire sur les murs des cellules pour laisser une
trace. Grâce au travail du ministère des Prisonniers,
Déportés et Réfugiés, effectué juste après la Libération
pour relever ces inscriptions, on connaît la teneur de certains de ces fragiles palimpsestes. La plupart datent de
1944, plus rarement de 1943, presque jamais des années
antérieures, car les supports comme la gravure ne résis-
taient ni au temps, ni aux nettoyages. Tels quels, ils
offrent néanmoins un étonnant panorama de la prison
sous l'occupation. Souvent, il s'agit de signaler son identité, sa présence, son itinéraire, d'accuser son dénoncia-
teur. Les autorités françaises l'ont bien compris qui, à
partir de l'été 1944, essaient de les utiliser pour constituer
une manière de fichier des personnes disparues. « Ici a
passé un magistrat du ministère de la Justice en route
pour l'Allemagne 24-6-43 » ; « Arrêté le 19-1-44 passé ici
le 23-24-25 janvier 44 avec 2 camarades y repasse le
9 février seul et pars pour une destination inconnue.
Vendu par un copain FTP ». On demande de prévenir une
femme, des parents, des enfants, de dire ce qui est arrivé,
de préciser qu'on les aimait. On raconte son histoire, on
laisse un modeste testament, on confie son angoisse ou
son espoir. :

« Collet Georges, né le 12 av 1926 arrêté à Melles.
Frontière espagnole par les Allemands le 15-1-44, arrivé à
la prison de Toulouse, à Fresnes le 1-4-44. Pris avec de

faux papiers, passé à la machine à bosseler par la Gestapo de Toulouse. Dieu me protégera sans doute. Ainsi soit-il.

« Durand André né le 9-12-22 à Paris 12ᵉ, arrêté par les Français le 10-2-43 comme terroriste FTP au GS à Paris. Serai-je fusillé ? J'ai faim.

« Je suis ici pour avoir cassé la gueule à un boche le 9 mars 43 en gare de Poitiers à 3 h du matin le jour de mon départ pour l'Allemagne comme volontaire forcé. J'ai été condamné à mort le 13 mars à Poitiers. Je suis arrivé ici le 18-3 et je ne sais pas quand le sortirai. Je suis âgé de 23 ans et suis... Courage à tous ceux qui passeront dans cette cellule. René D. »

Graver peut aussi être un modeste exutoire à une souffrance particulièrement vive. Une souffrance morale, le plus souvent la solitude ou la peur. Une souffrance physique avivée par les punitions qui sévissent sous régime allemand. Ont ainsi été relevés au quartier des femmes de la prison de Fresnes ces témoignages :

« Au cachot pour ouverture de fenêtre. Malade sans matelas sans paillasse. Me suis évanouie. Ai surmonté la crise.

« Pour avoir parlé au cachot le 18-7-44 Suzanne.

« Née le 23 oct 1923 privée depuis le 1ᵉʳ déc de matelas, depuis le 25 nov... pas de colis de Croix-Rouge jusqu'au 25. Battue le 3 déc. »

Les fiches d'écrou tenues par les Allemands pour la gestion des détenus nous renseignent aussi sur les rigueurs extrêmes de certaines détentions. Sur la fiche de Robert Delattre, né en 1914, accusé d'espionnage, entré à Fresnes le 30 mai 1942 et mort à l'infirmerie de la prison le 13 mai 1943, on relève sur cinquante semaines de détention, onze semaines de punition diverses :

« 7 jours sans literie pour transmission d'un journal au voisin »,

« 7 jours sans repas midi », « 3 jours nourriture réduite », « du 30-3 au 7-4 pas de colis »... Les instructions individuelles précisent aussi si le prisonnier doit être menotté devant ou les mains derrière le dos. Les cellules des condamnés à mort sont éclairées nuit et jour pour faciliter la surveillance.

« Dumont Jules

« Né à Roubaix le 1er janvier 1888. Paris. Vendeur. Entré [à la prison de Fresnes] le 5-12-1942.

« Terroriste. D. est un chef terroriste. A isoler. A ligoter. Prendre toutes mesures pour que l'évasion et le suicide soient rendus impossibles.

« Condamné à mort le 7-6-43.

« Fusillé le 15-6-43. Sortie à 11 h 45. »

Cette surveillance n'est pas un vain mot. Soldats et sous-officiers allemands sont personnellement responsables. Voici les explications de l'un d'eux après la tentative de suicide d'un détenu arrivé la veille à la prison de Fresnes :

« Beck a été livré le 2 juillet 1942 au soir, à 20 h, par le SSEK IV B (Section des crimes capitaux. Commando spécial). C'est un cas N. und N. [*Nacht und Nebel*], par ordre de service, il doit être ligoté au dos. J'ai constaté que B. avait cassé la vitre de la fenêtre et qu'il avait tenté de se trancher la carotide avec deux morceaux de verre. D'après la déposition du *Sanitätsunteroffizier* Suhr il n'y a pas danger de mort. Quand je suis entré dans la cellule, Beck était couché les mains liées dans le dos, à la tête de la couchette une mare de sang et sur le mur au-dessus de la couchette un symbole représentant la faucille et le marteau peint avec du sang. J'ai averti le service, M. le secrétaire Langner qui s'occupe de l'affaire et qui était à l'appareil m'a demandé d'ordonner que B. soit en tout cas soigné de telle façon qu'il reste en vie. B. serait le chef d'une bande qui a causé à la Wehrmacht des dégâts pour plusieurs millions[23]. »

Robert Beck, âgé de 45 ans, fut fusillé le 6 février 1943.

Parmi ces prisonniers plus ou moins longuement tenus au secret, certains ont fini par tenir sur le mur de leur cellule un journal intime sommaire, notant les événements marquant (arrestation, transferts, interrogatoires, jugement éventuel, lettres ou colis) ou l'affreuse absence des événements et des nouvelles.

Tel est le « journal » d'Huguette Prunier, dite Juliette, une militante communiste arrêtée avec son mari, Robert Blache, rédacteur à *L'Humanité*, en juillet 1943, et qui sera fusillée le 5 août 1944.

« Le 4-8 au tribunal frappée par un policier allemand à coups de lanière de cuir

« Le 20 X visite de l'aumônier Il m'a laissé entendre que je peux fort bien être fusillée

« Le 28-1-44 Jugement Je suis condamnée à mort, y compris Robert et tous mes camarades

« Le 8-2-44 ai signé un recours en grâce

« Le 18-2 Une camarade s'est suicidée le 15

« 24-3 Les Russes sont rentrés en Roumanie. Toujours rien 8 mois bientôt

« Huguette Prunier entrée le 2-8-43 Encore là le 30-4-44 Mon mari Robert Blache fusillé. Vive la France. Vive le Parti communiste français. Vive l'Armée rouge. Vivent les Alliés.

« Nous vaincrons parce que notre cause est juste.

« Battue par la Gestapo les 3-4 et 5 août 43.

« Mon mari torturé courage.

« 30-6 Toujours là toujours au secret depuis 11 mois avec la lumière toute la nuit. Vivent la liberté ou la mort mais sortir d'ici. Les nazis ont l'art de la persécution. Toujours sans nouvelle de Robert. Je ne sais pas s'il est vivant ou mort ; je sais qu'il était à la correction là où on est le plus... Il est encore en vie. Vive la France ! On les aura.

« Depuis 11 mois 1/2 lumière toutes les nuits, au secret sans livres, sans... »

17

Une vie au service de l'ennemi

La collaboration et le quotidien des Français

Dans leur vie quotidienne, les Français percevaient la collaboration au mieux comme un espoir chancelant et vite déçu, le plus souvent comme un marché de dupes, voire comme un crime contre la patrie. En dépit de leur confiance profonde et longtemps maintenue en Pétain, cet aspect de sa politique restait incomprise et impopulaire. Tant que l'obscurité des salles de cinéma favorisa l'expression des sentiments du public, les louanges de la collaboration par les actualités furent reçues très fraîchement. En octobre 1941, la projection d'un documentaire intitulé *Un an de Révolution nationale* suscitait des réactions mitigées : applaudissements à certains moments, sifflets à d'autres. Mais, en tout cas, les images de la poignée de mains de Montoire entre Hitler et Pétain étaient saluées, sans équivoque, par des huées[1]. C'était une constante pour ce sujet. Dès le mois de décembre 1940, le préfet du Morbihan – parmi tant d'autres – reconnaissait que l'annonce de la collaboration suscitait une extrême réserve. « Le Morbihan est un département pauvre où l'occupant est par cela même plus pénible à supporter. Les troupes nombreuses, trop nombreuses mêmes, qui cantonnent dans nos villes et nos communes de la côte étant des unités combattantes, la *Feldkommandantur* n'a pas assez d'influence sur celles-ci pour éviter le mécontenttement et les froissements qu'occasionnent journellement les réquisitions et les demandes incessantes de ces formations[2]. »

Les Français qui passaient la ligne de démarcation se chargeaient de faire la propagande des Allemands. A leur idée. « Les vacanciers venus de la zone occupée, constatait-on dans le Lot en septembre 1941, ont encore altéré gravement le moral dans les petites communes, en donnant des informations ou des avis défavorables aux occupants[3]. » En zone occupée, la rencontre de Pétain et de Hitler à Montoire, puis le discours du maréchal sur son choix de collaborer, avaient provoqué un mouvement de panique des clients de grandes banques ; un mouvement de retraits des fonds dans les banques et les caisses d'épargne avait alors commencé[4]. Les épargnants craignaient-ils que les Allemands n'aient décidé de se servir encore un peu plus dans l'économie française ? La conviction unanime était en tout cas que les vainqueurs vivaient sur le pays, s'emparaient par tous les moyens de ses richesses et portaient la responsabilité des pénuries du fait de leur avidité. Point n'était besoin de côtoyer l'occupant pour partager, sans cesse confortée dans la vie quotidienne, la conviction que les privations n'avaient pas d'autre cause. Ces considérations alimentaient nombre de conversations privées, ne serait-ce que dans les files d'attente. Chacun pouvait témoigner d'une expérience ou rapporter ce qu'on lui avait raconté. Les journaux clandestins s'en faisaient largement l'écho, puisant aussi bien dans les rapports des ministères ou de la délégation française auprès de la commission d'armistice, que dans les rumeurs qui agitaient le corps social. « Les Allemands exigent de Vichy 55 000 chevaux. Tant pis si l'agriculture française en crève un peu plus. Collaboration[5]. » « Un prisonnier nous écrit : J'ai vu dans une gare de Berlin deux foudres de vin venant de Béziers. Sur ces foudres, des étiquettes : vin exclusivement réservé à la consommation parisienne[6]... »

A compter de la fin de 1941, l'antipathie bien naturelle pour l'ennemi et les accusations de pillage commencèrent à s'inscrire dans un contexte où la violence de l'occupant ne cessait de connaître des avatars toujours plus menaçants. Les exécutions d'otages, pratiquées en représailles d'attentats contre des militaires des troupes d'occupation, produisirent non seulement une impression très pénible, mais effrayèrent réellement les Français. Ils n'avaient jamais souhaité la victoire de l'Allemagne. Ils se mirent à désirer ardemment sa prompte défaite. Les rafles d'étrangers juifs, qui se produisirent au vu et su de tous en zone libre, l'instauration des départs forcés en Allemagne, la montée en puissance de la Gestapo, les opérations de police, les réquisitions, l'arbitraire, enfin, plongèrent peu à peu les Français dans un sentiment presque constant d'insécurité et de peur. La collaboration, qui était apparue à l'origine comme une anomalie patriotique, cristallisa finalement les haines.

La bonne vie du gestapiste français

On comprend que, dans ces conditions, les Français qui firent le choix de la collaboration et du service de l'ennemi soient restés minoritaires et aient suscité, de la part de leurs compatriotes, autant de crainte et de rancœur que les Allemands eux-mêmes. Ce monde composite mena donc pendant plus de quatre ans une vie quotidienne sensiblement différente de celle des autres Français et acheva de s'en couper par son aveuglement et sa violence, prélude à la guerre civile.

Plus l'engagement de ceux qu'on appelait les « collabos » était grand, plus cette vie quotidienne était visible pour autrui – ce qui ne manqua pas d'avoir des répercussions quand il s'agit d'épuration.

Ceux que l'on regroupe sous le terme générique de collaborationnistes offrent des profils variés. Pour certains, il n'est question que de convictions personnelles, éventuel-

lement manifestées dans une adhésion à un mouvement
ou un parti (peut-être 50 000 personnes en tout). Pour les
autres, cela devient une profession, qu'il s'agisse des journalistes, écrivains, conférenciers et propagandistes, ou
des « combattants », miliciens, soldats de la LVF (Légion
des volontaires français contre le bolchevisme), policiers,
auxiliaires de tout poil. Une profession que d'aucuns se
sont choisie ou que la malhonnêteté ou la bêtise leur
ont imposée : au moment des procès de l'épuration, on
remarquera la proportion significative de condamnés de
droit commun parmi les « combattants de l'Europe nouvelle », soit qu'ils aient cru échapper à la justice en sous-
crivant un engagement, soit que la suite naturelle de leurs
exploits les aient amenés à se mettre au service des
concussions et de la répression allemandes.

En étudiant par exemple la Gestapo de Bourges, on
peut se faire une idée de la façon dont ont été recrutés et
dont vivent ses agents français. Les Allemands repèrent
des hommes susceptibles de sympathiser, par anticommunisme ou par amour de l'ordre. Ce sont souvent des
déclassés, en rupture de ban et qui n'ont pas su trouver
– ou retrouver – après la défaite une place dans la société.
Les Allemands font quelques avances sur un registre de
bonne entente. « Nous fûmes d'abord invités par les Allemands à aller assister dans leur cinéma à une ou deux
séances, puis les invitations se multiplièrent[7]. » Le cap
doit se négocier habilement, car la pression contraire de
l'opinion publique comme de la famille est forte et décou-
rage les plus timorés. « Nous ne redoutions pas de sortir
avec eux [les Allemands] et même de leur serrer la main,
ce qui nous valut bientôt la réprobation et le mépris de la
population. On commença à ne plus nous appeler que les
"quatre Boches". [...] J'en concevais une vive amertume
et je m'irritai secrètement contre les gens d'Aubigny que
je connaissais pourtant bien. Je leur en voulais de me
tenir rigueur de ce que j'appelais "mes idées". [...] La
collaboration, que chacun s'employait en haut lieu à pratiquer m'apparut comme la seule voie à suivre[8]. » Le vec-

teur de la collaboration sert souvent d'introduction ou de prétexte. L'antisémitisme et l'anticommunisme constituent aussi des moteurs puissants. Pour justifier son adhésion à l'*Abwehr* (le service de renseignement de l'armée allemande) et sa participation à des interrogatoires de résistants accompagnés de sévices, une jeune femme déclare ainsi : « Etant donné nos convictions anticommunistes, nous adoptions le seul moyen de parer à ce que nous estimions être le danger communiste, à savoir de nous servir des Allemands[9]. » L'appât du gain et de la promotion sociale aident à surmonter les derniers doutes ou les dernières craintes, moyennant quelques aménagements censés sauver les apparences. Dès 1940, un barème est dressé par la police allemande en France : 1 000 francs pour la dénonciation d'un Juif, 3 000 pour un gaulliste ou un communiste, de 5 000 à 30 000 francs pour un renseignement amenant à la découverte d'un dépôt d'armes[10]. On n'est pas embauché d'emblée comme tortionnaire, mais plus souvent comme interprète, chauffeur, secrétaire, intermédiaire d'un bureau d'achat. En outre, les officines de l'*Abwehr*, par exemple, camouflent leur identité sous des raisons sociales moins compromettantes : « direction des travaux » de Nantes, « état-major du travail » de Dijon, « service des comptes » à Bordeaux, « société internationale des transports européens » à Tours.

L'ambition, le goût du pouvoir quel qu'il soit, font le reste. « On m'avait expliqué que je me perfectionnerais en allemand et qu'une fois la guerre finie, muni d'un bon certificat de la Gestapo, j'aurais toute facilité pour obtenir une place de choix dans une entreprise ou une société quelconque, par exemple une compagnie d'import ou d'export[11]. » Certains arborent l'uniforme allemand, éventuellement avec un grade, d'autres se contentent de s'habiller à la façon des gestapistes, chapeau mou, veste ou pardessus de cuir, arme de poing. Ce mimétisme traduit fascination et admiration pour les Allemands et les SS. Quelques-uns de ces séides logent au siège de la Gestapo. Des agents plus occasionnels sont seulement récom-

pensés par des primes et par l'autorisation de faire du
marché noir. Jusqu'à ce que trop de trafics opérés au
détriment de leurs protecteurs ne finissent éventuellement par les conduire en camp de concentration...

C'est que la Gestapo et ses diverses officines sont devenues un débouché professionnel bien commode pour la
pègre. Détenu pour vol et recel, Roger B. se découvre
l'âme politique et écrit de sa cellule de Fresnes :

« Il y a environ deux mois, j'ai signé par l'intermédiaire
du parti franciste un engagement pour entrer dans la
Milice de réserve. [...] Il s'agirait d'aller trouver le Dr
R. [....] C'est le chef de la Milice franciste. Vous pourriez
lui expliquer que j'ai fait une bêtise et que je suis disposé
à la racheter en transformant mon engagement dans la
Franc-Garde active. A lui de se débrouiller pour me faire
sortir. [...] Il est arrivé que des prisonniers d'ici aient
réussi à sortir, par connaissance, en signant un engagement dans la Gestapo. Je sais que vous avez des accoin-
tances dans ces milieux. Je vous serai reconnaissant de
tout ce que vous pourriez faire pour moi en ce sens, ou
pour toute autre combinaison qui vous plaira[12]. »

En juillet 1944, encore, un gardien de la paix inculpé
pour trafic de cartes de pain et détenu à la maison d'arrêt
de Saint-Etienne multiplie les lettres au procureur et au
préfet pour qu'ils l'aident à s'engager dans la Gestapo et,
ainsi explique-t-il, « payer [sa] dette à la société[13] » ! Au
même moment, un de ses codétenus préfère s'adresser à
la Milice. On croit deviner qu'il s'agit d'un jeune homme
arrêté comme réfractaire au STO ou pour des activités
illégales : « Je vous écris de la maison d'arrêt de Saint-
Etienne, ayant eu le temps de réfléchir profondément et
voyant comment j'ai été traité pour comprendre le but
que vous poursuivez et vous fais l'offre de vous aider de
toutes mes forces, si vous me sortez de la mauvaise passe
où je suis tombé. Croyez-moi sincère, Monsieur le chef de
la Milice française. Je suis originaire de la Dordogne, sans
nouvelle de mes parents, je vous serai reconnaissant de

vous occuper de moi. Vous pouvez croire, Monsieur, à mon aveugle reconnaissance par la suite[14]. »

Pour tous ces hommes, la vie quotidienne est dominée par l'exaltation et la brutalité. C'est la traque, traque aux Juifs, aux réfractaires, aux résistants : trouver des informations, les étudier, trouver les indicateurs, obtenir des aveux, opérer des « descentes », des arrestations, des filatures, « planquer » devant la « boîte aux lettres » d'un mouvement de résistance ou sur les lieux d'un rendez-vous, faire des perquisitions, débarquer à l'aube ou au milieu de la nuit dans une famille terrorisée, menacer, extorquer, torturer. Torturer vraiment, en payant de sa personne : coups, viols, travail au couteau, à l'électricité, simulacres d'exécution, supplice de la baignoire, yeux ou ongles arrachés, corps dépecés dans des déchaînements de violence et d'invention où l'on cherche à rivaliser avec ses maîtres nazis. Entre les traques, les trafics et la recherche frénétique de l'argent se pratiquent à grand renfort de méthodes similaires.

Je suis partout... *et surtout aux bonnes places*

Aussi visible, et plus précoce encore, est l'enrôlement de journalistes aux ordres des autorités occupantes. La presse française de l'entre-deux-guerres était réputée pour sa vénalité et nombre de journaux et de journalistes touchaient des enveloppes des pouvoirs publics ou d'organismes privés, français ou étrangers, sans aucune mauvaise conscience. Autant dire que bon nombre de professionnels ne se font pas prier, dès l'automne 1940, pour prendre les places qu'offre la réorganisation de la presse de zone occupée sous l'égide de la *Propagandastaffel*. C'est plutôt la crainte de la concurrence qui exacerbe les rivalités. Dès le 13 septembre 1940, le journal *Au pilori* (dont le nom est à lui seul un programme), titre « Les salopards rentrent » et s'en prend directement à ceux qui comptent faire des affaires dans la presse. Dans le même registre, on voit fleurir, puis pulluler, un assortiment choisi d'officines plus ou moins publiques attachées qui à purifier la race, qui à assainir le pays, qui à vanter l'Europe nouvelle sous le *Führrership* du Reich de mille ans. Si on ajoute à ces opportunistes les fascistes de toutes obédiences et les illuminés du racisme, de l'anticommunisme ou de l'anglophobie, qui découvrent avec délice les perspectives de l'aube radieuse du nazisme, on a fait le tour des quelques centaines de personnes qui tiennent le haut du pavé parisien dans le sillage du vainqueur. Les partis collaborationnistes se mettent eux aussi à proliférer. Les Allemands entretiennent à plaisir jalousies et dissensions, quitte à en payer les inconvénients. Le général Nosek, du *Sicherheitsdienst*, se plaint ainsi que les militants du PPF auxquels il a demandé d'espionner Vichy remplissent en fait leurs rapports du récit des querelles internes de leur petit milieu !

D'emblée, une sorte de vie professionnelle, entremêlée de vie mondaine et de militantisme politique plus ou moins vigoureux, s'instaure, bien loin de la vie quotidienne du reste des Français, bien loin des restrictions et des contraintes. C'est vrai pour les plus célèbres ou les plus fortunés, mais aussi, dans une certaine mesure, pour les besogneux de la collaboration, pour tous ceux qui côtoient les Allemands dispensateurs de largesses et de libertés.

A cet égard, on peut comparer les carnets de Josée de Chambrun, la fille de Pierre Laval, privilégiée s'il en fut, et le journal intime de William Gueydan de Roussel, bibliothécaire ambitieux du Musée antimaçonnique placé à la remorque des services de la SS qui vont appliquer, en France, la Solution finale. Quoique à une échelle différente, on retrouve dans l'un et l'autre cas un mélange de vie mondaine, de déplacements incessants avec passages à Vichy et de fréquentation d'Allemands (parfois les mêmes), sans qu'à aucun moment les pénuries ou les privations se fassent sentir autrement que par de légères complications concernant l'essence.

L'alibi culturel ou artistique est le plus courant, qu'il s'agisse de se retrouver autour d'une représentation de *Kabale und Liebe* de Schiller à la Comédie-Française, d'un concert du Philharmonique de Berlin ou d'une exposition d'Arno Breker, le sculpteur favori du *Führer*.

Ces manifestations sont suivies de réceptions à l'ambassade, à l'Institut allemand, où l'on ne lésine ni sur le champagne, ni sur les petits-fours, ni sur le chauffage, et où se pressent artistes, vedettes, écrivains et mondains titrés. Mme Abetz reçoit même à la piscine du Racing, au bois de Boulogne. « Les photographies prises alors en disant plus long que les mots », commente la *Frankfurter Zeitung* qui ne croit pas si bien dire[15].

Helmut Knochen, le premier représentant de la Gestapo en France, docteur en philosophie et parlant français, fréquentait assidûment les salons, mêmes les plus sélects. Il était de toutes les fêtes et mettait à profit ses nouvelles relations et les bavardages pour en tirer des renseignements sur le personnel politique présent et passé, sur l'état de l'économie, l'opinion publique, la résistance. Successeurs et subordonnés ne se privèrent pas de l'imiter. Le chef de la section banque et bourse se distingua par les informations qu'il obtenait, éventuellement moyennant rétribution, des industriels, des banquiers, des commerçants (et de leurs maîtresses).

Pour la collaboration parisienne, les restaurants de marché noir sont autant de cantines. Mais par n'importe lesquels : le Ritz, Maxim's... Les salons galants d'autrefois ont connu une reconversion. « J'étais invitée dans les restaurants, raconte la comédienne Arletty. Dans ceux qui donnaient de plain-pied sur la rue, comme chez Lapérouse, on se cachait dans les cabinets particuliers pour déjeuner. Pour les malheureux, c'était horrible[16]. » *L'Illustration*, d'ailleurs, vantant en janvier 1942 les charmes du cabaret Sa Majesté sur les Champs-Élysées, s'attarde sur l'orchestre (« excellent »), les attractions (« de choix »), le « chaud décor de tentures rouges », mais se contente d'un elliptique « on dîne », sans qualifier ni les mets, ni les boissons.

Bizarrement, cette vie est aussi ponctuée de demandes d'intervention pour tel ami d'ami arrêté par les Allemands, pour tel Juif que l'on connaît et qui vient d'être raflé, qui est en camp à Compiègne, à Drancy. D'aucuns interviennent volontiers, sollicitent leurs « amis allemands », ne ménagent pas leur peine. Affreusement, pourtant, cette conscience bon enfant qui veut le bien de tous n'en tire aucune conclusion ni sur les réalités de la politique nazie en France, ni sur la nécessité morale qu'il pourrait y avoir à prendre ses distances avec les Allemands, si délicieux soient-ils en société. Fernand de Brinon, délégué du gouvernement dans les territoires occupés, se targue, lors de son procès d'après guerre, de ses interventions par milliers et considère, probablement à juste titre, avoir été celui qui a sauvé le plus de vies en France entre 1940 et 1944. Cela ne l'empêche nullement d'attacher, jusqu'à l'extrême limite, son sort à celui du Reich. Et de finir devant un peloton d'exécution.

Ce pour quoi on les paie

Pas seulement avide de plaisirs ou de sensations fortes, le collaborationniste est au travail. Il écrit, il fait des conférences de propagande, il cherche à rallier une opinion qui veut de moins en moins l'écouter. Même s'ils sont mandatés par le gouvernement, les propagandistes trop fervents de la collaboration parlent « devant un auditoire clairsemé une salle vide aux deux tiers », en dépit des affichages, des tracts, des encarts dans la presse[17].

Ou encore il compile des informations, il traque des renseignements. Il fait main basse sur des entreprises ou des biens juifs. Eventuellement, il se bat ou, plus souvent, il sévit contre des résistants. Voici ce qu'écrit à un camarade un milicien participant à l'encerclement des maquis du Vercors : « Tout va bien. Soleil, bonne nourriture, mais ces salopards de terros [terroristes] courent si vite qu'on ne peut pas les joindre. Quelques-uns viennent d'être pris, qui ont arraché la langue, les ongles, etc. à deux miliciens. Ils seront fusillés tout à l'heure. Au fond, nous n'avons rien fait jusqu'ici, sauf des attaques négatives de fermes. Nous avons pris par contre beaucoup de matériel et aussi des cigarettes[18]. » En outre, ils connaissent les pénuries qui entravent toute l'activité en France. « Les difficultés de communication, déjà difficiles par suite des bombardements, vont s'aggravant en raison de la suppression de nombreux trains, s'excuse le responsable rennais du service des sociétés secrètes auprès de son chef. Pour les mêmes raisons, le courrier est très irrégulier et subit des retards considérables[19]. »

Obéissant aux consignes de la *Propagandastaffel* et de l'ambassade, la presse parisienne va aussi au-delà du désir de ses maîtres. Elle organise des campagnes de délation qui donnent des idées aux SS eux-mêmes. C'est ainsi qu'Eichmann, venant installer à Paris le nouveau responsable de la mise en œuvre de la Solution finale en France, décide d'aller vérifier lui-même à Nice la véracité des affirmations du *Pilori* qui proteste contre la tolérance dont bénéficiaient les Juifs sur la Côte d'Azur (mai 1943).

De nouveaux services de police sont créés pour répondre aux exigences allemandes et à l'idéologie de la Révolution nationale : police des questions juives, service de police anticommuniste, service des sociétés secrètes. Des militants de partis d'extrême droite nouveaux ou anciens s'y mêlent à des policiers professionnels attirés par une bonne paye.

Le travail quotidien s'effectue dans une incessante coopération avec les Allemands, quand il ne s'agit pas purement et simplement de prendre des ordres. Institut d'études juives, Musée maçonnique, toute cette kyrielle d'organismes nés de l'opportunisme et de l'obsession haineuse s'installe dans des locaux réquisitionnés par l'occupant. Ce qui permet à Jacques Delarue d'écrire, en n'exagérant guère, qu'ils sont les locataires de la Gestapo[20].

Les miliciens, pour leur part, ne sont pas tous des « permanents ». En majorité, ils continuent à exercer leurs activités professionnelles et à vivre comme d'habitude. Il leur est demandé toutefois de toujours porter l'insigne de la Milice : le gamma blanc sur fond bleu cerclé de rouge. Seule la Franc-Garde, encasernée et payée, constitue une police et une troupe armée professionnelle. Mais, comme l'a fait remarquer l'historien du mouvement, Jacques Delperrié de Bayac, « la Milice est une grosse bande divisée en une quantité de petites, chacune avec son chef qui donne le ton[21] ». Le recrutement se fait mal (980 permanents en 1943, 5 000 en juin 1944), en dépit de ses propagandistes, de ses émissions de radio, de son journal. Il faut trouver des hommes, ce qui n'est déjà pas rien. Il faut les armer, les équiper, les payer, ce qui est moins simple encore. La Milice a d'énormes besoins d'argent et le ministère des Finances ne peut ou ne veut pas répondre à ses demandes : 80 millions accordés sur les 188 demandés en 1943, 90 pour 286 millions demandés en 1944. Aussi, les miliciens sont-ils peu regardants quand il s'agit de se servir (vols, extorsions de fonds). Un rapport de la Gestapo signale par exemple que Max Knipping, chef régional de Marseille, est « utile à condition d'être couvert dans certaines opérations de racket[22] ». L'épopée milicienne en France se termine d'ailleurs par l'attaque à main armée de la succursale de la Banque de France à Belfort, pour un butin de trois cent millions.

Quand les Allemands autorisent l'installation de la Milice en zone nord, le problème de recrutement s'avère encore plus difficile. Il y a longtemps que le PPF (Parti Populaire Français de Doriot), les groupuscules de tous genres et la LVF ont asséché le très mince vivier des fascistes et autres « combattants européens ». Cela oblige à se contenter des derniers avatars de la trahison : gangsters, indicateurs, proxénètes, illuminés… Par exemple, au 2e bureau de la Milice à La Rochelle, l'équipe est composée d'un tenancier de maison close, d'un condamné pour trafic de drogue, d'un cambrioleur et d'un homme successivement renvoyé de la police du contrôle économique et du service des sociétés secrètes.

Si à Paris on s'agite beaucoup, dans les petites villes, dans les villages, il est moins facile d'être partisan de la collaboration.

La création de cette Légion des Volontaires Français contre le bolchevisme (LVF) a été une idée des groupes collaborationnistes, après l'attaque de l'Union soviétique par l'Allemagne (juin 1941), pour participer enfin au combat aux côtés des nazis et, de surcroît, contre le bolchevisme. Mais le succès du recrutement de ces volontaires a été à la mesure du sentiment des Français. « Le recrutement a été nul dans mon département au cours du mois écoulé, note le préfet de Lyon. Ce mouvement ne suscite ni admiration ni enthousiasme. On s'accorde à reconnaître qu'ils auraient mieux fait de prouver leur bravoure dans leur patrie[23]. »

En septembre 1943, cinq leaders du collaborationnisme, écoutant les conseils politiques des SS de Paris, rédigent un « plan de redressement français » où l'on peut lire : « Sur trente-six millions de Français, il n'y en a peut-être pas cinquante mille qui soient décidés à risquer leur vie et leurs biens pour la collaboration. » Voilà qui a le mérite d'être clair : 0,14 % de la population est engagé aux côtés de l'Allemagne. Et, dans le journal de la Milice, paraît en janvier 1944 cette lamentation : « Si la population voulait un tant soit peu nous communiquer les bribes de renseignements qu'elle peut avoir par hasard à sa disposition, le dépistage des agents de l'étranger qui, sous couvert de patriotisme, ne sèment que deuil ou douleur, en serait bien facilité. »

Petits cercueils et listes noires

Les attaques des résistants contre les collaborationnistes sont restés longtemps des faits rares et isolés. A partir du début de 1943, le « terrorisme » change d'ampleur. Un rapport de l'ambassadeur allemand Abetz recense, entre janvier et septembre, 281 soldats allemands, 79 policiers français, 174 Français collaborateurs tués lors d'attaques et d'attentats.

La vie quotidienne s'emplit alors de crainte. Non point la crainte commune à tous les Français, mais une autre, bien particulière, celle de devoir rendre des comptes. « Je reçois un tract communiste où il est dit que l'on voit dans mes derniers articles de la revue que j'ai peur, – certes, j'ai peur. On aurait peur à moins », confie Drieu la Rochelle à son journal[24]. Les attentats commencent à se multiplier de façon significative. Le 24 avril 1943, un chef départemental de la Milice est abattu d'une rafale de mitraillette. Quelques jours plus tard, c'est le tour d'un autre milicien : ils ont été les premiers, ils ne seront pas les derniers. En sept mois, 33 miliciens sont tués, 25 blessés. Le porte-parole de la France combattante, Maurice Schumann, lance à la radio de Londres le slogan : « Miliciens assassins. Fusillés de demain ».

« C'est ce qu'on appelle reculer pour mieux sauter », commente un journal clandestin après que Fernand de Brinon a échappé à la mort en dépit de l'explosion d'une bombe déposée dans sa chambre. Radio-Londres et Radio-Alger, relayés par la presse clandestine, diffusent de longues listes noires recensant les collaborationnistes à tuer ou à châtier. Tel responsable local d'un parti collaborationniste ou tel magistrat qui a condamné à mort des résistants est abattu par un commando ; tel journaliste, tel agent de la Gestapo est blessé. « Je ressentis de mon attentat, écrit un gestapiste après que sa voiture a été mitraillée en août 1943, outre un légitime désir de vengeance, une violente frayeur. J'eus l'impression d'avoir été tiré par des communistes, sans cependant connaître leurs noms[25]. » Certains réagissent par des bravades. Ce sont des banquets de « condamnés à mort », imités des prisons de la Terreur, ce sont des réunions d'autocélébration aux cris de « Nous ne sommes pas des dégonflés ! ». Mais d'autres (ou les mêmes) choisissent dans les faits la prudence. Après avoir été blessé dans un attentat, un journaliste spécialisé dans la délation confie à un ami : « Je vis bien sagement, ne parlant plus, n'écrivant plus et me cantonnant dans la sage retraite de l'invalide[26]. » Ils tiennent prête une arme à feu, changent de domicile. Les plus éminents ont des gardes du corps. Dorénavant, quand Darnand tient un meeting public, les spectateurs sont fouillés à l'entrée.

En outre, les représailles répondent aux attentats, exercées généralement par l'intermédiaire d'otages. La Milice se fait une spécialité de « venger » ainsi ses membres abattus. La doctrine stipule : « Milicien ! Tu seras peut-être attaqué lâchement demain. Désigne de suite à tes chefs des otages ! » On connaît particulièrement les épisodes tragiques qui suivirent la mort de Philippe Henriot (28 juin 1944), dont l'assassinat de l'ancien ministre Georges Mandel ou l'exécution de sept Juifs à Rillieux par l'équipe de Paul Touvier. Or, dans le cas d'Henriot, les auteurs de l'attentat avaient été dénoncés et arrêtés. Autre exemple de représailles, celles de l'affaire de Voiron. Après que quatre jeunes de l'école professionnelle locale ont abattu le chef de la Milice et sa famille, ils sont torturés, fusillés dans le dos devant les autres étudiants et les professeurs de leur école, qui sont ensuite déportés en Allemagne, sans avoir la moindre responsabilité dans l'attentat. Des listes d'otages sont dressées que les Français collaborationnistes, trop peu nombreux, ne peuvent toujours exploiter. Qu'arrive une troupe allemande qui peut leur prêter main forte et l'heure de la vengeance sonne. Dans ces opérations sanglantes, les miliciens font cause commune avec les militants politiques et des agents du SD allemand. Il est coutumier que le SD soit consulté avant les arrestations et les exécutions. La coopération ne s'arrête pas là. Durant les opérations, des Français passent devant, en civil, sans insigne. Ils frappent aux portes, interrogent. Au moindre doute, les Allemands arrivent en renfort. Toujours anonymement, certains se font une spécialité de traquer les Juifs qui ne portent pas l'étoile.

« La propagande de M. Pierre Dac [sur Radio-Londres], commente le 19 mai 1944 le ministre de l'Information milicien, Philippe Henriot, met au compte de la Gestapo toutes les arrestations qui sont faites, en réalité, par les forces françaises du Maintien de l'Ordre, qui s'efforcent seulement de mettre hors d'état de nuire des bandits et des assassins, dont un nombre considérable sont des étrangers et surtout juifs. » Des films chargés de démontrer que les prétendus résistants ne tuent guère que des civils français sont projetés en début de séance dans les cinémas. Dans l'un, on voit des maquisards, évidemment terroristes, tuer une employée de mairie pour voler des cartes d'alimentation. Dans un autre, un jeune homme engagé dans la Résistance découvre avec horreur qu'on lui a donné l'ordre de faire sauter un train de voyageurs innocents, en lui faisant croire qu'il transportait des troupes allemandes. Quand il tente de s'enfuir, les communistes démasqués l'assassinent.

Il faut ajouter, pour être véridique, que tous les collaborationnistes abattus ne le sont pas par des résistants, car dans ce milieu où les intérêts d'argent le disputent au goût du pouvoir, les règlements de comptes ne manquent pas et sont d'autant plus sanglants qu'entre militantisme d'extrême droite et banditisme, beaucoup ont une sérieuse expérience des voies de fait. En 1944, la Milice et la « Légion africaine » de Bonny et Lafont opèrent en même temps en Dordogne et en viennent à échanger des coups de feu, en s'accusant mutuellement de pillage. Les chefs qui s'entourent de gardes du corps ne se garantissent pas seulement contre les avertissements diffusés par Radio-Londres. Ils se méfient les uns des autres. Quand Marcel Déat est blessé dans un attentat en 1941, il y voit la main de Doriot avant d'y voir celle des gaullistes. Et quand Doriot est tué, en février 1945, par un avion allié mitraillant sa voiture, nombreux sont ceux qui contestent la version officielle pour parler de l'élimination du futur Führer français par ses rivaux.

18

Drôles de jeux, drôles de vies

Résistants ordinaires

Pour les militants, cette vie quotidienne est longtemps, voire toujours, demeurée une vie presque ordinaire, au sein de leur famille, vie durant laquelle ils continuent à exercer leur profession, à avoir des enfants, à marquer les événements de la vie.

Le travail résistant consiste à transporter, garder, distribuer des tracts, des journaux clandestins, à accompagner, orienter, héberger des prisonniers de guerre évadés, des clandestins arrivant de Londres, des aviateurs alliés abattus, des Juifs traqués, à réceptionner et cacher des parachutages, à dispenser des soins, fabriquer, donner des faux papiers. A la faim et aux inquiétudes partagées avec leurs compatriotes, ils auront finalement ajouté le manque de sommeil, la peur, l'effort de discrétion, la camaraderie, l'exaltation de l'engagement, l'espoir de la victoire, parfois l'arrestation ou la mort.

Les tracts et les journaux clandestins constituent souvent le premier geste et le premier travail résistants. Les débuts sont absolument artisanaux et, par leur modestie même, sont entrés dans la légende de la résistance : imprimerie jouet, dactylographie malhabile, ronéo poussive pour sept exemplaires du premier numéro de *Libération* (Nord), plus fréquemment pour quelques dizaines d'exemplaires, au mieux quelques centaines sur lesquels on lit cette supplique : recopiez et diffusez ce texte. Même lorsque la diffusion a été organisée de façon plus systématique, elle reste le point crucial, en dépit des difficultés de production. « Mensuel dans la mesure du possible et par la grâce de la police du Maréchal », lit-on sur les premiers numéros de *Franc-Tireur*. « On ne détruit pas *Franc-Tireur*, on le passe à un ami. » Le souci est aussi de « professionnaliser » ces activités d'impression, si possible en y adjoignant la fabrication de faux papiers. Le mouvement Défense de la France est célèbre pour l'épopée au cours laquelle il a transformé sa petite feuille, tirée en offset sur une Rotaprint dans les caves de la Sorbonne, en un journal imprimé de façon professionnelle et diffusé à 500 000 exemplaires au début de 1944. Imprimeurs de métier et imprimeurs d'occasion ont réussi des prodiges de ruse pour travailler clandestinement et se procurer, en économie de pénurie, machines, caractères d'imprimerie, encre et surtout papier. André Bollier, qui fut l'organisateur inspiré des imprimeries du mouvement Combat, réussit à la fois à monter une entreprise paravent (le Bureau de recherches géodésiques et géophysiques) et à réparer lui-même, plan en main, les presses.

Ce travail de fourmi, ces tâches humbles mais périlleuses prennent toutes sortes de visages, opérations ponctuelles ou répétées, espionnage discret ou éphémères coups d'éclat. C'est un jeune homme de dix-sept ans chargé à Bordeaux de surveiller les bureaux allemands. C'est un lycéen lyonnais qui, au nom du Front uni de la jeunesse, harangue les étudiants de la faculté de droit en leur demandant de contribuer à une quête pour permettre à des réfractaires de gagner le maquis. Il a beau s'esquiver au plus vite, il est arrêté par la Gestapo après avoir été dénoncé par des miliciens. La quête a rapporté 1 200 francs (230 euros)[1].

Ce sont des moments de peur terrifiante, de solitude et de découragement, alternant avec l'exaltation, l'espoir et l'envie de s'engager. Dans son journal, un jeune homme de dix-huit ans, simple militant dans un mouvement, le confie avec une bouleversante sincérité :

« 29 janvier 1944. J'ai dit à Bret qu'il me laisse tranquille avec sa résistance. Je ne sais plus si je sers à quelque chose en tournant autour du Conseil de guerre pour voir qui en entre et en sort et le noter au coin de la rue. Il dit que je suis un individualiste et un égoïste, que se battre c'est aller avec d'autres pour les autres. [...]. »

« Mardi 6 juin 44. Ce matin à six heures les Anglais ont débarqué sur les côtes de Normandie. Les gens se sourient dans la rue en faisant le V de la victoire avec deux doigts. Pitié pour la France. Je suis une girouette. Maintenant qu'il y a de l'espoir, j'aurais envie de faire quelque chose, mais je n'ose pas aller revoir Bret. De quoi j'aurais l'air[2] ? »

Agents de liaison et autres

Parmi ces humbles on compte de petits groupes de « permanents », toutes les « petites mains » des états-majors, dactylo, radio, agent de liaison, secrétaire, parfois recrutés sur place, parfois envoyés par la France Libre, pour des missions plus ou moins longues. Ils sont au service des « chefs » de la Résistance, pour assurer leur sécurité, garder leurs « archives » et, plus que tout peut-être, maintenir des communications entre des individus qui, eux, ont généralement fini par plonger dans une complète clandestinité. Le travail est harassant en même temps que dangereux et ne doit de se poursuivre qu'à la jeunesse et à la foi des militants. Ainsi le « secrétariat » d'un chef d'opérations aériennes passe-t-il son temps à déchiffrer et chiffrer les télégrammes servant à planifier les opérations et les courriers devant être emportés par avions, sachant qu'il faut environ une heure pour décoder un câble de trois cents lettres.

Les fonctions d'agent de liaison comptent aussi, avec celles de radio, parmi les plus dangereuses et beaucoup n'ont « tenu » que quelques mois.

La résistance des « chefs » devient au fil des années une activité à plein temps qui nécessite l'abandon de sa vie antérieure, de sa famille, de son identité, ou un jonglage entre des identités qui s'effectue toujours sur le fil du rasoir.

Moustaches, barbes, lunettes, chapeaux, casquettes, tenues en tout genre (dans les limites des restrictions de textile) apparaissent et disparaissent au gré des circonstances, pas toujours faciles à faire concorder avec les papiers d'identité et les possibilités de se reconnaître entre résistants. Jacques Baumel a reproduit dans ses souvenirs une planche d'une demi-douzaine de photos d'identité qui montrent comment avec un peu d'imagination et une grande économie de moyens (lunettes, moustaches, raie sur le côté, légère coquetterie dans l'œil, attitudes…), on peut transformer un jeune homme ordinaire en un autre jeune homme ordinaire. Louis Pasteur Vallery-Radot, grand bourgeois s'il en fut, qui préside le comité médical de la Résistance et devient le premier titulaire provisoire du ministère de la Santé à la Libération, déconcerte ainsi ses plus proches collaborateurs en arborant un costume étriqué, un béret, une forte moustache, des bésicles et, au revers, la médaille des vieux serviteurs. L'hebdomadaire vichyssois *Candide* caricature le « résistant » d'un dessin représentant uniquement une paire de lunettes noires, une barbe et une petite valise. Sans doute aurait-il été juste d'y ajouter une canadienne, le vêtement de l'époque :

« Combien de fois ai-je croisé avec effarement ces petits groupes de jeunes gens tous pareillement habillés, les mains au fond des poches, les épaules relevées pour lutter contre le vent glacial, le regard faraud et inquiet, qui étaient si éminemment repérables qu'ils auraient aussi bien fait d'arborer une croix de Lorraine au revers de leur canadienne[3]. »

Double vie et clandestinité

Prenons le cas du plus célèbre, peut-être, des résistants, Jean Moulin. A partir du moment où, à l'issue d'un premier voyage à Londres, il est devenu le représentant du général de Gaulle auprès de la Résistance de zone libre (janvier 1942), Moulin mène une vie à la fois complexe et routinière. Complexe car, si pour les résistants il est Rex et, pour ses collaborateurs, le « patron », vivant à Lyon, « capitale » de la Résistance, il reste Jean Moulin ancien préfet révoqué, pourvu d'un domicile dans un village des Bouches-du-Rhône et d'une reconversion professionnelle comme galeriste à Nice, le travail étant en fait effectué par une jeune femme qui n'a rien à voir avec la Résistance. Au début, Moulin travaille seul, d'autant plus qu'il a égaré son opérateur radio – et cassé son poste –, à la suite de leur parachutage calamiteux. A partir de juillet, il s'attache comme secrétaire un tout jeune officier de la France Libre envoyé en principe comme radio. C'est lui qui va dorénavant assurer la logistique : il est le seul à connaître l'adresse de Moulin à Lyon, il garde les documents, accompagne le « patron » aux rendez-vous pour servir de porte-serviette et s'assurer que rien en paraît suspect, il apporte les journaux, assure les rendez-vous, relève les « boîtes aux lettres », code et décode télégrammes et rapports, bouche les trous comme opérateur radio, distribue l'argent du budget envoyé par Londres, contribue à maintenir la fiction d'une vie de Jean Moulin préfet en retraite, tout en lui permettant d'accomplir sa tâche de président du comité de coordination ou du Conseil de la Résistance.

C'est à la fois une vie de bureau, une vie de rendez-vous, une vie de commis-voyageur, le train occupant une place considérable dans de difficiles et indispensables déplacements, au milieu des incessants contretemps, des rendez-vous manqués, des contacts remis, des communications rompues ou chaotiques avec Londres.

Le train se transforme pour certains résistants en une sorte de lieu de vie, tant ils voyagent. Voyages d'autant plus longs et incertains que les progrès mêmes de la Résistance multiplient les sabotages. Or, le temps semble passer d'autant plus lentement que l'on porte dans sa valise quelques objets ou documents compromettants, radio, explosifs, armes, fortes sommes d'argent liquide, journaux ou tracts clandestins. Dans le train même, la technique consiste à déposer son bagage à une distance suffisante pour ne pas être soupçonné en cas de découverte. Avec le risque de ne pas pouvoir toujours bien surveiller son précieux chargement. Dans les gares, les contrôles policiers se doublent d'une traque au marché noir qui fait qu'on demande d'ouvrir sacs et valises pour y débusquer des denrées contingentées. Enfin, tous les lieux publics sont susceptibles de contrôles et de rafles à cause de la recherche des réfractaires au STO. Ces rafles menacent les plus jeunes résistants qui doivent posséder de faux documents établissant une raison valable pour ne pas se faire embarquer de force pour le travail en Allemagne (âge, profession, maladie…).

L'autre moyen de locomotion très utilisé par les résistants (comme d'ailleurs par des millions de Français) est le vélo. Outil privilégié des agents de liaison, il est aussi fort apprécié des responsables de plus haut vol, faute d'autre chose. C'est sur une bicyclette que le communiste Georges Maranne fait une « tournée » en zone non occupée à l'été 1941 pour essayer de prendre langue avec les résistants non communistes. C'est à vélo que le colonel Rol-Tanguy fait son entrée dans la cour de la Préfecture de police de Paris le 19 août 1944. Les expéditions ne sont pas modestes. Les « financiers » du parti communiste ont effectué durant l'été 1940 un Paris-Rennes à vélo pour porter le budget nécessaire au fonctionnement du parti à son chef, Jacques Duclos.

Les envoyés de Londres, définitifs ou en mission, ainsi que les clandestins intégraux sont en principe pourvus d'identités de rechange, étayées sur un arsenal de faux papiers. Dans l'idéal, il est supposé comprendre une carte d'identité, une feuille de démobilisation, plusieurs cartes d'alimentation, avec éventuellement un permis de conduire, des cartes professionnelles ou de membres de la Légion des combattants[4]. Une lettre du chef des services secrets de la France combattante, de retour d'une mission en France, à son homologue anglais permet de saisir l'extrême complexité de cet équipement et la difficulté à le mettre correctement en œuvre :

« Les agents n'ont reçu leurs papiers définitifs qu'au moment de leur départ. Trop tard donc pour qu'ils puissent les manier avec aisance et connaître à fond les caractéristiques de la personnalité qu'ils assument.

« Certaines de ces cartes, en particulier celles destinées à l'agent Bernard, étaient faites avec une légèreté quasi criminelle. Le nom qui avait été choisi pour cet agent était Paul Blanc, nom même d'un des chefs de l'organisation de résistance OCM recherché par la Gestapo. Comme on s'est aperçu au dernier moment de cette faute, on a voulu la corriger en transformant le nom de Blanc en Blanche, rajoutant les lettres H et E aux papiers établis d'une façon si maladroite que n'importe quel observateur pouvait s'en rendre compte au premier coup d'œil[5]. »

Dans ces conditions, et pour plus de facilité, tous ces gens vivent finalement en marge, et toujours un peu dans les mêmes lieux. Georges Bidault, qui fut l'un des principaux collaborateurs de Moulin avant de lui succéder à la tête du Conseil de la Résistance, parlait à la blague du « résistodrome » de Lyon, le périmètre du centre-ville toujours parcouru par les résistants en attente d'un rendez-vous ou parlant en cheminant deux à deux pour se donner l'air d'aller quelque part.

Dans un registre plus tragique, ces télescopages, cette densité se retrouvent sans cesse au fils des témoignages nombreux et circonstanciés rassemblés par la justice dans le cadre de l'instruction des deux procès de René Hardy. Quand Hardy prend le train pour Paris, le 7 juin 1943, il est repéré sur le quai par un ancien membre de son mouvement, devenu indicateur de la Gestapo et venu prendre le train pour une affaire différente. Quelques minutes plus tard, Hardy avise sur le quai une autre connaissance, ami d'un ami, qui s'apprête à monter dans le même train, pour convoyer un officier anglais et la femme d'un parlementaire français qui a rejoint de Gaulle. Faisant mine de lui demander du feu, Hardy lui indique qu'il pense avoir été dénoncé par un mouchard voyageant avec des agents de la Gestapo. Ce qui n'empêche d'ailleurs pas tous ces clandestins de prendre bel et bien ce train.

Quand, en 1944 essentiellement, le groupe dirigeant de la Résistance se retrouve à Paris, le quadrilatère de Saint-Germain-des-Prés devient l'endroit rêvé d'une rafle monumentale. Déjà parce qu'un nombre incroyable de « bureaux » de la Résistance s'y trouve rassemblé : locaux du bureau des opérations aériennes boulevard Saint-Germain, rue de Tournon et rue du Dragon, Bloc Centre rue de Rennes, mouvement Défense de la France boulevard Saint-Germain et boîte aux lettres rue Bonaparte, centrale radio du secrétariat zone nord de la Délégation de la France combattante rue Jacob, sans compter les planques et habitations. De fait, nombre de rendez-vous se trouvent circonscrits dans ce périmètre :

« Les rendez-vous, note un officier de liaison de la France combattante dans un rapport de septembre 1943, continuent à se donner dans les cafés, de préférence aux Deux Magots et au Royal, au Français, en tout cas dans le quartier Saint-Germain-des-Prés, de l'Odéon et de la Sorbonne. Et, naturellement, tout le monde se retrouve dans les mêmes restaurants ; j'en parle, encore que pour mémoire des sortes de petits banquets de cinq, six, ou davantage[6]. »

Ces résistants sont évidemment des clients réguliers des restaurants de marché noir, qui ne demandent aucun ticket ni aucune carte d'alimentation. Ils y côtoient – protection et menace – des fonctionnaires du gouvernement et des Allemands « de sortie ».

L'expérience aidant, des règles de sécurité ont été imposées, comme le cloisonnement, les pseudonymes, l'interdiction des messages « en clair », la sécurisation des réunions, toutes règles que les réalités du travail sur le terrain et les aléas incessants de contacts souvent perdus rendent lourdes, voire obsolètes. La lassitude des procédures cent fois recommencées et l'urgence entraînent d'inévitables facilités, marquant une paresse passagère ou une insouciance d'habitude.

Henri Noguères, qui avant d'être un formidable compilateur des témoignages des résistants, fut responsable d'un mouvement dans le Sud-Est, a raconté très drôlement un rendez-vous calamiteux où le souci de renforcer la sécurité tourne au ridicule :

« Comme il fallait se reconnaître sans se connaître, un signe d'identité était nécessaire. Si l'on dit que ce signe était au moins une fois sur deux le journal *Signal* [un journal allemand en vente en France] ostensiblement tenu dans la main gauche, on risque fort de n'être pas pris au sérieux, et cependant, c'est rigoureusement exact... Il est vrai que ceux qui, par excès de scrupule voulaient innover, n'étaient pas toujours récompensés. Ainsi le jour où, devant rencontrer pour la première fois Georges Sadoul, sur le quai de la gare de Bédarieux, j'avais indiqué que je lirais ostensiblement *Le Petit Méridional*, en faisant les cent pas sur le quai n° 1, j'en ai été réduit à arpenter ce quai en brandissant le journal *L'Eclair* et en répétant à voix haute, chaque fois que je croisais quelqu'un : "*Le Petit Méridional* était épuisé... *Le Petit Méridional* était épuisé...*", ce qui à la longue (car Sadoul, ce jour-là, avait manqué son train) avait fini par attirer l'attention sur moi[7]. »

Avec le même esprit, il explique la difficulté d'organiser des réunions comptant un grand nombre de participants, en choisissant l'exemple d'un comité régional de libération de R3 à Carcassonne au printemps 1944 :

« Le rendez-vous était donné dans un café proche de la gare. De là, après que nous ayons [*sic*] été une bonne douzaine à consommer deux par deux en feignant de ne pas nous connaître, un émissaire était passé discrètement (?) d'une table à l'autre, pour nous dire qu'il fallait se rendre dans la Cité par petits groupes de deux ou trois, en laissant cinquante mètres entre chaque groupe. Notre départ ne pouvait guère passer inaperçu. Ni notre parcours de la gare à la Cité "par petits groupes". Mais ce n'était encore rien, car une fois dans la Cité, nous nous sommes tous retrouvés devant la porte close d'une maison où, visiblement, on ne nous attendait pas. Après quoi, en un groupe compact, nous avons été dirigés à l'autre extrémité de la Cité, vers une autre maison où, de toute évidence, on ne nous attendait pas davantage, mais où, au moins, on nous avait ouvert une porte par laquelle nous nous étions tous engouffrés[8]... »

On peut rappeler aussi que la tragique réunion de Caluire a commencé par une suite de quiproquos puisqu'une partie des participants – dont Jean Moulin – se sont retrouvés non pas conduits à la salle à manger du premier étage, où devait se dérouler un important débat sur l'avenir du commandement de l'Armée secrète, mais dans la salle d'attente du médecin qui avait accepté d'héberger la réunion, parmi une nuée de patients venus pour la consultation, sans autre ressource que d'attendre d'être introduits dans le cabinet médial pour se faire reconnaître du praticien.

On sait aussi que, durant les journées chaudes et particulièrement tendues de la libération de Paris, la séance du CNR durant laquelle on s'opposa violemment sur l'hypothèse d'une trêve provisoire avec les Allemands, donna lieu à des incidents manquant singulièrement de discrétion (21 août 1944).

Tout le monde se jette à la face ses imprudences, sans voir les siennes propres, et impute à l'oubli des précautions élémentaires la répression sans pitié qui s'abat sur les mouvements de résistance et les services de la France combattante en métropole, sans garder toujours à l'esprit qu'elle découle surtout d'un « travail » de la Gestapo et de la police de sécurité allemande, utilisant les services de police français.

Beaucoup de résistants ne dorment pas deux fois de suite dans un même lieu pour éviter ce que, dans leur jargon, ils appellent le « coup du laitier », le fait d'être cueilli chez soi à l'aube. Ce qui implique l'existence de nombreux

« points de chute », des domiciles, des chambres chez des gens près à accueillir quelqu'un qu'ils ne connaissent pas toujours, au péril de leur sécurité, voire de leur vie, pour une nuit ou deux, ou parfois des semaines.

Jean Moulin et son équipe, par exemple, s'efforcent de veiller à l'hébergement et au confort matériel des opérateurs radio, qui mènent une vie exceptionnellement solitaire et, surtout, particulièrement dangereuse. La grande majorité d'entre eux finira d'ailleurs exécutée ou déportée. Ils comptent parmi les plus vulnérables depuis que les voitures gonio allemandes (autorisée par Vichy en zone libre dès avant novembre 1942) cherchent à repérer les émissions. D'où la rancune et la colère à l'égard de la centrale de Londres dont les erreurs techniques et les négligences mettent en péril la vie déjà précaire des opérateurs.

L'argent est véritablement le nerf de la guerre pour la Résistance et, le temps passant, de nombreuses opérations de parachutage comme l'envoi d'émissaires s'accompagnent de la remise de budgets mensuels de plusieurs millions de francs. Au début de 1942, des calculs sont faits en fonction des contraintes matérielles de la vie de résistants : il faut allouer 3 000 francs (860 euros) par mois à un radio, 10 000 à 12 000 francs (de 2 875 à 3 450 euros) à un officier de liaison qui se déplace beaucoup, étant donné le prix des billets de train, celui des hôtels et des restaurants.

En dépit de l'argent brassé, la Résistance n'est pas riche et les résistants encore moins. Un compagnon de Georges Bidault raconte que, pour le féliciter de son mariage, celui-ci lui fit cadeau d'un paquet de cigarettes. « A la gratitude que m'inspira cette largesse, on mesure la misère du temps[9]. »

Au maquis

Au nombre des « temps-plein » de la Résistance, on trouve aussi, à partir de février ou mars 1943, des « maquisards », à l'origine des jeunes gens qui se sont réunis de façon informelle dans des zones de refuge pour échapper au départ en Allemagne en application de la loi sur le Service du travail obligatoire (février 1943) et, plus prosaïquement, sous l'effet des rafles. Ils seront rejoints au fil du temps par un flot irrégulier de volontaires désireux de se battre ou contraints de se cacher. C'est ici une vie quotidienne tout à fait extraordinaire qui se crée, vie nomade et militaire, matériellement difficile, moralement exaltante, inévitablement dangereuse.

Le départ est donc plus ou moins préparé. La famille réunit à grand-peine quelques boîtes de conserve, des biscuits, un peu de sucre ; on fourre dans un sac à dos un pull, deux chemises, deux pantalons, deux caleçons, deux paires de chaussettes et en route. Ce jeune homme fait mine de partir à la pêche pour ne pas attirer l'attention dans son village qui fait partie de la zone montagneuse particulièrement surveillée : une canne, une paire d'espadrilles et un casse-croûte seront son seul viatique. Cet autre quitte son internat pour rejoindre le Vercors et croit mourir de honte quand les chefs de son camp de transit parlent d'inspecter les sacs à dos car il a embarqué son pyjama et ses pantoufles en quittant son lycée.

Les maquis sont très généralement des improvisations. Le maquis du Vercors, qui reste aujourd'hui dans les mémoires par son ampleur et sa fin malheureuse, est encore à l'état d'hypothèse quand l'afflux des jeunes réfractaires s'y produit en l'absence de toute organisation. En effet, c'est à la fin de janvier 1943 que parvient à Londres un rapport étudiant la possibilité de faire du massif une « citadelle naturelle », où l'auteur envisage d'aménager des terrains d'atterrissage, des caches d'armes et d'instruire des « corps francs ». Il fait longuement valoir ses arguments (« Le Vercors est un pays de pâturages, donc de bétail et de laitages. Une troupe, même nombreuse, pourrait y subsister aisément »). Il précise qu'il dispose de cartes d'état-major, d'un petit budget et de connaissances du terrain, et souhaite être autorisé à entreprendre une étude préalable pour vérifier la faisabilité du projet[10]. Au moment où le service d'action et de renseignement de la France combattante lit ces lignes, un premier camp s'est constitué spontanément à la ferme d'Ambel. Le maquis de réfractaires a devancé le projet géostratégique du « plan Montagnard ». Le Vercors comptera une douzaine de camps qui réunissent au début de 1944 quatre à cinq cents personnes.

Dans le Massif central est constitué à partir du 20 mai 1944 le maquis du Mont-Mouchet dont le territoire est marqué par une pancarte « Ici commence la France Libre ». Il réunit près de trois mille hommes. C'est le résultat d'une mobilisation régionale avec pour mission de retarder la remontée des troupes allemandes vers la Normandie.

A côté de ces grands pôles de la Résistance, on trouve des maquis de toutes tailles et de toutes formes.

Les résultats sont très divers, fruits des circonstances et des personnalités. Certains grands maquis s'efforcent, au cantonnement, d'imiter les unités d'une armée régulière et d'en copier la tactique au cours des affrontements. D'autres font figure de bandes de guérilleros, s'en tenant à des coups de main pour éviter toute bataille frontale. Ce qui n'exclut pas la discipline. Ces différences, en dépit des réputations, ne sont pas toujours le reflet des affiliations partisanes : ORA (Organisation de Résistance de l'Armée, anciennement vichyssoise), AS (Armée Secrète, issue des mouvements de résistance de zone sud), Veni (groupes d'anciens prisonniers de guerre), FTP (communistes)…

Dans un journal clandestin paraît, au début de 1944, un « reportage » effectué dans un maquis de grand renom, le camp des Granges, PC de Romans-Petit, chef des maquis de l'Ain et du Haut-Jura. Ce reportage sera repris dans la presse alliée, parce qu'il offre une image, sinon totalement véridique, du moins très enthousiasmante et épique de la vie du maquis. La journée commence à 7 heures : toilette, gymnastique puis corvées. Ensuite, deux heures de maniement d'armes. Dans la réalité, l'équipement en armes est le grand sujet de déception et de rivalité. Beaucoup de groupes se partagent un nombre réduit de revolvers à barillets et des fusils de la Première Guerre mondiale, avec ou sans munitions.

L'après-midi est de nouveau voué aux entraînements : combats, coups de main. Après le salut des couleurs, dîner et veillée avec discussion « sérieuse » et instructive (« pourquoi nous nous battons, quelle France voulons-nous... »). Le reporter a tort d'oublier l'écoute de la BBC sur une radio amie quand elle est possible. Elle constitue un élément de soutien du moral comme de la détermina-tion des actions. Même si ce n'est pas toujours pour le plus grand profit de la sécurité ou de l'efficacité. On vaque à des menus travaux manuels, couture, réparations diverses... On chante beaucoup. Ça occupe et ça réchauffe : chants de Résistance, chaque camp invente son « chant des maquis », airs à la mode, chants patrio-tique, tout est bon. A ce tableau idéalisé, il faut ajouter bien souvent des journées vides, d'un abyssal ennui, une précarité à laquelle rien ne semble devoir remédier, des affrontements qui sont parfois des traques sans espoir.

Mais ce sont les menus décrits par l'« envoyé spécial » qui ont de quoi déconcerter le lecteur français de 1944, qu'il soit un Français ordinaire ou, *a fortiori*, un maqui-sard : soupe, bifteck et purée avec fromage, fruit, café et un quart de vin pour le déjeuner ! En effet, le maquisard sait bien que, la plupart du temps, il ne mange pas à sa faim et doit se contenter des ressources locales. Le maquis Romans-Petit n'a de la viande que deux fois par semaine et l'ordinaire est fait de carottes. Dans un maquis des marches méridionales du Massif central, ce sont les châ-taignes et les oignons qui reviennent le plus souvent. Dans le Vercors, l'hiver, on mange un brouet de viande de vache et de rutabagas dans l'eau de cuisson, avec du pain et, en maints endroits, le lapin de garenne constitue, jusqu'à la nausée, la viande unique.

On loge dans des granges, des estives, des bergeries, plus ou moins abandonnées, parfois ce sont des cabanes, des tentes, au mieux les baraquements des anciens Chantiers de la jeunesse. On s'éclaire au feu de bois, à la lampe à carbure.

Même si les images d'Epinal de la Libération ont imposé l'idée de fringants maquisards circulant en traction avant, le moyen de locomotion réel du maquisard est la marche. C'est à pied qu'il combat et se déplace, c'est à dos d'homme qu'il achemine son ravitaillement et ses armes, à bras qu'il porte ses blessés qu'aucune convention de Genève ne protège des sévices de l'ennemi, le plus courant étant de l'achever sur place. L'hiver, les pieds sont crevés d'engelures. On les emballe dans des chiffons enduits de pommade, on défait les coutures autour des orteils. Le tout est tenu par des ficelles. Autant dire, que le maquisard n'est pas toujours très ingambe et que, lorsqu'il se risque hors du maquis, son accoutrement le fait aussitôt repérer, d'autant que ses cheveux sont mal coupés et sa barbe douteuse. Certains maquisards, d'ailleurs, possèdent un veston civil qu'on ménage et qu'on se repasse au gré des missions en ville ou au village : c'est *le* vêtement de sortie du camp.

Parfois, aubaine extrême, on récupère des uniformes des Chantiers de la jeunesse, un négociant ami accepte de céder ou de se faire « voler » des bleus.

Le dénuement est partout. Un maquisard du Morvan note à son arrivée au maquis d'Agey qu'il verse aussitôt 20 000 francs (un peu plus de 3 000 euros) de sa poche à titre de prêt, « la caisse de l'unité étant vide ». Dans le Vercors, un chef dispose d'un budget de 15 francs (2,3 euros) par jour et par maquisard, provenant de fonds parachutés. Il est censé tout payer, ne rien accepter gratuitement et ne rien « réquisitionner ». Il n'en va pas de même ailleurs ; ainsi, en Bretagne, après le Débarquement, on accepte les bons de réquisition portant l'en-tête des FFI, pour remboursement après la Libération. Le colonel Maurin, chef militaire en Franche-Comté au moment du Débarquement, visite ses hommes à vélo, parcourant trois cents kilomètres par semaine sur les routes du Jura. Il a soixante ans.

Le maquis n'est pas totalement isolé. Il implique que des civils, des légaux le tolèrent, voire le soutiennent. A leurs risques et périls. Un exemple est offert par le village d'Etobon, dans le territoire de Belfort, qui accueille l'infirmerie, le ravitaillement, puis les prisonniers du maquis. En septembre 1944, le village est encerclé par les supplétifs de la Wehrmacht. Tous les hommes sont fusillés ou déportés.

Vivre en Français Libre

L'histoire de la France Libre dispose d'études de référence[11] et de nombreux témoignages individuels[12], mais il était difficile de parler des Français des années quarante sans évoquer ces hommes et femmes qui ont vécu, aux quatre coins du globe, guidés par une même volonté : défendre la France et ses valeurs de liberté. Il ne s'agit que d'une infime minorité de Français : « A peine plus de cinquante mille volontaires auront pu se prévaloir, au sens strict, de la qualité de "Français Libres" et l'effectif du corps de combat terrestre relevant du général de Gaulle, lors de la conjonction des Forces françaises et de l'armée d'Afrique en juin 1943, ne dépassait dix mille hommes que de peu[13]. » Impossible cependant de ne pas évoquer ici le quotidien de ces FFL qui avaient aussi en commun le fait d'être jeunes : « 70 % avaient moins de 30 ans, 18,5 % moins de 20 ans, célibataires à 70 %, d'être majoritairement issus de milieux plutôt modestes, d'origine surtout urbaine. 75 % n'avaient pas dépassé le niveau de l'enseignement secondaire. Beaucoup venaient de Bretagne ou d'Alsace-Lorraine, d'Afrique du Nord ou de l'empire. Un quart était militaire de carrière engagé en 1939, la moitié étant sous les drapeaux en 1940 et la majorité (65 %) était issue de milieux sensibles aux valeurs patriotiques[14]. » Même lorsqu'ils ont traversé ensemble certaines batailles, ces hommes et ces femmes ont connu en fait des itinéraires très différents – ne serait-ce que pour réussir à rejoindre la France Libre.

C'est sans doute de leur quotidien, ou plus exactement du bouleversement de leur quotidien dans les premiers mois de la guerre qu'est venue leur volonté de poursuivre la lutte, souvent même sans avoir entendu parler du général de Gaulle. La volonté de poursuivre le combat, avec l'impétuosité de leur âge, plonge immédiatement ces jeunes dans un univers périlleux. « Il y eut en fait autant d'aventures que d'hommes et ce furent souvent des épopées. L'un, aspirant, a gagné l'Angleterre par bateau avec 12 hommes de sa section, en juin 1940, partant de Saint-Jean-de-Luz. Un autre a traversé la Manche à la godille avec son frère, un troisième a embarqué à Paimpol avec 41 élèves de l'école de marine marchande de Paimpol, un quatrième a gagné l'Angleterre pour s'engager alors qu'il n'avait pas 16 ans, mais quatorze ans et demi. Un autre fit six cents kilomètres à vélo avec un ami pour gagner Brest[15]. » Vivre au quotidien pour gagner l'autre rive, celle d'où le combat peut être repris, c'est alors être dans l'incertitude absolue. Tous mériteraient d'être cités tant chacune de ces vies constitue un exemple de courage et de sacrifice dans une période d'incertitude absolue. Qu'ils nous pardonnent de ne pouvoir le faire ici ! Le hasard des rencontres nous a conduits à ne parler que de quelques destins particuliers qui permettent d'évoquer le quotidien de ces Français sans qui la France n'aurait sans doute pas été la même après 1945.

Ainsi, le jeune Pierre Poullard (deuxième d'une famille de six enfants) qui se révolte de voir le passage des Allemands à Rouen le 9 juin 1940... jour même de son 17e anniversaire[16]. Il se souvient en particulier d'avoir été marqué par les corps de deux soldats anglais déchiquetés par un obus. C'est à ce moment précis qu'il s'est décidé à continuer la lutte coûte que coûte. Lui qui rêvait de devenir pilote d'avion se voit contraint d'abandonner son rêve. Comme de nombreux Français, il connaît l'exode : le 12 juin – jour où il devait passer son permis de conduire –, il part

avec sa famille en voiture pour Lisieux, puis, face à l'avancée allemande, son père décide d'aller vers Poitiers. Là ils
sont logés, grâce à des connaissances, dans un collège.
Avec l'armistice, la situation s'éclaircit et la famille rentre
à Rouen à la mi-juillet. Mais le jeune homme vit très mal
l'occupation et la perte de liberté. Les humiliations quotidiennes imposées par l'occupant dans la ville aux cent clo-
chers ne font que renforcer sa détermination. Lui qui
pratiquait l'aviron de manière assidue au sein d'un club,
se voit contraint d'arrêter le sport. Il supporte mal le
couvre-feu, se révolte contre les sens de circulation imposés aux piétons sur les trottoirs. Il peste contre les soldats
bousculant les civils lors des passages de la Seine par le
bac, ou confisquant les vélos des passants… Symbole
suprême de la perte de liberté : l'obligation d'avoir une
carte d'identité visée par la *Kommandantur*. Un jour, alors
qu'il bouscule par mégarde un soldat allemand, il est
conduit au palais de justice de Rouen où on l'oblige à
cirer des bottes. Il est indigné par ce qui arrive à la mère
d'une jeune fille qui travaillait dans le commerce de son
père : cette femme est en effet arrêtée car mariée à un
Anglais mobilisé. Depuis son retour en juillet, il recherche
en fait la possibilité de rejoindre ceux qui veulent poursuivre la lutte. Dans une pissotière du centre-ville il
découvre un jour de minuscules affichettes hautes comme
le doigt d'une main et représentant l'appel du 18 juin. Il
en décolle une qui est restée dans son portefeuille jusqu'à
aujourd'hui ! Jusque-là, il n'avait que vaguement entendu
parler à la radio d'un « général » qui voulait rassembler
les Français. Mais la décision de partir fut une véritable
rupture, « un saut dans le grand vide » pour ce jeune
homme qui jusque-là ne sortait que dans le cadre familial. Il cherche des filières, est de nombreuses fois déçu
avant d'être obligé de quitter Rouen précipitamment le
21 décembre, sans prévenir ses parents. L'itinéraire lui a
d'ailleurs été annoncé de nuit, dans un « claque », de
manière à ne pas attirer l'attention… On imagine mal ce
qui peut se passer alors dans la tête d'un jeune de cet âge,

fortement attaché à sa famille, mais guidé par une formidable envie de reconquérir ses rêves de liberté. Lui qui avait demandé à ne partir qu'après le 1ᵉʳ janvier, afin de passer les fêtes en famille !

D'abord arrivé à Paris, son objectif est alors d'atteindre Vichy, où on lui a donné un contact dans un bureau de recrutement. Mais le passage de la ligne de démarcation est aventureux : il lui faut éviter des patrouilles de la gendarmerie française pour atteindre le camion prévu à cet effet. Arrivé dans la nouvelle capitale de l'Etat français, il n'a alors plus grand-chose en poche... On lui propose bien de s'engager dans l'armée, mais il refuse car il ne veut pas servir Pétain. Il trouve alors refuge dans un centre de passage, sorte de centre d'accueil, où il se lie à trois compagnons de fortune qui cherchent à faire comme lui. Bien qu'ils possèdent toujours leurs papiers, ils font une déclaration de perte et en demandent de nouveaux afin de ne pas laisser de trace qui permettraient de remonter jusqu'à leurs familles. Plusieurs semaines se sont écoulées, sans que leur projet de rejoindre « ceux qui résistent » n'avance ; on leur propose alors de passer au centre de la Croix-Rouge locale pour rejoindre l'Afrique ou l'Espagne. Mais Pierre Poullard flaire le piège et, divisés en deux groupes, ses compagnons et lui passent leur chemin sans entrer dans le bâtiment, lorsqu'ils se rendent compte que le trottoir est « sous surveillance » et que leur arrivée est « attendue ». Ils partent immédiatement pour Marseille, où ils trouvent abri dans un asile de nuit aux conditions de vie terribles. Une soupe et une paillasse... Dès le lendemain, ils décident de longer à pied la côte méditerranéenne, car Pierre Poullard se souvient que son père a une relation de travail à Sète. Ils dorment alors dans une grange, et les problèmes s'accumulent : un brin d'avoine s'est enfoncé dans le tympan de l'un d'entre eux pendant la nuit... et puis l'argent manque cruellement. Pierre Poullard vend ses chaussures quasi neuves et les remplace par des bottes de caoutchouc qui, du fait de la chaleur, rendent l'épopée très vite insupportable. Arrivé à Istres, le jeune homme retrouve un ami resté dans l'armée avec qui il projette, du fait des circonstances, de s'emparer d'un quadrimoteur dans une base aérienne. Ils devaient bénéficier pour cela de l'aide d'un Américain chargé de neutraliser une sentinelle. Mais le projet tombe à l'eau... l'Américain n'accomplissant pas sa part de la mission. La fuite en avant reprend jusqu'à Toulouse, où ils refusent encore de signer un engagement militaire pour l'Etat français... Enfin, ils retournent à Vichy. Travaillant dans un premier temps dans sa spécialité, l'imprimerie-papeterie, il se retrouve au chômage au bout d'un trimestre car le journal est passé de quatre pages à une seule page du fait des restrictions et se sépare donc de nombreux ouvriers. Il survit de petits boulots en petits boulots. Il se souvient qu'après quinze jours d'errance, il est accepté à un poste de plongeur dans un restaurant. Il était alors si amaigri qu'on l'a laissé véritablement « s'empiffrer » les premiers jours. Cette survie quotidienne ne lui fait pas oublier son objectif : partir pour combattre. Il accepte de faire partie d'une chorale d'Alsaciens-Lorrains car il cherche à se faire des relations et s'ouvre de ses projets à un abbé alsacien. Ce dernier prend contact avec un abbé d'Alger, mais là encore le projet tourne court... C'est alors que lui vient l'idée qui va enfin lui permettre de réaliser son projet. Se souvenant que son père connaît le président national des imprimeurs à Limoges, il prend sa plume pour lui demander s'il peut, par le biais du bulletin de la société des imprimeurs, obtenir un poste en Afrique du Nord. La réponse arrive par retour du courrier : une proposition pour l'Algérie et une autre pour le Maroc. Il accepte cette dernière, car il voit, à travers le détroit de Gibraltar, la porte ouverte vers l'Angleterre. Mais là encore il lui faut attendre, et il cherche à faire accélérer son départ car il se sait menacé par le Service du travail obligatoire. Comme à Rouen, après une longue attente, le départ se fait dans la précipitation. Il doit prendre sa valise le jour même où son père devait lui rendre visite pour la première fois depuis le début de son aventure ! Il arrive finalement à

Casablanca le 7, c'est-à-dire la veille du débarquement anglo-américain. Dès le début des combats, il se retrouve brancardier pour la Croix-Rouge sur le port. Après le retour au calme, au bout de quelques jours, il se rend à la gendarmerie française pour voir s'il ne peut pas être engagé. Il se fait chasser prestement et les Américains à qui il s'adresse lui répondent qu'ils ne s'occupent pas des Français ! Finalement, un des brancardiers avec qui il a sympathisé lors du coup de feu du 8 novembre le met en contact avec les Français Libres du corps franc d'Afrique. Il se fait recruter comme typographe, mais refuse de rester en poste à Casablanca, car il estime « avoir fait tout ça pour autre chose ». Il est alors affecté à un ancien camp de la légion, couchant sur la paille, nourri du ravitaillement de l'armée française, sans aucune nouvelle de la radio ni des journaux. Il est affublé d'un pantalon à bandes molletières, mais sans bandes molletières, retenu à l'entrejambe par une épingle à nourrice. Devenu responsable du central téléphonique, il réussit à réparer de bric et de broc le téléphone, ce qui lui vaut une promotion : il dort alors sur un lit de camp ! Il reste à ce poste jusqu'en juin 1943, date à laquelle il est envoyé en Algérie avant de revenir au Maroc au sein de la 2e DB.

Et les femmes dans ce quotidien d'hommes jeunes ? Pierre Poullard rappelle à ce sujet que l'état-major exerçait un contrôle strict sur les hommes : il a le souvenir du service sanitaire surveillant en fait tous les bordels, et imposant une piqûre de permanganate à tous les soldats qui y passaient un moment... Mais il y a aussi, au gré de ces pérégrinations, le souvenir d'un coup de foudre sans lendemain du fait de la guerre. Débarqué sur la tête de pont d'Utah, Pierre Poullard se souvient aussi des retrouvailles avec le sol métropolitain : certains allaient jusqu'à embrasser le sable. Le quotidien du ravitaillement est, à partir de cette période, celui des rations de campagne : les trois boîtes « Breakfeast-Diner-Souper ». Il se sort miraculeusement d'une blessure à Vittel – ses « copains » ont eu l'étonnant réflexe de prendre en photo l'endroit où

il s'est fait mitrailler aux côtés de Leclerc. Envoyé en permission à Rouen, il est marqué par l'odeur des cadavres
coincés sous les décombres des bombardements, rue des
Carmes. Puis c'est le retour au front ; les combats dans les
Ardennes hantent encore tout particulièrement ses souvenirs. Et comme pour tout homme qui a survécu aux combats de cette période, du désert à la neige, il est parfois
très difficile de parler de ceux qui ne sont pas revenus.

A l'autre bout du monde, dans la colonie française de
l'île de la Réunion, de nombreux jeunes ont aussi fait le
choix de l'engagement au service de la « Mère Patrie »,
selon l'expression alors consacrée. Difficile également de
parler ici de chacun d'entre eux, de leur courage et de
leur sacrifice. Arrêtons-nous sur le cas d'Irène Macé, née
Técher, car son exemple permet de ne pas oublier que de
nombreuses jeunes filles ont participé à cette épopée[17]. Ce
choix est doublement osé : très nombreux sont alors les
hommes à ne pas avoir fait de service militaire. Seuls les
engagements volontaires conduisent en effet à servir sous
les drapeaux et beaucoup, comme le père ou les cousins
d'Irène, considèrent que cela n'a aucune utilité. Et puis
surtout, Irène est alors une toute jeune fille, qui fête ses
18 ans le 17 juin 1940… Les mentalités n'étaient donc
pas forcément prêtes à accepter son choix, d'autant que,
contrairement aux jeunes de la métropole, ces adolescents
ne pouvaient, du fait de l'isolement, quitter l'île dans la
clandestinité sans l'accord de leurs parents. Et même avec
cet accord, comment faire, alors que l'île se retrouve sous
blocus britannique et donc quasiment sans navire ?

C'est l'arrivée d'un contre-torpilleur de la France Libre,
Le Léopard, qui, le 28 novembre 1942, « vient cueillir la
marguerite », selon le code utilisé par de Gaulle et diffusé
à Radio Londres, et qui permet donc aux jeunes de sauter
le pas – ou plus exactement l'océan.

Une mission particulière est d'ailleurs conduite par
madame le lieutenant Schiklin à l'égard des jeunes filles.
Irène Macé se porte volontaire, mais son père tient à être
informé avant de laisser sa fille partir : il assiste au dis-

cours du lieutenant FFL et interroge directement le nouveau gouverneur Capagorry envoyé par la France Libre.
Un premier contingent de 51 jeunes filles est embarqué le
23 novembre 1943 sur le *Gallieni* pour rejoindre Madagascar. De Tamatave, Irène Macé rejoint ensuite Tananarive où une formation militaire et administrative lui est
donnée. Elle découvre alors une vie quotidienne tout à
fait différente de ce qu'elle connaissait à la Réunion. En
particulier, elle ne manque de rien dans le domaine de
l'alimentation, ce qui lui permet d'ailleurs de ravitailler
ses parents dans la petite île voisine. Affectée comme
standardiste téléphoniste au Centre d'Organisation de
Transmissions de Madagascar (COTM), et après un bref
passage en tant que sténodactylo au tribunal militaire de
Tananarive, elle est détachée auprès du chef de corps au
sein du Centre de Transmissions Coloniales de Madagascar (CTCM). Au-delà du travail de bureau quotidien,
Irène Macé se souvient des défilés hebdomadaires, le
samedi matin, en compagnie des militaires d'armes différentes, comme d'un moment très convivial. Son seul
regret : n'avoir pu participer aux opérations extérieures
comme beaucoup de ces « femmes courage » qu'ont été
les volontaires féminines. Néanmoins, le service rendu par
ces Françaises Libres – à tous les postes – fut essentiel à
l'action d'ensemble. Et même sans avoir été sur un théâtre
d'opérations militaire, la jeune Irène Técher a vu toute sa
vie bouleversée avec cette affectation, puisque c'est à
Madagascar qu'elle rencontra son mari, Raymond Macé,
engagé en 1930 à Madagascar. Ce dernier s'était rengagé
volontaire le 18 juin 1940 avec le grade de sergent au
sein de la 1re division des Forces Françaises Libres avec
laquelle il participa à l'épopée, devenue légendaire, qui
conduisit ces hommes du désert africain à l'Alsace, en passant par le débarquement de Provence. Raymond Macé ter-
mina d'ailleurs la guerre avec le grade d'adjudant chef.

Parmi les hommes et femmes de la Réunion engagés au
sein des FFL après la prise de contrôle de l'île par *Le Léopard*, le cas de Maxime Laope[18] – âgé de 17 ans en 1939 –

mérite également d'être cité. Non seulement parce qu'il est devenu après la guerre un chanteur de séga parmi les plus populaires de l'île (les airs qu'il a composés sont entrés véritablement dans la mémoire réunionnaise), mais aussi parce que ses origines sont modestes (ses parents étaient agriculteurs et lui n'est allé à l'école que jusqu'à 14 ans) et qu'il est noir. Sa grand-mère, Clotile Ballancourt, était une esclave âgée de 12 ans lorsque l'abolition fut annoncée dans l'île le 20 décembre 1848. Cette dernière, qui a vu de ses yeux le commissaire de la République, Sarda Garriga, chargé d'annoncer l'abolition, a énormément compté dans l'éducation et dans la mémoire de Maxime Laope. Du fait de ses origines, le jeune homme, qui depuis qu'il a quitté l'école a été boulanger, mécanicien et coursier, ne vit qu'avec sa mère, et ne fait pas partie du monde privilégié de la société coloniale insulaire. Malgré les inégalités sociales dont il est victime, le sentiment patriotique qui le lie à la France est très fort. Il se souvient de sa réaction à l'annonce de l'armistice : « On n'était pas d'accord. On voulait se battre ! » Il ne sait presque rien du général de Gaulle, mais est parmi les premiers à s'enrôler après l'arrivée du *Léopard*. « Je me suis engagé parce que c'était un mouvement qui a entraîné beaucoup de jeunes de mon âge. » Affecté à Madagascar comme fusilier marin pendant les trois dernières années de la guerre, il a pour meilleur souvenir les compétitions sportives auxquelles il a participé. Il se souvient tout particulièrement des matchs livrés contre des Anglais venant de Bir-Hakeim ou encore contre des Sénégalais. « J'étais ailier droit dans l'équipe de la Marine et jouais contre la Royal Air Force. C'étaient des aviateurs, mais on n'était pas trop d'accord avec eux parce qu'il y avait des racistes parmi eux. » Sa pire angoisse fut sans doute suscitée par une lettre alarmante de sa mère en 1944, alors que la Réunion venait d'être frappée par un très violent cyclone. S'il a obtenu la croix des Français Libres et la médaille commémorative de la France Libre, ainsi qu'une prime de 1000 francs de l'époque, Maxime Laope a, comme Irène

Macé, le même regret, celui de « n'être pas allé plus loin que Madagascar, de n'avoir pas vu d'autres pays et de n'avoir pas appris plus de choses ». Il est sûr que le quotidien de ces FFL en retrait des zones de combats fut différent de la vie de ceux qui, à l'image de Paul Gervais[19], ont connu les attaques et bombardements de l'aviation italienne et le harcèlement des sous-marins ennemis lors des convoyages en Méditerranée, ou encore la défense passive à Londres bombardé par les V1 et les V2, ou à l'image de Charles Payet qui a servi sur l'aviso colonial *Savorgnan de Brazza* de l'océan Indien aux îles Salomon en passant par Guadalcanal… Mais chacune de ces expériences fut unique et constitua à sa façon une rupture radicale dans la vie des jeunes Français d'ici et de là-bas.

SEPTIÈME PARTIE

ENTRE PSYCHOSES ET ESPOIRS DE PAIX

Pleurs et ruines

Dans l'attente du jour J

Vivre près du Mur de l'Atlantique

Depuis 1941, le Mur de l'Atlantique est en construction, au prix d'un effort humain considérable fondé sur le travail forcé. En effet, l'*Atlantikwand* est la solution de défense adoptée par le Reich. En décembre 1941, Hitler décide de concentrer un maximum de forces sur le front oriental, au moment où ses troupes s'enlisent devant les Soviétiques. La côte est alors équipée de centaines de bunkers plus ou moins grands ; les plus imposants sont dotés de murs de cinq mètres d'épaisseur, appelés « constructions spéciales » (*Sonderbauten*) ; les Allemands tentent de se protéger contre la suprématie aérienne alliée. Dans le Nord et le Pas-de-Calais, une zone très bétonnée, des installations gigantesques doivent en outre permettre de cacher les rampes de lancement des V1 et V2, dès le mois de décembre 1942.

En 1943, Rommel s'aperçoit que les défenses ne suffisent pas et que le mur est très vulnérable en bien des points. Il décide alors de concentrer le plus possible de forces blindées sur le littoral.

Par ailleurs, à l'automne 1943, au sud, le front italien est certes stabilisé, mais les chefs allemands ne se découvrent pas pour autant au nord. Les Alliés concentrent de plus en

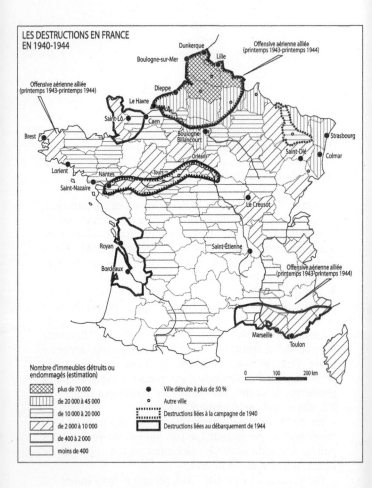

LES DESTRUCTIONS EN FRANCE
EN 1940-1944

Offensive aérienne alliée
(printemps 1943-printemps 1944)

Offensive aérienne alliée
(printemps 1943-printemps 1944)

Dunkerque
Boulogne-sur-Mer
Lille
Dieppe
Le Havre
Saint-Lô
Caen
Brest
Boulogne-
Billancourt
Strasbourg
Orléans
Saint-Dié
Colmar
Lorient
Nantes
Tours
Saint-Nazaire
Le Creusot
Royan
Saint-Étienne
Bordeaux
Offensive aérienne alliée
(printemps 1943-printemps 1944)
Marseille
Toulon

Nombre d'immeubles détruits ou
endommagés (estimation)

plus de 70 000
de 20 000 à 45 000
de 10 000 à 20 000
de 2 000 à 10 000
de 400 à 2 000
moins de 400

0   100   200 km

●   Ville détruite à plus de 50 %
○   Autre ville
╎╎╎╎╎ Destructions liées à la campagne de 1940
▬▬▬ Destructions liées au débarquement de 1944

plus de forces dans les Iles britanniques, ce qui signifie la préparation d'une opération militaire de très grande envergure. Une hypothèse se fait vite jour dans les états-majors allemands : il est vraisemblable que les Alliés vont débarquer sur les côtes françaises. Mais où ? Cependant, la menace la plus pesante est bien celle de l'ouverture d'un front au nord. Hitler est convaincu que le débarquement sera décisif et il le prévoit même pour février-mars 1944. Déjà, le 3 novembre 1943, la directive n° 51, issue du GQG de Hitler, évoque la menace anglo-saxonne de façon plus incisive et inquiète. Les stratèges allemands doivent repenser la protection des 2 100 kilomètres de côtes françaises de la Manche et de l'Atlantique. Il faut y ajouter les 500 kilomètres de la côte méditerranéenne.

Deux types de population vivent près du Mur de l'Atlantique : les civils autochtones et les ouvriers qui travaillent à sa construction. On imagine sans peine ce que fut la souffrance physique et morale de ces derniers, au milieu du béton et des occupants, près d'une mer qui, à tout instant, pouvait se transformer en zone de combats. En ce qui concerne les habitants proches du rivage de la Manche, il est clair que l'occupant est plus présent que jamais autour de chez eux dès 1943. La vie quotidienne est souvent bien plus compliquée que pour le reste des Français. Dans le Nord et le Pas-de-Calais, l'organisation Todt ponctionne profondément et minutieusement l'économie régionale, ainsi que les carrières belges proches, afin de couler le béton armé. Dès le mois de mars 1943, il est interdit de commencer n'importe quelle construction civile dans les deux départements. Tout le ciment doit être acheminé sur le Mur et sur les chantiers des bases de lancement des fusées V1 destinées à détruire Londres et d'autres villes anglaises[1]. Très tôt, les Allemands ont promulgué des directives pour évacuer les populations littorales en cas de débarquement.

Dans une proportion moindre, avant le débarquement, les Normands sont aussi touchés dans leur vie quotidienne par les restrictions accrues dues aux ponctions allemandes sur l'économie régionale[2]. En 1944, la présence de l'occupant est donc ressentie comme plus pesante que jamais. Dans le Calvados et la Manche, près de 200 000 Allemands vivent sur le pays. En plus des défenses de la côte, Cherbourg est un port très difficile à prendre, car très fortifié par le Reich ; les Alliés le savent. Toute la population normande est mise à contribution, notamment dans le premier semestre 1944, pour finir les constructions et approvisionner les camps militaires allemands. De plus, les occupants manquent de moyens de transport, d'où la réquisition permanente des attelages, des camions et des voitures normands. Les habitants viennent épauler les milliers de prisonniers français et étrangers déjà présents sur les chantiers. Les réquisitions sont effrénées. Par exemple, à Barfleur, les familles doivent donner des dizaines de journées de travail aux Allemands. Dans ces conditions, le marché noir se développe très facilement dans les régions à forte concentration de soldats. Les rapports des gendarmes et des préfets révèlent un accroissement important du nombre de vols dans les campagnes, notamment à proximité des camps de travailleurs.

Sur le littoral bas-normand, les terres agricoles sont réquisitionnées pour l'installation des camps de travailleurs majoritairement ruraux. Les paysans sont appelés à tout moment pour aller travailler à la construction de batteries et de casemates telles celles d'Azeville, de Fermanville, de Longues-sur-Mer, de Morsalines, etc. Toutes les tâches possibles sont exigées depuis la vidange des latrines des camps de prisonniers – celles d'Auderville-Laye, par exemple – jusqu'au transport du sable et des galets pour le béton. Naturellement, certaines entreprises locales du bâtiment profitent financièrement de la construction du Mur de l'Atlantique, lorsqu'elles sont payées…

Assurément, le paysage quotidien des Normands, devenus des travailleurs forcés pour beaucoup, se modifie à vue d'œil, depuis le trait de côte jusqu'au village fortifié ou agrandi par des camps de travailleurs. Les expropriations et les évacuations sont fréquentes. Le ravitaillement prive de plus en plus les Normands des denrées de première nécessité comme le lait et le beurre ; ce qui est d'autant plus incroyable dans une région qui a été jusquelà moins touchée que les autres par la pénurie alimentaire. Les villes souffrent encore plus, telles que Caen et Cherbourg. Le poisson est devenu introuvable, puisque les Allemands interdisent aux pêcheurs toute sortie en mer. De même, les phares sont éteints et seulement allumés par les Allemands lorsque des convois de l'Axe longent les côtes. Le sel, le blé et le vin n'arrivent plus jusqu'en Normandie, car les trains sont soit absents, soit utilisés à des fins militaires. Les rations sont réduites à quelques dizaines de grammes hebdomadaires par habitant. La viande est également devenue rare dans une région pourtant consacrée en grande partie à l'élevage.

La libération du territoire, tant espérée, devient pour beaucoup paradoxalement la source d'une psychose. Personne ne sait où les bombardements frapperont ni quand. Il faut redouter les Lancaster et les autres avions censés apporter la liberté, mais qui tueront forcément des populations civiles. La situation psychologique est très inconfortable.

Les habitants des communes qui vivent sur une large bande côtière, sont mis lourdement à contribution par les Allemands. Maurice Picard, de Condé-sur-Noireau, une petite ville du Calvados à près de cinquante kilomètres des premières plages, est de ceux-là ; en 1994, il a raconté comment l'attente du débarquement s'est déroulée pour lui et ses voisins :

« Personne à Condé-sur-Noireau n'avait peur. On ne vivait pas trop mal. Tout le monde avait de la famille dans les fermes et il n'y avait pas de problèmes d'alimentation. [...] Comme tous les jeunes de Condé, j'étais requis pour planter les asperges de Rommel, à 4 kilomètres de la ville. Quand on en plantait une par jour, c'était bien. Les sentinelles allemandes ne nous disaient rien, et préféraient prendre la pioche. La *Kommandantur* s'est juste mise en colère une fois. Elle nous a fait travailler le dimanche de Pentecôte, le 4 juin 1944, alors qu'il y avait des communions[3]. » On retrouve une certaine tranquillité et même de l'insouciance dans le témoignage de ce jeune homme, alors âgé de dix-huit ans. Il est vrai aussi que nombre de Normands vivent avec les Allemands depuis quatre ans et que les rumeurs vont bon train sur un possible débarquement dans le Pas-de-Calais, loin des plages normandes donc.

« *Tout le monde trinque...* »

Des milliers de Français – 56 896 selon le *Journal officiel* en 1948[4], 60 000 selon les chiffres publiés par l'Insee en 1950[5] – sont morts sous les bombes et dans les ruines, entre 1940 et 1944, à Caen, au Mans, à Nevers, à Paris, à Rouen, à Tours, etc. En 1943-1944, la France aurait reçu près de 600 000 tonnes de bombes alliées. Le nombre de victimes des bombardements est sans nul doute plus important, car ces bilans sont provisoires lorsqu'ils sont établis. Le nombre de Normands morts sous les bombardements est encore plus difficile à évaluer, mais il est très important. Des milliers de Français sont ainsi devenus veufs ou orphelins au moment même où le territoire a été libéré.

Nombre de Français découvrent que leur ville peut devenir un champ de bataille dangereux, ce dont ils n'ont pas eu l'habitude depuis 1940. Les villes françaises souffrent des destructions meurtrières, comme d'autres villes européennes, qui jusqu'alors n'étaient entrevues qu'à travers les reportages de la presse écrite et les actualités cinématographiques. Pendant l'été 1944, d'après les recherches de Pierre Laborie, les archives du « contrôle technique » (une appellation administrative pudique qui désigne le service d'espionnage du courrier des Français par le régime de Vichy, afin d'étudier les fluctuations de l'opinion), montrent qu'après le ravitaillement, la préoccupation prioritaire des Français, ce sont les bombardements. A Montpellier, ce sont même les bombes qui effraient le plus les habitants[6].

Pour les Français, le débarquement est classé en troisième position des préoccupations selon les synthèses du contrôle technique de juin 1944. Les Français craignent aussi le déchaînement violent de vengeances entre eux, mais ils sont encore plus hantés de voir se prolonger l'occupation. Cela « agit [...] dans le sens d'une neutralisation des comportements », selon Pierre Laborie[7]. Pour autant, cette atonie de l'opinion précède l'explosion de joies et de haines de la Libération.

Les scènes sont souvent les mêmes, toujours très stressantes : d'abord le bruit des sirènes, puis la course précipitée vers les abris dans certains cas, mais pas toujours, car les citadins se sont habitués aux alertes, parfois inutiles. Cette banalisation des alertes augmente les risques de mourir sous les décombres. Dans les abris, pendant des heures interminables, les gens sont terrés les uns contre les autres, la peur au ventre à chaque grosse vibration des murs. Enfin, c'est le retour au calme, puis à la surface quand l'entrée n'est pas obstruée par les débris. Vient alors l'angoisse de découvrir des scènes macabres ou encore la peur de retrouver sa propre maison dévorée par les flammes ou tout simplement pulvérisée.

Avant l'intensification des bombardements, notamment à partir du débarquement allié en Afrique du Nord, le 8 novembre 1942, plusieurs villes françaises ont déjà connu de telles scènes de désolation et de destruction, en 1940, au moment de l'invasion allemande. Depuis, certaines villes n'ont pas eu beaucoup de répit, comme celles du Nord et du Pas-de-Calais : depuis 1940, les villes littorales comme Boulogne – dans la nuit du 6 au 7 août 1941, un bombardement fait 236 morts – et Dunkerque, sont attaquées régulièrement à cause de la présence de cibles militaires. En 1941, les Anglais contrôlent de mieux en mieux le ciel européen, ce qui leur permet de lancer une autre stratégie, dont les bombardements constituent des phases de première importance. Aux attaques des villes du littoral du Nord et du Pas-de-Calais, s'ajoute une première vague de bombardements, en juin et juillet 1941, qui frappent désormais les régions de l'arrière tels le bassin minier et la région lilloise. En 1941, dans les deux départements, les attaques des Lancaster et des Halifax ont déjà tué 520 civils, puis 436 autres en 1942 – dont 115 le 8 novembre 1942, lors du bombardement d'usines métallurgiques lilloises qui travaillaient pour les occupants[8].

Avant la période d'intensification de 1943, les usines Renault de Billancourt – qui travaillent pour le Reich – ont déjà été frappées par les bombardements anglais, par exemple, le 3 mars 1942. D'autres établissements industriels sont touchés. Les propagandes allemande et vichyste peuvent alors dénoncer ces opérations. Jean Galtier-Boissière critique les propos de la presse parisienne qui vocifère contre la « barbarie anglo-saxonne » après le bombardement : « Comme si les Allemands n'avaient jamais bombardé les civils : et les 30 000 tués de Rotterdam, et les colonnes de réfugiés mitraillés sans pitié pendant l'exode !

« Le terme de "victimes innocentes" m'exaspère. De quoi les soldats de vingt ans sont-ils coupables ? Dans la guerre moderne, tout le monde trinque[9]... »

Après la phase d'extinction difficile des incendies, de la recherche de cadavres, sur fond de pleurs, de cris et de gémissements, les familles prennent ce qui leur reste d'objets. Les visions sont parfois hallucinantes. Ici, des corps calcinés, là des bébés écrasés au milieu de la rue. Dramatique épreuve pour les bombardés. Souvent, les familles paniquées quittent les zones de bombardement et celles proches des batteries de DCA installées dans Paris et sa banlieue ; à Boulogne-Billancourt, des dizaines de victimes sont comptées, étouffées et écrasées dans des caves effondrées. Les Allemands installent des postes de DCA sur des immeubles habités, ce qui irrite fortement la population ; des écoles sont même choisies.

Pendant la dernière année et demie de l'occupation, les bombardements appartiennent donc plus qu'auparavant au quotidien de millions de Français angoissés à l'idée d'en subir de nouveaux, avec la désagréable impression qu'ils sont effectués à l'aveuglette. La succession des rapports de la Préfecture de police de Paris témoigne d'une fréquence et d'une ampleur accrues des bombardements au début de 1943. L'attaque de la capitale revêt autant un caractère militaire et économique que psychologique et symbolique. Les occupants savent désormais qu'aucun espace n'est inaccessible aux avions alliés. Il s'agit de « mordre » le moral de l'ennemi. Après le passage des avions, l'image des quartiers et des rues en flammes se répète souvent lors des jours suivants ; entre-temps, les cortèges mortuaires, suivis par les autorités civiles et militaires allemandes, passent dans les rues. Parallèlement, la BBC lance des appels de contre-propagande aux Français pour les inciter à fuir les zones bombardées. Il s'agit de libérer la France et l'Europe du joug nazi. Mais est-ce facile de se rattacher à cet argument quand on perd tout, jusqu'à sa famille, dans les décombres des maisons ? La confusion et la colère l'emportent souvent.

En mars 1943, plusieurs villes sont encore attaquées, parfois très sévèrement : le bombardement de Rennes, le 8, sur lequel nous reviendrons ; celui de Rouen, le 12, qui provoque la mort de quatre-vingt-dix personnes ; celui d'Amiens, le 13, avec une trentaine de morts. Le dimanche 3 avril 1943, un bombardement vise les usines Renault à Paris, mais touche en même temps l'hippodrome de Longchamp où sont installées des batteries de la DCA allemande ; beaucoup de victimes sont recensées dans les quartiers avoisinants, mais aussi parmi les promeneurs. Un rapport de police nous apprend qu'en avril 1943, sur « 19 422 ouvriers et employés » de Renault à Boulogne-Billancourt, 300 ont repris le travail uniquement pour des travaux de déblaiement ; 2 000 ouvrières sont inscrites au fonds de chômage de l'usine[10]. A nouveau, il faut déblayer, ramasser et enterrer les morts. Chaque destruction provoque aussi le chômage. De nouveaux projets d'évacuation des enfants de la région parisienne sont évoqués, ce qui ajoute à l'inquiétude des familles. Des écoles de la banlieue parisienne sont fermées dès la fin du printemps 1943.

Les bombardements reprennent en province (Brest, Lorient, Le Mans, Rennes, Rouen, Saint-Nazaire, Tours et plusieurs villes du Nord et du Pas-de-Calais, etc.). Les raids aériens sont menés par des dizaines, voire des centaines d'avions. Par exemple, les 8 et 9 septembre 1943, ce sont 257 B 26 américains et des bombardiers lourds anglais qui, en trois vagues, tuent 554 civils et font plus de 1 000 blessés dans la petite ville de Portel non loin de Boulogne. Portel est détruite à 94 % ! Les pilotes auraient commis des erreurs de marquage suite à une opération qui devait normalement simuler un début de débarquement. Une station radar et une batterie lourde étaient les objectifs initiaux. Les Allemands n'ont pas foncé dans le piège et ils n'ont opéré aucune manœuvre de déplacement de leurs troupes, ce que souhaitaient les Alliés. On imagine bien que les survivants n'ont pas compris ce qui se passait alors. Après les vagues de septembre contre plusieurs villes, les avions vont commencer à attaquer des zones rurales de l'Artois. En 1943, le Nord et le Pas-de-Calais connaissent de sombres heures avec près de 1 355 morts. Les habitants sont d'autant plus désespérés qu'à un passé déjà difficile s'ajoute un futur sans perspectives claires. De leur côté, les Alliés ne peuvent pas laisser l'organisation Todt poursuivre ses travaux de construction du Mur de l'Atlantique.

Le 31 décembre 1943, un autre bombardement sur Paris déclenche l'hostilité d'une partie des habitants en raison de la date choisie[11]. En fait, en ce dernier jour de 1943, les avions anglo-américains ont largué des bombes à haute altitude – ce qui rend encore plus improbable la possibilité de toucher la cible prévue et augmente les risques de tuer plus de civils – sur Alfortville, Charenton, Gentilly, La Haÿ-les-Roses, Ivry, Saint-Maurice et Vitry-sur-Seine. Les sirènes retentissent à 11 h 34 et à 11 h 57, ce qui laisse peu de temps aux Parisiens de se poser des questions et de prendre des affaires personnelles. Le bombardement commence à 12 h 19. Chaque alerte suscite chez les individus la double peur de mourir et de tout perdre en un instant, ses souvenirs, son argent, ses biens, ses enfants, etc. L'alerte se termine à 13 h 07. Mais le bilan humain est lourd avec près de 270 morts, 300 blessés, 500 immeubles détruits ou gravement endommagés. De nombreuses usines sont frappées. Huit autres alertes sont ainsi déclenchées entre la fin décembre 1943 et le 10 janvier 1944, mais sans être suivies de bombardements. Le calme revient jusqu'à la fin du printemps. Pour certaines populations citadines sinistrées, les bombardements alliés ont souvent provoqué une amertume sans nom même s'il faut se résoudre à penser que c'est un sacrifice nécessaire pour la libération de l'Europe et un préalable au départ des occupants. Les Français souhaitent donc un débarquement allié en même temps qu'ils le craignent, ce qu'attestent des rapports de gendarmerie et de la Préfecture de police de Paris, tel celui du 10 janvier 1944, après le bombardement du 31 décembre précédent, très mal ressenti par les habitants de la capitale : « Si l'opinion française attend un débarquement anglo-saxon très prochain, elle le redoute en même temps, en raison des destructions, des misères et des deuils qu'il ne manquera d'apporter avec lui[12]. » A cela s'ajoute la psychose de manquer de lait et d'aliments de première nécessité pour les enfants. D'autres habitants pensent au contraire que c'est bien mieux ainsi et qu'il vaut la peine de souffrir encore une fois. Le débarquement est de plus en plus attendu.

Exode d'une Nazairienne

De 1939 à 1944, Denise Petit a écrit un journal assez bref pour relater une petite partie de la vie de la France de l'Ouest, touchée par les bombardements[13]. Née en 1903, elle écrit à sa nièce, Françoise, qui vit en Ecosse. Ne pouvant lui adresser dans l'immédiat ses lettres, en raison des difficultés de communication, elle choisit de consigner ses écrits dans un cahier qui tient à la fois de la relation épistolaire et du journal intime.

En 1939, Denise Petit est employée au comptoir de la Banque de France de Saint-Nazaire, qui se replie à Nantes. Pendant l'exode, avec sa mère, elle effectue un périple qui la conduit à Pau. De retour à Saint-Nazaire, elle raconte les difficultés de la vie quotidienne liées à l'angoisse des bombardements en 1942-1943. Le mercredi 25 mars 1942, après un énième bombardement, Denise Petit écrit : « Encore un bombardement, dégâts et victimes, mais l'énorme base sous-marine nous écrase et nous nargue ; à peine se trouve-t-elle ébranlée[14]. » C'est quelques jours avant l'attaque du port de Saint-Nazaire par plusieurs centaines de soldats britanniques qui rendent inutilisable la porte de la forme Joubert (une cale), dans la nuit du 27 au 28 mars. Les Nazairiens accueillent favorablement ce coup de main.

Denise travaille à Nantes et y recherche un logement, en vue de s'y installer au plus vite avec sa mère qui déprime dans Saint-Nazaire de plus en plus écrasé de bombes. « Ce matin, ni eau ni électricité ; beaucoup de dégâts et des morts. Une bombe est tombée en face chez Maurice tuant un homme et son bébé de sept mois qui est écrasé sur la chaussée[15]... » (jeudi 16 avril 1942).

Tout l'été, les explosions sont entendues et subies par les Nazairiens, mais Denise Petit n'en voit qu'un nombre restreint puisqu'elle est désormais de plus en plus souvent à Nantes. Le 9 novembre 1942, elle rappelle dans son journal son enthousiasme de la veille, lorsqu'elle apprend le débarquement américain en Afrique du Nord, vite amenuisé par l'apparition des premières forteresses volantes de l'US Air Force. Le 10 novembre, près de 150 apprentis meurent dans une petite tranchée-abri de Penhouët. Le 19 novembre, les écoles sont fermées et l'évacuation des enfants est en cours de préparation. Le 21, elle note : « Le temps est froid et tant que les vitres ne sont pas remplacées, nous restons frigorifiées dans la maison. [...] Madame B. nous donne des petites pointes et nous clouons aux fenêtres du vitrex donné par le Secours national. » A la fin du mois, le ravitaillement semble meilleur, et pour cause, puisque avec la fuite de nombreux Nazairiens, la nourriture est proportionnellement plus abondante pour ceux qui restent.

En janvier 1943, les bombardements reprennent inlassablement ; les habitants sont informés que Lorient a subi d'énormes dégâts. Denise raconte encore la peur des Allemands qui courent dans les rues au moment des alertes et des combats aériens ou des bombardements. A la mi-février, les bombardements atteignent une ampleur inconnue jusqu'alors. Le déménagement vers Nantes est alors programmé. Le dimanche 28 février, Denise semble perdue dans la ville détruite : « Les pompiers travaillent avec ardeur assistés des boches. [...] Tout est en feu. Il n'y a plus d'eau et seuls les tuyaux allemands peuvent atteindre le bassin. Je crois que cette fois Saint-Nazaire a vécu. Est-ce vraiment indispensable ? Les Américains sont durs. »

Le lendemain, la ville continue de brûler dans une atmosphère de cendres, de fumées et de pleurs. Il n'y a plus de boulangerie et le Secours national tente de distribuer du pain. Le 1er mars, les deux femmes partent enfin avec presque rien ; encore un exode.

Quand les deux femmes quittent Saint-Nazaire, les habitants sont depuis longtemps épuisés par les alertes et les bombes qui ravagent chaque jour davantage d'immeubles et de vies. Mais le calvaire des deux femmes n'est pas fini. Elles ne restent que quelques mois à Nantes ; le jeudi 16 septembre 1943, les sirènes nantaises retentissent et le scénario de Saint-Nazaire se reproduit. Les forteresses américaines attaquent en plein jour. Nous en connaissons déjà le très lourd bilan. Les Nantais déménagent par dizaines de milliers. Au final, les deux Nazairiennes partent, comme beaucoup d'autres Nantais, pour Saumur, dès le mois d'octobre. Les cendres de nombreuses maisons nantaises fument encore.

Le destin de ces femmes n'est pas unique, mais il est assez rare qu'un témoin des bombardements ait eu l'idée de noter ses impressions quasiment au jour le jour. A plusieurs reprises, Denise Petit décrit aussi les effets de la peur : mains humides, sueur sur le front, tremblements du corps. Elle subit les événements et n'a aucun moyen de vivre autrement. La vie quotidienne est hachée et pourtant, au détour de certaines assertions, on entrevoit quelque lueur d'espoir après l'annonce de la capitulation italienne en septembre 1943, par exemple. Les Américains ne sont pas détestés, mais Denise et sa mère les comprennent de moins en moins à mesure que s'accumulent les bombardements et les déménagements. Elles n'ont plus rien, si ce n'est une tenue pour se vêtir et quelques objets personnels. Leur histoire se répète dans des milliers d'autres familles.

A l'évidence, à chaque carnage provoqué par les bombardements, la propagande collaborationniste peut se livrer habilement à sa propagande macabre en désignant les Anglo-Saxons comme des tueurs d'innocents. Les rapports préfectoraux notent pourtant que l'hostilité à l'encontre des Allemands ne faiblit pas, même si beaucoup discutent de l'efficacité de bombardements alliés, jugés aveugles et parfois inutiles. Mais le pire reste à venir avec l'année 1944. Après chaque bombardement, la presse vichyste gonfle le chiffre des morts, alors que la presse clandestine communiste explique aux Français que l'anéantissement des usines françaises, qui fonctionnent comme des maillons de l'économie de guerre allemande, sont des actes de guerre et non de barbarie. Les décès de civils sont perçus comme des sacrifices nécessaires.

Des malheurs à n'en plus finir

En plus des bombes, les Français doivent aussi affronter une pénurie qui atteint son paroxysme en 1944, au détriment des villes le plus souvent. Ce qui n'a pas été sans exciter encore une fois la haine des citadins contre les ruraux. Les départements nourriciers habituels que sont le

Cantal, la Mayenne et la Vendée ne connaissent pas la situation singulière des Français affamés au bord de la disette dans dans la dernière année de l'occupation. Nerveusement, des millions d'habitants sont à la limite de l'effondrement. Les inégalités spatiales et sociales continuent de s'accentuer à mesure que les produits de première nécessité se raréfient. Nombre de ménagères pensent sans doute qu'elles ont connu le pire. A Marseille, à Montpellier et à Toulon, les rations sont les plus basses de France en 1944. Au printemps, un Marseillais reçoit moins de 90 grammes de viande par semaine ! A Poitiers et à Rennes, les habitants souffrent, mais dans une moindre mesure, car ils ont pu obtenir des arrivages de pommes de terre et de farine. Les colis familiaux sont partout devenus très rares pour les citadins. Le pain manque plus que tout et cela n'est pas sans provoquer le désarroi : la ration est passée de 350 grammes par jour en 1940 à 250 grammes en 1944. Encore faut-il que les tickets distribués pour l'obtenir soient utilisables pour s'en procurer un morceau. Dans certains départements, les tickets alimentaires ne servent quasiment plus à rien en 1944. Le réconfort, même infime, ne peut donc pas passer par l'alimentation. La lassitude est à son comble et le régime de Vichy n'a aucun moyen de la réduire. La vie est encadrée par les turpitudes psychologiques liées au manque de nourriture. L'avenir est incertain ou du moins bien embrouillé. Il est difficile de réfléchir le ventre vide et de comprendre tous les événements. Le chauffage fait défaut en raison des coupures de gaz et d'électricité. Ce qui est sûr, c'est que beaucoup souhaitent plus que jamais le départ des Allemands.

1944 amplifie toutes les difficultés accumulées des Français. D'abord ponctuelles en 1939, puis permanentes, mais sans gravité jusqu'en 1941, les pénuries sont devenues écrasantes en 1942-1943 pour devenir épouvantables l'année du débarquement en Normandie.

Les agriculteurs continuent de produire plus d'oléagineux pour compenser les pénuries en matière grasse ; la superficie des champs de colza, de tournesol et de navette approche les 270 000 hectares en 1944 contre 3 000 à la fin des années trente !

Mais c'est là une maigre consolation qui ne résout rien ; la propagande de Vichy l'utilise. A Tournissan, en 1944, les enfants relèvent que la « récolte de vin a été cette année de 380 hectolitres » au lieu de 1 100 habituellement. Il n'y a presque plus de sulfate de cuivre et de soufre ; l'oïdium a donc attaqué la vigne faute de traitement. Au marché noir, les engrais, les pesticides, les fongicides atteignent des prix colossaux : 15 000 francs la balle de 100 kilos ! Le bétail n'est pas non plus épargné en 1944 ; à Tournissan, les chevaux sont si faibles qu'ils sont soutenus à l'aide de ceintures, quand ils ne meurent pas[16].

En 1944, peu de régions semblent épargnées par l'aggravation de la pénurie alimentaire, même si des poches d'abondance relative subsistent dans l'Ouest et en Normandie. Dans les Alpes-Maritimes, les importations en provenance des colonies n'arrivent plus et celles des autres régions françaises se font rares. Le nombre de calories quotidiennes censées être distribuées par le Ravitaillement général est passé de 1 700 à 1 500 en 1942 ; en 1944, ce chiffre tombe à 1 380 calories par jour pour les travailleurs de force, à 850 pour les personnes âgées et à 1 220 pour les autres catégories ! Qui peut travailler dans de telles conditions sans y laisser sa santé ? Peu de Français à vrai dire. Aussi, seules des distributions caritatives de navets, de pâtes et de potirons permettent d'éviter de graves disettes dès l'automne 1943 dans les Alpes-Maritimes. Les centres d'abattage clandestin se multiplient. Le Secours national de Nice, la Croix-Rouge suédoise, la Soupe populaire Risso, le Repas gratuit, le Restaurant municipal d'Entraide, les journaux locaux lancent des souscriptions, assistent de plus en plus de Français et participent ainsi à la distribution de plusieurs centaines de milliers de repas gratuits en 1943-1944[17].

En Corse, la situation est également catastrophique depuis sa libération au début d'octobre 1943. L'île est paralysée par la rupture de routes maritimes, les dégâts occasionnés au réseau ferré (notamment la très importante ligne Bastia-Porto Vecchio) et par la destruction de routes importantes et rares (139 ponts détruits sur la RN 198 et les voies adjacentes ; nombre de villages sont isolés). Le retard économique déjà important en 1939 par rapport à la métropole n'a fait qu'augmenter. Le port de Bastia est inutilisable, ses hangars éventrés et ses quais détruits. Les Corses mangent très mal et beaucoup songent à quitter leur île aussitôt la paix revenue en métropole[18].

Il faut encore ajouter les exigences des Allemands qui se préoccupent avant tout de leur propre approvisionnement. A ce sujet, lors d'une séance du conseil municipal d'Alençon, le 20 décembre 1943, un témoignage éclairant est apporté : « Lors du passage de trains de soldats allemands, dans le courant de la nuit, ces derniers [les Allemands] n'ayant pas d'eau à leur disposition, vont dans les maisons voisines pour en prendre et même faire leur toilette, à la frayeur des habitants. Solution : installer un robinet à la gare[19]. »

Partout, les Français les plus fragiles ont évidemment plus durement ressenti ces catastrophes alimentaires ; parmi eux, les délaissés de la communauté nationale tels que les aliénés mentaux, dont 50 000 auraient péri de faim en France pendant l'occupation, selon plusieurs enquêtes[20].

Le 26 mai 1944, le maréchal Pétain demande aux Français de ne pas se mêler de la guerre alors que l'imminence d'un débarquement ne fait pas de doute. Les Allemands ont dicté le message. Ce type de discours est celui d'un homme qui vit dans un monde irréel. Les Français ne l'entendent plus. Mais le prix à payer est lourd pour connaître enfin la Libération. Dans le Nord et le Pas-de-Calais, les occupants essaient encore d'exercer leur influence sur les sentiments des habitants ; ils vont jusqu'à diffuser des tracts qui ressemblent à ceux de la RAF et annoncent d'autres épreuves à la population. Celle-ci ne se trompe pas d'ennemi et sait assez vite se reprendre après chaque nouvelle épreuve du feu. Dans ces deux départements, les bombardements réduisent au mieux le potentiel des Allemands : par exemple, au lieu des 4 742 wagons qui circulaient en octobre 1943, seuls 605 sont encore en état de rouler en mai 1944. Le réseau routier est également impraticable à 50 %.

Une aide officielle dérisoire

Le régime a bien essayé d'organiser le secours aux victimes des bombardements, mais il fut dérisoire. La Défense passive a prévu des mesures en cas d'alertes aériennes comme l'indication de la localisation des abris et des hôpitaux les plus proches. Affiches et panneaux – d'abord en français, puis en allemand – ont vite été appris par cœur par les citadins pour se repérer dans des villes au paysage transformé. Des chefs d'îlots et de secteurs ont été prévus. Les caves et les tranchées, conçues pour permettre aux habitants de s'y réfugier, n'ont cependant pas toujours résisté à la puissance des bombes. Certes, la panique a été souvent évitée par des mesures préventives. Mais la répétition des alertes a engendré une pression insurmontable pour les civils.

La Croix-Rouge et le Secours national ont apporté des vivres aux sinistrés et ont mis en place des équipes d'urgence. En février 1943, le régime a même créé le train d'assistance du Service Interministériel de Protection contre les Evénements de Guerre (Sipeg).

A défaut d'apporter de l'aide, les évacuations, d'abord fortement suggérées par toutes les autorités, deviennent obligatoires à partir de 1944. Les enfants de moins de quatorze ans, les personnes âgées, les malades, c'est-à-dire tous ceux qui n'ont aucune utilité pour faire marcher ce qui reste d'économie locale doivent être évacués, le plus souvent par la Croix-Rouge française, vers des familles rurales et vers des centres improvisés dans des groupes scolaires, à quelques dizaines de kilomètres de leur maison ou bien dans les départements désignés. Les mères doivent accompagner les enfants de moins de six mois. C'est souvent la dernière solution envisagée par les populations peu enclines à tout abandonner, même un pan de mur qui tient à peine après le passage des avions. Pour certains, il s'agit d'un nouvel « exode » avec pour seul moyen de transport une charrette ou un vélo. Les camionneurs ont gagné beaucoup d'argent grâce aux évacuations d'urgence.

L'aide officielle ne peut donc guère atténuer la colère et le doute des sinistrés ; des milliers de sans-abris ont pu être relogés, même mal. Cependant, d'autres ont dû encore compter sur le système D. Des propriétaires, notamment dans les zones rurales proches des villes bombardées, en ont profité pour augmenter considérablement le prix des loyers.

Dans des villes martyres de Basse-Normandie

Au cœur du plus grand champ de bataille

Avec le printemps 1944, la vie quotidienne des Français bascule dans une phase inconnue. On l'a dit, des régions sont plus touchées que d'autres dans la période qui précède le débarquement. Etienne Dejonghe et Yves le Manner estiment que la région du Nord-Pas-de-Calais a reçu 50 % du tonnage des bombes alliées tombées en France dans les cinq premiers mois de 1944 ! La colère des habitants éclate çà et là, d'autant qu'en plus des bombes incendiaires, les Alliés déversent des bombes à retardement, qui rendent très difficile la mise en route des secours. Les attaques nocturnes sont les plus mal acceptées. Les Français vivent pourtant la dernière étape de l'occupation allemande en France. Mais le dernier effort à produire est prodigieux pour une population à nouveau blessée dans sa chair. Le 6 juin 1944 commence sur plusieurs plages normandes la plus formidable opération amphibie de l'histoire. Le débarquement de Normandie

marque le tournant d'une période qui a été longue et douloureuse pour les populations civiles. Les habitants de
Normandie vont subir un déferlement de feu sans précédent. Jusqu'en juin 1944, les Français des villes ont été les
plus éprouvés par le feu des bombes alliées. Avec l'opération *Overlord*, les ruraux sont aussi victimes par milliers
des manœuvres de guerre et de libération du territoire.

Ce qui commence avec l'intensification des bombardements au printemps 1944 se poursuit au-delà de l'année
en cours. Il est difficile de délier la fin de l'année 1944 de
l'année 1945[21]. Entre la libération de la Normandie et
celle de l'Alsace, il s'écoule près de neuf mois. La poche
de Saint-Nazaire doit attendre sa libération près d'une
année après le débarquement : la reddition allemande a
lieu le lendemain de l'armistice du 8 mai 1945.

La bataille de Normandie tue environ 20 000 civils[22] ;
120 000 immeubles y sont détruits totalement ; 270 000
sont endommagés et 43 000 hectares de terres agricoles
ne sont plus en état de produire pour quelque temps.
L'opinion des témoins varie entre la joie d'avoir retrouvé
la liberté et l'amertume d'avoir tout perdu dans le choc
des armées. Les jours qui précèdent le débarquement sont
déjà l'occasion de compter les premiers morts civils en
Normandie. Dans la dernière phase de préparation des
opérations du jour J, les Alliés détruisent les gares, les
voies de communication pour empêcher les renforts allemands de rejoindre le littoral. Il y a plus grave pour les
Normands : dans les plans alliés, il est prévu de réduire à
néant certaines villes pour freiner le passage et la circulation des Allemands. Le matin du 6 juin, des tracts sont
déversés pour avertir la population normande, mais beaucoup sont dispersés par le vent. Maurice Picard raconte
son étonnement lorsque les premières bombes s'abattent à
Condé-sur-Noireau :

« Les gens en somme attendaient tranquillement le
débarquement. La plupart le prévoyaient dans le Pas-de-
Calais, d'autres en Normandie. A Condé, en tout cas, à
45 kilomètres des côtes, on était persuadé qu'il ne pou-

vait rien se passer. Même pas de bataille. On avait confiance en la puissance américaine. [...] Au matin du 6 juin, un menuisier nous a ramené un tract qui était tombé non pas à Condé, mais à Saint-Denis-de-Méré. Il était adressé "Aux habitants de cette ville" et leur demandait de partir très vite. Le commissaire a pris le tract et l'a montré au maire. On a tous pensé que le tract ne s'adressait pas aux Condéens puisqu'il n'y avait pas chez nous d'objectif militaire.

« Le soir même, vers 20 h 30, je me promenais dans une petite rue, à côté des réfugiés venus d'Ouistreham. On entendait les avions. Soudain, il y a eu un sifflement. Je me suis demandé ce que c'était. Pas eux, ils avaient l'habitude. Ils ont crié : "C'est pour nous, couchez-vous !" C'était le premier bombardement. Un second a eu lieu dans la nuit. Au matin, plus de 200 Condéens étaient morts[23]. »

Trop souvent, les villes désignées pour être rayées de la carte ne connaissent pas l'existence de ces tracts, tombés en rase campagne. Ainsi des habitants qui vaquent à leurs occupations vont devenir les spectateurs impuissants d'un tournant historique de la violence de guerre.

Le 6 juin au soir, l'US Air Force se jette sur plusieurs villes normandes avec 1 500 tonnes de bombes ! Condé-sur-Noireau, Coutances, Flers, Lisieux, Pont-l'Evêque, Saint-Lô et Vire sont frappés de plein fouet ; au sol c'est l'horreur avec des centaines de victimes. Les habitants paniquent et sont totalement pris par l'effet de surprise. Mais ce n'est que le premier passage des avions, car les militaires estiment que les destructions n'ont pas été assez importantes. Dans la nuit du 6 au 7 juin, la RAF envoie ses bombardiers lourds pilonner pendant trois heures les mêmes villes, ainsi que Argentan et Caen. Cette dernière reste en effet encore imprenable, alors que les Alliés ont pensé la conquérir dans la journée du 6 juin. Des bombes touchent des quartiers caennais encore sous les flammes du premier passage de la soirée ; des secouristes sont tués alors qu'ils sont en train de dégager des victimes. Nombre d'habitants des villes bombardées ne partent pas après la première vague ; d'autres prennent vite conscience qu'une deuxième attaque est très probable ; à Lisieux, la deuxième vague fait 800 morts. En moins de quelques heures, 3 000 citadins normands sont morts, écrasés sous leur maison ou brûlés vifs. Les bombardements de la deuxième vague ont été d'une violence inouïe. Comment se protéger ? 15 000 Caennais sur 60 000 sont restés chez eux au milieu d'une cité aux trois quarts ravagée. Des infirmières, des médecins, des volontaires ont tenté de soigner les blessés entre deux alertes dans les caves qui ont supporté le poids des bombes, ou encore au lycée Malherbe, dans les églises non détruites et à l'hôpital Saint-Sauveur. La ville de Caen a subi un mois de siège et un ultime bombardement libérateur, le 7 juillet, qui a causé la mort de 2 000 autres habitants.

Dix jours durant, les bombardements se poursuivent sur la Normandie ; les civils français sont peu préparés pour réagir à ce genre de situation cataclysmique. Les pompiers manquent. Des villes brûlent et tombent les unes après les autres entre les mains des Alliés : Avranches, Domfront, Falaise, Valognes... Mi-juin, le général Montgomery ordonne la destruction de plusieurs villages à l'ouest de Caen, qui sont des carrefours routiers importants tels Aunay-sur-Odon et Evrecy. Ce dernier voit mourir, dans la nuit du 15 juin, 150 de ses 400 habitants endormis. Une fois les bombardements devenus moins intensifs, les habitants du Calvados et de la Manche sont pris en tenaille au cœur d'une immense bataille qui voit s'affronter près de deux millions de soldats ! Les combats sont acharnés et les Allemands offrent une résistance plus opiniâtre que prévu, au détriment des Alliés et des Normands. La Basse-Normandie est libérée en trois semaines, au terme de combats d'une longueur inattendue dans les plans de l'état-major allié. Les tirs d'artillerie autour des villes et des villages sont effroyablement meurtriers.

Des habitants pris au piège

Des récits édifiants donnent une mesure bien partielle de l'horreur subie par les habitants des régions bombardées ou situées au cœur de batailles et de combats plus sporadiques. Les anciens combattants de la Grande Guerre organisent souvent la vie quotidienne des villages et des hameaux menacés, avec l'aménagement de tranchées. Ces anciens écoutent au loin le bruit des obus pour tenter d'évaluer le point d'impact. Parfois, il est trop tard pour envisager ce type de prévention. Des Normands racontent aujourd'hui qu'ils ne reconnaissaient plus les lieux lorsqu'ils revenaient dans leur village, notamment ceux situés entre Périers et Saint-Lô. Des milliers de maisons y ont été éventrées, soufflées, rasées. Les 25 et 26 juillet 1944, le village de La Chapelle-Enjuger a reçu plusieurs milliers de tonnes de bombes afin de permettre aux troupes du général Patton de passer en force. A Percy, les habitants sont cachés au creux d'une tranchée au milieu d'un champ de pommiers, surmonté d'un toit fait de fagots et de poutres, comblés par de la terre, prévue pour huit personnes[24]. Elle en accueille plus de vingt pendant cinq jours ! De plus, des soldats américains blessés tout autour s'y réfugient, ensanglantés. L'eau vient à manquer ; les nez et les gorges sont asséchés par les fumées que dégagent les armes des combattants. C'est insoutenable.

A Cambremont, au début d'août, une mine de fer offre un refuge à 800 personnes venues de Mortain et de sa région, ce pendant une semaine. Une vie quotidienne souterraine de fortune s'organise alors[25]. Elle est effroyablement pénible : des réfugiés tentent de dormir au fond de la mine, dix-huit mètres sous terre, sur le sol humide et boueux, sur un banc ou sur un peu de paille. Chacun s'éclaire avec une bougie, une lampe à carbure ou une lampe électrique. Pour manger, deux bouchers sortent de temps à autre, au risque de tomber sous une rafale de mitraillette, pour aller dépecer des vaches tuées dans les combats. Dans les champs autour, des pommes de terre ont pu être trouvées et rapportées. Malgré tout, boire et manger est devenu très difficile. La vie s'organise tant bien que mal ; les réfugiés ne supportent pas toujours très bien l'obscurité et la très grande promiscuité, sans compter les vibrations provoquées par les bombardements. Un accouchement a même lieu. L'atmosphère devient vite nauséabonde en raison du peu d'air qui circule. Les Allemands envisagent un moment de faire évacuer la mine pour y installer un dépôt de munitions, puis ils repartent. Mortain est libéré le 13 août. Le lendemain, des soldats américains pénètrent dans la mine et libèrent les habitants de leur angoisse. A la sortie de la mine, les réfugiés constatent qu'une bonne partie des villages et des hameaux est détruite ou très endommagée. Citons cet extrait du récit d'Yvonne : « Nous n'osons pas regarder autour de nous. C'est l'enfer. Tout a été détruit. Les bêtes mortes sur les bords des routes sont gonflées par la chaleur de ce début du mois d'août. Les cadavres de soldats se décomposent dans les talus et les vergers. Une odeur pestilentielle, l'odeur de la mort, se dégage du paysage que nous découvrons pour la première fois[26]. »

De retour dans les villages et les villes, les habitants s'aperçoivent que le pillage a été aussi très fréquent. Dans ces moments, des vies basculent dans l'irréel de situations inattendues. Le débarquement jette des habitants sur les routes ; certains portent leurs blessés dans des brouettes et parviennent difficilement jusqu'au premier hôpital, replié dans une école ou un casino, tel celui de Jullouville qui reçoit l'hôpital de Granville.

Par ailleurs, des milliers de Normands errent sur les routes pendant l'été 1944. Des exodes à répétition partent de plusieurs points au gré des bombardements. Fernande Aveline, de Dives-sur-Mer, est jetée sur les routes avec son époux cidrier et ses trois enfants, à partir du 11 juin[27]. Mais partir brutalement et tout laisser derrière soi n'est jamais une décision simple à prendre et les mêmes questions qu'au moment de l'exode de 1940 se posent : demain, ce sera peut-être fini et à quoi bon s'en aller ? Et où aller ? Par quels moyens ? Faut-il faire avec ? De plus, les distances à parcourir sont parfois très grandes. Les habitants ne disposent pas toujours d'une carte routière pour se repérer. C'est le départ vers l'inconnu.

Ainsi, les jeunes filles du cours complémentaire de Périers, à l'aube de passer le concours d'entrée à l'Ecole normale, voient d'un seul coup leur vie quotidienne bousculée par les premiers bombardements du 5 juin. Grâce au carnet de bord rédigé par leur directrice, nous disposons d'un témoignage écrit original[28]. Certaines jeunes filles ont pu rejoindre leur domicile *in extremis* ; les autres ont dû errer sur les routes normandes pendant plusieurs semaines. Elles ont été contraintes à une vie de réfugiées sans but précis sinon celui de survivre et d'éviter les bombes. D'abord, elles prirent le chemin de Gouville pour finalement arriver à Coutainville, non sans alertes, menaces, dangers et désespoir. Entre-temps, Périers est presque totalement détruit. Le 6 juin, Mme Marie, la directrice de l'école, décide de rejoindre Saint-Lô coûte que coûte pour faire passer le concours à six de ses élèves, malgré les interdictions allemandes de circuler. A deux kilomètres de Saint-Lô, elles apprennent que le concours est repoussé à une date ultérieure. De retour à Périers, sans encombre, elles découvrent que le débarquement a eu lieu. Elles s'en doutaient, car la nuit a été très bruyante, résonnant du vol assez bas des avions alliés et des canonnades dans le lointain. Dans la nuit du 6 au 7 juin, la directrice ne dort pas et attend avec angoisse la première bombe qui tombera sûrement tôt ou tard ; puis le jour se lève sans que l'alerte ait sonné. Une nuit de plus en vie ! Le 8 juin, les bombardiers attaquent la ville. On gagne la cave au plus vite. Celle-ci est aménagée pour les jours suivants ; les filles restent habillées, prêtes à fuir au cas où les poutres ne tiendraient pas. Mme Marie sort dans la rue et constate que nombre de lieux de vie ont disparu sous les bombes, avec leurs habitants. A Périers, les tranchées et les abris n'ont pas été prévus. La ville est déserte. Le 9 juin, une surveillante sort dans les rues et ramène à la cave un

témoignage effroyable, relaté par la directrice : « Elle a pu
à peine passer. Les maisons se sont écroulées dans les
rues. Elle a dû escalader des collines de décombres qui
barrent les rues [...]. Le déblaiement est actif aujourd'hui.
Elle énumère le nombre effroyable de morts. Hélas !
Les horreurs du massacre : chevelures, intestins, mains,
femmes sans tête[29]... »

Epuisées, les pensionnaires espèrent désormais l'arrivée
rapide des Anglais. Un enseignant vient de perdre toute
sa famille. Le moral est en chute libre dans la cave.

Deux gendarmes traient des vaches pour donner du lait
aux pensionnaires. Les habitants survivants fuient les uns
après les autres. Les magasins abandonnés sont pillés par
les Allemands. Le 13 juin, les bombardements recommencent et, encore une fois, elles échappent à la mort. Elles
doivent désormais prendre leur valise et s'en aller au plus
vite. L'absence de nouvelles des proches ajoute un peu
plus à l'angoisse de la vie dans la cave et au milieu des
débris. Elles rejoignent pourtant une ferme, proche de la
ville, mais au bout de quelques jours, elles y sont à nouveau menacées par les bombardements. Le 14 juillet, elles
quittent les alentours de Périers pour rejoindre Coutainville. Elles rencontrent alors des problèmes de nourriture,
de boisson, de chaussures, de moyens de transport, etc.
L'exode est laborieux. Les routes sont tantôt désertes, tantôt encombrées de ruines, de cadavres de réfugiés tués
dans leur fuite. En route, il leur est conseillé de rejoindre
plutôt Gouville, car la Croix-Rouge y a aménagé un camp
de réfugiés. Gouville est intact. Le 15 juillet, pour la première fois depuis le 5 juin, les jeunes filles sont hors du
champ de bataille. Le 5 août, elles peuvent enfin retourner à Périers qui accueille alors le général Leclerc. Cette
histoire n'en est qu'une parmi tant d'autres dans la Normandie devenue un carrefour meurtrier pour les civils qui
ont eu la malchance de vivre dans des cités transformées
en champs de bataille.

Près de 200 000 Bas-Normands auraient ainsi quitté
leur maison ou leur logement pour fuir les combats de

l'été 1944[30]. Parfois, ceux qui ont refusé de suivre les ordres d'évacuation des soldats allemands en repli ont été exécutés sommairement. Comme celui de mai-juin 1940, l'exode bas-normand doit subir les passages de l'aviation – cette fois-ci alliée – sur les convois allemands. En effet, l'exode des civils croise le reflux allemand, augmentant les dangers pour les réfugiés du débarquement. La Mayenne et l'Orne deviennent des départements-refuges pour les replis les moins lointains. Des Bas-Normands vont rejoindre d'autres régions, dont l'Anjou, le Limousin, la Touraine et la Vendée.

A la fin du mois d'août, les lignes allemandes ont enfin cédé sauf au port du Havre, qui reste une place forte difficile à prendre. Les Alliés adoptent à nouveau la solution du bombardement massif au début du mois de septembre, et 2 000 Havrais périssent. A l'automne 1944, des centaines de Normands recherchent encore les leurs ; certaines communes tiennent des registres où sont recensés ceux qui sont passés pendant leur exode ; c'est le cas du bourg de Hambye, au cœur de la Manche, qui a recensé le passage de nombreux habitants de Saint-Lô. A l'inverse, ceux qui sont restés dans leur village endommagé peuvent parfois profiter des friandises américaines et des boîtes de conserve que les soldats laissent en passant. Bien maigre consolation aux épreuves endurées.

Dans le tumulte des libérations

Ils arrivent !

L'euphorie ?

Dans les villages situés près des plages du débarquement, les habitants sont soulagés de voir arriver les Alliés, car cela signifie sans doute la fin des bombardements et surtout la fin d'une occupation de quatre années. Les soldats y découvrent des enfants qui courent derrière les jeeps et les chars. La population est ébahie. Les enfants sont parfois affamés, notamment de produits impossibles à trouver depuis plusieurs semaines tels que le riz, les pâtes et le pain. Pourtant, assez vite, de nombreux habitants sont presque indifférents à la présence des soldats débarqués. C'est un mélange curieux de joie et de tristesse. Certains récupèrent des cigarettes, d'autres des parachutes accrochés dans les arbres pour confectionner des foulards de soie. En d'autres endroits, les « médecins militaires » débarqués s'improvisent « médecins de campagne » pour tous et pour toutes les pathologies, humaines et animales. Les soldats constatent enfin que les prix pratiqués en France sont ahurissants pour certains produits ; Edward Rhodes Hargreaves écrit à son épouse, le 22 juin 1944, que « les habits, les chaussures sont introuvables ! Le fils du château m'a montré une veste de sport achetée à Caen il y a quelques semaines et payée... 20 000 francs[1] ».

Des Normands racontent que près des camps américains, il n'est pas facile de récupérer quoi que ce soit. Pour autant, dès le départ des militaires, il reste des surplus de vêtements, de rasoirs, de lames, de peignes, de brosses à dents, de cartes à jouer, de poudre insecticide, etc. Ailleurs, d'autres habitants racontent que les Américains ont reçu des ordres en juillet pour distribuer des vivres sous forme de conserves. Des cigarettes sont également offertes. L'émerveillement devant la quantité de matériel américain est fréquent.

Globalement, l'attitude initiale est sympathique à l'égard des Américains, mais elle devient plus méfiante à mesure que les jours passent. L'euphorie des premières heures retombe assez vite. L'opinion normande varie face à l'arrivée des Alliés qui les ont bombardés. Mais, le plus souvent, les Normands les reçoivent avec un certain courage et de la reconnaissance. Bien sûr, ici ou là, des inconditionnels de Pétain ne les regardent même pas. D'autres encore se méfient de cette libération, du moins dans les premiers temps, car ils craignent le retour des Allemands. Ils s'interrogent sur la rapidité des événements : et si les Américains n'atteignent pas leurs objectifs ? Que veulent-ils faire de la France ? Aux Anglais, les Français vouent une véritable admiration. Ils distinguent en effet les Américains et les Anglais, comme en 1917-1918, car la brutalité et l'arrogance américaines sont mal perçues, sans empêcher pourtant des élans d'amitié. Les premiers Français libérés éprouvent aussi sans doute un sentiment d'infériorité face à la richesse américaine et à l'argent facile.

Les sujets d'incompréhension ne manquent pas entre les Français et les Américains, deux peuples qui ne se connaissent pas. *Le Guide pratique à l'usage des GI's en France*, sous forme de questions-réponses, dévoile le regard, parfois très dur, des militaires américains sur les Français. L'état-major américain a pensé que la distribution de ce guide aux GI's pourrait permettre une meilleure intégration au sein de la population française ; les questions posées sont la synthèse des remarques (fondées sur les « on dit... » et les poncifs véhiculés par la presse américaine) faites par les soldats américains eux-mêmes. Les réponses, rédigées par des officiers chargés de l'information, ont pour objectif de corriger certains préjugés et de donner des règles de prudence. Les soldats américains trouvent donc dans ce guide les assertions les plus à la mode – les leurs en fait – à propos des Français et de la France : les Français n'invitent pas chez eux, les Français ne sont pas amicaux, les villes sont sales, les Français ne se lavent pas, les Françaises sont des filles faciles, les prix sont scandaleusement élevés, les Français se sont sortis de cette guerre à peu de frais, la France est une nation décadente[2].

A ces clichés ou à ces questions, les autorités militaires donnent des réponses qui rectifient certains jugements, mais en confirment d'autres, notamment en ce qui concerne l'orgueil français ou de la propreté relative du peuple libéré. Toutefois, nombre d'explications rappellent aux soldats qui arrivent en pays étranger combien les Français ont d'excuses à leurs défaillances et à leurs lacunes ; par exemple, il est rappelé que l'occupation a semé l'humiliation et le déshonneur, sans oublier qu'elle a totalement désorganisé le pays. Les Américains ne sont pas sans manifester de suffisance dans ce petit guide, mais ils veulent se donner toutes les chances d'une cohabitation aussi apaisée que possible avec les Français.

Arrogance et brutalité américaines

La soldatesque américaine ne s'est pas toujours comportée comme les habitants l'avaient imaginé. L'armée américaine embauche peu la population. De plus, les salaires ne sont pas très intéressants. Plusieurs bataillons s'installent dans les champs de cultivateurs furieux de voir leurs terres saccagées. Pire, les habitants signalent des viols ; ils sont recensés en partie dans les archives militaires améri-caines. Les viols commis par des soldats américains ont fait l'objet d'études sérieuses, dont certaines conclusions doivent être encore recoupées ; l'une d'entre elles a été réalisée par le professeur américain de sociologie et de criminologie J. Robert Lilly. Son travail porte sur trois pays : l'Allemagne, l'Angleterre et la France. 1 500 à 2 500 viols auraient été commis sur des Françaises en 1944-1945 par des soldats américains[3]. L'armée américaine a jugé 116 sol-dats pour viols commis en France[4]. Le premier a été per-pétré le 14 juin 1944. Les premiers viols de juin se sont déroulés derrière les lignes de front, pendant que les combats connaissaient une accalmie. De juin 1944 à juin 1945, sur 49 soldats condamnés à mort pour viol, 21 ont été exécutés en France, dont 15 en public[5] ; 53 % des condamnés à mort ont vu leur peine commuée en peine de prison à perpétuité. Les viols ont pu être collectifs, sous l'emprise ou non de l'alcool ; 50 % avaient bu au moment du viol. Parfois, ils ont eu lieu alors que le soldat et la Française étaient convenus d'un rendez-vous. D'autres fois – en fait la majorité des cas –, les viols étaient commis par des soldats inconnus de la victime.

Malgré l'attitude criminelle de quelques soldats, et bien que certains aient montré de l'arrogance, le combat que les armées américaines menèrent en Normandie, puis en France et en Europe, fait partie de ces pages inoubliables de notre histoire. Il ne faut pas tomber dans le piège ni des comparaisons avec des événements de l'actualité ni des discours américanophobes simplistes.

Le malaise tient aussi au mythe créé après guerre via une certaine littérature et un cinéma enthousiastes à célé-brer les Français et leurs libérateurs. Rappelons seulement que les Français ont joué un rôle mineur pendant le débarquement et que ce sont les Américains, entre autres, qui viennent au secours du pays occupé.

Stress et joies dans la Libération de Paris

Si des régions françaises sont progressivement libérées au nord, en revanche, à l'ouest et au sud, il reste encore au même instant nombre de villes et de villages occupés. Ainsi la capitale est l'objet d'intenses négociations entre la Résistance française et les Alliés : faut-il libérer Paris immédiatement ou bien le contourner pour poursuivre la reconquête de l'« Europe allemande » avec pour principal objectif le cœur de l'Allemagne ? Les négociations vont bon train entre le général de Gaulle et l'état-major américain.

Les Parisiens sont affaiblis par d'innombrables privations et l'angoisse du lendemain. Tout le monde souhaite la libération du pays ainsi que le retour des prisonniers de guerre et des déportés ; beaucoup sont sans nouvelles des leurs, parfois depuis 1940. Malgré tout, les Parisiens sont de plus en plus confiants. Déjà, ils se sont réjouis de l'annonce du débarquement, sans prêter attention à la propagande de Vichy et aux messages de Pétain venu fin avril à Paris. Fin juin, des bombardements font plusieurs centaines de morts à Paris et à Versailles. Annie et Gritou Vallotton décrivent cette situation de plus en plus difficile : « Dans la région parisienne, il y a maintenant 450 000 ouvriers d'entreprises fermées, dont 200 000 s'adonnent à des travaux accessoires (29 juin 1944)[6]. » Jean Galtier-Boissière, non sans ironie, évoque aussi les derniers jours des Allemands à Paris : « Une colonne de blindés allemands défile sur le boulevard Saint-Michel. Emergeant des coupoles, les écouteurs aux oreilles, les tankistes noirs qui montent vers le feu, regardent, en serrant les dents, les couples parisiens qui, aux terrasses, sirotent paisiblement l'apéritif. Dans l'autre sens, un interminable convoi d'ambulances descend du front. Et c'est tous les jours ainsi[7]. »

Mais les Allemands sont encore bien installés dans Paris, plusieurs semaines après le débarquement du 6 juin. La vie des Parisiens et des villes périphériques, telles que Versailles, est rythmée par les alertes et les angoisses face à

l'avenir. Surtout, la nourriture vient à manquer dès lors
que les combats engagés au nord du pays commencent à
poser des problèmes d'approvisionnement en raison des
bombardements des moyens de transport et des voies de
communication.

Au début du mois d'août, les bombardements alliés
reprennent sur la région parisienne ; ceux du 2 août
touchent Aubervilliers, Gennevilliers, Saint-Denis, Saint-
Ouen et Villeneuve-la-Garenne.

De leur côté, les ménagères ont de plus en plus de mal
à faire des repas corrects alors qu'une ration de légumes
ne leur est accordée que tous les dix jours. En août, la
farine et le combustible manquent, obligeant nombre de
boulangeries à fermer leur porte assez tôt dans la journée.
Les ouvriers qui rentrent tard de l'usine ne peuvent pas
par conséquent aller retirer leur ration de pain. Les privations deviennent plus difficiles à supporter. Les files
d'attente sont plus longues que jamais. Les discussions
portent sur les opérations militaires, mais dénoncent aussi
les parents qui envoient leurs enfants en province et
gardent les tickets d'alimentation de leur progéniture,
consommant ainsi leur lait.

De même, les lignes de métro sont très fréquemment à
l'arrêt. Les Parisiens circulent à vélo plus que jamais. Dans
Paris, la distribution du gaz et de l'électricité est encore
réduite dans la première quinzaine d'août. En banlieue, la
distribution de gaz est totalement supprimée à partir de
midi. Les chefs d'entreprise de Paris et de la région
signalent aux autorités que les employés commencent à
souffrir de problèmes sanitaires sérieux, causant une augmentation importante des absences au travail depuis
juillet.

A la fin août 1944, malgré la Libération, les Parisiens
vont connaître des heures difficiles. Ils assistent aux
combats de rue, n'ayant pas peur d'y descendre pour
assister aux dernières heures de la présence – et surtout
de la débandade – allemande à Paris. Le 15 août, Jean
Galtier-Boissière note que les « berges ensoleillées de la

Seine sont noires de monde. Des milliers de Parisiens se baignent en pleine eau tandis que la bataille fait rage à 60 kilomètres[8] ». Certains Allemands sont prêts à se battre jusqu'à la mort alors que les Parisiens sont de plus en plus en alerte ; toute l'économie adaptée à l'occupation allemande est désorganisée. La Libération ne doit donc plus trop tarder. Les restaurants ne servent plus les clients. Le 15 août, les stocks de farine et de lait ont chuté de moitié. Le lait normand ne peut plus être acheminé en raison des combats. Les stocks de viande sont quasi épuisés : en gros, il ne reste que 270 grammes à distribuer à chacun des habitants ; après, il n'y a plus rien[9]. La main-d'œuvre manque aussi pour mettre le lait en bouteilles, et quand il y a des bras, encore faut-il qu'il y ait des récipients. Le lait concentré est normalement réservé aux femmes enceintes, aux enfants de 0 à 3 ans et aux hôpitaux[10]. La détresse morale des habitants est donc très grande. Pourtant, un plan d'urgence a été pensé dès le printemps 1944, en vain.

Le jeudi 17 août, Galtier-Boissière indique laconiquement : « la grande fuite des Fritz ». Puis, il retrace leur parcours chaotique dans Paris, boulevard après boulevard, car « les gens se moquent et crient des injures. [...] Le premier camion allemand qui se présente est forcé de s'arrêter. Les soldats, peu nombreux, reçoivent des crachats. [...] Le camion bouscule la barricade et finit par passer[11] ». On peut comprendre la « badauderie héroïque[12] », à savoir l'insouciance et l'impatience de certains qui vont dans la rue voir les combats. Des Parisiens ont monté des barricades et se sont mis en grève. Une vie s'anime autour des barricades et des points détenus par les insurgés. Des ménagères affamées se ruent sur les chevaux morts dans la rue pour découper un morceau de viande. Les Parisiens s'organisent par quartier de façon informelle : les plus forts arrachent les pavés tandis que d'autres apportent des pansements aux infirmières, mais aussi les dernières bonnes bouteilles de la cave familiale. D'autres encore deviennent brancardiers. Chacun fait comme il peut. Les rumeurs contradictoires sur l'arrivée imminente des Alliés

affolent une barricade, puis le calme retombe. Des dizaines
de morts sont mis en cercueil dans les chapelles et les
églises. Les corps ne peuvent pas être enterrés dans l'immédiat, malgré la chaleur estivale. Aussi, les frigos vides des
Halles servent de morgue improvisée. Le 24 août, les
troupes de Leclerc sont proches des premiers contacts
armés avec les occupants. Quant aux Parisiens, ils descendent toujours plus nombreux dans les rues avec toutes
les armes qu'ils trouvent, notamment quand la radio
annonce que la mairie du 11e arrondissement est assiégée
et que les défenseurs sont sans munitions. Des dizaines
d'habitants se portent au secours du bâtiment. Le soir
venu, les habitants attendent fébriles l'arrivée de Leclerc.
Tout le monde semble se préparer à fêter les libérateurs.

Le vendredi 25 août, les Américains sont dans Paris, et
c'est une foule euphorique qui les accueille, après avoir
reçu les hommes de Leclerc. Les Parisiens sont enfin libérés. La foule prend d'assaut les chars de Leclerc alors qu'il
y a encore des combats à mener. La situation semble sur-
réaliste. Ils attendaient ce moment depuis si longtemps.
Après quelques derniers combats contre les Alliés et les
Parisiens, les Allemands capitulent finalement. Von Chol-
titz, à la suite des manœuvres du consul de Suède Nord-
ling, décide d'éviter à Paris la destruction et la mort.

Aussitôt la capitale libérée, les boucheries rouvrent
leurs portes et distribuent un peu de viande, mais guère
plus qu'avant les combats libérateurs. Quelques filières
d'approvisionnement sont rétablies, mais les quantités de
nourriture disponibles sont encore bien maigres. Chaque
ouverture de commerce est pourtant le symbole d'une
liberté retrouvée et de l'aspiration à reprendre au plus
vite les affaires. La libération de Paris ne signifie donc pas
encore le retour à une vie quotidienne « normale ». Les
Parisiens font ce constat après tant d'autres Français libérés depuis le 6 juin. Les ménagères font toujours la queue,
mais il n'y a plus d'Allemands. Du jour au lendemain, le
paysage de la capitale se trouve transformé. L'abondante
signalisation en allemand est arrachée. De Gaulle peut alors

descendre les Champs-Elysées au milieu d'une immense foule en liesse, qui sort de quatre années d'humiliations et de privations. Des coups de fusil claquent encore au moment du *Te Deum* à Notre-Dame. Mais tout cela est déjà bien connu.

Les jeunes Parisiens font la fête pendant plusieurs jours : « avoir vingt ou vingt-cinq ans en septembre 1944, cela paraissait une énorme chance : tous les chemins s'ouvraient[13] », écrit Simone de Beauvoir. Les zazous se « reconvertissent », se précipitent vers les clubs de jazz de Saint-Germain-des-Prés et sillonnent – pour certains sur patins à roulettes – les rues de Paris la nuit, car le couvre-feu est levé. Ils achètent aussi au marché aux puces de Saint-Ouen des vêtements américains et essayent d'imiter les coiffures en brosse des GI's. Affublés de pantalons trop courts, ils portent des chaussettes rayées. Un nouveau style est apparu. L'ivresse de la liberté retrouvée est savourée à plein.

Des libérations décalées

Pour nombre de villes françaises, le scénario de la Libération est similaire : dernières résistances allemandes, tirs d'artillerie, combats, bombardements, ponts qui sautent, repli allemand, règlements de comptes, puis, enfin, entrée des Américains. En moins de dix semaines, du 6 juin à la mi-septembre 1944, les Allemands prennent la route du repli général. Pour l'Alsace, la Lorraine et les poches de l'Atlantique, la Libération intervient plus tard : de septembre à novembre 1944 dans les deux premiers cas, et en mai 1945 dans le dernier.

Le Mans est libre le 8 août 1944. La mère des sœurs Benèche, dont nous avons suivi une partie de la vie depuis 1940, a raconté les derniers soubresauts allemands et le bombardement de la ville[14].

En septembre 1943, Germaine et Michèle sont rentrées au Mans. Avec leur mère et leur grand-mère, elles reprennent le déroulement d'une vie quotidienne plus difficile qu'à Aurillac. Le ravitaillement est problématique. Quelques victuailles arrivent parfois de Normandie. La maman éprouve toujours autant de difficultés à vêtir ses deux filles. Mais pour ces dernières, le bonheur d'avoir retrouvé leur maison au Mans l'emporte, malgré le manque affectif d'un père décédé en 1942. Les deux sœurs poursuivent alors leurs études. Au début de l'été 1944, en raison de l'intensification des bombardements, avec leur grand-mère, elles sont envoyées à l'abri vers La Guerche (Sarthe). Mayenne est libérée le 5 août, puis Laval la nuit suivante ; la 79ᵉ division d'infanterie du 15ᵉ corps d'armée du général Haislip atteint les portes du Mans dans l'après-midi du 8.

Comme tous les Manceaux, Mme Benèche sait par la rumeur et les bruits lointains que les chars américains approchent de la ville ; toute la matinée, elle s'est réfugiée dans un abri près d'un monument aux morts. Les habitants sont terrés dans le silence et sont de plus en plus impatients de voir les libérateurs. Ceux-ci parviennent à emprunter un pont intact. Les Allemands les attendent dispersés et cachés dans la ville. Les derniers combats ont lieu et font plusieurs morts. Le soir du 8 août, les habitants hébétés sortent des abris, et cherchent des repères disparus dans le paysage environnant. Et Mme Benèche d'écrire à ses filles : « Enfin, toute la soirée, nous avons regardé le défilé des Américains. Ils sont certes plus sympas que les Allemands. Le soir, vers 17 heures, les gens sortaient n'ayant encore trop osé sortir jusque-là. C'était une haie de gens avec drapeaux et rubans tricolores. C'était imposant. Beaucoup de gens pleuraient. J'ai bien regretté que vous ne soyez pas là car c'est un souvenir. Votre papa avait de l'amitié pour eux et il aurait été si content de les revoir[15] ! » Dans cette lettre maternelle, on saisit également la joie, mais aussi beaucoup de ressentiment à l'encontre de Manceaux qui ont collaboré avec les occupants. Elle découvre la ville dont certaines maisons ont été détruites. Le Mans est tombé rapidement, mais des administrés paient de leur vie le départ allemand.

Angers est libéré le 10 août, Orléans dans la nuit du 15 au 16, etc. Les scènes de liesse populaire se répètent un peu partout dès que les Alliés approchent. A Angers et dans le reste du Maine-et-Loire, la joie de la Libération si elle est réelle ne connaît pas d'excès. On n'y voit pas de scènes de violence contre l'occupant en fuite. Pour autant, Angers et d'autres communes du Maine-et-Loire connaissent les premières scènes de tontes des femmes soupçonnées de « collaboration horizontale » ou « sentimentales » avec l'ennemi[16]. Des habitants sont arrêtés et incarcérés sans raison claire. Des FFI ont également opéré des réquisitions totalement illégales. La période de libération est assez chaotique ; certains en profitent. Le retour à la normale s'effectue progressivement dans les communes françaises avec le remplacement de nombreux maires et conseillers municipaux.

Le Nord et le Pas-de-Calais sont libérés entre le 1er et le 5 septembre dans une opération-éclair des Alliés : Arras est libérée par les Anglais le 1er, puis Douai ; le 2, les Américains entrent dans Cambrai et Valenciennes ; Lille est contourné et les Alliés libèrent Bruxelles le 3. A Lille, ce sont les résistants qui se sont emparé de la ville dès le 2 septembre ; les Lillois se libèrent donc seuls, comme le constatent les Britanniques qui arrivent le 3. Partout dans la région, les FFI font des milliers de prisonniers. En guise de vengeance, les Allemands commettent des exactions sur la population : par exemple, 41 habitants de Bruay-en-Artois sont massacrés, puis 32 autres à Seclain, etc.

En Lorraine, l'Ouest mosellan est libéré en septembre, à l'exception de Metz – la ville a connu des raids meurtriers le 1er mai (93 morts) et en août 1944 (une centaine de morts) – délivrée seulement le 23 novembre 1944. En Alsace, il faut aussi attendre le mois de novembre pour fêter la Libération. La poche de Colmar tient longtemps, ainsi que le nord de l'Alsace, aux mains d'Allemands pugnaces. Strasbourg bombardée le 25 septembre, dans le brouillard, compte 600 morts. En Lorraine, Sarreguemines subit plusieurs grands bombardements, dont ceux du 23 octobre 1943 (132 morts) et du 1er mai 1944 (56 morts).

Le 16 décembre 1944, la contre-offensive des Ardennes freine la progression des Américains. Mulhouse est libéré le 20 janvier, puis Colmar le 2 février. Le 10 février, de Gaulle visite cette dernière. Forbach est libéré seulement le 25 février 1945. Fin mars, les quelques villages encore tenus par les Allemands sont enfin délivrés. Les Alliés, en se rapprochant de l'Allemagne, ont trouvé une opposition encore très sévère, ce qu'ils n'avaient pas prévu. Le 21 mars 1945, l'Alsace et la Lorraine sont enfin totalement libres[17] au terme de très longs combats.

Un peu partout en France, des rues sont rebaptisées. Les plaques au nom du maréchal Pétain sont déboulonnées sur les boulevards, les rues, les places des villes et des villages. A Alençon, dès la séance du conseil municipal du 23 octobre 1944, le maire propose de nommer une rue « avenue du Maréchal-Leclerc[18] ». Aussitôt libérés, les Français souhaitent faire table rase du passé récent.

Le Sud libéré

Les Méridionaux ont beaucoup souffert de l'occupation depuis le 11 novembre 1942. L'attente du départ allemand y est impatiente. Marseille et Toulon sont éreintés par les privations, les rafles, les destructions allemandes et les derniers bombardements alliés de 1944. L'arsenal de Toulon a été bombardé en novembre 1943. Avec Sanary, Toulon est encore fortement frappé en mai, notamment le 27, le jour où les Anglo-Saxons décident de bombarder vingt-cinq agglomérations françaises. Les Alpes-Maritimes ne sont pas non plus épargnées avec une vingtaine de bombardements entre le 11 novembre 1943 et le 14 août 1944 ; 455 morts, 740 blessés et plus de 9 000 sinistrés. Cannes, Nice et Saint-Laurent-du-Var sont les villes les plus touchées en raison de la présence d'usines et de dépôts SNCF. Les ponts du Var sont également détruits par les Alliés.

Depuis le 6 juin, la bataille de Normandie fait rage et, bien que les combats durent beaucoup plus longtemps que prévu, les plans doivent être respectés ; l'objectif initial est de prendre l'ennemi en tenaille sur le front de l'Europe occidentale, par le nord et par le sud. L'opération *Anvil*, rebaptisée *Dragoon* pour des raisons de sécurité, commence le 15 août 1944. La mise en place d'une tête de pont est rapide ; les Allemands se rendent vite ; dès le 16, Draguignan est libéré ainsi que Bagnols-en-Forêt et Brignoles. L'euphorie des Méridionaux libérés n'est pas moins grande que celle des populations du nord du pays. Les Allemands constatent que les Alliés ont facilement réussi le débarquement en Provence et qu'ils avancent vite vers la Loire. Hitler ordonne alors aux troupes allemandes, situées à l'ouest du Rhône, de se replier jusqu'en Bourgogne ; celles de l'est doivent combattre jusqu'à la mort des Alliés. Les Allemands craignent que leurs forces soient coupées en deux. En effet, si rien n'est fait, les Alliés ont la possibilité de les bloquer au sud-est et au sud-ouest. Les occupants veulent donc tenir à Marseille et à Toulon. Des combats acharnés ont lieu et les populations en sont les premières victimes, notamment lors du repli des troupes d'occupation le long d'un front qui s'étend de l'Yonne jusqu'à la frontière suisse.

Parallèlement, les résistants pratiquent la guérilla à mesure que les Alliés encerclent Marseille et Toulon. Cette dernière ville, très importante sur le plan stratégique, est libérée le 27 août et Marseille, le 29, à savoir une semaine plus tôt que ne l'ont envisagé les Alliés[19]. C'est autant de souffrances en moins pour les Français retenus dans les zones de combat. Le port de Marseille a été très gravement endommagé par les combats. Il est vite remis en état, afin de débarquer davantage de matériel et d'hommes pour soutenir l'opération *Overlord* plus au nord. Tous les grands ports du Sud peuvent ainsi servir de points forts logistiques.

Les soldats américains entrent dans Grenoble, le 22 août, puis dans Valence le lendemain. Les villes alpines et rhodaniennes sont libérées une à une, avec la présence de plusieurs milliers de soldats français commandés par le général de Lattre de Tassigny : Saint-Etienne et Lons-le-Saunier les 1er et 2 septembre, Ambérieu, Lyon[20] et Villefranche-sur-Saône le 3 (également par les hommes de De Lattre et les Américains), Besançon et Dole le 6, Briançon le 7, Dijon le 11 ; le 12 septembre, les Français opèrent la jonction entre les armées d'*Overlord* et celle de l'opération *Dragoon*, en deux points : à Aisey-sur-Seine et à Monbard. Hitler a échoué.

Libérations résistantes et représailles sanglantes

Massacres allemands de la Libération

Selon les régions, les contextes sociaux, la personnalité des occupants et des occupés, le départ des Allemands a varié entre la fuite rapide et le repli avec représailles. Déjà, les Allemands – parfois avec l'aide de miliciens français – ont commis de multiples exactions contre les civils, en dehors même du cadre de la persécution des Juifs. En 1944, les Allemands sont sans cesse menacés par la Résistance et les maquis ; aussi, leur vengeance s'abat parfois très violemment sur la population, « pour l'exemple ». Il suffit seulement de rappeler le massacre d'Ascq dans la nuit du 1er au 2 avril 1944 : après un sabotage effectué par les FTP, la division *SS Hitler Jugend* tire plusieurs rafales de mitraillette dans les rues d'Ascq et fait 86 morts parmi la population. La période libératrice a parfois mis les Français au cœur du combat sous toutes ses formes. Les Allemands font tout pour rendre la Résistance responsable de toutes les représailles.

Par ailleurs, d'autres Français connaissent d'abord la joie d'une libération temporaire, avant de vivre l'enfer. Ainsi Tulle (Corrèze) est libérée le 7 juin sous la conduite des FTP, tout comme Guéret (Creuse) à l'initiative de l'Armée secrète. Pourtant, Tulle est repris par la division *SS Das Reich* qui remonte en Normandie, mais veut, au préalable, « nettoyer » le Limousin ; cette division a reçu l'ordre de disperser au maximum les bandes de résistants et de leur couper toute possibilité de s'organiser en intimidant la population : à Tulle, 99 otages sont exécutés, pendus et exposés aux balcons de la ville. La terreur produite est énorme dans la population locale. A Guéret, les habitants sont euphoriques à l'idée d'être libérés, mais, le 8 juin, une colonne allemande parvient jusqu'à l'entrée de la ville ; le 10, celle-ci est reprise par les Allemands, sans représailles aussi sanglantes qu'à Tulle. Cependant, des miliciens dénoncent et font déporter des dizaines d'habitants. La population est très secouée psychologiquement. Elle est prévenue des dangers encore très présents dans la région par des affiches de la Résistance.

A Guéret comme à Tulle, ce qui est singulier et terrible, c'est la situation confuse d'habitants qui se croient un peu trop vite libérés. La violence de la vengeance aveugle se reproduit encore ailleurs.

Tous les Français n'ont pas la chance d'assister à un repli dans l'ordre de l'occupant. Dans le sud-ouest, les *SS* de la division *Das Reich* entament une campagne de massacres « gratuits ». Des Français, jusque-là relativement épargnés par la guerre, sont martyrisés, en Corrèze, en Dordogne et en Haute-Vienne. Le 9 juin, le même jour que les pendaisons de Tulle, Argenton-sur-Creuse est touché de plein fouet par la division *Das Reich* ; après l'attaque par les résistants d'un train allemand chargé de milliers de litres d'essence, les *SS* tuent 67 habitants.

A Oradour-sur-Glane a lieu le plus odieux massacre commis en France pendant cette période de libération. Après Tulle, *Das Reich* n'a pas fini de se venger des résistants qui leur infligent encore des pertes. Un détachement composé de deux cents hommes –, dont des Alsaciens-Lorrains, appelés les « Malgré-nous » – doit accomplir sa mission de représailles et chercher un village cible. Le

10 juin 1944, les habitants d'Oradour-sur-Glane sont massacrés dans le seul but de semer la terreur dans le Limousin : 642 personnes, dont 244 femmes et 193 enfants, brûlés dans l'église ; les hommes mitraillés dans des granges ; d'autres jetés dans un puits ; village anéanti.

La libération des Français est émaillée d'autres tueries. A Issoudun (Indre), 11 habitants sont tués par les Allemands lors d'une manifestation. Le 27 juillet, des combats entre résistants et Allemands ont lieu à Dampierre-Gargilesse (Indre) ; en représailles plusieurs habitants sont massacrés à Valençay le 16 août suivant.

Le 25 août au matin, le massacre de Maillé (Indre-et-Loire), moins connu des Français que celui d'Oradour, n'est pas moins horrible : situé au sud de l'Indre-et-Loire, le village est investi par les Allemands[21]. Les habitants vaquent à leurs occupations habituelles. L'épicière finit de mettre en place ses produits ; la boulangère commence à vendre son pain ; d'autres habitants sont dans leur jardin potager ou soignent un cheval dans une écurie ; des paysans sont déjà partis dans les champs quand des bruits de moteur et des cris se font entendre au loin. A partir de 9 heures, les Allemands tirent et lancent des grenades au hasard sur les habitants, dans les maisons et sur le bétail. Ils vont même abattre des paysans dans leur champ. Les seuls rescapés du village travaillaient dans des champs éloignés du village. Le bourg est incendié, puis bombardé au canon.

Le bilan recense 124 morts – dans un village qui comptait 480 habitants –, dont 48 enfants de moins de 15 ans et 42 femmes. C'est le bilan le plus lourd après Oradour. Le massacre a sans doute été perpétré par vengeance, au lendemain d'escarmouches près d'une ferme isolée entre des résistants et les Allemands. L'Indre-et-Loire, comme plusieurs autres départements français, a connu d'autres exécutions sommaires de résistants ou de familles entières, dont le père ou le frère était soupçonné d'être maquisard.

Le 29 août, la division *Das Reich* poursuit ses exactions dans la Meuse, dans les villages de Beurey-sur-Saulx,

Couvonges, Mognéville et Robert-Espagne. La liste des massacres n'est pas exhaustive puisqu'il faut ajouter les hameaux et les villages du Vercors, dont Vassieux-en-Vercors, par exemple, mais elle montre l'étendue des dégâts causés par des Allemands en déroute.

Des libérations très tardives[22]

Entre juin 1944 et mai 1945, la France connaît un nouveau zonage territorial avec les axes de replis allemands vers l'est – routiers et ferroviaires parfois –, les zones libres d'occupants et les quelques enclaves encore bien défendues.

Les régions de Lorient et Saint-Nazaire sont très profondément marquées par plusieurs mois d'isolement du reste du front. Pourtant, la libération de la Bretagne a été assez rapide, à l'exception de Brest et de Saint-Malo où les Allemands se sont retranchés. Le siège de ces villes a été destructeur, après plusieurs semaines de bombardements et de tirs d'artillerie américains jusqu'en septembre 1944. Du 4 au 17 août 1944, les Allemands tiennent fermement la forteresse malouine contre les troupes alliées. Cézembre, au large de Saint-Malo, ne se rend que le 2 septembre ; les Américains y ont utilisé des bombes au napalm pour la première fois de l'histoire. Saint-Malo est détruit à 80 %. De même, fuyant Brest dévasté, les Allemands se réfugient dans la presqu'île de Crozon, libérée le 20 septembre.

Plusieurs régions connaissent une occupation qui se prolonge encore au-delà de 1944. La Rochelle est une enclave bien défendue par les Allemands puisque libérée seulement le 9 mai 1945. Royan a été libéré le 17 avril précédent. Cette zone est tenue avec acharnement par des Allemands qui disposent d'une puissance de feu considérable dans leur repli. Ils vivent au détriment de la population en opérant de véritables razzias sur les stocks alimentaires régionaux. De leur côté, les Alliés s'intéressent au port de Bordeaux et ils doivent donc détruire toute résistance allemande. Royan est anéanti totalement par un bombardement gigantesque dans la nuit du 14 au 15 avril 1945. Deux jours plus tard, après un assaut qui mêle résistants et Alliés, la ville est libre. A La Rochelle, sans la distribution des « goûters aux mères » par le Secours national, nombre d'enfants auraient sans nul doute péri. Les personnes âgées sont également très fragilisées par le siège et les bombardements. La libération de Royan et de La Rochelle intervient juste à temps : la disette est bien avancée quand les Allemands se rendent enfin. La Rochelle est un peu moins dévastée que Royan qui « reçoit » tout de même, dans la nuit du 4 au 5 janvier 1945, plus de 1 700 tonnes de bombes déversées par la RAF. Il y a plus de 1 000 morts sur les 3 000 habitants qui sont restés.

Mais ces replis allemands ne sont pas les derniers : Lorient et Saint-Nazaire ont connu une histoire singulière. Les occupants s'installent dans une large zone autour des deux villes. Près de 25 000 Allemands sont repliés dans chacune des deux poches. Ils sont cernés par des milliers de soldats FFI, chargés de tenir l'ennemi le plus longtemps possible. L'état-major américain supervise les opérations avec plusieurs centaines d'hommes. Pour les occupants, Lorient devient une enclave de repli pour mener la lutte jusqu'au bout ; ils s'aperçoivent qu'ils ne peuvent plus être d'un grand secours en Normandie pour renforcer le dispositif de défense. Ils prennent donc position dans une large zone qui s'étend de l'embouchure de la Laïta à Kernivinen, Pont-Scorff, Belz et Plouharnel. Les rares initiatives allemandes sont dues à des razzias opérées par des commandos à la recherche de nourriture hors de Lorient. L'hiver est une période d'observation réciproque. Il n'y a pas d'attaques importantes, mais les civils restés dans la ville souffrent beaucoup.

Les Alliés ne songent pas à un assaut qui serait trop coûteux en vies humaines ; ils demandent alors aux FFI d'assurer le blocus du port. Tous les Français du Nord-Ouest s'inquiètent d'une situation qui dure du mois d'août 1944 jusqu'au mois de mai suivant, alors que des millions de compatriotes sont déjà libres. En lisant la presse, de nombreux Français ont les yeux rivés sur cette région et sur la contre-offensive allemande des Ardennes menée en décembre. La ténacité allemande fait douter bien des habitants du pays. Le grand soulagement ne peut venir qu'après le départ définitif des Allemands et l'armistice. Après des mois d'attente interminable, Lorient se rend enfin le 7 mai. Le siège a usé les dernières forces de l'occupant.

Pour Saint-Nazaire, les habitants doivent attendre le 11 mai 1945, alors que l'Allemagne a capitulé trois jours plus tôt. Saint-Nazaire et Mindin sont en effet défendus par une « forteresse » de mines. Les deux rives de la Loire sont occupées aux alentours du port. Les Allemands utilisent en outre les obstacles naturels, comme la région marécageuse de la Brière. Cependant, ils éprouvent de plus en plus de difficultés pour se déplacer. Bientôt, au début de 1945, le vélo reste le seul moyen d'assurer les navettes entre les dispositifs de défense.

Dans la poche de Saint-Nazaire et dans la région guérandaise, plus de 120 000 habitants sont pris en otage dans un contexte unique. La population doit côtoyer et faire vivre près de 25 000 assiégés ; elle subit bien des humiliations qui s'ajoutent à plusieurs années de souffrances et de bombardements alliés. Des centaines d'exploitations agricoles sont saccagées et des milliers d'hectares inondés. Les troupeaux sont réduits de moitié. Jusqu'en septembre 1944, les Allemands se ravitaillent assez loin sur la côte Atlantique et même jusque dans la région de La Rochelle. Dès que le littoral est libéré, cela devient plus difficile. Une vie encore plus sévère commence alors pour les habitants de la poche, dont une partie est évacuée en janvier, puis en avril 1945. Dans ces périodes, les occupants, quand ils viennent à manquer de nourriture, sont très agressifs. Le reste du temps, ils essaient de se montrer assez discrets pour ne pas exciter la rage d'habitants excédés par le manque de sucre, de lait, de conserves, de viande et de médicaments. De leur côté, les assaillants

FFI ont bien des difficultés pour s'alimenter correctement pendant le blocus de la poche : ils trouvent quelques vivres dans les fermes et tuent des veaux dans les champs. A partir du début de 1945, les Américains commencent à approvisionner les combattants français.

La situation est toujours au *statu quo* le 11 mai 1945 quand les Allemands sont contraints de se rendre, par la capitulation sans condition du Reich, trois jours auparavant. Ils sont faits prisonniers et réunis dans des lycées et des écoles qui servent de vastes prisons improvisées. Les habitants libérés sont heureux, mais dans un très mauvais état sanitaire ; la gale, les poux, les plaies purulentes et les furoncles sont parmi les maux les plus fréquents.

Après la reddition des poches allemandes, des habitants tentent de faire justice eux-mêmes et des incidents ont lieu, comme pour ce train de prisonniers allemands venant de Saint-Nazaire, mitraillé le 8 juin. Des centaines d'Allemands sont immédiatement contraints d'aider au déminage du port et certains y périssent. Des zones de la ville sont remises au plus vite en état. Ainsi, dès le mois de juillet 1945, les chantiers de Penhoët ouvrent leurs portes aux premiers milliers d'ouvriers et de dessinateurs. Mais il va falloir des années de travail pour remettre vraiment la ville à neuf et reloger l'ensemble des habitants. A Lorient et à Saint-Nazaire, les élections municipales ont lieu au début de l'été 1945, alors qu'elles se sont tenues en avril partout ailleurs en France.

Fêtes à plusieurs visages

Fête symbolique

Pour l'essentiel, la première vague de libérations s'échelonne de juin à septembre 1944. La joie est bien réelle. Mais la fête dure le temps du passage des véhicules américains dans la rue principale du village ou de la ville, le temps d'un bal enfin possible. Très vite pourtant, il vaut retourner dans son fournil sans farine, dans sa brigade de gendarmerie sans papier pour dresser les procès-verbaux, dans sa boucherie sans viande, dans sa maison vidée d'une partie de ses membres, morts, partis, déportés, réquisitionnés ou faits prisonniers. Le terme de « fête » est sans aucun doute trop fort ou inadapté dans une grande partie du pays. Il vaut mieux évoquer le soulagement et le réconfort psychologique à l'idée de revenir à la paix et à la liberté. La Libération est chantée : *Le Chant des partisans*, mis en musique par Anna Marly en 1942, devient le *Chant de la Libération* en 1945, celui de toutes les composantes de la Résistance, au-delà des divisions. Evidemment, à chaque arrivée des libérateurs, *La Marseillaise* est entonnée avec force. Pour fêter les Alliés, la chanson *Welcome to You* est même écrite. D'autres chants célèbrent encore les maquis comme *Ceux du Maquis* en 1945. Marianne est célébrée dans toutes les cérémonies officielles et à travers la chanson *Marianne... mets ta robe aux trois couleurs*.

Nombre de villages et de villes ont leur propre histoire de la Libération, avec ses actes héroïques, ses incidents, ses massacres. Des Français fêtent leur libération au moment même où d'autres sont martyrisés par les SS et les miliciens éparpillés. Dans plusieurs villes bombardées, comme Caen, Nantes, Rennes, Saint-Nazaire, Tours, et d'autres encore, il faut rétablir l'eau, déblayer au plus vite les gravas pour tenter de reconstruire des abris de fortune ou des baraques en bois. Dans les poches libérées en dernier, les habitants attendent plusieurs jours avant de revenir, car il n'y plus un logement debout. Parfois, ce sont les hommes du génie américain qui rétablissent l'eau courante, comme à Angers, où la canalisation principale avait sauté avec le pont. Il faut aussi retrouver des parents perdus ou prisonniers. Il faut aller aux nouvelles.

La Libération, fête improvisée, est une réappropriation de la rue, du village, de la ville, de la place, bref d'un espace quotidien enfin libre, par les Français fatigués de l'occupation. L'ennemi est parti. C'est à peine croyable et il faut s'en persuader encore. Le départ des Allemands et des miliciens ne règle pas le problème du ravitaillement, mais il est l'occasion de retrouver un semblant de concorde nationale. Cette reconquête est parfois confuse et mêle le bonheur, la joie, la colère, la déprime, la haine, la tristesse, l'envie de vengeance. Beaucoup semblent communier dans les premières heures de la Libération, sans pour autant oublier totalement les plaies ouvertes pendant l'occupation. D'autres pensent qu'il faudra bien que des Français paient la note de leur mauvaise conduite, réelle ou supposée, pendant les années noires. Il faut trouver des exutoires, crier vengeance, apurer les institutions. Les délateurs ont encore de beaux jours devant eux pour dénoncer les anciens collaborateurs après avoir dénoncé les résistants et les Juifs.

Partout, les symboles de la République sont fièrement arborés, même si les cœurs ne sont pas toujours en fête : drapeaux tricolores, bandes de tissu aux couleurs nationales accrochées aux balcons, cocardes tricolores sur les robes, sur les vestes, dans les cheveux, etc. Le buste de Marianne est sorti des greniers des mairies. Naturellement, comme à Paris, la signalétique allemande est brûlée, les drapeaux nazis jetés du haut des balcons ou des immeubles. Il faut effacer les années d'humiliation dans le paysage quotidien. De même, sur les ondes, la voix des Allemands et des collaborationnistes ne se fait plus entendre ; Radio-Paris n'émet plus. Cependant, lors de la projection des Actualités cinématographiques de la Libération, il arrive que les spectateurs reconnaissent, dans les voix qui chantent la victoire, celles qui glorifiaient la collaboration quelques semaines auparavant, ce que montre bien le film de Claude Chabrol, *L'Œil de Vichy*[23].

Fête vengeresse

A l'heure des bilans, des Français et des Françaises paient aussi « la note » de leur comportement sous l'occupation. En ce domaine, les bilans sont difficiles à dresser tant la période des épurations extrajudiciaire et officielle revêt d'aspects flous. La fête de la Libération a donc connu bien des excès. Avant l'épuration officielle, une épuration extra-judiciaire – dite « sauvage » – a commencé avant même le départ des Allemands. Nombre de résistants et d'habitants souhaitent venger les humiliations, les exactions et les massacres allemands en faisant justice eux-mêmes. Certains ont vu dans ces actes de vengeance des rites de purification, des exorcismes… L'épuration « sauvage » et « officielle » (légale)[24] aurait fait 14 000 morts, selon Henry Rousso ; entre juin et novembre 1944, environ 9 000 personnes ont été exécutées sans être passées devant une instance judiciaire légale[25]. Certaines – surtout des miliciens et des collaborateurs très en vue – sont tuées aussitôt capturées ; d'autres passent devant des « cours martiales » improvisées composées de résistants. Parfois, ces derniers avec des habitants lynchent des suspects tout juste sortis de prison. Ces scènes se reproduisent d'autant plus facilement que l'Etat peine à rétablir son autorité ; notons que les autorités qui s'installent progressivement laissent faire.

L'épuration sexuée a longtemps été mise entre parenthèses par les témoins et par les historiens, considérée comme un phénomène mineur et sporadique. Or, en bien des lieux, il apparaît que le « rituel » de la tonte est assez rigoureusement ordonnancé. Les dernières recherches historiques réévaluent ce phénomène et font de l'épuration « sauvage » un objet d'histoire à part entière[26]. 20 000 femmes ont vraisemblablement été tondues entre juin 1943 et début mars 1946, dans 591 villes et villages, selon Fabrice Virgili qui tient compte uniquement des mentions retrouvées dans les archives disponibles[27]. 67,6 % des tontes ont lieu dans les semaines de la Libération, 16,4 % moins de trois mois après celle-ci, 9,4 % plus de trois après et enfin, 6,6 % sous l'occupation[28]. Toutes les couches sociales sont frappées par la tonte, parfois par le lynchage. Les tontes seraient plus nombreuses dans les villages que dans les villes.

Deux discours se superposent alors que la France est encore occupée : dès 1943, les résistants parlent de venger les crimes des occupants et de leurs collaborateurs français ; les tracts et les journaux clandestins donnent des noms ou des « procédures » à suivre, notamment contre les femmes accusées de collaboration « horizontale ». Bien des accusations reposent sur des rumeurs infondées, seulement motivées par des raisons personnelles et intimes. De plus, il ne semble exister aucune échelle de gravité des faits reprochés. La sanction est la même pour tous.

Les dirigeants de la France combattante, puis les dirigeants du GPRF veulent bien épurer les collaborateurs des administrations, mais ils souhaitent aussi épargner au maximum les élites, car le pays en aura besoin pour le rétablissement d'un régime républicain légal. Dans ce dernier cas, il s'agit d'apurer les comptes et d'effectuer une régulation sociale. L'objectif officiel a été politique et, en aucun cas, l'épuration n'a débouché sur une guerre civile même si beaucoup ont pu le craindre. Dans certaines régions, des commissaires de la République et des préfets vont s'opposer avec fermeté à l'épuration improvisée, tel Yves Farge, nommé commissaire à Lyon à partir du 3 septembre 1944. Mais cela n'empêche pas les innombrables débordements.

Problématiques sont donc les vengeances spontanées car certains résistants de la dernière heure et des habitants, jusque-là passifs, vont prendre une large part à la tonte des chevelures. Les acteurs en sont souvent des FFI de dernière heure ou des résistants connus, avec le concours tacite des autorités en bien des cas : pour s'en convaincre, il suffit de revoir les clichés de l'épuration sur lesquels il n'est pas rare d'observer des gendarmes et des policiers accompagner la foule haineuse derrière la femme tondue, parfois dénudée ou tenant même un bébé dans les bras (nous pensons ici à un cliché pris à Chartres le 18 août 1944). Les Comités de libération décident des premières sanctions à prendre sans aucun cadre juridique légal, comme à Trégastel (Côtes-du-Nord) où, le 10 août 1944, une douzaine de résistants décident de faire arrêter dix femmes accusées de collusion avec l'occupant ; elles sont tondues par des FFI[29]. Il faut dire que le CNR avait donné d'importants pouvoirs aux Comités, en insistant cependant sur la nécessité d'éviter les excès[30]. A Nice, les Américains ont relevé qu'il régnait un véritable climat de terreur, causé par près d'une centaine d'exécutions sommaires[31]. Dans tout le pays, la haine se renforce ; des Français de renom n'hésitent pas à donner un avis cru sur les femmes tondues. Ainsi, l'aumônier FFI, le père Bruckberger, déclare-t-il dans son journal que « si ces filles étaient enduites de poix et brûlées en place publique, cela ne [l']affecterait pas plus qu'un feu de cheminée chez [son] voisin[32] ». Les épurateurs « sauvages » pensent être investis de pouvoirs de police et de justice qui les autorisent à « désinfecter » le pays.

Les scènes de tonte, organisées en véritables spectacles, se répètent un peu partout en France, avec quelques variantes : cheveux coupés en public, exposition sur une chaise, parfois pose sur une estrade avec un miroir pour que les suppliciées puissent voir leur crâne rasé, dénudation, cortège qui traverse les rues du village ou de la ville, croix gammées peintes sur le front ou sur la poitrine, barbouillage au minium, corps parfois enchaînés comme des animaux, écriteaux accrochés au cou avec des mentions du genre « a couché avec les boches », scènes d'insultes, agenouillement de force devant l'objectif du photographe, etc. Dans tous les cas, cette esthétique grotesque, fruit d'une justice expéditive et sans règles, se doit d'être immortalisée par des clichés. Les Alliés qui assistent à ces scènes sont choqués, comme à Armentières dans le département du Nord[33]. La foule est composée de délateurs, de voisins qui reprochent aux tondues d'avoir mieux mangé en travaillant dans les services allemands, et enfin, d'habitants qui se sont battus pendant la libération de leur commune.

HUITIÈME PARTIE

VIES À RECONSTRUIRE
DANS L'APRÈS-GUERRE

21

L'ombre portée de la guerre

Des ruines et « Dix millions de beaux bébés »

Près de 200 000 Français ont perdu la vie sous l'uniforme et 40 000 dans les camps de prisonniers ; ces morts s'ajoutent aux pertes civiles dues aux bombardements, aux combats, à la déportation, aux exécutions et aux autres exactions. Au total, la Seconde Guerre mondiale aurait fait pour la France près de 540 000 morts selon les estimations de l'Insee, soit un peu plus de 1,5 % de la population totale ; Serge Berstein et Pierre Milza ont retenu le chiffre de 600 000 victimes de la guerre[1]. A ces deux estimations, il faut ajouter au moins 530 000 décès dus aux difficultés alimentaires et sanitaires, par comparaison aux moyennes des années 1920 et 1930. Une partie de la France de l'immédiat après-guerre est donc en deuil. Beaucoup cherchent à savoir où sont les corps des disparus pour pouvoir établir une sépulture. Il est difficile d'avoir de l'espoir quand l'être cher a disparu à des centaines de kilomètres, dans les camps de la mort.

En 1945, les Français sont physiquement affaiblis et les années qui suivent ne leur permettent de reprendre que lentement des forces et une évolution physiologique normale. Pour autant, si le taux de mortalité a progressé de 15,5 pour mille en 1939 à 17,4 pour mille en 1941, il fléchit ensuite à 16,3 pour mille en 1943. Entre 1946

BILAN DES VICTIMES FRANÇAISES
DE LA SECONDE GUERRE MONDIALE
(Estimations officielles)

Victimes françaises
hors de la métropole en raison
de décisions autoritaires allemandes = 240 000

1. Prisonniers de guerre	40 000
2. Déportés politiques	160 000
et « raciaux »	(dont 100 000 « raciaux »)
3. Travailleurs forcés	40 000

Victimes civiles = 150 000

1. Victimes des opérations terrestres et des massacres	60 000
2. Victimes civiles des bombardements	60 000
3. Fusillés	30 000

Victimes militaires et FFI = 150 000

1. Campagne 1939-1940	92 000
2. Armée de la Libération	58 000
3. FFI	20 000

Source : D'après Insee, *Mouvement économique en France de 1838 à 1948,* Paris/PUF/Imprimerie nationale, 1950, page 197.

et 1950, le taux de mortalité moyen est de 13,1 pour mille. A première vue, pour les années de guerre, la baisse semble pour le moins curieuse alors que la pénurie alimentaire s'accroît au cours de la même période. Il y a plusieurs explications possibles. L'absence de plus en plus grande de l'alcool sur le marché a sans doute réduit le nombre de décès dus à sa surconsommation ; la cirrhose fait moins de ravages. De plus, les repas plus maigres limitent les maladies cardio-vasculaires et les décès provoqués par l'excès de nourriture riche. Enfin, à lire les bilans du nombre des suicides dressés par la Préfecture de police de Paris, même s'il semble y en avoir davantage, ils restent cependant moins nombreux à la fin de la guerre qu'au milieu de l'occupation. La raison de cette baisse nous échappe ; peut-on avancer l'idée selon laquelle la vie est plus précieuse à beaucoup au moment où elle est difficile à assumer ? Est-ce l'espoir d'une libération qui semble proche ? Rien n'est sûr faute d'études approfondies sur ce thème.

L'un des phénomènes démographiques les plus impressionnants des années quarante est la progression du taux de natalité à partir de 1942, laquelle s'accentue encore en 1945-1946 après la stabilisation du taux à 16 pour mille en 1944-1945 ; le taux atteint 21,4 pour mille en 1947 et il se situe encore à un bon niveau en 1948-1949. De 1939 à 1941, les Français avaient fait moins d'enfants, ce dans la continuité de la fin des années trente.

Pour expliquer ce sursaut démographique – souvent visible sur les photographies qui montrent les Françaises avec leurs landaus dans les jardins publics à Lyon ou à Paris, par exemple –, certains historiens avancent l'idée d'un réflexe de vie aux heures les plus noires de l'occupation. Sans aucun doute, l'explication est bien plus crédible que celle qui ne voudrait voir que les effets de la politique nataliste du régime de Vichy. Des enfants sont donc nés en grand nombre pendant l'occupation, ce qui peut surprendre puisque l'opinion est au même moment assez régulièrement en proie au doute. Naturellement, les Français n'ont pas réagi consciemment à l'atmosphère morose. L'augmentation des conceptions en pleine guerre est un phénomène collectif qui transcende l'histoire de chaque individu. Cela dit, le nombre de mariages augmente à nouveau en 1942, ce qui peut aussi étayer l'explication, dans une moindre mesure, car les unions sont bien moins nombreuses en 1943 et en 1944.

Le nombre de naissances illégitimes s'est accru de 20 % pendant la guerre, selon Alfred Sauvy. Cela s'explique par les mouvements incessants des populations, notamment masculines, sur le territoire français. Le mariage pour légitimer une naissance est fréquemment repoussé à plus tard en raison d'une captivité, d'une déportation ou d'un départ vers les rangs résistants. Parfois, la naissance est aussi la conclusion de relations intimes entre occupants et occupés, entre Françaises et Alliés débarqués. Ici, la légitimation semble beaucoup moins facile et envisageable. Les Françaises, mères d'un enfant conçu avec un Allemand, un Anglais ou un Américain, ont souvent été rejetées par le corps social pendant l'après-guerre. Le plus grave, c'est naturellement d'accoucher d'un « enfant de boche ».

De plus, le nombre de mariages s'accroît entre 1939 et 1942, puis fléchit en 1943-1944, pour remonter en 1945-1946, avant de connaître un nouveau tassement et une baisse entre 1947 et 1949. La tendance à la baisse du nombre de mariages ne ralentit d'ailleurs pas, une fois franchi le cap des années cinquante.

En 1940, la forte baisse du nombre des mariages est évidemment la conséquence de la mobilisation des soldats, de l'exode et de perspectives d'avenir bien pessimistes en raison de la défaite et de l'occupation. Puis, les Français recommencent à se marier plus nombreux en 1942, avant la chute de 1943-1944. En effet, nombre de jeunes hommes sont requis pour le STO, et d'autres se réfugient dans les maquis. La reprise des mariages en 1945 permet de régulariser des situations laissées en suspend pendant la fin de la guerre. 1946 marque l'apogée du nombre des mariages pour les années quarante. 1947 montre une baisse qui correspond sans doute au retour à un rythme plus régulier. Le temps des « rattrapages » est sans doute achevé. Une baisse continue s'amorce alors et s'étend au-delà de 1949.

Enfin, pour nombre de ceux qui reviennent en France après une captivité éprouvante, le retour à la vie réelle, à celle qu'ils avaient avant la guerre, n'est pas facile au sein de leur foyer. Il faut reprendre goût à la vie. Pour des époux séparés de force, les retrouvailles sont compliquées. Certains hommes sont partis de chez eux depuis 1938, date du début de leur service militaire. Ils reviennent donc sept années plus tard dans leur famille. Pendant l'occupation, sans nouvelles de leur fiancé, des jeunes femmes se sont mariées avec un autre. Nombre de pères découvrent leurs enfants cinq ou six ans plus tard ; ils sont alors perçus comme des étrangers dans leur propre foyer ; les enfants doivent apprivoiser ce « papa ». De plus, à l'issue du conflit, 260 000 enfants sont orphelins. Ceux-ci connaissent majoritairement l'échec scolaire dans l'après-guerre.

Les divorces se multiplient dans les années 1945-1947 essentiellement. La fin de la guerre se situe donc bien au-delà de 1945 pour ces familles. Le nombre des divorces retombe peu à peu à partir de 1948, mais reste élevé pour l'époque.

Sarah Fishman a évalué à environ 10 % la proportion des couples de prisonniers de guerre qui ont divorcé[2]. La séparation n'explique pas totalement l'échec d'un mariage, mais y participe parfois. 1947 marque la fin d'une période où le régime de Vichy a mis tout en œuvre pour rendre quasiment impossibles les divorces. Nombre de décisions conjugales, prises avant ou pendant la guerre, ont donc été remises à la fin des hostilités. Le constat est le même pour les couples de résistants. La guerre a donc chamboulé les projets de nombreux ménages, heureux et moins heureux.

Les Français au bord du gouffre ?

Assurément, les nouveaux dirigeants vont être jugés à leur capacité à répondre au plus vite aux espoirs nés de la Libération. Les Français de l'après-guerre se mettent donc au travail pour reconstruire les immeubles, les villes et les villages, mais aussi pour renouer avec l'unité nationale et l'idée de grandeur chères au général de Gaulle. Ils s'appuient toujours sur les solidarités parentales et communautaires (le voisinage, les œuvres caritatives, la ville, le quartier, le village). Naturellement, il y a eu recomposition de nouvelles solidarités ; certaines ont été brisées par l'occupation. De vieilles rivalités nées avant-guerre et exacerbées sous l'occupation continuent de jouer après 1945 dans les communes françaises. Toutes les solidarités ont montré des limites en 1944-1945 lorsqu'il a fallu accueillir des réfugiés des bombardements, souvent mal venus dans la communauté villageoise ou dans la ville déjà en proie aux manques, mais aussi lorsqu'il a fallu réagir face aux persécutions antisémites, puis au retour des premiers déportés.

Le plus souvent, la lassitude gagne les personnes âgées épuisées, les anciens déportés, les prisonniers de guerre et nombre de femmes seules. Beaucoup se replient sur le village, la province et sur la famille. 1945 est encore une année de mauvaises récoltes, ce qui aggrave la situation alimentaire de 1946. Les stocks ne se refont pas bien. En 1946, le départ annoncé des Américains en inquiète plus d'un ; la France peut-elle s'en sortir seule ? Tout peut très vite basculer vers le désespoir ou l'espoir illusoire. Les Français de 1945 sont dans cet entre-deux qui angoisse les dirigeants.

Et pourtant, ils tiennent bon. Ils puisent des ressources au fond d'eux-mêmes ; ils ne manquent pas d'idées et d'envies de vivre « normalement » ; ils souhaitent du neuf. Ils veulent tourner la page sans même un regard nostalgique sur le passé. Pour preuve, les veuves de guerre n'intéressent plus vraiment le reste de la société, comme cela a été le cas avec la Grande Guerre. En fait, la majorité des Français trouve du ressort pour sortir, s'habiller, chanter et se cultiver. Une minorité rêve de consommer plus, notamment de nouveaux objets venus des Etats-Unis. Mais la majorité continue à « consommer français » ; il y a pourtant bien « un mirage américain » dans un quotidien austère.

Le travail de reconstruction est donc gigantesque et l'ombre de la guerre va planer encore longtemps sur les Français, à titre individuel et collectif. A cette ombre, s'ajoute bientôt le spectre de la Guerre froide entre deux mondes. Les Français sont dans le bloc occidental face à l'immense bloc soviétique. Il faut faire face à la peur de nouvelles épreuves, dont celle d'une éventuelle révolution communiste. A quoi bon espérer alors ? La planification dite « heureuse » ne profite pas aux Français ; les priorités gouvernementales sont la reconstruction matérielle du pays davantage que l'amélioration des conditions de vie quotidiennes qui attendront bien encore un peu. Deux gouffres semblent vouloir attirer les Français vers le doute : la faillite économique et la faillite sociale et politique. Dans les deux cas, c'est la perspective d'un écroulement total et d'une possible révolution qui se profile.

La seconde vie des « collabos » : camps et épuration

Les nouveaux internés

Après la Libération, certains camps presque vidés et les prisons connaissent une reconversion immédiate. Sur décision administrative des préfets (et parfois sans aucune décision) environ 100 000 personnes sont internées en France entre l'été 1944 et l'été 1946, relevant de catégories très diverses. La majorité d'entre elles est soupçonnée de collaboration pour les motifs les plus variés (certaines d'ailleurs ne font que transiter par l'internement avant une inculpation et un emprisonnement en bonne et due forme). On trouve aussi des civils allemands éloignés des zones de combat, comme l'Alsace et la Moselle. On y voit passer, après la capitulation allemande, des personnes arrivant d'Allemagne plus ou moins volontairement (collaborationnistes et engagés français de la Wehrmacht avec leurs familles, femmes allemandes ou d'Europe centrale suivant des Français prisonniers de guerre ou STO rapatriés, par exemple) et qui subissent l'internement au camp d'Ecrouves (Meurthe-et-Moselle) avant qu'il ne soit statué sur leur sort. Demeurent enfin dans les camps la plupart des tsiganes et un certain nombre de droit commun internés sous Vichy, rejoints par un nouveau contingent de trafiquants de marché noir. Le Vélodrome d'Hiver, Drancy, Gurs, pour ne citer qu'eux, reprennent aussitôt du service.

Pourtant, passé les premières semaines (5 000 internés à Drancy à la fin de 1944), ils commencent à se vider. Dans un vaste département très peuplé comme la Seine-et-Oise, il y a en tout 378 internés en novembre 1944 et 148 en août 1945[3]. Après un nouvel essor, au printemps et à l'été 1945, dû aux arrestations opérées en Allemagne, en Italie ou aux frontières, le nombre d'internés décline rapidement : 60 000 en octobre 1944, 30 000 en janvier 1945, 4 000 en novembre 1945. On remarque en outre qu'un tiers des internés sont des femmes.

En dépit de ces arrestations et de ces internements d'abord massifs, le ministre de l'Intérieur a tôt fait de constater que des criminels notoires ou des personnalités connues ont réussi à passer au travers des mailles du filet. A l'inverse, les camps sont encombrés de détenus pour lesquels, dans bien des cas, on ne possède ni information ni dossier. Les préfets et les autorités départementales, évidemment issues en grande partie de la Résistance, ont parfois du mal à faire de l'internement une mesure préventive et non une sanction, plus ou moins justifiée. Aussi le ministre de l'Intérieur, pour « sauvegarder la liberté individuelle dans le cadre de la légalité républicaine », ordonne-t-il la mise en place, dans tous les lieux de détention, de commissions de criblage chargées de faire le tri entre les internés. Ces commissions représentent un grand espoir et, il faut le reconnaître, la ressource la plus efficace contre la décision administrative d'internement, qui n'a pas besoin d'être motivée. Les commissions de triage se rendent dans tous les centres d'internement et reçoivent un par un les internés, sans toujours pouvoir, d'ailleurs, s'appuyer sur un dossier individuel.

Des conditions d'internement inchangées

Le camp d'Ecrouves se présente à l'époque comme la majorité des autres camps. Un terrain plat de 10 hectares (dont un hectare mis en culture), entouré de barbelés. En entrant, on trouve le bâtiment de l'administration puis des magasins et ateliers. Dans une enceinte particulière sont logés l'infirmerie et les gendarmes. Puis ce sont les neuf baraques d'internés, bâtiments de briques et de tuiles de 60 mètres sur 15, avec, à une extrémité, des douches et des toilettes, et à l'autre, le poste de garde et quelques cellules. Chaque bâtiment contient sept chambrées de 70 mètres carrés chacune, avec quatre fenêtres et une porte, où se tiennent une quarantaine de personnes[4]. Au camp de Margueritte à Rennes, dix-huit baraques de parpaings recouvertes de tôle ondulée se répartissent sur trois hectares clos de deux réseaux de barbelés. Les lits sont en nombre suffisant, mais il manque deux cents matelas ou paillasses. Les internés sont consignés dans les baraquements dix-huit heures sur vingt-quatre, et ils y prennent également leurs repas. Le sol des baraques est en ciment, les fenêtres tendues de papier. Il n'y a évidemment pas de chauffage, d'où une constante humidité nichée dans la literie et les vêtements. La vaisselle se fait rare et l'on reçoit sa soupe dans une boîte de conserve qui finit par rouiller.

Le mode de vie des internés n'a pas non plus connu beaucoup d'évolution depuis 1940. Faim, maladies de carence, ennui et inquiétude prédominent. Là encore, des internés prennent en charge une partie de la gestion des camps. Au centre de séjour surveillé de Versailles (caserne de Noailles), deux internés ont mis sur pied les différents services, aussi le commandant du centre voit-il avec un peu de regret leur libération en février 1945[5]. Au camp de Charenton, les fonctions « administratives » sont confiées à d'anciens policiers internés, à la grande indignation des communistes. Naturellement, les détenus s'efforcent de reformer des solidarités entre anciens militants des mêmes partis ou défenseurs des mêmes causes. Au camp de Bordeaux-Mérignac, le Dr Martin (de la Cagoule) tient des réunions d'information et de coordination tous les jours à 19 heures, avec une quarantaine d'internés[6].

Le désœuvrement reste l'une des plaies majeures. Une assistante sociale parisienne a l'idée de proposer à Drancy des jeux, comme les quilles, la pétanque ou les anneaux. Mais le public demeure très prévenu contre les « collabos », si bien que le spectacle d'internés soupçonnés de collaboration en train de jouer aux boules provoque des réactions scandalisées. Au même moment, d'ailleurs, la presse, qui estime que les internés de Drancy sont correctement logés et décemment nourris (à midi, une soupe aux légumes, le soir, un potage et des légumes, de la viande le dimanche, à chaque repas 300 grammes de pain[7]), réclame qu'ils soient mis au travail. Le jeu, fait remarquer l'inspecteur général des camps, « avait été organisé de telle sorte qu'il était visible de l'extérieur[8] ». Sa collègue se défend alors en arguant de la baisse sensible du moral des internés depuis la capitulation allemande (8 mai 1945) qui leur a donné à croire qu'ils seraient immédiatement libérés. Cet espoir se comprend très bien quand on rappelle que l'internement était en principe fixé pour un temps précis : pour six mois ou un an dans les deux tiers des cas, jusqu'à la fin des hostilités dans un cinquième des cas.

A Ecrouves, certains internés travaillent, touchant alors 20 francs par jour (soit le quart du salaire d'une femme de ménage). Ce maigre pécule ne peut servir qu'à essayer de se nourrir moins mal, puisque non seulement la ration est insuffisante (1 850 calories, les trois quarts de la ration théorique), mais encore elle manque de protides et de lipides, au profit d'une surabondance de légumes. Même état de fait au camp de Margueritte, en mars 1945. La ration quotidienne, sans compter les légumes frais, donne en moyenne : 250 grammes de pain, 8 grammes de viande ou de pommes de terre, 16 de matière grasse, 20 de pâtes, 33 de sucre et 400 de légumes secs pour trois repas[9]. Dans les camps, un paquet de cigarettes se négocie

120 francs, un kilo de pain 75, un litre de vin 100[10]. Quant à la complicité d'une sentinelle pour une évasion, elle peut s'acheter 3 000 francs.

Comme dans les prisons, les pénuries ont conduit à autoriser l'envoi de colis aux internés, à raison de 10 kilos par mois. A la famille de se débrouiller, selon sa situation ou sa fortune, pour nourrir son interné, en essayant de ne pas contrevenir aux interdictions (denrées contingentées ou issues du marché noir), car les colis sont contrôlés. Voici quelques contenus de colis relevés après vérification, en octobre 1944 : un kilo de pommes de terre, du sucre, du tabac, du chocolat, un plat de viande avec des légumes, de la confiture, deux kilos de pain et une savonnette pour un membre de la LVF ; des pommes de terre, un kilo de pain, un kilo de pommes, un saucisson, un pâté pour un milicien ; deux kilos de pain, deux paquets de cigarettes, un jambonneau, un bocal de haricots pour un autre[11].

Les familles des internés administratifs peuvent bénéficier d'une allocation de 25 francs par jour, dont on se doute qu'elle ne les préserve pas de la misère.

Avec l'extérieur, le courrier est réglementé. La censure a d'abord été relativement tolérante, puis elle s'est fortement durcie. A Ecrouves, on est ainsi passé de quatre lettres autorisées par mois à sept lignes sur carte postale. Les prêtres qui ont accès aux internés et, dans une moindre mesure, les œuvres comme la Croix-Rouge, assurent alors un abondant courrier clandestin. Ces canaux détournés sont détaillés dans des lettres d'internés. Robert Brasillach, par exemple, tandis qu'il est au camp de Noisy, envoie à sa sœur le nom, l'adresse et même le numéro de téléphone de l'aumônier par lequel peuvent transiter des messages. Les autorités débusquent parfois des circuits. Toutefois, les interventions se contentent d'empêcher les communications à caractère politique, sans trop se mêler des courriers privés.

En vérité, la garde des camps ne s'est pas améliorée depuis la fin de l'occupation. Si les gendarmes appliquent les consignes, les gardiens civils, insuffisamment nombreux et très peu motivés, sont sensibles aux charmes de la corruption. « D'où le moyen facile pour les internés, constate un rapport sur le camp de Bordeaux-Mérignac, de se ravitailler en vin, pain et autres denrées, de communiquer avec l'extérieur et, surtout, de s'évader. » La camionnette qui assure le ravitaillement journalier est d'ailleurs surnommée « la poste » par les détenus qui l'utilisent pour le courrier et les colis clandestins.

L'hétérogénéité des motifs d'internement et des populations internées induit comme toujours un manque de solidarité et de grandes mésententes. Dans les camps où cohabitent politiques et droit commun, ou bien Allemands et Français, les tensions sont vives. D'autant que chaque catégorie est toujours prête à admettre la justesse de l'internement des autres avec autant de conviction qu'elle rejette la sienne.

Après 1944, la mortalité est réduite dans les camps. Elle n'est réellement sensible que parmi les très jeunes enfants que l'on trouve soit avec des femmes ou des familles arrivant d'Allemagne, soit avec les civils allemands éloignés de la zone de combat. Ainsi, ce sont 9 % des internés allemands du camp de Poitiers qui meurent (un tiers des enfants). Toutefois, la capacité d'émotion des Français sur le sujet était très faible et l'on se doute de l'indifférence qui a pu accueillir une pétition de femmes allemandes internées quand, en mars 1945, elles écrivent : « Il est poignant de voir ces enfants allemands avec leur visage pâlot, leurs yeux cernés, leur ventre proéminent et leurs jambes maigres[12]. »

Au printemps de 1946, l'internement administratif disparaît. Les internés sont soit libérés, soit déférés en justice. A la fin du mois de mai, le dernier camp, celui des Alliers (près d'Angoulême), ferme après avoir libéré son dernier interné : un tsigane. L'internement massif appartient désormais au passé. Toutefois, les camps ne sont pas tous désaffectés. Ils deviennent des camps pénitentiaires pour des détenus condamnés par les cours de justice pour

« faits de collaboration » : Carrère, Epinal (la Vierge), Lambèse, Noé... Ou bien ils continuent à accueillir ceux qu'on appelle alors les « personnes déplacées », comme le camp de Beauregard à La Celle-Saint-Cloud, destiné aux Soviétiques plus ou moins désireux de regagner l'URSS stalinienne.

Redécouvrir la France

Un épisode, court mais intense, se déroule au printemps de 1945 : le rapatriement de plus de deux millions de Français retenus contre leur gré en Allemagne. Parmi eux, une majorité de prisonniers de guerre, convertis ou non en travailleurs libres, qui ont quitté la France depuis cinq ans (1,2 million), 600 000 requis du STO, 200 000 Alsaciens ou Mosellans incorporés de force dans la Wehrmacht, 60 000 déportés raciaux ou politiques. Dès l'origine, les pouvoirs publics s'efforcent d'attirer l'attention de la population et de la mobiliser. Les Français qui vont au cinéma dans la semaine du 28 décembre 1944 ont ainsi pu voir aux actualités un sujet intitulé « Pensez à eux », qui les incite à ne pas oublier ceux que l'on appelle les « absents » et à faire preuve de générosité pour préparer leur retour. Une administration nouvelle a été prévue pour eux : le ministère des Prisonniers, Déportés et Réfugiés (PDR), qui a difficilement dressé les bilans et prévu un plan de rapatriement qui, comme toute prévision, sera démenti par des faits brutaux. Tout d'abord, les semaines qui ont précédé la capitulation allemande ont été particulièrement éprouvantes, voire meurtrières, marquées par des marches forcées et par la déshérence de journées placées entre l'ultime férocité et les prodromes de la liberté. Puis c'est le contact plus ou moins réussi avec les libérateurs, rarement français, plus souvent anglais, américains ou russes. Tel STO se souvient d'avoir été filmé par des opérateurs de cinéma soviétiques avant de monter dans le camion qui le conduisit auprès de la mission française de rapatriement. Les conditions sanitaires ne sont dans un premier temps guère améliorées, ce temps est aussi celui de la mort « libre ». Il est surtout pour tous les survivants un temps d'attente : le rapatriement ne tient pas ses promesses de rapidité et de facilité.

Pourtant, en France, un dispositif existe : centres d'accueils frontaliers, grands centres de transit, ramifications vers les régions avec relais dans les gares, le tout encadré par un personnel spécialement recruté et militarisé, et avec l'aide des grandes organisations de solidarité (Croix-Rouge, Secours national, centres d'entraide des prisonniers…) ; enfin à l'échelon départemental, une Maison du prisonnier et du déporté constitue une sorte d'interlocuteur unique. Mais le dispositif prévu par le ministère des PDR est presque entièrement tributaire des moyens de l'armée américaine en ravitaillement, matériel, médicaments, pour ne rien dire des moyens de transport. D'abord peu disponibles, ceux-ci augmentent en capacité dans de telles proportions qu'un goulet d'étranglement apparaît bientôt au niveau des capacités d'accueil disposées à la frontière française. L'institution de rapatriements aériens par l'aérodrome du Bourget (8 000 par jour dans la deuxième moitié de mai 1945) vient s'ajouter à la convergence des rapatriements vers la gare d'Orsay pour transformer abruptement Paris en « centre frontalier » principal. La capitale reçoit jusqu'à 25 000 rapatriés par jour. Au centre d'accueil d'Orsay s'ajoutent en toute hâte les centres de transit installés dans les cinémas Gaumont et Rex, dans la piscine Molitor et les centres d'hébergement de la caserne de Reuilly, de l'hôtel Lutetia (pour les déportés) et du Bourget (pour les cas les plus graves). L'afflux désordonné déjoue plans et calculs. Ils sont 20 000 à rentrer en France en mars 1945, 310 000 en avril, 900 000 en mai et encore 275 000 en juin.

En fait, le personnel des centres d'accueil (y compris le personnel médical) s'est avéré difficile à recruter, tant les Français sont alors sollicités par les multiples tâches de la guerre et de la reconstruction. Il faudrait au moins

10 000 agents. Comme on fait feu de tout bois, les femmes officiers ne sont pas rares, jeunes femmes de bonne famille, facilement condescendantes, qui s'adonnent au rapatriement, comme leurs mères avaient été marraines de guerre en 1914-1918. Leur présence, leur attitude (elles fument très souvent) scandalisent de nombreux habitants des villes où se trouvent les centres d'accueil et sont ressenties par les rapatriés comme une humiliation. Ce manque de personnel amène une mise à contribution de la population qui dément partiellement l'indifférence ou l'ignorance prétendues des Français. A la gare d'Orsay, au Lutetia, par exemple, principaux centres d'accueil des déportés à Paris, les petites tâches sont dévolues à des scouts et des routiers hâtivement vaccinés contre le typhus. Ces adolescents, élevés à la carte J3, portent dans leurs bras des hommes adultes qui pèsent moins de 40 kilos : « Ils arrivaient pas rasés, pas épouillés, toujours aussi maigres dans leurs ignobles costumes rayés. Ma vie d'adulte a commencé avec ça. Avec la découverte de cette horreur-là[13]. » Au long des parcours des rapatriés vers leur région, des associations les prennent en charge. Les anciens déportés témoignent par ailleurs des gestes spontanés de leurs concitoyens qui devinent leur situation à leur maigreur, à leur crâne rasé. C'est le bouquet offert, le ticket qu'on ne fait pas payer : « J'avais 23 ans, je pesais 35 kilos. La première fois que j'ai pris le métro, les gens se levaient pour me faire asseoir[14]. »

Parfois, le train qui ramène les hommes en France est pavoisé d'oriflammes, de serpentins, décoré de branches de sapin. En franchissant la frontière franco-belge, des rapatriés se penchent par les fenêtres des wagons et applaudissent. A la gare de l'Est, ce 29 avril 1945, une fanfare joue *La Marseillaise* et un piquet militaire rend les honneurs. Les déportés sont devant, les prisonniers derrière, les STO au fond. Même accueil sur ce quai de Valenciennes où beaucoup se mettent à pleurer. C'est pourtant une France inconnue que les rapatriés – *a fortiori* les prisonniers de guerre absents depuis cinq ans –

retrouvent. Inconnue dans les grandes choses comme la vie politique : « Le seul fait que la France était libérée, se souvient un déporté, me faisait conclure que tous les problèmes seraient résolus. A peu de chose près, nous allions trouver le régime idéal, la justice, la liberté, la fin de l'exploitation de l'homme, l'amitié entre les combattants d'hier[15]. »

Il apparaît que les prisonniers de guerre interrogés par un inspecteur des renseignements généraux à la gare d'Orsay à la fin d'avril 1945, « ne veulent pas entendre parler de la politique et ne comprennent pas les élections ». « Gaullistes de principe, ils ignorent tout de l'homme. Ils sont très mal renseignés sur la Résistance[16]. » La France leur est inconnue aussi dans les choses de la vie quotidienne telles que l'organisation du ravitaillement, le fonctionnement du marché noir, les prix et la valeur de l'argent rendus méconnaissables par l'inflation. Même les coiffures féminines à la mode, tout en hauteur, surprennent et amusent les rapatriés.

Dans les centres frontaliers, ils ne font quelquefois que passer, le temps d'un ravitaillement qui peut être copieux : soupe, viande, fromage et vin. Parfois, on reste la nuit, faute de train pour poursuivre le chemin. On dort dans le petit lit blanc d'un internat, sur les châlits d'une caserne, à même le sol faute de place, voire chez l'habitant.

Dans les centres chargés de régulariser la situation des rapatriés, la première tâche est l'enquête individuelle, non seulement pour identifier chacun, vérifier sa catégorie, mais aussi pour éviter les impostures, plus particulièrement des collaborationnistes de toute espèce, réfugiés en Allemagne depuis l'été 1944 et qui cherchent à échapper à la justice de l'épuration : « On craignait l'infiltration d'ex-collabos ou même de *SS* dans cette masse de rapatriés, raconte un résistant déporté. Ebensee était un petit camp et personne ne connaissait, mais j'étais heureusement [*sic*] passé par Buchenwald et Mauthausen. J'ai décrit l'entrée, les camarades avec qui j'étais[17]. » Ensuite doit être établi un dossier médical après examens rapides, qui répond à deux impératifs : procurer les soins nécessaires, ouvrir les droits éventuels à une pension d'invalidité. Les désinfections se répètent, surtout à base de DDT (par crainte des poux qui transmettent le typhus). « Un coup de pistolet de x produits dans les manches, la braguette, le col et terminé[18]. » Comme toujours, les principes cèdent du terrain devant les contraintes pratiques. « Là, ceux qui reviennent subissent en un temps record, douche, épouillage, visite, prise de sang, radio-photo, conclusion médicale et poudrage antityphique. Cette chaîne est parfaite pour deux mille prisonniers par jour. Il est des jours où il en arrive dix à douze mille. Alors, on les fait défiler dans le grand hall orné de drapeaux et, sans qu'ils ôtent seulement leur capote, on leur demande si tout va bien. Cela remplace la série d'opérations que nous venons d'énumérer[19]. » À l'issue de toutes les formalités est remis « une espèce de carton plié en deux[20] », la carte de rapatrié, d'autant plus précieuse que nombreux sont ceux qui n'ont plus aucun papier. Une fois les formalités d'identification et de dépistage accomplies, les rapatriés ont en principe droit à un paquetage d'effets nécessaires (vêtements civils, chaussures, un peu de ravitaillement) et à une somme en liquide calculée en fonction de leur situation. Doivent s'y ajouter un mois de congé payé, une ration de ravitaillement doublée pendant six mois et neuf mois d'assistance médicale gratuite. Enfin, on lui propose d'adresser à sa famille un télégramme-type : « Rentre en France. Bonne santé. Arrivée imminente ».

Dans la réalité, les sommes remises semblent parfaitement aléatoires et traduisent l'absence de maîtrise des barèmes officiels par les responsables des centres. Les témoignages montrent que les rapatriés ont touché entre 1 000 et 6 000 francs (108 à 650 euros). La composition des colis connaît les mêmes avatars, signes des pénuries et des désordres. L'un touche deux paquets de cigarettes, un costume (du modèle remis par Vichy aux prisonniers de guerre rentrant en France) et une paire de chaussures ; un autre deux paquets de pâtes, une carte textile et une paire de chaussures ; un troisième une bouteille de vin, une chemise et un pantalon américains. Le manque le plus criant, qui cristallise revendications et mécontentement, est celui des vêtements. Le 4 juin, une manifestation regroupant 50 000 personnes s'est déroulée sous les fenêtres du ministre des Prisonniers, Déportés et Réfugiés aux cris de « A manger ! Des vêtements ! Des chaussures ! A bas le marché noir ! » Les déportés rentrent dans leurs pyjamas rayés. Les prisonniers de guerre ont depuis longtemps substitué aux uniformes usés des nippes de provenances diverses qui leur donnent un air de clochards : « Pantalon français, veste italienne, capote polonaise, bottes russes et tête nue (j'avais en effet jugé prudent d'abandonner, dès mes premiers contacts avec les Russes, le bonnet de police allemand qui me servait de coiffure)[21]. » Tous sont démunis, reviennent avec peu. Des déportés, qui n'avaient pas le droit de posséder quoi que ce soit dans les camps, s'accrochent à un paquetage misérable et hétéroclite ramassé de droite et de gauche et avec lequel ils ont traversé l'Allemagne, signe dérisoire de leur retour à la condition humaine.

L'afflux massif et la routine laissent à de nombreux rapatriés l'impression d'un mauvais accueil : « Je suis très déçu, écrit un prisonnier de guerre dans une lettre personnelle, voire même écœuré de constater la mentalité actuelle des gens. Chacun ne pense qu'à soi. Depuis ma rentrée, je ne fais que courir de tous côtés, renvoyé de bureau en bureau et toujours accueilli de façon décevante[22]. »

Toutes sortes de difficultés pratiques, de rivalités d'administration, de conflits politiques viennent compliquer des situations déjà embrouillées. Ainsi, le rapatriement prioritaire des déportés politiques, voulus par les mouvements de Résistance, obtient-il des résultats contrastés qui suscitent l'indignation : on accuse les ministères de laisser mourir les déportés libérés, du fait de leur incompétence et de leur incurie[23]. De fait, la frustration ressentie dans les centres d'accueil et à l'égard des administrations traduit plus largement le malaise vis-à-vis du pays et des concitoyens.

Toutefois, l'acheminement vers le lieu de résidence est parfois bien organisé jusqu'au bout. Voici un prisonnier de guerre qui a traversé l'Allemagne et la Belgique en train, puis qui, toujours en train, a rallié Charleville-Mézières à Orange. « De suite, la gare d'Orange s'est mise en relation téléphonique avec la mairie de Vaison et, dans l'heure qui suivit, une voiture venait spécialement de Vaison pour me conduire à domicile[24]. » Le trajet est parfois plus aléatoire. Voici un autre prisonnier de guerre qui, ne trouvant pas de train à Saint-Lazare, regagne sa Normandie aux côtés des cheminots qui ont bien voulu le prendre dans la locomotive de leur train de marchandises. Beaucoup de rapatriés se trouvent livrés à eux-mêmes, voire ont l'impression d'être de trop. Les sentiments des Français à leur égard évoluent vite. Ils sont « choyés et bien vite banalisés[25] ». Le décalage est trop flagrant. Pour des Français, libérés de l'occupant depuis huit ou neuf mois, ces jours n'ont plus un enivrant goût de liberté, mais celui, beaucoup plus amer, de la vie toujours difficile et des déceptions. L'importance persistance des pénuries fait considérer d'un œil parfois hostile les rares privilèges consentis aux rapatriés. Il semble qu'il n'y a pas de raison qu'ils tiennent les premiers rôles au palmarès de la souffrance. « Les Américains sont beaucoup trop bons avec les prisonniers, écrit une habitante de Saint-Dizier en avril 1945. Ils leur donnent du lait sucré dans le café le matin […] enfin, c'est dégoûtant, ils sont mieux nourris que nous[26]. » Ce qui n'empêche pas des communions. Le 8 mai 1945, au jour de la capitulation allemande, ce prisonnier de guerre rentré dans son village le 24 avril, se précipite à l'église pour sonner à toute volée. Mais la cloche se décroche et manque le tuer[27] !

Dans les grandes gares, surtout à Paris, les rapatriés sont frappés par la presse anxieuse des familles venues guetter les leurs. Le choc est particulièrement brutal pour les déportés raciaux. « Je n'osais leur dire ce qu'était réellement

Auschwitz », reconnaît un survivant[28]. Devant l'hôtel Lutetia, une foule se tient soir et matin, guettant les visages,
brandissant des photos ou des panneaux où sont écrits
des noms : « On lisait cette lueur d'espoir au fond de leurs
yeux, on entendait des noms, des questions, mais les photos exhibées étaient celles d'êtres normaux aux visages
joufflus, avec des cheveux et, nous, nous n'avions en
mémoire que des faces vides et des têtes rasées[29]. » Le
père de ce jeune Juif de Belleville vient d'ailleurs l'attendre
gare de Lyon, mais ne le reconnaît pas.

Accueil et réinsertion, les deux principes de la politique
officielle à l'égard des rapatriés, sont facilités par l'existence d'une famille. Pour les prisonniers de guerre, la
durée de l'absence pose problème. Comme le note un rapport du centre d'accueil du Gaumont à Paris, rédigé le
18 avril, beaucoup de prisonniers de guerre mariés hésitent plusieurs jours avant d'avertir leur famille et appré-
hendent le premier contact. Comment reprendre sa place
dans un foyer quitté depuis cinq ans, où la mère a dû sup-
pléer l'absence du chef de famille au milieu des plus grandes difficultés ? Comment surmonter les liens distendus
d'une vie commune qui s'est résumée à l'envoi de cartes
réglementées, de lettres faussement courageuses et de
colis difficilement bouclés ? Comment communiquer avec
ses propres enfants, qu'on retrouve terriblement grandis
et changés, habitués à vivre sans père ? Comment ne pas
être un intrus dans sa famille, dans son foyer ? Comment
se confronter à une femme qui a refait sa vie, à une maison désertée, à un patrimoine envolé ?

Ces questions ne sont pas méconnues dans les milieux
prisonniers. Elles ont déjà été soulevées sous Vichy, mais
les restrictions légales apportées au divorce en ont mas-
qué les réalités. A partir de la Libération, le ministère des
PDR essaie d'en tenir compte. Une note du cabinet du
ministre indique en octobre 1945 qu'on prévoit 10 % de
divorces parmi les anciens prisonniers de guerre, sachant
qu'à peine plus de la moitié d'entre eux sont mariés[30]. Les
notes des secrétaires des Maisons du prisonnier établis-

sent le 9 juillet que depuis le début de la période de rapatriement massif, environ cinq cents demandes d'assistance juridique sont déposées chaque semaine pour des procédures de divorce ou de désaveu de paternité (5 % des cas). Il y aurait eu 50 000 divorces entre 1945 et 1948. Mais, dans l'immense majorité des cas, en dépit des moments de gêne et de doute, la vie reprend ses droits.

Certains déportés juifs ne retrouvent personne en rentrant en France. Il faut abandonner l'espoir et refaire sa vie, seul survivant d'une famille, parfois d'une famille élargie, défi matériel et traumatisme presque insurmontables. La concierge « m'a donné les clefs et même du courrier, l'appartement était vide avec la table encore mise, comme au moment de l'arrestation, et je n'ai pas supporté[31] ». Pendant des mois, ces rescapés se mettent à leur tour à attendre, laissant toujours de la lumière ou une fenêtre ouverte pour montrer que le logement est habité. Pour d'autres, c'est une litanie de retours et de deuils qui se succèdent dans l'angoisse.

Enfin, la question de l'état de santé des rapatriés se pose avec acuité. Le ministère a établi les pronostics les plus sombres, craignant d'ailleurs que les rapatriés ne rapportent avec eux des épidémies qui se répandraient sur la France. C'est tout d'abord le soulagement. Amaigris et fatigués, les prisonniers de guerre et les requis du STO ne présentent de pathologies lourdes que pour une faible part. Par exemple, un an et demi après le retour en France, 15 000 anciens prisonniers de guerre séjournent en sanatorium. Beaucoup plus gravement atteints, les déportés souffrent d'asthénie, de typhus, de pneumopathies, de cachexie, de prostration. Ils sont frappés par des accidents mortels qui jalonnent une réalimentation souvent mal maîtrisée. Mais ils sont peu nombreux et les capacités sanitaires de la France suffisent à les accueillir et les soigner. Ou du moins à essayer car, comme le constatent des médecins de l'hôpital de la Salpêtrière à Paris, « tout leur était indifférent ou pénible ». Pour eux, la réinsertion semble parfois être plus une angoisse qu'une perspective d'avenir. « Vingt-deux ans, déclare un jeune rapatrié juif, pas de passé actif, pas de possibilité physique d'avenir actif, alors la réinsertion... dans quoi[32] ? » Pourtant, d'autres révèlent un incroyable appétit de vie, comme ce jeune garçon de 18 ans qui rentre de Buchenwald, malade du typhus et pesant 29 kilos : « J'avais une telle faim de vivre, d'apprendre, de rattraper le temps perdu ! En une année, j'ai rattrapé les quatre ans de formation nécessaires à l'apprentissage du métier d'horloger. En quelques mois, j'ai grandi de 12 centimètres, les médecins n'y comprenaient rien[33]... »

Les déportés politiques plus âgés semblent renouer moins difficilement le cours de leur existence, comme en témoignent ces lettres échangées dès les premiers mois de liberté par d'anciens détenus de Buchenwald. Pour chacun comptent la santé, la famille retrouvée et les nouvelles des camarades perdus de vue. Ainsi, en juillet 1945 :

« Enfin je parviens à t'écrire cette petite lettre pour te donner de mes nouvelles qui sont bien bonnes. J'espère que tu es en bonne santé et que tu sois complètement rétabli ; ainsi que tu as bien retrouvé toute ta famille. De moi je peux te certifier que je me trouve tout à fait à l'aise et que j'ai bien grossi, sauf les cheveux qui sont encore un peu courts, mais ça reviendra, le principal c'est que nous soyons libres, et à présent on n'a plus besoin de regarder derrière soi avant de dire un mot[34]. »

Ou d'un autre correspondant, en octobre :

« Es-tu en bonne santé ? As-tu repris tes occupations ? As-tu retrouvé les tiens en parfaite santé ? Tu as comme moi trouvé un inconnu en rentrant au foyer ! Le dernier-né ! [...]. Je serais heureux si tu pouvais me donner quelques nouvelles des copains. Personnellement, j'ai repris 20 kilos environ et la santé est bonne[35]. »

Mais le camarade auquel ces hommes écrivent pour prendre et donner des nouvelles n'est jamais revenu en France : il est mort sur une route allemande après leur séparation.

Par ailleurs, les problèmes sanitaires, finalement bien contenus en 1945, vont se réveiller dans toutes les populations rapatriées. Les premiers, les médecins anciens déportés politiques ou raciaux se mobilisent pour souligner la lenteur des rétablissements et prédire les séquelles à moyen et long terme des états de misère physiologique qui vont frapper leurs compagnons de captivité, avec la pérennité de certains troubles et l'apparition très retardée de maladies. Des déportés sont atteints de localisations tuberculeuses plusieurs semaines, plusieurs mois, voire deux ou trois ans après leur libération. Quand on sait qu'ils ont en principe été radiographiés par le service de santé du rapatriement pour le calcul des éventuelles pensions d'invalidité, on voit l'enjeu qui sous-tend ces recherches médicales. Dès le début des années 1950, les plus prestigieux et les plus actifs des médecins anciens déportés développent une étude approfondie de la pathologie de la déportation (étendue plus tard à la pathologie de la misère) qui distingue pathologie traumatique (coups, blessures, tortures), pathologie de la nutrition, pathologie de l'encombrement, pathologie de la fatigue et psychopathologies. De même, les anciens « Malgré-nous » qui ont été prisonniers de guerre dans les camps soviétiques (en particulier Tambow) font état de leurs maladies de carence. Les prisonniers de guerre, enfin, s'avèrent vulnérables aux troubles digestifs, rhumatismes, affections cardiaques et pulmonaires. Sachant que neuf prisonniers rapatriés sur dix avaient moins de 36 ans en 1945, on constate au bout de trois années qu'ils ont une morbidité supérieure de 60 % à celle de leur classe d'âge.

Or, en dépit de ces immenses difficultés, la majorité des rapatriés se réinsère, reprend le cours de sa vie ou en rebâtit une nouvelle, trouvant dans les solidarités héritées des épreuves et dans la vitalité de la reconstruction puis de la croissance, des opportunités pour rattraper le temps perdu et les années volées.

22

Une vie toujours assiégée de servitudes

Ceux qui souffrent encore

L'illusion du pouvoir d'achat

Pour les gouvernants français, le défi est énorme : il faut reconstruire le pays, redonner confiance aux habitants en leur procurant des vêtements, à manger, à boire, mais aussi de l'électricité et du chauffage. Certes, les réquisitions allemandes ont affaibli l'économie française, mais leur disparition ne remplit pas pour autant les étalages et les assiettes des Français. Le problème est plus complexe ; la désorganisation de l'économie française, en raison de la guerre, ne permet pas le retour à l'abondance dans un proche avenir. Le budget de la nation est trop faible ; il faut réparer sommairement des centaines de kilomètres de voies routières et ferroviaires, afin de transporter des vivres à travers tout le pays. Il s'agit d'éviter à tout prix les disettes et les famines. Les circuits de distribution traditionnels ont été coupés par la guerre et ils n'ont pas été rétablis assez rapidement sous le contrôle assidu de l'Etat. Dans son étude pionnière sur l'agriculture sous l'occupation[1], Michel Cépède montre que pour donner quelques grammes de pommes de terre supplémentaires à chaque Parisien, il faut acheminer en train plusieurs dizaines de milliers de tonnes du précieux tubercule. Mais les wagons manquent et les voies ferrées sont détruites ou impraticables.

Dès l'automne 1944, une inflation spectaculaire commence en France et va durer plusieurs années. Ce contexte a considérablement comprimé les résultats de l'économie nationale au détriment d'un retour au bien-être plus rapide des Français. Les prix montent de façon exorbitante. Ainsi, les prix de gros sont multipliés par 2,5 entre 1938 et 1944, et par 3,5 en 1945. Les prix de détail progressent de 48 % en 1944, ce qui s'explique par la pénurie de produits de consommation courante. Le franc est fortement affecté. Trop de monnaie circule. Elle n'est pas utilisée, car la production tourne au ralenti, ce qui déséquilibre encore l'ensemble de l'économie déjà si fragile. Les salaires doivent être réévalués au plus vite. Le régime de Vichy avait déjà dû commencer à répondre aux revendications salariales des travailleurs. Les dirigeants de la Libération sont confrontés aux mêmes demandes. Les salaires et les allocations familiales progressent alors de 50 % en 1944, mais c'est encore insuffisant. Les Français possèdent un faible pouvoir d'achat. Comment s'en servir dès lors qu'il n'y a rien à acheter sur le marché officiel ? En 1945, les salaires sont encore augmentés de 35 %, mais les prix s'élèvent de 52 % ! Evidemment, cela fait le jeu des tenants du marché noir qui savent capter cet argent non employé ou sous-employé. Il faut donc prendre en compte les prix d'un marché clandestin bien supérieurs à ceux du marché officiel. Un cercle vicieux s'instaure : toute hausse des prix aboutit à une hausse des salaires qui nourrit elle-même la hausse des prix. La course contre une inflation galopante dévore alors l'enthousiasme des gouvernants et poussent les Français à poursuivre la recherche de solutions d'appoint, bref à développer encore le système D. De Gaule choisit de laisser courir l'inflation pour ne pas demander trop d'efforts à un peuple épuisé. Le pari porte donc sur la consommation des Français ; c'est sur cette base que repose en grande partie le redressement économique du pays.

« J'entends les voix de la misère et de l'angoisse... »

A mesure que la Libération s'éloigne dans le temps, le rationnement officiel est moins bien accepté. D'ailleurs, en janvier 1945, six personnes sur dix estiment que le ravitaillement est plus mauvais que pendant l'occupation ; la proportion de mécontents passe à 7 sur 10 quand on compare le ravitaillement sous l'occupation à celui d'octobre 1944, à l'heure où une très grande partie de la France est déjà libérée. En septembre 1947, au plus fort du mécontentement, 74 % des personnes interrogées pensent que le ravitaillement est pire que sous l'occupation[2]. Le 1er mai 1948, dans la revue *Sondages* de l'Ifop, une enquête révèle que six familles sur dix sont très inquiètes quant au ravitaillement même si leurs premières préoccupations sont désormais les prix élevés et les « problèmes pécuniaires ». En 1949, l'angoisse du mauvais ravitaillement est moins importante et les enquêtes constatent davantage de personnes « sans opinion » sur ce thème. L'apogée des inquiétudes concernant le ravitaillement se situe donc au début de 1945, pendant l'automne 1946 et lors des hivers 1946-1947 et 1947-1948.

Or, sans le rationnement officiel, les Français ne se doutent pas qu'ils seraient peut-être morts de faim dans certaines régions ou dans certains quartiers. Déjà sous Vichy, le rationnement a été organisé pour permettre aux Français de ne pas tomber plus bas et pour sauver ce qui restait d'un régime aux abois ; à cause de son zèle collaborateur, il a permis des prélèvements allemands sur les stocks français ; l'absence de produits importés des colonies a aussi lourdement pesé. En fait, le régime de Vichy n'a pas souvent eu les moyens de répondre favorablement aux communes qui demandaient plus de ravitaillement ou une distribution alimentaire mieux répartie entre les régions. En 1945, pour bien faire, les Français auraient dû accepter davantage de rationnement, mais comment leur demander cela ? De Gaulle sait sa marge de manœuvre étroite. Du coup, les Français acceptent l'inflation et le recours au marché noir pour pouvoir consommer pour quelque temps encore. En 1945, les habitants sont dans une phase où risquer l'inflation ne les soucie guère. Ils attendent tout d'un Etat qui a plutôt intérêt à ne pas leur prendre trop. En 1944-1945, la paix sociale est obtenue à ce prix.

Des affiches rappellent aux Français quelques conseils pratiques et des recettes économiques, telle celle éditée par le service social de la Croix-Rouge : « Bouillon de céréales et de légumes secs. Mettez dans 3 litres d'eau 2 petites cuillerées à soupe de : blé, orge perlé, maïs concassé, haricots blancs, pois secs, lentilles. Salez le tout... très nourrissant [cette dernière mention est imprimée à l'encre rouge][3]. »

L'opinion est virulente envers les ministres en poste en 1947, une autre année critique dans presque tous les domaines du ravitaillement. Dans son journal, à la page du 28 janvier 1947, le président de la République Vincent Auriol est pessimiste :

« Depuis mon installation, à la lecture de mon courrier, j'entends les voix de la misère et de l'angoisse : lettres de veuves chargées d'enfants en bas âge, sans secours ni travail, plaintes contre les retards apportés à l'attribution des pensions aux victimes de la guerre, doléances des vieillards à qui la mort de leurs enfants pendant l'occupation a laissé la charge de leurs petits-enfants, ou de pauvres gens grelottant de froid et de faim au milieu des ruines, dans des caves, faute de logement. [...] A ces appels, les services des ministères répondent par une note circulaire classique : "Nous prenons note... Votre requête sera examinée, etc."[4]. »

Le 8 novembre, Vincent Auriol note qu'il reçoit des lettres « des vieux, des économiquement faibles, lettres déchirantes où quelques-uns [lui] disent qu'ils préféreraient la chambre à gaz[5] ».

En 1946, la viande continue de se vendre à 500 francs le kilo chez un boucher parisien. Or, en octobre 1946, selon la législation en vigueur, les consommateurs français des autres grandes villes peuvent se procurer une ration de 150 grammes hebdomadaires de viande pour 130 francs le kilo – soit 21,42 grammes de viande par jour au lieu de 13,4 au quatrième trimestre 1944 – et en acheter 150 autres à 280 francs le kilo. Autant dire que nombre d'acheteurs et de commerçants contournent cette législation, même quand la ration est plus importante. La viande arrive au compte-gouttes sur les étals ; les ponts détruits, ajoutés au déficit de camions et de trains, provoquent le blocage des convois en route depuis les abattoirs. Parfois, quand les camions sont enfin disponibles, les pneumatiques manquent encore ! Pour éviter le vol, l'Etat doit surveiller chaque étape des livraisons. La presse annonce de temps à autre des arrivages comme s'il s'agissait d'un vrai miracle ; ainsi *La Liberté du Morbihan* du 24 novembre 1945 s'étonne : « Vannes : nous allons avoir de la viande. La Halle aux grains transformée en abattoir et en boucherie municipale. » Le 1er mars 1946, le même journal publie : « Ravitailleur de 40 millions de Français affamés, M. Longchambon [ministre du Ravitaillement avant Yves Farge] nous promet pour bientôt du vin, de la viande et des conserves. »

L'achat d'une tranche de beefsteak est plus particulièrement inaccessible aux petits et moyens salaires ; le prix du kilogramme explose entre janvier 1947 et août 1948 :

Janvier 1947	192 francs
Juin 1947	283,35 francs
Mars 1948	416 francs
Août 1948	493 francs

Si des Français ont consommé du pain blanc en 1944-1945, ils le doivent à la fourniture ponctuelle de farine américaine. Ce rai d'espoir ne dure pas. Le pain, qui est à la base de l'alimentation des Français, quasi sacré, est rationné officiellement de 1945 à 1949 : 350 grammes par personne et par jour du 1er octobre 1944 au 1er novembre

1945 – au lieu de 500 grammes en 1938-1939 ; vente libre du 1er novembre 1945 au 1er janvier 1946 ; puis 300 grammes de cette date jusqu'au 1er mai ; 250 grammes du 1er mai au 1er septembre 1947 ; 200 grammes jusqu'au 31 mai 1948 ; 250 grammes de juin 1948 jusqu'à l'automne 1949[6]. La carte de pain est supprimée par le gouvernement pendant un court laps de temps en novembre 1945 ; cette mesure est annoncée le 29 août précédent, en pleine campagne électorale, ce qui suscite beaucoup d'espoir chez les électeurs, mais la carte est rétablie dès le 1er janvier 1946, en raison du mauvais bilan des récoltes de 1945. Corrélativement, la ration est abaissée. En conséquence, produit encore rare et de mauvaise qualité, le pain voit son prix flamber en 1947 et en 1948 ; au kilo, il passe de 11,10 francs en janvier 1947 à 19,21 francs en août, après une baisse assez sensible à 10,50 francs en juillet ; puis le prix remonte à nouveau à 24 francs en septembre. Ce tarif reste bloqué jusqu'en août 1948. En décembre suivant, le pain coûte 35 francs le kilo, juste quelques semaines avant la suppression de la ration de pain officielle et des tickets de rationnement en janvier-février 1949.

Dans ces conditions, les tensions sociales ne sont pas rares, sous forme de violences chez le boulanger et chez le meunier. Le 31 mai, le procureur général de Rennes est informé dans l'après-midi que la veille au soir, à Saint-Briac, près de Saint-Malo, « deux cents personnes se sont rendues avec une charrette au moulin D. et se sont fait remettre par force 15 sacs de farine. La farine a été remise volontairement pour éviter des violences. Saint-Briac était privé de farine depuis quelques jours parce que la commune avait épuisé son contingent[7] ». Pour l'ensemble de ces produits, les grèves de 1947-1948 ont contribué à surenchérir encore les prix.

« Curieux pays… », sans lait pour ses enfants

Pour les mères de famille, il y a pire : le lait de vache fait défaut jusqu'au tout début de 1949, même si la situation varie encore d'une région à l'autre. Dans le petit village d'Andard (Maine-et-Loire), Rose Denéchaud allaite encore l'un de ses quatre fils, âgé de deux ans en 1947, en espérant compenser les carences caloriques ! Elle livre un détail qui la fait rire aujourd'hui, mais qui en dit long sur les sacrifices quotidiens des mères : « Le bébé de deux ans buvait et mangeait ce qu'il pouvait, c'est-à-dire ce qu'il y avait, et ne s'occupait pas de rationnement. Au moment de la tétée, il me faisait mal, car il avait déjà ses premières dents[8]… » En 1945, les parents de jeunes enfants sont obsédés par la collecte du lait. Et cela se prolonge. Cette situation de pénurie s'explique. Le manque de camions et de bidons ainsi que l'état des routes contribuent aux très gros retards de livraison. De plus, à partir de 1945, des éleveurs de vaches laitières se sont tournés vers l'élevage des bœufs, jugé plus rentable, ce qui a réduit les quantités de lait disponibles, y compris en Normandie. Les conseillers municipaux d'Alençon s'en plaignent lors d'une séance du 29 décembre 1945[9]. Lorsqu'ils continuent d'en produire, certains éleveurs vendent du lait prétendument « entier », alors qu'il est « trafiqué ».

« Curieux pays que ce pays qui fut capable de considérer comme un service public la distribution de l'eau et qui n'a pas encore osé construire son service public du lait[10]… » Yves Farge est sévère à l'encontre des « marchands de fromage » qu'il accuse de ne pas jouer le jeu de la distribution honnête et de profiter de la situation difficile du pays pour s'enrichir.

Citadins contre ruraux

L'exode rural, qui s'accentue toujours, finit de vider les campagnes de plusieurs centaines de milliers d'actifs. Toutefois, rappelons que la crise du monde agricole a commencé bien avant le conflit. Celui-ci n'a fait que l'aggraver. Ceux qui sont restés sur les terres n'ont pas assez d'engrais, de machines et parfois, les terres ont été totalement retournées par les bombardements. Les friches ont gagné du terrain faute d'entretien en l'absence de paysans faits prisonniers. Les rendements de blé et de pommes de terre chutent de plus de 30 % en 1945. Il faut attendre 1946 pour voir le redressement progressif des rendements en millions de quintaux, après les chutes vertigineuses de 1945 et surtout de 1947 en ce qui concerne le froment[11].

L'hiver 1944-1945 fut particulièrement rude avec le gel des semis de printemps. Les récoltes de 1946 permettent tout juste de rétablir un équilibre très fragile et ponctuel. L'importance du climat est sans cesse évoquée dans les témoignages des Français. Pendant l'occupation, les militaires allemands ont imposé la fermeture de 95 % des stations météorologiques officielles[12]. Celles restées ouvertes dans sept villes françaises donnent un aperçu du climat entre 1939 et 1945 ; l'hiver 1944-1945 a rappelé aux Français ceux de 1939-1940, 1940-1941 et 1941-1942. En janvier 1945, dans l'est et le centre du pays, les températures sont inférieures de 4 à 6 °C par rapport aux moyennes habituelles ; l'écart est de 3 à 4 °C sur le littoral méditerranéen. Il a fait jusqu'à − 20 °C dans l'est et le nord, entre − 8 et − 10° C dans le Midi. Après le mois de janvier 1940, celui de 1945 est le mois le plus froid de toute la première moitié des années quarante. Près de 30 jours de gel ont été comptés en janvier 1945 ainsi que 15 journées d'enneigement. Mais d'autres dégâts ont été enregistrés par les paysans français en raison des mois de février, mars et avril, relativement doux, ce qui a permis à la végétation de croître plus vite, trop vite. Entre le 1er et le 3 mai une série de gelées tardives endommage gravement les futures récoltes fruitières, viticoles et maraîchères. Les récoltes de pommes de terre et de haricots sont fortement touchées, ce qui explique par la suite des prix exorbitants en Dordogne ; les habitants soulignent en outre que les noyers et les châtaigniers ne sont pas épargnés.

A la Libération, selon Michel Cépède, 28 000 tracteurs sont en état de marche[13]. La production des motoculteurs est pareillement affectée avec 1 553 unités fabriquées en 1942 et seulement 401 en 1944. Cependant, dans le Bassin Parisien et dans le Nord, les exploitations agricoles sont suffisamment bien structurées et riches pour se permettre d'acheter plus rapidement des machines neuves. En 1948, les tracteurs sont à nouveau en vente libre. Les plus riches en achètent, mais les paysans de petites et moyennes exploitations ont épuisé leur épargne entre 1945 et 1947 à cause de l'inflation.

Les paysans doivent officiellement déclarer tout ce qu'ils produisent. Or, on l'a dit, l'excédent monétaire ne les pousse pas tous à déclarer la totalité de leurs productions. Ils préfèrent vendre aux acheteurs du marché noir. Les paysans ont en effet besoin de moyens financiers rapides pour se procurer des machines, également au marché noir. Vendre les produits frais au prix officiel ne les motive guère. Pourtant, les profits du marché noir ne sont pas les seuls facteurs explicatifs. Dès 1946, les recettes des paysans sont à nouveau équivalentes à celles de 1938. Le Crédit Agricole enregistre de très importants dépôts monétaires durant la guerre et dans l'immédiat après-guerre, ce qui témoigne des profits amassés par de nombreux paysans[14]. Il faut dire qu'ils ne peuvent pas dépenser cet argent en achetant engrais et machines qui n'existent presque plus en France. L'absence de pesticides et d'engrais – faute d'importations en provenance d'Afrique, notamment de phosphates, et en raison des prélèvements de l'occupant – a eu des conséquences brutales et néfastes sur l'agriculture française, pour l'ensemble des années quarante. A la Libération, la paralysie des transports et de l'économie a aussi touché les arrivages d'engrais dans les exploitations. De même, tous les types de ficelle manquent aux paysans : ficelle de sisal, ficelle de papier et ficelle métallique. La production agricole est donc presque nulle en 1945.

Quoi qu'il arrive, les paysans de 1945 à 1949 mangent de toute façon mieux que les citadins. Toutefois, l'agriculture française doit réformer ses méthodes et repenser ses structures foncières pour s'ouvrir plus largement au marché mondial et s'intégrer à l'économie nationale. Mais les Français sont indifférents à ce genre d'enjeux, bien lointains de leurs préoccupations quotidiennes et appartenant au domaine de la « haute politique ». De leur côté, les gouvernants prennent garde de ne pas trop heurter les paysans, par peur de la grève des approvisionnements. Les revendications corporatistes paysannes sont d'autant plus inflexibles que les salaires bas des ouvriers agricoles ne peuvent être qu'augmentés, simplement pour rattrapage. Naturellement, les citadins voient d'un mauvais œil que l'Etat maintienne les cartes de ravitaillement entre 1945 et 1949 alors qu'il semble favoriser les paysans.

En mars 1946, les citadins consomment en moyenne moins de deux mille calories par jour contre trois mille chez les ruraux ; rappelons qu'une bonne ration quotidienne équivaut à 2 400 calories pour une personne qui n'a pas une grande activité physique ; c'est à ce prix qu'elle peut éviter la sous-alimentation[15]. Sans le recours au marché noir, nombre de travailleurs ne peuvent pas manger à leur faim et ne survivent au labeur que dans des conditions extrêmement pénibles. Il faut négocier avec les commerçants, sa carte d'alimentation en main. Le troc, l'envoi des colis, le jardinage, l'élevage de lapins et de poulets un peu partout dans les potagers et les cours intérieures des immeubles, y compris dans certains appartements, sont encore des pratiques courantes en 1945-1946.

Vincent Auriol est sans équivoque sur le comportement paysan en octobre 1947 : « Le seul problème immédiat : le ravitaillement, qui exige une politique énergique contre l'égoïsme rural et contre les profits des mercantis[16]. » Les années quarante sont pour le monde rural de bien meilleures années que pour les autres Français.

Le second semestre de 1947 est sans aucun doute l'un des plus difficiles de la décennie pour la population citadine. Le gouvernement Ramadier est alors très impopulaire. Le nouveau ministre des Affaires économiques et des Finances, René Mayer, parvient à redresser une situation désastreuse dès le premier semestre de 1948. Mais à l'été, les Français constatent avec amertume que les prix continuent de grimper. Les enquêtes de l'Ifop, regroupées dans la revue *Sondages*[17], montrent que les Français sont très sensibles à la moindre amélioration des quantités achetables, mais aussi à la hausse des prix et des salaires ; la hausse des salaires n'est pas forcément souhaitée, car beaucoup y voient une source essentielle de l'inflation. Le moral de la majorité des Français est donc très fragile dans l'après-guerre et les hommes politiques perdent très vite leur popularité. Dans les enquêtes, on constate que ce sont les femmes, les vieillards et les plus pauvres qui se plaignent le plus des variations économiques des années 1945-1949. En revanche, les ruraux sont beaucoup moins critiques en ce qui concerne la mauvaise qualité de l'approvisionnement.

Les paysans continuent de faire des profits et certains essaient d'aider au mieux quelques cousins des villes. Mais chacun reste campé sur ses positions. L'animosité urbaine contre les ruraux est très perceptible ; les paysans se sentent injustement montrés du doigt dans la presse écrite et à la radio.

Reconstruire pour rassurer

De 1945 à 1949, les Français déminent et déblaient souvent eux-mêmes dans un premier temps, avant que les entreprises locales ne prennent le relais, appuyés par les services officiels. En 1945, les premières estimations du ministère de la Reconstruction recensent plusieurs millions de mines terrestres et sous-marines (sans doute treize millions, en grande partie détruites en 1949) et d'obus à arracher sur près de 500 000 hectares dans plus d'une cinquantaine de départements. Entre 1945 et le 1er janvier 1949, 653 978 obstacles côtiers sont retirés et 56 572 bombes déterrées. Le déminage a été efficace en France malgré des moyens bien inadaptés dans un premier temps et des difficultés pour financer la logistique. Les franges littorales et frontalières de l'est ont été les plus recouvertes de mines ; les anciennes bases de la marine de guerre allemande telles que Brest, La Pallice, Lorient et Saint-Nazaire en sont abondamment « tapissées ». Des cartes des zones minées sont imprimées ; Michelin publie sa version en mai-juin 1945. Des zones urbaines et rurales sont alors désertées, délimitées par des panneaux qui indiquent l'emplacement des mines repérées.

Dans les villes détruites, hommes, femmes et enfants sont mis à contribution pour entasser les briques éparpillées par les explosions des bombardements ou par les combats de rue. Or, des milliers de mines n'ont pas encore explosé au moment des premiers déblayages. Malgré les panneaux qui mettent en garde la population contre la présence de mines ou de munitions abandonnées, malgré la présence des agents des Ponts et Chaussées, des enfants se risquent à grimper dans les ruines et c'est alors l'accident qui survient. Dans la presse locale, les parents sont mis en garde contre les armes retrouvées en forêt, sur les plages ou plus simplement au détour d'une rue. Les préfets rappellent fréquemment que les enfants ne doivent pas s'aventurer dans les ruines pour faire de la récupération, même si cela est très utile aux parents qui construisent un abri ou qui réparent une maison.

Le déminage est donc d'abord l'affaire des habitants qui, dans les ruines, ramassent des centaines de grenades non explosées et qui signalent aux autorités les engins les plus gros.

Pendant l'hiver 1944-1945, tous les Français ont connu aussi de très nombreuses coupures de gaz, souvent la nuit, comme à Paris entre 21 heures et 5 heures du matin. Pour l'électricité, les coupures ont lieu entre 9 heures et

17 heures. Dans la plupart des villes en reconstruction, cette absence de gaz et d'électricité se poursuit au moins jusqu'en 1949. Les Français s'en plaignent. Paris retrouve toutefois plus vite que les autres villes l'éclairage nocturne, privilège de capitale. Pour les Français des ruines, l'approvisionnement en électricité est beaucoup plus préoccupant. Or, dans l'esprit des Français, avoir de l'électricité chez soi, dans son village ou dans son quartier, est le marqueur essentiel de l'accès à la modernité. Et puis, le « courant » est nécessaire à la cuisson des repas. Très lentement, la situation s'améliore en grâce aux efforts consentis dans le cadre du Plan et des nationalisations de la Libération ; l'électricité – entre les mains de l'Etat – est produite en plus grande quantité : en 1949, un barrage sur le Rhône est inauguré et montre la volonté de l'Etat de s'engager dans la voie de la modernisation de la France ; en 1950, 33 milliards de kWh sont ainsi produits, au lieu de vingt milliards douze ans plus tôt. Mais les Français à titre individuel et les entreprises agricoles et industrielles sont de plus en plus gourmands en électricité. La production électrique ne suffit donc pas à donner du « courant » de façon régulière et simultanée à tous les foyers et aux entreprises.

Dans les régions bombardées, aux difficultés de la distribution électrique propres à toute la France, s'ajoutent des problèmes techniques liés à une reconstruction trop lente. *La Liberté du Morbihan*[18], un journal très lu après la guerre dans la région de Lorient, recense minutieusement les coupures régulières : par exemple, le 17 novembre 1945, un article annonce que « la distribution du courant sera totalement interrompue chaque soir de 18 h 45 à 19 heures, de 19 h 45 à 20 heures et de 20 h 45 à 21 heures », ce qui n'est guère apprécié des Bretons qui enregistrent déjà des températures hivernales basses. Le 5 septembre 1946, *La Liberté du Morbihan* livre quelques petits « trucs » aux lecteurs pour s'éclairer de façon économique, à défaut de disposer d'électricité :

« Gardez les grands coquillages qui ressemblent en plus important et en plus profond aux coquilles Saint-Jacques et que vous-mêmes et vos enfants avez ramassés à la mer.

« Prenez-en deux : appliqués au mur, avec une petite ampoule ils donnent un joli éclairage.

« Ne jetez pas la carafe dont le bouchon est cassé : cristal ou verre, vous en ferez une lampe. »

D'autres ripostes issues du système D sont évoquées, comme celle décrite dans le numéro du 17 avril 1947 :

« A l'aide d'une éolienne montée par lui, un Lanestérien ignore les "coupures" de courant. Le vent utilisé remplace le charbon.

« [...] Une pareille utilisation rendrait les plus grands services à l'agriculture, précisément dans les villages éloignés des grands-routes et des lignes à basse tension, et encore tenus, pour cette raison, à l'écart de la vie moderne par le manque actuel des crédits tant sur le plan communal que départemental. »

Malgré d'importants efforts de l'Etat, les problèmes de distribution d'électricité sont encore quotidiens dans le Lorientais en janvier 1949.

Si la sous-alimentation des Français est préoccupante dans la seconde moitié des années quarante, pour beaucoup, les aléas de la reconstruction s'ajoutent à ce premier fardeau, une fois les terrains déminés. On le lit dans les bilans de l'Insee : la France n'a pas d'autre choix que de reconstruire[19]. Mais la tâche paraît immense et longue. La France n'est pas assez riche pour donner rapidement une maison à chacun des habitants sans toit, à savoir aux 5,5 millions de « sans-logis » et sinistrés[20]. Beaucoup espèrent que l'Etat, sous la houlette du ministère de la Reconstruction et de l'Urbanisme, va leur permettre de revenir au plus vite dans des logements et des locaux pour vivre et parfois pour reprendre des activités artisanales et commerçantes. Espérer un confort, même minimum, est quasiment impossible en 1945 d'autant que les logements sont déjà vétustes et trop peu nombreux à la fin des années trente.

Le ministère de la Reconstruction estime qu'il faut construire plus de six millions de mètres carrés de baraquements. Or, le déficit des moyens de transport du bois pèse lourdement. Certains pensent qu'il ne faut pas construire au plus vite des baraquements, mais plutôt consacrer les efforts financiers de la nation à la remise en état des infrastructures routières et ferroviaires, ainsi qu'à la construction des bâtiments publics. L'habitat définitif ne doit être pris en compte que dans un second temps. D'autres estiment qu'il est inutile de loger les Français sinistrés des grandes villes dans des maisons de fortune alors qu'il faudra un jour les détruire pour en reconstruire de plus solides ; ce serait une source de gaspillage.

Dans la seconde moitié de 1945, à peine 600 000 mètres carrés ont pu être « livrés » aux sinistrés. En effet, conformément aux promesses de Raoul Dautry, des achats de maisons en bois sont effectués en Suisse, en Amérique, en Angleterre et en Suède. Ce dernier pays consacre déjà beaucoup de moyens à reconstruire en Belgique et aux Pays-Bas. Mais les importations ne suffisent pas. Comme le bois coûte cher, l'idée prime en France d'utiliser des « ressources locales » : « Faites ouvrir des carrières, allumez des fours à chaux et à plâtre. Faites travailler les briqueteries, les tuileries de campagne. [...] Le toit de chaume résiste au vent qui fait s'envoler la tuile mécanique et le mur de joncs et de boue séchée mieux que le parpaing moderne fait la "bourrine vendéenne" fraîche en été, chaude en hiver[21]. » Ces moyens de fortune ne suffisent pas encore. Aussi est-il demandé aux Français d'être patients et de se débrouiller seuls en attendant des jours meilleurs. Selon les autorités, le sacrifice doit être pris comme une forme de patriotisme et de civisme, dans l'intérêt du bien général à moyen terme. Néanmoins, des centaines de baraquements sont construits pour mettre les sinistrés à l'abri des intempéries. Chacun doit donc recourir aux membres de la famille ou aux amis qui n'ont pas souffert des destructions. Les maires de plusieurs villes françaises contraignent certaines familles à accueillir des sinistrés, comme à Caen, par exemple. Dans cette ville, 9 000 immeubles sur 15 000 ont été démolis intégralement et 4 000 très gravement endommagés. Il n'y a plus ni eau ni électricité en juillet 1944. Leur rétablissement total a pris plusieurs années. En septembre 1944, les Quakers scandinaves y montent les premières baraques pour loger des sinistrés.

Les municipalités reçoivent des subventions pour redessiner le cadastre, faire expertiser les dégâts par des architectes, déminer et déblayer. En fait, tous les budgets votés jusqu'en 1950 ont été assez modestes pour la reconstruction immobilière des particuliers. D'ailleurs, celle-ci n'entre pas dans les six premières grandes priorités du Plan élaboré dès 1945, mis en pratique à partir de janvier 1947 grâce à la promulgation du gouvernement Léon Blum. Sont privilégiées les infrastructures nécessaires à la reprise de la production nationale : houillères, sidérurgie, production et distribution de l'électricité, transports, ciment et mécanisation des activités agricoles. On réfléchit à l'après-guerre avec les schémas productivistes des années 1920.

Il est bien prévu de répondre à la demande croissante de biens de consommation et de reconstruire les immeubles détruits, mais ce n'est jamais prioritaire. De plus, la production industrielle de matériaux ne suit pas les exigences énormes de la demande. Ainsi, le verre est-il produit en trop faible quantité ; de nombreux sinistrés vivent près d'une année sans fenêtres vitrées. La France manque des matériaux de base tels le ciment, le bois, le fer et les briques et de charbon pour fournir l'acier nécessaire. Les estimations de 1945-1946 montrent que la France était déjà en retard à la fin des années trente pour les équipements collectifs. Le manque de main-d'œuvre a freiné aussi la réalisation du Plan. La libération progressive des prisonniers de guerre allemands n'a rien arrangé. Entre 1947 et 1950, l'Etat fait donc appel aux travailleurs étrangers européens et nord-africains.

Faute d'une impulsion financière plus importante de la part de l'Etat, les Français s'organisent et sont parfois très solidaires pour trouver de l'argent. Les bas de laine sont mis à contribution et des souscriptions lancées. Par exemple, en 1947, à Lorient, des marches dans les ruines permettent de récolter des fonds. L'année 1947 voit aussi se multiplier les cérémonies municipales symboliques qui célèbrent la pose des premières pierres ; les chantiers les plus vastes commencent leur travail de reconstruction à Caen, Dunkerque, Saint-Lô, etc. De 1945 à 1949, dans toutes les villes bombardées, des goûters sont offerts régulièrement par les municipalités et les œuvres de secours aux orphelins et aux vieillards.

Jusqu'en 1947, à grand renfort d'articles dans la presse, les gouvernants essaient de donner espoir aux Français ; ils leur font connaître les mesures énergiques qu'ils prennent pour donner des espaces habitables aux sinistrés, telle l'ordonnance du 10 avril 1945 qui permet d'effectuer des avances pour faire des travaux rapides sur simple présentation de devis. Le ministère de la Reconstruction et de l'Urbanisme soutient les organismes HBM (Habitations à Bon Marché). Une autre ordonnance du 28 juin 1945 oblige au recensement des locaux inoccupés et annonce une augmentation possible au 1er juillet de 15 à 30 % des loyers qui ne tombent pas sous le coup de plusieurs lois protectrices antérieures. Les petits locataires ne sont pas concernés avant le 1er janvier 1946. La réglementation la plus connue est celle contenue dans l'ordonnance du 11 octobre 1945 où l'Etat essaie de concilier la loi de l'offre et de la demande des logements et le relogement des sinistrés. L'équation est difficile et elle associe des mesures d'encouragement à des mesures répressives : interdiction de démolir des locaux sans justification ; interdiction de fausses déclarations ; aide pour adapter les logements à la taille des familles ; les prix des meublés sont libérés ; les propriétaires doivent céder les espaces jugés trop vastes pour eux ; une taxe sur des locaux mal occupés est prévue ; la déclaration de tout nouveau bail est obligatoire ; des logements sont réquisitionnés pour ceux qui en ont un besoin professionnel tels les fonctionnaires et les diplomates, mais aussi pour les engagés volontaires de la France Libre, les déportés rescapés, les sinistrés, les spoliés et les familles avec quatre enfants, entre autres.

L'ordonnance d'octobre 1945 donne donc à l'Etat une vision du nombre de logements disponibles en France et des problèmes rencontrés par la population. Le constat est net : la crise du logement touche toute la France et pas exclusivement les régions les plus sinistrées par la guerre. Le marché locatif reprend lentement dès 1946, mais la crise du logement est bien encore au cœur des problèmes quotidiens des Français non propriétaires[22].

Ginette Thomas rapporte que pour louer un logement, il fallait « accepter de payer une "reprise" », à savoir acheter de vieux meubles sans intérêt dont le propriétaire voulait se débarrasser. Elle ajoute : « Le choix du broc pour l'eau propre et du seau pour les eaux usées était "réfrigérant", mais en espérant mieux plus tard... » 25 à 35 % des revenus étaient consacrés par les jeunes couples à leur logement, au lieu de 17 % en 1914. Quand elle est possible, la location permet parfois seulement d'obtenir une petite chambre sous les toits, sans salle de bains ni w.c. Des milliers de Français vivent ainsi dans des logements trop étroits. Ces conditions sanitaires favorisent la propagation de la tuberculose qui continue de tuer beaucoup dans l'après-guerre à Paris : dans la seconde moitié des années quarante, chaque année, cette maladie tue en moyenne 33 habitants sur 100 000 aux Champs-Elysées, 142 dans les divers quartiers de Paris et 877 parmi les locataires des hôtels meublés[23]. Les jeunes et les nouveaux arrivants sont les grandes victimes de la pénurie de logements.

Notons une autre initiative de l'Etat pour résoudre la crise du logement, à savoir la réquisition ou l'expropriation des maisons closes, interdites par la loi dite « Marthe Richard », votée le 13 avril 1946 ; les bordels doivent donc être normalement évacués. Cette mesure a été difficile à mettre en œuvre en raison des refus des tenanciers. Cependant, forts de la loi du 13 avril, des sinistrés ont parfois squatté de force les maisons closes jusqu'en 1948.

Parallèlement, des casernes sont aménagées pour loger des étudiants, comme à Mont-Dauphin dans les Alpes du Sud. Des réquisitions sont opérées non sans difficulté dans les grands logements de stations balnéaires, dans les appartements trop grands de personnes qui vivent seules, etc. Parfois, devant le tollé, les autorités suspendent certaines opérations de réquisitions. Les logements spoliés à des Juifs – plus rarement à des résistants – doivent être rendus, ce qui n'est pas sans poser de problèmes pour des Français qui ont parfois acquis le bien de bonne foi sans avoir été ni collaborateurs ni miliciens sous l'occupation. Ils ont souvent été aidés par la mairie pour acquérir un logement dont ils ne veulent pas se séparer une fois la France libérée. Or, une ordonnance du 14 novembre 1944 a prévu la réintégration dans leur logement des personnes spoliées.

En 1947 les gouvernants se rendent à l'évidence devant la pénurie de logements et lancent un vaste plan de constructions de cités provisoires dans plusieurs villes de Bretagne, du Centre (Tours, Orléans...), du Nord et de Normandie. De vieilles baraques construites après la Première Guerre mondiale sont remises en état. Les constructions en bois ou en béton préfabriqué sont très appréciées des sinistrés. Peu importe la forme urbanistique de ces ensembles. Seul l'aspect pratique compte pour ceux qui ont attendu près de deux années pour retrouver un peu d'intimité familiale. Car partager les toilettes, les salles de bains et la salle à manger de voisins, de cousins ou d'inconnus n'a pas toujours été très facile. La vie commerçante reprend peu à peu dans des échoppes de fortune. Certaines ont servi jusqu'au début des années soixante[24].

En fait, en 1948-1949, le plan Marshall – le programme d'aide à la reconstruction de l'Europe, présenté par le général Marshall en 1947 et adopté en 1948 par seize nations – permet d'enregistrer les premiers résultats sensibles dans le domaine de la construction. Les architectes des années 1945-1949 sont cependant très critiques face au manque d'ambition urbanistique de l'Etat. Certains estiment qu'il faut construire 250 000 logements par an. En 1949, la France est loin du compte. Pas un seul concours public n'a été organisé dans cette période pour la construction d'ensemble d'habitations[25].

23

Vers le « mieux-vivre »

La vie quotidienne suspendue

La remise en cause de l'unité sociale

En 1945, six millions de Français travaillent comme ouvriers de l'industrie et des mines, soit près de 30 % de la population active. Depuis le début du siècle, le monde ouvrier a éprouvé bien des difficultés à sortir d'une sorte d'enfermement social. Les républicains d'avant-guerre ont préféré s'appuyer sur les ruraux et les couches moyennes. De leur côté, dans les années trente, les ouvriers se sont organisés et regroupés dans les bastions industriels au Nord, dans le Pas-de-Calais, en Lorraine et dans les banlieues des grandes villes. L'occupation a renforcé l'homogénéisation progressive du monde ouvrier. Ses effectifs ont assez peu progressé en 1945 par rapport aux années trente. La Libération les conforte et leur donne l'espoir de voir leurs conditions de vie s'améliorer, comme l'avait fait le Front populaire en 1936. En somme, comme tous les Français de 1945, ils espèrent mieux.

Néanmoins, l'ascension sociale n'est guère possible dans les familles ouvrières. On est ouvrier de père en fils. A partir de 1945, les ouvriers perpétuent des périodes de luttes cycliques commencées avant la guerre et qui se poursuivent après la Libération. Le PCF voit ses effectifs gonfler avec près de 600 000 adhérents en 1946 – selon des estimations corrigées par les historiens ; le parti en déclare 819 000 en décembre 1946 – au lieu de 300 000 en 1937 ; la CGT est dans la même configuration avec 5 millions de membres en 1947. Pendant la guerre, les mineurs du Pas-de-Calais qui ont bloqué les entrées des mines, alors cernées par les nazis, sont devenus des personnages centraux de l'histoire de la résistance ouvrière à l'occupation. Ils ont été érigés en héros par les syndicats et dans les discours de Maurice Thorez dès 1945. Les grandes lois de la Libération, après celles de 1936, ont fait prendre conscience aux ouvriers de leur force et de leur importance dans la société. Les dockers et les mineurs ont vraiment gagné un statut à la Libération. Au même moment, les Français semblent réunis, malgré les règlements de comptes, dans une sorte d'unanimité patriotique et sociale étayée par le discours résistant.

Après la fracture de l'épuration et à partir de 1946, les Français sont régulièrement confrontés à la multiplication des grèves. Elles montrent d'autres fissures dans la société, qui ont des conséquences sur la marche du pays et la vie quotidienne des Français. Les ouvriers souffrent trop de l'inflation, de la crise du logement, du marché noir et des privations. C'est la raison première de l'explosion sociale. Mais elle n'est pas unique : ils veulent aussi défendre l'identité de leur classe. Entre 1945 et 1947, il semble que cette dernière est menacée ; c'est ce que ressentent les leaders syndicaux. La peur d'être à nouveau à la lisière de la société et non en son sein explique la grande violence des tensions des automnes de 1947 et 1948. Parallèlement, le PCF et la CGT, dans un contexte de Guerre froide, ont cherché à renforcer leur contrôle sur les masses ouvrières et, plus largement, à maintenir une influence sur l'ensemble des forces sociales. 1947 marque enfin la rupture du tripartisme, à savoir l'alliance du PCF, du MRP et de la SFIO, par le renvoi des ministres communistes du gouvernement, le 5 mai 1947.

1947 est l'année où les effectifs en grève, ainsi que le nombre de journées de travail, sont le plus importants :

en décembre, la France compte jusqu'à 1,6 million de grévistes ; les mois de novembre et de décembre conduisent
à la perte de 14,5 millions de journées de travail. 1948
est également agitée par un mouvement d'ampleur ; 1949
voit la baisse du nombre des grévistes, mais la durée des
conflits est plus longue. Ceux qui font la grève sont de
plus en plus aguerris et radicaux.

Les Français paralysés

Avant même l'automne 1947, plusieurs professions
commencent à manifester leur mécontentement. De plus,
depuis avril, les employés des Grands Moulins de Corbeil
et de Paris ont arrêté le travail. Les pompistes refusent de
vendre de l'essence pendant plusieurs jours ; les camions
ne peuvent plus approvisionner la capitale, pas plus que
les bus ne peuvent transporter les voyageurs. Les cheminots font grève début juin. Jules Moch (ministre de l'Intérieur de 1947 à 1950, entre autres fonctions) organise
alors un service de transports de substitution en recourant
à l'armée[1].

En juin 1947, les crédits alloués pour l'année sont déjà
entièrement dépensés. Après des négociations âpres, le travail reprend le 11 juin. Pour autant, malgré les débrayages
répétés du printemps et l'ampleur du mouvement, personne ne peut alors prévoir l'éclatement des grèves violentes de l'automne. L'épreuve de force entre les communistes
et le gouvernement n'en est qu'à ses prémices. Les grandes
grèves commencent à Marseille, alors que l'opinion
devient majoritairement et franchement anticommuniste,
après avoir manifesté une sorte de « philosoviétisme
bienveillant[2] ». Le changement d'opinion est dû à l'acceptation par Ramadier de l'aide du plan Marshall, qui
marque le début de la division entre l'est et l'ouest de
l'Europe. Les Soviétiques l'ont refusé. Maurice Thorez suit
le camp de l'est, non sans mal – comme l'ont prouvé des
recherches historiques récentes. Il a craint notamment
que le PCF ne perde la popularité acquise pendant

l'occupation[3]. Au surplus, la situation socio-économique des Français ne s'améliore pas. Selon Vincent Auriol, les rapports préfectoraux sont alarmistes entre avril et septembre 1947 ; il relève que « le scepticisme s'est transformé en profond découragement, et même en pessimisme noir[4] ». Une sorte de sentiment de peur, voire de psychose, semble gagner la société française.

En octobre 1947, le RPF arrache la municipalité marseillaise aux socialistes et aux communistes, qui géraient la cité phocéenne depuis la Libération. Les nouveaux membres du conseil municipal décident aussitôt le relèvement du prix du ticket de tramway. Les militants de la CGT réagissent avec vigueur : quatre sont arrêtés par la police pendant la manifestation du 10. Deux jours plus tard, le tribunal décide de ne libérer qu'un seul manifestant. Cela provoque une violente émeute – un jeune ouvrier est tué. Cela suffit à déclencher la grève ; l'idée d'une préméditation communiste – lancée par une partie de la presse et par le socialiste Gaston Defferre, entre autres – ou d'un scénario monté par l'Etat – selon les dirigeants communistes – est aujourd'hui repoussée par les historiens[5]. En réalité, les faits s'enchaînent dans un contexte de grande pénurie. Un trop-plein de contraintes pèse sur les Français, auxquelles les ouvriers sont très sensibles. Dans le Nord, le mouvement prend vite de l'ampleur : le 12 novembre, une nouvelle grève est déclenchée à cause de la révocation d'un responsable de la CGT, mineur, qui occupait des fonctions d'administrateur des Charbonnages de France. Elle s'amplifie et gagne le Pas-de-Calais, puis la région parisienne dans les usines Citroën, Chausson, Panhard et Renault. Ramadier démissionne le 19. Un comité national de grèves, créé par la CGT et dirigé par les communistes, permet d'organiser un mouvement national. A partir du 24 novembre, les postiers, les cheminots, les ouvriers des ports arrêtent progressivement de travailler ; des puits de mines sont inondés. Le gouvernement Schuman n'hésite pas à recourir à la force et les grévistes à saboter des infrastructures. C'est ainsi que le déraillement du train Paris-Tourcoing fait 24 morts. Cette violence révolte l'opinion tandis que le mouvement s'essouffle. La reprise du travail est ainsi ordonnée par le comité national de grève, le 9 décembre.

Cette période a marqué les mémoires et a encore aggravé la pénurie d'un pays bloqué pendant plusieurs semaines. Ce ne fut pas une tentative de prise de pouvoir par les communistes, mais une occasion de regrouper les ouvriers autour d'événements que la CGT a eu ensuite du mal à maîtriser. Cette crise sociale a été singulière dans son expression, mais classique dans la brutalité de son irruption au cœur d'une société à bout de souffle. Jules Moch en profite pour épurer les rangs de la police et en évincer les communistes ; il redéploie les forces de CRS sur le territoire en envoyant davantage d'effectifs dans les régions les plus touchées par les mouvements sociaux. Des gendarmes et des bataillons d'infanterie sont envoyés dans le nord et l'est. Le ministre se montre très dur face aux grévistes. Du coup les grèves font du PCF le rassembleur et le défenseur des ouvriers tandis que le régime en sort affaibli. En outre, ces mouvements marquent la fin du large rassemblement des Français observé au moment de la Libération. Mais ce n'est pas encore fini. La République a tenté de rassurer les Américains en repoussant les assauts communistes. Les dirigeants savent que l'amélioration des conditions de vie des Français fera perdre des forces au PCF. Mais l'embellie n'est toujours pas en vue.

En 1948, les grévistes entrent à nouveau en action : les salaires n'augmentent toujours pas assez, ce qui affaiblit d'autant leur pouvoir d'achat.

Au lendemain de l'annonce du blocus de Berlin, commencé le 24 juin, des incidents ont lieu en France, dont ceux de Clermont-Ferrand où plus de cent policiers sont blessés dans les affrontements avec les communistes ; ajoutons que les dockers du Havre refusent de décharger le matériel militaire américain. Un mouvement d'ampleur éclate dans les Houillères le 4 octobre, après une réorganisation du personnel par la direction. La grève est votée par la CGT ; les puits sont inondés et Jules Moch les fait occuper par les CRS et les gendarmes mobiles ; les ouvriers sont même réquisitionnés. Le 3 novembre, près de 6 000 grévistes sont licenciés. Les forces de l'ordre sont parvenues à protéger les puits des grévistes. Les Américains, qui tentent de contrôler la poussée communiste en Europe, suggèrent à Queuille de rehausser les salaires. Le mouvement s'éteint peu à peu en 1949, mais il a encore entravé la marche de la reconstruction économique. Pourtant, les indicateurs économiques, on l'a vu, s'améliorent. Certains des chiffres de 1938 sont à nouveau atteints dans plusieurs secteurs, mais cela reste encore insuffisant.

Les grèves de 1947-1948, voire de 1949, ne permettent pas aux ouvriers d'améliorer leur niveau de vie ; il faudra encore attendre plusieurs années. Dans un ménage ouvrier, la nourriture reste un pôle de dépenses très important avec le loyer ; elle mobilise souvent plus de la moitié du salaire. La cause ouvrière marque néanmoins de plus en plus l'opinion. Aragon a célébré les « métallos » de Billancourt dans ses poèmes, et le film *Le Point du jour* de Louis Daquin a héroïsé la grève des mineurs de 1948. La mémoire ouvrière s'est ensuite largement nourrie de ces événements.

Traditions et mutations

Immuables habitudes

Tenter un bilan en ce qui concerne la vie quotidienne des Français en 1949 tient parfois de la gageure ; il faudra encore bien des travaux d'historiens pour établir certaines conclusions définitives. Pour autant, quelques conclusions d'étape peuvent déjà être tirées. En 1949, nombre de Français se lavent encore dans l'évier de la cuisine avec l'eau rapportée du puits. Certains souffrent de ce manque de confort dans les villes[6] ; à la campagne, l'approvisionnement en eau courante est encore très faible : en 1946, un

foyer rural sur cinq profite de l'eau courante avec robinet ;
43,2 % des logements ruraux utilisent encore le puits particulier. Le tout-à-l'égout est encore plus rare puisque seulement 3,7 % des logements sont raccordés à un réseau[7].

La distribution de l'électricité est cependant plus satisfaisante ; les Français des campagnes l'apprécient beaucoup. En 1946, plus de 82 % des logements ruraux sont
branchés au réseau. L'Etat républicain a en effet fourni un
effort considérable depuis les années dix et vingt en ce
qui concerne l'électrification rurale ; en 1937 déjà, 36 126
des 38 000 communes étaient électrifiées. En 1949, le
réseau a été rétabli après les destructions, et rares sont les
Français sans courant, malgré les coupures répétées, toutefois de moins en moins nombreuses. Seuls les habitants
des régions reculées, dans un espace d'habitat dispersé,
ne bénéficient toujours pas du raccordement au réseau
électrique national.

Au quotidien, les familles rurales continuent de vivre de
façon immuable : les enfants font plusieurs kilomètres à
pied pour se rendre à l'école communale et doivent revenir au plus vite après les cours pour rentrer les vaches à
l'étable, aider les parents pour la traite ou tout autre travail agricole. Les enfants des paysans marquent leurs différences avec ceux des artisans et des commerçants. Ainsi,
ils ne se fréquentent pas, sauf à l'école et dans quelques
cérémonies collectives, religieuses ou laïques.

Dans certaines régions marécageuses ou forestières, les
enfants jouent, se cachent, piègent du petit gibier ou du
poisson ; certains témoins racontent qu'ils allaient chercher des œufs de corbeaux en haut des peupliers pour les
casser ou les manger. D'autres endormaient les oiseaux
avec du grain sédatif, afin de les faire cuisiner par leur
mère. Cela dit, ces comportements concernent surtout
les couches les moins aisées des villages français. Les fils
des « gros » paysans ne se mêlent pas souvent à ceux des
petits fermiers et des métayers ou des domestiques ; les
vêtements sont neufs pour les uns et rapiécés pour les
autres. Après la guerre, les enfants continuent à aller mas-

510   VIES À RECONSTRUIRE DANS L'APRÈS-GUERRE

sivement au catéchisme et préparent le temps fort de leur vie de gamins, à savoir la communion solennelle à douze ans. Dans la seconde moitié des années quarante, les récits des témoins évoquent des habitudes similaires pour la fête de Noël : participation à la messe de minuit ; en guise de cadeaux, une orange et un ou deux chocolats au pied du sapin le lendemain matin, puis un repas amélioré au déjeuner. Parfois, certains parents font des économies pour acheter le pantalon ou la robe de l'année. Gare aux enfants qui les déchireront lors des premières glissades sur quelque mare gelée ! Noël est aussi devenu pour beaucoup une distraction profane ; la fête a progressivement perdu son caractère uniquement religieux. Les Français pratiquent encore beaucoup la religion catholique malgré la désaffection des églises – surtout masculine –, continue depuis la fin du XIXᵉ siècle. Aussi une tenue irréprochable à la messe dominicale reste très importante, car le fidèle est en représentation devant le reste de la société villageoise. Les habitants se désintéressent pourtant des curés et des instituteurs, car ils considèrent toujours que le travail auprès des parents est le plus important. Un enfant constitue encore souvent une précieuse main-d'œuvre d'appoint. A l'école, l'enfant a néanmoins tout intérêt à ne pas se faire remarquer négativement, car cela constitue une sorte de honte pour les familles.

Les villageois lisent toujours Le Chasseur français, l'Almanach Vermot et Le Pèlerin. Les catalogues ou les listes des grainetiers sont également consciencieusement épluchés comme ceux de Rustica. Il s'agit de trouver les plus beaux plants et les meilleures graines.

Il est encore très difficile de trouver des engrais en raison des pénuries ; quand ils s'en procurent, les paysans ne savent pas toujours les utiliser très rationnellement, ce qui diminue leur efficacité. Quant aux loisirs, le cinéma ambulant fait la joie des enfants et la radio rythme le début et la fin de la journée. Elle est très écoutée lors d'événements internationaux et nationaux majeurs, mais aussi à l'occasion de grands matchs de boxe et surtout des étapes du Tour de France, lequel renaît à partir de 1947, après sept années d'interruption. Les loisirs pénètrent lentement le monde des campagnes, dans une période où s'amuser reste encore un peu déplacé aux yeux de la morale collective. Toutefois, les bals populaires du 14 juillet connaissent toujours un grand succès. Les parquets résonnent alors sous les talons des habitants du village et des hameaux environnants, malgré un exode rural qui s'est intensifié pendant et après la guerre.

Dans les villages, la société s'organise encore autour des notables que sont le prêtre, l'instituteur, le maire, le médecin, parfois le « châtelain » qui habite souvent en dehors du bourg. Des professions continuent à reculer, telles celles de sabotiers, de forgerons, de bourreliers, de bûcherons, de tonneliers dans les régions viticoles, de bouilleurs de cru et de maréchaux-ferrants ; ces derniers restent cependant encore très nombreux dans un pays assez mal équipé en matériel motorisé et qui utilise beaucoup la traction animale. Les boulangeries et les épiceries constituent toujours des lieux de rencontres et de discussions. Tout se sait dans les villages et la force des rumeurs est tenace, parfois destructrice pour la fille-mère ou l'infirme du village. Le garde champêtre continue de réunir les habitants au son du tocsin ou du tambour. Les coiffeurs, les quincailliers, les droguistes, qui ont commencé à s'installer dans les villages dans l'entre-deux-guerres, continuent à diffuser les nouveaux produits conditionnés de la grande consommation. Les électriciens et les mécaniciens – souvent des hommes à tout faire – font partie des nouveaux artisans du village, qui étaient déjà en voie d'implantation à la fin des années vingt, en raison de l'électrification des campagnes et de l'équipement progressif des ménages en appareils électriques ou en machines agricoles. Les transporteurs de lait viennent chercher le précieux aliment dans les fermes grâce au développement du camion, également amorcé dans les années trente. D'autres, comme les chevillards locaux des foires à bestiaux, ne sont plus aussi nombreux dans les campagnes.

L'habitat des villageois français évolue peu à peu. Les pièces se multiplient et leur utilisation se spécialise : outre la cuisine équipée d'une cuisinière depuis l'entre-deux-guerres, à côté du feu de bois dans la cheminée ou du poêle, la maison comporte un cellier, une cave, une grange et/ou un hangar neuf et enfin une « salle à manger » et une ou deux chambres, qui indiquent la naissance d'une véritable vie privée. Commencé dans les années vingt et trente, l'équipement se poursuit dans les maisons paysannes, mais à un rythme encore assez lent : le carrelage, le parquet ou le ciment couvre les sols ; mais de nombreuses cuisines restent en terre battue, faute de moyens ou de volonté de changement. Cependant, les toits d'ardoises et de tuiles recouvrent presque toutes les maisons.

Pour nombre de parents agriculteurs, les fils sont désignés pour reprendre l'exploitation, mais pas systématiquement. Certains pères, car l'autorité paternelle reste prééminente en France, pensent que leurs enfants n'ont pas de possibilité d'ascension sociale à la campagne et préfèrent les diriger vers des formations professionnelles autres, dans les villes les plus proches ou dans quelque pensionnat spécialisé plus ou moins éloigné. D'autres villageois ne prennent pas toujours la mesure des efforts à consentir pour se moderniser et s'adapter aux conséquences de ces évolutions. Ce qui engendre des conflits entre les anciens et les plus jeunes sur les enjeux d'une modernisation des méthodes agricoles, mais aussi sur les conditions de vie générales. Les jeunes veulent clairement faire entrer le travail de la terre dans les circuits de l'économie de marché. La course aux rendements les motive.

En 1949, les agriculteurs ont quasiment retrouvé les mêmes conditions de travail qu'en 1938. Les paysans produisent à nouveau les mêmes quantités de blé, de sucre et de vin. Certes, les paysans ont pu profiter de la vente de leurs productions à bon prix depuis dix ans, même si cela ne résout pas les problèmes structurels déjà remarqués avant la guerre. La mécanisation se poursuit, mais l'exode rural n'en finit pas de vider les campagnes : les villes attirent nombre de jeunes ruraux à la recherche d'un emploi dans le bâtiment, secteur porteur au moment où les Français reconstruisent leurs maisons. D'autres carences n'ont pas encore produit leurs effets en 1949, mais les paysans les plus jeunes devinent qu'ils seront très vite confrontés à de grandes difficultés s'ils en restent là. Ainsi le poids des habitudes est souvent le plus fort : les structures agraires de la fin des années 1940 ressemblent souvent à celles de la fin des années trente, alors que l'agriculture française doit relever le défi d'une concurrence américaine croissante ; la parcellisation des terres cultivées gêne toujours la productivité ; les engrais ne sont pas assez employés ; la mécanisation n'est pas satisfaisante.

En 1948-1949, la politique de rationnement des Français touche progressivement à son terme et les paysans ne peuvent plus compter sur le cours élevé des produits agricoles. Ils sont donc inquiets devant la baisse immédiate des prix ; une sorte de période d'adaptation commence alors. Des groupes de pression tentent d'agir auprès des parlementaires en faveur des intérêts des agriculteurs : en 1948, sous la pression des producteurs de betteraves à sucre du Bassin Parisien, l'Etat décide de distiller près d'un quart de la récolte de betteraves, ce qui permet de maintenir le prix du sucre. Mais ces mesures sont ponctuelles. Or, nombre de producteurs souhaitent prolonger des situations provisoires. Les petits producteurs ne bénéficient d'ailleurs pas de ces mesures, car les groupes de pression défendent avant tout les intérêts des plus grands propriétaires-exploitants qui ont la possibilité de faire de gros emprunts remboursables assez rapidement. De leur côté, les artisans et les commerçants sont encore épargnés par les contrecoups de la fin de la pénurie, mais ils sont en sursis.

La voiture, un rêve encore inaccessible

Durant l'après-guerre, les Français consomment assez peu d'objets nouveaux. Certes, la France change, mais ses habitants doivent refouler bien des envies, faute de salaires

suffisants. Par exemple, qui peut s'offrir la 4 CV, présentée par Renault à la presse le 26 septembre 1946, puis,
une semaine après, au salon de l'Automobile ? Elle est
vantée comme la voiture populaire par le président de
l'entreprise, Pierre Lefaucheux, nommé à la tête de la
régie, nationalisée, le 6 octobre 1944. Son prédécesseur
Louis Renault a été inculpé de commerce avec le Reich ;
il meurt quelques jours après la nomination de Lefaucheux. Des prototypes de 4 CV ont déjà vu le jour entre
décembre 1942 et novembre 1945 ; le moteur est placé à
l'arrière comme la Volkswagen Coccinelle, la voiture du
peuple allemand née dans l'Allemagne de Hitler.

Aussitôt les ateliers de Billancourt remis en état, après
les violents bombardements dont ils ont été les cibles, le
nouveau P-DG regarde vers l'avenir. Il sait mobiliser
l'énergie de son personnel pendant plusieurs mois pour
présenter un autre modèle de voiture au plus grand nombre. La reprise de la production de la vieille Juvaquatre, à
partir de janvier 1946, lui donne des idées, car c'est alors
la seule voiture de tourisme que Renault commercialise.
Aussi la production de masse de la 4 CV est-elle un formidable pari sur l'avenir, car c'est une voiture économique.

De son côté, Citroën développe la 2 CV, dont le proto-
type est achevé dès 1937. Elle est montrée pour la première fois en septembre 1939. Avec la guerre, les chaînes
de montage sont réquisitionnées. Au salon de l'Automobile de l'automne 1948, elle joue la vedette. L'année suivante, la 2 CVA commence à sortir des chaînes de
fabrication. Citroën en produit 4 par jour, ce qui est loin
de répondre à la demande. Un acheteur doit patienter en
moyenne dix-huit mois entre la commande et la livraison.
En fait, il faut attendre 1950 pour que les usines en produisent 4 000 par jour. Une fois encore, la voiture séduit,
mais peu ont les moyens de se l'offrir.

Les prémices du confort ménager

La distorsion entre le désir de voiture et la possibilité réelle d'acquisition est flagrante. Pour autant, la volonté de modernisation est manifeste dans ces années difficiles. On constate la même volonté dans le domaine de l'habillement. Le terme « prêt-à-porter » naît en 1949, mais il faut encore du temps pour que les vêtements soient l'objet d'achats massifs. De même, en 1944, plus de cinq millions de radios sont recensées. Ce chiffre passe à 7 millions à la fin de la décennie. Cette évolution est propre à la France. En 1949, la RDF (Radiodiffusion française) devient la RTF (Radiodiffusion-télévision française). Les chaînes de diffusion se multiplient et placent au cœur de leur mission le service du public avec le célèbre et très écouté *Journal parlé*[8]. Mais extrêmement rares sont les Français qui possèdent un poste de télévision en 1949 ; il n'y en a même pas un demi-millier. En 1949, la télévision innove en présentant les premières speakerines ou encore le premier journal télévisé de Pierre Sabbagh. En ce qui concerne les appareils ménagers, très peu de Français connaissent l'existence de l'aspirateur, tout comme celle du lave-linge et du lave-vaisselle, deux appareils présentés en 1949 au salon des Arts ménagers en France[9]. Toutefois, nombre de ménagères aimeraient s'en équiper.

Jusqu'en 1949-1950, fonder une famille est l'affaire principale d'une vie. Les tâches quotidiennes prennent alors beaucoup de temps, surtout quand l'électricité et le gaz parviennent peu ou pas jusqu'au logement. Une organisation familiale très stricte s'élabore dès le petit matin avec l'allumage du fourneau à bois ou à charbon. Il faut débarrasser le foyer des cendres de la veille et surveiller le feu. Ensuite, c'est l'heure d'aller chercher l'eau courante à la pompe, sur le palier ou dans la cour, pour faire sa toilette et laver le linge. A midi, la ménagère confectionne le repas, puis fait la vaisselle dans des bassines en tôle galvanisée dans lesquelles elle – ou ses enfants – ajoute des cristaux de soude. L'hiver, l'eau trop froide provoque

des engelures douloureuses. Pour laver les sols, rien de
mieux que le « bon vieux » savon de Marseille, la ser-
pillière, la cuvette en tôle et la brosse. Les années quarante voient donc des gestes anciens et immuables se
perpétrer de génération en génération. Dans quatre foyers
sur cinq, la machine à coudre continue de « trôner » dans
la cuisine ou dans la chambre à coucher parentale. Globalement, la vie à la maison est assez dure : se laver, chauffer et nettoyer la maison, vider les seaux hygiéniques – il
n'y a pas de w-c à l'intérieur des maisons dans la plupart
des foyers français ; la nuit, les seaux remplacent le cabinet situé dehors ou sur le palier –, cuisiner représentent
plusieurs heures de labeur quotidien. Nombre de ménagères souhaitent voir leurs tâches s'alléger. Mais il leur
faut patienter encore. Continuons la liste des devoirs :
une famille française sur vingt possède un réfrigérateur
en 1949 ; aussi, l'appui des fenêtres, le puits ou la cave
servent de lieux frais de stockage, ce qui provoque des
allées et venues fréquents d'un bout à l'autre de la maison. Les plus aisés possèdent parfois une glacière, qu'il
faut remplir de pains de glace livrés sur le trottoir.

Malgré les inventions de nouveaux appareils, essentiellement aux Etats-Unis, la seconde moitié des années quarante ne marque pas l'explosion de l'électroménager en
France. Cependant, certains esprits ingénieux réfléchissent
au meilleur moyen d'aider les femmes au foyer. Jean
Mantelet est de ces pionniers, un des plus en vue[10]. En
pleine occupation, il poursuit ses efforts et continue à
inventer, d'abord le « Mouli-Poivre », puis le hachoir
appelé « Moulinette ». A la Libération, il fait connaissance
de Jo Varkala, un officier de marine américain qui était
venu en France pour négocier la vente des *Liberty ships*.
Dès 1947, l'Américain propose à Jean Mantelet de vendre
ses moulins à râpes aux ménagères américaines, familiari-
sées avec les nouveautés depuis la fin des années trente.
Après plusieurs péripéties techniques, le succès est au
rendez-vous. En 1948, après huit années de sommeil, le
salon des Arts ménagers de Paris permet à Mantelet de

monter son propre stand « Moulins Légumes ». La demande nationale et internationale continue à progresser, d'autant que le rationnement disparaît progressivement. Les Français plus confiants recommencent à s'équiper. Les Françaises sont alors les « cibles » d'un nouveau marché qui ne fait qu'émerger au tournant de 1949-1950. L'inventeur français va connaître ensuite une irrésistible ascension jusqu'aux années soixante-dix. Jusqu'à sa mort en 1984, il a toujours mis son esprit pratique au service des ménagères qu'il a vues souffrir davantage sous l'occupation. Avec les années quarante, la nouvelle histoire de la vie quotidienne ne fait donc que commencer.

La non-américanisation de la France

L'Amérique en fait fantasmer plus d'un depuis le débarquement, mais on est loin de l'invasion du marché français et plus encore de la culture française.

Les Français aiment leurs auteurs habituels ; ils ne se jettent pas brusquement dans les bras de la culture américaine des années quarante même s'ils ne l'ignorent pas. On peut dire que le modèle américain les fascine, mais les modes de vie américains ne sont pas copiés. Les historiens ont renouvelé leurs problématiques et leurs conclusions sur ce thème depuis ces dernières années[11]. Les Français sont curieux d'une Amérique puissante qui fait rêver. A l'occasion du débarquement, les soldats arrivent chargés d'objets neufs tels les briquets Zippo, les mouchoirs jetables, les chewing-gums, les lunettes Ray Ban, les magazines américains et leurs *pin-up girls* en couverture. Il y a aussi ces milliers de paquets de cigarettes blondes distribués sans réticence aux habitants autour des sites de débarquement, dans les ports, autour des bases et des camps militaires. Cela se prolonge de 1944 à 1946, date à laquelle les troupes réembarquent en grand nombre. Le plus surprenant pour ceux qui observent la vie des Américains débarqués, ce sont les engins lourds de terrassement qui permettent de construire rapidement un camp militaire ou de nettoyer les zones détruites. Naturellement, les Jeeps impressionnent beaucoup les Français, car elles passent partout et elles ont été souvent en première ligne à la Libération, entrant en tête des cortèges dans les villes et les villages libérés par les Alliés.

Cependant, en 1946, après le départ du gros des troupes débarquées, des civils américains de l'Otan sont encore présents sur le sol français – environ 55 000 sont installés sur plusieurs bases en Charente-Maritime, dans l'Indre, dans la Meuse, en Meurthe-et-Moselle et dans le Loiret. Ces nouveaux habitants montrent aux Français des produits, symboles du modèle américain, mais cela ne suffit pas pour « endoctriner » une population fière de ses traditions. En fait, seuls les Français logés près des bases aperçoivent le mode de vie américain. Ceux qui lisent un peu les magazines découvrent aussi ce dernier au détour des pages. Mais en 1946, nombre de Français sont davantage tournés vers leurs soucis quotidiens d'approvisionnement que vers l'acquisition à tout prix d'objets étrangers, même tentants.

L'acculturation ne se fait donc pas dans les années quarante comme certains militants communistes l'ont prétendu ; la France n'est nullement le pays relais ou la plaque tournante européenne de l'introduction des produits *made in USA*. On ne peut pas parler non plus d'américanophobie, mais seulement de distances entre les Français et les libérateurs. Psychologiquement, les Français sont mal à l'aise dans leur quotidien et ils éprouvent sans doute des sentiments qui oscillent entre désir et rejet du modèle américain. Cela n'empêche pas Coca-Cola de s'afficher progressivement dans les journaux et sur les murs à la fin de la décennie, mais la marque est loin d'être omniprésente. Le soda noir n'est pas encore un produit acheté massivement, d'autant que le PCF dénonce les dangers d'une possible invasion de produits américains. Invasion et acculturation ne sont donc pas les tendances qui dominent dans les relations entre Français et Américains. Ils ont du mal à se connaître et les réticences l'emportent souvent sur l'ouverture à la culture américaine.

Comment d'ailleurs envisager un autre modèle, quand les journées sont consacrées au dur labeur de la reconstruction et à la recherche de nourriture ou de combustible ? Disons que les Français savent désormais que le modèle américain sera peut-être un jour possible et que la consommation sera à portée de main quand les finances du pays le permettront. Car pour consommer, il faut que les usines marchent à plein. En 1949, les industries lourdes sont privilégiées tandis que la France s'engage dans une période de relance. La consommation et le confort attendront donc encore un peu.

De l'espoir à la remise en cause outre-mer

L'attachement aux valeurs coloniales en Afrique occidentale française

Les Français d'AOF : l'exemple des administrateurs

Jusqu'au débarquement des Alliés en Afrique du Nord, le 8 novembre 1942, l'Afrique occidentale française et ses administrateurs, avec à leur tête le gouverneur général Pierre Boisson, étaient restés fidèles à Pétain[1]. Catherine Akpo-Vaché indique que ce vaste ensemble territorial de 3,7 millions de kilomètres carrés, composé de huit colonies et d'un territoire sous mandat (le Togo), comptait environ 16 millions d'Africains en 1940 :

« La Côte-d'Ivoire et le Soudan occupaient les premiers rangs avec une population supérieure à trois millions. La population de la Guinée, du Sénégal, du Niger et du Dahomey oscillait entre un et deux millions de personnes tandis que celle du Togo et de la Mauritanie n'atteignait pas un million d'âmes. Cette répartition fut conservée pendant la durée de la guerre[2]. » Dans cet ensemble, la communauté française est très minoritaire : « un Français pour 550 à 600 Africains », soit environ 25 900 Français en 1940. La composition socioprofessionnelle de la population masculine donnée par l'auteur[3] pour 1940 fait apparaître une répartition en trois grandes catégories : 4 000 fonctionnaires, 3 900 militaires et 3 000 personnes du secteur privé (commerçants, entrepreneurs, planteurs, employés de banque ou professions libérales). La communauté française est alors composée à 47 % d'hommes pour 53 % de femmes et d'enfants. Elle bénéficie dans son ensemble d'un statut privilégié, mais les conditions de vie sont très variables d'une colonie à l'autre et dépendent aussi du lieu d'installation dans chaque colonie.

La fracture qui existe dans ce système entre population française et populations indigènes est devenue encore plus intolérable du fait de l'attitude du gouvernement général durant la Seconde Guerre mondiale. Si entre septembre 1939 et juin 1940, le gouvernement colonial « put compter sur le sens civique et patriotique des coloniaux, le loyalisme des Africains et la bonne coopération avec le voisin et allié britannique[4] », la suite du conflit a engendré des divisions importantes au sein de la communauté française et a accéléré la fracture entre Français et Africains. Ainsi, par exemple, l'attitude de l'état-major de l'armée en 1939 à l'égard des quelques Africains, devenus citoyens français, est-elle significative. Ces « évolués » refusèrent en effet d'être incorporés sous l'uniforme des tirailleurs et réclamèrent l'égalité des conditions d'incorporation avec les Français blancs. La seule réponse que leur fit alors l'état-major fut « le choix entre la soumission et le peloton d'exécution » ; ces hommes intégrèrent donc le 7e régiment des tirailleurs sénégalais de Dakar[5]. Seul prévalut le maintien de l'ordre colonial basé sur la discrimination raciale. L'attitude du gouverneur général Boisson semble avoir été guidée par un souci majeur : maintenir l'ordre colonial en évitant l'éclatement interne de la communauté française d'AOF. Même si le régime qu'il institua fut particulièrement répressif à l'égard des gaullistes et de tous ceux qui menaçaient l'unité de l'AOF vichyste, il refusa par ailleurs la constitution d'une milice que lui proposait en 1942 le noyau de colons pétainistes actifs sur lequel il s'était jusque-là appuyé[6]. Les Français d'AOF touchés par la répression vichyste représenteraient, selon Catherine Akpo-Vaché, 7,5 % de l'ensemble de la communauté française employée dans l'administration[7]. Ceux qui sont entrés dans la résistance représentent une minorité évaluée entre 1,5 et 2 % des Français d'AOF, ce qui proportionnellement ne diffère pas tellement de la métropole, mais qui, vu le nombre de Français dans une AOF non occupée par les nazis, témoigne d'un état d'esprit particulièrement sensible à l'engagement résistant[8]. Par ailleurs, ces réseaux n'auraient pu se développer. De ce fait, les Français qui se sont ainsi illustrés disposèrent après-guerre d'une « crédibilité morale locale et mondiale pouvant incarner une nouvelle politique ». La répression sévère du régime pétainiste d'AOF a cependant grandement dégradé les relations entre les communautés africaines et française.

De Thiaroye à Dimbokro, la violence coloniale des Français

L'après-guerre souligne combien la grande majorité de ces Français se sont accrochés à la défense de cette société qui consacrait l'inégalité entre les Africains et eux. Après les recommandations gaullistes de Brazzaville (30 janvier-8 février 1944) qui visaient à la fois à « faire davantage pour les sociétés locales (éducation, santé, travail, justice) » et à « définir une formule qui empêche les pays d'outre-mer à accéder à l'indépendance[9] », le massacre de Thiaroye le 1ᵉʳ décembre 1944 donne le ton de la réalité de l'ordre colonial que cherche à maintenir l'administration française. En novembre 1945, un bataillon de 1280 tirailleurs africains démobilisés, pour certains de retour des camps de prisonniers nazis, ont été rassemblés au camp de Thiaroye, près de Dakar. Très rapidement, ces hommes qui reviennent en libérateurs face aux colons qui avaient rallié sans enthousiasme la France Libre entre avril et novembre 1943, se plaignent de la désinvolture et du mépris avec lequel ils sont traités : ils attendent en vain le versement des arriérés de solde qui leur sont dus et on refuse de leur échanger les marks allemands qu'ils ont touchés pendant leur captivité. Ils séquestrent alors un général qu'ils finissent par libérer contre la promesse de voir ces discriminations disparaître. Dans la nuit du 1er décembre, la répression militaire est impitoyable sur le camp, qui est attaqué par surprise. En fait, comme le montre Catherine Akpo-Vaché, « l'homme blanc refuse de lâcher son fardeau » :

« Pour la plupart, les Français perçurent les recommandations de Brazzaville comme une menace à court terme. Les remparts que constituaient l'indigénat et le travail forcé allaient disparaître. Les Noirs accéderaient de façon plus importante à des emplois publics et, comme tels, les Blancs se trouveraient placés sous leur autorité. Là où c'était déjà le cas, les incidents se multipliaient. Par exemple, les Européens n'acceptaient pas d'être interpellés dans la rue par un agent de police africain. Ils critiquaient la façon d'administrer des Noirs. En fait, ces prétextes cachaient l'inquiétude et l'amertume ressenties par beaucoup d'Européens devant le transfert des pouvoirs qui avait commencé avec l'assentiment du gouvernement et dont l'issue, certes lointaine, renverserait la hiérarchie coloniale[10]. »

De nombreux témoignages d'administrateurs font part de leur volonté de quitter l'Afrique devant cette évolution qui leur semble insupportable. En dehors de quelques exceptions, la grande majorité des Français d'AOF se montrèrent hostiles à toutes les réformes proposées par le GPRF. Cela fut particulièrement vrai au sein de la classe moyenne française composée de garagistes, de petits commerçants, de cafetiers, d'artisans et surtout de planteurs qui n'acceptaient pas de côtoyer ou même d'être concurrencés par les Africains « évolués[11] ». Il ne faut pas oublier en particulier que, malgré l'abolition de l'esclavage en 1848, le régime colonial entretenait en Afrique noire le « travail forcé » destiné à fournir la main-d'œuvre nécessaire aux colons français. La demande de son abolition après la guerre devint ainsi une des revendications majeures des paysans ivoiriens qui soutenaient Houphouët-Boigny à la tête du Rassemblement Démocratique Africain (RDA). Ce dernier, élu à l'Assemblée nationale, a obtenu en avril 1946 l'abolition de cette survivance d'esclavage tandis que Lamine Gueye, député élu pour le Sénégal, a fait voter en mai la suppression du statut de l'indigénat. Tous les ressortissants d'AOF sont alors devenus citoyens français. Malgré ces lois de la République, l'attitude des colons soutenus par l'administration coloniale fut très claire : la répression plutôt que la remise en cause de la domination économique et politique. Ainsi, lorsque les Ivoiriens du Parti démocratique de Côte-d'Ivoire (branche locale du RDA) lancent à la fin de l'année 1949 une grève des achats des produits importés et que le mécontentement social et politique s'affirme, les administrateurs font brutalement intervenir l'armée. Cette répression se solde, le 30 janvier 1950, par 14 morts et 50 blessés à Dimbokoro, en Côte-d'Ivoire. Certains colons auraient même participé à la fusillade de la foule qui manifestait devant la résidence du gouverneur[12]. Alors que la guerre a fait apparaître d'une manière encore plus éclatante la nécessité de changer le système colonial, l'opposition de tous les milieux de colons aux réformes a donc sans nul doute été « un facteur de développement des nationalistes africains[13] ».

Dans les départements français d'Algérie

Les Français d'Algérie : une société urbaine

A la fin des années 1940, la société « pied-noir » est avant tout urbaine : « Après la Seconde Guerre mondiale, Alger et Oran avec leurs banlieues, Constantine et Bône représentent à elles seules plus de la moitié de la population européenne[14]. » Cette dernière, évaluée à environ 900 000 individus à la fin des années 1940, aménage d'ailleurs villes et villages selon des principes que l'on retrouve dans le sud de la France :

« Place centrale agrémentée parfois d'un kiosque à musique et plantée d'arbres ; avenues principales, ombragées, avec de nombreux commerces ; rues tracées au cordeau bien entretenues… Sur la place centrale sont édifiés des symboles de la colonisation : la mairie, l'église, l'école laïque. L'agitation parfois brouillonne des habitants atténue le caractère conventionnel de cet urbanisme, mais en toutes choses, c'est la province française que l'on veut imiter[15]. »

Alger, considérée administrativement comme un chef-lieu de département, s'impose bien sûr par l'importance de ses fonctions et par son caractère majestueux. En 1950, les Français constituent 60 % de la population de la ville. La population algéroise n'a cessé d'augmenter depuis l'entre-deux-guerres : en 1948, on compte 179 569 Européens et 128 930 musulmans. Mais ces derniers ont vu leur nombre augmenter dix fois plus vite que celui des Européens[16]. Cette expansion se ressent en particulier à partir de 1948. Des programmes de construction d'habitations à bon marché sont lancés en 1949, mais les besoins évalués sont dix fois supérieurs aux constructions entreprises. Dès lors, les bidonvilles, dans lesquels s'entassent les musulmans, s'étendent telle une « lèpre grandissante[17] ». Les activités commerciales et industrielles d'Alger se développent et font du port le troisième de France en 1954. Dans la même période, l'aéroport double son trafic passager et peut accueillir les Boeing 707 qui sont, au milieu des années 1950, les plus gros avions en service[18].

Avec Alger, l'autre grand centre urbain est celui d'Oran, qui compte 256 661 habitants en 1950. Sa particularité est que les habitants originaires d'Espagne y représentent 65 % du total des Européens[19]. Cette spécificité s'exprime tout particulièrement dans la ferveur catholique de la cité. A cela s'ajoutent des pratiques culturelles ibériques : « La fréquentation des arènes et les corridas, le riz à l'espagnole et la "mouna" (gâteau à pâte briochée surmonté d'œufs coloriés, directement hérités de la fête de Pâques du Sud espagnol)[20]. »

Constantine, importante place de marché, est enfin la plus grande ville de l'intérieur, mais la présence française dans l'Est algérien y est restée très faible en raison d'une conquête coloniale difficile dans cet espace. Le recensement de 1948 compte moins de 5 % d'Européens dans le département de Constantine[21].

La population française, et plus globalement européenne, est peu importante à la campagne : « Il y a seulement 32 000 ruraux, soit 9 % de la population active européenne[22]. » Mais, comme dans les villes, cette population n'est pas homogène. Un tiers des propriétaires détient de très grands domaines sur lesquels s'étendent des cultures spéculatives comme le vignoble et les primeurs, mais il existe aussi de petits propriétaires qui sont à la limite de la pauvreté. Ces derniers sont d'ailleurs sans doute les plus proches du prolétariat musulman qui fournit la main-d'œuvre rurale[23]. Néanmoins, les deux communautés, à la ville comme à la campagne, restent hermétiques l'une à l'autre. Si elle est sans conteste privilégiée par rapport à la société algérienne musulmane, la société pied-noir est cependant loin de constituer un groupe privilégié par rapport aux Français de métropole : « A peine 3 % des Français d'Algérie disposent d'un niveau de vie supérieur au niveau moyen de la métropole ; 25 % ont un revenu sensiblement égal ; 72 % ont un revenu inférieur de 15 à 20 %, alors même que le coût de la vie en Algérie n'est pas inférieur à celui de la France[24]. »

L'ensemble de la communauté des pieds-noirs partage cependant un « art de vivre ». D'abord, rappelle Benjamin Stora, il y a sur ce littoral méditerranéen le « culte » de la plage : on s'y baigne, on s'y promène et on y fait des rencontres... « L'automne, à la campagne, c'est le temps des récoltes et des joies de la chasse[25]. » Le début de soirée est consacré à la promenade, les hommes fréquentent les cafés qui sont des lieux de sociabilité déterminants. A noter que « les pieds-noirs ont adopté, d'enthousiasme, les plats et les recettes des musulmans[26] » : méchoui et couscous. A Alger, l'activité théâtrale est importante[27], qu'il s'agisse de troupes métropolitaines ou algériennes. Le principal cinéma d'Alger, le Majestic, connaît une grande affluence. Enfin le sport, et tout particulièrement le football, est au cœur des discussions : « L'ASSE (Association Sportive de Saint-Eugène), le Gallia, le RUA (Racing Universitaire d'Alger), le Mouloudia club algérois, l'Olympique musulman de Saint-Eugène, la Jeunesse sportive musulmane d'Alger animent les dimanches après-midi[28] ». Et le football est bien révélateur de l'organisation de la société algérienne : les clubs qui s'affrontent représentent leurs communautés d'appartenance, européenne ou musulmane.

Le prix du sacrifice pour la Libération

Après le débarquement anglo-américain de novembre 1942, l'Afrique du Nord – et plus particulièrement l'Algérie – devient un enjeu politique important pour la reconstruction militaire et politique de la France[29]. La participation militaire des Français d'origine européenne d'Afrique du Nord a été considérable :

« Vingt-sept classes d'âge entre dix-neuf et quarante-cinq ans, plus les engagés volontaires, soit 16,35 % des Français de souche ; de même, 15,8 % des musulmans sont enrôlés, dont la plupart n'ont pas la qualité de citoyens. Des femmes "pieds-noirs" au nombre de 2 200, sont présentes dans les unités des auxiliaires féminines ; plusieurs seront blessées et décorées au feu. [...] Lors de la campagne d'Italie, en huit mois de combats, sur les 120 000 combattants du corps expéditionnaire commandé par le général Juin – lui-même né à Constantine –, 389 officiers, 974 sous-officiers, 5 888 hommes de troupe sont tués ; 4 201 sont portés disparus ou sont faits prisonniers, et on dénombre près de 30 000 blessés[30]. »

Le prix du sang payé pour la libération du territoire métropolitain fut d'autant plus fortement ressenti que la plupart des jeunes militaires pieds-noirs y débarquaient pour la première fois. La France était avant tout « rêvée[31] » chez ces Français d'Algérie, ce qui d'ailleurs les conduisit à « pratiquer une surenchère nationaliste[32] ». En même temps, les années 1940 sont celles où s'enracinèrent chez les Français d'Algérie – et plus largement les Européens –

le sentiment d'appartenir à un pays : la « France algérienne », les Français du continent étant considérés comme
des « compatriotes différents[33] ».

Sétif : vers la fin d'une utopie coloniale

Le 7 mai 1945, la ville d'Alger se couvre de drapeaux
tricolores alors même que l'annonce de la capitulation
de l'Allemagne n'est qu'officieuse[34]. Les manifestations de
joie sont encore plus importantes le lendemain, des bals
sont organisés, mais un malaise est perceptible depuis les
premiers jours de mai. Il y a d'abord un contexte économique difficile, car les récoltes ont été catastrophiques,
mais, plus encore, une profonde crise politique. En effet,
dans toutes les villes importantes, des défilés ont été
organisés pour réclamer la libération du leader nationaliste Messali Hadj, arrêté le 23 avril pour être déporté à
Brazzaville. Ces manifestations musulmanes ont dégé-
néré : « Il y a un mort à Bône, un autre à Oran, 2 morts
et 13 blessés à Alger[35]. » Et le 8 mai, de nouveaux défilés
s'organisent où l'on voit apparaître des banderoles dénon-
çant le colonialisme. A Sétif, où défilent 8 000 à 10 000
Algériens, la police tire sur la foule qui a brandi, malgré
les interdictions, des banderoles nationalistes et le drapeau vert et blanc. Le bilan est de 29 morts, plus de très
nombreux blessés[36]. Les campagnes environnantes, d'où
venaient la plupart des manifestants, s'embrasent : on
s'attaque aux colons pieds-noirs, dont les cadavres sont
parfois affreusement mutilés. Au total on comptabilise
103 tués et 110 blessés chez les Européens[37]. A partir du
10 mai, les autorités françaises mettent en place une terrible répression « à la mesure de la peur et de la haine des
Européens qui prirent part aux opérations[38] ». Charles-
Robert Ageron relève ainsi qu'une dizaine de milliers
d'hommes, des légionnaires et des tirailleurs, sont engagés
sur le terrain, brûlant systématiquement certaines zones
d'habitation ; dix-huit avions de bombardement et un croiseur pilonnent des zones civiles. Sans oublier les milices

civiles organisées dans les villes qui s'adonnent à des représailles incontrôlées. Le 14 mai, les journaux d'Alger confirmèrent qu'il s'agissait bien d'un soulèvement de type nationaliste et que la répression fut, selon leur expression, « très sévère[39] ». La peur et l'angoisse s'installent ainsi chez les Français d'Algérie, alors même que la France est libérée du joug nazi. Il n'y a aucun bilan précis de ces tueries, les chiffres variant, rappelle Benjamin Stora, entre 15 000 et 45 000 musulmans tués[40], auxquels il ne faut pas oublier d'ajouter ceux de la répression judiciaire : 4 560 suspects arrêtés, plus d'un millier de condamnations, dont une centaine à la peine de mort[41]. Neuf ans avant le déclenchement de la guerre d'Algérie, ces massacres coloniaux soulignent combien « le rôle positif de la présence française outre-mer notamment en Afrique du Nord[42] » reste de l'ordre de l'utopie d'une grandeur coloniale passée. A la fin des années 1940, la communauté musulmane d'Algérie reste en quête d'une véritable reconnaissance de droits politiques économiques et sociaux, tandis que la minorité française d'Algérie, attachée viscéralement à cette terre depuis la fin du XIXe siècle, vit au quotidien dans l'illusion de son droit inaliénable à organiser la « mise en valeur » des départements français d'Algérie.

Vivre dans les jeunes départements français d'outre-mer : le cas de la Réunion

La départementalisation pour sortir de la misère

Le 14 mars 1946, l'Assemblée nationale constituante vote à l'unanimité le projet de loi défendu par les élus des « Quatre Vieilles » qui met fin au statut colonial de la Réunion, de la Guyane, de la Martinique et de la Guadeloupe[43]. Cette décision, qui rencontre bien peu d'écho dans la presse nationale, est accueillie localement comme l'annonce de temps nouveaux. Pour les deux députés réunionnais Léon de Lepervanche et Raymond

Vergès, c'est l'aboutissement d'un long combat mené pour la reconnaissance du caractère français de la population de l'ancienne île Bourbon. Les principaux responsables politiques communistes locaux, qui appartiennent alors à une génération nourrie des combats idéologiques du Front populaire, s'attachent à affirmer le caractère français de la population de l'ancienne île Bourbon.

En 1948, les premières *Notes et études documentaires* consacrées aux nouveaux départements français d'outre-mer paraissent à La Documentation française. La conclusion de cette publication, directement liée aux services gouvernementaux, est particulièrement élogieuse : « La France au moins n'a pas rompu avec ses traditions séculaires ; elle est demeurée fidèle aux principes de 1789 et de 1848 ; elle a pris en charge ces terres si lointaines et si françaises[44]. » Pour preuve, l'étude explique que depuis un décret du 17 octobre 1947 les services de la Sécurité sociale ont été mis en place dans les DOM. De même, « la réglementation du travail et de la main-d'œuvre en vigueur dans la France métropolitaine[45] » a été étendue. Les premiers préfets étant également arrivés en poste durant cette année 1947, tout est réuni pour la mise en œuvre du développement social : « Les hommes de couleur partagent intégralement le sort de leurs frères de France. Œuvre généreuse qui montre que "l'Union française" n'est pas une étiquette vide de sens, mais une réalité tangible riche de possibilités d'avenir[46]. » Mais au-delà des bonnes intentions, la réalité sanitaire et sociale quotidienne reste particulièrement difficile. Elle vient même nourrir les contestations politiques, car la loi de départementalisation ne provoque pas immédiatement la révolution attendue par la population et promise par les élus progressistes locaux. Le terrible cyclone de janvier 1948 qui fait 165 morts, 15 000 sans-abris et cause pour près de 3 milliards de francs CFA de dégâts (5,25 milliards de francs français[47]) rend la situation encore plus difficile sur le plan sanitaire et social.

Les premières *Notes et études documentaires* entièrement consacrées au département de l'océan Indien paraissent en 1949[48]. Le paragraphe consacré à la santé publique insiste tout d'abord sur l'importance de la lutte contre le paludisme entamée depuis le milieu des années 1930. On note également que le grand nombre de consultants dans les dispensaires locaux est « un signe de la détresse physiologique d'une population souffrant d'un manque d'hygiène et dénuée de tout confort ». La législation métropolitaine commence en fait à peine à s'appliquer au département : « Au 1er octobre 1948 ont été mises en application l'assistance médicale gratuite et l'assistance aux vieillards infirmes et incurables. Au 1er janvier 1949 doivent être appliquées l'assistance à la famille et, dans le courant de l'année, l'assistance à l'enfance. » L'étude suivante, qui paraît en 1953, axe sa quarantaine de pages sur l'infrastructure économique, mais se montre extrêmement brève sur la question de la santé. La situation que connaît la gendarmerie insulaire témoigne à elle seule de l'importance des maladies, et tout particulièrement du paludisme, dans la vie quotidienne. Le 6 septembre 1946, le commandant de la section de gendarmerie de Saint-Denis indique en effet que « le paludisme règne à l'état endémique. Il semble que rien ne soit tenté pour en supprimer la cause (le moustique). Aucune mesure d'hygiène ne semble être prise pour l'assainissement de l'habitat et la destruction des foyers d'infection[49] ». Le 16 janvier 1947, le rapport du commandant du détachement relève 37 gendarmes atteints par cette maladie[50]. Le 6 octobre 1948, ce sont encore 22 gendarmes (sur un effectif de 75) qui sont atteints[51]. Cette fois, le problème semble avoir été pris sérieusement en main par les édiles, selon l'avis des gendarmes : « Les pouvoirs publics entreprennent la lutte contre le paludisme qui se révèle ici comme un véritable fléau[52]. » Déjà le rapport du 14 avril 1947 notait que les gendarmes avaient décidé de lutter à leur niveau contre les moustiques : « Il a été possible [...] de doter les brigades et les postes d'une quantité suffisante de DDT pour leur permettre d'obtenir et d'entretenir l'assainissement de leurs locaux[53]. » A partir de l'année 1949, les rapports indiquent que la lutte contre le paludisme semble porter ses fruits[54]. Le 17 avril 1950, le capitaine Bourgeois ne relève plus que cinq gendarmes atteints par la maladie et parle d'une « nette amélioration par rapport au précédent semestre : 327 journées d'indisponibilité contre 502. Cette situation est due principalement aux progrès réalisés dans la lutte antipalustre[55] ». Le cas des gendarmes ne dépareille pas de l'évolution générale : si en 1948 on compte 1 779 morts dus au paludisme (soit 38 % de l'ensemble des décès), on n'en compte plus que 1 357 (soit 28 % des décès) en 1950 et enfin 78 (soit 1,75 % des décès) en 1954. Dix ans plus tard, en 1965, on ne mourait plus de cette maladie dans l'île[56]. Notons au passage que la période de l'été austral, propice à la propagation des moustiques, est aussi pour une partie de la population la période du « changement d'air » : on quitte le littoral – les « Bas » – pour trouver refuge en altitude – les « Hauts ». Cette très ancienne pratique de l'élite créole d'origine européenne a peu à peu été adoptée par les autres couches sociales[57].

La situation des gendarmes offre d'autres exemples de l'importance des problèmes sanitaires locaux. Ainsi, le rapport du 14 avril 1947 note un décès pour tuberculose pulmonaire « contractée en service[58] ». Le 7 avril 1949, le capitaine Bourgeois écrit que « l'organisation sanitaire laisse dans d'autres domaines nettement à désirer. Deux gendarmes victimes de fractures accidentelles sont soignés sans pouvoir être radiographiés, car les appareils nécessaires n'existent pas actuellement à la Réunion, ni dans le domaine public, ni dans le domaine privé ». Et il ajoute en conclusion que « l'épidémie de poliomyélite qui est maintenant pratiquement terminée a touché l'enfant d'un gendarme du détachement[59] ». Le risque de propagation de cette épidémie avait pourtant été anticipé par le préfet Paul Demange[60]. Face à la maladie qui sévit dans l'île Maurice voisine, le préfet interdit le 22 janvier 1949 tout déplacement d'enfants de moins de 15 ans sur la voie publique ! Le

25 janvier toute consommation de légumes et de fruits crus est proscrite. Mais le virus existe en fait de manière latente dans l'île et l'épidémie se déclenche : « Un arrêté du Préfet va interdire le 2 février, tous bals, kermesses, rencontres sportives et fêtes publiques ; cette fois l'île est véritablement une île morte. Même l'évêché décide d'"abréger au minimum" les offices[61]. » A la fin de février 1949, l'île se retrouve même en quarantaine et Madagascar cesse de la ravitailler. Pendant quatre mois, les relations maritimes sont stoppées. Le rationnement de l'île recommence ! Les enfants ne retrouvent le chemin de l'école que le 4 avril, après quatre mois de vacances forcées…

Les rapports établis par les gendarmes soulignent enfin la mauvaise alimentation. Le changement de statut n'a apporté sur ce point aucune rupture fondamentale dans le quotidien des insulaires.

Le 14 avril 1945, un rapport note, par exemple, les conséquences dramatiques du dernier cyclone : « Les petits planteurs sont durement éprouvés et, s'ils n'ont pas une aide pécuniaire pour recommencer leurs plantations, ce sera la ruine ; aussi le découragement commence à les gagner. Dans la classe ouvrière qui vit au jour le jour, c'est l'impossibilité de refaire leurs habitations[62]. »

Quelques mois plus tard, le 13 juillet 1945, le même officier fait part des grandes difficultés de ravitaillement et ajoute à cela que « la vie augmente de jour en jour et [que] les propriétaires font travailler de moins en moins. Les salaires sont payés aux taux les plus bas. Il est fort probable qu'au moment de la coupe, les travailleurs prendront leur revanche et [que] des grèves sont à prévoir[63] ». Dans les mois qui suivent, le gendarme se plaint de l'importance du marché noir qui ajoute encore aux difficultés[64]. Dans son rapport du 13 février 1946 qui porte sur ce problème, le capitaine Parriaux divise en deux parties la population insulaire :

« La première comprenant la masse ouvrière et ignorante ne peut en aucune façon être rendue responsable, attendu qu'il lui est fréquemment répondu par les commerçants que "telle ou telle marchandise est épuisée". Quant à l'autre partie, qui englobe tous les privilégiés de la fortune, elle s'alimente sans tenir compte des prix ; autrement dit, c'est celle-ci qui entretient d'une manière active et non facile à découvrir cette manœuvre frauduleuse. »

Un rapport du commandant de la brigade de surveillance des prix du 2 juin 1946 insiste sur la responsabilité des commerçants dans cette inégalité entre la masse et les privilégiés :

« Un fait important, qui a déjà été signalé mérite une attention particulière ; c'est l'accaparement des produits du cru (légumes, œufs, beurre, volailles et poissons) notamment par les Asiatiques et les Arabes. Il est avéré et indéniable que ce trafic provoque la rareté et par conséquent la hausse des produits. Il n'est pas rare de voir dans les boutiques et les cours de ces commerçants des quantités énormes d'œufs, de légumes et de volailles. Invariablement, ils prétendent que c'est pour leur consommation, mais en réalité ils veulent et peuvent payer au prix fort[65]. »

Le 9 janvier 1952, le chef d'escadron Merian fait cette fois savoir à l'administrateur de l'inscription maritime qu'il est quasiment impossible pour la majeure partie des insulaires de se procurer du poisson du fait de son prix : « A Saint-Denis, en particulier, les prix de vente sont exorbitants, et seulement accessibles aux personnes riches ou aisées, ou au Chinois tenant restaurant pour ces mêmes personnes. Les gens de moyenne ou de petite condition ne peuvent plus se procurer le moindre poisson sur le marché de Saint-Denis, à moins que ce ne soit du poisson de qualité inférieure. Cette situation s'explique du fait que, par des transporteurs intéressés, le poisson est drainé des lieux de pêche, directement vers les personnes précitées, à tel point que les habitants de certains lieux de pêche ne peuvent plus eux-mêmes trouver du poisson à un prix abordable[66]. »

La disette reste une réalité quotidienne pour beaucoup et le rationnement est maintenu jusqu'en 1950. Le taux de mortalité infantile témoigne à lui seul de toutes les difficultés sanitaires, même si des progrès sont enregistrés : il est de 153 ‰ en 1949 contre 51 ‰ pour la moyenne hexagonale[67]. En novembre 1947, le nouveau préfet, qui se dit « ému par l'état physique lamentable de trop de nos enfants et de nos orphelins », lance même un appel à la générosité à la population réunionnaise.

Les journalistes métropolitains ne manquent pas également de souligner cette situation sanitaire catastrophique. Le reporter de *Climats*, dans son article du 10 octobre 1946, relate ainsi l'entretien qu'il a eu avec le gouverneur Capagorry au sujet de la « misère morale et physique » de la population : « J'exprime mon regret, ma désagréable surprise d'avoir pu contempler autant de misère, de maladie, de délabrement, en si peu de temps, dans les villages où je me suis arrêté. » Ses observations dépeignent une situation de misère absolue :

« Ces cases serrées les unes contre les autres et dont les parois sont éraflées par les attelages de bœuf à bosse, que notre passage rejette sur les bas côtés, abritent des quantités d'êtres aux apparences chétives. Grouillement devant l'épicier, queue devant le boulanger. Etalages de fruits, de viandes maigres, tout près des stagnations saumâtres de la chaussée. Le paupérisme sévit dans ces corps émaciés, dont quelques-uns sont difformes, le manifestent avec évidence. En s'y arrêtant, on perçoit là ce qui différencie la Réunion de la Martinique : la vigueur moindre des Réunionnais. Plus usée, davantage repliée sur elle-même, abâtardie par nombre de mariages consanguins, attaquée par le rhum, la population de l'île paraît glisser vers une lente adynamie. Les habitants des villages de montagne exhibent d'ailleurs quelques goitres et diverses imperfections physiques qui attestent un appauvrissement du sang que ne parviennent point à contrebalancer les apports étrangers mêlés aux indigènes. Une sorte de maladie de langueur semble embrasser l'île. Lorsque la somnolence s'interrompt, ça n'est que pour laisser cours à des activités aussi fugaces que regrettables, de l'ordre de celles du récent meurtre. »

L'article consacré à la Réunion par *Une semaine dans le monde*, le 19 juin 1948, dresse un tableau identique dans lequel il est dit que « la sous-alimentation est presque générale » et que « l'alcool, plus précisément le rhum, que l'île fournit à trop bon marché, s'ajoute aux tares qui précèdent, menace dans son existence une population souriante et sympathique ». L'envoyé spécial du *Monde*, André Blanchet, qui évite les clichés précédents, n'hésite pas à comparer la situation sanitaire à ce que l'on trouve de pire dans le monde, et il s'en indigne d'autant plus qu'il s'agit d'un département français. Le 25 janvier 1949, il écrit : « C'est partout dans les campagnes que l'on rencontre ces paillotes, ces bicoques en planches et en mauvaises tôles devant lesquelles on ressent quelque honte à penser qu'elles abritent des citoyens français, noirs et blancs, électeurs depuis exactement cent ans ; cela rappellerait plutôt l'habitat des Noirs du Brésil et les occupants des "shanty towns" sud-africaines. Les Bantous refoulés des grandes cités européennes du Transvaal les envieraient à peine. [...] Plus misérables encore, les faubourgs des villes, royaume exclusif du fer-blanc, des fonds de bidon et des vieilles caisses, filiales attardées de notre "zone" banlieusarde. » Jean-Loup Dariel, dans un article paru dans *France-Soir* du 9 mars 1951, évoque encore, avec sensationnalisme, la même réalité : « Il y a le rhum qui coule ici comme l'eau d'une source intarissable. Il suffit de savoir que les 260 000 Réunionnais consomment officiellement près de deux millions de litres de rhum par an pour admettre l'effrayant pourcentage de "minus habens" et de dégénérés. [...] Il y a 200 000 sous-alimentés ! » Face à cette situation, les responsables politiques réunionnais ne cachent pas leur mécontentement. Il faut dire que la mise en place des mesures liées à la départementalisation se déroule non sans confusion. Ainsi, l'instauration de la Sécurité sociale se fait sans ouverture d'une caisse pour recevoir les cotisations patronales et ouvrières, ce qui oblige les employeurs à conserver les cotisations jusqu'à ce que le Trésor puisse les recevoir, provisoirement[68]...

Des élus de la droite locale, autour de Gabriel Macé[69], de Roger Payet[70] ou de l'usinier Emile Hugot, se regroupent au sein de l'Association de défense des intérêts de la Réunion qui réclame une application spécifique et progressive des lois liées au statut de département. De leur côté, les communistes crient au sabotage de la départementalisation : « La Réunion n'a pas cessé d'être une colonie parce que les communistes ont été chassés du gouvernement en 1947 sur l'ordre des Américains », s'insurge le quotidien *Témoignages* du 6 septembre 1949[71].

La précarité nourrit le mécontentement politique

Tous les élus insulaires au Palais-Bourbon, de droite et de gauche, durant les années quarante et même cinquante, s'entendent sur un point : la situation sociale est catastrophique.

Ils dénoncent bien sûr les mauvaises conditions d'alimentation. En mars 1946, le communiste Léon de Lepervanche explique à la tribune que « la nourriture, [est] composée uniquement de riz, de légumes secs, de piments et de brèdes[72] ». En 1948, le député dénonce le retard de la mise en application de la législation française qui empêche tout progrès dans le domaine agricole. Il réclame ainsi que la loi du 3 mai 1946 obligeant la mise en culture de la totalité des terres cultivables dans les territoires d'outre-mer entre en vigueur : « La Réunion [...] est constamment menacée de famine. Il est indispensable que le gouvernement prenne très rapidement le décret d'application car la situation alimentaire de la Réunion en particulier, est catastrophique[73]. »

En mars 1955, le très anticommuniste Frédéric de Villeneuve parle encore de « population sous-alimentée[74] ». Paul Vergès, le 27 novembre 1956, consacre également à la tribune une longue intervention sur la question[75]. Il souligne que des études publiées par les Nations unies (FAO) en 1949 « indiquent que la ration alimentaire de la population de la Réunion ne dépasse pas 1 900 calories par jour ». Il

cite alors le journal de l'évêché de la Réunion, *Dieu et Patrie,*
qui rapporte que « 90 % des Réunionnais ne mangent pas à
leur faim » ; il rappelle que *Le Progrès,* journal insulaire non
communiste, a écrit que, dans l'île, « l'homme ne mange
pas à sa faim ». Il fait alors référence à une thèse soutenue
le 31 mars 1955 par le docteur Lanot, à la faculté de médecine de Paris, qui explique que « les conséquences de cet
état permanent de sous-alimentation sont bien connues. Le
test le plus éloquent à cet égard est fourni par le taux de
mortalité infantile, qui est à la Réunion de 160 ‰, selon
les statistiques des quatre dernières années, alors qu'il varie
entre 40 et 50 ‰ en Europe. Cette proportion classe notre
département au même rang que Ceylan, 163 ‰, l'Egypte,
161 ‰, l'Inde, 155 ‰ ». Le député cite alors un numéro
spécial de *Marchés coloniaux* de juillet 1956 rappelant que
« la ration alimentaire par habitant et par jour n'était en
1946 que de 2 000 calories contre 3 100 avant la guerre »,
pour mieux mettre en perspective le fait que pour la
période 1950-1954 cette même ration reste à 1 900 calories. Il conclut dès lors que « la situation de la population
de la Réunion s'est considérablement aggravée par rapport
à l'avant-guerre ».

Avec la mauvaise alimentation, les députés insulaires
dénoncent aussi l'absence de moyens dans le domaine
sanitaire. En 1946, dans son discours réclamant la départementalisation, Léon de Lepervanche s'exclame : « Un tel
régime alimentaire, où la viande est un luxe réservé aux
grandes occasions, engendre naturellement la maladie qui
fait de cruels ravages en raison du prix élevé des médicaments, de l'absence de toute assistance médicale, de
l'insuffisance en nombre et du dénuement de nos établissements hospitaliers[76]. »

En plus du paludisme, dont on mesure l'importance à
travers l'ensemble des différents regards portés sur l'île, il y
a aussi la tuberculose. Raymond Vergès, bien placé pour en
parler en tant que médecin et ancien directeur de la santé
dans l'île, apprend aux députés, en mai 1951, qu'« un
groupe de malades hospitalisés à l'hôpital départemental

de Saint-Denis de la Réunion a informé la Fédération nationale de lutte contre la tuberculose de la situation très précaire de ce département en matière de lutte anti-tuberculeuse[77] ». Et il ajoute que « les conditions sanitaires défavorables, les endémies tropicales nombreuses assombrissent encore le tableau de nos départements tropicaux ». Pour lutter contre cette situation sanitaire déplorable, les députés réunionnais exigent que le gouvernement prenne des mesures, en commençant avant tout par appliquer rapidement les décisions déjà votées par le Parlement. La non-application de l'ensemble de la législation sociale a été rapidement dénoncée par les élus communistes. En 1948, Raymond Vergès intervient ainsi à ce propos : « Tandis qu'on applique des impôts iniques sur les salaires [...] on renvoie aux calendes grecques les mesures de sécurité sociale. La seule retraite des vieux travailleurs, arrachée par la pression des masses populaires et annoncée au *Journal officiel* pour le 1er avril 1948, n'est même pas encore payée aujourd'hui[78]. » En 1951, le chef de file des communistes réunionnais met en accusation le ministère de la Santé publique : « Même si, comme ce matin, cela provoque de votre part un peu de mauvaise humeur, je veux reparler de la responsabilité d'un autre ministère dans la propagation de ce fléau. [...] Il s'agit du salaire, si bas dans ces pays qu'il est un facteur de tuberculisation accélérée[79]. » Durant toute la période qui va de la départementalisation au début des années soixante, l'ensemble des parlementaires s'insurge donc contre la misère insulaire. Les communistes, à l'origine de la loi de départementalisation, s'en écartent progressivement autour du jeune Paul Vergès qui, au milieu des années 50, reprend en main la fédération locale. Avec la création du Parti communiste réunionnais en 1959, ils réclament alors l'autonomie sur un modèle collectiviste. A l'inverse, la droite locale, souvent réticente lors du vote de la départementalisation, clame de plus en plus fort la nécessité de la sauvegarde du statut départemental.

Conclusion

Dans une société encore dominée par la satisfaction des besoins élémentaires (le vêtement, le logement, le chauffage et la nourriture), les Français ont vécu pénurie, marché noir et manque de libertés ; absence de ripostes collectives face aux occupants, accommodation, épuration insatisfaisante, reconstruction, crise du logement, grèves insurrectionnelles et espoir du « mieux-vivre », après avoir « survécu ». Les prisonniers de guerre, les STO et les déportés de retour en France ont quant à eux été ignorés par le reste du pays, comme les anciens colons ou colonisés.

Chacun a cherché à tenir bon et le plus longtemps possible dans l'espoir d'un avenir meilleur. Avec son lot d'images déformantes, la Libération a trop longtemps laissé en mémoire l'idée d'une France idyllique, tournée vers des « lendemains qui chantent » pour reprendre le slogan favori des communistes. Or, à l'aube des années cinquante, bien des plaies sont encore mal cicatrisées dans notre société.

Cela s'explique d'abord par la succession inouïe de chocs émotionnels enregistrés dans un laps de temps relativement court : la peur, l'espoir, le désespoir et l'illusion. La solitude et l'isolement ont souvent complété le quotidien de nombreuses familles désunies. Le froid a laissé de très mauvais souvenirs. La mort a plus que rôdé. A cela s'est ajoutée la complexité des hommes, parfois aux motivations floues, incertaines et fluctuantes. Dans leur grande majorité, les Français n'ont pas cru à la collaboration et n'en ont pas voulu. Mais beaucoup se sont laissé enfermer dans l'atmosphère singulière initiée pendant la drôle de guerre, si bien que l'apathie et l'accommodation de la population ont été les comportements dominants pendant l'occupation[1].

En deuxième lieu, les Français ont essayé tout simplement d'oublier par tous les moyens, par la lecture, le théâtre, la pratique du sport... Au moment le plus déprimant de l'occupation, les Français ont même tablé sur l'avenir, en pariant sur celui d'enfants plus nombreux que depuis un demi-siècle. L'espérance n'a donc jamais été réellement éteinte ; le regain de certaines formes de manifestations religieuses en témoigne aussi.

La fête de la Libération a été éphémère, et très vite, les Français se sont rendus à l'évidence : la crise matérielle et alimentaire était d'une ampleur considérable et plus longue que prévu. En 1945, l'état matériel de la France est plus alarmant qu'en 1918 : le nombre de ponts détruits est plus important ; des milliers d'hectares doivent être déminés ; la pénurie des transports est gigantesque et les mineurs ont bien du mal à extraire 40 millions de tonnes de houille en 1944 – au lieu des 67 millions de 1938[2] ! Tout est à faire et pourtant, une nouvelle fois, les Français se retroussent les manches, quitte à refouler leurs désirs et leurs envies de « mieux-être » pour vivre plusieurs années de nouveaux sacrifices avant de relever la tête. On mange même moins bien en 1947 qu'en 1943-1944. Il faut attendre, toujours attendre. S'exposant aux plus vives critiques, le GPRF, puis la IVe République n'ont pas pu tout changer du jour au lendemain : il a fallu continuer à restreindre, contingenter, rationner, surveiller, punir et légiférer. Dans le même temps, l'aide économique et militaire américaine a soutenu l'effort des Français qui devaient reconstruire, affronter le début de la décolonisation et de la Guerre froide. Ainsi la société n'a pas implosé. Car l'envie de revivre l'a emporté sur le laisser-aller et la « déprime » collective. Les Français ont même accepté de travailler au moins 48 heures par semaine, un record en Europe de l'Ouest pour cette période.

L'année 1947 a annoncé la fin du provisoire ; en revanche, il a fallu attendre 1949 pour que les Français ressentent enfin un début d'amélioration au quotidien. Le tournant a été souvent négligé, car il n'a pas été spectaculaire. Certes, il n'y a pas eu de miracle, mais une grande persévérance de la population à relever la tête. En 1949, le pire semble toutefois passé.

Après quatre années d'ajustements politiques, institutionnels, financiers et matériels, opérés à marche forcée, 1949 permet de constater des rééquilibrages, ainsi que le basculement vers la croissance et la modernisation lente du pays. Le mieux-être et le mieux-vivre semblent accessibles dans les années cinquante, même si l'alimentation constitue pour longtemps encore la part essentielle des budgets familiaux (75 % sous l'occupation, 34 % en 1959 et 24 % en 1975). Ce qui change dans l'esprit de nombre d'habitants, c'est la perspective réaliste de pouvoir consacrer plus de dépenses aux loisirs, à la culture et à l'achat de biens de consommation modernes. Les Français sont revenus à un temps presque ordinaire où les besoins essentiels sont à nouveau assurés au niveau d'avant-guerre. Les derniers tickets d'alimentation sont enfin rangés au fond des tiroirs, reliques d'une époque douloureuse, même si l'importance du traumatisme de 1940 a été tel qu'il se fait encore sentir à moyen et à long terme.

Les sinistrés et les « mal-logés » font partie des perdants. Dans le cadre de la reconstruction des villes et des villages détruits par les combats, les Français ont repensé leur espace de vie. Pourtant, malgré les immenses efforts consentis par la nation, la crise immobilière est loin d'être achevée en 1949 ; elle reste le point le plus noir des années cinquante. Il faut même attendre le milieu des années soixante pour que l'objectif minimum de 320 000 logements par an – fixé par l'Ined dès les années 1950, après les premiers chantiers lancés entre 1945 et 1949 –, soit enfin à peu près atteint. Les taudis insalubres où s'entassent des milliers de Français, sans eau ni électricité, érigés hâtivement dans les espaces périurbains après la guerre, ne font que grossir, accueillant d'anciens mal-logés et certains des nouveaux arrivants des campagnes.

La masse des Français des années quarante est gagnante sur le terrain de la santé et de l'hygiène. Dès la Libéra-tion, les Français ont entrevu grâce aux Américains les premiers progrès techniques décisifs en matière médicale. Avec la naissance de la « sécu », les dépenses de santé ont augmenté de 7 % l'an, dès 1947 ; les années quarante ont créé une habitude.

Outre-mer, la vie était déjà dure en 1939, mais la guerre a aggravé la situation. Dans l'empire, l'exploitation économique a continué de plus belle un peu partout. En fait, très souvent en Asie et en Afrique, les Français ont essayé de profiter des années de guerre pour mettre en place un nouvel ordre colonial. Face à cela, les premières manifestations nationalistes se sont mal terminées : en Algérie, massacre de Sétif en 1945 qui inaugure le long processus de guerre et conduit à l'indépendance en 1962 ; en 1947, Madagascar, l'île Rouge, est couverte du sang versé par la répression aveugle des autorités françaises ; au Maroc, le sultan affiche ses sympathies nationalistes ; l'Indochine ne veut plus de l'ordre colonial et déjà une nouvelle guerre commence jusqu'à l'indépendance de 1954.

Les espaces de l'empire ont donc assez mal survécu pendant toute la décennie et certains ont voulu se déga-ger de l'emprise française. Le retour à la paix ne s'est pas accompagné d'un effort comparable à celui de la métro-pole pour dégager les habitants d'une pauvreté chronique. Outre-mer, le quotidien de misère a donc été singulier, car il a duré bien plus longtemps qu'en métropole, constat

presque toujours occulté dans l'étude des années quarante. Les Français y ont connu des situations beaucoup
plus contrastées, voire difficiles et paradoxales, en proie
aux politiques ambiguës des hommes de la IVe République ; une politique au coup par coup a été menée. Il
n'y a pas eu de projet politique et social d'ensemble, tandis que les premières secousses de la décolonisation se
sont fait sentir dans les grandes colonies continentales
d'Asie et d'Afrique, et que la colère a grondé dans les
jeunes départements d'outre-mer contre les lenteurs de la
révolution sociale attendue par la population.

En 1949, dans l'empire colonial, la vie des Français
apparaît très contrastée, plus contrastée encore que dans
la mère patrie. Les rapports entre les Français et les populations autochtones varient alors beaucoup d'une région
coloniale à l'autre ; les codes et les sociabilités changent.
Les Français d'outre-mer semblent être de plus en plus les
observateurs impuissants de tensions politiques et sociales.

Le passé colonial a été refoulé, tout comme le passé
métropolitain de l'occupation. En 1949, et pendant de
longues années encore, alors que la vie a basculé vers
plus de confort, les Français ont eu beaucoup de difficultés à regarder les années noires en face. Dès la Libération, il leur a fallu se débarrasser au plus vite des
séquelles de cette sombre période, au moment où les préoccupations étaient toujours orientées vers la recherche
de nourriture. La Libération a réveillé bien des oppositions et des haines refoulées depuis plusieurs années et
l'épuration n'a pas permis de les éteindre complètement.
Les frustrations sont encore nombreuses en 1949. Un long
travail de deuil a commencé et il est loin d'être achevé au
début des années cinquante[3].

Il faut reconnaître que les Français ont très peu commémoré leurs morts entre 1945 et 1949 ; ils n'ont quasi pas
érigé de monuments spécifiques à la Seconde Guerre
mondiale. Tout au plus, des stèles rendent hommage aux

morts des deux guerres mondiales. Les morts de 1939-1945 sont à peine 600 000, dont environ un tiers est tombé au combat. La Libération a constitué un formidable écran aux fractures de l'occupation et c'est elle qui est en priorité magnifiée, par exemple par les affiches des différents partis politiques[4]. Les Français célèbrent les vainqueurs les plus spectaculaires et rendent hommage aux martyrs, tels les habitants d'Oradour-sur-Glane, dont le village ruiné est élevé au rang de monument national par le général de Gaulle le 10 mai 1946. La mémoire des prisonniers de guerre, des exilés, des « STO », des déportés de droit commun, des tziganes et des homosexuels déportés et plus encore la mémoire juive, celle de la Shoah et des Juifs combattants, sont occultées pendant les années qui suivent l'occupation ; le camp de Drancy n'est devenu un lieu de mémoire qu'en 1988 alors que des milliers d'internés n'ont cessé d'en parler depuis les années quarante ; encore fallait-il les écouter.

E.A.

Notes

Introduction

1. Eric Alary, *La Ligne de démarcation*, Paris, Perrin, 2003.

2. Surtout, Dominique Veillon, *Vivre et survivre en France (1939-1947)*, Paris, Payot, 1995, mais aussi *La Mode sous l'Occupation. Débrouillardise et coquetterie dans la France en guerre (1939-1945)*, Paris, Payot, 1990 ; bien d'autres travaux ont été entrepris par Dominique Veillon – largement référencés dans les notes de cet ouvrage – dans le cadre de ses fonctions de chercheuse et de directrice de recherches au CNRS/IHTP.

3. Henri Amouroux, *La Grande Histoire des Français sous l'occupation*, Paris, Robert Laffont, 1989-1994, 10 volumes ; ceux-ci ont été réédités sous de multiples formes depuis les années 1990. L'œuvre d'Henri Amouroux a connu un succès populaire énorme.

4. Philippe Burrin a remarquablement décrit les « accommodements », c'est-à-dire la multitude des « points de contact » entre les envahisseurs et les occupés, dans *La France à l'heure allemande*, Paris, Le Seuil, 1995, page 183.

5. Arlette Farge, *La Vie fragile. Violence, pouvoirs et solidarités à Paris au xviiiᵉ siècle*, Paris, Hachette, 1986, p. 9. Daniel Roche offre aussi une approche théorique fort pertinente dans *Histoire des choses banales*, Paris, Fayard, 1997.

PREMIÈRE PARTIE
LE QUOTIDIEN BOULEVERSÉ DES FRANÇAIS

CHAPITRE 1
La modification des cadres de vie

1. Philippe Le Chaffotec, *Le Tour de France, 1936-1939*, mémoire de DEA dirigé par Pierre Milza, soutenu à l'IEP de Paris, 1992 (non publié) ;

voir aussi Jean-Luc Bœuf, Yves Leonard, *La République du Tour de France (1993-2003)*, Paris, Le Seuil, 2003, pp. 117-132.

2. Marc Bloch, *L'Etrange Défaite*, Paris, Gallimard, collection « Folio-Histoire », 1990, pp. 38-39.

3. *Chantons sous l'occupation*, Paris/Lyon, Somogy éditions d'art/Centre d'histoire de la Résistance et de la Déportation, 2003, p. 12.

4. Archives de la Préfecture de police de Paris (PP), rapports de quinzaine, septembre-octobre 1939.

5. Ephraïm Grenadou, Alain Prévost, *Grenadon, paysan français*, Paris, Le Seuil, collection « Points Histoire », 1978, p. 190.

6. Jean Doise, Maurice Vaïsse, *Politique étrangère de la France. Diplomatie et outil militaire*, 1871-1991, Paris, Le Seuil, collection « Points-Histoire », 1992, pp. 414-419.

7. Luc Capdevila, François Rouquet, Fabrice Virgili, Danièle Voldman, *Hommes et femmes dans la guerre (1914-1945)*, Paris, Payot, 2003, p. 50.

8. *Ibidem*, pp. 52-58.

9. 1,2 million de Français ont été exemptés de leurs obligations militaires à cause de leur activité professionnelle. Voir également Jean-Louis Crémieux-Brilhac, *Les Français de l'an 40 : la guerre oui ou non ?*, Paris, Gallimard, 1990, tome 1, p. 457.

10. Ephraïm Grenadou, Alain Prévost, *op.cit.*, pp. 159-160.

11. Voir l'excellent livre d'Etienne Dejonghe et Yves le Manner, *Le Nord-Pas-de-Calais dans la main allemande (1940-1944)*, Lille, La Voix du Nord, 2002, p. 23.

12. Gritou et Annie Vallotton, *C'était au jour le jour. Carnets (1939-1944)*, Paris, Payot, 1995 (préface de Dominique Veillon), p. 27.

13. Archives de la gendarmerie nationale (anciennement CAGN et aujourd'hui SHGN) et de la Préfecture de police de Paris.

14. *Le Réveil lochois*, 8 septembre 1939, cité dans Bernard Briais, *Une ville de province dans la guerre. Loches en Touraine 1939-1945*, Joué-lès-Tours, Alan Sutton, 2001, pp. 10-11.

15. Se reporter aux ouvrages de Dominique Veillon, *Vivre et survivre en France (1939-1947)*, *op. cit.*, pp. 18-19 ; *La Mode sous l'Occupation*, *op. cit.*

16. Voir l'ouvrage illustré de Jean-Louis Besson, *Paris rutabaga*, Paris, Bayard, 1995, 2005. Jean-Louis Besson raconte après la guerre ce qu'il a vécu, en illustrant le texte de dessins fort pertinents et émouvants qui datent de 1942.

17. Marcel Jeanjean, *Alerte aux avions*, Paris, Hachette, 1939 ; ce manuel illustré a été publié pour l'Education nationale et a été censuré plus tard par les Allemands en zone occupée, à partir du 8 juillet 1942, date de la publication de la deuxième liste « Otto ».

18. Pierre Giolitto, *Histoire de la jeunesse sous Vichy*, Paris, Perrin, 1991, pp. 367-368.

19. Dominique Veillon, *Vivre et survivre…*, *op. cit.*, p. 20. Selon les chiffres retrouvés par l'historienne, qui sont ceux de la direction générale de

l'enseignement, plus de 38000 élèves de Paris sont allés se réfugier en Auvergne, en Bourgogne, dans le Limousin et dans l'Ouest.

20. Document prêté par Bénédicte Vergez-Chaignon.

21. Pour cette région, nous nous appuierons essentiellement sur les travaux de Jean-Louis Panicacci : *Les Alpes-maritimes de 1939 à 1945. Un département dans la tourmente*, Nice, Editions Serre, 1989 et (avec Pascal Molinari), *Menton dans la tourmente (1939-1945)*, dans *Annales de la société d'art et d'histoire du Mentonnais*, Nice, 1984.

22. Pour éviter une attaque surprise, la ligne Maginot, prévue dès le milieu des années vingt, a été construite par 25000 civils et militaires du Génie. Il a fallu réunir près de cinq milliards de francs pour achever un tel projet ! En 1939, tout n'est pas encore au point puisque certaines défenses ne sont toujours pas armées.

23. Rappelons que Hitler et Mussolini ont conclu des accords pour attaquer ensemble dans le cadre de l'axe Rome-Berlin.

24. Se reporter à Yves Le Moigne (dir.), *Moselle et Mosellans dans la Seconde Guerre mondiale*, Metz, Serpenoise, 1983 et Pierre Barral, « L'Alsace-Lorraine : trois départements sous la botte », dans Jean-Pierre Azéma, François Bédarida, *op. cit.*, tome 1 : *De la défaite à Vichy*, pp. 243-260.

25. Gritou et Annie Vallotton, *C'était au jour le jour, op. cit.*, p. 45.

26. Pierre Rigoulot, *L'Alsace-Lorraine pendant la guerre (1939-1945)*, PUF, collection « Que sais-je ? », 1998 (première édition : 1997), p. 12.

27. Un tableau des communes de repli des évacués a été produit par Jean-Louis Panicacci, *Les Alpes-Maritimes...*, *op. cit.*, page 64.

28. Encart publicitaire publié dans *La Dépêche du Centre* du jeudi 30 novembre 1939 (voir annexe n° 1).

29. *Journal officiel*, juillet 1938.

30. Jean-Marie Flonneau, « Législation et organisations économiques au temps des restrictions (1938-1949) », dans Dominique Veillon, Jean-Marie-Flonneau (dir.), *Le Temps des restrictions (1939-1949)*, *Les Cahiers de l'IHTP*, IHTP/CNRS, mai 1996, n°s 32-33, p. 45.

31. C'est seulement en septembre 1940 que le texte est véritablement appliqué, mais la IIIe République n'est plus.

32. AN, BB 30/1706, 1713. Voir aussi F90/21618 (organisation des contrôles techniques).

33. Archives de la Préfecture de police de Paris, rapports de quinzaine de 1940.

34. Notons au passage que les salaires sont bloqués depuis avril 1939.

35. Georges Duby, Armand Wallon (dir.), *Histoire de la France rurale*, Paris, Le Seuil, collection « Points-Histoire », 1977 (réédition), 4 tomes, tome 4, p. 92.

36. AN, F1 CIII : rapport du préfet du Cher du 1er février 1940.

37. Jean-Louis Crémieux-Brilhac, *Les Français de l'an 40...*, *op. cit.*, tome 1, p. 416.

38. Se reporter à Michel Cépède, *Agriculture et alimentation pendant la Seconde Guerre mondiale*, sl, M.-Th. Génin, 1961.

CHAPITRE 2
Mai-juin 1940

1. *L'Illustration*, 31 mars 1940, p. 315.

2. SHAT, série 29 N, armées, dossiers des deuxièmes bureaux. Très souvent dans les rapports, ce sont les troupes d'active qui sont le mieux jugées.

3. Philippe Masson, *Histoire de l'armée française de 1914 à nos jours*, *op. cit.*, p. 214 ; *Mai-juin 1940. Défaite française, victoire allemande sous l'œil des historiens étrangers*, Paris, Autrement, collection « Mémoires », 2000, pp. 75-86.

4. Karl-Heinz Frieser, « La légende de la "Blitzkrieg" », dans *Mai-juin 1940. Défaite française...*, *op. cit.*, p. 75.

5. Jean-Louis Crémieux-Brilhac, *Les Français de l'an 40...*, *op. cit.*, tome 1, p. 541.

6. SHAT, 34 N/178, témoignage du commandant Le Poullin, 331ᵉ régiment d'infanterie ; cité également par Jean-Louis Crémieux-Brilhac, *Les Français de l'an 40. Ouvriers et soldats*, *op. cit.*, tome 2, p. 563.

7. Archives privées : copie du journal de marche du 72ᵉ RADC, 3ᵉ batterie, confié par Gaston Denéchaud, ancien combattant de mai-juin 1940.

8. Gaston Denéchaud, rencontré le 18 janvier 2004, à son domicile, Andard (Maine-et-Loire), pendant une heure trente. Il fut démobilisé le 11 août 1941. Il est membre depuis 1944 de l'association des anciens combattants du 72ᵉ RADC qui publie une feuille, *L'Etoile des Volants*.

9. *Ibidem*.

10. Jean-Louis Crémieux-Brilhac, *Les Français de l'an 40...*, *op. cit.*, tome 1, p. 638.

11. Walter Schellenberg, *Mémoires. Le chef du contre-espionnage nazi parle*, Paris, Julliard, 1957, pp. 124-125.

12. Cité par François Bédarida dans le chapitre « Drôle de guerre », dans Jean-Pierre Azéma, François Bédarida (dir.), *1938-1948. Les années de tourmente de Munich à Prague. Dictionnaire critique*, Paris, Flammarion, 1995, p. 31.

13. Jean-Pierre Azéma, *De Munich à la Libération (1938-1944)*, Paris, Le Seuil, collection « Points-Histoire », 1979, p. 63.

14. Jean-Louis Besson, *Paris Rutabagas*, *op. cit.*, pp. 22-23.

15. Gritou et Annie Vallotton, *C'était au jour le jour...*, *op. cit.*, p. 79.

16. Jean-Pierre Azéma, *De Munich à la Libération*, *op. cit.*, p. 63.

17. Jean Vidalenc, *L'Exode de mai-juin 1940*, *op. cit.*, p. 285.

18. *Chantons sous l'occupation*, *op. cit.*, p. 14 ; *Le Petit Réfugié* : paroles de Georges Goudon et Charles Leclère, musique de Félix Antonini, partitions éditées par Max Orgeret, sans date.

19. Gérard Bourdin, « L'Orne et Vichy », dans *Le Pays bas-normand*, 1993, n° 209, p. 13.

20. *Ibidem,* p. 25.

21. *Ibidem,* p. 41.

22. Voir nos travaux de vulgarisation sur la gendarmerie, dont *L'Histoire de la gendarmerie,* Paris, Calmann-Lévy, 2000.

23. Léon Werth, *33 jours,* Paris, Editions Viviane Hamy, 1992 (réédité dans la collection « bis » chez le même éditeur, 2005), p. 15.

24. Se reporter à l'ouvrage pionnier sur l'étude de l'exode, Jean Vidalenc, *L'Exode de mai-juin 1940, op. cit.,* et à Pierre Miquel, *L'Exode. 10 mai-20 juin 1940,* Paris, Plon, 2003.

25. Pierre Mendès France, *Liberté, liberté chérie,* Paris, Fayard, 1977, pp. 27-28.

26. *Ibidem.*

27. *Ibidem,* p. 34 : « Nous avons fait 4 kilomètres depuis le matin. »

28. Léon Werth, *33 jours, op. cit.,* p. 11.

29. Ephraïm Grenadou, Alain Prévost, *op. cit,* p. 193.

30. *Ibidem.*

31. AN, F1 CIII/1161, rapport du préfet du Loir-et-Cher, 15 juin 1940 et A. Jarrigeon, *Les Journées historiques de juin 40 à Blois,* Tours, 1940, p. 7.

32. AN, F1CIII/1161, *ibidem.*

33. Jean-Pierre Rioux, *Au bonheur la France,* Paris, Perrin, 2004, p. 222.

34. Voir le récit précis de Jean Moulin dans *Premier combat,* Paris, Editions de Minuit, 1947 (rééd. en 1983). Son biographe Daniel Cordier éclaire aussi la période de la débâcle vécue par le préfet de Chartres, dans *Jean Moulin, l'inconnu du Panthéon,* Paris, Lattès, 1989, tome 1, et dans *La République des catacombes,* Paris, Gallimard, 1999.

35. Jean Moulin, *Premier combat,* p. 30.

36. *Ibidem,* p. 39.

37. *Ibidem,* p. 36.

38. Jean-Claude Barbas (textes présentés par), *Philippe Pétain. Discours aux Français,* Paris, Albin Michel, 1989, pp. 63-65.

CHAPITRE 3
L'année 1940 dans l'empire

1. Chiffres donnés par Eric Jennings et Claude Bavoux dans *Le Régime de Vichy dans l'océan Indien..., Madagascar et la Réunion (1940-1942),* Paris, SEDES, 2002.

2. Claude Bavoux, « Un Clochemerle triste : les Français de Madagascar sous Vichy », dans *Le Régime de Vichy dans l'océan Indien..., op. cit.,* p. 88.

3. Eric Jennings, *Vichy sous les tropiques. La Révolution nationale à Madagascar, en Guadeloupe, en Indochine. 1940-1944,* Paris, Grasset, p. 56.

4. Claude Bavoux, « Un Clochemerle triste : les Français de Madagascar sous Vichy », art. cité, p. 88.

5. *Ibidem,* pp. 87-88.

6. Jacqueline Dussol, *Le Temps des moustiquaires*, Saint-Denis, Azalées Editions, 1997.

7. *Ibidem*, p. 133.

8. *Ibidem*, p. 134.

9. *Ibidem*, p. 137.

10. *Ibidem*, p. 119.

11. *Ibidem*, p. 139.

12. *Ibidem*, p. 140.

13. *Ibidem*, p. 142.

14. *Ibidem*, p. 145.

15. *Ibidem*, p. 146.

16. *Ibidem*, p. 149.

17. *Ibidem*, p. 151.

18. Eric Jennings, *Vichy sous les tropiques…, op. cit.*, p. 57.

19. *Ibidem*, p. 59.

20. *Ibidem*, p. 58.

21. *Ibidem*, p. 61.

22. *Ibidem*, p. 68.

23. Sur le sujet voir Jacques Tronchon, *L'Insurrection malgache de 1947*, Paris, Karthala, 1986.

24. Jacqueline Dussol, *Le Temps des moustiquaires, op. cit.*, pp. 113-114.

25. Bernard Marek, Guy Bourau-Glisia, *Une île dans la guerre. La Réunion de la mobilisation à la départementalisation. 1939-1946*, Saint-Denis, Azalées Editions, 1992, pp. 16-17.

26. Mario Serviable, *Rayonner. Histoire de la Réunion*, Sainte-Clotilde, ARS Terres Créoles et Océan Editions, 1995, pp. 195-196.

27. Bernard Marek, Guy Bourau-Glisia, *Une île dans la guerre. La Réunion de la mobilisation à la départementalisation. 1939-1946, op. cit.*, p. 19.

28. Martin Espérance, *L'Ile de la Réunion de 1939 à 1945. Etude politique, économique, sociale*, DESS de sciences politiques, université d'Aix-Marseille III, 2000, p. 7.

29. *Ibidem*.

30. *Ibidem*.

31. *Ibidem*.

32. Il dirigea les quelques salves lancées contre le contre-torpilleur FFL *Le Léopard*, venu libérer l'île en novembre 1942. Il s'engagea ensuite au sein des FFL et a participé avec bravoure à la campagne d'Alsace. Il a fondé en 1948 les Sucreries de Bourbon et ses ouvrages sur le sucre ont fait autorité dans le monde entier.

33. Bernard Marek, Guy Bourau-Glisia, *Une île dans la guerre. La Réunion de la mobilisation à la départementalisation. 1939-1946, op. cit.*, p. 25.

34. Martin Espérance, *L'Ile de la Réunion de 1939 à 1945. Etude politique, économique, sociale, op. cit.*, p. 7.

NOTES 553

35. Bernard Marek, Guy Bourau-Glisia, *Une île dans la guerre. La Réunion de la mobilisation à la départementalisation. 1939-1946, op. cit.,* p. 18.

36. Martin Espérance, *L'Ile de la Réunion de 1939 à 1945. Etude politique, économique, sociale, op. cit.,* p. 9.

37. Bernard Marek, Guy Bourau-Glisia, *Une île dans la guerre. La Réunion de la mobilisation à la départementalisation. 1939-1946, op. cit.,* pp. 29-30.

38. Martin Espérance, *L'Ile de la Réunion de 1939 à 1945. Etude politique, économique, sociale, op. cit.,* p. 10.

39. Bernard Marek, Guy Bourau-Glisia, *Une île dans la guerre. La Réunion de la mobilisation à la départementalisation. 1939-1946, op. cit.,* pp. 33-35.

40. *Ibidem,* pp. 37-38.

41. Yvan Combeau, « La Réunion dans la guerre : le gouvernement d'Aubert », dans Evelyne Combeau-Marie, Edmond Maestri, *Le Régime de Vichy dans l'océan Indien,* Paris, SEDES-Université de la Réunion, 2002, p. 63.

42. Bernard Marek, Guy Bourau-Glisia, *Une île dans la guerre. La Réunion de la mobilisation à la départementalisation. 1939-1946, op. cit.,* pp. 38-43.

43. Eric Jennings, *Vichy sous les tropiques..., op. cit.,* p. 185.

44. Jacques Binoche-Guedra, *La France d'outre-mer. 1815-1962,* Paris, Masson, 1992.

45. *Ibidem,* p. 127.

46. Eric Jennings, *Vichy sous les tropiques..., op. cit.,* pp. 186-188.

47. Eric Jennings note que sur les 2028 amnisties coloniales accordées par le Front populaire, 1532 concernaient des Indochinois. *Ibidem,* p. 188.

48. Jean Clauzel (dir.), *La France d'outre-mer (1930-1960). Témoignages d'administrateurs et de magistrats,* Paris, Karthala, 2003, p. 478.

49. Les territoires rétrocédés par la France en 1941 seront repris en 1946.

50. Eric Jennings, *Vichy sous les tropiques..., op. cit.,* p. 192.

51. Cité par Serge Jacquemond, dans Jean Clauzel (dir.), *La France d'outre-mer (1930-1960)..., op. cit.,* p. 478.

52. Jacques Binoche-Guedra, *La France d'outre-mer. 1815-1962, op. cit.,* p. 177.

53. Eric Jennings, *Vichy sous les tropiques..., op. cit.,* p. 192

54. On évalue la communauté européenne entre 25 000 à 39 000 individus en 1940, soit, rappelle Eric Jennings, 0,2 % de la population totale. Eric Jennings, *Vichy sous les tropiques..., op. cit.,* p. 150.

55. *Ibidem,* pp. 188-189.

56. Serge Jacquemond, dans Jean Clauzel (dir.), *La France d'outre-mer (1930-1960)..., op. cit.,* p. 454.

57. Cassilde Tournebize, *Une enfance en Indochine. De la douceur à la tourmente,* Paris, L'Harmattan, 2003, p. 15.

58. *Ibidem.*

59. *Ibidem*, p. 44.

60. *Ibidem*, p. 23.

61. *Ibidem*, p. 21.

62. *Ibidem*, p. 50.

63. *Ibidem*, p. 59.

64. Cassilde Tournebize, *Une enfance en Indochine, op. cit.*, p. 15.

65. *Ibidem*, p. 100.

66. Eric Jennings, *Vichy sous les tropiques…, op. cit.*, p. 197.

67. *Ibidem*, p. 224.

68. Notons d'ailleurs que contrairement à l'Afrique du Nord, les élus du Grand Conseil, chargé du budget général, des emprunts et des impôts, siégeaient ensemble. Jacques Binoche-Guedra, *La France d'outre-mer. 1815-1962, op. cit.*, p. 127.

69. Jean Clauzel (dir.), *La France d'outre-mer (1930-1960)…, op. cit.*, p. 481.

70. Ainsi, par exemple, les Chantiers de la Jeunesse de Vichy ont été transformés dès juillet 1945 en une organisation vietminh intitulée « sports et jeunesse ». Eric Jennings, *Vichy sous les tropiques…, op. cit.*, p. 274.

71. *Ibidem.*

72. Jacqueline Sénès, *La Vie quotidienne en Nouvelle-Calédonie de 1850 à nos jours*, Paris, Hachette, 1985, p. 260, p. 231. Les chiffres proviennent de l'*Encyclopédie de la Nouvelle-Calédonie.*

73. L'insurrection a fait 1 400 morts. Jean-Luc Mathieu, *La Nouvelle-Calédonie*, Paris, PUF, 1995, p. 23.

74. Entre 1871 et 1894, la Nouvelle-Calédonie est terre de déportation. A tel point qu'en 1893 on compte sur les 40 000 habitants de l'archipel 9 000 colons libres pour 7 500 transportés et 25 000 indigènes. Jacques Binoche-Guedra, *La France d'outre-mer. 1815-1962, op. cit.*, p. 139.

75. Sénès Jacqueline, *La Vie quotidienne en Nouvelle-Calédonie de 1850 à nos jours, op. cit.*, pp. 226-227.

76. Les élus refuseront ainsi, à la veille de 1940, un projet d'implantation de 6 000 Israélites élaboré par les Associations juives internationales. Après l'indépendance de l'Algérie, ils refuseront encore le projet du général de Gaulle d'installer les pieds-noirs. *Ibidem*, p. 231.

77. Bernard Brou, *La Nouvelle-Calédonie de 1925 à 1945, op. cit.*, p. 254.

78. *Ibidem*, p. 254 à 256.

79. *Ibidem*, p. 260.

80. *Ibidem.*

81. Jacqueline Sénès, *La Vie quotidienne en Nouvelle-Calédonie, op. cit.*, p. 251.

82. *Ibidem*, p. 260.

83. Bernard Brou, *La Nouvelle-Calédonie de 1925 à 1945, op. cit.*, p. 240.

84. *Le Mémorial calédonien*, Nouméa Diffusion, 1975, tome V (1940-1953), pp. 329-335.

85. Sénès Jacqueline, *La Vie quotidienne en Nouvelle-Calédonie*, op. cit., p. 251.

86. *Ibidem*, p. 253.

87. Bernard Brou, *La Nouvelle-Calédonie de 1925 à 1945*, op. cit., p. 232.

88. Jacqueline Sénès, *La Vie quotidienne en Nouvelle-Calédonie*, op. cit., p. 256.

89. Une cartouche de dynamite explose dans son jardin. Le 28 août, le conseil général exige le départ du gouverneur sous peine de démission. Pélicier est remplacé par le lieutenant-colonel Denis qui dirige alors l'armée sur le territoire.

90. Jacqueline Sénès, *La Vie quotidienne en Nouvelle-Calédonie*, op. cit., p. 260.

91. Les nombreux Japonais installés en Nouvelle-Calédonie, parmi lesquels des agents de renseignements, furent systématiquement arrêtés.

92. Expression de W.A. Christian citée par Olivier Guyot-Jeannin, *Saint-Pierre-et-Miquelon*, Paris, L'Harmattan, 1986, p. 94.

93. *Ibidem*, pp. 74-75.

94. *Ibidem*, p. 77.

95. *Ibidem*, p. 29.

96. Andrée Lebailly, *Saint-Pierre-et-Miquelon. Histoire de l'archipel et de sa population*, Saint-Pierre-et-Miquelon, Ed. J.-J. Oliviéro, 1991, p. 131.

97. Andrée Lebailly, *Saint-Pierre-et-Miquelon. Histoire de l'archipel et de sa population*, op. cit., p. 132.

98. *Ibidem*, p. 133.

99. Olivier Guyot-Jeannin, *Saint-Pierre-et-Miquelon*, op. cit., p. 69.

100. Andrée Lebailly, *Saint-Pierre-et-Miquelon. Histoire de l'archipel et de sa population*, op. cit., p. 132.

101. *Ibidem*, p. 133.

102. *Ibidem*, p. 134.

103. Vingt-sept jeunes de Saint-Pierre-et-Miquelon ont été tués dans les combats.

104. Olivier Guyot-Jeannin, *Saint-Pierre-et-Miquelon*, op. cit., p. 94.

105. *Ibidem*, p. 70.

106. Andrée Lebailly, *Saint-Pierre-et-Miquelon. Histoire de l'archipel et de sa population*, op. cit., p. 135.

DEUXIÈME PARTIE
TRANSFORMATIONS, DESTRUCTURATIONS : LA VIE QUOTIDIENNE AUX PRISES AVEC L'OCCUPATION

CHAPITRE 4
Repères chamboulés et retours à la maison

1. Jean Guéhenno, *Journal des années noires*, Paris, Gallimard, 1947, réédition « Folio », 1973, p. 18.

2. *La DFCAA*, p. 411, volume 3 ; le 13 janvier 1941, le général Doyen, président de la DFCAA, a adressé une lettre (11215/FT) au président de la CAA, pour protester contre l'incursion de patrouilles allemandes à Clarafond, située en zone libre, à une dizaine de kilomètres au sud de Bellegarde, un couloir pour relier la Suisse. Les Allemands pouvaient le transformer en verrou.

3. AN, F 60/1506 : note allemande n° 4202/41, 9 août 1941 ; une carte au 1/50000 accompagne le document et montre la modification du tracé de la ligne dans cette partie du Pays de Gex.

4. SHAT, 3 P 116 et 117.

5. Cette carte est reproduite dans Etienne Dejonghe, Yves Le Maner, *op. cit.*, p. 73.

6. SHAT, carton 1P9.

7. Jean Guéhenno, *Journal des années noires, op. cit.*, 15 août 1940, p. 34.

8. SHAT : consulter notamment les cartons 1P9 et 3P17. Dans le premier carton, une carte de France, datée du 6 juillet 1940, recense le nombre de réfugiés bloqués dans chaque département, là où les chiffres ont pu être rassemblés. La comptabilité est effectuée par le secrétariat général des réfugiés.

9. AN, F1CIII, AJ41/177 et Jean Vidalenc, *op. cit.*, p. 173

10. Cité dans Raymond Marchand, *Le Temps des restrictions. La vie des Angevins sous l'Occupation*, sl, Cheminements, 2000, pp. 115-116.

11. SHAT, carton 1P9, circulaire sur l'organisation générale des mouvements et transports de rapatriement, n° 13367-4/EMA, 30 juillet 1940.

12. Archives départementales de l'Indre, cotes M 2715 et M 2721, cité par Alain Giévis, « Souffrance et détresse des réfugiés dans le département de l'Indre (1939-1940) », dans *L'Indre de la débâcle à la Libération*, Châteauroux, ASPHARESD, 1995, tome 1, n° 11, pp. 13-28.

13. *Ibidem.*

14. *Ibidem.*

15. Roger Martin du Gard a raconté combien le passage de la ligne de démarcation a été facile de la zone occupée vers la zone non occupée, sans Allemands, dans son *Journal. 1937-1958*, Paris, Gallimard, NRF, 1993, tome 3, p. 343.

16. SHAT, carton 1P9, dossier « problème de rapatriement urgent des réfugiés en zone occupée ».

17. *Ibidem* : « liaison à la IXe région et au département de l'Allier », 10 juillet 1940.

18. *Ibidem.*

19. SHAT, 1P9 : « fiche pour la réunion interministérielle du 9 juillet 1940 – passage de la ligne de démarcation », Vichy, 8 juillet 1940.

20. AN, F1 CIII/1157 : rapport de l'intendant militaire au préfet, n° 2797, 21 septembre 1940 : « Les maires ont créé de toutes pièces des boucheries monstres, des charcuteries, parfois même des boulangeries. »

21. Archives départementales du Cher, Z 1504 : rapport du sous-préfet du Cher, 22 juillet 1940.

22. Par exemple, dès le 15 juillet 1940, par voie de presse, les fonctionnaires de l'enseignement (chefs de service, chefs d'établissement, directeurs d'école, inspecteurs et administrateurs) sont informés des formalités de passage (cf. *Le Figaro*, 15 juillet 1940). Le 25 juillet, dans *Le Figaro*, « ordre formel aux fonctionnaires des finances de regagner Paris ».

23. SHAT, 1P9 : commissariat général à la Reconstruction nationale, section C, liaison à la IXe région et au département de l'Allier, 10 juillet 1940.

24. MAE, guerre 1939-1945, Vichy-Europe, série Y, volume n° 56, *Bulletin de la DSA*, 20 novembre 1940, n° 1.

25. Archives privées.

26. SHAT, 1P9 : « Carte donnant le chiffre global des réfugiés par département de la zone non occupée » ; il faut prendre ces chiffres avec prudence, car ils varient parfois beaucoup d'une source à l'autre et d'une journée à l'autre.

27. MAE : « Bureau d'études Chauvel », pièce n° 75.

28. *Ibidem.*

29. *Ibidem* : EMA, 2e Bureau, Note pour le franchissement de la ligne de démarcation, Châteauroux, 14 septembre 1940.

30. Archives de la Préfecture de police de Paris (PP), rapport de quinzaine, rapport de quinzaine du 5 août 1940.

31. Henri Amouroux, *Quarante millions de pétainistes*, Paris, Robert Laffont, 1977, p. 161.

32. Archives de la Préfecture de police de Paris (PP), rapport du 5 août 1940.

33. Archives de la PP, rapport de quinzaine du 15 août 1940.

CHAPITRE 5
Vivre avec l'occupant

1. Ernst Jünger, *Premier journal parisien*, II : *1941-1943*, Christian Bourgois, 1980 ; cité par Philippe Burrin, *La France à l'heure allemande*, *op. cit.*, p. 206.

2. Jean Guéhenno, *Journal des années noires*, *op. cit.*, pp. 184-185.

3. Par l'ordonnance du 27 août 1940, les détenteurs de véhicule automobile sont obligés de les déclarer à la préfecture la plus proche. Cela s'adresse également aux réfugiés de passage dans les départements de la moitié sud de la France.

4. *Le Messager de la Manche*, 24 août 1940, cité par Thibault Richard, *op. cit.*, p. 63.

5. Archives privées : note du commissaire spécial, chef de service au préfet de Saône-et-Loire relatant le récit qu'un représentant d'une maison de lainage a fait à un commerçant de Mâcon, n° 2670, 10 août 1940.

6. Robert Gildea, *Marianne in Chains. In Search of the German Occupation (1940-1945)*, Londres, MacMillan, 2002. Ce professeur d'Oxford a passé une année dans les archives d'Indre-et-Loire, du Maine-et-Loire et de Loire-Atlantique, afin d'observer avec minutie la vie d'une bonne partie de l'Ouest français.

7. Cité dans Robert Belot (réédition 2006 dans la collection « L'Œil des archives »), Eric Alary, Bénédicte Vergez-Chaignon, *Les Résistants. L'histoire de ceux qui refusèrent*, Paris, Larousse, 2003, p. 19.

8. Philippe Burrin, *La France à l'heure allemande*, *op. cit.*, p. 201.

9. Marie Bonaparte, *Mythes de guerre*, Londres, Imago, 1946, p. 103.

10. Franz Halder, *Kriegstagebuch…*, *op. cit.*, tome 2, comptes rendus des 7 et 29 septembre 1940.

11. Il s'agit de la police secrète de campagne.

12. AN, AJ 41 : les cartons inventoriés sous cette cote sont ceux de la DSA (Direction des services de l'armistice, qui dépend du régime de Vichy).

13. François Charles-Roux, *Cinq mois tragiques aux Affaires étrangères (21 mai-1ᵉʳ novembre 1940)*, Paris, Plon, 1949, pp. 108-109.

14. *La DFCAA*, *op. cit.*, protestation du général Doyen au général von Stülpnagel, 7 novembre 1940, n° 7258/FT, volume 1, p. 303.

15. AD d'Indre-et-Loire, 52 W 2.

16. AN, F1CIII, cartons 1145 (Charente), 1151 (Dordogne et Doubs), 1180 (Basses-Pyrénées) et 1197 (Vienne et Haute-Vienne). Pour le Cher, voir les archives départementales, cotes R2011 (incidents avec les autorités allemandes), Z 1443 (procès-verbaux de gendarmerie), Z 1487 (rapports mensuels du sous-préfet de Saint-Amand-Montrond).

17. Archives de la Banque de France, versement n° 1069199311/2, rapports économiques des directeurs des succursales des Basses-Pyrénées, 1940.

18. AN, F60/1535, dossier « Service des laissez-passer étrangers », carton n° 8, « Confirmation d'un message téléphoné au préfet de la Sarthe, au Mans », 17 octobre 1940.

19. Par exemple, les lignes nationales Paris-Toulouse, Paris-Marseille, ou régionales comme Tours-Limoges, Pau-Bayonne, Pau-Dax et Pau-Bordeaux.

20. Jean Claude Catherine, *La Ligne de démarcation en Berry-Touraine, 1940-1944*, Châteauroux, Le Gredi éditeurs, 1999, pp. 52-53.

21. AN, AJ 41/1566 : note du colonel Goeritz à la SNCF, 27 juillet 1940. Le général Goeritz a dirigé à Paris la *WVD* (*Wehrmacht Verkehrs Direktion* : Direction centrale des transports de la Wehrmacht).

22. Pierre Durand, *La SNCF pendant la guerre 1939-1945*, Paris, PUF, 1969, p. 130.

23. SHAT, 2 P 15 : instruction du 11 août 1940 sur les transports de réfugiés par voie ferrée.

24. Pierre Durand, *op. cit.*, p. 139.

25. AD du Loir-et-Cher, *La Dépêche du Centre*, 18 mai 1941 et AD d'Indre-et-Loire, 52W2.

26. François Rouquet, *Une administration française face à la Seconde Guerre mondiale : les PTT*, thèse de doctorat d'histoire, Université de Toulouse-Le Mirail, sous la direction d'Annie Lacroix-Riz, 1988, tome 1, pp. 62-73 et pp. 134-148, 3 volumes.

27. AN, AJ 41/400, *Vobif* n° 5, du 18 juillet 1940, publiée le 29 juillet, paragraphe e-1. AN, F90/21600, législation, acheminement, poste intérieure.

28. AN, AJ 41/177 : Rapport secret du ministère de la Défense nationale, DSA, 1er avril 1942.

29. *Le Petit Journal*, 4 octobre 1940.

30. *Le Figaro*, 15 octobre 1940.

31. AN, BB 30/1712 : rapport sur la situation générale dans les territoires occupés et l'activité de la DGTO à Paris, n° 2150/DSA/2, du ministère de la Guerre au garde des Sceaux, Vichy, 14 janvier 1941.

32. *Ibidem.*

33. Expression sans doute employée par un officier allemand à Rethondes au moment de la signature de l'armistice.

34. Nous empruntons la formule à Dominique Veillon, *Vivre et survivre en France (1939-1947)*, *op. cit.*, p. 87.

35. AN, BB 30/1712 : note du délégué général du gouvernement français sur l'opinion publique en zone occupée, 16 octobre 1940.

36. AN, F1CIII/1145 (Charente), rapport du 10 août 1940.

37. Certaines archives de la Caisse des dépôts et consignations (CDC), de la Société Générale (ADSG), du Crédit Lyonnais et de la Banque de France (ABDF) renferment nombre de requêtes des employés et des cadres sur le sujet des transferts interzones de chèques et de comptes.

38. ADSG, cotes B 00996, B 00375 (note n° 1, série interzone, 4 septembre 1942).

39. CDC, liasse n° 14, note interne, 16 novembre 1940.

40. Il a fallu attendre le 10 septembre 1940 pour obtenir une autorisation de transferts interzones, mais seulement pour les règlements commerciaux.

41. ADBF, Secrétariat général-administration : transferts de fonds entre les zones libre et occupée, note de service n° 59 pour les comptoirs de la zone non occupée, 30 septembre 1940 ; note d'étude du secrétariat géné-

ral à Paris, après promulgation des ordonnances allemandes et des lettres du chef de l'administration militaire des 27 août et 25 septembre 1940.

42. MAE, papiers Laval (volume 3, pièce n° 135) : lettre du représentant de l'Office allemand des Affaires étrangères auprès du commandant militaire au président de la CAA, 29 août 1940.

43. Voir les travaux de Jean-louis Panicacci, déjà cités, et la contribution de Jean-Marie Guillon, « La France du Sud-Est », dans Jean-Pierre Azéma et François Bédarida, *La France des années noires*, *op. cit.*, pp. 183-201.

TROISIÈME PARTIE
REPENSER LES HABITUDES

CHAPITRE 6
Des Françaises en grande difficulté

1. L'histoire des femmes est née dans les années 1970. Les chercheurs ont éprouvé de nombreuses difficultés à étudier la diversité des situations ; elle est grande d'un continent à l'autre et d'un groupe social à l'autre.

2. C'est Jacques Doublet qui suggéra le deuxième terme de la devise. En 1939, jeune auditeur au Conseil d'Etat, il assurait le secrétariat du Haut Comité de la population, créé le 22 février.

3. Le 12 juillet 1940, il devient ministre secrétaire d'Etat chargé de la Jeunesse, de la Famille et de la Santé.

4. Avocat lyonnais.

5. *Journal officiel* du 31 décembre 1942, « Loi relative aux associations familiales », pp. 4246-4247 ; loi signée par Pierre Laval, Joseph Barthélemy (garde des Sceaux), le vice-amiral Platon (secrétaire d'Etat délégué à la famille) et Pierre Cathala (secrétaire d'Etat à l'Economie nationale et aux Finances).

6. Vichy crée ainsi une rupture dans la définition juridique du délit d'« avortement » : 4 000 condamnations annuelles entre 1942 et 1944. En juillet 1943, une avorteuse fut même guillotinée ; jusqu'alors, par tradition, la peine de mort n'était pas appliquée aux femmes.

7. Nous prenons pour point de départ les travaux pionniers d'Yves Durand sur les prisonniers de guerre, dont *La Vie quotidienne des prisonniers de guerre dans les Stalags, les Oflags et les Kommandos*, Paris, Hachette, 1987.

8. Cité par Annette Becker, *Oubliés de la Grande Guerre*, Paris, Noêsis, 1998, p. 99.

9. Philippe Pétain, *op. cit.*, p. 83.

10. Jean-Pierre Azéma, *De Munich à la Libération*, *op. cit.*, p. 178.

11. Claire Andrieu, « Démographie, famille, jeunesse », dans Jean-Pierre Azéma, François Bédarida (dir.), *La France des années noires*, Le Seuil, 1993, 2 volumes, pp. 453-467.

12. A ce sujet, se reporter à l'ouvrage – tiré de sa thèse de doctorat – de Sarah Fishman, *Femmes de prisonniers de guerre 1940-1945*, Paris, L'Harmattan, 1996.

13. Avec Dominique Veillon, nous avons recueilli plusieurs témoignages qui convergent vers ce constat dans le cadre d'une communication au colloque tenu à l'IEP de Paris en 1997 : Dominique Veillon, Eric Alary, « L'après-guerre des femmes : 1947, un tournant ? », dans Serge Berstein, Pierre Milza (dir.), *L'Année 1947*, Paris, Presses de Sciences Po, 2000, pp. 487-508.

14. Archives du magazine *Rustica* consultées au siège social pour la rédaction de cet ouvrage.

15. *Rustica*, numéro du 7 janvier 1940, p. 7.

16. *Ibidem*, numéro 39, 29 septembre 1940, p. 11.

17. *Ibidem*, numéro 49, p. 12.

18. Les « maisons de tolérance » étaient rattachées au Comité d'organisation professionnelle de l'industrie hôtelière. Ces maisons ont été interdites en 1946 par la loi Marthe Richard.

Chapitre 7
Au gré des rations et des cartes en métropole

1. Jean-Louis Besson, *Paris rutabaga*, op. cit., p. 40.

2. *Journal officiel* : arrêté du 20 octobre, publié le 23 octobre 1940, p. 5395.

3. D'après Alfred Sauvy, *La Vie économique des Français de 1939 à 1945*, op. cit. ; Henri Michel, *Histoire de la Deuxième Guerre mondiale*, op. cit.

4. René Sédillot, *Histoire des marchés noirs*, Paris, Tallandier, 1985, p. 111.

5. Les procès-verbaux de la Préfecture de police de Paris et les rapports quotidiens (R2) de la gendarmerie en fournissent d'innombrables exemples, à travers toute la France.

6. Jean Galtier-Boissière, op. cit., p. 207 (20 septembre 1943).

7. Paul Sanders, op. cit., p. 97 ; cette affaire conduit à un procès devant le Tribunal d'Etat à Paris en mars 1942.

8. Cité et largement commenté par Paul Sanders, op. cit., pp. 101-105.

9. Micheline Bood, *Les Années doubles, Journal d'une lycéenne sous l'Occupation*, Paris, Robert Laffont, 1974.

10. Jean Galtier-Boissière, op. cit., p. 39.

11. Dominique Veillon, *Vivre et survivre en France, 1939-1947*, op. cit., p. 310.

12. Dominique Veillon, Jean-Marie Flonneau (dir.), *Le Temps des restrictions en France (1939-1949)*, op. cit.

13. AD du Cher et AD d'Indre-et-Loire.

14. ADBF, Rapport du directeur de la succursale de Bayonne, article 5, 30 septembre 1940.

15. AN, F1 CIII/1174 : rapport mensuel préfectoral de la Nièvre, septembre 1940 et SHGN : rapport n° 4/4 du commandant de la 9ᵉ légion-bis, 1ᵉʳ octobre 1940.

16. SHGN : rapport du commandant de la 9ᵉ légion-bis, 1ᵉʳ octobre 1940.

17. AN, F1 CIII/1157, déjà cité.

18. Ephraïm Grenadou, Alain Prévost, op. cit., p. 204.

19. Archives municipales d'Alençon, procès-verbal de la séance du 21 février 1941 du conseil municipal.

20. Etienne Dejonghe, Yves le Manner, Le Nord-Pas-de-Calais dans la main allemande (1940-1944), Lille, La Voix du Nord, 2002.

21. Général Halder, Journal de marche, 30 juillet et 10 août 1940 ; cité par Eberhard Jäckel, La France dans l'Europe de Hitler, Paris, Fayard, 1968, p. 132.

22. Ibidem, p. 129.

23. On peut se reporter aux ouvrages régionaux suivants : Guy Bataille, Boulogne-sur-Mer, 1939-1945, Dunkerque, Westhoek Editions, 1984 ; Marc Blancpain, Marcel Carnoy, 1814-1944. La vie quotidienne dans la France du Nord sous les occupations, Paris, Hachette, 1983.

24. Ibidem, p. 203.

25. Selon les deux historiens, qui ont étudié les archives hospitalières, des cas de botulisme ont même été constatés : cela est dû à une alimentation riche en porc ; mais l'animal a été anormalement gonflé d'eau avant l'abattage.

26. Tous les exemples retenus pour le cas de la Corse sont extraits de la synthèse de Hélène Chaubin, Corse des années de guerre (1939-1945), Paris, Editions Tirésias-Aeri, 2005, p. 65.

27. Il s'agit du titre d'un ouvrage d'Edouard de Pomiane publié en 1941 chez l'éditeur parisien Corrêa.

28. Archives privées des sœurs Benèche.

29. Archives privées déjà citées.

30. AN, AB XIX 4121, Fonds Jean Forien de Rochesnard : Agathe cuisinière, 200 menus et recettes conformes aux restrictions, 1941.

31. Henri Amouroux, dans Quarante millions de pétainistes, op. cit., p. 182, a signalé d'autres ouvrages tels que celui de Mme Francisque Gay qui publie à la fin de 1940, Jardinage et petits élevages.

32. Publié à la Librairie générale de droit et de jurisprudence, Paris, 1942.

33. Edouard de Pomiane est mort à Paris en 1964.

34. Edouard de Pomiane, Cuisine et restrictions, Paris, Corrêa, 1940, p. 71 et s.

35. Ibidem, p. 73.

36. Ibidem, p. 81.

37. Ibidem, p. 78.

QUATRIÈME PARTIE
RIPOSTES ET PARADES EN TOUT GENRE

CHAPITRE 8
Système D et contournements

1. Archives de la Préfecture de police de Paris, rapport de quinzaine des RG du 14 juin au 16 juillet.

2. Jacques Borgé, Nicolas Viasnoff, *Les Véhicules de l'Occupation*, Paris, Balland, 1975, p. 189 ; cité également par Dominique Veillon, *Vivre et survivre…*, *op. cit.*, p. 144.

3. Dominique Veillon, *Vivre et survivre…*, *op. cit.*, p. 147.

4. *Aujourd'hui*, 24 novembre 1940.

5. *L'Eclaireur*, 17 septembre 1940, cité par Jean-Louis Paniccaci, *Les Alpes-Maritimes*, *op. cit.*, p. 340.

6. Archives de la Préfecture de police de Paris, rapport de quinzaine du 3 février 1941.

7. Archives municipales d'Alençon, délibérations du conseil municipal, 29 novembre 1940.

8. Jacques Body, *Jean Giraudoux*, Paris, Gallimard, 2004, p. 755.

9. AN, F1CIII : plusieurs rapports préfectoraux-tests de la grande moitié nord de la France ont été consultés pour cette étude, dont ceux de l'Allier, de la Charente, du Cher, des Côtes-du-Nord, de l'Ille-et-Vilaine, de l'Indre-et-Loire et de la Vienne ; leur cote est signalée dans la partie consacrée aux sources.

10. Archives de la Banque de France, secrétariat du conseil général de la Banque de France, versement n° 1069199311/2, rapports économiques des directeurs des succursales (1939-1944) de Bourges, Brive, Châteauroux, Limoges, Le Mans, Montluçon et Périgueux. Pour le détail des cotations d'articles, voir la partie des sources à la fin de l'ouvrage ; se reporter aussi à Jean-Marie Flonneau, Dominique Veillon (dir.), *op. cit.*, pp. 79-170 et pp. 225-372.

11. J.-M. Flonneau, D. Veillon, *op. cit.*, p. 92.

12. Archives de la revue *Rustica* : de 1939 à 1948, chaque numéro a été consulté pour cet ouvrage.

13. Dominique Veillon, *Vivre et survivre…*, *op. cit.*, pp. 173-174.

14. Alfred Sauvy, *La Vie économique des Français de 1939 à 1945*, *op. cit.*, pp. 133-134.

15. Archives de la Banque de France, secrétariat du conseil général, versement n° 1069199311/2, article 17, rapports économiques du directeur de la succursale de Périgueux, 1940.

16. *Le Mémorial* rassemble l'ensemble des textes réglementaires pour le fonctionnement de la gendarmerie nationale, les lois répressives nouvelles et les informations sur les conditions de vie obligatoires, les devoirs et les missions des gendarmes.

17. Archives privées : *Revue horticole*, fondée en 1829.

18. Cette pratique s'est généralisée à Laval avec le MPF, mais aussi avec d'autres coopératives.

19. AN, fonds Chouard, Rav 9.

20. Archive privée manuscrite déjà citée.

21. *Ibidem*, p. 389.

22. *Rustica*, 10 novembre 1940, n° 45.

23. Les paroles de la chanson sont de Henri Raybaudi qui a composé d'autres chansons de variété comme « Lettre au prisonnier ».

24. *Rustica*, numéro du 8 novembre 1942.

25. Loi du 16 août 1940.

26. Par exemple, il existe *Le Journal de la chaussure française*.

27. Sur les textiles artificiels, leur utilisation dans la mode vestimentaire, mais aussi sur la politique industrielle franco-allemande dans ce domaine, voir absolument Dominique Veillon, *La Mode sous l'Occupation*, *op. cit.*, pp. 123-149 (chapitre V intitulé « Fibranne, rayonne et ersatz »).

28. Dominique Veillon, *ibidem*, p. 131.

29. Michel Margairaz, *L'Etat, les finances et l'économie. Histoire d'une conversion, 1932-1952*, Paris, Comité pour l'Histoire économique et financière de la France, 1991.

30. Roger Picard, Gaston Racaud, *La Vienne pendant la Seconde Guerre mondiale*, Poitiers, CRDP, 1979, 3 volumes.

31. *Ibidem*. Voir aussi Marie-Claude Albert, *Châtellerault sous l'Occupation*, La Crèche, Geste Editions, 2005.

32. Archives municipales d'Alençon.

33. Cité par Gilles Ragache, *Les Enfants de la guerre*, *op. cit.*, p. 32 ; l'auteur cite le texte d'une affiche reproduite dans un supplément de *La Terre française*, 17 mai 1941.

34. Micheline Bood, *Les Années doubles...*, *op. cit.*

35. Archives de la Préfecture de police de Paris, rapport de décembre 1941.

36. Pour l'étude de l'Anjou sous l'occupation, et notamment de la vie quotidienne, on peut se reporter utilement à l'ouvrage de l'historien anglais Robert Gildea, *Marianne in Chains. In Search of the German Occupation*, *op. cit.* ; l'ouvrage couvre une région vaste qui s'étend de Saint-Nazaire à Tours et embrasse donc trois départements (Indre-et-Loire, Maine-et-Loire et Loire-Atlantique).

37. Archives privées.

38. Jean Galtier-Boissière, *op. cit.*, p. 32.

39. Archives de la Préfecture de police de Paris, rapport sur l'état d'esprit de la population, 21 juin 1941.

40. Publié à Paris aux éditions de la Belle Fontaine.

41. En caractères différents dans le livre.

42. *Ibidem*, pp. 13-14.

43. Paul Achard, *op. cit.*, p. 128.

44. *Ibidem*, pp. 132-134.

45. *Mouvement économique en France de 1938 à 1948*, Insee, 1950 et Michel Cépède, *Agriculture et alimentation pendant la Seconde Guerre mondiale*, *op. cit.*

46. Archives de la Préfecture de police de Paris : étude des rapports de quinzaine de janvier à juin 1941.

47. Edouard de Pomiane, *op. cit.*, p. 90.

48. Dominique Veillon, *Vivre et survivre...*, *op. cit.*, p. 127 ; l'exemple est extrait du périodique *Marie-Claire*, n° 199, 17 mai 1941.

49. AN, 72 AJ/563, Fonds André Monnier, dossier « agriculture et ravitaillement », janvier 1943, p. 15.

50. Jacques Sémelin, *Sans armes face à Hitler. La résistance civile en Europe, 1939-1943*, Paris, Payot, 1998.

51. Nous nous appuyons sur les travaux d'Etienne Dejonghe et de Yves le Manner, *op. cit.*, pp. 192-195 ; l'ouvrage de Jacques Sémelin apporte d'utiles éléments de réflexion sur cette « grande grève » comme l'appelaient les mineurs, *op. cit.*, pp. 121 et s.

52. Simone Kitson, *Vichy et la chasse aux espions nazis : 1940-1942*, Paris, Autrement, 2005.

53. Par exemple, nous pensons aux 6000 à 10000 femmes du 3 octobre 1789 qui prirent la route du château de Versailles avec des éléments de la garde nationale, afin de réclamer des boulangers et de ramener le roi et sa famille à Paris.

54. Archives de la Préfecture de police de Paris.

55. *Idem*, rapport du 30 novembre 1942.

56. Pierre Limagne, *Ephémérides de quatre années tragiques : 1940-1944*, La Villedieu, éditions de Candide, 1987, 3 volumes ; Gritou et Annie Vallotton, *op. cit.*, p. 196.

57. AN, F1CIII/1164 : rapport du préfet du Lot-et-Garonne, rapport mensuel du 4 juillet 1941.

58. Danièle Tartakowsky, *Les Manifestations de rue en France, 1918-1968*, thèse de doctorat, Paris I, 1994. Se reporter également à la contribution de Danièle Tartakowsky, « Manifester pour le pain, novembre 1940-octobre 1947 », dans Dominique Veillon, Jean-Marie-Flonneau, *Le Temps des restrictions en France (1939-1949)*, *op. cit.*, pp. 465-478.

59. Jean-Marie Guillon, *La Résistance dans le Var. Essai d'histoire politique*, Aix-en-Provence, Université de Provence, 1989 ; l'historien a établi une liste des manifestations de ménagères dans une annexe du tome 3.

60. Hélène Chaubin, *op. cit.*, p. 69.

61. *Idem*, rapport du 7 août 1944.

CHAPITRE 9
Une vie au prix du troc et du marché noir

1. Eric Alary, *La Ligne de démarcation*, *op. cit.*

2. SHGN : rapport R2 et procès-verbal, brigade de Loches, 29 novembre 1943.

3. Thibault Richard, *op. cit.*, p. 110 ; l'auteur cite un extrait de *L'Echo de la Ferté-Macé* du 7 juin 1941, dont le titre était « Un voyageur lourdement chargé, Flers ».

4. Archives de la PP, rapport du 3 février 1941.

5. Ministère des Finances et des Affaires économiques/Insee, *Mouvement économique en France de 1938 à 1948*, Paris, Imprimerie nationale/PUF, 1950, p. 61.

6. AN, F1CIII/1157 : rapport du 27 janvier 1941.

7. Jean Galtier-Boissière, *op. cit.*, p. 79.

8. Archives de la PP, rapport du 3 mars 1941.

9. Se reporter notamment à la belle enquête de Jacques Delarue, *Trafics et crimes sous l'Occupation*, Paris, Fayard, 1968, pp. 15-142.

10. Gérard Nocquet, « La Vendée », dans Jean-Marie Flonneau, Dominique Veillon, *Le Temps des restrictions en France, op. cit.*, pp. 108-109.

11. Jean-Philippe Marcy, « Le marché noir dans l'Aveyron vu à travers la presse », *ibidem*, pp. 395-410.

12. Etienne Dejonghe, Yves le Manner, *op. cit.*, pp. 200-201.

CHAPITRE 10

Se ravitailler dans l'empire

1. Christine Levisse-Touzé, *L'Afrique du Nord dans la guerre. 1939-1945*, Paris, Albin Michel, 1998, p. 136.

2. *Ibidem*, p. 139.

3. Christine Levisse-Touzé, *L'Afrique du Nord dans la guerre. 1939-1945, op. cit.*, p. 137.

4. Jean-Jacques Jordi, Guy Pervillé, *Alger 1940-1962. Une ville en guerre*, Paris, Autrement, 1999, p. 43.

5. *Ibidem*, p. 45.

6. *Ibidem*.

7. Charles-Robert Ageron, *Histoire de l'Algérie contemporaine, op. cit.*, p. 553.

8. Jean-Jacques Jordi, Guy Pervillé, *Alger 1940-1962. Une ville en guerre, op. cit.*, p. 44.

9. Christine Levisse-Touzé, *L'Afrique du Nord dans la guerre. 1939-1945, op. cit.*, p. 139.

10. *Ibidem*.

11. Jean-Jacques Jordi, Guy Pervillé, *Alger 1940-1962. Une ville en guerre, op. cit.*, p. 53.

12. André Angladette, « La vie quotidienne en Indochine de 1939 à 1946 », Crasom, 3 (1er juin 1979), Académie des Sciences d'outre-mer, *Mondes et Cultures*, p. 469.

13. Eric Jennings, *Vichy sous les tropiques…, op. cit.*, p. 194.

14. André Angladette, « La vie quotidienne en Indochine de 1939 à 1946 », art. cité, p. 468.

15. *Ibidem*.

16. *Ibidem*, p. 469.

17. *Ibidem.*

18. *Ibidem*, p. 472.

19. *Ibidem*, p. 476.

20. *Ibidem*, pp. 476-486.

21. Le Siam déclenche une offensive militaire pour reprendre des provinces cédées en 1907 au protectorat français du Cambodge.

22. André Angladette, « La vie quotidienne en Indochine de 1939 à 1946 », art. cité, p. 492.

23. Serge Jacquemond, dans Jean Clauzel (dir.), *La France d'outre-mer (1930-1960). Témoignages d'administrateurs et de magistrats, op. cit.,* pp. 482-483.

24. Serge Jacquemond, dans Jean Clauzel (dir.), *La France d'outre-mer (1930-1960). Témoignages d'administrateurs et de magistrats, op. cit.,* pp. 484-485.

25. *Ibidem*, p. 486.

26. Bernard Marek, Guy Bourau-Glisia, *Une île dans la guerre. La Réunion, de la mobilisation à la départementalisation. 1939-1946,* Saint-Denis, Azalées Editions, 1992, p. 80.

27. Martin Espérance, *L'Ile de la Réunion de 1939 à 1945…, op. cit.,* pp. 60-63.

28. Martin Espérance, *L'Ile de la Réunion de 1939 à 1945…, op. cit.,* p. 62.

29. Martin Espérance, *L'Ile de la Réunion de 1939 à 1945…, op. cit.,* p. 68.

30. *Ibidem.*

31. Bernard Marek, Guy Bourau-Glisia, *Une île dans la guerre, op. cit.,* pp. 85-86.

32. Bernard Marek, Guy Bourau-Glisia, *Une île dans la guerre, op. cit.,* p. 90.

33. *Ibidem*, pp. 90-91.

34. Témoignage cité par Jules Bénard dans *Ile de la Réunion 1920-1970. Pages d'histoire réunionnaise. Mémoire et Témoignages,* Saint-Denis, Azalées Editions, 1997, p. 32.

35. *Ibidem*, p. 69.

36. *Ibidem.*

37. Eric Jennings, *Vichy sous les tropiques…, op. cit.,* p. 150.

38. *Ibidem*, p. 151.

39. Nommé par le ministre des Colonies Georges Mandel, il arrive le 19 septembre 1939 à Fort-de-France, siège du gouvernement militaire des Antilles. Il prête ensuite serment de fidélité à Vichy.

40. *Ibidem*, p. 152.

41. Armand Nicolas, *Histoire de la Martinique. De 1939 à 1971,* Paris, L'Harmattan, 1998, p. 56.

42. Roland Suvelor (dir.) *L'Historial Antillais,* Fort-de-France, 1985, tome 5, p. 439.

43. *Ibidem*, p. 441.

44. Cité par Eric Jennings, *Vichy sous les tropiques…*, op. cit., pp. 151-152.

45. Armand Nicolas, *Histoire de la Martinique. De 1939 à 1971*, op. cit., p. 57.

46. Armand Nicolas, *Histoire de la Martinique. De 1939 à 1971*, op. cit., p. 58.

47. Serge Mam Lam Fouck, *Histoire générale de la Guyane française*, Cayenne, Ibis Rouge Editions, 2000, p. 68.

48. *Ibidem*, pp. 58 et 68.

49. *Ibidem*, p. 58. Au total l'auteur relève, de 1850 à 1938, environ 68 000 bagnards introduits.

50. Rodolphe Alexandre, *La Guyane sous Vichy*, Paris, Editions caribéennes, 1988, p. 99.

51. *Ibidem*, p. 100.

52. *Ibidem*, p. 102.

53. Ce gouverneur, présenté à la population par Gaston Monnerville, se rend rapidement populaire grâce à des visites sur l'ensemble du territoire. Echappant de peu à la noyade lors d'un de ces déplacements il bénéficie alors d'une sympathie renforcée. Rodolphe Alexandre, *La Guyane sous Vichy*, op. cit., pp. 25-26.

54. Arrivé à un moment où le régime de Vichy commence à être remis en cause plus ouvertement, il bénéficie cependant d'une image positive car, gouverneur de la Guyane 1936 à 1938, il avait participé à un rapprochement des Antilles et de la Guyane. En outre, il est secondé par un chef de cabinet emprisonné par les Allemands lors de la débâcle, qui a la confiance des anciens combattants. Rodolphe Alexandre, *La Guyane sous Vichy*, op. cit., pp. 27-28.

55. *Ibidem*, pp. 99-105 et 113-117.

56. *Ibidem*, p. 106.

57. Arbre dont on peut utiliser le bois et également les graines qui peuvent donner de l'huile.

58. *Ibidem*, p. 110.

59. *Ibidem*, p. 121.

60. Claire Jacquelin, *Aux bagnes de Guyane. Forçats et médecins. Dessins et témoignages*, Paris, Maisonneuve & Larose, 2002.

61. *Ibidem*, p. 32.

62. *Ibidem*, p. 94.

63. *Ibidem*, p. 98.

64. Maigreur extrême avec atteinte grave de l'état général due à une maladie ou à la sous-alimentation.

65. Jean-Luc Mathieu, *La Nouvelle-Calédonie*, Paris, PUF, 1995, p. 28.

66. Jacqueline Sénès, *La Vie quotidienne en Nouvelle-Calédonie de 1850 à nos jours*, op. cit., pp. 277-278.

67. *Ibidem*, p. 280.

68. Jean-Luc Mathieu, *La Nouvelle-Calédonie*, op. cit., p. 28.

69. Jusqu'en 1946, les troupes néo-zélandaises ont occupé le vélo-drome de Nouméa, où était même aménagée une boulangerie. *Le Mémo-rial Calédonien*, Nouméa Diffusion, 1975, tome V (1940-1953), p. 332.

CINQUIÈME PARTIE
POUR TENTER D'OUBLIER

CHAPITRE 11
Distractions et jeux

1. Entretien à son domicile à Tours, 1997.

2. Archives de la PP, rapport de situation, juin 1940.

3. Jean-Pierre Bertin-Maghit, *Le Cinéma sous l'Occupation. Le monde du cinéma français de 1940 à 1946*, Paris, Olivier Orban, 1989, p. 25.

4. Jean-Pierre Bertin-Maghit, *Le Cinéma français sous l'Occupation*, Paris, PUF, collection « Que sais-je ? », 1994, n° 280, pp. 22-38.

5. Pour ce paragraphe, nous avons consulté l'ouvrage fort bien docu-menté d'Etienne Dejonghe et Yves le Maner, *op. cit.*, pp. 210-217.

6. Selon Yves Le Maner et Etienne Dejonghe, *op. cit.*, p. 212 : 6351000 entrées pour le dernier trimestre 1941 et 7303000 pour le premier trimes-tre 1942.

7. Archives de la PP, rapport de situation du 16 juillet 1940, chapitre « Loisirs ».

8. *Ibidem*.

9. Serge Added, *Le Théâtre dans les années-Vichy (1940-1944)*, Paris, Ramsay, 1992 (voir notamment le chapitre « Les visées étatiques ») ; ouvrage tiré de sa thèse, soutenue à l'université de Reims en 1990.

10. Sur la réception, voir Serge Added, « L'euphorie théâtrale dans Paris occupé », dans Jean-Pierre Rioux (dir.), *La Vie culturelle sous Vichy*, Bruxelles, Complexe, 1990, pp. 315-350.

11. Gilles Ragache, *Les Enfants de la guerre, op. cit.*.

12. Noë Richter, « La lecture publique de 1940 à 1945 », dans Jean-Pierre Rioux, *La Vie culturelle sous Vichy, op. cit.*, pp. 117-135. Voir égale-ment Pascal Fouché, *L'Edition française sous l'Occupation 1940-1944*, Bibliothèque de littérature française contemporaine, Paris, 1987.

13. Micheline Bood, *Les Années doubles. Journal d'une lycéenne sous l'Occupation, op. cit.*

14. Pour approfondir l'étude de la jeunesse sous l'occupation, mais éga-lement sur les aspects générationnels, on pourra se reporter utilement au colloque dirigé par Jean-William Dereymez, *Etre jeune en France (1939-1945)*, Paris, L'Harmattan, 2001 (préface de François Bédarida) ; des défi-nitions et des synthèses sont fort avancées sur le phénomène de la jeu-nesse en temps de guerre.

15. Voir le chapitre 19 sur la vie quotidienne des résistants et des maquisards.

16. Wilfred D. Halls, *Les Jeunes et la Politique de Vichy*, Paris, Syros, 1988.

17. Dominique Veillon, *Vivre et survivre…*, op. cit., p. 162.

18. Voir Dominique Veillon, *La Mode sous l'Occupation*, op. cit., pp. 235-239 et Emmanuelle Thoumieux-Rioux, *Les Zazous, un phénomène socio-culturel pendant l'Occupation*, mémoire de maîtrise soutenu à l'université de Paris X-Nanterre, 1987 ; enfin, Stéphanie Corcy, *La Vie culturelle sous l'Occupation*, op. cit., pp. 227-231.

Chapitre 12
L'évasion spirituelle ?

1. Renée Bédarida, *Les Catholiques dans la guerre*, op. cit.

2. La vénération de Notre-Dame-de-Boulogne remonterait au VIIᵉ siècle. Elle est la protectrice de la ville, haut lieu de pèlerinage du nord de la France. Les révolutionnaires ont détruit la statue pendant la Terreur de 1793-1794.

3. Louis Pérouas, « Le grand retour de Notre-Dame-de-Boulogne à travers la France (1943-1948). Essai de reconstitution », dans *Annales de Bretagne et des Pays de l'Ouest*, Rennes, 1983, 2, pp. 171-183.

4. Le pèlerinage s'est déroulé jusqu'en 1948, année pendant laquelle les statues arrivent enfin dans le Pas-de-Calais.

5. Michel Lemesle, *1939-1945. A travers l'Anjou*, op. cit., p. 84.

6. Renée Bédarida, « Eglises et chrétiens », dans *La France des années noires*, op. cit., p. 145.

7. Archives paroissiales photocopiées.

8. A partir de 1943, il a aussi protesté énergiquement contre l'envoi des jeunes en Allemagne pour le compte du STO. Cela dit, il a témoigné en faveur du maréchal Pétain lors du procès de ce dernier en juillet 1945, tentant de démontrer les bonnes intentions de ce dernier dans un contexte très difficile.

9. Ce que démontre Paul Lévy dans *Elie Bloch. Etre juif sous l'Occupation*, La Crèche, Geste Editions, 1999, pp. 187-201.

10. Renée Poznanski, op. cit., p. 229.

11. *Ibidem*, pp. 223 et s.

12. Renée Dray-Bensoussan, *Les Juifs à Marseille (1940-1944)*, Paris, Les Belles Lettres, 2004.

Chapitre 13
Enfants sous l'occupation

1. Témoignages déjà cités.

2. *Ibidem*.

3. Témoignage de Germaine Benèche, mai 2004 au Mans.

4. Rémi Cazals, *Les Ecoliers de Tournissan…*, op. cit., p. 77.

5. *Ibidem*, p. 82.

6. Rémy Handourtzel, *Vichy et l'école (1940-1944)*, Paris, Noêsis, 1997, p. 202.

7. AN, F17/13341, pièce n° 235, rapport daté du 26 janvier 1943 ; cité par R. Handourtzel, *ibidem*, p. 203.

8. Rémy Handourtzel, *op. cit.*, p. 63.

9. *Ibidem*, p. 64.

10. Rémi Cazals, *op. cit.*

11. Se reporter à Jeannie Beauvois, « Le discours historique des instructions et des manuels scolaires du second degré au temps du Maréchal : rupture ou continuité ? », dans Jean-William Dereymez (dir.), *Etre jeune en France (1939-1945)*, *op. cit.*, pp. 155-171.

12. Ancien élève de l'Ecole normale supérieure, il fut professeur à la Sorbonne et directeur de l'Ecole française de Rome en 1937, entre autres fonctions.

13. Maria Carrier, *Maréchal, nous voilà... 1940-1944. Souvenirs d'enfance sous l'Occupation*, *op. cit.*, p. 152.

14. Rémy Handourtzel, *op. cit.*, pp. 128-130 ; le discours y est entièrement reproduit.

15. *Ibidem*, p. 181 ; l'auteur cite des circulaires et des notes ministérielles de 1942, envoyées à l'académie de Caen.

16. Témoignage écrit déjà cité.

17. Maria Carrier, *Maréchal, nous voilà...*, *op. cit.*, p. 87.

18. AN, F17/13364 : rapport de l'inspecteur pédagogique de Marseille, « Mots d'enfants », pp. 14-16.

19. Archives de la Préfecture de police de Paris, rapport de quinzaine de décembre 1941, chapitre « Activités commerciales »

20. Gilles Ragache, *op. cit.*, p. 46.

21. Auparavant, les enseignants juifs ont subi des mesures d'exclusion de la fonction publique et les étudiants juifs ont été soumis à un numerus clausus à l'université, fixé à 3 % des inscriptions.

22. Voir le témoignage, écrit bien après la guerre, de Jean Rabinovici, né en 1936, publié dans Maria Carrier, *Maréchal, nous voilà...*, *op. cit.*, pp. 176-183.

23. Jean-Louis Besson, *op. cit.*, pp. 56-57.

24. Archives de la Préfecture de police de Paris, rapport de situation du 27 juillet 1942.

25. Jacques Biélinky, *Journal, juillet-décembre 1942*, Paris, Le Cerf, 1992.

26. Eric Conan, *Sans oublier les enfants. Les camps de Pithiviers et de Beaune-la-Rolande (19 juillet-16 septembre)*, Paris, Grasset, 1991.

27. Eric Conan, *op. cit.*, pp. 68-72.

28. Serge Klarsfeld, *Vichy-Auschwitz, le rôle de Vichy dans la solution finale de la question juive en France, 1942*, Paris, Fayard, 1983, t. 1.

29. Anne Grynberg, *Les Camps de la honte*, Paris, La Découverte, 1991.

30. Denis Peschanski, *La France des camps*, Paris, Gallimard, 2002, pp. 357-358.

31. Les archives de l'OSE peuvent être consultées à l'Alliance israélite universelle (AIU). Se reporter aux travaux de Sabine Zeitoun sur l'OSE et le sauvetage des enfants, dont *Ces enfants qu'il fallait sauver*, Paris, Albin Michel, 1989 et *L'Œuvre de secours aux enfants (OSE) sous l'Occupation en France*, Paris, L'Harmattan, 1990.

32. Renée Poznanski, *Etre juif en France pendant la Seconde Guerre mondiale*, Paris, Hachette, 1994, p. 221.

33. Renée Poznanski, *op. cit.*, p. 414.

34. Serge Klarsfeld, *Calendrier de la persécution des Juifs de France*, Paris, FFDJF, 1993.

SIXIÈME PARTIE

VIES EN CONTRASTE

CHAPITRE 14

Vichy, le quotidien d'une « capitale »

1. Maurice Martin du Gard, *La Chronique de Vichy*, Paris, Flammarion, 1948, pp. 183-184.

2. Alfred Fabre-Luce, *Journal de la France, août 1940-avril 1942*, Paris, Imprimerie JEP, 1942, p. 60.

3. Noël d'Ornans, *Les Jeudis du Maréchal*, slnd, Bureau de documentation du Maréchal.

4. Maurice Martin du Gard, *op. cit.*, p. 81.

5. *Ibidem*, p. 252.

6. Mireille, *Avec le soleil pour témoin*, Paris, Robert Laffont, 1981, p. 140.

7. AN, 2 AG119 : [Bernard Ménétrel], note pour M. Manoury, Vichy, 4 février 1942.

8. 26 novembre 1943, cité par Jean Débordes, *A Vichy, la vie de tous les jours sous Pétain*, sl, Editions du Signe, 1994, p. 246.

CHAPITRE 15

En marge, pour le pire

1. Voir les archives de la PP, celles de la gendarmerie ; voir encore aux Archives nationales la cote AJ 38, mais aussi les fonds du CDJC et de l'Alliance israélite universelle. Voir les nombreuses lettres retranscrites dans André Halimi, *La Délation sous l'Occupation*, Paris, L'Harmattan, 2003 ; Antoine Lefébure, *Les Conversations secrètes des Français sous l'Occupation*, Paris, Plon, 1993.

2. Voir les nombreux extraits reproduits dans le livre d'André Halimi, *op. cit.*

3. Archives de la Préfecture de police de Paris.

4. Eric Alary, *Un procès sous l'occupation au Palais-Bourbon, mars 1942*, Paris, Assemblée nationale, 2000.

5. Paris, Grasset, 2001.

6. François Rouquet, *Une administration française face à la Seconde Guerre mondiale : les PTT*, doctorat d'histoire, Toulouse-Le Mirail, tome III, pp. 118 et suivantes.

7. Dominique Missika, *La guerre sépare...*, *op. cit.*, Paris, pp. 97-102.

8. Cyril Olivier, *Le Vice et la Vertu. Vichy et les politiques de la sexualité*, Toulouse, Presses Universitaires du Mirail, 2005, pp. 59-74 ; déjà, à propos de la Grande Guerre, Alain Corbin et Jean-Yves Le Naour ont fait le même constat.

9. Fabrice Virgili, *La France « virile ». Des femmes tondues à la Libération*, Paris, Payot, 2000.

10. Sarah Fishman, *op. cit.*, et Christophe Lewin, *Le Retour des prisonniers de guerre français*, Paris, Publications de la Sorbonne, 1987 ; voir aussi Cyril Olivier, *Le Vice et la Vertu...*, *op. cit.*, pp. 60-74.

11. Cyril Olivier, *Le Vice et la Vertu...*, *op. cit.*, pp. 109 et s.

12. Philippe Burrin, *La France à l'heure allemande*, *op. cit.*, p. 213 ; il cite une enquête de la SS datée de 1942.

13. Dominique Missika, *La guerre sépare...*, *op. cit.*, p. 96.

14. Cité par Dominique Missika, *La guerre sépare...*, *op. cit.*, p. 81 et par Alain Corbin dans *Les Filles de noce, misère sexuelle et prostitution aux XIXᵉ et XXᵉ siècles*, Paris, Aubier, 1978.

15. Paul Léautaud, *Journal littéraire, février 1940-février 1956*, *op. cit.*

16. *Ibidem.*

17. Franz Siedler, *Prostitution, Homosexualität, Selbstverstümmelung. Probleme des deutschen Sanitätsführung, 1939-1945*, Neckargemünd, Vowinkel Verlag, 1977, p. 145 et 171.

18. Pierre Miquel, *La Main courante. Les Archives policières indiscrètes de la police parisienne (1900-1945)*, Paris, Albin Michel, 1997, p. 366.

19. Cyril Olivier, *Les Femmes de « mauvaise vie » dans la France de la Révolution nationale (1940-1944). L'exemple des régions de Poitiers et de Limoges*, thèse de doctorat soutenue à l'université de Poitiers sous la direction de Frédéric Chauvaud, 2002 ; voir aussi du même auteur, « Un proxénète écrit à Suzy », dans *Clio*, « Prostituées », Toulouse, Presses universitaires du Mirail, 2003, n° 17, pp. 115-136 ; Insa Meinen, *Wehrmacht et prostitution sous l'Occupation*, Paris, Payot, 2006.

20. Archives des RG de Tours et AN, 72 AJ 135, 164.

21. Cité par J.-L. Panicacci, *Les Alpes-Maritimes de 1939 à 1945*, *op. cit.*, p. 366.

CHAPITRE 16
Vies dégradées et anéanties

1. Michel del Castillo, préface à Mechtild Gilzmer, *Camps de femmes. Chroniques d'internées. Rieucros et Brens, 1939-1944*, Paris, Autrement, 2000, p. 18.

2. *Ibidem*, p. 19.

3. Témoignages de Jean-Louis Bauer cités par Paul Lévy, *Un camp de concentration français : Poitiers 1939-1945*, Paris, Sedes, 1995, p. 103 et par Jacques Sigot, *Ces barbelés oubliés par l'histoire. Un camp pour les tsiganes et les autres : Montreuil-Bellay*, sl, Cheminements, 1994, p. 238.

4. « Commandement de l'hygiène du camp », Gurs, printemps 1941, cité par Anne Grynberg, *Les Camps de la honte. Les internés juifs des camps français, 1939-1944*, Paris, La Découverte, 1991, p. 150.

5. Témoignage de Lenka Reinerova, cité par Mechtild Gilzmer, *op. cit.*, p. 92.

6. Lettre de Victor Renelle à sa femme Henriette, Choisel, 22 mai 1941 (geocities.com/renelle1941).

7. CDJC, CCXIII-85 : témoignage recueilli en novembre 1941 par le Comité de la rue Amelot, cité par Maurice Rasjfus, *Drancy. Un camp de concentration très ordinaire*, Levallois-Perret, Manya, 1991, p. 67.

8. Rapport du rabbin Schilli devant la commission centrale des œuvres juives d'assistance, 20 mai 1941, cité par Anne Grynberg, *Les Camps de la honte, op. cit.*, pp. 204-205.

9. CDJC, CXCIV-82, le préfet de la Seine à M. le secrétaire d'Etat à l'Intérieur, Paris, 21 août 1941, cité par Maurice Rajsfus, *Drancy...*, *op. cit.*, p. 38.

10. Déposition de Mᵉ Henri Blaustin au procès des gendarmes de Drancy, audience du 27 mars 1947, citée par Maurice Rasjfus, *ibidem.*, p. 48.

11. Témoignage d'Annette Vainstein (ville-drancy.fr).

12. Lettre de Jacques Bronstein, Pithivers, 17 août 1942.

13. Suzanne Loiseau-Chevalley, citée par Jeanne Merle d'Aubigné et Violette Mouchon, *Les Clandestins de Dieu*, Genève, Labor et Fides, 1989, p. 122.

14. Pierre Mendès France, *S'engager, 1922-1943*, Paris, Gallimard, 1984, p. 413.

15. « Notes de prison de Bertrande d'Astier de La Vigerie (15 mars-4 avril 1941) », *Les Cahiers de l'IHTP*, octobre 1993, n° 25.

16. Pierre Pédron, *La Prison sous Vichy*, Paris, Ed. ouvrières, 1993, p. 144.

17. AN, AJ41/499 : lettre du garde des Sceaux à M. l'amiral de la Flotte, 3 janvier 1942, citée par Simon Kitson, *Vichy et la chasse aux espions nazis*, Paris, Ed. Autrement, 2005, pp. 147-148.

18. Témoignage de Robert Fraysse, 6 mars 2003 (www.anac-fr.com/2gm).

19. Lettre de Charles Dulieux à sa femme sur imprimé allemand, Arras, 14 mai 1944 (capelle.ifrance.com).

20. Henri Mainguy, *Mes souvenirs en captivité, 1943-1945* (chouannerie.chez.tiscali.fr/Henri_Mainguy/Textes) ; témoignage de Robert Fraysse, 6 mars 2003 (www.anac-fr.com/2gm).

21. *Ibidem.*

22. Raymond Aubrac, *Où la mémoire s'attarde*, Paris, Odile Jacob, 1996, p. 105.

23. Rapport du *Hauptfeldwebel* Granzin au commandant de la prison militaire de Paris, Paris, 3 juillet. Une photo de ce document est reproduite dans Henri Calet, *Les Murs de Fresnes*, Paris, Viviane Hamy, 1993, p. 96. Nous utilisons notre propre traduction.

Chapitre 17
Une vie au service de l'ennemi

1. AN, F1CIII/1154 : Rapport mensuel du préfet de Haute-Garonne, Toulouse, 3 novembre 1941.

2. AN, F1CIII/1172 : Rapport mensuel du préfet du Morbihan, Vannes, 9 décembre 1940.

3. AN, F1CIII/1163 : Rapport mensuel du préfet du Lot, Cahors, 2 octobre 1941.

4. AN, F1CIII/1137 : Rapport mensuel du préfet des Alpes-Maritimes, Nice, 1er novembre 1940.

5. *Libération* [Sud], n° 2, 15 février 1942.

6. *Défense de la France*, n° 11, 15 février 1942.

7. Récit de Pierre Lamote, accusé d'intelligence avec l'ennemi devant la cour de justice de Bourges, sd, cité par Philippe Aziz, *Au service de l'ennemi. La Gestapo française en province*, Paris, Fayard, 1972, p. 31.

8. Récit de Pierre Lamote, accusé d'intelligence avec l'ennemi devant la cour de justice de Bourges, sd, cité par Philippe Aziz, *Au service de l'ennemi. La Gestapo française en province*, op. cit., p. 31.

9. AN, Z6/530 : déclaration de Simone-Dominique Vehrnes à la Sûreté, 29 décembre 1944.

10. Simon Kitson, *op. cit.*, p. 43.

11. Récit de Pierre Lamote, accusé d'intelligence avec l'ennemi devant la cour de justice de Bourges, s.d., cité par Philippe Aziz, *Au service de l'ennemi...*, op. cit., p. 35.

12. Lettre citée par Jacques Delperrié de Bayac, *Histoire de la Milice*, Paris, Fayard, 1969, p. 237.

13. AN, 72 AJ/2109 : Lettres d'Auguste C., Maison d'arrêt de Saint-Etienne, 3 et 6 juillet 1944 [manuscrit au dos d'un avis d'incarcération].

14. AN, 72 AJ/2109 : Lettre de Jacques C., Maison d'arrêt de Saint-Etienne, 4 juillet 1944 [manuscrit au dos d'un avis d'incarcération].

15. Edition illustrée du 23 mars 1941, citée par Denis Demonpion, *Arletty*, Paris, Flammarion, 1996, p. 203.

16. *Ibid.*, p. 233.

17. AN, F1CIII/1143 : rapport mensuel du préfet des Bouches-du-Rhône, Marseille, 4 février 1942.

18. AN, Z6/289 : lettre de Charles Boudet, directeur du service des sociétés secrètes à Vichy et milicien, dimanche 23 [juillet 1944].

19. AN, Z6/289 : GSS 35. Rapport d'activité. A M. Marquès-Rivière, 23 mars 1943.

20. Jacques Delarue, *Histoire de la Gestapo*, Paris, Fayard, 1987, p. 277.

21. Jacques Delperrié de Bayac, *Histoire de la Milice, op. cit.*, p. 187.

22. *Ibid.*, p. 246.

23. AN, F1CIII/1183 : rapport mensuel du préfet du Rhône, Lyon, 5 janvier 1942.

24. Pierre Drieu La Rochelle, *Journal, 1939-1945*, Paris, Gallimard, 1992, p. 338 (20 mars 1943).

25. Récit de Pierre Lamote, accusé d'intelligence avec l'ennemi devant la cour de justice de Bourges, sd, cité par Philippe Aziz, *Au service de l'ennemi..., op. cit.*, p. 39.

26. AN, 2 AG/77 : lettre du Dr Paul Guérin à Bernard Ménétrel, Paris, 18 juillet 1944.

CHAPITRE 18
Drôles de jeux, drôles de vies

1. AN, 3 AG 2, RAV, 1er juin 1943.

2. Yves Heurté, *Le Jeune Homme et la Guerre. Journal 1940-1945* (isa-nou.chez.tiscali.fr/journalyv).

3. *Ibidem*, p. 139.

4. AN, 3 AG 2 : lieutenant Larat, Préparation et envoi d'un agent en mission, Londres, 12 janvier 1943.

5. AN, 3 AG 2/16 : lettre du colonel Passy au colonel Dansey, Londres, 17 avril 1943.

6. AN, 3 AG 2/409 : Riquier [Raymond Fassin], « un aperçu sur les conditions de travail à Paris, arrivé à Londres le 17 octobre 1943 ».

7. Henri Noguères, *La Vie quotidienne des résistants de l'Armistice à la Libération (1940-1945)*, Paris, Hachette, 1984, p. 44.

8. *Ibidem*, p. 193.

9. Charles d'Aragon, *La Résistance sans héroïsme*, Genève, Le Tricorne, 2001, p. 172.

10. AN, 3 AG 2 : EX-50-E, note sur les possibilités d'utilisation militaire du massif du Vercors (Isère et Drôme), arrivé le 28 janvier 1943, 8 février 1943. Ce plan est inspiré par Pierre Dalloz et Jean Prévost.

11. Voir en particulier l'étude en deux volumes de Jean-Louis Crémieux-Brilhac, *La France Libre*, Paris, Gallimard, 2001.

12. Le Concours national de la Résistance et de la Déportation de 2003-2004 consacré à la France Libre a donné lieu à de nombreuses publications sur ce sujet. Voir par exemple le dossier consacré par la Fondation de la France Libre, « Les Français Libres », septembre 2003.

13. Jean-Louis Crémieux-Brilhac, *La France Libre, op. cit.*, p. 42.

14. Fondation de la France Libre, « Les Français Libres », septembre 2003, p. 11.

15. *Ibidem*, p. 10.

16. Entretien accordé par Pierre Poullard, 15 janvier 2004 et le 16 novembre 2005.

17. Questionnaire complété par Irène Macé le 20 novembre 2003.

18. Maxime Laope est décédé le 15 juillet 2005. Il nous avait répondu par questionnaire à une enquête sur les FFL de la Réunion le 12 décembre 2003.

19. Questionnaire complété par Paul Gervais le 29 novembre 2003.

SEPTIÈME PARTIE
ENTRE PSYCHOSES ET ESPOIRS DE PAIX

CHAPITRE 19
Pleurs et ruines

1. Yves le Manner, Etienne Dejonghe, *op. cit.*, p. 116.

2. Thibault Richard, *Les Normands sous l'occupation. Vie quotidienne et années noires*, Condé-sur-Noireau, Editions Charles Corlet, 1998, pp. 133-166 ; Jean Quellien, *La Normandie au cœur de la guerre*, Rennes, Editions Ouest-France, 1992, pp. 13-23.

3. Témoignage de Maurice Picard, dans « 1944, l'été de la Liberté », *Ouest-France*, juin 1994, p. 11.

4. *JO* du 26 mai 1948.

5. Insee, *Mouvement économique en France de 1938 à 1948*, Paris, PUF, 1950, p. 197.

6. Pierre Laborie, *L'Opinion française sous Vichy*, Le Seuil, 1990, pp. 314-315.

7. *Ibidem*, p. 314.

8. Etienne Dejonghe, Yves le Manner, *op. cit.*, pp. 334-344.

9. Jean Galtier-Boissière, *op. cit.*, p. 124. Voir aussi le rapport de quinzaine de la PP daté du 16 mars 1942.

10. Archives de la PP de Paris, rapport de quinzaine du 4 au 17 avril 1943.

11. *Ibidem*, rapport du 10 janvier 1944.

12. *Ibidem*.

13. Denise Petit, *La Vie quotidienne d'une Nazairienne de 1939 à 1944*, Saint-Nazaire, édité par l'association Mémoire et Savoir nazairiens, 2001, n° 10, 93 pages [journal dactylographié et photocopié, achevé le 30 août 1944].

14. *Ibidem*, p. 48.

15. *Ibidem*, p. 53.

16. *Les Ecoliers de Tournissan*, *op. cit.*, p. 136.

17. Toutes ces informations ont été collectées grâce à l'enquête de Jean-Louis Panicacci, *Les Alpes-Maritimes*, *op. cit.*, pp. 220-225.

18. Hélène Chaubin, *Corse des années de guerre...*, *op. cit.*, pp. 106-107.

19. Archives municipales d'Alençon, procès-verbal de séance du conseil municipal du 20 décembre 1943.

20. Parmi elles, nous citerons l'article de Isabelle von Blueltzings-loewen, « Les "aliénés" morts de faim dans les hôpitaux psychiatriques

français sous l'Occupation », dans *Vingtième Siècle. Revue d'Histoire*, 2002, pp. 99-115, n° 76.

21. René Rémond, « Des lendemains qui chantent ? » dans J.-P. Azéma, F. Bédarida, *La France des années noires, op. cit.*, pp. 523-540.

22. Chiffres calculés par le Centre de recherches d'histoire quantitative de l'université de Caen. Voir aussi les travaux de Jean Quellien, dont *La Normandie au cœur de la guerre, op. cit.*

23. Maurice Picard, art. cité.

24. Philippe Bertin, *Histoires extraordinaires du jour le plus long, op. cit.*

25. *Ibidem.*

26. Philippe Bertin, *op. cit.*, p. 94.

27. *Paroles du Jour J*, Paris, Radio France/Librio/Mémorial de Caen, 2004, p. 80, lettre de Fernande Aveline, 11 juin 1944.

28. Madame Marie, *Carnet de bord. Des pensionnaires sous les bombes*, Alençon, Imprimerie alençonnaise, 1949, 237 p.

29. *Ibidem*, p. 35.

30. Sur le sujet, voir entre autres les témoignages recueillis dans Philippe Bertin, *op. cit* ; *Paroles du Jour J...*, *op. cit.* ; Anthony Kemp, *6 juin 1944. Le débarquement en Normandie*, Paris, Gallimard, « Découvertes », 1994 (notamment les pp. 168 à 171).

CHAPITRE 20
Dans le tumulte des libérations

1. *Paroles du Jour J*, *op. cit.*, p. 87.

2. *Nos amis les Français. Guide pratique à l'usage des GI' S en France, 1944-1945*, Paris, Le Cherche-Midi, 2003.

3. J. Robert Lilly, *La Face cachée des GI'S*, Paris, Payot, 2003, pp. 154-155.

4. *Ibidem*, p. 155.

5. Luc Capdevila, François Rouquet, Fabrice Virgili, Danièle Voldman, *Hommes et femmes dans la France en guerre, op. cit.*, p. 151 et J. Robert Lilly, *op. cit.*, pp. 184-185.

6. Gritou et Annie Vallotton, *C'était au jour le jour, op. cit.* p. 289.

7. Jean Galtier-Boissière, *Mon journal pendant l'occupation, op. cit.*, p. 241, 2 juillet 1944.

8. Jean Galtier-Boissière, *op. cit.*, p. 252.

9. Henri Michel, *Paris résistant*, Paris, Albin Michel, 1982.

10. Dominique Veillon, *Vivre et survivre, op. cit.*, p. 273.

11. Jean-Louis Besson, *Paris rutabaga, op. cit.*, p. 79.

12. Jean Galtier-Boissière, *op. cit.*, p. 261.

13. Simone de Beauvoir, *La Force des choses*, Paris, Gallimard, 1963, p. 19.

14. Lettre de Mme Benèche envoyée à ses deux filles, le 9 août 1944.

15. *Ibidem.*

16. Marc Bergère, *Une société en épuration. Epuration vécue et perçue en Maine-et-Loire. De la Libération au début des années cinquante*, Rennes, Presses universitaires de Rennes, 2004.

17. Pierre Rigoulot, *op. cit.*, pp. 95-103.

18. Archives municipales d'Alençon, procès-verbal de séance du conseil municipal du 23 octobre 1944.

19. Pierre Guiral, *La Libération de Marseille*, Paris, Hachette, 1974.

20. Fernand Rude, *Libération de Lyon et de sa région*, Paris, Hachette, 1974 ; Gérard Chauvy, *Lyon 1940-1947 : l'Occupation, la Libération, l'épuration*, Perrin, 2004.

21. Plusieurs ouvrages régionaux mentionnent et décrivent le massacre de Maillé, dont celui de Robert Vivier, *Touraine 39-45*, *op. cit.*, pp. 268-273 ; une petite plaquette a été publiée dans une seconde édition, par le Conseil général d'Indre-et-Loire en 1993, rédigée par l'abbé André Payon, *Maillé martyr*, (première édition en 1945, à compte d'auteur) ; on peut lire dans cet opuscule les témoignages bouleversants des survivants.

22. Voir entre autres Jacqueline Sainclivier, *La Bretagne dans la guerre*, *op. cit.*, mais aussi Jean-Pierre Azéma, Olivier Wieviorka, *Les Libérations de la France*, Paris, La Martinière, 1993.

23. Film réalisé en 1992, avec l'aide de Jean-Pierre Azéma et Robert O. Paxton ; durée : 1 heure 50.

24. A voir par ailleurs dans cet ouvrage.

25. Dans le *Journal officiel* (débats de l'Assemblée nationale) du 9 novembre 1951, l'enquête de gendarmerie, faite entre 1946 et 1948, compte 9673 exécutions sommaires (p. 7835) ; celle des RG de 1952 mentionne 10822 morts dus à l'épuration « sauvage » (cf. *Journal officiel* (débats de l'Assemblée nationale), 7 janvier 1954, p. 35).

26. Voir surtout Fabrice Virgili, *La France « virile ». Des femmes tondues à la Libération*, *op. cit.*. Voir aussi Marc Bergère, *Une société en épuration...*, *op. cit.* Alain Brossat, *Les Tondues. Un carnaval moche*, Levallois-Perret, Manya, 1992 ; Henry Rousso, « L'épuration en France, une histoire inachevée », *Vingtième Siècle. Revue d'histoire*, janvier-mars, 1992, pp. 78-105 ; Olivier Wieviorka, « Epuration », dans Jean-Pierre Azéma et François Bédarida (dir.), *1938-1948. Les années de tourmente de Munich à Prague. Dictionnaire critique*, Paris, Flammarion, 1995, pp. 933-943.

27. Fabrice Virgili, *La France « virile »*, *op. cit.*, p. 69, pp. 78-84 et p. 99.

28. Fabrice Virgili, *ibidem*, p. 91.

29. Dominique Missika, *La guerre sépare...*, *op. cit.*, p. 234.

30. Peter Novick, *L'Epuration française (1944-1949)*, Paris, Le Seuil, « Points-Histoire », 1991, p. 126.

31. *Ibidem*.

32. Raymond-Leopold Bruckberger, *One Sky to Share : French and American Journals*, New York, 1952, pp. 23-24, cité dans Peter Novick, *op. cit.*, p. 123.

33. Etienne Dejonghe, Yves le Maner, *Le Nord-Pas-de-Calais dans la tourmente*, *op. cit.*, p. 357.

HUITIÈME PARTIE
VIES À RECONSTRUIRE DANS L'APRÈS-GUERRE

Chapitre 21
L'ombre portée de la guerre

1. Serge Berstein, Pierre Milza, *Histoire de la France au XXe siècle*, Paris, Editions Perrin, coll. tempus, n° 261, p. 456.

2. Sarah Fishman, *Femmes de prisonniers de guerre 1940-1945*, op. cit.

3. ADY, 300 W 99 : Liste des internés, 25 novembre 1944 et Etat statistique des internements administratifs, Versailles, 10 août 1945.

4. René Rossignon, *Un camp d'internement en France. Son fonctionnement, sa situation sanitaire*, thèse pour le doctorat en médecine soutenue le 28 novembre 1946, Nancy, Imprimerie Alfred Tollard, 1947.

5. ADY, 300 W 99 : Le commandant du centre de séjour surveillé de Versailles à M. le secrétaire général pour la police, Versailles, 15 février 1945.

6. DGER : Rapport sur l'enquête au camp d'internement de Bordeaux-Mérignac, 30 janvier 1945.

7. Aymé-Guérin, « L'injustice dans la justice », *France Libre*, 17 novembre 1944.

8. AN, F7/14968 : Inspection générale des camps d'internement. Procès-verbal de conférence, 22 mai 1945.

9. Rapport du commandant du camp de Margueritte à M. le préfet d'Ille-et-Vilaine, 1er mars 1945 (perso.wanadoo.fr/bastas/pga).

10. Rapport sur l'enquête au camp de Mérignac Bordeaux, 30 janvier 1945, doc. cit.

11. ADY, 300 W 84 : Le brigadier René Perpérot à M. le commandant des sections urbaines de réserve, Versailles, 10 octobre 1944.

12. Pétition de femmes allemandes internées dans la baraque n° 9 du camp de Margueritte de Rennes (perso.wanadoo.fr/bastas/pga).

13. Michel Rocard, cité par Agathe Logeart, « Un million de personnes parquées dans des conditions innommables », *Le Nouvel Observateur*, 21 octobre 2004.

14. Jean-Louis Steinberg, *La Destruction d'une famille*. Texte-guide pour ses interventions dans les collèges et les lycées (aphg-iledefrance.univ.paris1.fr/Steinberg-texte).

15. Claude Bourdet, *L'Aventure incertaine*, Paris, Stock, 1975.

16. Bulletin quotidien des Renseignements généraux, 25 avril 1945, cité par François Cochet, *Les Exclus de la victoire*, Paris, SPM, 1993, p. 139.

17. André Lafargue, cité par Marc Semo, « Au Lutetia, le silence des survivants », *Libération*, 25 janvier 2005.

18. Témoignage de Robert Capron, prisonnier de guerre, Lindebeuf, septembre 1999 (perso.wanadoo.fr/aetius/kg).

19. Roger Grenier, « Dans les hôpitaux sans confort », *Combat*, 27-28 mai 1945.

20. Témoignage de Robert Fraysse, requis du STO, 6 mars 2003 (www.anac-fr.com/2gm).

21. Gabriel Régnier, prisonnier de guerre, *Mémoires du matricule 53177*, sd (stalag.2d.free.fr)

22. Lettre d'un ancien prisonnier de guerre de Chaumont, 12 avril 1945, interceptée par le contrôle postal, citée par François Cochet, *op. cit.*, p. 173.

23. Rapport de Rose Guérin, représentante de la fédération des centres d'entraide à la commission aérienne de rapatriement, 6 octobre 1945. Reproduit dans *Le Patriote résistant*, novembre 1998.

24. Gabriel Régnier, prisonnier de guerre, *Mémoires du matricule 53177*, doc. cit.

25. François Cochet, *op. cit.*, p. 171.

26. Lettre d'une habitante de Saint-Dizier, 27 avril 1945, interceptée par le contrôle postal. Citée par François Cochet, *Les Exclus de la victoire*, *op. cit.*, p. 172.

27. Entretien des écoliers de Touffreville avec M. et Mme Delorson (www.ac-rouen.fr).

28. Charles Palant, cité par Marc Semo, « Au Lutetia, le silence des survivants », *Libération*, 25 janvier 2005.

29. Joseph Bialot, cité par Marc Semo, *ibidem*.

30. Christophe Lewin, *Le Retour des prisonniers de guerre français*, Paris, Publications de la Sorbonne, 1987, pp. 60 et 71.

31. Marcel Bercau, cité par Marc Semo, « Au Lutetia, le silence des survivants », art. cité.

32. Témoignage recueilli par François Cochet, *Les Exclus de la victoire*, *op. cit.*, p. 193.

33. « Léon Reich, matricule 178453 », *Le Journal du Jura*, 25 janvier 2005.

34. Lettre de René Filser dit Raymond Gravelle à Charles Dulieux, Strasbourg, 6 juillet 1945 (capelle.ifrance.com).

35. Lettre de Richard Chotin à Charles Dulieux, 6 octobre 1945 (capelle.ifrance.com).

CHAPITRE 22
Une vie toujours assiégée de servitudes

1. Michel Cépède, *op. cit.*

2. Christian Bachelier, *Sondages, opinion publique et ravitaillement*, rapport pour l'IHTP, mai 1994 ; une partie du rapport a fait l'objet d'une synthèse du même auteur, dans Dominique Veillon, Jean-Marie Flonneau, *op. cit.*, pp. 479-500.

3. Archives privées.

4. Vincent Auriol, *Mon septennat*. Paris, Gallimard, « Témoins », 1970 (réédition Tallandier, 2003), p. 15.

5. *Ibidem*, p. 69.

6. Jean-Pierre Rioux, *La France de la Quatrième République*, op. cit., p. 46, note 2.

7. AN, 445 AP 22, papiers André Marie, dossiers du cabinet, ministre de la Justice.

8. Témoignage oral de Rose Denéchaud, chez elle à Andard, avril 2004.

9. Archives municipales d'Alençon.

10. Yves Farge, *Le Pain de la corruption*, Paris, éditions du Mail, 1947, pp. 39-40.

11. Insee, *op. cit.*, p. 198.

12. Michel Cépède, *op. cit.* p. 277.

13. Michel Cépède, *op. cit.*, p. 215.

14. P. Verley, « Quelques remarques sur l'agriculture française de 1938 à 1945 », dans *Recherches et travaux de l'Institut d'histoire économique et sociale*, Université de Paris-I, juillet 1977, n° 5, pp. 40-41.

15. AN, fonds Chouard, RAV 8.

16. Vincent Auriol, *op. cit.*, p. 63.

17. Consultable à la bibliothèque de l'Institut d'études politiques de Paris.

18. Série des journaux publiés de 1945 à 1949, lue à la bibliothèque municipale de Rennes en 2001-2002 (cote DL 9059).

19. Voir « Les secours aux sinistrés depuis la Libération », *Notes documentaires et études*, 8 août 1945, n° 104, dans Patrice Liquière, *Restaurer, réformer, agir : la France en 1945*, La Documentation française, Paris, 1995, pp. 103-109.

20. Dans la langue administrative, ils s'ajoutent à la catégorie des « mal-logés » des années trente.

21. Instruction du 1ᵉʳ janvier 1945 cités dans Patrice Liquière, *op. cit.*, p. 109.

22. Danièle Voldman, *La Reconstruction...*, op. cit., p. 183.

23. Bernard Marchand, *Paris, histoire d'une ville, xixe-xxe siècle*, Paris, Le Seuil, « Points-Histoire », 1993, p. 270.

24. Danièle Voldman, « La France en ruine », *L'Histoire*, août 1994, n° 174, p. 100.

25. En fait, il a fallu attendre 1951.

CHAPITRE 23
Vers le « mieux-vivre »

1. Yves Farge, *op. cit.*, p. 43.

2. Pascale Goetschel, Bénédicte Touchebœuf, *La IVe République. La France de la Libération*, Paris, Le Livre de Poche, 2004, 185.

3. Pierre Grosser, « L'entrée de la France en guerre froide », dans Serge Berstein, Pierre Milza, *L'Année 1947*, Paris, pp. 167-188. Voir aussi Pascal Cauchy, *La IVe République*, Paris, PUF, collection « Que sais-je ? », 2004, pp. 7-67.

4. Vincent Auriol, *op. cit.*, p. 59.

5. Se reporter à Robert Mencherini, *Guerre froide, grèves rouges. Parti communiste, stalinisme et luttes sociales en France : les grèves « insurrectionnelles » de 1947-1948*, Paris, Syllepse, 1998.

6. Le prix de l'eau à Paris s'est accru considérablement entre 1939 et 1949, passant de 2,20 francs le mètre cube (1er janvier 1939) à 25,807 F (1er juillet 1949).

7. Georges Duby, Armand Wallon (dir.), *Histoire de la France rurale*, Tome 4 : *Depuis 1914*, Paris, Le Seuil, collection « Points-Histoire », 1992, p. 230.

8. Se reporter à la thèse d'Hélène Eck-Bousser, *La Radiodiffusion française sous la IVe République. Monopole et service public (août 1944-décembre 1953)*, thèse de doctorat d'histoire, université de Paris X-Nanterre, 1997.

9. INA, *Les Actualités françaises*, 1949, extrait de 52 secondes.

10. www2.ac-toulouse.fr/lp-jletienne-caussade

11. Voir entre autres, Richard Kuisel, Le *Miroir américain. Cinquante ans de regard français sur l'Amérique*, Paris, J.C. Lattès, 1996 ; Denis Lacorne, Jacques Rupnik, Marie-France Toinet (dir.), *L'Amérique dans les têtes*, Paris, Hachette Littératures, 1986 ; enfin, Philippe Roger, *Rêves et cauchemars américains. Les Etats-Unis au miroir de l'opinion française (1945-1953)*, Lille, Presses universitaires du Septentrion, 1996.

CHAPITRE 24
De l'espoir à la remise en cause outre-mer

1. Seul le Gabon a connu un affrontement entre pétainistes et gaullistes, du 13 octobre au 10 novembre 1940, qui s'est terminé par le suicide du gouverneur. Jean Clauzel (dir.), *La France d'outre-mer (1930-1960). Témoignages d'administrateurs et de magistrats, op. cit.*, 2003, p. 161.

2. Catherine Akpo-Vaché, *L'AOF et la Seconde Guerre mondiale (septembre 1939-octobre 1945)*, Paris, Karthala, 1996, p. 17.

3. *Ibidem*, p. 18.

4. Catherine Akpo-Vaché, *L'AOF et la Seconde Guerre mondiale…, op. cit.*, p. 25.

5. *Ibidem*, p. 22.

6. Ces colons voulaient s'appuyer pour cela sur le Service d'ordre légionnaire (le SOL), conçu comme groupe d'élite de la Légion. La constitution du SOL avait déjà divisé le mouvement et certains légionnaires avaient démissionné. *Ibid.*, p. 91.

7. *Ibidem*, p. 68.

8. *Ibidem*, pp. 122-125.

9. Jacques Binoche-Guedra, *La France d'outre-mer. 1815-1962, op. cit.*, p. 191.

10. Catherine Akpo-Vaché, *L'AOF et la Seconde Guerre mondiale…, op. cit.*, p. 228.

11. *Ibidem*, pp. 234-238.

12. Sur le sujet voir Yves Benot, *Massacres coloniaux*, Paris, La Découverte 1994, p. 148 et Marianne Cornevin, *Histoire de l'Afrique contemporaine*, Paris, Payot, 1978, p. 188.

13. Catherine Akpo-Vaché, *L'AOF et la Seconde Guerre mondiale…*, *op. cit.*, p. 271.

14. Benjamin Stora, *Histoire de l'Algérie coloniale (1830-1954)*, Paris, La Découverte, 1991, p. 93.

15. *Ibid.*, p. 94.

16. Jean-Jacques Jordi, Guy Pervillé, *Alger 1940-1962. Une ville en guerre*, *op. cit.*, 1999, p. 93.

17. Benjamin Stora, « Alger à la veille de la tourmente », art. cité.

18. Jean-Jacques Jordi, Guy Pervillé, *Alger 1940-1962. Une ville en guerre*, *op. cit.*, pp. 94-95.

19. Benjamin Stora, « Oran, la ville où Camus s'ennuie », *Le Monde*, juillet 2004.

20. *Ibidem*.

21. Benjamin Stora, *Histoire de l'Algérie coloniale…*, *op. cit.*, p. 64.

22. *Ibidem*, p. 95.

23. Moins de 2 % des Européens parlent l'arabe dans les villes, alors que dans les campagnes cette pratique est bien plus développée. Benjamin Stora, *Histoire de l'Algérie coloniale…*, *op. cit.*, p. 95.

24. *Ibidem*, p. 94.

25. *Ibidem*, p. 96.

26. *Ibidem*, p. 97.

27. Jean-Jacques Jordi, Guy Pervillé, *Alger 1940-1962…*, *op. cit.*, p. 96.

28. *Ibidem*.

29. Christine Levisse-Touzé, *L'Afrique du Nord dans la guerre. 1939-1945*, *op. cit.*, 1998, pp. 332-342.

30. Benjamin Stora, *op. cit.*, 1991, p. 89.

31. *Ibidem*, p. 99.

32. *Ibidem*, p. 100

33. Benjamin Stora, « Oran, la ville où Camus s'ennuie », art. cité.

34. Benjamin Stora, *Histoire de l'Algérie coloniale…*, *op. cit.*, p. 82.

35. *Ibidem*, p. 83.

36. Charles-Robert Ageron, *Histoire de l'Algérie contemporaine*, Paris, PUF, tome 2, pp. 572-573.

37. Benjamin Stora, *Histoire de l'Algérie coloniale…*, *op. cit.*, p. 91.

38. Charles-Robert Ageron, *Histoire de l'Algérie contemporaine*, *op. cit.*, p. 574.

39. Jean-Jacques Jordi, Guy Pervillé, *Alger 1940-1962…*, *op. cit.*, p. 83.

40. Benjamin Stora, *Histoire de l'Algérie coloniale…*, *op. cit.*, p. 91.

41. Charles-Robert Ageron évalue, selon les sources, les condamnations militaires dans une fourchette de 1307 à 1476 condamnations, dont 99 à 121 peines de morts dont 20 à 28 furent mises en application. *Histoire de l'Algérie contemporaine*, *op. cit.*, p. 575.

42. *JO* n° 46 du 24 février 2005 : termes utilisés par l'article 4 de la loi du 23 février 2005 « portant reconnaissance de la Nation et contribution nationale en faveur des Français rapatriés ». *JO* n° 46 du 24 février 2005.

43. Sur le sujet voir Françoise Vergès, *La Loi du 19 mars 1946. Les débats à l'assemblée constituante*, Saint-André, Graphica, 1996.

44. *Les Nouveaux Départements français d'outre-mer. La Martinique, la Guadeloupe, La Guyane, la Réunion*, Paris, La Documentation française, *Notes et études documentaires* n° 930, 16 juin 1948, p. 17.

45. *Ibidem*, p. 16.

46. *Ibidem*.

47. Valeur du franc CFA en franc à la date de sa création le 26 décembre 1945 : 1,70 ; le 17 octobre 1948, au moment de la dévaluation du franc, le franc CFA valait 2 francs.

48. *Le Département de la Réunion*, Paris, La Documentation française, *Notes et études documentaires* n° 1099, 28 mars 1949, pp. 10-11.

49. SHGN. 16395.

50. SHGN. 39876.

51. *Ibidem*.

52. *Ibidem*.

53. *Ibidem*.

54. SHGN. 39876, voir par exemple le rapport du capitaine Bourgeois du 7 avril 1949.

55. *Ibidem*.

56. Daniel Vaxelaire, *Le Grand Livre de l'histoire de la Réunion*, La Réunion, Orphie Editions, 1999, tome 2, p. 608.

57. Dans ses mémoires, le gouverneur d'origine insulaire Henri Hubert-Delisle (1852-1858) parle par exemple de la « demeure d'hivernage » dans les hauteurs de l'île, où on trouve un « air balsamique » assurant vigueur et bonne santé. Tanneguy de Feuillade de Chauvin, *La Réunion sous le Second empire. Témoignage d'un gouverneur créole*, Paris, Karthala, 1998.

58. Daniel Vaxelaire, *Le Grand Livre de l'histoire de la Réunion*, op. cit., p. 608.

59. *Ibidem*.

60. Tous les éléments concrets sur ces mesures figurent dans *Avant-hier* « 1949, l'île sans enfants », n° 4, ARS Terres créoles, 1994.

61. *Ibidem*, p. 5.

62. SHGN. 16394.

63. *Ibidem*.

64. SHGN. 16394, Rapports du 13 octobre 1945 et du 2 janvier 1946.

65. *Ibidem*.

66. SHGN. 39877.

67. Daniel Vaxelaire, *Le Grand Livre de l'histoire de la Réunion*, op. cit., p. 609.

68. *Avant-hier...*, op. cit., p. 8.

69. Maire de Saint-Denis de 1959 à 1968, plusieurs fois invalidé en particulier pour son élection législative de mars 1962 dont l'annulation est à l'origine de l'élection dans l'île de Michel Debré en mai 1963.

70. Président du Conseil général de 1949 à 1966.

71. Cité par *Avant-hier...*, *op. cit.*, p. 11.

72. Françoise Vergès, *La Loi du 19 mars 1946. Les débats à l'Assemblée constituante*, 1996, p. 98.

73. *JO* Assemblée nationale, 1re séance du 21 mai 1948, p. 2824.

74. *JO* Assemblée nationale, 2e séance du 8 mars 1955, p. 1161.

75. *JO* Assemblée nationale, séance du 27 novembre 1956, p. 5133.

76. Françoise Vergès, *La Loi du 19 mars 1946. Les débats à l'assemblée constituante*, Saint-André, Graphica, 1996, p. 98.

77. *JO* Assemblée nationale, 3e séance du 4 mai 1951, p. 4569.

78. *JO* Assemblée nationale, 1re séance du 28 juillet 1948, p. 4966.

79. *JO* Assemblée nationale, 3e séance du 4 mai 1951, p. 4569.

Conclusion

1. Pour prolonger au mieux notre regard sur les Français des années 40, il faudrait effectuer une comparaison avec les autres sociétés européennes occupées.

2. Patrice Liquière (textes rassemblés par), *Restaurer, Réformer, Agir. La France en 1945*, Paris, La Documentation française, 1995.

3. Henry Rousso, *Le Syndrome de Vichy de 1944 à nos jours*, Paris, Le Seuil, « Points-Histoire », 1990, pp. 29 et s.

4. Philippe Buton, *La Joie douloureuse*, *op. cit.*, pp. 192 et s.

Remerciements

Je tiens en premier lieu à exprimer toute ma reconnaissance à Anthony Rowley qui a soutenu et qui a cru en ce projet depuis ses débuts. Qu'il soit très vivement remercié pour ses précieuses et pertinentes relectures ainsi que pour ses encouragements renouvelés.

Ce livre a commencé après de très riches et passionnants échanges sur la vie quotidienne avec Dominique Veillon qui a suivi et réfléchi avec moi sur le projet, lors des premières ébauches de plan. Qu'elle soit ici remerciée très chaleureusement pour ses suggestions, ses indications, ses encouragements, et surtout pour son amitié et sa fidélité.

J'exprime aussi ma gratitude à Serge Berstein et à René Rémond qui m'ont toujours encouragé à persévérer dans le domaine de l'histoire de la vie quotidienne des Français des années quarante.

Gilles Gauvin et Bénédicte Vergez-Chaignon ont été de précieux compagnons d'écriture et de relecture des plans successifs et de certaines pages importantes du livre. Merci à Bénédicte pour ses « trouvailles » dans les archives à Alençon et dans ses archives personnelles qui portent sur la Résistance. Que Bénédicte et Gilles soient ici remerciés de tout cœur pour leur soutien et leurs suggestions.

Merci à Lionel Hermelin pour avoir conçu les cartes de l'exode et des destructions en France à partir de données que je lui fournissais au fur et à mesure de mes recherches et de la rédaction.

Ce livre doit également beaucoup à la rencontre de nombreux témoins depuis plus de quinze années et qui n'ont jamais compté leurs efforts pour m'aider, en premier lieu Jeanne et Gilbert

Buron. Je tiens à leur exprimer toute ma gratitude et mon affection.

D'autres témoins ont contribué à encourager et à motiver la longue entreprise de cet ouvrage, et tout particulièrement Michèle et Germaine Benèche, Rose et Gaston Denéchaud, Paul et Micheline Paquet-Durand, Paul et Madeleine Perrot, Ginette Thomas-Vergez, ainsi que tous ceux que j'ai rencontrés depuis le début de mes recherches sur la Seconde Guerre mondiale, commencées en 1991.

Merci au magazine *Rustica* qui m'a ouvert ses archives.

Que tous ceux qui m'ont aidé pour cet ouvrage, d'une façon ou d'une autre, soient ici très chaleureusement remerciés, notamment mes parents et mes beaux-parents pour certaines de leurs quêtes iconographiques et pour leur soutien.

Enfin, mes plus tendres remerciements vont à mon épouse Florence qui a su m'encourager à chaque étape de la recherche et de la rédaction, par sa patience, ses relectures et ses suggestions.

Bénédicte Vergez-Chaignon a rédigé la totalité des chapitres 14, 16, 17, la quasi-totalité du chapitre 18 et une partie du chapitre 21 (« La seconde vie des collabos ») ; Gilles Gauvin a écrit les chapitres 3, 10 et 24, ainsi qu'une partie du chapitre 18 (« La vie des Français libres »).

Nous assumons l'entière responsabilité des autres parties et chapitres, de l'introduction, de la conclusion, du classement des sources et de la bibliographie, des index et des annexes, de la conception et de la coordination de l'ensemble.

Pour finir, ajoutons que ce livre ne serait sans doute pas ce qu'il est sans l'amitié et les échanges très sincères qui ont guidé nos rencontres et nos débats, et ont constitué une source de motivation et d'enrichissement incomparable. Les relectures des uns et des autres ont permis d'amender et de reprendre certains passages.

E. A.

Index des noms de personnes

Table

TABLE 601

IV. RIPOSTES ET PARADES EN TOUT GENRE

V. POUR TENTER D'OUBLIER

VI. VIES EN CONTRASTE

TABLE 603

TABLE 605

À PARAÎTRE

Teilhard de Chardin – Jacques Arnould.
Jeanne d'Arc – Colette Beaune.
Crises, chaos et fins de monde.
Auguste – Pierre Cosme.

Composition Nord Compo
Villeneuve-d'Ascq

Imprimé en France par CPI
en décembre 2015

pour le compte des Éditions Perrin
12, Avenue d'Italie 75013 Paris

N° d'édition : 2488 – N° d'impression : 2019816
Dépôt légal : avril 2009
K03023/04